A QUESTÃO ANIMAL E SEU ACESSO À JUSTIÇA

UM PARADOXO NO DIREITO

Visão Pós-Humana entre o Sagrado e o Justo

Lucia Frota Pestana de Aguiar

A QUESTÃO ANIMAL E SEU ACESSO À JUSTIÇA

UM PARADOXO NO DIREITO

Visão Pós-Humana entre o Sagrado e o Justo

G|Z EDITORA

Rio de Janeiro

2021

1ª edição – 2021

DIAGRAMAÇÃO
Olga Martins

CIP – Brasil. Catalogação-na-fonte.
Sindicato Nacional dos Editores de Livros, RJ.

A23q

Aguiar, Lucia Frota Pestana de

A questão animal e seu acesso à justiça: um paradoxo no direito: visão pós-humana entre o sagrado e o justo / Lucia Frota Pestana de Aguiar. - 1. ed. - Rio de Janeiro: GZ, 2021.

466 p.: il.; 24 cm.

Inclui bibliografia e índice

ISBN 978-65-5813-005-5

1. Direitos dos animais - Brasil. 2. Direitos dos animais - Aspectos morais e éticos. 3. Animais - Proteção - Legislação - Brasil. I. Título.

20-67264

CDU: 343.58(81)

contato@editoragz.com.br
www.editoragz.com.br

Av. Erasmo Braga, 299 – Sala 202 – 2º andar – Centro
CEP: 20020-000 – Rio de Janeiro – RJ
Tels.: (0XX21) 2240-1406 / 2240-1416 – Fax: (0XX21) 2240-1511

Impresso no Brasil
Printed in Brazil

Dedico esse trabalho ao meu pai, CLAUDIO CAVALCANTI, ser único, superdotado, artista completo na mais profunda acepção do termo, e cuja compaixão transbordava para além do seu ofício com a teledramaturgia, o cinema, o teatro e a literatura.

Tive o privilégio de ser a sua filha a partir dos meus sete anos e com o CLAUDIO aprendi o que de mais raro pode ser encontrado em um animal-humano: A CORAGEM MORAL E A EXCELÊNCIA DE CARÁTER

Espero nesse trabalho estar honrando a missão ética que me foi por ele transferida, quando se levantou de seu trono de ícone nacional das artes para, em 2000, entrar para a política para ser o primeiro legislador a levantar a então ridicularizada plataforma da DEFESA DOS DIREITOS DOS ANIMAIS.

Claudio Cavalcanti, meu herói, meu exemplo, o grande pioneiro desbravador da luta pelos animais, será sempre a luz vibrante e coerente que me iluminará nos mais singelos atos da minha existência.

Esse trabalho foi só o começo de um tema que sempre me intrigou e que cada vez mais me intriga. Tanto por sua amplitude e complexidade quanto pela profundidade que alcança no psiquismo do indivíduo e da coletividade.

Praticamente "tabu" em 2002, virou agora um dos "NOVOS DIREITOS" e a sensação que me fica é a de que fui eu quem abriu "a caixa de Pandora".

Mas que como no mito, segurei a Esperança.

E é essa que me estimula, quase me obriga, a continuar a pesquisa até alcançar o fundo do poço, se é que esse "fundo", onde estão amalgamados humanos e animais, vida e morte, poder e dominação, força e lucro, compaixão e sadismo, poderá um dia ser decifrado.

AGRADECIMENTOS

A realização deste trabalho só foi possível graças à colaboração de humanos e não-humanos, aos quais gostaria de agradecer, e em particular:

À Profª. Drª. Edna Raquel Hogemann, pela disponibilidade para orientar este trabalho, pela profunda influência teórica, bem como pela seriedade acadêmica demonstrada ao longo deste percurso. Dessa experiência, resta a mais profunda admiração acadêmica e a formação de uma bela relação de amizade.

À minha mãe, Maria Lucia Frota Cavalcanti, pela combatividade na luta pelos animais, pela inteligência e cultura que derrama ao seu redor, por ser modelo de magia na comunicação com os bichos todos, da lagartixa ao elefante, do gavião ao gambá. A você, a minha eterna gratidão, admiração e o meu profundo amor;

À minha filha, Eduarda, pelo entusiasmo em relação a este trabalho. Ao meu marido, Carlos Eduardo, pela compreensão das horas dedicadas nessa trajetória;

À Faculdade de Direito Estácio de Sá e ao Projeto EDUCARE pelo fundamental apoio. Agradecimento este que se estende a todos os funcionários da instituição e especialmente aos professores do PPGD, Prof. Dr. Rafael Mário Iório Filho e Profª. Drª. Fernanda Duarte que me aceitaram como parte integrante das *Sessions* do CRN 1 do *Law and Society Annual Meeting*, a começar por *New Orleans*, México, Toronto e pelo CIDH Coimbra, participações que foram determinantes para elaboração desta tese;

Aos Professores Doutores Vicente de Paulo Barretto, Lenio Luiz Streck por estimular a minha visão crítica e por me acolherem como membro integrante dos Fóruns Permanentes dos quais são Presidentes;

Ao meu pai, minha referência primeira no mundo jurídico, por ser brilhante, independente e com uma força de trabalho inigualável.

Aos Professores Marcelo Pereira de Almeida e Érica Guerra pelas orientações recebidas na qualificação deste trabalho.

A todos os colaboradores da EMERJ, Escola da Magistratura do Estado do Rio de Janeiro, pela torcida e apoio em todas as etapas deste trabalho.

Aos tantos amigos queridos, professores que compartilharam comigo desta jornada: André Andrade, Ana Paula Felipe, Bruno Angelim, Cristina Seabra Iório, Fabrício Pereira, Maria Carolina Amorim, Patricy Justino, Theresa Moura, Marcelo Naschwagen, Rafael Além Melllo Ferreira, entre muitos outros .A todos, enfim, reitero o meu apreço e a minha eterna gratidão.

Agradecimento especial de integração de conteúdo

Registro especial agradecimento à SEPDA, Secretaria Municipal Especial de Promoção e Defesa dos Animais, na pessoa da 1ª Secretária Maria Lucia Frota, pela oportunidade de participar do Programa Bicho Rio de esterilização gratuita, bem como da elaboração de material especializado na Política Pública de Defesa dos Animais.

Ao Vereador Cláudio Cavalcanti pela oportunidade de colaborar na elaboração de 23 leis pioneiras pelos animais, em vigor até hoje no Município do Rio de Janeiro.

Aos tantos animais, meus amigos incondicionais e companheiros em todos os momentos, que ao serem resgatados das ruas salvaram minha consciência e alegraram a minha vida. A eles que, com olhares suplicantes de esperança e confiantes no ser humano, ensinaram-me a conhecer o íntimo dos animais.

E, a todos os animais mutilados, envenenados, torturados, vivisseccionados, abandonados e exterminados de hoje, pois amanhã, infelizmente, outros milhares o serão.

Agradecimento especialíssimo

Ao *Distinguished Professor of Law*, Bryant G. Garth pelo imenso privilégio de tê-lo como examinador, após os proveitosos diálogos temáticos que iluminaram este trabalho.

"Haverá um dia em que os homens conhecerão o íntimo dos animais; nesse dia, um crime contra um animal será considerado um crime contra toda a humanidade."

Leonardo Da Vinci

"Primeiro foi necessário civilizar o homem em relação ao próprio homem. Agora é necessário civilizar o homem em relação a natureza e aos animais"

Victor Hugo

Este trabalho não foi escrito pelas minhas mãos. Foi escrito pelas patas dos irmãos que me fizeram companhia desde meus primeiros dias de vida. Eu os via e os sentia através de meus olhos, meus sentidos e meu afeto. Ao passar a percebê-los através dos olhos dos outros, o conteúdo desse trabalho foi se formando e se impondo a mim. A eles meus agradecimentos primeiros. A eles que, de forma simples e eficaz, ensinaram-me a verdadeira alteridade.

APRESENTAÇÃO

Esta obra é cada vez mais necessária ao futuro da equidade intergeracional e deve ser examinada tanto pela senciência do animal quanto pela necessidade de respeito ao artigo 225 da Constituição Federal.

O papel foi muito bem exercido pela autora, Lúcia Frota Pestana de Aguiar, que demonstrou o paradoxo da natureza jurídica do animal na lei brasileira. O reconhecimento do exercício constante do especismo obrigará o leitor a sair de sua zona de conforto e a se reposicionar diante de sua própria e inexorável animalidade.

Em cada capítulo é ofertada uma escolha ao leitor. A autora fez um recorte técnico intrigante com lente religiosa ; entre a liberdade e o equívoco; com lupa científica; examinando a cura e a fraude; com ousado paladar: a tradição e o vegetarianismo. E, juridicamente de modo crucial anuncia o risco entre o prenúncio e a existência de um futuro para a humanidade. Tudo é muito relevante para se chegar à lei e o perigo entre a ordem e o caos.

Como magistrado da Corte Especial eu identifico aqui um convite irrecusável à nova moral inclusiva pós-humanista, que abrange os animais não-humanos no ordenamento jurídico pátrio, na consciência de quem lê e no rico planeta em que vivemos.

O trabalho sobre a complexidade do que a autora define como "A QUESTÃO ANIMAL E SEU ACESSO À JUSTIÇA: UM PARADOXO NO DIREITO - Visão Pós-Humana entre o Sagrado e o Justo" se apresenta como referência completa e pioneira a um Novo Direito que merece ser examinado nos tribunais do nosso país.

Boa leitura a todos!

Luis Felipe Salomão

Ministro do Superior Tribunal da Justiça

PREFÁCIO

A obra que ora tenho o prazer de prefaciar é o fruto maduro de uma bela tese de doutorado, aprovada com louvor. Tendo acompanhado desde o início as pesquisas realizadas por Lucia Frota, assim como o desenvolvimento apaixonado desta obra original, pude observar e refletir o quão importante e urgente é a definição apropriada do status jurídico dos animais no ordenamento jurídico brasileiro.

A pesquisa que originou esta obra é de enorme relevância, como o é o "Fórum Permanente de Pós-humanismo e Defesa dos Animais", criado em agosto de 2020, na minha gestão como Diretor-Geral da Escola da Magistratura do Estado do Rio de Janeiro, para, sob a presidência da autora, encorajar os estudos e debates sobre o tema.

O paradoxo, como escreve a autora, é emblemático e marca, com definição e clareza, a situação indefinida da natureza dos animais pelo Direito no Brasil.

O modo como foi delineada a obra é criativo e desafiador. Passando por emblemáticas dualidades, verdadeiramente entre a cruz e a espada, o texto vai se desenvolvendo por diversos prismas: "sob o olhar religioso: entre a liberdade e o equívoco"; "sob o olhar da ciência: entre a cura e a fraude"; "na alimentação: entre "a tradição e o vegetarianismo"; "sob o olhar ambiental: o futuro e o prenúncio"; "sob o olhar da lei: entre a ordem e o caos"; culminando com "o paradoxo: entre o sagrado e o justo", abandonando, para tanto, o antropocentrismo e requerendo uma mirada que vai além dos egoísmo humano: uma visão pós-humana.

Tive o privilégio e o prazer de ser um dos examinadores da banca de defesa do doutoramento da autora, que sustentou com entusiasmo suas ideias, explicando os variados temas que circundam a realidade dos animais não-humanos e sua relação com o animal humano. Em uma banca que contou com seis examinadores, um deles o eminente Professor norte-americano Bryant Garth, Lúcia demonstrou a coragem de uma pesquisadora experiente, que defende os animais com argumentos sólidos, passando pelos mais delicados e desafiadores temas sem titubear.

A leitura desta obra exige, antes de tudo, abertura intelectual. Ao tomar consciência de muitos dos fatos (reais) nela relatados, o leitor será inevitavelmente retirado ou deslocado de sua zona de conforto humana, na qual, com base na tradição e na cultura, parece ser mais conveniente ignorar ou fechar os olhos para a senciência animal.

A evolução de uma consciência lúcida e compassiva, por intermédio de um agir moral comunicativo, exige o reconhecimento da "ética animal".

A liberdade humana, tão amplamente desejada e tão garantida constitucionalmente, não pode ser considerada ampla a ponto de excluir dos animais toda a sua dignidade. Já passou da hora de se garantir aos animais não humanos um tratamento digno.

O título da obra se refere à dicotomia desenvolvida "entre o sagrado e o justo", realizando um feliz e instigante recorte, que é de suma importância: de um lado, a liberdade religiosa garantida pelo artigo 5º, inciso VI, da Constituição Federal; de outro, o direito que os animais devem desfrutar como parte componente do meio-ambiente ecologicamente equilibrado, tutelado em sua fauna e flora pelo estado como dever de ofício, conforme norma contida no parágrafo primeiro do inciso VII do artigo 225 também da Carta Constitucional.

O direito de culto e o seu exercício são garantidos constitucionalmente, mas não são absolutos. Se o fossem, seria aceitável e defensável até o abuso moral ou o sacrifício humano. É importante tal esclarecimento. A liberdade prevista no texto constitucional, isoladamente considerada, pode parecer ilimitada, mas uma interpretação sistemática, que necessariamente leva em consideração outros dispositivos constitucionais e a totalidade do ordenamento jurídico, demonstra a existência de limites.

O texto aqui apresentado empreende uma análise jusfilosófica do exercício de culto religioso que envolva o sacrifício animal. Reconhece que esse "moral point of view" somente será apto a exprimir ideias ocidentalizadas do que é justo. Sendo que, mesmo no Ocidente, em um mesmo país, cidade e coletividade, ainda será possível se encontrar diversidades de juízos morais. Mas, do ponto de vista jurídico-constitucional, não reluta em afirmar a preponderância do direito à vida do animal não-humano sobre o exercício da fé.

Por tudo isso trata-se de obra técnica e relevante à comunidade científica e mesmo ao público em geral para um aprimoramento acadêmico, com conteúdo jus-filosófico e impregnada de compaixão pelos animais. Foi com consciência moral, coragem, eloquência e estilo próprio que os capítulos deste livro foram redigidos. Tudo isso está presente desde a introdução até a conclusão.

Assim, "A QUESTÃO ANIMAL E SEU ACESSO À JUSTIÇA: UM PARADOXO NO DIREITO - Visão Pós-Humana entre o Sagrado e o Justo" convida o leitor a uma jornada exploratória sem volta para conhecer a realidade dos animais no Brasil e no mundo atual, acompanhada de uma guia talentosa e confiante. A obra, posso afirmar com segurança, tem tudo para se tornar uma referência do movimento pela causa animal e do novo direito, a que se atribui a denominação de "animalismo".

André Gustavo Corrêa de Andrade

Mestre e Doutor em Direito pela UNESA
Diretor-geral da EMERJ
Desembargador do TJ/RJ

SUMÁRIO

INTRODUÇÃO

A 'Questão Animal' foi a escolha de tema central deste trabalho pela necessidade de se reposicionar o animal no cenário brasileiro, a partir das diversas alterações já realizadas no direito estrangeiro recentemente. A capilaridade do tema se apresenta como um novo direito a ser reconhecido pelo ordenamento jurídico. 'Entre o sagrado e o justo' porque será analisado o sacrifício religioso de animais, que em 2018 foi considerado constitucional pelo Supremo Tribunal Federal e o animal enquanto sujeito ou não de direitos.

A indagação científica desta pesquisa é a seguinte: qual seria o tratamento jurídico ideal a ser dado aos animais no direito brasileiro, considerando as normas já existentes e, também, as mudanças recentes feitas em ordenamentos estrangeiros sobre o animal como sujeito de direitos? E, em decorrência desta indagação, o animal pode ser titular de direitos? É preciso que haja o sistema de direitos atribuído aos animais para ser unificado o entendimento da tutela jurídica dos animais em juízo? E ainda, qual seria o fundamento filosófico para se abandonar a ótica antropocêntrica?

A visão pós-humana, que consta do título é a proposta para a qual o trabalho será conduzido a fim de rever a animalidade do homem e tudo que o interliga ao animal. O *homo sapiens* preferiu esconder durante muitos anos sua condição evolutiva e se autodefiniu de modo antropocêntrico, como um ser isolado dos animais, como um ser órfão destituído de família. Entretanto já é pública e notória a ligação taxonômica do *homo sapiens* com os grandes primatas, sendo assim o *homo sapiens* a única espécie viva de primata bípede, do gênero *homo*. Apesar do ancestral comum o homem e o animal continuam desconectados em muitos aspectos, em especial no que tange a uma convenção criada pelo próprio homem: o Direito.

O animal encontra-se hoje num limbo jurídico, que não condiz com sua reconhecida 'senciência' e até mesmo com os ditames constitucionais que o reconhece como 'microbem' ambiental inserido no 'macrobem' ambiental, que é o ambiente ecologicamente equilibrado. Assim, trata-se ainda de questão a ser enfrentada, e não 'um direito', uma vez que o *status* jurídico dos animais ainda não foi reconhecido em sua plenitude, por um descompasso entre a lei civil e a constituição federal, embora surjam diferentes fundamentações para esse desalinho.

Embora o animal esteja inserido na fauna, que por sua vez integra o meio-ambiente é preciso esclarecer que para o Código Civil o animal ainda é coisa, inserido dentro do livro dos bens. Há tipificação de crime para a crueldade contra ele praticada, ao passo que há também tipificação enquanto contravenção-penal do mesmo ato lesivo. Assim, nota-se que a necessidade é premente de ser unificado o tratamento aos animais não-humanos tanto pela lei material brasileira, quanto pelo entendimento dos tribunais, que também atualmente estão a divergir sobre o reconhecimento de valor intrínseco a ser conferido aos animais.

Será demonstrado que as cortes superiores em entendimentos recentes reconhecem que o animal necessita rever sua tutela jurídica, sendo sua inserção no livro dos bens algo artificial, que não condiz com a vida que lhes é intrínseca.

E será ainda exposto que, doutrinariamente, já há alicerces filosóficos suficientes para amparar a elevação da posição do animal, através de mudança que condiga com a de ser vivente.

Como referencial teórico, será proposta a análise dos animais não-humanos através da ética da alteridade de Emmanuel Levinas, pelo reconhecimento da diferença do 'completamente outro', alcançando-se o respeito à vida animal, que coexiste com a vida humana. Será a seguir desenvolvida e direcionada a reflexão a partir do olhar animal, por Jacques Derrida, recuperando a animalidade humana.

E será, por fim promovida a ótica pós-humanista que reestabelece o vínculo entre homens e animais a partir do que ambos têm em comum: a vulnerabilidade diante da vida, diferenciando-os, em suas respectivas espécies, de uma nova personagem que adentrou o cenário jurídico-filosófico, a tecnologia, que embora sem vida, com inteligência artificial e algoritmos passa a superar a destreza humana em vários aspectos.

Como problema central encontra-se o animal e seu atual paradoxo na lei brasileira: lei civil, constitucional e penal não dialogam propriamente a fim de contextualizar a tutela jurídica necessária aos animais.

Foram escolhidos para serem apresentados, dentre os variados vieses de exploração animal 3 olhares: o da religião, o da ciência e o do mercado da carne, ou agronegócio, sabendo-se que muitos outros existem e inclusive foram mencionados, sem que tenha sido possível pela delimitação do tema central aprofundar os questionamentos. Assim, outras respostas merecedoras de atenção em novas pesquisas seriam a utilização de animais nos mercados de laticínios, da moda, da caça e do entretenimento.

O objetivo geral do trabalho é desmistificar a visão mecanicista e insensível do animal não-humano, como mero produto, ou coisa, a benefício do homem. Abandonar de vez a ultrapassada lógica de René Descartes do paralelismo entre o grito do cão e o ranger de uma máquina. Assim sendo, buscar-se-á desconstruir, usando expressão de

Derrida, a coisificação do animal, demonstrando seu real sofrimento como *livestock* e como animal abandonado, considerado o lixo vivo das cidades. E a partir dessa mencionada desconstrução reinseri-lo no ordenamento jurídico como sujeito de direitos, capaz de legitimamente atuar com acesso à justiça bem como construir a ordem jurídica justa em relação aos animais.

O tema é claramente interdisciplinar sendo necessária a base filosófica, histórica bem como conceitos de biologia a fim de que a pesquisa pudesse demonstrar o plano da ciência olhando o animal. Aliados à conceitos filosóficos foram usados conceitos e doutrinas jurídicas que alimentam o direito ambiental como base robusta para a tutela do animal no ordenamento jurídico brasileiro.

O marco teórico do estudo é a doutrina da alteridade no campo filosófico e a adequação das leis brasileiras no campo jurídico, compreendendo-se nesse manancial desde o Decreto nº 24.645, de 10 de julho de 1934, pela Lei de Crimes Ambientais nº 9605 de 1998, leis estaduais e municipais até a norma constitucional do artigo 225, § 1º, VII da Constituição Federal de 1988.

A partir dessa base legal será analisado o Projeto de Lei nº 27 de 7 de agosto de 2019 agora tendo voltado à Câmara dos Deputados sob o número 6054/19.

A pesquisa é documental-bibliográfica e os dados analisados serão abordados de modo qualitativo onde foram considerados tratamentos interpretativos para obras consultadas, julgados e experimentos realizados no campo científico sempre tendo o animal como protagonista e sempre este sendo explorado para um suposto benefício do homem.

Para tanto, este estudo foi dividido em 7 (sete) capítulos, sendo que no capítulo um foi preciso se traçar uma linha do tempo desde a primeira manifestação filosófica a favor dos animais, passando-se pelas primeiras teorias dos interesses indiretos, o contratualismo, o utilitarismo, a teoria dos interesses diretos, o dever de compaixão de Hamphry Primmatt, o reconhecimento do sofrimento como o maior mal por Henry Salt e a origem do especismo enquanto expressão pelo psicólogo Richard Ryder.

A seguir, ainda no primeiro capítulo demonstrou-se as duas principais teorias animalistas: bemestarismo e abolicionismo animal. O *Welfare* foi principalmente desenvolvido por Peter Singer através de uma releitura interpretativa de Jeremy Bentham, reivindicando "jaulas maiores" e uma diminuição da crueldade praticada pelos homens no uso de animais para benefício humano. Diversamente o abolicionismo liderado por Tom Regan, não aceita nenhum tipo de uso do animal para o bem humano e reivindica "jaulas vazias".

A oposição entre essas duas maiores correntes como afirma Gary Francione fez com que os estudos a favor dos animais se tornassem mais improdutivos e caminhassem para trás. Enquanto se discutiu por mais de quatro décadas, academicamente, o cabimento ou não de teorias atribuindo direitos aos animais, foram criadas diversas matrizes conceituais na área biomédica e também uma gama elevada de pré-requisitos para pesquisas científicas, mas permanecendo o tema em aberto, uma vez que os animais continuam tendo seus interesses violados. O ponto de partida correto, que é o de olhar para o animal e seus interesses foi continuamente negligenciado.

No capítulo dois é demonstrada a força dos mitos e da religião em termos históricos. Nota-se a função do rito sacrificial, a liberdade limitada pela ética de Emmanuel Levinas, e o seguinte aprofundamento de sua teoria por Jacques Derrida, este focado na figura do animal que olha para o ser-humano. Adentra-se na ética também da compaixão por outros autores. Para ainda no mesmo capítulo ser demonstrado, através do julgamento de um precedente na Suprema-Corte Norte-Americana, a similitude com um julgamento pelo Supremo Tribunal Federal, onde se cometem equívocos interpretativos entre a liberdade religiosa garantida na Carta Magna, confundindo-a com liberdade de prática do culto e aproximando a temática a uma ótica racista direcionado às religiões de matriz-africana, quando na verdade diversas outras crenças praticam o sacrifício religioso, como o abate *kosher* e o abate *halal*, das religiões judaica e muçulmana.

No capítulo três é abordado o grande paradoxo da utilização do animal prela ciência para experimentação animal, enquanto as realidades biológicas são muito diferentes e tornando a maioria das pesquisas insatisfatórias e ineficazes. Os primeiros usuários seres humanos de qualquer novo medicamento serão sempre as verdadeiras primeiras cobaias. Ainda no capítulo terceiro será demonstrado quais são os testes mais comuns com animais e a utilização oblíqua da doutrina de Habermas para justificar um diálogo nos comitês de ética médica.

No capítulo quatro será esclarecida a força do mercado na comercialização da carne e sua contaminação no caso de animais doentes ou feridos. Será enfrentado o controvertido transporte de animais vivos para efeito de exportação, os riscos, a violação de leis brasileiras e a decisão judicial definidora da questão.

Será enfrentado o olhar do Direito Ambiental no capítulo cinco. E isso se faz necessário em razão da norma do artigo 225 da Constituição Federal, que inclui o animal no ameio-ambiente ecologicamente equilibrado. Assim, serão enfrentados e ajustados os conceitos de estado ambiental, Equidade Intergeracional e Juridicização da Ecologia, e será demonstrada a utilização das ondas renovatórias de acesso à justiça agora para os animais reivindicarem seus interesses, devidamente tutelados com representação integrativa de sua não-capacidade de estar em juízo, para se demonstrar que permanece o paradoxo uma vez que a lei civil está em descompasso com a norma constitucional.

No capítulo seis será esclarecido o olhar da lei sobre os animais, a legislação que cuida do animal no Brasil e suas impropriedades. A peculiar situação do Projeto de Lei n° 27 aprovado pelo senado em 7 de agosto de 2019, remetido à câmara dos deputados sob o número 6054/19, e a aplicação da teoria dos entes despersonalizados, mas com restrições de aplicação aos animais domésticos e ainda, com inserção de nova natureza jurídica enquanto não-coisa apenas na Lei de Crimes Ambientais, Lei nº 9605/98.

No capítulo sete será exposta a alteridade de Emmanuel Levinas, com a ótica do olhar do animal proposta por Jacques Derrida, e será demonstrada a cisão entre a animalidade e a humanidade do homem na ruptura abissal.

Ainda no capítulo sete será oportunizada a aplicação da teoria pós-humanista já reposicionando os animais como valor intrínseco da vida que possuem, descartando a discussão de haver ou não direitos a eles atribuídos para que possam receber a dignidade do viver. E por último será proposta como solução a criação e uma Política Pública de Defesa dos Animais

A pesquisa foi teórica com utilização das doutrinas referenciais dos animalistas Peter Singer e Tom Regan e dos filósofos da alteridade Emmanuel Levinas e Jacques Derrida. Para os contornos pós-humanistas, foram aplicados os estudos dos professores da Universidade de Minnesota, Cary Wolfe e Donna Harraway, autores da coleção Pós-humanities.

Sabendo-se que tudo que existe, coexiste, a relação de interdependência entre animais humanos e não-humanos, por ser fática e inexorável, requer urgente readequação não apenas sob a perspectiva de conservação da teoria ambientalista, mas também com novos contornos civilistas.

Este trabalho buscou se fortalecer filosófico-juridicamente, sabendo-se que o tema é o "Calcanhar de Aquiles" do universo humanista. E, pela certeza da necessidade de defender juridicamente os animais, encerra-se esta introdução através do convite customizado da oração da serenidade, pedindo a aceitação do que não se pode alterar; a coragem para alterar o possível, e a sabedoria para reconhecer a diferença.

1

A QUESTÃO ANIMAL

"A civilização de um povo se avalia
pela forma que seus animais são tratados"
(Humboldt)

A ilação bíblica de que o homem tem o domínio sobre tudo o que existe no mundo[1] vem sendo também o seu maior desafio. O homem como dominador e o mesmo homem como garantidor da permanência de todos os seres vivos sobre a Terra tornou-se um desconfortável paradoxo desde que a ecologia demonstrou que a intervenção do ser humano na biosfera tem feito perigar o equilíbrio da vida no planeta.

Para ser possível abordar com coerência e claramente a questão animal, antes se torna necessário situá-la dentro da natureza, e, por conseguinte valorizar o meio-ambiente ecologicamente equilibrado, feliz expressão usada na Constituição Federal de 1988, em seu artigo 225.[2]

---

1 "[...] E criou Deus o homem à sua imagem; à imagem de Deus o criou; homem e mulher os criou. E Deus os abençoou, e Deus lhes disse: Frutificai e multiplicai-vos, e enchei a terra, e sujeitai-a; e dominai sobre os peixes do mar e sobre as aves dos céus, e sobre todo o animal que se move sobre a terra. E disse Deus: Eis que vos tenho dado toda a erva que dê semente, que está sobre a face de toda a terra; e toda a árvore, em que há fruto que dê semente, ser-vos-á para mantimento. E a todo o animal da terra, e a toda a ave dos céus, e a todo o réptil da terra, em que há alma vivente, toda a erva verde será para mantimento; e assim foi." (Gênesis, I, 27-30)". BÍBLIA. Português. Bíblia sagrada: Antigo Testamento. Tradução de Padre Fábio Meira. Santa Catarina: Inove, 2014. 2334 p.

2 "Art. 225. Todos têm direito ao meio ambiente ecologicamente equilibrado, bem de uso comum do povo e essencial à sadia qualidade de vida, impondo-se ao Poder Público e à coletividade o dever de defendê-lo e preservá-lo para as presentes e futuras gerações". BRASIL. [Constituição (1988)]. **Constituição da República Federativa do Brasil de 1988**. Brasília, DF: Presidência da República, [2019]. Disponível em: http://www.planalto.gov.br/ccivil_03/constituicao/constituicaocompilado.htm. Acesso em: 1 dez. 2018.

Assim sendo, o reconhecimento da circunstância crítica dos sistemas ecológicos alterou a compreensão antropocêntrica, onde o ser humano é o centro absoluto, e veio evoluindo de modo bioêntrico, onde os valores do meio-ambiente são protegidos constitucionalmente.

A necessidade de repensar a biosfera a fim de preservá-la para as futuras gerações fez também pensar nos seus componentes, dentre os quais se encontram os animais. E fez surgir uma nova ética centrada no problema de saber se há ou não deveres do homem para com a natureza e, por conseguinte, perante os animais. A certeza da força atual obtida pelo movimento ambientalista desde a década de sessenta e concretizada pelo Direito Ambiental fortalece a cada dia a discussão da questão animal.

E foi assim que os movimentos chamados hoje de "animalistas" iniciaram-se na década de setenta com a bandeira social de direitos a serem atribuídos aos animais de um lado, e de outro lado de melhores condições para a utilização dos animais em benefício do homem.[3]

Fica assim evidente a bipartição teórica que muito atrapalhou a evolução da questão animalista. Duas correntes se antagonizaram e deixaram em segundo plano o que mais era urgente: mudar o *status* jurídico dos animais nas legislações e na sociedade.

Se hoje não é possível enfrentar a questão animal de modo simples é tão somente porque o *status* do animal está complexo e ambíguo no ordenamento jurídico brasileiro e no de vários outros.

É bem verdade que vários países já estão, aos poucos, alterando a posição dos animais nas suas respectivas leis fundamentais, entretanto a crítica é necessária porque se as primeiras discussões se iniciaram a mais de quarenta anos, fica evidente o retrocesso que foi causado por uma dicotomia acadêmica que não frutificou em nenhum avanço para o objeto estudado, ou seja, os animais.

Antes de iniciar o estudo da questão animal, importa clarificar a motivação da expressão aqui utilizada e da problemática que lhe está

3 Merece registro que o país precursor na legislação de proteção aos animais foi a Alemanha nazista. No ano em que se tornou chanceler, Hitler promulgou a *Tierschutzgesetz*; lei de proteção aos animais, de 1933. "No novo Reich não deverá mais haver lugar para a crueldade com os animais", discursou naquele ano Hitler. Logo em seguida vieram a lei de limitação da caça e a lei sobre a proteção da natureza, de 1934, "monumento da ecologia moderna", segundo Luc Ferry (2009, p. 168). As leis nazistas de proteção aos animais e à natureza teriam sido exemplares, não fosse o trágico desfecho da guerra. FERRY, Luc. **A nova ordem ecológica**: a árvore, o animal e o homem. Rio de Janeiro: Difel, 2009.

subjacente. Ao invés de cuidar dos Direitos dos Animais como comumente se faz, preferiu-se aqui demonstrar que o sistema de direitos é algo que deve ser cautelosamente tratado e em momento secundário, mas não menos importante.

Primeiro é mister demonstrar a posição que o "animal" ocupa na sociedade, na religião, na ciência, no comércio e tão somente após esse mapeamento é que será possível evidenciar a tamanha complexidade que hoje ainda é a de atribuir direitos aos animais.[4] Assim, enquanto os animais forem considerados juridicamente coisas, tal sistema de direitos torna-se inviável. Entretanto é não só viável, mas, sobretudo, urgente a adoção de medidas juridicamente vinculantes destinadas a proteger e a regular, de modo conformador, preventivo e promocional o animal não-humano.

Faz-se necessário informar que a expressão "questão animal"[5] é uma citação de Jacques Derrida, e deve ser compreendida como algo inserido em seus escritos dedicados especificamente aos animais.

---

4 Charles Patterson em um livro inteiro chamado Eternal Treblinka compara o abuso sistemático e assassinato de animais em grande escala e o Holocausto do Mundo Segunda Guerra. E a escala não é nem comparável, já que dez bilhões de animais terrestres mortos a cada ano para comida, cerca de oitenta por cento sob as condições deploráveis de agricultura industrial (Centro de Segurança Alimentar). PATTERSON, Charles. **Eternal Treblinka**: our Treatment of Animals and the Holocaust. New York: Copyrighted Material, 2002.

5 Com esta expressão Derrida refere-se à trilogia composta por suas obras: "Os fins do homem", "A passagem das fronteiras" e "O animal autobiográfico", e na ocasião do colóquio, a última ainda se achava em elaboração. O filósofo escreve em primeira pessoa como no centro de um palco, onde atua ao lado de um gato, no final dessa "peça de três atos". No ato final, virá "O animal autobiográfico". A autobiografia tem caráter quimérico, herdado do entrelaçamento entre a animalidade e a humanidade. "De onde vem o conceito de homem? Como o homem, ele mesmo, pensa o que é o próprio do homem?" Em "O animal que logo sou", Derrida questiona a origem conceitual da palavra, homem, a partir da distinção homem/animal. Conforme nos expõe, a noção de "animalidade" teria sempre ocupado espaço significativo nas veredas por ele trilhadas na filosofia: a questão do vivente animal "terá sido sempre para mim a grande questão, a mais decisiva", quer seja abordada "diretamente ou obliquamente mediante a leitura de todos os filósofos". Derrida cita filósofos que evidentemente esbarram no animal: "o fim do 'Bicho da seda'", em *Contretemps* (1997), ou diluídas pelo texto como a "iconografia de Sócrates e Platão", em *La Carte postale* (1980). A questão do "animal", igualmente, está incorporada nas figuras do macaco (La Main de Heidegger, de 1987) e do ouriço (*Che cos'è la poesia?*, de 1992). DERRIDA, Jacques. **O animal que logo sou**. Tradução Fábio Landa. São Paulo: Ed. UNESP, 2011. p. 27.

Derrida usa a expressão claramente em confronto com Hiedegger[6] sobre esse problema.

Quando Derrida menciona "questão animal" ele está se referindo antes de tudo ao modo como os filósofos têm tradicionalmente escrito sobre os animais de uma forma reducionista. E ainda ele está se referindo aos animais em seus modos de relacionamento, além da linguagem que se encontra claramente presente e intensa entre os animais.[7]

Derrida, portanto, amplia a visão do animal, enquanto, a maioria dos filósofos aborda a "animalidade" como apenas o modo de ser do animal em seu conjunto: os animais. Derrida então ao usar a expressão "questão" e posiciona a necessidade de se refletir sobre a abrangência da chamada animalidade do próprio ser humano.

Ainda na expressão aludida há uma nítida dimensão ética que Derrida traz da ética proposta por Emmanuel Levinas[8,-9] ao deparar-se com a face do outro, do diferente, do desigual. Esta tese buscará definir a proposta de Derrida que afirma que a face desse outro não precisa ser necessariamente humana, mas se diferente, pode e deve ser abrangente e alcançar o animal não-humano, o gato que o olha, como assim ele define em obra própria.

Além de tudo isso a expressão "questão animal" precede o "Direito dos Animais" e vai além, por romper com o antropocentrismo e exigir um novo olhar em direção ao ser que pertence a outra espécie, ao diferente, ao não reflexo do espelho, sendo necessária e oportuna uma visão pós-humana.

A riqueza da multiplicidade da vida na abrangência da palavra "animal" vai ser estudada por Derrida para aproximar o ser humano de tudo que ele próprio se afastou, de toda a "animalidade" inexoravelmente pertencente à humanidade.

---

6 Ibid. pp. 47-62; 74-76.

7 Ibid. pp. 62-65.

8 A alteridade estudada por Levinas parte da noção de rosto. E na sequência surge a questão da responsabilidade radical por outrem. Que é o diferente, o desigual. O pioneirismo do novo caminho, traz consigo a urgência de transcender às práticas estáticas discursivas, reposicionando a figura do "outro" na ética, como parte do estudo da filosofia. LEVINAS, Emmanuel. **Entre nós**: ensaios sobre a Alteridade. Tradução Pergentino Stefano Pivatto (coord.). Petrópolis: Vozes, 1997. Disponível em: https://olimpiadadefilosofiasp.files.wordpress.com/2012/03/entre-nos-ensaios-sobre-a-alteridade-emmanuel-levinas.pdf. Acesso em: 01 set. 2018.

9 LEVINAS, Emmanuel. **Totalidade e infinito**. Tradução de José Pinto Ribeiro. Lisboa: Edições 70, 2008.

O ser humano ao se autodefinir com virtudes, puxou para o humanismo tudo de melhor e deixou ao alvedrio das formas que considerava inferiores de vida, os animais, todas as demais características. Até mesmo no discurso coloquial tudo que é mal é desumano, animalesco, essa última expressão pejorativa que abrange as características apropriadas às entidades nefastas, mitológicas ou reais.

Assim o bem é humanizado e o mal é animalizado. E tal se pode extrair da literatura, pintura, escultura e artes em geral. A visão maniqueísta desenha o homem bom no céu limpo e claro, repleto de talentos e glórias, enquanto os infernos são retratados sempre por cores escuras aludindo ao sujo das criaturas monstruosas com chifres, rabos e orelhas. Assim é o diabo, ou seja: animal. E Deus, é o homem, feito à sua imagem e semelhança.

Assim, será demonstrado que o campo dos "estudos animais"[10] é por si interdisciplinar e muito vasto em conteúdo, precisamente por uma nítida razão: por procurar incansavelmente cada recurso disponível na tarefa de legitimar o animal. Se os discursos existentes, embora diversos, podem ou não realizar essa tarefa sem uma transformação correspondente em suas ontologias subjacentes, é uma questão que será abordada em todo o trabalho.

A escolha por inserir no título "a questão animal" é exatamente, portanto para deixá-la avidamente aberta às preocupações jus-filosóficas e político-sociais, e tão mais que isso, para torná-la apta a demonstrar que sua compreensão em totalidade esbarrada na estreiteza das fronteiras do humanismo, exigindo uma compreensão pós-humanista.

A proposta é fazer o mesmo tipo de mudança na ética da interpretação fez se estudar a diferença sexual a sério nos anos 90 ou raça e gênero nos anos 70 e 80. O estudo da questão animal é a última permuta social e ética, trabalhando para acompanhar os novos movimentos sociais, com expressão de cunho acadêmico, pela adoção de impulso democrático para inclusão de todos os sexos, raças, orientação sexual, e espécies. Pelos animais, pelo futuro, pelo planeta como o conhecemos hoje.

---

10 *'Animal Studies'* (tradução nossa) – estudos animais, é expressão muito utilizada nas universidades Américas e inglesas que denotam o vasto campo do estudo da inserção dos animais no mundo dos homens, e como os últimos lidam com os primeiros.

1.1. Teoria dos interesses indiretos: mecanicismo de Descartes e Kant em três guias

Há bipartição relevante no que tange aos interesses ou direitos dos animais: as teorias como de direitos diretos e indiretos. As de interesses ou deveres diretos atribuem o valor intrínseco à vida de cada animal. É importante se reconhecer o inicial e relevante valor das teorias indiretas, porque constituem importantes contribuições na evolução crítica dos estudos animais.

As teorias indiretas, ou teorias dos direitos morais, pregam que é uma espécie de dever moral dos seres humanos não maltratar os animais. Ainda assim, não é atribuído nenhum direito ou valor intrínseco aos animais, que venham a corresponder ao dever moral (*duty*) exigido aos homens para com eles. René Descartes[11] equipara os animais não humanos às máquinas e os trata como seres irracionais e sem alma[12]. E ainda se baseia na crença de que os animais não humanos não têm a linguagem como ferramenta, e, portanto são inferiores aos humanos.

Descartes, claramente defensor da vivissecção[13] animal ou da utilização de animais para quaisquer fins que aprouvessem ao homem, não enxergava nenhuma imoralidade nas mais cruéis experimentações realizadas com animais não humanos e, quando estes reagiam através de sons ou movimentos bruscos eram comparados a uma máquina que não funciona corretamente. Para os *cartesianos*, um cão a chorar não é diferente do barulho advindo de uma máquina pouco ou mal oleada.

---

11 Renné Descartes 1596 – 1650, é considerado o responsável maior pelo atraso na conscientização da questão animal e na exploração animal. Por ter sido o fundador da filosofia moderna influenciou de modo soberano os estudiosos da época e seus seguidores.

12 FRANCIONE, Gary L. Animals – Property or Persons? In: SUNSTEIN, Cass R. (ed.).; NUSSBAUM, Martha C. (ed.). **Animal Rights** – Current Debates and New Directions edited by Cass. New York: Oxford University Press, 2004. p. 111.

13 Embora o termo "vivisseção" literalmente signifique "cortar um animal vivo", o significado desta palavra foi ampliado na linguagem comum para designar qualquer tipo de uso invasivo de um animal em laboratório. Contudo, os defensores de experiências com animais preferem não usá-lo, devido às suas conotações negativas que eles preferem evitar, enquanto os opositores afirmam que não deveria ser um problema o uso desse termo dado o significado que ele já tem na linguagem comum. Eles argumentam que a sua rejeição deve-se à intenção de utilizar uma linguagem que não seja explícita sobre como os animais são utilizados neste campo. [...] estima-se que este número possa estar bem acima de 100 milhões de animais utilizados todos os anos, o que é um número importante. EXPERIMENTAÇÃO animal. Ética animal. Oakland, [2013?]. Disponível em: http://www.animal-ethics.org/exploracao-animal/experimentacao-animais/. Acesso em: 22 Ago. 2018.

Para essa concepção os animais humanos só têm um *dever indireto* perante os animais não humanos: a obrigação moral de não matar um animal existe apenas se este animal pertencer a outro ser humano, porque será para com esse outro humano que surgirá um *dever direto* de proteção de interesses.

Immanuel Kant, apesar de reconhecer os animais como seres que sofrem, igualmente não atribui valor exclusivo à vida do animal.[14] Em Kant, atos de bem tratar os animais são sempre relacionados ao aperfeiçoamento moral dos seres humanos, gozando apenas de interesses indiretos por via do inter-relacionamento com os humanos. Kant tem claramente simpatia pelos animais, mas a contextualização de sua época o levava para a visão cartesiana de Descartes, do famoso *"penso, logo existo"*, onde o somente o ser racional detém valor em si mesmo. *"He who is cruel to animals becomes hard also in his dealings with men"*.[15,-16]

Kant reflete sobre os animais não humanos, mas negligenciou o traço essencial da questão animal, que é a capacidade destes sentirem dor, afeto, fome e frio, deixando-se guiar por visões de origem religiosa, como o argumento do animal não ter alma.[17]

Lara Denis[18] reitera que Kant, não atribui valor à vida animal por si, mas prega a dignidade do homem e os bons valores morais incluindo deveres e tarefas em relação aos animais. Assim sendo, em trabalho publicado pela Universidade de Illinois, a autora conclui com três guias na concepção de direitos morais em Kant em favor dos animais, concluindo que a abertura que o autor tem para a questão animal, considerando sua época e influências pelo racionalismo continental vindo de René Descartes, surpreende em abrangência até mesmo algumas teorias diretas, inclusive por incluir no seu espectro os invertebrados.

A primeira guia é que na teoria kantiana há claramente a colocação de que certas práticas cruéis em relação aos animais não são nunca

---

14 1724 - 1804.

15 KANT, Immanuel. **Lectures on Ethics**. New York: Hackett Publishing Company, 1980. p. 240.

16 SUNSTEIN, Cass R.; NUSSBAUM, Martha C. (ed.). **Animal Rights**: Current Debates and New Directions edited by Cass. New York: Oxford University Press, 2004. p. 1.

17 ARAÚJO, Fernando. **A hora dos direitos dos animais**. São Paulo: Almedina, 2013. p. 21.

18 DENIS, Lara. Kant's Conception of Duties regarding Animals: Reconstruction and Reconsideration. History of Philosophy Quarterly. **North American Philosophical Publications.** University of Illlinois press. **v. 17**, nº 4, out. 2000, pp. 405-423. Disponível em: http://www.jstor.org/stable/27744866. Acesso em: 20 Ago. 2018.

permissíveis.[19,-20] Claramente o uso de animais no entretenimento não é razão adequada para os provocar dor e ou sofrimento, segundo o autor. A segunda guia é a de que a visão kantiana requer sentimentos morais e boas disposições através do meio como lidar com os animais, ou seja, respeito pelos mesmos. Espetáculos e entretenimentos com animais tornam-se de difícil justificação para Kant quando causador de qualquer desconforto, stress ou dor para os animais.

A terceira é mais importante guia é a posição de Kant em relação às pesquisas científicas[21,-22], afirmando que são um desafio as pesquisas com animais, que devem ver genuinamente cada uso cruel dos animais como um meio necessário para um fim cientificamente importante.

Assim, a maioria dos casos de matança de animais por comida deixam lacunosas as guias kantianas. E a maioria dos animais de fazenda sofrem práticas cruéis de tal modo que a participação em um ato como esse já viola um dever para com os animais.

Se teorias indiretas ignoram o valor do animal por si, ficará esse valor deslocado para o humano a ele relacionado.

> Haveria deveres que envolvem os animais, mas não deveres para com eles [...] Nozick qualifica esse fenômeno de inferência indireta da conduta cruel cometida contra animais pelos homens como sendo um "transbordamento moral" (moral *spillover*). [23]

---

19 WOOD, Allen W. Kant on Duties. Regarding Nonrational Nature. **The Aristotelian Society**, Oxford University Press, v. 72, 1998, pp. 189-228. Disponível em: https://www.jstor.org/stable/4107017?read-now=1&seq=1#page_scan_tab_contents. Acesso em: 20 Ago. 2018.

20 DENIS, Lara. Kant's Conception of Duties regarding Animals: Reconstruction and Reconsideration. History of Philosophy Quarterly. **North American Philosophical Publications.** University of Illlinois press. v. 17, nº 4, out. 2000, pp. 405-423. Disponível em: http://www.jstor.org/stable/27744866. Acesso em: 20 Ago. 2018.

21 GUYER, Paul. Duties Regarding Nature. In: **Kant and the Experience of Freedom**. New Yoork: Cambridge University Press, pp. 304-340, 1993.

22 DENIS, Lara. Kant's Conception of Duties regarding Animals: Reconstruction and Reconsideration. History of Philosophy Quarterly. **North American Philosophical Publications.** University of Illlinois press. v. 17, nº 4, out. 2000, pp. 405-423. Disponível em: http://www.jstor.org/stable/27744866. Acesso em: 20 Ago. 2018. GUYER, Paul. Duties Regarding Nature. In: Kant and the Experience of Freedom. New Yoork: Cambridge University Press, pp. 304-340, 1993.

23 LOURENÇO, Daniel Braga. **Direito dos Animais**: Fundamentação e Novas perspectivas. Rio Grande do Sul: Editora Fabris, 2008. p. 299.

Por uma afinidade de premissas o abolicionismo se nutre pelos chamados "deveres diretos", enquanto os "bem-estaristas", em maioria, apegam-se aos "deveres indiretos".

Para Daniel Lourenço, a visão dos deveres indiretos é restritiva e limitante. Assim os humanos *"não paradigmáticos"*, (que não tenham pleno domínio cognitivo, seja por idade, doença ou trauma), não seriam destinatários de deveres diretos para com eles. O principal problema desta concepção, conforme destaca a professora Sônia T. Felipe, é o de o pertencimento à comunidade moral ser definido e construído a partir de critérios físicos e não de critérios morais. Isso leva a que boa parte dos próprios seres humanos fique excluída do âmbito da moralidade.[24]

O argumento dos chamados *"casos marginais"* ou *"não paradigmáticos"*, contesta a situação que exclui seres sencientes humanos da comunidade moral, e é correntemente utilizado por aqueles que defendem os direitos dos animais. O raciocínio dos "casos marginais" pode ser sintetizado na questão da inclusão ou exclusão dos seres humanos "não paradigmáticos" na comunidade moral. Enquanto haveria a injustificada exclusão dos animais, a despeito de poderem estes gozar de "autonomia" até maior que a dos humanos "não paradigmáticos".[25]

1.2. O contratualismo e o lugar dos animais no pacto social

O primeiro filósofo moderno que articulou uma teoria contratualista detalhada foi Thomas Hobbes (1588-1679). No Leviatã, explicou os seus pontos de vista sobre a natureza humana e sobre a necessidade de governos e sociedades. As teorias sobre o contrato social se difundiram entre os séculos XVI e XVIII como forma de explicar a origem legítima dos governos e, portanto, das obrigações políticas dos governados ou súditos. Thomas Hobbes (1651), John Locke (1689) e Jean-Jacques Rousseau (1762) são os mais famosos filósofos dessa teoria da obrigação política.

Os animais, por serem irracionais, jamais poderiam participar no *contrato social*, pela impossibilidade de raciocinar reciprocamente e combinar regras. Assim, os seres humanos são os únicos sujeitos do pacto social. O contratualismo se baseia na bipartição, *direitos-deveres*, delineando que os animais não humanos não se veem obrigados a fazer escolhas na sua vida diária da sua *liberdade individual*.

---

24 Ibid.

25 SINGER, P. Economia solidária: entrevista com Paul Singer. Estudos Avançados, v. 22, nº 62, pp. 289-314, 2008. p. 21.

Há que se ignorar por completo hoje tal teoria, pois ela nega a capacidade de exercício, por exemplo, aos nascituros. (tem direitos, mas não tem qualquer obrigação; e aos casos marginais já descritos, pessoas com grave deficiência psíquica ou que se encontram em estado vegetativo).

Vale ressaltar que a capacidade cognitiva pode estar ausente entre humanos, embora seja uma pré-condição para aptidão plena de direitos pela lei civil. Só que há que se pensar também que persiste a existência de direitos aos incapacitados e interditos que não poderiam intervir como sujeitos em negócios jurídicos, se tais direitos não existissem.

A tese *contratualista* tem por base considerações *especistas,* na medida em que faz uma exaltação às capacidades da espécie humana através da adoção de procedimentos e sujeições dos quais estão automaticamente excluídos os animais, que não têm capacidade cognitiva daqueles.

Se estas considerações fossem tidas em conta, para além de uma negação de proteção dos interesses dos animais, surgiria uma *deserção* dos *casos marginais*, pois estes também não são capazes, por si só, de celebrarem contratos ou agirem em modo de *reciprocidade.*[26]

A escola dos "deveres indiretos," cujo representante é o filósofo alemão Immanuel Kant. Kant afirmava que os animais são apenas meios para um fim (os humanos), e que nós devemos ter compaixão aos não-humanos, não em reconhecimento aos interesses destes seres, mas porque de outra forma ficaríamos embrutecidos e isso poderia prejudicar outros humanos no futuro.

Contemporaneamente isso não está de modo automático implícito no pacto social. Quem participa de um contrato pode proteger outros por regra pactuada. Apenas o contratualismo clássico de Hobbes exclui os chamados seres irracionais. Os contratualistas contemporâneos aceitam que seres irracionais sejam protegidos. A tese contratualista parte da imparcialidade ao serem tomadas as decisões do pacto. A legitimidade então surge a partir da imparcialidade. A verdadeira imparcialidade requer que consideremos o que aconteceria a todos os seres sencientes. "Portanto, se não soubéssemos que tipo de seres senciente seríamos, por exemplo, um humano ou uma vaca, certamente iríamos rejeitar a discriminação especista que os animais não humanos atualmente sofrem."[27]

26 ARAÚJO, Fernando. **A hora dos direitos dos animais**. São Paulo: Almedina Brasil, 2003. p. 196.

27 Mark Rowlands seguiu a teoria contemporânea do pacto social proposta por Donald VanDeVeer. VANDEVEER, D. On beasts, persons and the original position. ***The Monist***, Oxford University Press, v.62, nº 3, pp. 368-377. Jul. 1979. Disponível em: https://www.jstor.org/stable/i27902594. Acesso em: 15 Dez. 2018.

E é desta forma que o contratualismo contemporâneo não admite a exclusão moral dos animais não humanos. Peter Carruthers[28], por exemplo, é autor moderno que demonstra especismo em sua defesa de um contratualismo clássico, em ótica do contratualismo hobbesiano, que se tona ultrapassada atualmente.

1.3. O utilitarismo clássico de Jeremy Bentham e John Stuart Mill: a Teoria da Igualdade de Interesses

Sobre a comparação entre os humanos e os animais, o filósofo utilitarista Jeremy Bentham, em 1823, consagrará a feliz construção teórica bastante esclarecedora, onde ele de modo claro rebate a visão mecanicista e cartesiana com a colocação de que não importa se os animais podem ou não falar ou raciocinar. A questão a ser enfrentada é que podem sofrer, e isso é o bastante para ser alterado o comportamento de exploração a que são sumariamente submetidos. Mais tarde foi Peter Singer seu maior seguidor e quem mais divulgou essa ideia:

> Talvez chegue o dia em que o restante da criação animal venha a adquirir aqueles direitos que nunca lhe poderiam ter sido retirados, senão pela mão da tirania. Os franceses já descobriram que a negrura da pele não é razão para um ser humano ser abandonado sem mercê aos caprichos de um torturador. É possível que um dia se reconheça que o número de pernas, a vilosidade da pele ou a forma da extremidade do osso sacrum são razões igualmente insuficientes para abandonar um ser sensível ao mesmo destino. Que outra coisa poderá determinar a fronteira do insuperável? Será a faculdade da razão, ou talvez a capacidade de falar? Mas um cavalo ou cão adultos são incomparavelmente mais racionais e comunicativos do que uma criança com um dia ou uma semana ou mesmo um mês de idade. Suponhamos que eram de outra forma – que diferença faria? A questão não é: podem eles raciocinar? nem: podem eles falar? mas: podem eles sofrer?[29]-[30]

---

28 CARRUTHERS, P. **The animal issue*: moral theory in practice.*** Cambridge: Cambridge University Press, 1992.

29 BENTHAM, Jeremy. An introduction to the principles of morals and legislation. 1823. Disponível em: www.econlib.org/library/Bentham/bnthPML.html. Acesso em: 15 dez. 2018.

30 SINGER, Peter. **Ética prática**. Tradução Jefferson Luiz Camargo. São Paulo: WMF Martins Fontes, 2002. p. 67.

Este é o argumento decisivo: a característica preponderante a ser absorvida é a de sentir dor e sofrimento, o único critério moral significante para a teoria utilitarista, concedendo a qualquer animal humano ou não-humano a consideração igualitária no que tange ao prazer e sofrimento. E, portanto, são ignoradas a razão e a linguagem é a capacidade de sentir prazer e sofrimento,

O utilitarismo clássico e o preferencial O utilitarismo, na versão adotada por Singer, é uma teoria ética adequada para tratar dos assuntos que dizem respeito ao bem-estar geral dos seres sensíveis. Singer atribui ao utilitarismo a qualidade de ser prático, de efetivamente propor critérios de decisão moral aplicáveis ao mundo real – o qual, aliás, é um critério de aferição da própria doutrina moral: o quanto ela é capaz de oferecer soluções e alternativas para os dilemas morais.

Ele pode ser entendido como uma teoria ética normativa, que requer que levemos em consideração o bem-estar geral e que sirvamos ao bem-estar geral dos outros, no máximo grau possível.

Considera-se que uma pessoa está em melhor situação quando seus desejos, interesses e necessidades estão satisfeitos e, inversamente, está em pior situação se os tiver frustrados. Para o utilitarismo, a principal fonte de valor é o interesse, o qual se manifesta em termos de desejo ou preferência. Esse interesse é o mister da ação, à qual fornece a base racional. Mesmo em caso de conflito entre interesses diversos, a base racional para a escolha deve ser encontrada no próprio interesse. Agir eticamente é agir diante de escolhas possíveis, é deliberar ante possibilidades. Se um ser sofre, não pode haver nenhuma justificativa de ordem moral para nos recusarmos a levar esse sofrimento em consideração.

> Seja qual for a natureza do ser, o princípio de igualdade exige que o sofrimento seja levado em conta em termos de igualdade com o sofrimento semelhante de qualquer outro ser.[31] [...] Há uma abordagem sempre válida da ética que praticamente não é afetada pelas complexidades que tornam as regras simples de difícil aplicação: a perspectiva consequencialista.[32]

Os consequencialistas não partem de regras morais, mas de objetivos. Avaliam a qualidade das ações mediante uma verificação do quanto elas favorecem esses objetivos. A teoria consequencialista mais conhecida, embora não sendo a única, é o utilitarismo.

31 Ibid.

32 Ibid, p. 11.

O utilitarismo clássico considera uma ação correta quando esta produz um incremento igual ou maior da felicidade de todos os envolvidos, relativamente a uma ação alternativa, e errada se assim não acontecer. As consequências de uma ação variam de acordo com as circunstâncias nas quais ela é praticada. E é exatamente o consequencialismo que estará na base do pensamento ético de Singer.[33]

Assim a ideia de Peter Singer deseja que não apenas os interesses humanos devem ser levados em conta, mas de todos os animais sencientes. O utilitarismo, historicamente, remonta a Jeremy Bentham[34], que era um filósofo e jurista inglês bastante prático. Quando ele formulou o utilitarismo, julgou ter encontrado a razão de ser da ética. Para Bentham, a grande questão moral não era agradar ou alcançar os desejos e as vontades de alguma divindade, mas produzir o máximo de felicidade no mundo possível.[35]

O princípio moral fundamental foi o que Bentham enunciou como princípio da utilidade:

> [...] por princípio da utilidade se entende o princípio que aprova ou desaprova qualquer ação, segundo a tendência que tenha para aumentar ou diminuir a felicidade das partes de cujo interesse se trata; ou, o que vem a ser o mesmo, em outras palavras, para fomentar ou combater essa felicidade.[36]

O princípio estabelece que, na escolha entre diferentes cursos de ação (por exemplo, políticas sociais), devemos optar por aquele que traga as melhores consequências globais para todos os afetados. Bentham

---

33 SINGER, Peter. **Ética prática**. Tradução Jefferson Luiz Camargo. São Paulo: WMF Martins Fontes, 2002.

34 Foi filósofo, jurista e um dos últimos iluministas a propor a construção de um sistema de filosofia moral, não apenas formal e especulativa, mas com a preocupação radical de alcançar uma solução a prática exercida pela sociedade de sua época. As propostas têm, portanto, caráter filosófico, reformador e sistemático. O jurista, juntamente com John Stuart Mill e James Mill, foi tradicionalmente considerado como o difusor do utilitarismo, teoria ética normativa que se objetiva a responder todas as questões acerca do fazer, admirar e viver em termos da maximização da utilidade e da felicidade.

35 BENTHAM, Jeremy. **An introduction to the principles and morals and legislation**. Batoche Books: Kitchener 2000. pp. 138-145. Disponível em: http://historyofeconomicthought.mcmaster. ca/bentham/morals.pdf. Acesso em: 1 Set. 2018.

36 BENTHAM, Jeremy. **Uma introdução aos princípios da moral e da legislação**. Série Os Pensadores. 2ª ed. São Paulo: Abril Cultural, 1979. p. 14.

acreditava que o propósito da lei deveria ser o mesmo da moral, promover o bem-estar geral dos seres humanos. Os homens são movidos, segundo o filósofo, basicamente para evitar a dor. Esse é o *life motiv* de suas ações, juntamente com a busca pelo prazer e pela felicidade.

O utilitarismo se baseia nesse critério: a ação é considerada "boa", se promove o prazer, e menos valiosa quanto menos promovê-lo. Esse é seu princípio geral. O que importa, na consideração moral, não é tanto a motivação interna da ação, a intenção do agente (e nem, portanto, as razões ou princípios que fundamentariam a motivação da ação moral); o que importa, precipuamente, é o resultado no mundo, as consequências das ações, que são tanto melhores quanto mais promoverem a felicidade (entendida em sentido amplo, tal como na reformulação proposta por Stuart Mill).

Bentham, segundo Mill[37], "se perdeu" tentando elaborar hierarquias de prazeres, no chamado "cálculo utilitarista". Bentham tencionava uma forma de estabelecer alguma precisão no dimensionamento dos prazeres e dores, ou seja, que pudessem ser "medidos" em termos de categorias como intensidade e duração. Mill reputa a Bentham uma certa estreiteza de concepções em relação à natureza humana, onde a felicidade é diretamente correlacionada ao prazer. Nesse sentido, ele critica seu mestre:

> O homem é concebido por Bentham como um ser suscetível de prazeres e dores, e governado, em sua conduta, em parte pelas diferentes modificações do auto interesse e pelas paixões comumente classificadas como egoístas e, em parte, pelas simpatias, ou ocasionalmente antipatias, em relação a outros seres. E aqui termina a concepção de natureza humana de Bentham [...]. O homem nunca é reconhecido por ele como um ser capaz de buscar a perfeição espiritual como um fim; de desejar, em si mesmo, a conformidade de seu próprio caráter com seu padrão de excelência, sem esperar pelo bem ou temer pelo mal que pode advir de qualquer outra fonte além de sua própria consciência interior.[38]

Mill se propõe como tarefa a reformulação do utilitarismo, em bases mais amplas que as estabelecidas por Bentham. A noção de felicidade é alargada para incorporar o âmbito das experiências espirituais, mais "elevadas", não necessariamente coincidentes com o "prazer", e,

37 MILL, John Stuart. **Autobiography and Other Writings**. Ed. Jack Stillinger. Boston: Houghton Mifflin, 1969.

38 MILL, John Stuart. **Utilitarism**. New York. Liberal Art Press, 1957. p. 40.

portanto mais compatível com própria concepção de natureza humana: Um ser com faculdades superiores exige mais para ser feliz, está provavelmente sujeito a sofrimentos mais agudos e é, certamente, suscetível a tais sofrimentos em mais ocasiões do que um ser de tipo inferior.[39]

Jeremy Bentham foi o maior expoente desta teoria e o filósofo australiano Peter Singer o seu discípulo. Para um verdadeiro sentido de justiça, é necessário ter em conta, de forma igualitária, os interesses de todos os seres sencientes – sendo os conceitos chaves desta teoria igualdade e interesses, não relevando aqui quer a racionalidade e autoconsciência, quer a autonomia, características chave para as anteriores teorias.

Para Bentham, todos os animais que tenham capacidade de sofrimento têm interesses que devem ser protegidos, desde logo o interesse em evitar o sofrimento. Só haverá uma atuação justa se forem atendidos os interesses de todos que sentem, sejam humanos ou animais, fazendo uma espécie de juízo de *prognose póstuma* para conhecer as ações capazes de garantir o maior prazer ao maior número de seres e as que podem evitar o maior sofrimento possível.

Peter Singer em sua obra publicada inicialmente em 1975, *"Libertação Animal"*[40] aborda a ideia de que os seres dotados de capacidade de sentir têm interesses, mesmo que seja o interesse comum a todo o ser senciente, qual seja, o de obter o maior bem-estar e o menor sofrimento possíveis.

Para Singer, a capacidade de sofrimento e de satisfação é um *pré-requisito para a existência de interesses.* Por sua vez, a capacidade de sofrimento de cada ser senciente deve aferir-se por sintomas visíveis, como os são nos humanos, como a dor, o medo, o desespero, o frio, a fome, entre outras ou indiretamente pelo sistema nervoso, presente nos seres sencientes.

Por ser uma teoria ética, o utilitarismo prega que a ação deve ser direcionada a trazer tanta felicidade quanto possível ao mundo, sob três premissas basilares: (1) É bom é que a quantidade de felicidade seja a maior possível. (2) O que é melhor é que a soma total de felicidade seja a mais elevada possível. (3) Agir de forma a aumentar a soma total de felicidade.[41]

---

39 MILL, John Stuart. **Utilitarismo**. Tradução Alexandre Braga Massella. São Paulo: Iluminuras, 2000.

40 SINGER, Peter. **Libertação Animal**. 1975. Porto Alegre: Lugano, 2004.

41 BENTHAM, Jeremy. **An introduction to the principles and morals and legislation**. Oxford: Clarendon Press, 1780. Disponível em: https://www.earlymoderntexts.com/assets/pdfs/ bentham1780.pdf. Acesso em: 22 Ago. 2018.

A satisfação de um maior número de seres sencientes ao mesmo tempo em que o interesse de cada ser conta como apenas um, são as bases utilitaristas das quais decorrem os *deveres diretos* com os animais[42]. Porém há de se ter muito cuidado com a lógica utilitarista: pois o ser humano quer escapar da dor e do sofrimento e obter mais satisfação, então nada impede que o sofrimento animal, mesmo desnecessário, seja justificado, se o número de humanos ao qual é diminuída a dor ou aumentado o bem-estar seja superior ao número de animais utilizados.

E curiosamente também pode ocorrer o inverso: permitir-se a prevalência de interesses dos animais, se os animais a beneficiar estejam em maior número do que os humanos a prejudicar. Tal lógica, portanto, não leva em conta a fundamentação de importância com o valor intrínseco de cada vida que sofre.

A perversa premissa utilitarista é aquela que expõe o próprio consumo alimentício: muitos seres humanos têm prazer elevado em comer carne. E o preparo da carne esteve e continua está presente em todas as festas religiosas, natal, ação de graças, celebrações, festas, casamentos, batizados etc. Ora, se aos animais da indústria agropecuária for dado um máximo de bem-estar animal, isentando-os da percepção da morte e que esta se dê rapidamente, sem muito sofrimento, então a alimentação baseada em animais é maior em sua utilidade final dos animais, ainda considere os interesses dos animais não humanos.

O utilitarismo apresenta lacunas, mas desenvolve bem o seu papel de demonstrar que os animais são seres sencientes e não máquinas como aludia Descartes, e, portanto, sofrem, emocionam-se, amam, têm fome, frio e medo e precisam ter seus interesses respeitados pelos seres humanos. A *teoria do dever indireto* tem *Kant* como principal defensor, o contratualismo contemporâneo aceita a proteção dos animais e não a defesa de seus direitos e a teoria utilitarista, defendida por Bentham e Singer é claramente bem-estarista, sendo tolerante com a exploração animal.

A partir desse cenário historicamente demonstrado tomaram corpo as teorias diretas, de onde se originou o abolicionismo, muito mais exigente para a preservação e o bem dos animais.

42 CORTINA, Adela. **Las Fronteras de la Persona**: El valor de los animales, la dignidad de los humanos. Taurus: Madrid, 2009. p. 117.

1.4. Teoria dos interesses diretos – aportes teóricos da origem da questão animal

1.4.1. O dever de compaixão de Humphry Primatt

A questão do animal não é uma questão única, e aqueles que se aproximam fazem isso de muitos pontos de vista. A exploração particular de Derrida da questão, no entanto, concentra-se nas maneiras pelas quais uma tradição do pensamento filosófico definiu o humano, em parte contrastando-o com e excluindo outra coisa chamada o animal.

Para haver fidelidade em se cuidar dos expoentes que primeiro enfrentaram a circunstância do animal e de sua exploração na sociedade, é preciso se iniciar com o teólogo cristão Humphry Primatt, que foi o autor de[43] "Uma Dissertação sobre o Dever de Compaixão e o Pecado da Crueldade contra Animais Brutos", obra onde reconhece em sua tese central que, para além da aparência exterior ou da biologia do animal humano e não-humano, há interesses comuns a todas as espécies animais, que a ética não pode discriminar, e assim sendo, o sofrimento como o parâmetro para ser considerado moralmente.[44,45]

Sonia Felipe, em trabalho sobre a obra de Primatt, afirma:

> Tratar animais com crueldade, explorá-los e matá-los, alegando que fazem o mesmo uns contra os outros ou contra os humanos, é abandonar o estatuto de sujeito moral que nos concedemos, e buscar justamente nos animais, a quem da perspectiva moral tradicional abominamos como vis, o modelo de ação que a própria razão despreza. Desse modo, só nos rebaixamos.[46]

E segue a filósofa analisando as vinte e sete teses de Primatt e demonstrando que não há justificativa alguma para o ser humano tratar com crueldade os animais. Analisando as vinte e sete teses de Primatt[47].

---

43 PRIMATT, Humphry. Dissertation of the Duty of Mercy and Sino f Cruyelty to Brute Animals"

44 PRIMATT, Humphrey. **The Duty of Mercy**. 1776. Editado por Richard D. Ryder e John Austin Baker. Fontwell/Sussex: Centaur Press, 1992.

45 REGAN, Tom .**The Case for Animal Rights**. Berkeley: University of California Press, 1983.

46 FELIPE, Sônia T. **Fundamentação ética dos direitos animais. O legado de Humphry Primatt.** 2014. Disponível em: file:///C:/Users/DELL/Documents/Doutorado%20Teses/Humphry%20 Primatt%2010249-28716-1-PB.pdf. Acesso em: 19 Ago. 2018.

47 A última das 27 teses assim define a não interferência humana: 27ª tese: "O dever humano mais sagrado, relativamente aos animais, de não-interferência quan-

A não interferência é uma regra maior a ser cumprida. O homem, descreve Primatt, "[...] *procura e persegue até mesmo o mais inofensivo dos animais com o propósito de o caçar e destruir*".[48]

> Nesse caso, parece que a compaixão prepondera do lado dos animais. Quando o ser humano fica procurando nos animais a razão pela qual os trata com crueldade, evitando olhar-se criticamente ao espelho, perde sua própria dignidade.[49]

Assim sendo foi no ano de 1776 que o primeiro autor, Primatt reconheceu que os animais têm o direito de viver sem a interferência dos interesses humanos sobre seu *habitat* natural. E, mais adiante, no século XX, Aldo Leopold[50] retoma a tese da necessidade de limites à liberdade humana, e mesmo até de abolição de algumas liberdades humanas para que os animais consigam ter sua vida em paz. Primatt[51] reconhece essa necessidade, em relação aos animais silvestres e aos selvagens, quando escreve: *"O dever dos homens relativamente aos animais selvagens (wild) por natureza, limita-se a uma questão bem restrita: ao dever de deixá-los em paz". Sendo propriedade de Deus, e sob suas vistas, este proverá por eles.*[52]

As teses de Primatt estão mantidas no seu valor pioneiro na fundamentação ética do direito dos animais. Além do fato do autor ter enfrentado a discriminação, a negligência das autoridades sobre maus-tratos sofridos pelos animais, e de ter chamado a atenção para as duas formas

---

do esta representa um malefício, equivale, na prática, ao dever de os deixar viver em paz". FELIPE, Sônia T. **Fundamentação ética dos direitos animais. O legado de Humphry Primatt.** 2014. Disponível em: file:///C:/Users/DELL/Documents/Doutorado%20Teses/Humphry%20Primatt%2010249-28716-1-PB.pdf. Acesso em: 19 Ago. 2018.

---

48 PRIMATT, Humphrey. **The Duty of Mercy**. 1776. Editado por Richard D. Ryder e John Austin Baker. Fontwell/Sussex: Centaur Press, 1992.

49 FELIPE, Sônia T. **Fundamentação ética dos direitos animais. O legado de Humphry Primatt.** 2014. p. 227. Disponível em: file:///C:/Users/DELL/Documents/Doutorado%20Teses/Humphry%20Primatt%2010249-28716-1-PB.pdf. Acesso em: 19 Ago. 2018.

50 Cf. A Sand County Almanac [1949]. New York: Ballantine Books, 1966. Ver Felipe (2014, p. 227).

51 FELIPE, op. cit., p. 227.

52 "E basta para nós que não invadamos seu território, que não os molestemos, que os deixemos livres para que possam realizar as tarefas e corresponder aos fins para os quais Deus teve o prazer de os criar". (FELIPE, op. cit., p. 227).

de violência, a humana, condenada por lei e pela moral em certos casos (não se fosse praticada contra negros, mulheres, crianças), e a brutal, ignorada igualmente pela legislação e pela moral.

Assim o texto de Primatt é um divisor de águas na história da ética, e uma denúncia das muitas formas de discriminação praticadas contra seres de sua própria espécie e de outras. Sem Primatt, as teses de Jeremy Bentham, Henry Salt, Richard D. Ryder, Peter Singer, Tom Regan e de Gary L. Francione, não teriam nascido e se expandido com tamanho vigor.

Naturalmente, tornou-se comum na teoria crítica contemporânea criticar as representações homogêneas do "humano". Uma vez que a tentativa de descrever a propriamente humanidade começaram a passar por revisão, quando se passou a olhar os seres humanos em relação aos animais. Vale para tanto ilustrar a tese de número vinte e dois de Primatt: 22ª tese: *"Crueldade é covardia, ainda pior quando praticada contra animais".*[53]

> O homem diz-se dotado de razão, e, portanto, capaz de aprendizado. Mas, Primatt reconhece que na questão do trato devido aos seres vivos, temos mais o que aprender dos animais, do que a eles ensinar. Os animais são incapazes de nos tratar com crueldade, isto é, de nos causar dor ou sofrimento injustificáveis. Mesmo quando lhes causamos dor, raramente revidam.[54]

Desse modo no antropocentrismo da tradição filosófica continental, os humanos e os animais são inicialmente vistos como parte de um todo ontológico. O primeiro autor a se debruçar sobre a questão animal, vai refletir profundamente de modo ético, e concluir com um pedido de responsabilidade humana em relação a todas as formas de vida.

1.4.2. Sofrer é o maior mal por Henry Salt ("Suffering is Suffering")

A seguir em 1892, foi Henry Salt quem, se inspirando em Primatt, primeiro cuidou dos direitos dos animais em sentido estrito[55]. E seu tex-

---

53 FELIPE, Sônia T. **Fundamentação ética dos direitos animais. O legado de Humphry Primatt.** 2014. p. 223. Disponível em: file:///C:/Users/DELL/Documents/Doutorado%20Teses/Humphry%20Primatt%2010249-28716-1-PB.pdf. Acesso em: 19 Ago. 2018.

54 Ibid, p. 233. Sugere-se a leitura completa para o conhecimento das 27 éticas sugeridas por Primatt e abordadas por Sônia Felipe. Ver Felipe (2014).

55 *Chapter I – The Principle of Animals' Rights- have the lower animals "rights?" Undoubtedly-if men have. That is the point I wish to make evident in this opening chap-*

to é esclarecedor quando já se inicia coma proposta de afirmar direitos aos animais, se seres humanos já desfrutam de direitos. E segue o autor numa perspectiva de senso de justiça e compaixão, afirmando que dor é dor, exatamente como afirmou antes Primatt.

Salt é veemente ao afirmar que é um erro todo supor que os direitos dos animais são de alguma forma, antagônicos aos direitos dos homens. O autor faz um apelo para que a humanidade nãos e nos deixe trair por um momento à ilusória falácia de que devemos primeiro estudar os direitos humanos e deixar que a questão animal se resolva no futuro; pois é apenas por um estudo amplo e desinteressado de ambos os assuntos que uma solução é possível.

Pensar que em 1892 um autor publicou em New York afirmando que é tarde demais para sugerir o adiamento indefinido de uma consideração dos direitos dos animais, demonstra como o tema já teve força histórica suficiente para que uma mudança prática no status dos animais já tivesse ocorrido. E ainda o próprio autor em seu texto afirma que do ponto de vista moral, e mesmo do ponto de vista legislativo, segue o confronto com o problema, e as chamadas pessoas "práticas" que se preocupam em ignorá-lo estão simplesmente fechando os olhos para fatos que acham desagradável confrontar.[56]

---

ter. But have men rights? Let it be stated at the outset that I have no intention of discussing the abstract theory of natural rights, which, at the present time, is looked upon with suspicion and disfavour by many social reformers, since it has not unfrequently been made to cover the most extravagant and contradictory assertions. But though its phraseology is confessedly vague and perilous, there is nevertheless a solid truth underlying it-a truth which has always been clearly apprehended by the moral faculty, however difficult it may be to establish it on an unassailable logical basis. If men have not "rights"-well, they have an unmistakable intimation of something very similar; a sense of justice which marks the boundary-line where acquiescence ceases and resistance begins; a demand for freedom to live their own life, subject to the necessity of respecting the equal freedom of other people. SALT, S. Henry. **Animals' Rights**: Considered in Relation to Social Progress. New York: Macmillan & Co, 1894. Disponível em: http://www.animal-rights-library.com/texts-c/salt01.htm. Acesso em: 19 Ago. 2018.

---

56 *It is an entire mistake to suppose that the rights of animals are in any way antagonistic to the rights of men. Let us not be betrayed for a moment into the specious fallacy that we must study human rights first, and leave the animal question to solve itself hereafter; for it is only by a wide and disinterested study of both subjects that a solution of either is possible. "For he who loves all animated nature,"says Porphyry, "will not hate any one tribe of innocent beings, and by how much greater his love for the whole, by so much the more will he cultivate justice towards a part of them, and that part to which he is most allied."To omit all worthier reasons, it is too late in the*

Henry Salt foi protovegano e colocou-se contra a dieta da Vegetarian Society, da Inglaterra, que aceitava e estimulava a dieta ovolactovegetariano. Ele afirmava que a opção por não usar alimentos de origem animal era o único caminho da ética para com os animais. Isso porque o uso de animais seria a denúncia de ser ignorado seu valor. Em '*A Plea for Vegetarianism*', publicado em 1886, afirma que mesmo os produtos lácteos são desnecessários.[57]

Logo na próxima edição da obra o trecho que defendia o protoveganismo foi retirado por influência da sociedade vegetariana inglesa, que compreendeu que o autor a estaria prejudicando com conceitos polêmicos. A versão original é a preciosa contribuição de Henry Salt pela ética que, tempos depois, veio a originar o veganismo.

Mais uma vez, então, os animais têm direitos, e esses direitos consistem na liberdade de vida, e não sujeita às limitações impostas pelas necessidades e interesses permanentes dos seres humanos. O autor é claro ao afirmar que nada há de quixotesco ou visionário nesta afirmação, que é perfeitamente compatível com o olhar da existência completa.

day to suggest the indefinite postponement of a consideration of animals' rights, for from a moral point of view, and even from a legislative point of view, we are daily confronted with this momentous problem, and the so-called" practical "people who affect to ignore it are simply shutting their eyes to facts which they find it disagreeable to confront.
Once more then, animals have rights, and these rights consist in the "restricted freedom" to live a natural life-a life, that is, which permits of the individual development-subject to the limitations imposed by the permanent needs and interests of the community. There is nothing quixotic or visionary in this assertion; it is perfectly compatible with a readiness to look the sternest laws of existence fully and honestly in the face. If we must kill, whether it be man or animal, let us kill and have done with it; if we must inflict pain, let us do what is inevitable, without hypocrisy, or evasion, or cant. But (here is the cardinal point) let us first be assured that it is necessary ; let us not wantonly trade on the needless miseries of other beings, and then attempt to lull our consciences by a series of shuffling excuses which cannot endure a moment's candid investigation. As Leigh Hunt well says: "That there is pain and evil, is no rule That I should make it greater, like a fool." Thus far of the general principle of animals' rights. We will now proceed to apply this principle to a number of particular cases, from which we may learn something both as to the extent of its present violation, and the possibility of its better observance in the future.

57 SALT, S. Henry. *A Plea for Vegetarianism* and other essays. 1986. Disponível em: https://archive.org/details/pleaforvegetaria1886salt/page/n4. Acesso em: 19 Ago. 2018.

E conclui que: "Sofrer é sofrer [...] seja esse sofrimento infligido ao ser humano ou a um animal, sendo sentido o sofrimento, sofre o mal".[58]

Henry Salt é muito importante como referencial para a questão animal também diante do mito e do sagrado. Porque com coragem o autor se manifesta:

> Entre os muitos movimentos humanitários da época atual, nenhum é mais significativo do que a crescente inclinação, perceptível tanto nos círculos científicos quanto nos religiosos, de acreditar que a humanidade e os animais inferiores têm o mesmo destino diante deles, seja esse destino imortalidade ou para aniquilação.[59]

Henry Salt não é o único, mas talvez tenha sido o primeiro a claramente expor que a fonte da desumanidade moderna deve ser encontrada na doutrina "cartesiana" de Descartes e seus seguidores, que concebe

---

58 Ibid.

59 *Among the many humane movements of the present age, none is more significant than the growing inclination, noticeable both in scientific circles and in religious, to believe that mankind and the lower animals have the same destiny before them, whether that destiny be for immortality or for annihilation.The second and not less fruitful source of modern inhumanity is to be found in the " Cartesian " doctrine -the theory of Descartes and his followers-that the lower animals are devoid of consciousness and feeling ; a theory which carried the " religious " notion a step further, and deprived the animals not only of their claim to 1 a life hereafter, but of anything that could, without ; mockery, be called a life in the present, since mere " animated machines," as they were thus affirmed to be, could in no real sense be said to live at all! Well might Voltaire turn his humane ridicule against this most monstrous contention, and suggest, with scathing irony, that God "had given the animals the organs of feeling, to the end that they might not feel!" "The theory of animal automatism," says one of the leading scientists of the present day,[9] " which is usually attributed to Descartes, can never be accepted by common sense." Yet it is to be feared that it has done much, in its time, to harden "scientific" sense against the just complaints of the victims of human arrogance and oppression. Let me here quote a most impressive passage from Schopenhauer. "The unpardonable forgetfulness in which the lower animals have hitherto been left by the moralists of Europe is well known. It is pretended that the beasts have no rights. They persuade themselves that our conduct in regard to them has nothing to do with morals, or (to speak the language of their morality) that we have no duties towards animals: a doctrine revolting, gross, and barbarous, peculiar to the west, and having its root in Judaism. In philosophy, however, it is made to rest upon a hypothesis, admitted, in despite of evidence itself, of an absolute difference between man and beast. It is Descartes who has proclaimed it in the clearest and most decisive manner; and in fact it was a necessary consequence of his errors. The Cartesian – Leibnitzian – Wolfian philosophy, with the assistance of entirely abstract notions, had built up the 'rational psychology,' and constructed an immortal anima rationalist.*

os animais são desprovidos de consciência e sentimento; teoria que levou a noção "religiosa" um passo adiante, e privou os animais não apenas de sua reivindicação de vida, uma vez que eram considerados máquinas animadas. A teoria do automatismo animal, diz um dos principais cientistas atuais,[60, 61] atribuída a Descartes, nunca deve ser aceita pelo senso comum.

No entanto, é de recear que tenha feito muito, no seu tempo, endurecer o sentido científico contra as justas queixas das vítimas da arrogância e da opressão humanas.

E cita o autor uma passagem de Schopenhauer:[62]

> O esquecimento imperdoável em que até agora os animais inferiores foram deixados pelos moralistas da Europa é bem conhecido. É pretendido que os animais não têm direitos. Eles se convencem de que nossa conduta em relação a eles não tem nada a ver com a moral, ou (para falar a linguagem de sua moralidade) que não temos deveres para com os animais: uma doutrina revoltante, grosseira e bárbara, peculiar ao ocidente, e tendo sua raiz no judaísmo.

Descartes foi quem proclamou a filosofia de exclusão doa animais, da maneira mais clara e decisiva, e diz-se que todo o resto foi uma consequência necessária de seus erros. A filosofia cartesiana, com a assistência de noções inteiramente abstratas, construiu a "psicologia racional" e construiu o monopólio humano e silenciosamente a Natureza protestou.

Os filósofos, com consciência já perturbada, foram forçados a tentar consolidar sua "psicologia racional" com a ajuda do empirismo. Eles, portanto, se puseram a trabalhar para escavar entre o homem e a fera um enorme abismo; por isso eles querem provar, em desprezo de evidência, uma diferença intransponível entre o homem e os animais."[63]

---

60 ROMANES, George J. *Prof. Huxley's remarks, in "Science and Culture" give a partial support to Descartes' theory, but do not bear on the moral question of rights. For, though he concludes that animals are probably "sensitive automata", he classes men in the same category.* ROMANES, George J. **Animal Intelligence**. *London,* K. Paul, Trench, 1982. Disponível em: https://archive.org/details/animalintelligen00romauoft/page/n10. Acesso em: 19 Ago. 2018.

61 SALT, Henry Stephens. **A Plea for Vegetarianism and other essays**. 1986. Disponível em: https://archive.org/details/pleaforvegetaria1886salt/page/n4. Acesso em: 19 Ago. 2018.

62 Schopenhauer's. Foundation of Morality. I quote the passage as translated. In: Mr. Howard Williams's. **Ethics of Diet**).

63 Schopenhauer's "Foundation of Morality". I quote the passage as translated in Mr. Howard Williams's "Ethics of Diet". (SCHOPENHAUER'S *apud* SALT, 1986).

A ideia falaciosa de que a vida dos animais não tem "nenhum propósito moral" está, em sua essência, ligada a essas pretensões religiosas e filosóficas que Schopenhauer tão poderosamente condena. Viver a própria vida é o mais elevado propósito moral do homem e também do animal. Inexiste dúvida sobre os animais possuírem senso de individualidade. Darwin, afirma que os sentidos e intuições, as várias emoções e faculdades, como amor, memória, atenção, curiosidade, imitação, razão, etc., dos quais o homem se orgulha, podem ser encontrados em uma condição bem desenvolvida, nos animais inferiores.

E conclui o autor que a certeza de que a maioria das crueldades perpetradas nos animais se deve ao hábito de considerá-las meras máquinas sem suscetibilidade, sem razão e sem a capacidade de um futuro.

1.4.3. A origem do conceito de 'Especismo' por Richard Ryder

Ryder é um psicólogo inglês, que, após trabalhar em laboratórios de pesquisa animal, posicionou-se absolutamente contra a experimentação animal, e foi um dos pioneiros no movimento da libertação animal. Um panfleto editado em Oxford em 1975 menciona pela primeira vez o termo 'especismo', escrito por Richard Ryder.

Especista, portanto, é a tradição moral na qual vivemos, "essa espécie de ditadura abrangente que condena os animais não-humanos a viverem para atender aos desejos, satisfazer os caprichos e suprir as necessidades dos humanos".[64] Ele é o autor de *Victims of Science* (1975)[65], *Painism: A Modern Morality* (2003) e *Putting Morality Back into Politics* (2006), foi o criador do conceito "especismo" e conta que a palavra lhe ocorreu durante o banho, em Oxford. Era algo como o racismo ou sexismo, a ideia, portanto, era mesmo de paralelismo, que demonstrasse um preconceito moralmente irrelevante baseado em diferenças.

> Com Darwin aprendemos que se somos animais humanos relacionados a todos os outros animais através da evolução, como, então, podemos justificar a nossa quase total pressão a todas as outras espécies? Todas as espécies de animais podem sofrer dor e angústia. Animais gritam e esperneiam como nós, os seus sistemas nervosos

---

64 FELIPE, Sonia T. **Por uma Questão de Princípios**: alcance e Limites da Ética de Peter Singer. Florianópolis: Boiteaux, 2003. p. 2.

65 A palavra foi depois usada pelo próprio Richard Ryder em seu no livro, *Victims of Science*, e após Peter Singer passou a utilizar o termo e a divulgá-lo muito em suas obras.

> são similares e contêm a mesma bioquímica que sabemos estar associada com a experiência da dor em nós mesmos.[66]

Vários princípios morais têm sido trabalhados academicamente e juridicamente, como justiça, liberdade, igualdade. Richard Ryder afirma que estes princípios são meros pontos de apoio para o bem final, que é a felicidade; que por sua vez só existe quando se está livre de todas as formas de sofrimento (e utiliza as palavras 'dor' e 'sofrimento' alternativamente). E afirma que a razão pela qual esses ideais são considerados importantes é porque as pessoas têm acreditado que eles são essenciais para o banimento do sofrimento.

A dor é muito mais poderosa do que o prazer. O autor segue informando que ninguém trocaria uma hora de êxtase por uma hora de tortura. A dor é na realidade o primeiro e único mal. Vale ressaltar que essa dor se liga ao domínio que por sua vez tem raízes bíblicas conforme já exposto, e admite a primazia do ser humano como o grande mestre possuidor de tudo que há na Terra.

> O que dizer então sobre os masoquistas? A resposta é que a dor lhes dá um prazer que é maior do que a sua dor! Um dos importantes princípios do *dorismo* (o nome que eu dou para a minha abordagem moral) é que devemos nos concentrar sobre o indivíduo, pois é o indivíduo – e não a raça, a nação ou a espécie – que sente o verdadeiro sofrimento. Por esta razão, as dores e prazeres de vários indivíduos não podem ser agregados de forma significativa, como ocorre no utilitarismo e na maior parte das teorias morais.[67]

Nenhum conceito filosófico, portanto, autoriza o sofrimento desnecessário e muito menos a dor experimental, aquela que é infligida aos animais em experimentos científicos biológicos, químicos ou comportamentais.

> Em toda a situação, nós devemos assim nos preocupar primeiramente com a dor do indivíduo que é o maior sofredor. Não importa, moralmente falando, o que ou quem seja o maior sofredor – se ser

66 RYDER, Richard. Os animais e os direitos humanos. **Revista Brasileira de Direito Animal**. v.3, n.4, pp. 67-70, 2008. Disponível em: https://portalseer.ufba.br/index.php/ RBDA/article/view/10458/7464. Acesso em: 19 Ago. 2018.

67 RYDER, Richard. Os animais e os direitos humanos. **Revista Brasileira de Direito Animal**. v.3, n.4, pp. 67-70, 2008. Disponível em: https://portalseer.ufba.br/index.php/ RBDA/article/view/10458/7464. Acesso em: 19 Ago. 2018.

> humano, animal ou máquina. Dor é dor independentemente daquele que a sofre.[68]

Não importa que cada espécie seja diferente em suas necessidades e reações. Mesmo considerando que a dor é variável. Assim, nós podemos tratar de forma diferente espécies diferenciadas, mas devemos sempre tratar igualmente sofrimentos semelhantes.

> No caso de não-humanos, assistimos eles sendo impiedosamente explorados na pecuária, em laboratórios e na vida selvagem. Uma baleia pode demorar 20 minutos para morrer depois de ser arpoada. Um lince pode sofrer por uma semana com sua perna quebrada, causada por uma armadilha de aço dentada. Uma galinha chocadeira vive toda sua vida sem conseguir ao menos esticar suas asas. Um animal em um teste de toxicidade, envenenado por um produto de limpeza, pode agonizar durante horas ou dias antes de morrer. Estes são as principais formas de abusos que provocam grande sofrimento.[69]

Ainda assim, eles continuam sendo justificados sob o fundamento de que estes 'dorentes' não são da nossa espécie. Richard Ryder critica a ignorância humana sobre o conhecimento de suas próprias origens e da cadeia evolutiva evidenciada por Darwin. O modo de lidar com os outros animais é o de Descartes, como máquinas, insensíveis. E é enfático o psicólogo quando diz que os homens não tratariam os bebês ou os adultos mentalmente deficientes dessa forma, mesmo que sejam, algumas vezes, menos inteligentes e incapazes de uma comunicação ou mesmo de racionalização.

Pense-se em todos os humanos com comprometimento neurológico grave ou doença mental. Pense-se nos doentes em coma, nos acamados terminais e nos cronicamente debilitados em razão de degenerações celulares ou até mesmo os que foram vítimas de catástrofes e acidentes que os deixassem em estado de inconsciência grave.

> A simples verdade é que exploramos os outros animais e lhes causamos sofrimento, porque somos mais poderosos do que eles. Significaria isso dizer que, se os extraterrestres mencionados anteriormente aqui aterrissam e fossem bem mais poderosos do que nós, nós deixaríamos – sem discussão – que eles nos perseguissem

68 Ibid.

69 Ibid.

> e nos matassem por esporte, realizassem experiências conosco, nos criassem em fazendas industriais e nos transformassem em saborosos 70 hambúrgueres humanos? Nós aceitaríamos a explicação deles de que seria moralmente aceitável que eles fizessem todas essas coisas conosco, uma que não somos da espécie deles? Se nos preocupamos com o sofrimento de outros seres humanos, logo devemos nos preocupar com o sofrimento de não-humanos também.[70]

A proposta de Richar Ryder, é que aos poucos sejam trazidos os animais não-humanos para dentro da esfera moral e jurídica. Tal aceitação irá necessariamente acompanhar a evolução que fora antecedida pelo fim da escravidão, pois hoje os animais são os escravos modernos. Deste modo, o status jurídico dos animais, que já a tem sido estudados por vários países, precisará ser revisado em profundo e amplo estudo legislativo mundialmente.

1.4.4. A Teoria dos Direitos dos Animais de Tom Regan

O critério que norteia a teoria de Tom Regan é de origem abolicionista e consiste considera *"subject of a life"* qualquer ser a quem sejam reconhecidas determinadas características psíquicas, designadamente a capacidade de desejar, recordar, agir intencionalmente e sentir emoções que constituam a existência de um *valor intrínseco*.[71]

Para Regan, mamíferos a partir de 1 ano de vida são animais que possuem capacidade de sofrer, e por isso são considerados 'sujeitos de uma vida', *'subject of a life'* com seu valor intrínseco. O autor anuncia que devem ser repudiadas todas as formas de exploração de animais não humanos designadamente na indústria agropecuária e nos laboratórios científicos.

Tom Regan[72], maior representante da doutrina abolicionista, foi quem mais se aprofundou no movimento acadêmico de Direitos dos Animais idealizado por um grupo de filósofos da Universidade de Oxford,

---

70 RYDER, Richard. Os animais e os direitos humanos. **Revista Brasileira de Direito Animal**. v. 3, nº 4, pp. 67-70, 2008. Disponível em: https://portalseer.ufba.br/index.php/ RBDA/article/view/10458/7464. Acesso em: 19 Ago. 2018.

71 REGAN, Tom. **Defending Animal Rights**. University of Illinois Press: Urbana and Chicago, 2001. p. 17.

72 WHAT HAPPENS TO THEM MATTERS TO THEM. Série happens. **The Animals Voice [on line]**. 2019. Disponível em: http://animalsvoice.com/. Acesso em: 22 Dez. 2018.

composto entre outros por Peter Singer e o psicólogo Richard D. Ryder na década de setenta.

A teoria sobre direitos animais é decorrente dos trabalhos pioneiros de Tom Regan, que fez mestrado e doutorado na Universidade da Virgínia (EUA) e lecionou filosofia durante 34 anos na Universidade da Carolina do Norte (EUA), aposentou-se em 2001 como Professor Emérito e faleceu em 2017 aos 78 anos. Atualmente esta universidade mantém o Arquivo Tom Regan de Direitos Animais com centenas de livros e artigos sobre direitos animais, legislação e bem estar animal em homenagem aos trabalhos do filósofo.

Regan afasta-se por completo da ótica utilitarista da consideração igualitária de interesses entre animais humanos e não humanos. O autor vai mais além e luta por uma libertação animal no sentido de serem atribuídos direitos subjetivos aos animais não humanos[51].

Para ele os animais desfrutam de um direito moral básico por serem sujeitos de uma vida. Na seção final de *Jaulas Vazias* são propostas de ação que, para o autor, poderiam aliviar o sofrimento dos animais, modificando o modelo exploratório, através de uma abordagem ético-filosófica, centrada na concessão de direitos aos animais.

Regan também sugere como tática aceitável em favor dos animais o *outling*, o ato de alertar os integrantes de locais, vizinhanças ou cercanias sobre os seres humanos violadores direta ou indiretamente dos direitos dos animais.

O ponto mais nevrálgico é quando o autor autoriza até mesmo se utilizar de violência na defesa dos animais como atitude moralmente justificável. Regan coloca-se como entusiasta de propostas praticadas como forma de desobediência civil quando os valores em jogo forem preservação e defesa dos animais.

A questão animal integra o mais prioritário dos direitos de todos os seres vivos: o de ter um planeta habitável. Os perigos colocados ao ambiente geral por pesquisadores que são insensíveis aos seus animais não são diferentes dos ativistas dos direitos dos animais que são igualmente inconscientes dos efeitos adversos que surgem de algumas de suas próprias ações diárias.

Os animais têm direitos do mesmo modo que humanos têm direitos, para Tom Regan. As críticas ao contratualismo e ao utilitarismo é que nenhuma das teorias oferece resultados morais justos, nem para os animais, nem para os seres humanos.

E sua base teórica são os direitos morais, repudiando a ideia de valor instrumental de cada ser vivo (valor de cada um só pelos benefícios que podem propiciar). A teoria de Regan tem fundamento kantiano, porém com uma visão mais abrangente de quem são os indivíduos que possuem valor inerente ou valor moral.

Para Kant, só seres racionais são detentores de valor absoluto. Mas, Kant não explica o fato de crianças ou deficientes mentais não poderem ser utilizados por seu valor instrumental, por exemplo, em experiências científicas.

Regan então contra-argumenta que todos os seres humanos possuem valor intrínseco. A teoria dos direitos animais humanos e não humanos, de Tom Regan, têm uma identidade psicológica unificada e reconhece que animais têm direitos a partir daí torna-se simples. Regan considera que um sistema de exploração seja humana, seja animal, não tem respaldo moral.

Se alguns animais têm elevada complexidade psicológica, serão tratados como sujeitos de uma vida; possuem, portanto, valor inerente e têm tanto direito de serem tratados com respeito quanto humanos não paradigmáticos. Se seres humanos não-paradigmáticos fazem parte da comunidade moral, o status moral há de ser atribuído aos animais com capacidades psicológicas semelhantes.

A diferença entre homens e animais começa como uma diferença biológica, mas vai além por gerações de seres humanos, seus artistas, sua arte, sua literatura, sua religião.

Regan critica duramente a escola utilitarista cujo representante é Peter Singer. Regan afirma que direitos animais, assim como direitos humanos, não podem ser defendidos segundo uma visão utilitarista. Regan então apresenta a teoria de direitos com base numa extensão da ética de Kant, considerando a noção de 'sujeitos-de-uma-vida'.

Tal ética é claramente deontológica, na qual o dever é maior que as consequências oriundas das ações praticadas. O fundamento ético kantiano é o imperativo categórico de Kant: «Age de tal modo que possa valer como princípio universal.»[73] Tal princípio afirma que um direito deve ser respeitado, a despeito de sua violação beneficiar terceiros.

Desse modo, utilizar um animal (humano ou não) em um procedimento de vivissecção será sempre imoral, mesmo que disso resulte a cura do câncer ou de outra doença grave. Ao contrário, na ética utilitarista, um interesse poderia ser sobreposto por outro, desde que o bem resultante fosse significativo.

---

73 KANT, Immanuel. **Fundamentação da metafísica dos costumes**. Tradução Paulo Quintela. Lisboa: Edições 70, 2007.

Para concluir a teoria de Tom Reagan diferencia *agentes morais* e *pacientes morais,* que por sua vez não se confunde com sujeitos ou objetos de direito. Os seres humanos "normais" adultos são paradigmaticamente, *agentes morais*, por suas habilidades cognitivas, autonomia e capacidade para conferir "juízos morais". Deste modo, adultos capazes integram a "comunidade moral".

Por outro lado, tem-se os que Reagan nomeia de pacientes morais, os desprovidos da capacidade, de princípios morais, e de juízos morais. Entre tais, por exemplo, estão portadores de deficiências mentais e neurológicas, interditados e crianças na primeira infância. Ao contrário do que ocorre entre os agentes morais, a relação entre os pacientes morais e os agentes morais não é recíproca.

Essa diferença é importante para se esclarecer a ideia de Regan: aqueles que não têm pleno exercício de seus direitos estão em igualdade de condições éticas perante o mundo e a comunidade moral, sejam humanos ou sejam animais. Isso porque o valor maior não é o raciocinar e nem a equiparação de interesses ou a diminuição do sofrimento, mas sim a existência de uma vida, que sente e sofre. O sofrimento em nenhum momento é aceito por Regan para beneficiar interesses humanos.

1.4.5. A esquizofrenia moral da humanidade conceituada por Gary Francione

O professor norte-americano Gary L. Francione defende a Abordagem Abolicionista dos Direitos dos Animais, e em obra de referência, debate com o cientista político Robert Garner que aborda o Protecionismo Animal.

Além de expor diferentes teorias morais, *The Animal Rights Debate*[74] objetiva responder a instigante indagação se o uso de animais para fins humanos deveria ser abolido ou regulamentado.[75]

Francione aborda o fenômeno que ele denomina de 'esquizofrenia moral', caracterizadora dos juízos que os homens têm sobre os animais. O autor afirma que há certo reconhecimento por parte dos humanos de que os interesses dos não-humanos possuem algum valor moralmente

74 Garner defende proposta claramente bem-estarista e sugere que os atuais esforços deveriam estar direcionados à consolidação de uma abordagem protetiva pautada por leis de bem-estar animal. Ou seja, propostas normativas que reivindicam um melhor tratamento aos não-humanos, como é o caso do dito "abate humanitário".

75 FRANCIONE, Gary L. **Introdução aos direitos animais**: seu filho ou o cachorro? Tradução Regina Rheda. São Paulo: Unicamp, 2013.

relevante, mas tais interesses são ignorados por razões banais. A esquizofrenia relacionada ao tratamento ético dado aos animais deve-se ao especismo, ou seja, uma falha na atitude de consideração de interesses entre os iguais e os desiguais, sejam de mesma espécie ou não.

Assim, Francione salienta que apesar de politicamente correto evitar o sofrimento desnecessário a animais, ignora-se a utilização de animais para certos propósitos até mesmo por comodismo.

O autor é taxativo ao mencionar que os seres humanos continuam a se colocar no centro moral do universo e mesmo quando de algum modo defendem os animais estão buscando interesses próprios, e isso se dá deste modo em razão de um erro jurídico-conceitual clássico que se origina de toda uma formação antropocêntrica: o fato de que os não-humanos são propriedade dos seres humanos.

Seguindo este raciocínio nada adianta mudar se os animais continuarem jurídica e economicamente considerados propriedade humana. Francione é claro ao explicitar que os animais no mundo de hoje não possuem valor exceto o instrumental. Assim, qualquer conflito que possa emergir entre a vontade do proprietário de explorar eficientemente seus animais, e o interesse dos últimos de, por exemplo, manter sua integridade corporal, mostrar-se-á como sendo apenas uma "pseudo-disputa".

Isso se dá porque o cenário do embate jurídico já está acertado, o qual tende a favorecer especialmente os humanos, pois esses são tidos como portadores de direitos, enquanto os interesses dos animais não são amparados por nenhuma reivindicação legal.

Gary Francione afirma que a principal forma de alterar o atual paradigma dos não-humanos é estendendo a eles o direito básico que é outorgado a todos os seres humanos: o direito a não ser coisa de ninguém. Para o autor, se um indivíduo é considerado como propriedade de outrem, isso significa que ele pode ser tratado exclusivamente como um meio para os propósitos alheios. Isso é a descrição da ultrapassada escravidão.

Francione reivindica a concessão de somente um único protodireito aos não-humanos, cuja função é servir como precondição teórica para a posse de interesses moralmente significativos. Se um determinado interesse é salvaguardado por um direito, isso significa que esse interesse não pode ser simplesmente ignorado ou violado por resultar em algum tipo de benefício para outras pessoas. (utilitarismo)

Dessa forma, o direito pré-legal básico sugerido por Gary Francione, nada mais é do que um meio capaz de resguardar as preferências individuais da desconsideração oriunda de vontades alheias. De outra forma, torna-se inviável pesar de maneira justa os interesses de membros de espécies distintas, pois a condição de propriedade engessa a possibilidade de consideração moral.

Pelos escritos de Francione, é possível afirmar que a Abordagem Abolicionista dos Direitos dos Animais se distingue fundamentalmente de outras propostas éticas formuladas em defesa dos não-humanos. Isso ocorre devido ao fato de que um dos objetivos basilares do scholar é evidenciar que o uso de animais é moralmente inaceitável, independentemente de quão "humanitário" seja o tratamento dispensado a eles.

Assim, longe de almejar uma regulamentação da utilização de não-humanos, a proposta jurídico-filosófica sustentada por Francione clama pela abolição completa da exploração animal. Nesse sentido, a respectiva abordagem poderia ser compreendia como uma extensão natural do movimento antiescravagista, na medida em que se vale de princípios não discriminatórios para dar cabo de práticas consideradas imorais.

Por sua vez, no que diz respeito ao Protecionismo Animal, há de se ressaltar que Garner comumente argumenta que, por um lado, é preciso se pensar uma proposta filosófica em prol dos animais que esteja diretamente ligada a princípios morais.

Por outro lado, Garner afirma que se deve visualizar a viabilidade política da mesma em termos de sua aplicabilidade. Consequentemente, se comparada com a Abordagem Abolicionista defendida por Francione, a perspectiva protecionista de Garner pode ser vista como consideravelmente cautelosa e/ou moderada. Em outras palavras, na medida em que uma abolição definitiva da utilização de não-humanos para fins humanos seja inviável no presente momento, segundo Garner, faz-se necessário buscar táticas de tratamento e manejo animal alternativas que possam modificar o atual panorama. Tudo isso tendo em vista uma eliminação de alguns dos fatores compositivos da exploração animal.

Francione assevera que uma proposta centrada na concepção de normas de cunho bemestarista não somente é incapaz de prover aos não-humanos a devida consideração de seus interesses mais básicos, mas também torna a exploração mais eficiente. Francione esclarece que as regras de bem-estar animal não modificam a condição de "coisa" dos animais. E a legislação bem-estarista é perversa porque ao argumento de melhores condições de vida, torna o povo em geral mais ignorante e confortável em continuar usando produtos advindos da imposição sofrimento e morte de animais, ao pífio argumento de diminuir esse sofrimento.

O filósofo ainda sustenta a prática do veganismo e o boicote do consumo de produtos oriundos da exploração animal. Francione, vai além de indicar uma simples dieta ou estilo de vida, diz o autor que a adoção do veganismo é o comprometimento ético em nível individual com o princípio abolicionista.

Conhecendo todos os importantes autores que debateram sobre a questão animal passa-0se a desenvolver a diferença entre esses dois sistemas que biparte de modo muito evidenciado e inflamado os estudos animais. Para Gary Francione, inclusive, tal debate teórico que iniciou em meados da década de setenta e se arrasta até hoje, vem apenas atrasando a urgência na defesa dos animais.

1.5. O Bem-estarismo e o abolicionismo: situando a polêmica

Os movimentos mais conhecidos são o bem-estarismo e o abolicionismo. Academicamente as teorias são três, o bem-estarismo, o abolicionismo e o moderno, ou novo bem-estarismo, que após ouvir os clamores de um ativismo radical, retornaram ao cenário teórico com uma proposta ambivalente, onde se busca atender a alguns expoentes de ambos os lados numa tentativa de apaziguamento.

Passa-se aqui a expor a primeira corrente, aquela que prega o bem-estar animal.

O chamado *(animal welfare)* bem-estar animal, significa ter uma vida boa ou pelo menos satisfatória com saúde e, se possível também felicidade e longevidade.[76]

Barry Hughes define como "um estado de completa saúde física e mental, em que o animal está em harmonia com o ambiente que o rodeia".[77] Tendo por base este consenso surgiu 'as cinco liberdades dos animais', teoria criada e divulgada pelo Farm Animal Welfare Council (FAWC)[78]: o animal deve ser livre de fome e sede; livre de desconforto; li-

---

76 TANNENBAUM, J. Ethics and animal welfare: The inextricable connection. **Journal American Veterinary Medical Association**, v. 198: pp. 1360-1376, 1991.

77 DUNCAN, I.J.H.; FRASER, D. **Understanding animal welfare. Animal welfare**. CAB. International: Ed. M.C.Appleby & B.O.Hughes, 1997. pp. 19-32.

78 Five Freedoms: The welfare of an animal includes its physical and mental state and we consider that good animal welfare implies both fitness and a sense of well-being. Any animal kept by man, must at least, be protected from unnecessary suffering. We believe that an animal's welfare, whether on farm, in transit, at market or at a place of slaughter should be considered in terms of 'five freedoms'. These freedoms define ideal states rather than standards for acceptable welfare. They form a logical and comprehensive framework for analysis of welfare within any system together with the steps and compromises necessary to safeguard and improve welfare within the proper constraints of an effective livestock industry.1. Freedom from Hunger and Thirst – by ready access to fresh water and a diet to maintain full

vre de dor, lesões ou doença; livre para expressar os seus comportamentos normais; livre de medo e aflições Verifica-se então que essa teoria nasceu não apenas nas engrenagens em torno dos animais de fazenda, como também por políticas e protocolos veterinários.

O conceito de 'cinco liberdades' originou-se do Relatório do Comitê Técnico para inquirir o bem-estar dos animais mantidos sob Sistemas Intensivos de Pecuária, o Relatório Brambell, feito em dezembro de 1965[79]. Lá se afirmava que os animais de fazenda deveriam ter liberdade para "levantar-se, deitar-se, virar-se, arrumar-se e esticar os membros", passando essa lista a ser denominada de 'As Cinco Liberdades de Brambell'.

Como resultado direto do Relatório Brambell, foi criado o Comitê Consultivo de Bem-Estar dos Animais de Fazenda (FAWAC). E o mesmo foi logo dissolvido ao mesmo tempo em que o Conselho de Bem-Estar dos Animais de Fazenda (FAWC) foi estabelecido pelo governo britânico em julho de 1979, com alguns membros em comum.

Um dos integrantes era Brambell, que começou a listar as provisões que deveriam ser feitas para os animais de criação em fazendas em cinco categorias, "As Cinco Liberdades" (apesar de nem todas as categorias serem liberdades). Os registros da FAWAC não estão prontamente disponíveis, então a origem exata não está clara, e a referência escrita mais antiga que podemos encontrar é a nota de imprensa em anexo[80] (ANEXO A) divulgada pela FAWC em dezembro de 1979.

O conceito foi subseqüentemente refinado pelo FAWC para que realmente assumisse a forma de cinco liberdades. Desde então, ele foi atualizado e é agora a página mais visitada no site do Conselho.

health and vigour. 2. Freedom from Discomfort – by providing an appropriate environment including shelter and a comfortable resting area. 3. Freedom from Pain, Injury or Disease – by prevention or rapid diagnosis and treatment. 4. Freedom to Express Normal Behaviour – by providing sufficient space, proper facilities and company of the animal's own kind. 5. Freedom from Fear and Distress – by ensuring conditions and treatment which avoid mental suffering. (FIVE FREEDOMS, 2012. Tradução livre). **FIVE FREEDOMS**. 2012. Disponível em: http://webarchive.nationalarchives.gov.uk/20121010012427/http://www.fawc.org.uk/freedoms.htm. Acesso em: 16 Ago. 2018.

79 BRAMBELL, F. W. R. **Report of the technical committee to enquire into the welfare of animals kept under intensive husbandry systems. London**: Her Majesty's Stationary Office, 1965. ISBN 0 10 850286 4.

80 Nota de Imprensa ilustrativa original disponível em FIVE FREEDOMS, op. cit., 2012. PDF 550KB.

Os estudiosos que defendem o bem-estar animal (*animal welfare*), portanto, invocam leis 'protetivas' para prevenção de crueldade e incremento ao tratamento humanitário para com os animais. Eles recriminam o que chamam de sofrimento desnecessário, entretanto aceitam a morte útil. Essa "necessidade" é analisada pela ótica das práticas socialmente aceitas, e pra essa corrente é aceito o uso de animais na alimentação, entretenimento, ou em pesquisas, desde que os seres humanos atuem com o dever de proteger os animais de sofrimentos gratuitos. O chamado "*legal welfarism*", apesar de bem-intencionado reflete, ainda, o conceito instrumental dos animais como meros objetos para utilização dos homens. Assim, bem ilustrado e conceituado pelo filósofo Tom Regan, o bem-estar animal luta por "jaulas maiores" enquanto o abolicionismo luta por "jaulas vazias".[81]

O Conselho de Bem-Estar dos Animais de Fazenda (FAWC) é um órgão consultivo independente estabelecido pelo Governo em 1979. Seus termos de referência são para manter sob revisão o bem-estar dos animais em terras agrícolas, no mercado, em trânsito e no local de abate; e aconselhar os Governos do Reino Unido sobre quaisquer mudanças legislativas ou outras que possam ser necessárias. O Conselho pode investigar qualquer assunto que se enquadre neste âmbito, comunicar livremente com organismos externos, a Comissão Europeia e o público e publicar os seus pareceres de forma independente.

Para a melhor compreensão da filosofia que se iniciou no Reino Unido e hoje é chamada de bem-estar animal sugere-se a visita ao site oficial do *Farm Animal Welfare Council* onde é possível encontrar todos os relatórios passados, presentes e metas futuras de 1980 – até março de 2011.[82] Após essa data houve uma reformulação e o Conselho se transformou em algo diferenciado e todas as informações passaram a ser disponibilizadas em outro endereço.

O papel do Conselho de Bem-Estar dos Animais de Fazenda, como órgão público não-departamental consultivo, terminou portanto de modo oficial em 31 de março de 2011. O Conselho foi após reconstituído como um comitê de especialistas.[83] Assim, a partir de 1 de Abril de 2011,

---

81 REGAN, Tom. Introdução – Nação do Direito Animal. In: **Revista Brasileira de Direito Animal**. Salvador: Instituto de Abolicionismo Animal, v. 1, n. 1, jan. 2006. p. 75.

82 FARM ANIMAL WELFARE COUNCIL. **Farm Animal Welfare in Great Britain**: Past, Present and Future. London: Farm Animal Welfare Council, 2009. (PDF 500KB). Disponível em: http://webarchive.nationalarchives.gov.uk/20110909181140/http://www.fawc.org.uk/reports.htm. Acesso em: 16 Ago. 2018.

83 FARM ANIMAL WELFARE COUNCIL. **The new website of the Farm Animal Welfare Committee can now be found at**. Disponível em: www.defra.gov.uk/fawc. Acesso em: 16 Ago. 2018.

o novo Comité de Bem-Estar dos Animais de Fazenda começou a fornecer aconselhamento independente, autoritário, imparcial e oportuno, à DEFRA e às Administrações Desenvolvidas na Escócia e no País de Gales sobre questões de bem-estar animal.

A sigla DEFRA significa precisamente "Departamento de Meio Ambiente, Alimentos e Assuntos Rurais" do governo no Reino Unido, que cuida de política e legislação, e interage com elementos para viabilizar o que idealiza políticamente em áreas como: o ambiente natural, biodiversidade, plantas e animais; desenvolvimento sustentável e economia verde; alimentos, agricultura e pesca; saúde e bem-estar animal; proteção ambiental e controle da poluição;comunidades rurais e questões.[84]

Embora trabalhem apenas diretamente na Inglaterra, trabalham em estreita colaboração com as administrações descentralizadas do País de Gales, Escócia e Irlanda do Norte, e geralmente lideram as negociações na UE e internacionalmente.

Reitera-se aqui que atualmente nos currículos universitários das áreas biológicas (incluindo a médica, biomédica e veterinária) passou-se a ter disciplinas de bem-estar animal em muitas universidades europeias, norte-americanas e no Brasil.

O movimento abolicionista, por sua vez não tem nenhuma base governamental nem mesmo de aconselhamento ou estratégia interligada a algum governo seja da Europa, Estados-Unidos ou Brasil. Considera-se propriamente um movimento bastante radical, que surgiu com o objetivo de combater as chamadas pelo movimento de hipocrisias mercadológicas de camuflagem na exploração animal do movimento bem-estarista.

O bem-estar animal e o potencial de dor e angústia a ser experimentado pelos animais usados na ciência preocupavam o público em geral e os pesquisadores atentos há muito tempo. Foram estas preocupações, juntamente com o uso crescente de animais em pesquisas fundamentais e aplicadas que motivaram a W.M.S. Russell e R.L. Burch a examinar como as decisões devem ser tomadas sobre o uso de animais. No livro Os Princípios da Técnica Experimental Humana[85], publicado pela primeira

84 Departamento do Reino Unido que é líder em bem-estar animal em toda a União Européia com dados oficiais e estratégia. DEPARTMENT FOR ENVIRONMENT, FOOD AND RURAL AFFAIRS (Defra). **About Defra**. 2011. Disponível em: http://webarchive.nationalarchives.gov.uk/20110907093000/http://www.defra.gov.uk/corporate/. Acesso em: 16 Ago. 2018.

85 RUSSELL, W.M.S.; BURCH, R.L. **Os princípios da técnica experimental humana.** (replace, reduce, refine). Londres: Methuen, 1959. ISBN 0900767782

vez em 1959, Russell e Burch propuseram o conceito dos Três Rs.[86] (reposicionamento ou substituição, redução e refinamento).

Para compreender a Substituição, no texto original, os Três Rs eram restritos aos vertebrados. Russell e Burch discutiram a possibilidade de sofrer com referência à senciência. Eles usaram o termo "técnica de substituição" para qualquer método científico usando material não-senciente para substituir métodos que usam vertebrados vivos conscientes.[87]

Este material não-senciente incluía plantas superiores, microorganismos e os endoparasitos metazoários mais degenerados que, argumentavam, tinham sistemas nervosos e sensoriais quase atrofiados.

Eles reconheceram que a exclusão arbitrária de invertebrados significava que em vários contextos, essas espécies poderiam ser consideradas como possíveis substitutos para os indivíduos vertebrados; tendo-as denominado como "substituição comparativa" Russell e Burch também consideraram os níveis de substituição. Na "substituição relativa", os animais ainda são necessários, embora durante um experimento eles devam ser expostos, provavelmente ou certamente, a nenhum perigo. Em "substituição absoluta", os animais não são necessários em nenhum momento.

As estratégias de substituição incluem, por exemplo: a cultura de tecidos; órgãos perfundidos; fatias de tecido; frações celulares; frações subcelulares; interpretações ainda mais recentes do princípio da substituição sugerem a utilização preferida de métodos não animais em relação aos métodos animais sempre que for possível alcançar os mesmos objetivos científicos, isto é, invertebrados não são considerados substitutos adequados para vertebrados. Mas outros, como o Centro Nacional de Substituição, Refinamento e Redução de Animais em Pesquisa (NC3Rs), defendem o uso de alguns invertebrados em estudos de substituição. Portanto, o termo ‹Substituição› pode se referir ao uso de uma espécie menos senciente, como em «substituição relativa».

A Redução refere-se a métodos que minimizam o número de animais utilizados por estudo.[88] Russell e Burch sugeriram que uma redução no número de animais usados poderia ser alcançada de várias maneiras. Uma maneira geral pela qual grande redução pode ocorrer é pela escolha correta de estratégias no planejamento e no desempenho

---

86 Ibid.

87 NATIONAL CENTRE FOR REPLACEMENT, REFINEMENT AND REDUCTION OF ANIMALS IN RESEARCH. What are the 3Rs? Retrieved August 14, 2013. Disponível em: https://www.nc3rs.org.uk/the-3rs. Acesso em: 16 Ago. 2018.

88 Ibid.

de linhas inteiras de pesquisa. Um segundo método é controlar a variação entre os animais usados nos estudos, e um terceiro método é o desenho cuidadoso e a análise dos estudos. Com o advento, desenvolvimento e disponibilidade de computadores desde os 3R originais, até a presente data, grandes conjuntos de dados podem ser utilizados em análises estatísticas, reduzindo assim o número de animais utilizados.

Em alguns casos, usando estudos publicados anteriormente, o uso de animais pode ser totalmente desnecessário, sendo evitadas também replicações. Além disso, modernas técnicas de imagem, em conjunto com novos métodos de análise estatística, também permitem a redução do número de animais utilizados. Sobre o refinamento Russell e Burch escreveram:

> Suponha que, para um propósito específico, não possamos usar técnicas substitutivas. Suponha que se concorde que estaremos usando todo artifício de teoria e prática para reduzir ao mínimo o número de animais que temos que empregar." é neste ponto que o refinamento começa, e seu objetivo é simplesmente reduzir a um mínimo absoluto a quantidade de sofrimento imposto àqueles animais que ainda são usados.[89]

A definição de Refinamento evoluiu a partir da que foi fornecida por Russell e Burch. Uma nova definição agora é comumente aceita, *qualquer abordagem que evite ou minimize a dor real ou potencial, a angústia e outros efeitos adversos experimentados a qualquer momento durante a vida dos animais envolvidos e que aumentem o seu bem-estar.*[90] O refinamento passa a abranger não apenas os danos diretos associados ao uso de animais, mas também os danos indiretos ou contingentes associados à reprodução, transporte, alojamento e manejo.

Os três R representam em inglês, (**R**eplacement, **R**eduction and **R**efinement) reposição (substituição), redução e refinamento. Nos últimos quarenta anos, os Três Rs tornaram-se princípios éticos amplamente aceitos e estão agora incorporados na conduta da ciência baseada

89 NATIONAL CENTRE FOR REPLACEMENT, REFINEMENT AND REDUCTION OF ANIMALS IN RESEARCH. What are the 3Rs? Retrieved August 14, 2013. Disponível em: https://www.nc3rs.org.uk/the-3rs. Acesso em: 16 Ago. 2018.

90 BUCHANAN-SMITH, H.M.; RENNIE, A.E.; VITALE, A.; POLLO, S.; PRESCOTT, M.J.; MORTON, D.B. Harmonising the definition of refinement HM Buchanan. Universities Federation for Animal Welfare, **Animal Welfare**. n.14:pp. 379-384, 2005. Disponível em: https://dspace.stir.ac.uk/bitstream/1893/7436/1/http_www.psychology.stir.ac.pdf. Acesso em: 16 Ago. 2018.

em animais no Canadá, Europa, Estados-Unidos, Brasil em muitos países do mundo.[91] Há centros que cuidam exatamente dos protocoçlos para aaplicação desse conceito.[92]

1.5.1. A visão utilitarista do "new welfare" de Peter Singer

O "novo bem-estarismo" é a corrente que aborda o bem-estar animal pregando um tratamento mais compassivo para os animais que sofrem. Nada mais é que um bem-estar animal antigo com embalagem nova.

Gary Francione, autor abolicionista, afirma que até os mais radicais movimentos animalistas acabaram por se distanciar do movimento abolicionista, em geral ao argumento da dificuldade de seu implemento em curto prazo.[93] O autor ainda relata uma passeata organizada por advogados militantes da causa animal com o patrocínio da *Humane Society of the United States* (HSUS) , em 23 de junho de 1996, com também outros grupos e a PETA, que já foi conhecida como o grupo mais radial. Conta Francione que o material promocional da campanha não mencionava "rights", ou seja, "direitos" mas ao invés usava a expressão " proteção animal".

---

91 THREE RS MICROSITE. **Three Rs**: Replacement, Reduction and Refinement. Disponível em: https://3rs.ccac.ca/en/about/three-rs.html. Acesso em: 16 Ago. 2018.

92 *Three Rs Centres* no mundo. Três pesquisas de Rs e índice de animais. Há no website oficial do Three Rs links e informações úteis para encontrar facilmente uma grande variedade de recursos, incluindo: o Índice de Animais agrupando três recursos de Rs por categoria e / ou espécie de animal para ajudar a encontrar recursos específicos para certos tipos de animais. O Three Rs Search Guide, que fornece instruções detalhadas sobre como realizar uma pesquisa de informações de três Rs; a Tabela de Métodos de Testes Alternativos, que investigadores e reguladores que buscam recursos sobre a validação e o status regulatório de alternativas aos métodos de testes regulatórios baseados em animais;links para outros centros Three Rs em todo o mundo;uma lista de periódicos revisados por pares que publicam pesquisas relacionadas aos Três Rs. THREE RS MICROSITE – Three Rs Searches & Animal Index. **Three Rs Centres**. Disponível em: https://3rs.ccac.ca/en/searches-and-animal-index/centres.html. Acesso em: 16 Ago. 2018.

93 Por exemplo, Ingrid E. Newkirk, diretora da PETA (People for Ethical Treatment of Animals), mantém que a posição do "ou tudo ou nada" do movimento chamado Animal"a Rights é irrealista e passou a militar pelo bem-estar animal. Ainda de acordo com Alex Pacheco da PETA, desde que a pessoa se importe com os animais é irrelevante qual a corrente filosófica que este alguém representa. E na missão da PETA não contém a expressão direitos dos animais. (tradução livre) FRANCIONE, Gary L. **Introdução aos direitos animais**: seu filho ou o cachorro? Tradução Regina Rheda. São Paulo: Unicamp, 2013. p. 33.

A partir desse momento a condução do movimento abolicionista passou a haver social e academicamente mais uma linha teórica dissonante, além do bem-estar animal, agora o new-welfare se fazia mais forte e operante. Tal teoria aponta cinco características essenciais, são elas:[94]

Primeira característica é que o movimento rejeita a noção instrumentalista de que os animais não-humanos são feitos para atender às necessidades dos homens. Rejeitam que o movimento, a longo prazo seja a fim de dar tratamento mais "humanitário" aos animais usados pelos homens e reduzir o sofrimento desnecessário. Alguns membros do novo bem-estar animal demonstram inclusive uma intenção abolicionista, a longo prazo, outros tendem a uma tolerância da exploração animal desde que os interesses de animais e humanos sejam supostamente equilibrados.

Segunda característica é a crença de a teoria abolicionista não provê uma agenda prática para as soluções imediatistas de sofrimento dos animais. Explica que por ser inflexível a teoria dos Direitos dos Animais inviabiliza diálogo com os poderes executivo, legislativo e judiciário.

Terceira característica é a promoção de passeatas e campanhas similares às tradicionais promovidas pelo bem-estar animal, e pregam que qualquer "medida" de redução do sofrimento deve ser bem-vinda.

Quarta característica é impulsionar o tratamento mais humanitário, mesmo em fazendas e quaisquer lugares onde exista a exploração animal. Acreditam numa aplicação feita passo a passo em direção à abolição total da mesma.

Quinta característica é a visão de que não há imoralidade alguma em promover a redução imediata do sofrimento a curto e médio prazo e uma total abolição à longo prazo. Assim o novo bem-estarismo acredita que não há nenhuma inconsistência em se descartar os Direitos dos Animais hoje na esperança dos animais virem a ter direitos amanhã.

E a conclusão argumentativa dessa teoria é de que a ideologia dos Direitos dos Animais é utópica, elitista e divisora academicamente.

Com o "Novo Bem-estarismo" foram surgindo outras correntes, não menos expressivas, como o chamado *"Feminists for Animal Rights"* que aborda "além dos direitos dos animais".[95] *"A política sexual da carne"*

94 FRANCIONE, Gary L. **Introdução aos direitos animais**: seu filho ou o cachorro? Tradução Regina Rheda. São Paulo: Unicamp, 2013. p. 33. pp. 36-37.

95 ADAMS, Carol J. Adams é uma escritora Americana, feminista, e advogada da causa animal. Autora de The Sexual Politics of Meat: A Feminist-Vegetarian Critical Theory (1990) e de *The Pornography of Meat* (2004), focando sempre na opressão sofrida pelas mulheres e pelos animais. A Política Sexual da Carne discute como as

é uma obra que bem esclarece tal movimento como uma teoria crítica feminista-vegetariana

E foi assim que o novo bem-estar animal, por meio de uma abordagem crítica, passou a apontar o movimento abolicionista como irreal e fundamentalista, e deixou de usar a expressão "direitos", para substituí-la por "proteção animal", ou "libertação animal".

As críticas foram e continuam a ser feitas, mas o movimento abolicionista permanece firme em seu propósito e sagaz em sua forte contra-argumentação. Como exemplo, merece ser citada, como o faz também Gary Francione, Helen Jones, fundadora da *"Internation Society for Animal Rights"* (ISAR), e uma das verdadeiras pioneiras do movimento abolicionista, expoôs que seu grupo não usava o termo " Rights" como uma expressão que estaria na moda e com retórica, mas outrossim em 1981 Jones pediu publicamente que aqueles que apoiassem o bem-estarismo tivessem a hombridade e a justiça de não usar " Direitos dos Animais" no seu discurso e em seus programas. *"Fazendo isso confundem o problema, a imprensa, o público e a sociedade. Direitos dos Animais é tema muito sério para ser invocado como mero slogan".*[96]

Regan critica duramente a escola utilitarista de cujo representante é Peter Singer. Regan afirma que direitos animais, assim como direitos humanos, não podem ser defendidos segundo uma visão utilitarista consistente. Regan então apresenta a teoria de direitos com base numa extensão da ética de Kant, dessa vez considerando a noção de animais

conexões entre feminismo e vegetarianismo, patriarcalismo e consumo de carne, historicamente e através da leitura de textos literários. Uma importante teoria formulada no livro é o que ela usa para explicar o fato de que as pessoas continuam comendo carne como algo que também está por trás da objetificação das mulheres na pornografia. Em A política sexual da carne, a autora faz um paralelo do sistema patriarcal com a relação entre humanos e animais. As conotações masculinas associadas ao consumo de carne não apenas destacam a desigualdade de espécies, mas também definem papéis de gênero distintos. Assim, a carne traduz o domínio masculino sobre as mulheres. Adams proclama que nossa cultura se preocupou em reduzir os animais não humanos a uma fonte de consumo. Um tema recorrente em todos os trabalhos dessa teoria é que os homens têm uma sensação de direito sobre os animais, semelhante aos homens que abusam, exploram ou degradam as mulheres para seus corpos.

96 Há uma clara crítica subliminar ao livro de Peter Singer associado aos Direitos dos Animais, quando claramente aborda apenas o especismo. (Tradução livre de relato literal). JONES, Helen. Animal Rights: A View and Commentary. **Society for Animal Rights Report**. October 1981, at 3.

como sujeitos-de-uma-vida, isto é, seres sencientes com características cognitivas avançadas.

Essa ética é deontológica, isto é, é uma ética na qual o conceito de dever é mais importante do que as consequências resultantes das ações. Ela se fundamenta nos chamados *imperativos categóricos* de Kant, tais como a lei fundamental: «Age de tal modo que a máxima da tua vontade possa valer sempre ao mesmo tempo como princípio de uma legislação universal.» Esse é o princípio de uma teoria baseada em direitos, que afirma que um direito deve ser respeitado mesmo que a sua violação possa trazer um benefício a terceiros.

Desse modo, utilizar um animal (humano ou não) em um procedimento de vivissecção será sempre imoral, mesmo que disso resulte a cura do câncer ou de outra doença grave. Ao contrário, na ética utilitarista, um interesse poderia ser sobreposto por outro, desde que o bem resultante fosse significativo.

Singer advoga a necessidade de ocorrer uma nova "revolução copernicana", desta vez no universo ético, em cujo centro deixarão de reinar os seres humanos. Novamente, como ocorreu há quatro séculos atrás, é preciso deixar para trás um conjunto de ideias herdado de um período dominado por uma "visão religiosa" do mundo, tal qual o universo ptolomaico quando foi substituído pelo copernicano.[97]

1.5.2. Abolicionismo e o fim da exploração animal

Passa-se agora a cuidar do Abolicionismo animal ou Direitos Animais, corrente que prima pela abolição da exploração animal e rejeita qualquer modo de exploração animal. Traz o veganismo como a base moral da posição dos direitos animais e que não aceita toda e qualquer

97 18 "Uma vez que a maioria das religiões concebe a moralidade como uma questão de obediência à palavra de Deus (sic), (de modo geral, em troca de uma recompensa sobrenatural), seus preceitos costumam não ter nada a ver com a maximização do bem-estar neste mundo. Isso libera os crentes para condenar a imoralidade de práticas como a contracepção, a masturbação, a homossexualidade etc. Eles também podem perseguir objetivos patentemente imorais, perpetuando de maneira desnecessária a miséria humana, ao mesmo tempo que acreditam que tais ações são moralmente obrigatórias. Esse divórcio entre considerações morais e a realidade do sofrimento humano e animal tem causado um mal tremendo". HARRIS, Sam. **A paisagem moral**: como a ciência pode determinar os valores humanos. São Paulo: Companhia das Letras, 2013. p. 67.

praticada contra os animais (toda violência) promovendo um ativismo em forma de educação vegana não violenta e criativa.[98]

Há uma distinção clara entre o bemestarismo e o abolicionimo. As leis e diretrizes de proteção animal apenas regulamentam o uso dos animais, no máximo colocando paliativos para minimizar o paradoxal "sofrimento desnecessário", sem questionar de fato a moralidade da própria utilização dos animais como coisas existentes para o consumo e serviço humanos. E, sobretudo sem analisar a expressão "sofrimento desnecessário", frase que implica na certeza de que se o "sofrimento" for "necessário" passa a ser ético e moral.

Uma afirmação de Dalai Lama é a que recorre aos preceitos éticos formulados por um ponto comum em todas as religiões: não matar.[99] Mas foi na década de oitenta que surgiu o movimento nomeado "Direitos dos Animais", onde se busca conceder aos animais o status de sujeitos de direitos.

---

98 O termo inglês vegan foi criado em 1944, numa reunião organizada por Donald Watson (1910 - 2005) envolvendo 6 pessoas (após se desfiliarem da The Vegetarian Society por diferenças ideológicas), onde ficou decidido criar uma nova sociedade (The Vegan Society) e adotar um novo termo para definir a si próprios. Veganismo é um movimento de respeito aos animais, onde são respeitados os animais com seu valor intrínseco, sendo assim inutilizados como fonte de alimento para o homem . Deste modo os veganos não se alimentam de nada de origem animal, nem usam na da animal no vestuário, calçado ou utensílios. Muito menos aceitam os animais como fonte de entretenimento e lazer como em circos e espetáculos. Pela chamada ética animal, os veganos são contra a exploração dos animais e tudo que está ao seu alcance e que envolva sofrimento animal, é retirado da sua rotina diária. Em 1997, três por cento da população americana anunciou não ter usado nenhum produto de origem animal nos últimos dois anos. Em 2007, dois por cento da população inglesa se declarou como vegana. O número de restaurantes veganos está crescendo, de acordo com o Oxford Companion to American Food and Drink (2007).[2] Tem sido mostrado que pessoas em dietas que incluem comidas de origem animal têm mais probabilidades de terem desenvolverem doenças degenerativas e principalmente cardiovasculares. A Associação Dietética Americana (The American Dietetic Association) e os Nutricionistas do Canadá (Dietitians of Canada) consideram a dieta vegetariana balanceada a mais apropriada para todos os estágios do ciclo de vida, embora eles ainda alertem que uma dieta vegetariana mal planejada pode ser deficiente em vitamina B12, ferro, vitamina D etc. POSITION of the American Dietetic Association and Dietitians of Canada: Vegetarian diets. Journal of The American Dietetic Association. v.103, nº 6, June 2003. Disponível em: https://www.vrg.org/nutrition/2003_ADA_position_paper.pdf. Acesso em: 16 Ago. 2018.

99 LAMA, Dalai. **Uma ética para o novo milênio.** Rio de Janeiro: Sextante, 2000. pp. 113-114.

É imprescindível que se faça a colocação de que tal objetivo precisa antes vir em consonância com o ordenamento jurídico, mas com certeza já se encontra em harmonia com a ética do cuidado e com a abolição de todo tipo de exploração animal. Toda a base da teoria abolicionista é radicalmente contrária a qualquer *modus operandi* a fim de atenuar o sofrimento, uma vez que o sofrimento infligido é inaceitável. Desta maneira não há diálogo factível entre bem-estaristas e abolicionistas, pois os últimos veem nos primeiros uma grande hipocrisia.

Falar em abolicionismo implica em se abordar a questão desconfortável da utilização dos animais como comida. Esse ainda é o maior motivo lícito e bem aceito de exploração animal. Tratar o animal como comida é a ponta do iceberg da coisificação animal, que se inicia de modo primevo com os rituais sagrados e que termina em última análise na cadeia de lojas de *fast food.*

Embora a evolução mercadológica e tecnológica propicie ao ser humano alternativas e acessos a uma dieta mais rica nutricionalmente e mais variada, o que na pratica ocorre é o consumo cada vez maior de carne, estimulado por razões de indústria, comércio e lucro. Esse fato aliado à ausência de tempo ideal para se alimentar tornou o homem escravo de uma alimentação fugaz e pobre em qualidades nutritivas, porém exagerada em proteína animal.

É importante demarcar que o homem tem em sua biologia dentição e intestino de herbívoro. A carne não deve permanecer muito tempo no corpo do carnívoro e por isso seu intestino é pequeno e o trânsito intestinal é rápido, diferentemente da espécie humana, que possui um intestino que varia de 13 a 15 metros. São causados variados malefícios ao corpo humano a longa permanência dentro dele, da carne que é por ele ingerida. Isso se deve ao fato desta carne já estar em estado de putrefação, no momento exato em que é digerida, e já, portanto, apta a liberar toxinas e propiciar inflamações internas.[100]

Os estudos antropológicos apontam que o vegetarianismo surgiu há cerca de cinco milhões de anos atrás. O nosso antepassado mais antigo, o *Australopithecus Anamensis,* alimentava-se de frutas, folhas e sementes, vivendo em perfeita harmonia com os animais menores, que poderia facilmente apanhar para se alimentar, sendo dotados de índole pacífica e hábito nutricional que assim continuou até ao *Australopithecus Boesei* (existiu há cerca de 2,4 – 1 milhão de anos).

100 SPENCER, Colin. **Vegetarianism***: a history.* New York: Four Walls Eight Windows, 2002. p. 20. ISBN 1-56858-291-9.

A carne como alimento surgiu bastante tarde na evolução humana. Colin Spencer afirma que, usando uma compressão da evolução da vida humana de setenta anos, o consumo de carne começa apenas nos últimos nove dias.

Em 2005 a hipótese do ser humano caçador foi descartada pelos antropologistas Donna Hart e Robert W. Sussman no livro *Man the Hunted*, onde argumentam que os nossos antepassados foram presas de outros animais, e não predadores, e que foi a necessidade de escaparem que propiciou a habilidade intelectual e a linguagem: *"Conviver com um predador grande e forte pode ter estimulado o cérebro a tornar-se maior e mais complexo uma vez que a única forma de viver é literalmente ser mais esperto que o predador".*[101]

Afirmam também que o consumo de carne não poderia ter feito os cérebros humanos crescerem e que este crescimento ocorreu muito antes de a carne vermelha ser parte regular da dieta humana.[102] Nesse sentido, Spencer diz que:

> [...] deve ser claro que a carne como proteína não é muito superior aos ovos e nozes e não poderia alterar a evolução do cérebro; se fosse esse alimento milagroso teria continuado a aumentar o tamanho do cérebro humano nos anos seguintes quando quantidades muito maiores de carne foram consumidas.[103]

Assim a doutrina abolicionista não prega nada que a história da humanidade não tenha conhecido, pelo contrário, é hoje que o ser humano vem disputando espaço no planeta com o animal que lhe serve de alimento.

Enquanto, por um lado, o mercado econômico estimula o consumo de um lado, a ética animal, por outro lado, acena com a responsabilidade moral e ambiental. A pecuária abusa do uso do solo degradando-o e, em

---

101 HART, Donna, L.; SUSSMAN, Robert W. **Man the hunted primates, predators, and human evolucion**. Expanded edition. Westview Press, 2008. p. 180. Disponível em: http://rirlisboaampm.com.br/man-the-hunted-man-the-hunted-primates-predators-and-human.pdf. Acesso em: 17 Ago. 2018.

102 HART, Donna, L.; SUSSMAN, Robert W. **Man the hunted primates, predators, and human evolucion**. Expanded edition. Westview Press, 2008. p. 255-256. Disponível em: http://rirlisboaampm.com.br/man-the-hunted-man-the-hunted-primates-predators-and-human.pdf. Acesso em: 17 Ago. 2018. Disponível em: http://rirlisboaampm.com.br/man-the-hunted-man-the-hunted-primates-predators-and-human.pdf. Acesso em: 17 Ago. 2018.

103 SPENCER, Colin. **Vegetarianism***: A History.* Grub Street Cookery, 2002. pp. 18-19.

última análise os animais em geral consomem mais proteína do que representam ao fim e ao cabo como alimento.

O paradoxo antropocêntrico é o consumo desenfreado e irresponsável com a autodestruição, certa e metódica. Está presente a fome no mesmo mundo que produz, de modo alucinado, excesso de carne para apenas uma parte mais abastada da população.

A ilustração é a seguinte: um quilograma de proteína animal requer que os animais a serem abatidos sejam antes alimentados com cerca de seis quilogramas de grãos e forragens. "a criação de animais para a comida, condena muitos seres humanos a passar fome".[104]

A ideia prevalente de que os animais são propriedade e tem valor pecuniário remete à ideia de escravidão. Assim, aquela coisificação que se dava outrora com os escravos, hoje é exercitada impunemente em relação aos animais, que são tratados despidos de seu valor intrínseco. Sustenta claramente Sunstein e Nussabaum[105]:

> Se você é propriedade, você é, de direito e de fato, um escravo, inteiramente sujeito à vontade do seu proprietário. Uma mesa, uma cadeira, ou um aparelho de som pode ser tratado como o dono gosta, ele pode ser quebrado ou vendido ou substituído segundo o capricho de seu proprietário. Muitas pessoas pensam que, par a os animais, o status de propriedade é devastador para uma proteção efetiva contra a crueldade e abuso.[106] (tradução nossa).

Também há a analogia no abolicionismo do mundo atual para os animais, em especial os *livestock* (animais criados vivos como insumos e para o abate) com o holocausto. Os abatedouros são comparados aos campos de concentração da Alemanha nazista.

A ideia a ser perseguida pelos Direitos dos Animais é acabar de vez com a noção de animais como propriedade. E reconhecê-los como pacien-

104 FRANCIONE, Gary L.; CHARLTON, Anna. **Animals rights**: the abolitionist approach. Exempla Press, Dez. 2015. (tradução nossa)

105 Currently Sunstein is Administrator of the White House Office of Information and Regulatory Affairs in the Obama administration. For 27 years, Sunstein taught at the University of Chicago Law School, where he continues to teach as Visiting Professor. Sunstein is actually Professor of Law at Harvard Law School, where he is on leave while working in the Obama administration.

106 SUSTEIN, Cass; NUSSBAUM, Martha. All animals are note equal – the interface betweem scientifc knowledge and legislation for animal rights. In: SUNSTEIN; Nussbaum (Ed.). **Animal rights**: current debates and new directions. New York: Oxford University Press, 2004. p. 11.

tes morais e sujeitos de direitos. Assim, tendo sido aqui demonstradas, as três correntes éticas que disputam o cenário animalista: "*welfarism*" também chamado de "bem-estar animal" e "*Animal Rights*","Direitos dos Animais" ou ainda "Abolicionismo Animal", e a terceira corrente, "*New Wefarism*" interligando de modo mais teórico que prático as duas primeiras. O Bem-Estar Contemporâneo, Novo ou Moderno nada mais é que uma teoria para fundamentar o mercado de consumo de animais, ao argumento de contemporização do antagonismo em benefício dos animais. O que propiciará a consciência moral em relação aos animais será a Ética da Alteridade de Emmanuel Levinas, que tornada mais abrangente por Jacques Derrida faz com que o "Outro" levinasiano seja também "Outro animal" de Derrida. Os dois autores neutralizam a diferença através da Alteridade. E em Derrida "*diférrance*" é Justiça e a *primeva* diferença é suscitada no olhar de um animal.

A obra "O Animal que Logo Sou", através de uma desconstrução vem a fornecer um convite audacioso a uma evolução filosófica:

> Pensar essa guerra na qual estamos, não é apenas um dever, uma responsabilidade, uma obrigação, é também uma necessidade, um imperativo do qual bem ou mal, direta ou indiretamente, ninguém poderia subtrair-se. Doravante mais do que nunca. E digo "pensar" essa guerra, porque creio que se trata do que chamamos 'pensar'. O animal nos olha, e estamos nus diante dele. E pensar começa talvez aí.[107]

Neste capítulo se demonstrou o que significa a questão animal, e a evolução do mmodo como o animal é tratado no campo ético filosófico. Agora, faz-se necessário introduzir o animal como fenômeno religioso, e para isso antes será imperioso que se faça a distinção entre Religião e Estado, distinção essa que demorou para ser concretizada, e trouxe consigo na trajetória de emancipação do Estado no velho mundo, uma nova teoria que, por sua vez, sofreu com a ausência da fé, e a seguir tornou a acalentar a possibilidade de um novo diálogo religioso, agora mais amadurecido e emancipado. Assim, ver-se-á que o animal é objeto filosófico, religioso, científico e jurídico, e este último merecerá toda a atenção nesta pesquisa.

---

107 DERRIDA. Jacques. O animal que logo sou. Tradução Fábio Landa. São Paulo: Ed UNESP, 2011 p. 52-57.

2

OS ANIMAIS SOB O OLHAR RELIGIOSO: ENTRE A LIBERDADE E O EQUÍVOCO

"Meu Deus tem 4 patas"
(Cláudio Cavalcanti)

A utilização do sofrimento é um mecanismo de dominação comum nos rituais religiosos. A religião desde os primórdios da humanidade se vale de métodos de culpa associados a rituais de iniciação e de purgação de pecados. O próprio conceito de pecado é por si algo religioso, que traz consigo a marca de uma dívida a ser paga por fatos anteriores à própria existência humana de cada indivíduo. O ser humano nasce impuro e precisa de mecanismos de purificação, que se confundem com os próprios rituais de passagem por etapas iniciatórias religiosas.

Um povo domina e, a seguir, passa a controlar o outro, a partir de conceitos convencionados mormente pela religiosidade que por sua vez conduz os preceitos de cada povo e seus seguidores. As convenções religiosas têm todas, portanto, sua força política para fins de dominação e expansão, desde tempos imemoriais.

Deste modo, há que se identificar *prima facie* religião como mecanismo de dominação para, a seguir, compreender melhor a função do sacrifício religioso e mesmo da liberdade de seu exercício.

A liberdade religiosa é de extremo relevo no mundo atual e merece destaque para que seja corretamente respeitada e sua previsão se oficializou desde o ano de 1948, em Paris, na Declaração Universal dos Direitos Humanos. Tal documento foi assinado pelos cinquenta e oito países que compunham na ocasião as Nações Unidas e em seu artigo de número dezoito dispunha que todo o homem teria garantido seu direito de liberdade, pensamento e religião.

O ponto nevrálgico que a liberdade religiosa tangencia é precisamente àquele que confunde a prática com a própria identidade de um povo, e começa a exigir exercícios abusivos para que este mesmo coletivo possa se autodeterminar enquanto força cultural e histórica a ser respeitada e aprovada pelos demais.

Religião é algo criado pelo homem e para o homem, e por tal motivo é capaz de deter uma força imensa em algo não palpável, mas que por si é capaz de atemorizar, ou amo mesmo tempo santificar. Nada disso iria funcionar se a revolução cognitiva não tivesse ocorrido trazendo o ser humano para um outro momento histórico, onde ele é capaz de criar ficções e nelas acreditar e movimentar até mesmo grande número de estranhos devotos às mesmas forças, que aqui neste capítulo serão chamadas de forças religiosas.

A liberdade religiosa é um tema que garante ao gênero humano um grau de desprendimento capaz de separar Religião de Estado. Ainda assim é de extremo relevo reconhecer que durante a evolução da história humana inúmeras vezes guerras religiosas conduziram os caminhos da humanidade. E deste modo alguns povos foram oprimidos e fés reprimidas ao argumento de que outras delas eram superiores, melhores ou mesmo "as corretas".

A "liberdade de culto" pode ser compreendida como a liberdade de exercitar a fé, mas há que se pontuar que tal exercício, seja qual for a religião em pauta, precisa estar de acordo com as regras institucionalizadas por cada país e sua soberania. Liberdade sem limites pode conduzir ao caos, e, portanto, há que se ter cuidado quando se prega uma liberdade incondicionada.

Em toda religião há aqueles que a professam de modo extremado e sem respeitar as diferenças de pensamentos e de crenças. Assim, quando se prega a liberdade, seja esta de culto respeitoso ou de prática abusiva, há que se atentar para a liberdade de todos que não vierem a comungar com os mesmos preceitos.

O Supremo Tribunal Federal brasileiro recentemente decidiu favoravelmente ao sacrifício religioso, e com isso a própria Corte afrontou os ditames do artigo 225 da Carta Magna em seu respeito aos animais.

A regra constitucional brasileira garante o direito fundamental à liberdade religiosa e de culto, mas difere da Lei de Liberdade Religiosa Portuguesa[1], que detalhadamente regulamenta o exercício da religiosi-

1 A Lei de Liberdade Religiosa de Portugal, por ser mais antiga, datada de 2001, em seu artigo 26 autoriza a realização de atos sacrificiais, e com isso merece urgente revisão, uma vez que está na contramão da mais recente atualização norma-

dade. O teor do julgamento constitucional foi caracterizado pela má-técnica legislativa ao não compreender a força protetiva da norma contida no artigo 225 da própria Constituição Federal e ainda conferir força cultural na injusta aproximação conceitual entre religião e autodeterminação de uma coletividade que professa a mesma fé. Se fosse assim haveria que ser aceito até mesmo o sacrifício humano realizado por certos povos mais primitivos os respeitando de modo livre e sem limites em sua autodeterminação cultural. Assim, não há fé que mereça ser liberada de respeitar as regras do bem maior de respeito à fauna, à flora, aos seres humanos e ao planeta.

Reduzindo o tema do sacrifício à realidade atual, o que sobra sem regulamentação específica é o sacrifício animal, a despeito do art. 32 da Lei nº 9605/98 que tipifica a crueldade contra animais como Crime Ambiental de competência Federal.

É importante lembrar que tradições e costumes são passíveis de alterações assim como é o tempo todo alterado *o modus vivendi* de uma coletividade. As gerações nascidas na última década, por exemplo, já reconhecerão um mundo completamente diverso do mundo anterior à existência das redes sociais, por exemplo, que por si só revolucionaram os meios de relacionamento entre humanos. Não há como se retomar uma época em que tal ferramenta não existia a título de conservar valores culturais religiosos os misturando.

Se hoje não se aceita o sacrifício humano, também é inadequado se buscar chegar à Deus através de um sacrifício de um animal inocente. E com toda certeza quaisquer práticas abusivas estão a um passo de serem retratadas e viralizadas por simples toque no aplicativo de celular, causando uma comoção internacional. Ao se buscar imagens e vídeos de atrocidades cometidas contra animais torna-se até difícil se precisar a fonte original onde as mesmas foram inicialmente produzidas, mas a rapidez da proliferação é capaz de comover o mundo todo em pouco tempo.

O objetivo deste capítulo é expor a necessidade de regulamentação da liberdade religiosa, demonstrando o atual panorama no Direito Comparado português e norte-americano e as críticas pertinentes a ambos os sistemas.

---

tiva do Código Civil Português, que hoje dispõem que os animais não são coisas, e sim "entes". Tal mudança foi o primeiro passo à inserção conceitual-normativa dos conceitos de senciência animal. PORTUGAL. Lei de Liberdade Religiosa. **Consolidação Lei nº 16/2001**. Diário da República nº 143/2001, Série I-A de 2001-06-22. Disponível em: https://dre.pt/web/guest/legislacao-consolidada/-/lc/106639383/201704281757/exportPdf/normal/1/cacheLevelPage?_LegislacaoConsolidada_WAR_drefrontofficeportlet_rp=indice. Acesso em: 05 Dez. 2017.

O sacrifício religioso exige um estudo histórico mais aprofundado e um riquíssimo viés filosófico atento e acurado, ainda assim passa-se a expor o néctar de uma urgente necessidade de normatização de limites ao exercício religioso. Serão consideradas para tanto três vertentes, dentre as quais duas filosóficas e uma normativa. A filosofia baseada na ética da compaixão de Schopenhauer e na alteridade levinasiana será convidada a uma reflexão provocativa de Derrida sobre o ato sacrificial. E, por fim, será inserida a regra constitucional exigindo ponderação de direitos fundamentais normatizados com a demonstração de uma considerável e clamorosa evolução legislativa.

2.1. A Cola Mítica

Para se abordar a Liberdade Religiosa é necessário que se tenha clara a influência que a religião teve na história humana, bem como na organização jurídica de cada país e na importante separação entre estado e religião que foi proposta pelo Secularismo. Ocorre que, embora muito avanço tenha sido alcançado no que tange ao abandono de mitos e dogmas comuns à sociedade arcaica e próprios do homem pré-convencional, já se provou pelo Pós-Secularismo que a religião desempenha importante papel na organização social de um povo.

> Há algo em comum entre a Religião e a Ciência com todas as suas razões e comprovações: ambas são produto da criação do próprio homem. Diversos autores e juristas já se manifestaram no sentido de dar crédito à Religião pela grande aliada que foi, e até hoje é, do desenvolvimento social, colaborando com o Estado, mesmo em havendo a laicidade deste. Ficou demonstrado que a liberdade religiosa convive bem com a laicidade estatal, ao contrário do que possa aparentar num primeiro instante.[2]

O historiador Yuval Noah Harari, em sua obra *Sapiens*, ao abordar a revolução cognitiva que proporcionou à espécie *homo sapiens* permanecer viva, curiosamente atribui à religião o importante papel de reunir grandes quantidades de seres humanos ao redor de um mesmo mito, mesmo antes de se conhecerem, possibilitando, deste modo, que tal es-

---

2 HOGEMANN, Edna Raquel; SILVA, Lucia Frota Pestana de Aguiar. O pós-secularismo e o ensino religioso diante da laicidade do estado. 2019. p. 147. In: PERLINGEIRO, Ricardo (Org.). **Liberdade Religiosa e direitos humanos**. Rio de Janeiro: Nupej/TRF2, 2019. 602 p. Disponível em: http://emarf.trf2.jus.br/documentos/livroliberdadereligiosa2019.pdf. Acesso em: 15 Ago. 2019.

pécie pudesse se comunicar com seus desconhecidos de modo mais eficaz:

> [...] a característica verdadeiramente única da nossa linguagem não é sua capacidade de transmitir informações sobre homens e leões. É a capacidade de transmitir informações sobre coisas que não existem. Até onde sabemos, só os sapiens podem falar sobre tipos e mais tipos de entidades que nunca viram, tocaram ou cheiraram. Lendas, mitos deuses e religiões aparecem pela primeira vez com a Revolução Cognitiva. Antes disso, muitas espécies, animais e humanas, foram capazes de dizer: "Cuidado! Um leão!". Graças à Revolução Cognitiva, o *Homo sapiens* adquiriu a capacidade de dizer: "O leão é o espírito guardião da nossa tribo". Essa capacidade de falar sobre ficções é a característica mais singular da linguagem dos *sapiens.*[3]

O historiador segue apontando que de fato nenhuma outra espécie tem como característica a crença em algo que não exista concretamente, e que tal característica peculiar fez o *homo sapiens* se diferenciar das demais espécies. *"Você nunca convencerá um macaco a lhe dar uma banana prometendo a ele bananas ilimitadas após a morte no céu dos macacos".*[4] A ficção teve um papel de grande relevo na permanecia do homem até hoje como espécie e foi ela que permitiu aos homens não só imaginar de forma livre que entes abstratos existam, como também fazer isso coletivamente. *"Podemos tecer mitos partilhados tais como a história bíblica da criação, os mitos do Templo do Sonho dos aborígenes australianos e os mitos nacionalistas dos Estados modernos".*[5]

E segue o autor atribuindo precisamente à religião a capacidade que os homens desenvolveram de formar grupamentos muito grandes de indivíduos, que muitas vezes sequer teriam a chance de se conhecerem no passar da vida, e que ao redor de algum valor em comum passam a se reunir com frequência até partilhando por fim uma convivência duradoura.

> Tais mitos dão ao sapiens a capacidade sem precedentes de cooperar de modo versátil em grande número. Formigas e abelhas também podem trabalhar juntas em grande número, mas elas o fazem de maneira um tanto rígida, e apenas com parentes próximos. Lobos e chimpanzés cooperam de forma muito mais versátil do que

3 HARARI, Yuval Noah. **Sapiens, uma breve história da humanidade**. 34ª ed. Porto Alegre: L&PM, 2012. p. 33.

4 Ibid, p. 32.

5 Ibid, p. 33.

> as formigas, mas só O fazem com um pequeno número de outros indivíduos que eles conheçam intimamente. Os sapiens podem cooperar de maneiras extremamente flexíveis com um número incontável de estranhos. É por isso que os sapiens governam o mundo [...][6]

Outra curiosidade trazida por Harari diz respeito ao número máximo de reunião de grupos das demais espécies, como sendo ate 150 indivíduos. Já os homens através dos mitos partilhados, sejam eles religiosos, nacionais ou até mesmo jurídicos, conseguem reunir um número infinitamente maior. Assim, a ficção é a responsável pelo agrupamento de bandos cada vez maiores. A criação de impérios que detém o poder, governando centenas de milhões de indivíduos, está entre os grandes mitos partilhados. Assim, o segredo da permanência do homem no planeta se deu em muito pela ficção peculiar à espécie: *"Um grande número de estranhos pode cooperar de maneira eficaz se acreditar nos mesmos mitos."*.[7]

Seguindo este raciocínio, as igrejas, os Estados, o Direito de cada país se baseiam em mitos religiosos, nacionais e jurídicos partilhados. *"Não há deuses no universo, nem nações, nem dinheiro, nem direitos humanos, nem leis, nem justiça, fora da imaginação coletiva dos seres humanos."* Desta maneira é que dois acadêmicos que nunca se conheceram podem defender as mesmas correntes doutrinárias por crer nas mesmas premissas, nas mesmas leis e nos mesmos fundamentos.

Os novos direitos estão sempre se construindo se baseando em fundamentos que unem aqueles que neles enxergam propósitos a serem partilhados, mas tais novos direitos sempre serão produto da convenção entre os seres humanos, uma vez que nada mais são do que parte do mesmo Direito, que por si já representa uma convenção social. O Direito brasileiro não é o mesmo que o Direito na China, ou que o Direito no Afeganistão. Mas pode ser o mesmo Direito que o de Portugal ou dos Estados Unidos, países com os quais mantém diálogo constante.[8]

A reinserção do animal na lei civil brasileira certamente será calcada em uma ficção jurídica, uma vez que o próprio Direito é por si uma ficção. Assim pensando em pessoas jurídicas formais, como a massa fa-

---

6 Ibid, p. 33.

7 HARARI, Yuval Noah. **Sapiens, uma breve história da humanidade**. 34ª ed. Porto Alegre: L&PM, 2012. p. 33-35.

8 "Considere, por exemplo, o mundo das corporações. Os executivos e advogados modernos são, de fato, feiticeiros poderosos. A principal diferença entre eles e os xamãs tribais é que os advogados modernos contam histórias muito mais estranhas". (HARARI, op. cit., 2012, p. 36.).

lida, o espólio e mesmo as sociedades de fato, tem-se com clareza o que juridicamente se nomeia como "ficção jurídica", por não ter concretude, ser por si uma abstração, como o é o próprio Direito, ou o Processo, enquanto são os autos a materialização do complexo de atos concatenados com o fim de alcançar a paz social.

Assim, a teoria dos entes despersonalizados surge como entidade jurídica, mas não como objeto físico. Não tem concretude, mas existe enquanto 'realidade imaginada'[9]. O Direito não se constrói facilmente e nem de modo irresponsável, até porque é preciso se convencer juristas e estudiosos acadêmicos de cada nova teoria com argumentos palpáveis.

E, a interpretação do Direito não se forma com facilidade. Pensando em Religião e Direito, quando se fundamentam argumentos para a liberdade religiosa diante da laicidade estatal, é preciso se ter em mente que a realidade imaginada é forte e detém poder individual e coletivo. *"A dificuldade está não em contar a história, mas em convencer todos os demais a acreditarem nela".*

"Desde a Revolução Cognitiva[10], os sapiens vivem, portanto, em uma realidade dual. Por um lado, a realidade objetiva dos rios, das árvores e dos

9 Expressão diversas vezes usada por Harari para explicar a força da ficção na história humana. "Uma realidade imaginada não é uma mentira [...] Ao contrário da mentira, uma realidade imaginada é algo que todo mundo acredita e, enquanto essa crença partilhada persiste, a realidade imaginada exerce influência no mundo. [...]. A maioria dos ativistas dos direitos humanos acredita sinceramente na existência de direitos humanos. Ninguém, estava mentindo quando, em 2011. A ONU, exigiu que o governo líbio respeitasse os direitos humanos de seus cidadãos, embora a ONU, a Líbia e os direitos humanos sejam todos produtos de nossa fértil imaginação." (HARARI, op. cit., p. 36.).

10 "A Revolução Cognitiva é assim chamada por Harari pela revolução que permitiu o homo sapiens a continuar vivo. Em sua obra ele examina diversos fatores, dando especial destaque à religião. O autor afirma que no caso humano houve pela ficção uma verdadeira superação do genoma, que acelerou a mutação, e isso pela chamada realidade imaginada "A capacidade de criar uma realidade imaginada com palavras possibilita que um grande número de estranhos coopere de maneira eficaz. [...] Uma vez que a cooperação humana é baseada em mitos, a maneira como as pessoas cooperam pode ser alterada modificando-se os mitos [...] os mitos podem mudar muito depressa. Em 1789, a população francesa, quase da noite para o dia, deixou de acreditar no mito do direito divino dos reis e passou a acreditar no mito da soberania do povo. Em consequência desde a Revolução Cognitiva, o sapiens tem sido capaz de revisar seu comportamento rapidamente de acordo com as necessidades em constante transformação. Isso abriu uma via expressa de evolução cultural, contornando os engarrafamentos da evolução genética. Acelerando por via expressa, o Homo Sapiens logo ultrapassou todas as outras espécies humanas em sua capacidade de cooperar." (HARARI, op. cit. 2012, p. 41).

leões; por outro, a realidade imaginada de deuses, nações e corporações".[11] E, por ter sobrevivido bem no planeta o homem passa a deter a maior responsabilidade e cuidado de preservação do que o cerca.

> Desde a Revolução Cognitiva o sapiens tem sido capaz de mudar seu comportamento rapidamente, transmitindo novos comportamentos a gerações futuras sem necessidade de qualquer mudança genética ou ambiental. Por exemplo, considere o advento repetido de elite sem filhos, como a classe sacerdotal católica, as ordens monásticas budistas e as burocracias eunucas chinesas.[12]

A permanência e existência de tais elites contraria a seleção natural e o natural instinto de procriar, portanto, nada tem relação com condições genéticas, mas sim com crenças, mitos, realidades imaginadas. *"A Igreja Católica sobreviveu por séculos não por transmitir o "gene do celibato" de um papa ao seguinte, mas por transmitir as histórias do Novo testamento e do direito canônico católico.".*[13]

Foi a partir das diversas realidades imaginadas que o homem foi capaz de criar as culturas em sua multiplicidade foram aos poucos se solidificando, e as alterações das mesmas são irrefreáveis.

> Até a Revolução Cognitiva, os feitos de todas as espécies humanas pertenciam ao reino da biologia, ou, se quisermos, da pré-história (eu tendo a evitar o termo "pré-história" pois sugere, erroneamente, que até mesmo antes da Revolução Cognitiva os humanos constituíam uma categoria própria). A partir da Revolução Cognitiva as narrativas históricas substituem as narrativas biológicas como nosso principal meio de explicar o desenvolvimento do Homo sapiens.[14]

Para ser possível se compreender os fenômenos históricos que invadiram e marcaram a humanidade, como o Cristianismo, o Nazismo, e todas as Revoluções históricas, não bastará procurar respostas na biologia e na interação genética, quem dará as mais completas respostas será a chamada "cola mítica".

Cola mítica é o termo sado na obra de Harari, Sapiens, para descrever o que liga os Homo sapiens, a incrível realidade dual em que os humanos vivem e que foi inteiramente criada por eles é o grande fator

11 Ibid.

12 HARARI, op. cit., 2012, p. 41

13 Ibid.

14 Ibid.

deflagrador do processo de dominação do mundo. Para um animal o viver é apenas a realidade única, unidimensional, objetiva. Uma banana é uma banana e pode ser trocada por um coco por um macaco a outro, mas não pode ser trocada por uma promessa a Deus no céu. O curioso é que hoje, a permanência dos macacos, dos rios, mares e lagoas e de tudo que é concreto no planeta passou a depender de todo um universo imaginado e criado de modo dual pelos homens, como o poder dos Estados, Nações o Corporações, por sua vez determinados por Leis também fruto da criação do homem. E defendida por advogados que foram criados pelo homem.

A relevância da cola mítica é absoluta porque é ela que mantém o mito vivo. É a ficção cada vez mais plástica, o modo que a história é contada e repassada de grupos a grupos. E, além disso, a confiança do homem nos estranhos é determinada também pela cocriação de valores. Quando se confia em um piloto de avião ou em um médico cirurgião é pelos valores já criados anteriormente. *"A diferença entre nós e os chimpanzés é a cola mítica que une grandes quantidades de indivíduos, famílias e grupos. Essa cola nos tornou os mestres da criação".*[15] E por isso o ser humano hoje precisa ter a maior consciência de sua real constituição e de sua aproximação com a natureza e com tudo que a compõe, logo com os animais necessariamente.

Assim, resume o historiador e professor da Universidade de Jerusalém, mais de 70 mil anos de história humana, chegando às três revoluções que determinaram a permanência e dominação do homem no Planeta. São elas: a revolução cognitiva, da qual já foi falado, a revolução da agricultura e a revolução científica.

Este trabalho será conduzido também por essas três revoluções, ou seja, pelo olhar da religião e pelo olhar da ciência inicialmente. E, por fim, será explorada a necessidade de reposicionamento da ficção legal em relação ao animal, justamente pela incidência da consciência do papel do ser humano no universo, diante de toda a inovação tecnológica, demonstrativa da visão pós-humanista como a única capaz de reintegrar o homem à natureza e aos animais para a preservação da vida na Terra.

A revolução da agricultura em linhas gerais maximizou o lucro, as disputas por poder e o excesso de comida, causando a militarização, a fortificação de Estados e com tudo isso, a proliferação de doenças fruto dos excessos e dispêndios no cultivo e na agropecuária.

15 HARARI, op. cit. 2012.

Já a revolução científica foi a que demonstrou a insignificância do ser humano em relação ao Universo, às milhões de galáxias planetas e mesmo diante da vastidão infinita de micro-organismos que são ainda em totalidade desconhecidos, mas que dimensionam suficientemente a vulnerabilidade da vida.

E, para demonstrar a lucidez de Harari enquanto historiador, delimita-se o conceito de Mito pelo também historiador romeno, Mircea Eliade, que cuida detalhadamente da identidade religiosa, do mito e do sagrado. E a importância da realidade imaginada é resumida na construção mitológica de um povo, que o consagra e o fortalece. Mas mesmo no mundo moderno alguns mitos sobrevivem.[16]

> O mito é uma realidade cultural extremamente complexa, que pode ser abordada e complementada através de perspectivas múltiplas e complementares [...] A definição que a mim parece ser a menos imperfeita, por ser a mais ampla, é a seguinte: o mito conta uma história sagrada; ele relata um acontecimento fabuloso do "princípio". Em outros termos, o mito narra como, graças às façanhas dos Entes Sobrenaturais, uma realidade passou a existir, seja uma realidade total, o Cosmo, ou apenas o fragmento: uma ilha, uma espécie vegetal, um comportamento humano, uma instituição. É sempre portanto a narrativa de uma "criação": ele relata de que modo algo foi produzido e começou a ser. Os personagens dos Mitos são Entes Sobrenaturais. [...] Em suma os Mitos descrevem as diversas irrupções do sagrado no Mundo. E é essa irrupção do sagrado que realmente fundamenta o Mundo e o converte no que ele é hoje. E mais: é em razão das intervenções dos Entes Sobrenaturais que o homem é o que é hoje, um ser mortal, sexuado e cultural.[17]

Assim sendo, o que une os homens de modo peculiar e eficaz, mais que outras espécies de vida, é a sua capacidade única de criar fantasias e a partir delas construir elos de ligação com raízes sólidas, como por exemplo as que unem todos os fiéis do mesmo credo religioso. Aqueles devotos de um mesmo santo, ou "filhos de um mesmo orixá" desfrutam de raízes comuns tão representativas como seriam a árvore genealógica de outra espécie de vida.

---

16 "Alguns comportamentos míticos ainda sobrevivem sob nossos olhos. Não que se trate de "sobrevivências" de uma mentalidade arcaica. Mas alguns aspectos e funções do pensamento mítico são constituinte do ser humano. (Para um aprofundamento sobre os mitos do mundo moderno ver p. 156 e seguintes de ELIADE, Mircea. **Mito e Realidade**. 6ª ed. São Paulo: Editora Perspectiva, 2013.)

17 ELIADE, op. cit., 2013, p. 11.

Não se pode esperar dos animais que desenvolvam mitos e realidade imaginada, nem que ingressem em um contrato com deveres a serem cumpridos. A questão animal é, por si, complexa porque precisamente há diferenças das realidades humana e animal. Embora se tenha simpatia pelos direitos dos animais não se buscará nesse trabalho apenas defendê-los como solução absoluta à questão animal. Será preciso uma abordagem progressiva e consciente para obter resultados práticos a favor dos animais.

Sobre a identidade religiosa e a força do mito será demonstrada a seguir a especificidade humana na realização da linguagem religiosa entre os homens

2.2. A identidade religiosa: o mito, o sagrado e o sujeito da modernidade

Qual sentido haveria na natureza na criação dos animais dotando-os de um sistema nervoso central organizado e sem sensibilidade? Essa é uma indagação de Voltaire que baseia a teoria dos Interesses Diretos. É público que os estudos científicos do comportamento dos animais têm evidenciado que a proximidade de universo afetivo e emocional entre humanos e animais é bem maior que o imaginado. As teorias diretas defendem a coerência moral humana na consideração da dor e do sofrimento (senciência) de animais não-humanos.

A proposta de uma ética voltada aos animais não-humanos compara o exemplo dos humanos que fogem do paradigma social, com quaisquer limitações de manifestação livre de seus interesses. Se há direitos para um louco de todo gênero, com cisão de consciência e em permanente estado de psicopatia clínica, qual seria a motivação para desqualificar os interesses e necessidades dos animais?

A linguagem é ferramenta determinante para que haja a comunicação entre todos os seres vivos. O conceito de identidade religiosa muitas vezes utiliza-se de animais, através de verdadeira representação arquetípica dos mesmos em ritos religiosos. Entretanto, para que seja compreendido o papel do animal imolado é preciso preliminarmente que se compreenda que a religião não usa uma linguagem convencional ou científica para se expressar.

"A linguagem da religião não é a língua da realidade, mas dos símbolos. São símbolos, que expressam uma relação de vida, uma relação experimentada com uma força transcendente". Portanto, "[...] os símbolos que as religiões usam para comunicar descrevem a relação que seus fiéis ex-

perimentam com uma força sobrenatural, supra-humana, e a percepção que brota dessa relação.".[18],-[19]

As religiões variam em suas simbologias, mas toda e qualquer religião usa códigos próprios e símbolos específicos de identificação do grupo religioso a que pertence para se relacionar com as divindades. Faz-se necessário analisar os componentes do fenômeno religioso dentro de sua própria mística. Em outras palavras: *"o mito como relato fundante primordial, o rito como sua atualização num contexto religioso e o símbolo como linguagem fundamental para a descrição de toda a experiência religiosa."*.[20]

A compreensão dos mitos na sociedade arcaica, nas tribos e a importância da simbologia dos animais e da natureza viabilizam uma melhor explicação e aceitação da transitoriedade, ou seja, da vida e da morte. A própria visão do homem como ser participante de um conjunto maior – visão não compartilhada pelo homem moderno –, no caso, o que o autor denomina de "o cosmos" necessitava de um entendimento e de uma inter-relação do ser humano com a natureza e com os fenômenos naturais, dando espaço para a criação de cosmogonias e cosmologias.

E a necessidade de situar o homem em sua complexidade, pois, a religião, e principalmente, a religiosidade são essenciais para a compreensão do homem e da sociedade, seja ela arcaica ou moderna.

Um mito (*mithós*) é uma forma de narrativa de caráter simbólico-imagético, ou seja, o mito não é uma realidade independente, mas se forma e vai evoluindo de acordo com as condições históricas e étnicas relacionadas a uma dada cultura, procurando explicar e demonstrar, por meio da ação e do modo de ser das personagens, a origem das coisas[21]e a razão dos fatos da existência (do mundo; dos homens; dos animais; das doenças; da morte; da sobrevivência: dos objetos; da caça, pesca; do amor; do ódio; da mentira e das relações, sejam essas entre homens, homens e mulheres, humanos e animais etc.).

Considerando assim as relações dos animais humanos entre si, ou as dos animais humanos com os animais não-humanos ou ainda as de todos com os elementos da natureza, o mito depende de um tempo e

18 ALVES, Rubem. **O enigma da religião**. Campinas: Papirus, 1988. p. 24.

19 CROATTO, J. S. **As linguagens da experiência religiosa**: uma introdução à fenomenologia da religião. São Paulo: Paulinas, 2001. p. 41. Disponível em: http://www.eaglegestao.com.br/mitoritosimbolo/. Acesso em: 15 Jul. 2018.

20 CROATTO, op. cit., 2001, p. 24.

21 GRIMAL, Pierre. **Mitologia grega**. Rio Grande do Sul: L&PM, 2013.

espaço para existir e para ser compreendido.[22] Ao mito está associado o rito[23], ou ritual. O rito sendo aqui compreendido como o modo de ação, o agir, a representação, o caminho do mito nas cerimônias, através das danças, orações e sacrifícios.

Um dos objetivos do mito é o de transmitir conhecimento e compreensão, esclarecendo o que a ciência não conseguiu explicar. Um mito também tem a função de manifestar algo de maneira mais forte, potente, mágica, atingindo diretamente o inconsciente, e sendo capaz de fazer com que sejam percebidos e aceitos. O mito pode ter, também, a função de explicar temas desconhecidos. A mitologia, nela incluídos o rito e o símbolo, é, portanto, o estudo do mito, de suas origens e de seus significados, de uma maneira abrangente.

Mircea Eliade, historiador romeno de referência no estudo das religiões, em sua obra "O Sagrado e o Profano, inicia logo introduzindo a discussão sobre o título do livro, ao classificar o que é o sagrado e o que é o profano e como se definir tais classificações".[24]

Assim, Mircea define o sagrado como o que revela e oferece a orientação: é tudo aquilo já consagrado aos deuses, que é real e faz parte do "cosmos". Já o profano é o que escapa dessa lógica, e que não está no real nem no "cosmos", mas, ainda se encontra no "caos", ou seja, fora da ação primordial dos deuses, portanto, podendo fazer parte do sagrado quando realizado o ritual ou ato de passagem, imitando os deuses.

Porém, explicita o autor que uma existência profana jamais estará em estado puro:

> Seja qual for o grau de dessacralização do mundo a que tenha chegado o homem que optou por uma vida alheia à religiosidade, ele não conseguirá abolir completamente o comportamento religioso, justamente pela força histórica das religiões na formação e evolução do animal humano.[25]

---

22 CAMPBELL, Joseph. **O poder do mito**. São Paulo: Editora Palas Athena, 1990.

23 O termo rito (do latim ritu) tem vários sentidos. Rito é um pouco diferente de ritual, dando continuidade ao mito. Rito pode significar também um conjunto de fórmulas que caracterizam certa tradição cristã. Exemplos destes ritos litúrgicos são o Rito romano, o Rito ambrosiano, o Rito Bracarense, o Rito bizantino, Rito moçárabe etc. FERREIRA, A. B. H. **Novo dicionário da língua portuguesa**. 2ª ed. Rio de Janeiro: Nova Fronteira, 1986. p. 1513.

24 ELIADE, Mircea. **O sagrado e o profano**: a essência das religiões. São Paulo: Martins Fontes, 2001. p. 27.

25 ELIADE, op. cit., 2001, p. 27.

A lógica arcaica dá total primazia aos atos divinos, e o mundo só pode ser vivido se antes forem respeitados os atos dos deuses, e que o "cosmos" possua um começo, um final, um recomeço, e assim por diante, sendo o seu início a forma mais pura, como atesta Eliade, "[...] a Vida não pode ser reparada, mas somente recriada pela repetição simbólica da cosmogonia, pois a cosmogonia[26] é o modelo exemplar de toda criação.".[27]

O ser humano tende a sacralizar tudo o que existe, inclusive o espaço e o tempo como forma de inserir-se no "cosmos". Essa busca do ser humano de consagrar aos deuses suas vidas levou-os a organizarem o tempo de forma lógica para que através de festas realizadas periodicamente pudessem rememorar os feitos em relação ao espaço que ocupam, onde vivem, e a usá-lo para construir templos, igrejas, etc., a fim de consagrar aquele local aos deuses e por extensão sua cidade, aldeia – chegando à sacralização de sua própria casa – para poder estar inserido no centro do mundo, ou seja, no "cosmos". Essa mesma concepção não é vivenciada pelo homem moderno, que livre de tudo isso, vive em outra lógica.

Importa ressaltar que existem diferenças entre religiões mais complexas e que abordam o tempo como tempo histórico e não como tempo cósmico, no caso do judaísmo e do cristianismo, este último indo ainda mais longe ao santificar o tempo histórico com a encarnação do Deus na pessoa de Jesus Cristo e dessa forma saindo da esfera mítica e adentrando na esfera histórica no que concerne à realização dos rituais litúrgicos de consagração cristã.

As sociedades arcaicas nutriam imensa relação com a natureza, estando nela inseridas como dela sendo parte. O poder e a força dos fenômenos naturais como maremotos, erupções, vulcânicas, terremotos, tempestades, sempre foram relacionados com a ira dos deuses devido à desobediência humana, como é atestado no velho testamento da bíblia cristã em que Jeová pune o povo escolhido, o de Israel, por diversas vezes, sempre que este se afastava dos mandamentos de Jeová, como no caso do dilúvio e da Barca de Noé.

Em relação aos astros e seus significados mítico-religiosos o ser humano se afastou gradativamente dessas divindades – o inverso também é fato –, pois, como bem claro é exposto na obra através de inúmeros exemplos de diversas cosmologias, após terem criado o universo e o mundo estes deuses que são identificados com os corpos celestes

26 Cosmogonias: mitos de origem e destruição, incluindo os messiânicos e milenários.

27 ELIADE, op. cit, 2001, p. 74.

(astros) retiraram-se da Terra e regressaram para suas moradas no céu, porém, deixando na Terra seus filhos que pouco a pouco ocuparam os espaços deixados vazios no coração e mente dos seres humanos. Entretanto esses filhos são identificados muito mais com a vida mundana do que com a vida cósmica. Isso não quer dizer que os deuses celestes foram esquecidos, mas sim, afastados do dia-a-dia humano e conservados com grande força por meio do simbolismo, principalmente, nas religiões e cosmologias politeístas.

O simbolismo presente na natureza foi, é, e aparentemente será, uma grande fonte para elucubrações humanas referentes a explicações do mundo por uma forma religiosa, ficando isso claro na passagem cristã sobre o batismo, na qual o homem renasce para uma nova vida após a sua imersão nas águas – símbolo tanto da morte como da vida. Contudo, é preciso perceber que desde o final da "idade média" o ser humano caminha para uma dessacralização da natureza.

É preciso reconhecer essa perspectiva tão presente no homem arcaico e tão distante do homem moderno, que é a de perceber que o homem (ser humano) faz parte de um todo maior e de um sistema vivo que o autor chama de "cosmos". Outros fatores de grande importância para o homem arcaico são relativos aos ritos de passagem como o nascimento, o crescimento físico e intelectual (criança, rapaz, homem no caso masculino e criança, moça, mulher no caso feminino), casamento e morte, e que com o avanço racional e tecnológico foi fortemente deixado de lado pelo homem moderno. É importante compreender a moradia, como o corpo, a casa, o templo ou a cidade, sempre consagrada aos deuses e ofertando uma passagem para o transcendente, o campo cósmico.

Segundo Mircea Eliade, o homem moderno só aceita um modelo de humanidade dentro da condição humana da existência, sendo o sagrado um empecilho para obtenção da liberdade da humanidade, porém, segundo o autor até mesmo esse homem está impregnado de concepções religiosas degeneradas ou inconscientes mesmo que em pequena proporção. Portanto, a religiosidade faz parte do homem enquanto ser complexo.[28]

É muito importante e neutro o viés religioso abordado por Elíade, que expõe um aspecto da vida humana em que cada vez mais é ignorada pelo homem, que é a questão religiosa enquanto parte efetiva e material da complexidade humana. Com o secularismo, e até hoje, a religiosidade passou a ser vista como uma forma de fuga da realidade, quando na ver-

28 ELIADE, op. cit., 2001.

dade esta se encontra inserida acima de tudo na explicação da própria história humana.

Torna-se fundamental entender a relação do homem com a natureza, em especial a relação do homem moderno com ela, uma vez que na modernidade, esta reação se funde com a religião, a política e a economia. As religiões continuam a influenciar o pensamento e as atitudes das pessoas em seus atos mais simplórios, mais banais, e, o que é mais importante, nos atos inconscientes.

Nem sempre a religião continua presente, se não como crença, como um sentido de fé na existência de algo mais poderoso do que o próprio homem, em uma suposta salvação, uma fuga, um alento, um paraíso, algo que exista para além da materialidade imediata do mundo. E é isto, precisamente, o que Mircea Eliade chamou de "sagrado" no livro "*O sagrado e o profano*".[29]

O "sagrado" existe, como escreveu Eliade, em oposição ao profano. Ele se constitui na concepção de um mundo transhumano, de origem divina, trazendo à existência de uma transcendência que transcende a realidade imediata. Desta forma esse "sagrado" vai ser revelado no mundo por meio de sinais e elementos, chamados hierofanias.[30]

Em *O sagrado e o profano*, Eliade se propõe a estudar a historicidade das religiões através das hierofanias,[31] isto é, através das manifestações e expressões do sagrado em diversos quadros sócio-históricos e culturais. Como o autor diz, "o sagrado e o profano constituem duas modalidades de Ser-no-Mundo, duas situações existenciais assumidas

29 ELIADE, op. cit., 2001.

30 Ibid.

31 Hierofania (do grego hieros (ιερός) = sagrado e faneia (φαίνειν) = manifesto) pode ser definido como o ato de manifestação do sagrado. O termo foi cunhado pelo próprio autor Elíade Mircea em seu livro *Traité d'histoire des religions* (1949) – Tratado de história das religiões – para se referir a uma consciência fundamentada da existência do sagrado, quando se manifesta através dos objetos habituais de nosso cosmos como algo completamente oposto do mundo profano (ver misticismo). Para traduzir o ato de manifestação do sagrado, Eliade sugere o termo hierofania, é necessário, pois se refere apenas ao que corresponde à sagrada que nos é mostrado. Eliade explica: "Para aqueles que têm uma experiência religiosa, a natureza como um todo é susceptível de se revelar como sacralidade cósmica. cosmos como um todo pode se tornar uma hierofania. O homem das sociedades arcaicas tende a viver tanto quanto possível o sagrado ou na privacidade dos objetos consagrados. A sociedade moderna habita um mundo dessacralizado.". ELIADE, Mircea. **Traité d'histoire des religions**. Tradução Fernando Tomaz e Natália Nunes. 4ª ed. São Paulo: Editora WMF, 2010.

pelo homem ao longo de sua história."[32], ou seja, o sagrado e o profano constituem dois modos de vida e duas concepções acerca da "natureza" do mundo e da existência, sendo, portanto, complexos arranjos sócio-culturais, que envolvem não só crenças e rituais mas todo um sistema de moral, ética, códigos, símbolos, filosofia e organização social. Assim há duas realidades: "a do homem religioso, aquele que se esforça por manter-se o máximo de tempo possível num universo sagrado e, por outro lado, o homem privado de sentimento religioso, do homem que vive num mundo dessacralizado.".[33]

A existência do *homo religiosus*, como o chama Mircea Eliade, está ligada principalmente aos povos antigos, para os quais os mitos, os rituais, os símbolos, os deuses e seus atos eram realidades presentes, concorrendo constantemente para a manutenção ou destruição do mundo como ele existia. Para esses povos, o sagrado não é uma crença longínqua e fabular, mas a própria realidade, que retorna o tempo todo através dos rituais e celebrações, constituindo, por conseguinte, uma dimensão ontológica essencial das sociedades antigas.

A ocupação de um território é descrita por Eliade através das práticas de alguns povos primitivos, nas quais a ritualização da ocupação consagra o território, estabelecendo uma ruptura na homogeneidade do espaço e tornando aquela terra em mais do que sua extensão física, fazendo-a um Cosmos - ou *imago-mundi,* "habitação sagrada" - dentro do caos da natureza profana de nosso mundo. Note-se que os totens e as esculturas e estrelas de pedra com inscrições indicam a consagração do território para sua ocupação.

Os mitos também possuem papel importante na constituição das práticas e do dia a dia do homem religioso: eles oferecem formas para rituais das sociedades antigas. O mito do ato criador primordial, o mito cosmogônico, por exemplo, é constantemente reatualizado, servindo de modelo para a construção de uma casa ou para o estabelecimento em uma determinada região. O mito da fertilidade feminina e da terra orienta a gestação e o nascimento, e em algumas culturas, põe a criança entrando em contato com a terra, pelos laços mitológicos existentes entre o papel de mãe e a terra madre, que nutre seus filhos de modo fértil e generoso.

A multiplicidade de crenças, unificadas na experiência do sagrado estão em contraposição à existência profana, situação contemporânea, de quem escolheu viver num mundo secularizado onde a crença na exis-

32 ELIADE, op. cit., 2010, p. 20.

33 Ibid, p. 19.

tência de algo divino e maior do que o próprio animal humano não está mais inscrito nas exigências sociais. E mesmo assim, a experiência do sagrado continua a ter sua dimensão ontológica indiscutível na história.

Procura-se aqui demonstrar que a despeito da real importância do mito, do símbolo, do sagrado e do rito para grupos religiosos nos dias atuais, o momento mundial é outro, não mais o arcaico onde tais necessidades se antepunham à razão, mas no dizer de Habermas, o momento atual é pós-secularizado, onde há sim o diálogo entre Estado e Religião, mas nunca o poder do segundo em relação ao primeiro. A era é outra, é a era de responsabilidade, onde crueldades e rituais sangrentos não têm mais razão de existir. O sacrifício na carne, ou seja, a dor como purgação e libertação dos pecados, não é mais aceitável, seja este sacrifício humano ou animal.

Além disso, a necessidade de se reconhecer a evidência da existência da linguagem dos animais não humanos e suas necessidades, através da ética da alteridade, torna-se imprescindível, e com tudo isso prevenir atos de violência e reintroduzir o cultivo à natureza , à fauna e a à flora, como ela é hoje, para as futuras gerações, como diz o texto constitucional dando esse comando maior ao próprio poder público. Como também parte do "cosmos" de Eliade, uma vez que continua sagrado na sua função de habitat dos seres vivos.

2.3. Religião e sacrifício, por Jacques Derrida

Jacques Derrida é conhecido como o filósofo da desconstrução, justamente pela coragem com que, o mesmo revisita temas complexos, e propõe releituras que por sua vez constituem verdadeiros rompimentos com o *statuo quo* vigente de consideração do animal como apenas coisa. A forma com que o autor questiona o tratamento que vem sendo conferido aos animais passa por diversos autoquestionamentos e perpassa pela religião e por seus dogmas e crenças.

O ponto mais crucial do pensamento do autor é aquele que reconhece no olhar do animal, visto pelo humano, a teoria evolucionista em si, e a origem de ambos sendo uma ancestralidade comum. Embora homem e gato não sejam parentes próximos, o desconforto do olhar questionador poderia ser ainda mais desconfortável se fosse de um primata, muito embora, fosse este olhar mais difícil de ser obtido na temática do dia a dia, onde o gato virou animal de estimação enquanto os primatas são enjaulados em zoológicos.

O autor Jacques Derrida através de algumas reflexões sob o título de *Post-scriptum*, escritas posteriormente ao Seminário de Capri, retoma e até mesmo defende a presença das religiões. Ao descrever a crença através da fé, a descreve como uma confiança cega, dominadora e misteriosa, envolvendo o conceito inclusive de sacralidade. Partindo, assim, do modo bem característico do estilo de Derrida, inicialmente da etimologia da palavra 'religião'. Observa-se que o autor, de certo modo, usa muito e até brinca com conceitos de etimologia ao criar em suas obras novas palavras para sua filosofia. É certo que o faz com muita cautela, responsabilidade e respeito. Inclusive, refletindo sobre a palavra "religião" o faz citando duas fontes etimológicas, que ele até define como inconclusivas para o termo Religião. E faz a crítica de que "*nem sempre houve, continua não havendo e nunca haverá por toda a parte algo, uma coisa una e identificável, idêntica a si mesma que leve religiosos e irreligiosos a ficar de acordo para lhe atribuir o nome de "religião"*. [34]

Derrida informa o leitor de que há o tronco latino, seguindo a origem de "religio", com contestações intermináveis, apoiando-se em textos de Cícero, Tribuno Romano, com ligação à "relegere" para identificar um sentido de recolher para voltar e recomeçar. Mas há a etimologia traçada pelos cristãos que liga a religião ao vínculo, à obrigação, ao dever e à dívida dos homens entre si ou dos homens e Deus. Ainda considerando o tema apaixonante, Derrida finaliza sua busca ao re-conhecer (conhecendo novamente, como é próprio do autor) que pela etimologia "nada fica resolvido na fonte"[35]. E conclui dizendo que a pesquisa é aproveitada na medida em que todas as origens se deixam conduzir ao mesmo ponto, confirmando o mesmo teor:

Assim, para Derrida, a religião até mesmo em sua etimologia conduz à uma alteridade:

> As duas etimologias concorrentes deixam-se conduzir ao mesmo ponto e, de uma certa maneira, à possibilidade da repetição que tanto produz quanto confirma o mesmo. Nos dois casos *(re-legere ou re-ligare)*, trata-se realmente de uma ligação insistente que se liga, antes de tudo, a si mesma. Trata-se realmente de uma reunião, de uma *re-união*, de uma *re-coleção*. De uma resistência ou de uma reação à disjunção. À alteridade *ab-soluta*.[36]

Derrida é um pensador que caminha com naturalidade diante do seu próprio desconforto e que não titubeia em propor novas leituras. O

---

34 DERRIDA J. Fé e Saber. In: DERRIDA, Jacques; VATTIMO, Gianni (org.). **A Religião**: o seminário de Capri. São Paulo: Ed. Estação Liberdade Ltda. 1996. p. 52

35 Ibid., p. 53

36 DERRIDA J. Op. cit., 1996, p. 54 .

autor propõe até mesmo novas palavras e com elas exige do leitor uma consciência moral bem mais apurada do que àquela que não refletia para além do humano. Derrida é um autor claramente à frente de seu tempo. E se estivesse mais tempo vivo, muito mais o teria feito pelo reposicionamento dos animais na filosofia humanista, obrigando a uma abertura conceitual que ele inicia e deixa para seus sucessores continuar.

> E segue o autor repensando a religião e sua essência sacrificial e o paradoxo a ser enfrentado por um lado pelo mandamento "Não matarás", onde subsiste um respeito absoluto pela vida e, "por outro, (sem mesmo falar das guerras de religião, de seu terrorismo e de suas matanças), a vocação sacrificial, também universal."[37] Derrida segue pontuando a relevância do que a história amplamente confirma. *"Outrora existiu, aqui e ali, o sacrifício humano, inclusive nos grandes "monoteísmos""*.[38] E dimensiona corretamente a violência a que sempre foram submetidos os animais:[39]

A violência que se pratica pelo mercado atual para comércio de animais não tem justificativa alguma, salvo o lucro. O Deus do mercado é o lucro, e a religião, seja ela qual for, passa a ser mera massa de manobra do verdadeiro poder que determina todos os movimentos.

> Sempre o sacrifício do vivente, ainda e mais do que nunca na escala da criação de animais e abate em massa, da indústria da pesca ou da caça, da experimentação animal. [...] alguns ecologistas e certos vegetarianos[...] seriam os únicos "religiosos" deste tempo a respeitar uma dessas duas fontes puras da religião e, com efeito, carregar a responsabilidade do que poderia ser realmente o futuro de uma religião. [40]

---

37 Ibid, p. 70.

38 Ibid.

39 AGUIAR, Lúcia Frota Pestana; HOGEMANN, Edna Raquel. Sacrifício de animais e liberdade Religiosa: o equívoco do exercício livre diante da laicidade do estado brasileiro. In: DUARTE, Fernanda; IORIO FILHO, Rafael Mario; FELIPE, Ana Paula Faria; MEIRELLES, Delton (Coord.). **Escritos sobre Direito, Cidadania e Processo**: Discursos e Prática. Livro eletrônico. Coletânea em.pdf de trabalhos de grupos de pesquisa da Universidade Federal Fluminense e da Universidade Estácio de Sá. Niterói: PPGSD – Programa de Pós-Graduação em Sociologia e Direito, 2018.

40 DERRIDA, op. cit., 1996, p. 54.

A humanidade estará em breve diante de dilemas que exigirão uma necessidade de ser repensado o respeito à natureza e aos seus integrantes: a fauna e a flora. A Constituição Brasileira em vigor desde 1988 foi visionária em seu artigo 225, e o mesmo dispositivo mereceria ser aplaudido e cada vez mais reforçado, e nunca desautorizado, como tem ocorrido diante de recentes julgamentos do Supremo Tribunal Federal, que por exemplo considerou o sacrifício religioso como prática cultural, e ainda certas práticas de lazer como rodeios e vaquejadas também autorizadas ao mesmo argumento.

Se a norma constitucional brasileira era perfeita e serviria de base para leis infraconstitucionais questiona-se juridicamente o porquê o guardião da Constituição estar, ao contrário, agindo sem o devido cuidado de respeitá-la em suas cláusulas pétreas.

Para se compreender a força da norma na Carta Magna é preciso primeiro se esclarecer que dentro da Carta Magna brasileira há as normas originárias e normas derivadas. E antes de tudo há que se compreender também a dimensão do que significa o chamado poder constituinte originário, aquele que existe desde 1988. O que está acontecendo é um verdadeiro desvalor ao Poder Constituinte Originário e uma supervalorização do Poder Constituinte Derivado, que é sempre aquele que modifica a Constituição Federal, (im)por intermédio de emendas constitucionais. E deste modo, o texto inicial tem sido esvaziado enquanto novos conceitos tem sido inseridos desviando a norma original de seu propósito primeiro: a proteção para as futuras gerações do Brasil como o era desde a edição da norma, em 1988.

> Atualmente o ativismo judicial e o ativismo legislativo que vêm atuando sobre a questão animal demonstram uma ousadia que começou com a emenda das vaquejadas, culminando com os atos sacrificiais. A partir de então, o que mais se pode esperar? Desse modo, o poder de reforma constitucional vem criando um conceito novo de crueldade: a crueldade na CF passou a curiosamente diferir então da crueldade do sacrifício, que por sua vez passou a ser similar àquela dos atos desportivos.
>
> E assim, razões de esporte, lazer ou culturais passaram a ser mais fortes que o texto legal originário! Pasmem! A laicidade estatal foi pelo ralo, junto com o ambiente ecologicamente equilibrado! E sem razão, porque inexiste oposição de conceitos entre ambientalismo, racismo e especismo, que ao contrário, junto com o sexismo são conceitos correlatos que primam pela ideia de inclusão. Inclui-se o negro, o índio, a mulher, o animal no amplo e genuíno direito de não sofrer. E afinal como fica o meio ambiente? E o dever do Estado

> de impedir a crueldade ao animal, estando toda a fauna inserida no bem ambiental?.[41]

Derrida acena para uma evolução social em sentido amplo, consciente e agudo, caminhando em direção a uma ética universal de responsabilidade, exatamente como o princípio constitucional brasileiro que garante às futuras gerações o respeito ao ambiente ecologicamente equilibrado como um direito fundamental e tutelado pelo Estado.

O estudo de Derrida é o estudo de sua insatisfação diante do modo como a vida animal é tratada. Sua escrita é irreverente ao apontar que *"a vida não vale absolutamente, a não ser valendo mais que a vida".*[42]

Inexiste sentido lógico a ser preservado em qualquer ética religiosa que mate para sacralizar, ignorando o que há de mais sagrado, a vida.

Derrida tem a coragem de questionar a motivação no mundo atual ainda praticada pelos sacrifícios religiosos, restando evidente sua oposição ao sacrifício religioso bem como o respeito que o autor nutre pelos animais. "Qual é a mecânica dessa dupla postulação (respeito à vida e sacrificialidade)?"[43] A resposta de Derrida vem questionando a religiosidade no conceito de vida:

> Ela não é sagrada, santa, infinitamente respeitável a não ser em nome do que, em seu âmago, vale mais do que ela e não se limita à naturalidade do biozoológico (sacrificável) – ainda que o verdadeiro sacrifício deva sacrificar não só a vida" natural", dita "animal" ou "biológica", mas o que vale também mais do que a dita vida natural.[44]

O filósofo demonstra seu desconforto com a valoração da vida humana em detrimento das demais, e, portanto, com a hierarquia entre vidas:

> O respeito pela vida concerne, assim, nos discursos da religião como tal, exclusivamente à vida humana, enquanto esta se dá testemunho, de alguma forma, da transcendência infinita do que vale mais do que ela (a divindade, a sacrossantidade da lei).[45]

---

41 AGUIAR, Lucia Frota Pestana de. **O sacrifício de animais e o pecado original no Supremo Tribunal Federal.** Disponível em: https://www.conjur.com.br/2019-abr-03/opiniao-sacrificio-animais-pecado-original-stf. Acesso em: 15 Jul. 2018.

42 DERRIDA, op. cit., p. 70.

43 Ibid.

44 Ibid, pp. 70-71.

45 DERRIDA, op. cit., p. 72.

> Refletindo Derrida sobre *"o valor da vida, sua "dignidade" absoluta, e a máquina teológica, "a máquina destinada a fazer deuses"*[46] **e "o preço do ser vivo humano** antropo-teológico, verifica que o preço elevado é o do que deve permanecer salvo" na auto-referência excessiva e doentia do gênero humano se supervalorizando em detrimento de todos os demais seres do planeta.[47]
>
> Esse excesso em relação ao vivente, cuja vida não vale absolutamente a não ser valendo mais do que a vida, em suma, mais do que ela mesma, eis o que abre espaço de morte, que se liga [...] às dimensões da suplementaridade auto-imunitária e auto-sacrificial, essa pulsão de morte que trabalha em silêncio toda a comunidade, toda auto-imunidade, e, na verdade, a constitui como tal, em sua interalibilidade, sua herança, sua tradição espectral.[48, 49]

O ritual de sacrifício cabia bem na antiguidade por exemplo, porém, com a evolução natural da humanidade e a própria revolução cognitiva, onde o ser humano cada vez mais vem tomando a consciência da importância da vida em si, é inegável que tais mecanismos se tornaram cada vez mais ultrapassados.

Hoje, toda a existência mudou com a presença intensa e definitiva das máquinas, com a inteligência artificial, que por sua vez reposicionou a vida, seja esta humana ou não humana.

Assim, torna-se imperioso repensar todos os antigos conceitos e práticas. Mantendo sempre o respeito às religiões e suas crenças, mas precisando reconhecer o que, das respectivas práticas, não é mais cabível. Isso se torna imperioso, diante do corte epistemológico de novas e potentes forças, que embora igualmente imateriais, não se pautam em mitos, dogmas e crenças, mas sim em algoritmos. Deste modo, o sacrifício na carne ficou claramente sem lugar no mundo, e isso nem precisa passar pelo respeito aos animais com que Derrida conduz seu pensamento, basta passar pelo respeito à vida.

> O autor é muito acurado ao demonstrar que toda comunidade está de fato buscando sua imunidade e sua eternização, mas condena o rito sacrificial por ser tal prática desnecessária e autoenganadora da

46 Ibid.

47 AGUIAR, op. cit., 2018.

48 DERRIDA J. Fé e Saber. In: DERRIDA, Jacques; VATTIMO, Gianni (org.). **A Religião**: o seminário de Capri. São Paulo: Ed. Estação Liberdade Ltda. 1996. p. 71.

49 AGUIAR, op. cit., 2018.

> finitude real da vida, e mantém a comunidade aberta a algo maior do que ela: o futuro, a morte, a liberdade, a messiandade etc.[50, 51]
> Fica sempre questionável a *"Violência do sacrifício em nome da não-violência"*.[52-53]
> A religião, como resposta à dupla distenção e ao duplo entendimento, é então elipse: a elipse do sacrifício.[54] [...] A elipse ou a duplicidade originária da religião, é que a lei do indene, a salvação do salvo, o respeito pudico pelo que é sacrossanto (*heilig, holy*) exige, e ao mesmo tempo, exclui o sacrifício, a saber, a indenização do indene, o preço da imunidade.[55-56]

Nada que se baseie em conceitos arcaicos tem lugar no mundo pós-convencional, em que a Religião não mais se funde ao poder estatal. A necessidade de se repensar o sacrifício religioso é a mesma necessidade de se frear os fanatismos, os extremados, os conceitos dogmáticos promissores de uma vida eterna ao custo do sofrimento de vidas, sejam estas animais ou humanas. O ponto nodal de partida dessa trajetória é equivocado, e não se coaduna com o Estado Democrático de Direito. Assim, a liberdade de culto não pode ser confundida com a prática incondicionada de seus conceitos, seja qual for a liturgia que tal religião prega.

> Nesse texto Derrida segue adiante questionando muito mais e, sobretudo, a supremacia de uma religião em detrimento das demais. Alerta para o cuidado com a reatividade do retorno primitivo e arcaico, não só do dogmatismo obscurantista, mas também à vigilância à hipercrítica.[57] Havendo risco de destruição de tradições históricas. Alerta para uma possibilidade de excesso de patriotismo exacerbado como meio de reação e dimensiona os riscos de fanatismos, fundamentalismos e modelos de hegemonia que apaguem o pluralismo religioso.

---

50 "Comunidade como comum-auto-imunidade: não existe comunidade que não alimente sua própria auto-imunidade, sendo que um princípio de auto-destruição sacrificial causa a ruína do princípio de proteção de si (da manutenção da integridade inata de si) e isso em vista alguma sobre-vida invisível e espectral. (DERRIDA, op. cit., pp. 70-71).

51 AGUIAR, op. cit, 2018.

52 DERRIDA, op. cit. p. 72.

53 AGUIAR, op. cit., 2018.

54 DERRIDA, op. cit. p. 72.

55 Ibid.

56 AGUIAR, op. cit., 2018.

57 DERRIDA, op. cit. p. 72.

> O que se busca aqui demonstrar é que a filosofia já vem com diversos expoentes questionando e repensando tal dogmatismo intransponível que se coloca como essencial à manutenção de certas religiões. Numa sociedade planetária consciente do abandono do modelo unicamente antropocêntrico, faz-se necessário à luz do 'antropocentrismo alargado' repensar juridicamente uma limitação para práticas tão distanciadas da realidade de consciência da preservação da vida. Se hoje restarem admitidos os rituais com animais, numa guerra poder-se-ia fundamentar todos os rituais com a mesma base de violência, porque a guerra entre dogmas e supremacias religiosas é latente.[58]

É a escrita de Derrida sempre repleta de questionamentos e desconstruções. O autor convida a uma releitura daquilo que não cabe mais no mundo de hoje, que já se afastou da visão mecanicista de Descartes e já reconhece a dor animal por exemplo. Não se justifica o sacrifício na carne, não se justifica a dor sacrificial do animal inocente, bem como não se pode aceitar a dor sacrificial humana.

> Trata-se sempre de uma vingança declarada, frequentemente declarada como desforra sexual; estupros, sexos feridos ou mãos decepadas, exibição de cadáveres, expedição das cabeças cortadas que, outrora na França, eram erguidas na ponta de uma vara ("procissões fálicas das "religiões naturais.)[59]

A visão especista do antropocentrismo clássico, para os filósofos expostos neste estudo, ignora a senciência animal, já comprovada pela própria ciência. Assim é urgente a necessidade de se reposicionar os animais na Filosofia, na sociedade e no Direito. A revisão conceitual precisa ser ontológica.

> Se nos primórdios da civilização todos os clãs tinham em reunião seu rito sacrificial, nos tempos atuais o sacrifício religioso não mais se justifica. Se é preciso se inserir o homem no seu tempo, também é necessária essa inserção para todo o ser vivo, que merece e precisa ser estudado e compreendido à luz da época em que vive.[60]

58 AGUIAR, op. cit., 2018.

59 DERRIDA J. Op. cit., 1996.

60 AGUIAR, op. cit., 2018.

2.4. A liberdade limitada pela alteridade levinasiana

Emmanuel Levinas, com sua obra Ética da Alteridade, se tornou um ícone da filosofia na França. A vivência dele nos campos de concentração nazistas propiciou que nele aflorasse um olhar único e profundo sobre a diferença que reside no outro. Ao vislumbrar um singelo cão no cativeiro conseguiu realizar um exercício interno de introspecção de como aquele ser "diferente" via e compreendia os seres humanos. Levinas propõe um olhar diferenciado para o racionalismo moderno ocidental trazendo a necessidade de se equilibrar a liberdade com o peso da responsabilidade. Tal balança é notoriamente difícil se consideradas as diversidades cultural e de valores típicos de um povo, mas ainda assim, faz-se visível que seja qual for o povo em questão terá ele uma força coletiva indubitável para com a tutela de seus iguais e de seus diferentes, trazendo assim a ideia de inclusão social e aceitação dos menos favorecidos[61, 62]

O agir livre e a razão nas ações são traços marcantes do período moderno. Não apenas Levinas, mas também Hegel e Descartes cuidaram com atenção da questão da autonomia humana diante das escolhas e da razão. Este último sempre ligando a ideia de razão à ideia da existência e do intelecto. Para Descartes, o ato de pensar formaliza o sujeito enquanto ser autônomo em sua razão e interação com o mundo.[63]

Esse caminho traçado pelos seus antecessores fez Levinas propor um olhar diferente para tudo que não venha a ser de imediato aceito como igual. Assim, com sua Ética ele propõe que se olhe para o outro de modo amplo, e inclusivo, criticando a filosofia moderna por reduzir o olhar ao ser individual, alienando por consequência aquele que está de fora. Conduz seu pensamento a uma análise de aceitação das diferenças, de tudo que é estranho ou fora do formato. O fenômeno moderno só teria compreensão de modelos pré-estabelecidos sem sequer poder "ler" o que for desigual. A ininteligibilidade é traço marcante da crítica da alteridade proposta por Levinas.[64]

É certo dizer que Levinas não chega a cuidar da chamada 'Ética Animal' nem traduz sua alteridade com conceitos detalhados sobre o cão a que se refere no campo de concentração. Esse trabalho foi por ele

61 Para se situar no tempo, o período chamado de Modernidade se refere à Europa do século XVII que passou a influenciar o mundo todo com suas concepções culturais e com a busca pela Liberdade.

62 AGUIAR, op. cit., 2018.

63 Ibid.

64 Ibid.

iniciado e caberá a outros fornecerem os contornos da senciência englobando os seres não humanos. [65]

O importante aqui é destilar o produto extremo da ideologia que fez a mudança paradigmática do olhar individualizado para o olhar inclusivo. Isso lembrando sempre que não se pode abordar o sacrifício animal sem antes considerar que a ideia do abate antes englobava com facilidade conceitual o outro "humano". Então primeiro é preciso que se conscientize a humanidade sobre as diferenças entre humanos, para então depois se considerar a aceitação da diferença em relação aos animais.[66]

A crítica levinasiana à filosofia da Era Moderna reside, portanto, na coisificação do outro e na supervalorização do eu. E é por isso que o autor coloca o papel da Ética da Responsabilidade para com o outro como a Filosofia Primeira, aquela que deve vir antes de todas as outras, como meio de civilizar o próprio homem, como parte de um tecido social. [67]

Nessa medida ele se distancia do "*cogito ergo sum*" ou "penso logo sou" de Descartes, repleto de autossuficiência e de potência para reforçar a ideia do cuidado em relação ao outro. A Ética para Levinas dá-se a partir de uma responsabilidade pré-original em face da alteridade, não da morte, e sim da vida do Outro e, sobretudo, no 'não consentimento na morte alheia'. [68]

> A responsabilidade pelo outro precede a minha liberdade. Não deriva do tempo tecido de presenças – nem de presenças esvaecidas no passado e representáveis – do tempo de inícios ou de assunções. Não me permite que me constitua num eu penso substancial como uma pedra, ou como um coração de pedra, em si e para si.[69]

A Ética da Alteridade é algo que deveria ser estudado nas Escolas pelas crianças ensinando a aceitação da diferença. O princípio fundamental dessa ética é a responsabilidade com o existir do outro. E quem é o outro? *"O terceiro é outro distinto que o próximo, porém é também outro próximo, é também o próximo do outro e não simplesmente o seu semelhante."*.[70] E Carlos Naconency ao abordar o Direito dos Animais informa que nossa cultura antropocêntrica especista está sempre bus-

65 Ibid.

66 AGUIAR, op. cit., 2018

67 Ibid..

68 Ibid

69 LEVINAS, E. **De Deus vem a ideia**. São Paulo: Vozes, 2016. p. 105.

70 LEVINAS, Emmanuel. **Totalidade e infinito**. Lisboa: Ed. Almedina, 1988. p. 24.

cando eufemismos para os animais, como atenuantes: "A retórica dos eufemismos consiste em substituir certos termos por outras palavras eticamente neutras, como "abater" no lugar de "matar" ou "assassinar".[71] Assim, tem se liberado indevidamente o gênero humano da responsabilidade inevitável em relação aos outros seres. [72]

O 'outro' metafísico é o outro de uma alteridade que não é formal, de uma alteridade que não é um simples inverso da identidade, nem de uma alteridade feita de resistência ao Mesmo, mas de uma alteridade anterior a toda a iniciativa, a todo o imperialismo do Mesmo; Outro de uma alteridade que constitui o próprio conteúdo do Outro; Outro de uma alteridade que não se limita ao Mesmo, porque nesse caso o Outro não seria rigorosamente Outro: pela comunidade da fronteira, seria, dentro do sistema, ainda o Mesmo.[73, 74]

A alteridade é inevitável, não é escolha, assim como a heterogeneidade é constitutiva do mundo humano, que caracterizado por sua intersubjetividade é relacional. Mas, essa inevitabilidade não possui o condão de impedir a noção de conflito; antes, remete a ele. Compreender esse conflito é o desafio que está posto à sociedade, cada vez mais plural. Nesse enfoque, a alteridade pressupõe o conflito social, que não pode ser negado, mas antes enfrentado, pois ainda que episódico, faz parte da vida em comum. Resultado imediato da heterogeneidade social humana, o conflito está intimamente ligado a essa pluralidade moral. Não se pode negar que esse pluralismo remete necessariamente a enxergar o Outro, a uma concepção do Outro, como o grande referencial demarcador ético de qualquer moralidade.[75, 76]

E quando Levinas prontifica o ser humano para aceitação do outro, ele com isso abre um caminho sem volta para a aceitação em sentido lato de tudo que coexiste no mundo. A ética da Responsabilidade Global proposta no viés do Ambientalismo muitos anos depois vai exigir do homem a responsabilidade com os recursos naturais do planeta. E seguindo essa linha o ser humano também terá que se responsabilizar pelos animais. A afirmação de Levinas de que o que o outro olha nos olhos é um grito de clamor pelo reconhecimento da responsabilidade em rela-

71 NACONECY, Carlos. Ética e Animais. Rio Grande do Sul: EDIPUC/RS, 2014. p. 70.

72 AGUIAR, op. cit., 2018.

73 LEVINAS, op. cit. 2008, p. 25.

74 AGUIAR, op. cit., 2018

75 HOGEMANN. E. **Bioética, Alteridade, embrião humano**. Rio de Janeiro: Multifoco, 2015. p. 103.

76 AGUIAR, op. cit., 2018.

ção ao terceiro que nos vê. Assim, o Estado Democrático de Direito será o regulador dessa responsabilidade ao garantir como direito fundamental a liberdade aos seus cidadãos. Mas também ao limitar o uso deste direito extraordinariamente amplo a fim de que este não seja utilizado para fins egoísticos, fúteis, torpes ou desnecessários. A responsabilidade chega então com a necessidade de ser normatizada.[77]

2.5. O sacro-ofício e a culpa arquetípica diante da Ética da compaixão por Freud, Adorno e Schopenhauer

A civilização ocidental foi construída sobre a 'culpa', que se instalou e permaneceu, como elemento de sustentação e de força vital, como um tecido conjuntivo, que embora invisível é a argamassa que constrói todos os comportamentos do 'ser social, atuando na calada da noite psíquica desde o humano primitivo até o pós-tecnológico. E a origem da culpa é sempre a do cometimento de um ato de violência.

O humano, ao nascer, para sobreviver, 'ataca' a mãe. E assim, comete seu primeiro, grande e definitivo ato de violência. Ataca a carne da mãe e suga com avidez o que dela pode tirar. O paradigma se forma no mesmo instante em que o instinto de sobrevivência se manifesta. Nesse momento se inscreve, à perpetuidade, no psiquismo do humano o instinto da agressão, que se fixa como "arquétipo" e que se repetirá inconscientemente no desenvolvimento da personalidade, estando presente como motivação primeira em cada ato cometido, e que, com o advento da 'consciência' e do 'superego' carregará como complemento inseparável 'a culpa'.

O humano ao nascer e sobreviver é condenado a purgar essa 'culpa arquetípica', que nem percebe que existe e muito menos de onde veio, mas que estará sempre nele e que será purgada, através dos milênios da evolução humana, portando diferentes máscaras, máscaras essas que criam, nos estágios de evolução mais sublimados os Santos que se auto-flagelam, as missas em que Cristo é repetidamente sacrificado pela ingesta de sua carne através da hóstia e de seu sangue através do vinho, os crentes no seu ritualístico pedido de perdão dos pecados cometidos, e nas formas mais primitivas, as guerras santas com os sacrifícios dos "infiéis", até desembocar na máscara mais cruenta, simples e auto-preservativa que é a que tortura e derrama o sangue dos animais indefesos.

77 AGUIAR, op. cit., 2018.

Freud[78-79] esclarece que os atos ilícitos são praticados exatamente por serem proibidos, e como tal são geradores de alívio no seu executor. O ser humano já sofria a culpa, desconhecendo sua origem. Ao praticar uma má ação, a culpa original se atenuava, porque agora havia a justificativa para o sentimento de culpa.

Theodor Adorno, filósofo da escola de Frankfurt, apontava os limites da liberdade e seus efeitos perigosos. A liberdade religiosa aqui tratada, é espécie do gênero liberdade de expressão, que por sua vez é característica marcante da democracia. A questão que se coloca é que há que haver limites legais para o exercício de um direito tão amplo.[80]

Um apontamento que há de ser feito a uma visão *a priori* demasiadamente ampliada pela liberdade de cultos de quaisquer naturezas levará a um paralelismo com o Holocausto. Afinal, Hitler, não por razões religiosas, mas mesmo em nome da ciência utilizou-se de seres humanos com extrema crueldade e reduzindo-os a uma negação total de direitos.[81]

> Muitos conhecimentos, embora formalmente verdadeiros, são nulos fora de toda a proporção com a repartição de poderes. Quando o médico expatriado diz – "Para mim, Adolf Hitler é um caso patológico" – o resultado clínico acabará talvez por confirmar o seu juízo, mas a desproporção deste com a desgraça [...], se espalha pelo mundo faz de tal diagnóstico, **como que** se incha o diagnosticador, algo ridículo. [...] Os que expressam os seus pensamentos na forma de juízo livre, distanciado e desinteressado são os que não foram capazes de assumir nessa forma a experiência da violência, o que torna inútil tal pensamento. O problema, quase insolúvel, consiste aqui em não se deixar imbecilizar nem pelo poder dos outros nem pela impotência própria.[82]

78 FREUD, S. **Alguns tipos de caráter encontrados no trabalho psicanalítico**: criminosos em consequência de um sentimento de culpa. Tradução de J. Salomão. v. 14. Edição Standard brasileira das obras psicológicas completas de Sigmund Freud. Rio de Janeiro: Imago, 1974, pp. 375-377. (Trabalho original publicado em 1916).

79 FREUD, S. **O mal-estar na civilização**. Tradução de J. Salomão. v. 21. Edição Standard brasileira das obras psicológicas completas de Sigmund Freud. Rio de Janeiro: Imago. 1996, pp. 75-171. (Trabalho original publicado em 1930 (1929)).

80 AGUIAR, op. cit, 2018.

81 Ibid.

82 ADORNO, Theodor. **Mínima moralia**. Reflexionen aus dem beschădigten Leben © 1951 by Suhrkamp Verlag Tradução: Artur Morão Capa de Edições 70 Depósito Legal n°166799/01 ISBN 972-44-1071-4 Direitos reservados para língua portuguesa por Edições 70-Lisboa-Portugal, Disponível em: http://www.mom.arq.ufmg.br/mom/babel/textos/adorno-minima-moralia.pdf. Acesso em: 28 Nov. 2017.

Theodor Adorno seguiu o autor que inicialmente escreveu sobre "as dores do mundo", o pessimista Arthur Schopenhauer, trazendo ambos então, um olhar existencial de compaixão para todas as suas abordagens. Assim, Schopenhauer afasta-se da teoria kantiana, sempre pautada na dignidade, e desenvolve a sua Ética da Compaixão calcada na filosofia oriental baseada em desenvolvimento de atos de caridade, bondade e compaixão como meios de combater o egoísmo e crueldade inerentes ao gênero humano. Então honestidade, fidelidade, tolerância, serenidade, benevolência e generosidade acompanham a tônica da compaixão. [83-84]

> Não tenho reparo em colocar-me em aberta oposição a Kant, que não reconhece bondade ou outra virtude que as derivadas da reflexão abstrata e particularmente da noção de dever e do imperativo categórico, considerando o sentimento de compaixão como uma debilidade, porém, de nenhum modo, como uma virtude.[85]

Schopenhauer trabalha com a compaixão como princípio ético fundamental afirmando ser a compaixão inata a única capaz de fundar a ética. Schopenhauer busca fundar uma ética da compaixão, e para isso estabelece uma metafísica baseada em uma vontade universal, que é a essência de todos os seres. Na obra chamada *Sobre a Ética*, um conjunto de pequenos ensaios de Schopenhauer são reunidos editorialmente em um pequeno livro como parte de uma coleção de pequenos ensaios do autor, publicados em 1851 e que o fizeram mundialmente conhecido. O filósofo é mais ousado ao descrever o caráter verdadeiramente diabólico do ser humano, *"único animal que provoca dor em um outro sem nenhum outro fim que não este mesmo".*[86-87]

E assim o autor aponta com firmeza para os defeitos morais do ser humano, confrontando-o com o que vem a chamar de uma vontade cega que o conduz para um caos.[88-89]

83 SHOPENHAUER, A. **O Mundo como Vontade e Representação**. Rio de Janeiro: Contraponto, 2001.

84 AGUIAR, op. cit., 2018.

85 SHOPENHAUER, op. cit., 2001.

86 SCHOPENHAUER, A. **Sobre a Ética**. Tradução de Flamarion C. Ramos. São Paulo: Ed. Hedra, 2012.

87 AGUIAR, op. cit., 2018.

88 SCHOPENHAUER, op. cit., 2012, p. 432.

89 AGUIAR, op. cit., 2018.

O homem no íntimo é um animal selvagem, uma fera. Essa era a antiga concepção de Thomas Hobbes com a sua célebre conclusão, *homo, homini lúpus*[90]. Só o conhecemos domesticado, domado, nesse estado que se chama civilização: por isso recuamos assustados ante as explosões acidentais do seu temperamento. Se caíssem os ferrolhos e as cadeias da ordem legal, se a anarquia rebentasse, ver-se-ia então o que é o homem.[91-92]

Compaixão é a aptidão de se sentir na posição do ser que sofre, some a diferença entre o eu e outro, atenua-se o valor do ego que quer apenas satisfazer-se. A compaixão é praticada pelas pessoas caridosas,

---

90 *'O homem é o lobo do homem'* é uma frase muito familiar na obra do autor, mas não foi originariamente criada por ele. *Homo homini lupus* é uma sentença latina que significa *o homem é o lobo do homem*. Foi criada por Plauto (254-184 a.C.) em sua obra Asinaria. No texto se diz exatamente; "*Lupus est homo homini non homo*". Foi reproduzida por Thomas Hobbes, filósofo inglês do século XVII. Gramaticalmente, segundo a construção em latim, está formada com o nominativo e dativo de *homo*, (homem), e o nominativo de *lupus* (lobo). Foi popularizada no Leviatã, publicado em 1651. O livro, cujo título por extenso é Leviatã ou matéria, forma e poder de um Estado eclesiástico e civil, trata da estrutura da sociedade organizada. Hobbes alega serem os humanos egoístas por natureza. Com essa natureza tenderiam a guerrear entre si, todos contra todos (*Bellum omnia omnes*). Assim, para não exterminarmos-nos uns aos outros será necessário um contrato social que estabeleça a paz, a qual levará os homens a abdicarem da guerra contra outros homens. Mas, egoístas precisam de um soberano (Leviatã) que puna aqueles que não obedecem ao contrato social. Hobbes aborda a religião e a liberdade, oferece regras e menciona o sacrifício em*:* "Sexto, nas orações, ações de graças, ofertas e sacrifícios, é um ditame da razão natural que eles devem ser em sua espécie os melhores e os mais significantes de honra. Por exemplo, que as rezas e ações de graças sejam feitas com palavras e frases que não sejam nem abruptas, nem frívolas, nem plebeias, mas belas e bem compostas, pois de outro modo não honraremos a Deus tão bem quanto podemos. E, portanto, os gentios procederam de maneira absurda, venerando imagens de deuses, mas era razoável fazê-lo em verso, e com música, quer de vozes, quer de instrumentos. Estavam também concordes com a razão, por resultarem de uma intenção de venerá-lo, os animais que ofereciam em sacrifício, e as ofertas que faziam, e os seus atos de veneração estavam cheios de submissão e celebravam os benefícios recebidos.". HOBBES, Thomas. **Leviatã, ou matéria, forma e poder de um estado eclesiástico e civil**. Tradução João Paulo Monteiro e Maria Beatriz Nizza da Silva. São Paulo: Abril Cultural, 1983. p. 122. Disponível em: http://www.dhnet.org.br/direitos/anthist/marcos/hdh_thomas_hobbes_leviatan.pdf. Acesso em: 05 Dez. 2017.

91 SCHOPENHAUER, Arthur. **As dores do mundo** - O Amor - A Morte - A Arte - A Moral - A Religião - A Política - O Homem e a Sociedade. Edições de ouro. S.d. p. 51. Disponível em: http://abdet.com.br/site/wp-content/uploads/2015/01/Dores-do-Mundo.pdf. Acesso em: 29 Nov. 2017.

92 AGUIAR, op. cit., 2018.

de excelência de caráter, e pelos santos. É assim uma espécie de amor que "procura evitar o sofrer, neutralizar as dores da existência [...] em vez de perpetuá-las"[93]. Assim é preciso que o ser humano compreenda os valores dos outros seres e como diz Graciliano Ramos, compreenda também "a força feia do sofrimento e não a qualidade do sofrente". A senciência animal já foi demonstrada por vários estudos desde a década de setenta sobre os Direitos dos Animais, assim, parafraseando Jeremy Bentham, não importa se eles podem raciocinar ou falar, mas sim se podem sofrer. E se sofrem por meio de rituais de fé para satisfazer o gênero humano nas inquietudes da alma e nas crenças de cura, sucesso, imortalidade e poder, então já está no momento de serem tais práticas limitadas e repensadas em benefício da própria evolução planetária. A ética de uma responsabilidade global já exige do homem que ele seja vigilante e atento à fauna e à flora conforme preceitua corretamente a norma constitucional brasileira.[94]

Todas as vezes que o indivíduo, entregue a si próprio, seja incapaz de compreender os desígnios da natureza, ou impelido a resistir-lhe, ela faz surgir o instinto; eis por que este foi dado aos animais e mormente aos animais inferiores mais destituídos de inteligência; porém, o homem não se lhe submete senão no caso especial de que nos ocupamos. Não é porque o homem fosse incapaz de compreender o fim da natureza, mas não o levaria a cabo com todo o necessário zelo, mesmo à custa da sua felicidade particular. Assim, neste instinto, como em todos os outros, a verdade reveste-se de ilusão para atuar sobre a vontade.[95-96]

Já ultrapassada a necessidade de separação entre Religião e Estado, o Pós-Secularismo proposto por Habermas esclareceu que mesmo a sociedade já secularizada reclama o diálogo entre as múltiplas religiões, além da presença das mesmas, como exortação da democracia participativa.

Assim sendo, as religiões têm sua importância garantida, sendo impróprio demonizar qualquer religião no cenário poítico-social mundial. A necessidade que se faz presente é a de limitar as práticas abusivas dis-

93 BARBOZA, Jair. **Schopenhauer**: a decifração do enigma do mundo. São Paulo: Moderna, 1997.

94 AGUIAR, op. cit., 2018.

95 SCHOPENHAUER, Arthur. **As dores do mundo** - O Amor - A Morte - A Arte - A Moral - A Religião - A Política - O Homem e a Sociedade. Edições de ouro. S.d. p. 19. Disponível em: http://abdet.com.br/site/wp-content/uploads/2015/01/Dores-do-Mundo.pdf. Acesso em: 29 Nov. 2017.

96 AGUIAR, op. cit., 2018.

sonantes dos princípios constitucionais, garantidores da laicidade estatal e do direito de gerações futuras, consciente dos direitos dos animais e da natureza.

É inegável o conforto humano encontrado na religião abraçada. E, o pós-secularismo reconhece isso como a necessidade de permanência da religiosidade para o gênero humano. E ainda, considerando a inexorabilidade da finitude humana, torna-se nítido que quaisquer sistemas normativos seriam incapazes de guarnecer o coração humano com argumentos tão acolhedores quanto os religiosos. O papel das religiões já foi definido como aponta Schopenhauer: O maior interesse humano está em como lidar com a morte; e a força dos deuses está unicamente no dogma da imortalidade. Caso a vida eterna fosse assegurada de modo tecnológico ao homem por exemplo, o interesse religioso esfriaria imediatamente, podendo gerar até a indiferença absoluta. Deste modo, salvo se for descoberto o elixir da juventude e da vida eterna, as religiões ainda exercerão uma influência duradoura.[97]

O Brasil é marcado pelo pluralismo religioso e cada vez mais novas formas de religião surgem na realidade mundial. Não há que se falar em tolerância religiosa, conceito que exprime já um pré-conceito, mas sim em aceitação das diferentes religiões, o que é filosoficamente relevante para se obter uma conclusão como a de Schopenhauer:

> Acrescento que não se pode admirar assaz o acordo, a perfeita unanimidade de sentimentos que se nota, se lermos a vida de um santo ou a de um penitente cristão, e a de um hindu. Através da variedade, da oposição absoluta dos dogmas, dos costumes, dos meios, do esforço, a vida íntima de um e de outro são idênticas.[98]

O respeito ao rigor da Constituição Federal é aceitar o pluralismo religioso. A fé professada pela Igreja Católica, foi uma das que mais sublimou o sacrifício original, reproduzido em todas as missas através de simbologias de sangue (vinho) e carne (hóstia), conceitos repletos de sacralidade religiosa e despidos de sofrimento real a ser reproduzido nos rituais praticados. Sobre a supremacia do Cristianismo perante outras religiões:

> [...] longa a lista das bárbaras crueldades que acompanharam o Cristianismo, cruzadas injustificáveis, exterminação de uma gran-

97 SCHOPENHAUER, op. cit., S.d.

98 SCHOPENHAUER, op. cit., S.d.

> de parte dos habitantes primitivos da América e colonização dessa parte do mundo com escravos negros, arrancados sem direito, sem a sombra de um direito, à pátria, à família, ao solo natal e condenados por toda a vida a um trabalho de forçados, perseguição incansável dos heréticos, tribunais de inquisição que bradam ao céu vingança, noite de S. Bartolomeu, execução de 18.000 holandeses pelo duque de Alba, etc., etc [...].[99]

A visão especista típica do antropocentrismo clássico, para os filósofos expostos neste estudo, ignora a senciência animal, ou seja, sua capacidade de sofrimento. Desta forma, torna-se insuficiente, simplista e limitadora, a ótica antropocêntrica, tornando-se urgente a revisão ontológica.

Segundo Freud, em Totem e Tabu[100], nos primórdios da civilização todos os clãs dispunham de seu rito sacrificial, em todas as reuniões de grupo, o que lhes era típico. "Não havia reunião de tribo sem sacrifício de animal, mas – o que é importante – não havia tampouco abate de animal a não ser para essa ocasião solene"[101]. Matar um animal era considerado um ato proibido a um ser humano individualmente, e destinado a todo o clã ou tribo, de modo coletivo, para uma forma coletiva de se "dividir a responsabilidade". Porém hoje, o sacrifício religioso perdeu sua justificativa, inexiste o poder, e o respeito dos antigos animais totêmicos e as tribos e clãs que ainda existem precisam desfrutar de uma visão esclarecida dos animais no planeta. Antes de um julgamento filosófico, moral ou ético, torna-se imperioso se compreender tanto o ato praticado, quanto o homem, agente da ação, inseridos no seu tempo. Tendo sido feito isso, buscar-se-á neste trabalho atualizar e adequar, a realidade das práticas sócio-religiosas à realidade por tanto tempo ignorada, a senciência dos animais.

2.6. Sacrifícios com animais na ótica constitucional brasileira

Sacrifício religioso é conceito abrangente, que remete às práticas onde seres humanos por meio de rituais com grau elevado de comprometimento de suas respectivas fés, fazem uso de meios, muitas vezes duvidosos, cruéis e inóquos, para obterem uma aproximação maior com o que consideram "sagrado".

---

99 Ibid., pp. 50-51.

100 FREUD, Sigmund. **Totem e Tabu.** L& PM Editores, 2013. pp. 200-201.

101 Ibid.

"Seja qual for o contexto histórico em que se encontra o *homo religiosus* acredita sempre que existe uma realidade absoluta, o sagrado, que transcende este mundo, que aqui se manifesta, santificando-o e tornando-o real"[102]

Deste modo, compreende-se que independentemente da fé professada, o conceito de sacralidade conduz a diversos caminhos mitológicos, onde descabem quaisquer questionamentos científicos sobre a desnecessidade do uso de tais métodos.

A necessidade do ser humano se aproximar do que considera o Poder Maior, seja este um Deus, ou vários, seja o Sol e os cultos solares, a Lua, e a mística lunar, a agricultura e o cunho de fertilidade, ou os orixás e a proximidade com os deuses, tudo isso torna-o cego aos critérios estabelecidos e o mantém apático diante dos mistérios de sua pré-determinação.

O homem religioso crê na existência sagrada da vida, e mesmo assim, ou por outro lado, precisamente por isso, usa-a como rito sacrificial.

> Os deuses criaram o homem e o Mundo, os Heróis civilizadores acabaram com a Criação, e a história de todas as obras divinas e semidivinas está conservada nos mitos. Reatualizando a história sagrada, imitando o comportamento divino, o homem instala-se e mantêm-se junto dos deuses, quer dizer, no real e no significativo.[103]

Através de uma visão científica do uso da vida como meio de sacrifício, no caso deste trabalho, o uso da vida de animais inocentes, nada se relaciona com o apelo crítico a uma ou mais religiões específicas, mas apenas à necessidade de evolução temática do conceito de 'vida' propriamente dita.

> O homem faz-se a si próprio, e só consegue fazer-se completamente na medida em que se dessacraliza e dessacraliza o mundo. O sagrado é o obstáculo por excelência à sua liberdade. O homem só se tornará ele próprio quando estiver radicalmente desmistificado. Só será verdadeiramente livre quando tiver matado o último Deus.[104]

---

102 ELIADE, Mircea. **O Sagrado e o Profano, a essência das religiões**. São Paulo: Ed. Martins Fontes, 2018. p. 164.

103 Ibid.

104 ELIADE, op. cit., 2018, p. 165.

Poder-se-ia redigir uma tese inteira sobre a religião e sua função mitológica no terceiro milênio, mas o objetivo deste capítulo é trazer a alta indagação da desnecessidade do descarte da vida, para fins religiosos nos tempos atuais, seja qual for o credo e a mística empregadas. Em primeiro momento seria leviana, por exemplo, a comum associação que se faz às religiões de matrizes africanas quando se fala em sacrifício de animais. O estudo das religiões, desde a pré-história, propicia conhecer um número elevadíssimo de diferentes religiões, espalhadas pelos cinco continentes, e que faziam uso da vida de animais e algumas mesmo da vida humana em seus rituais de passagem. Como o estudo que se busca não é religioso, e sim científico, passa-se a apenas ao cotejo do sacrifício religioso às leis brasileiras em vigor.

Sabe-se, portanto, que cultos antigos usavam humanos, crianças e fetos, além de variados animais, para fins de sacrifício religioso. Na contemporaneidade não há espaços para um uso desrespeitoso, incalculado e mesmo desnecessário da vida, seja ela animal ou não. Até mesmo a vida vegetal já é tutelada de modo intenso pelo ambientalismo, o que se dizer da vida de animais não-humanos que embora incapazes de falar, gritam de dor ao serem sacrificados?

Se o cristianismo, durante a celebração da missa, explicita a sublimação metafórica do sacrifício de Cristo, quando o padre bebe o vinho e toma a hóstia, simbolizando o corpo e o sangue de Cristo, torna-se inegável que houve uma clara evolução conceitual, e hoje nenhum católico precisa sequer pensar em matar o cordeiro de Deus para alcançar a paz celestial. A metáfora do cordeiro de Deus permanece em alguns signos como o Círio Pascoal, mas nada além disso.

Jesus de Nazaré, crucificado de modo sacrificial para fins de salvação de toda a humanidade, conforme a religião católica, foi mitificado e já sublimado. Se hoje uma religião ou seita usar algum ser humano haverá frontal violação aos direitos humanos. Já o uso de animais por outras religiões tão antigas quanto o catolicismo, ainda permanece uma realidade.

A norma contida no art. art. 225, §1º, VII da Constituição Federal garante a tutela pelo Estado do meio-ambiente ecologicamente equilibrado, nele estando inclusas a fauna e a flora. Assim, os animais, todos eles, estão abrangidos nessa norma garantidora que visa guarnecer a equidade intergeracional.

O Direito Ambiental já desde a entrada em vigor da Constituição Federal de 1988 vem reforçando conceitualmente o artigo 225, que exprime uma lógica de conservação planetária, que se coaduna com inúmeros tratados internacionais dos quais o Brasil é signatário.

Seguindo a ordem legislativa, o art. 32 da Lei Federal nº 9.605/98 tipifica de modo infra-constitucional o crime de crueldade contra animais. Se, na Carta Magna, a proteção do animal está presente, como espécie do gênero bem ambiental, na norma federal também há a mesma orientação inclusive tipificando na Lei de Crimes Ambientais diversas práticas cruéis contra animais, como crimes ambientais.

E para que se reconheça o que compõe o meio-ambiente, há lei própria que o define, Lei nº 6838/81.

> Os elementos que compõem o meio ambiente têm conceituação e regimes próprios e estão submetidos a uma legislação específica (Lei nº 6838/81 - que dispõem sobre a Política Nacional do Meio Ambiente). Assim quando se fala na proteção à fauna, ou na proteção ao animal doméstico, está-se falando de parte componente do todo ambiental, que é por sua vez bem incorpóreo e imaterial. [...] portanto o animal se insere na natureza, no meio ambiente e tem sua proteção garantida.[105]

O Supremo Tribunal Federal decidiu o Recurso Extraordinário nº 494.601/RS[106], interposto pelo Ministério Público do Rio Grande do Sul precisamente sobre o mesmo tema. Foi proposta pela Procuradoria do Estado do Rio Grande do Sul uma ação direta de inconstitucionalidade por incompatibilidade formal e material com o artigo 1º da Constituição Estadual Gaúcha[107] e artigos 5º, 19, I[108], e 22, I[109], da Constituição

---

105 AGUIAR, Lucia Frota Pestana de. **A Tutela Preventiva na Proteção dos Animais**. São Paulo: Ed Max Limonad, 2015. p. 181.

106 BRASIL. Supremo Tribunal Federal. RE nº 494.601/RS. Rel. Min. Marco Aurélio. Em 03.03.2007

107 "Art. 1º O Estado do Rio Grande do Sul, integrante com seus Municípios, de forma indissolúvel, da República Federativa do Brasil, proclama e adota, nos limites de sua autonomia e competência, os princípios fundamentais e os direitos individuais, coletivos, sociais e políticos, universalmente consagrados e reconhecidos pela Constituição Federal a todas as pessoas no âmbito de seu território".

108 Art. 19. É vedado à União, aos Estados, ao Distrito Federal e aos Municípios: I – estabelecer cultos religiosos ou igrejas, subvencioná-los, embaraçar-lhes o funcionamento ou manter com eles, ou seus representantes de relações de dependência ou aliança, ressalvada, na forma da lei, a colaboração de interesse público; [...].

109 "Art. 22. Compete privativamente à União legislar sobre: I – direito civil, comercial, penal, processual, eleitoral, agrário, marítimo, aeronáutico, espacial e do trabalho; [...]".

Federal de 1988, todo o parágrafo único do artigo 2º[110] da Lei local de nº 11.915/2003 (redação da Lei nº 12.131/2004):

> **Art. 2º** - É vedado:
> I - ofender ou agredir fisicamente os animais, sujeitando-os a qualquer tipo de experiência capaz de causar sofrimento ou dano, bem como as que criem condições inaceitáveis de existência;
> II - manter animais em local completamente desprovido de asseio ou que lhes impeçam a movimentação, o descanso ou os privem de ar e luminosidade;
> III - obrigar animais a trabalhos exorbitantes ou que ultrapassem sua força;
> IV- não dar morte rápida e indolor a todo animal cujo extermínio seja necessário para consumo;
> V- exercer a venda ambulante de animais para menores desacompanhados do responsável legal;
> VI - enclausurar animais com outros que os molestem ou os aterrorizem;
> VII - sacrificar animais com venenos ou outros métodos não preconizados pela Organização Mundial de Saúde - OMS, nos programas de profilaxia da raiva.
> **Parágrafo único. Não se enquadra nesta vedação o livre exercício dos cultos e liturgias das religiões de matriz africana"**. (Negrito nosso)

O respectivo Decreto regulamentar de nº 43.252/2004 dispôs (sic) "para o exercício de cultos religiosos, cuja liturgia provém de matriz africana, somente poderão ser utilizados animais destinados à alimentação humana, sem utilização de recursos de crueldade para a sua morte".[111]

Para extirpar o dispositivo questionado, a inconstitucionalidade vem nele arguida sob duplo fundamento: de um lado encontra-se uma inconstitucionalidade formal, em manifesta invasão da competência privativa da União para legislar sobre matéria penal (art. 22, I, da CF) pelo teor do artigo 32 da Lei Federal nº 9.605/98, que tipifica como crime a prática de maus-tratos e ferir ou mutilar, animais silvestres, domésticos ou domesticados, exóticos ou de nossa própria fauna, tendo o parágrafo único inserido na lei estadual acabado por criar hipótese de exclusão de ilicitude; de outro lado surge a inconstitucionalidade material, uma vez que a norma impugnada, no ato de exclusão somente de religiões de

110 "Art. 2º - [...] Parágrafo único - Não se enquadra nessa vedação o livre exercício dos cultos e liturgias das religiões de matriz africana.".

111 AGUIAR, op. cit., 2018.

matriz africana, acaba por ignorar a existência das demais que também fazem uso do sacrifício de animais.[112]

Assim sendo, nota-se que a modificação da redação original acaba por criar iniquidades. E importante esclarecer que o abate religioso, aquele que mata o animal para fins de alimentação seguindo regras específicas para sustentar crenças, também está sendo indevidamente excluído pelo texto referido. Nessa medida fica evidenciada a violação ao princípio da isonomia (art. 5º, caput) e a laicidade estatal (art. 19, I) que deve ser neutro e não priorizar religiões majoritárias.[113]

O STF tem admitido o controle concentrado pelo Tribunal de origem[114] da constitucionalidade de leis estaduais em contraste simultâneo com preceitos e princípios da Carta local e da Carta da República, quando houver absorção pela Constituição Estadual de normas de reprodução compulsória contidas na Constituição Federal. Cabível, portanto, o controle concentrado no Tribunal de origem por alegada violação por ricochete no artigo 1º da Constituição local aos princípios contidos no artigo 5º e 19. I, da CF.[115]

Assim, o mérito do recurso merece ser apreciado à luz do *Belief-Action dichotomy*.[116] Com base no Direito Constitucional a *Belief-Action dichotomy* ocorre quando se faz uma distinção entre permitir uma pessoa seguir certa crença particular e ao mesmo tempo permitir-se ao Estado interferir sempre que entender necessário para a proteção de outros cidadãos do exercício e das práticas dessa crença.[117]

Essa distinção foi feita pela Suprema Corte Norte-Americana na Primeira Emenda. No Brasil recentemente o Supremo autorizou para atender ao direito individual de uma só pessoa a utilização de hábito religioso na sua identificação civil.[118] A decisão recorrida reconheceu o

112 Ibid.

113 AGUIAR, op. cit., 2018.

114 Reclamação 383-SP; ADI 2.076-AC; dentre outros.

115 AGUIAR, op. cit., 2018.

116 A teoria da separação entre liberdade de crença e liberdade de culto do direito norte-americano. "With regard to Constitutional law, belief-action distinction refers to the distinction made between permitting a person to follow a particular belief and at the same time permitting the state to intervene whenever it finds necessary to protect others from the practices of that belief. This distinction was made by the Supreme Court in First Amendment law". USLEGAL. Belief–Action Distinction Law and Legal Definition. Disponível em: https://definitions.uslegal.com/b/belief-action-distinction/. Acesso em: 05 Dez. 2017.

117 AGUIAR, op. cit., 2018.

118 BRASIL. Supremo Tribunal Federal. **RE 859376 rg/PR**. Repercussão geral no recurso extraordinário. Relator Min. Luiz Roberto Barroso. Julgamento: 29/06/2017.

direito ao uso de hábito religioso em fotografia de documento de habilitação e identificação civil, afastando norma administrativa que veda a utilização de item de vestuário/acessório que cubra parte do rosto ou da cabeça na foto. Como se observa configura-se uma questão de repercussão geral a liberdade religiosa ter ou não a autoridade para excepcionar obrigação genérica aos jurisdicionados, no caso, sobre regras para a identificação civil. O Tribunal, por unanimidade, reputou constitucional a questão em de 2017, mas ainda não julgou a questão principal. [119]

Como se trata de direitos fundamentais foi necessária e urgente uma clara definição dos limites da liberdade de culto. De um lado tem-se a liberdade religiosa no inciso VI do art. 5º e de outro o direito dos animais tutelados amplamente pela regra contida no art. 225, VII da Carta Magna, que determina ser dever do Estado zelar por eles. O animal seja ele selvagem, silvestre, doméstico ou domesticável, é parte integrante da fauna, configurando-se um micro-bem ambiental inserido no macro-bem ambiental.[120]

A questão aqui não precisa ser tratada de modo a serem defendidos os direitos dos animais, mas antes disso, há que ser preservado o direito fundamental ao ambiente ecologicamente equilibrado e nele o direito à vida animal. Nessa medida este capítulo passará a tratar agora da necessidade da tentativa social de evolução legislativa e os clamores em sentido contrário pela defesa da continuidade da prática de rituais de sofrimento, por serem estes identitários das religiões que os pregam. Nessa medida o que deveria ter sido julgado seriam os limites do exercício de culto, pois a liberdade de crença é garantida pela Constituição Federal. Considerando a realidade de pluralismo religioso brasileira há que determinar o alcance da liberdade de agir, para que não sejam afrontadas outras regras e direitos constitucionalmente garantidos. O foco aqui é a Constituição Federal e a base filosófica que suporta a alteração do fato social que abrange os rituais religiosos. 'Pouco importa aqui saber se há ou não o amor pelos animais, porque deve-se respeitá-los"[121], pela força da dogmática normativa constitucional.[122]

Órgão julgador: Tribunal Pleno. Processo Eletrônico dje -168, divulgado em 31 Jul. 2017. Publicação 01 Ago. 2017. Disponível em: http://portal.stf.jus.br/processos/detalhe.asp?incidente=4690513. Acesso em: 05 Dez. 2017.

---

119 AGUIAR, op. cit., 2018.

120 AGUIAR, op. cit., 2015, p. 195.

121 Ibid.

122 AGUIAR, op. cit., 2018.

2.7. Compondo direitos fundamentais: o Artigo 5º, VII, e o Artigo 225, §1º, inciso VII, da CF

No Estado de Direito a diferença entre direito e política faz-se na Constituição Federal. E, independentemente da política, a religião já terá sido afastada, antes mesmo da implantação do Estado de Direito. Em uma democracia, além disso, há o diálogo institucional que permeia todos os alicerces nacionais. Através de uma acepção sistêmica-teorética ensina Marcelo Neves[123], não se trata de buscar apenas um conceito jurídico-normativo, social-fático, ou mesmo apenas multiculturalista, a importância de manter a Constituição Federal fortalecida, significa em última análise, o fortalecimento das vigas-mestras do Estado Democrático de Direito.

Há na Constituição Federa brasileira dois direitos fundamentais a serem cuidadosamente cotejados: por um lado está a liberdade de culto, crença e prática (art. 5º, inciso VI[124] da Constituição Federal), enquanto por outro lado está o dever estatal de zelar pelos animais, microbens ambientais. (Art. 225[125], § 1º, VII da Constituição Federal).

A teoria nominada como Direito dos Animais, já defendida por grandes expoentes acadêmicos desde a década de 70, vem ganhando mais atenção da sociedade mundial. Já se sabe que de um lado está o abolicionismo e de outro o bem-estar animal, mas ambos repudiam o uso de animais em sacrifícios religiosos. As motivações de aceitação destas práticas se relacionam à identidade cultural de um segmento religioso.

Os animais vítimas de sacrifícios são geralmente ainda filhotes ou escolhidos entre os muito dóceis. Importa registrar que atos religiosos

123 NEVES, Marcelo. **Entre Thêmis e Leviatã**: uma relação difícil. p. 95. Ed. Martins Fontes, 2016.

124 "Art. 5º Todos são iguais perante a lei, sem distinção de qualquer natureza, garantindo-se aos brasileiros e aos estrangeiros residentes no País a inviolabilidade do direito à vida, à liberdade, à igualdade, à segurança e à propriedade, nos termos seguintes: [...] VI – é inviolável a liberdade de consciência e de crença, sendo assegurado o livre exercício dos cultos religiosos e garantida, na forma da lei, a proteção aos locais de culto e a suas liturgias; [...]".

125 "Art. 225. Todos têm direito ao meio ambiente ecologicamente equilibrado, bem de uso comum do povo e essencial à sadia qualidade de vida, impondo-se ao Poder Público e à coletividade o dever de defendê-lo e preservá-lo para as presentes e futuras gerações.
§1º Para assegurar a efetividade desse direito, incumbe ao Poder Público: [...] VII – proteger a fauna e a flora, vedadas, na forma da lei, as práticas que coloquem em risco sua função ecológica, provoquem a extinção de espécies ou submetam os animais a crueldade.".

envolvendo animais são usualmente secretos e não seguem regras de saúde pública para descarte dos restos mortais de cada animal sacrificado. Em 2013 o então Prefeito Eduardo Paes sancionou lei municipal nº. 5653, de autoria do Vereador Átila Nunes, que isenta de multa o lixo deixado em vias públicas por rituais religiosos.[126]

Tal lei, apelidada de Lei do Axé ofende frontalmente os princípios regulamentares de posturas municipais, e até mesmo do programa Lixo Zero, na ocasião criado pelo então Prefeito. Ainda assim a lei agradou muito a comunidade religiosa. Deste modo compreende-se que há uma necessidade latente do Supremo Tribunal Federal decidir a questão dos rituais religiosos. Sobre a importância dos Direitos dos Animais vai-se aqui resumir doutrinariamente[127]:

> Chega a ser risível pensar que Peter Singer, da Universidade de Princeton, Tom Regan, da Universidade da Carolina do Norte, Laurence Tribe, da Universidade de Harvard, Steven Wise, das Universidades de Vermont, Lewis & Clark e Miami e que lecionou em Harvard, Cass Sunstein, da Universidade de Chicago e depois de Harvard, Andrew Linzey, da Universidade de Oxford, David Favre, da Universidade de Michigan, Fernando Araújo, da Universidade de Lisboa, além de vários outros, em diversos países, inclusive de Professores brasileiros das mais prestigiadas instituições nacionais, como a UFRJ, a UFRRJ, a UFF, a UFBA, a PUC/PR, a UFSC, a PUC/RS e a USP, estão ocupados de uma doutrina frágil, carente de solidez argumentativa.[128]

A questão central objeto do julgamento enfrentado pelo Supremo Tribunal Federal deveria ter sido se o exercício de cultos religiosos sacrificiais poderiam ser ou não compatíveis com a tutela do meio ambiente, que por sua vez garante aos animais a ausência de crueldades e torturas de todo o gênero. Está nitidamente excluído da discussão, o abate para

---

126 Lei nº 5653, de 19 de dezembro de 2013. Apelidada de Lei do Axé, foi criada para alterar a lei nº 3.273, de 6 de setembro de 2001. RIO DE JANEIRO. **Lei nº 5653, de 19 de dezembro de 2013**. Dispõe sobre a gestão do sistema de limpeza urbana no município do rio de janeiro. Disponível em: https://leismunicipais.com.br/a/rj/r/rio-de-janeiro/lei-ordinaria-n-5653-2013-altera-a-lei-n-3273-de-6-de-setembro-de-2001-que-dispoe-sobre-a-gestao-do-sistema-de-limpeza-urbana-no-municipio-do-rio-de-janeiro. Acesso em: 6 Dez. 2017.

127 AGUIAR, op. cit., 2018.

128 LOURENÇO, Daniel Braga; Fábio Corrêa Souza de Oliveira. **Heróis da natureza, inimigos dos animais**. Disponível em: https://www.academia.edu/8287938/Her%C3%B3is_da_natureza_Inimigos_dos_Animais. Acesso em: 6 Dez. 2017.

fins de consumo, despido de rituais ou regras religiosas. Mas o Supremo nem sequer fez essa comparação e deixou que a discussão se encaminhasse apenas para a interpretação de considerações de ordem cultural e mesmo racial.[129]

Os sacrifícios em geral nas crenças de origem africana têm por objeto os caprinos, ovinos, suínos e bovinos ou galináceos e pombos. Embora não citados em obras que cuidam do tema, há que se revelar o uso de animais dóceis e domesticados, como cães e gatos. Tais rituais visam fortalecer como meio de agrado ou de alimento simbólico às divindades, como meios de alcançar benefícios, curas e milagres.[130] Roger Bastide explora o tema ao mencionar que a visão do sangue revigora entre os não-iniciados os estereótipos sobre a barbárie ou o caráter supersticioso da religião africana.[131-132]

Assim a ideia de sacrifício, etimologicamente *(sacro + ofício)* merece uma reflexão para que se possa compreender o motivo de tanta energia vital na luta pela permanência desses hábitos, que em verdade vão muito, além disso, pois surgem preenchidos de dogmas cruciais,[133]

> [...] antes de ir mais longe, convém dar uma definição exterior dos fatos que designamos por 'sacrifício'. A palavra sugere imediatamente a idéia de consagração, e poder-se-ia pensar que as duas noções se confundem. Com efeito, é certo que o sacrifício sempre implica uma consagração: em todo sacrifício um objeto passa do domínio comum ao domínio religioso – ele é consagrado.[134]

Entretanto há várias espécies de consagrações. E o sacrifício pretende alcançar benefícios para os seres humanos que se envolvem diretamente com aquelas práticas. Rituais de cura, de iniciação religiosa, de libertação de 'maus espíritos' e de conquistas de metas pessoais são algumas das motivações presentes por trás do sofrimento de animais inocentes.[135]

---

129 AGUIAR, op. cit., 2018.

130 SANTOS, Juana Elbein dos. **Os Nagô e a Morte**. 11ª ed. Petrópolis: Vozes, 2002. pp. 228-229.

131 BASTIDE, Roger. **O Candomblé da Bahia**. Tradução Maria Isaura Pereira de Queiroz. São Paulo: Companhia das Letras, 2001. p. 31.

132 AGUIAR, op. cit, 2018.

133 AGUIAR, op. cit., 2018.

134 BASTIDE, op. cit., 2001, p. 31.

135 AGUIAR, op. cit, 2018.

> Há aquelas que esgotam seus efeitos no objeto consagrado, seja ele qual for, homem ou coisa. É o caso, por exemplo, da unção. Na sagração de um rei, somente a personalidade religiosa do rei é modificada; fora dela nada é alterado. No sacrifício, ao contrário, a consagração irradia-se para além da coisa consagrada, atingindo, entre outras coisas, a pessoa moral que se encarrega da cerimônia.[136]

O sacrifício normalmente envolve o sangue das vítimas como meio de fortalecer ou alimentar as divindades a quem se destinam. Como o objetivo é uma suposta graça maior a ser alcançada, nada referente ao sofrimento da vítima é colocado em pauta, a ética da compaixão não é considerada e inexiste alteridade capaz de trazer de volta para a realidade aqueles praticantes que se encontram em transe religioso. "Assim chegamos à seguinte fórmula: o sacrifício é um ato religioso que mediante a consagração de uma vítima modifica o estado da pessoa moral que o efetua ou de certos objetos pelos quais ela se interessa.".[137-138]

Mauss e Hubert, depois do estudo dos ritos sacrificiais em religiões de diversos matizes (*essai sur la nature et la fonction du sacrifice*), chegaram a observar neles um traço identificador: "Mas se o sacrifício é tão complexo, de onde lhe pode vir a unidade? É que, no fundo, sob a diversidade das formas que ele assume há sempre um mesmo procedimento que pode ser empregado para finalidades as mais diferentes. *Esse procedimento consiste em estabelecer uma comunicação entre o mundo sagrado e o mundo profano por intermédio de uma vítima, isto é, de uma coisa destruída durante a cerimônia*. Ora, ao contrário do que acreditava Smith, a vítima não chega necessariamente ao sacrifício com uma natureza religiosa acabada e definida: é o próprio sacrifício que lhe confere essa natureza".[139-140]

O sacrifício tem por finalidade estabelecer a ligação entre o sagrado e o profano.[141]

---

136 BASTIDE, op. cit., 2001, p. 31.

137 MAUSS, Marcel; HUBERT, Henri. **Sobre o sacrifício**. Tradução Paulo Neves. São Paulo: Cosac Naify, 2005. pp. 15-19.

138 AGUIAR, op. cit., 2018.

139 MAUSS, Marcel; HUBERT, Henri. **Sobre o sacrifício**. Tradução Paulo Neves. São Paulo: Cosac Naify, 2005. p. 103.

140 AGUIAR, op. cit., 2018.

141 Ibid.

O Candomblé, por exemplo, religião muito comum no território brasileiro, tem no sacrifício religioso uma viga que sustenta praticamente todas as suas práticas.[142]

> O processo de manutenção do equilíbrio entre os Orixás e os seres humanos apoia-se na troca, no esquema do dar e receber. Neste esquema, o sacrifício é o fato que ativa e possibilita o equilíbrio. Ativa pelo fato de este equilíbrio não ser algo dado *a priori*. A dinâmica do equilíbrio precisa ser conquistada e mantida e não é a situação-padrão.[143]

A força sagrada é atribuída a cada orixá, entidades que são meio-humanas e que se comunicam com as divindades, agindo como verdadeiros intermediários entre o mundo terreno e o divino. E, seguindo as liturgias, essa atuação só ocorre mediante oferendas ou sacrifícios para troca ou distribuição do Axé.[144-145]

> O sacrifício ou a oferenda é o único meio que pode ocasionar a troca. [...]. Da oferta (o Ebó) depende toda a dinâmica do sistema no Candomblé, pois justamente a dinâmica da existência é dependente do relacionamento e do equilíbrio entre os dois níveis de existência" [*o material e o espiritual*].[146]

Assim, demonstra-se que as religiões africanas se auto definem em duas vigas mestras: o sacrifício e a crise de possessão para que este seja realizado de modo integral.[147]

Agora se torna imperiosa a ponderação dos interesses constitucionais em questão. O princípio da proporcionalidade há de servir, como pontuado pelo Ministro Carlos Britto, "para que o juiz do caso concreto

---

142 Ibid..

143 MAUSS, Marcel; HUBERT, Henri. **Sobre o sacrifício**. Tradução Paulo Neves. São Paulo: Cosac Naify, 2005. p. 103.

144 Axé é assim denominada a força vital atribuída aos orixás, e transmitida por intermédio do sangue e carne dos animais sacrificados. Quanto mais jovens, puros, hígidos, maior a força vital transmitida. Não se abatem, por exemplo, animais doentes, velhos ou deficientes por se acreditar que não teriam a força vital intacta.

145 AGUIAR, op. cit., 2018.

146 BERKENBROCK, Volney J. **A experiência dos Orixás**: um estudo sobre a experiência religiosa no Candomblé. 2ª ed. Petrópolis: Vozes, 1999. pp. 203-204.

147 AGUIAR, op. cit., 2018.

sopese os fatos e opte por aquele princípio material que mais próximo estiver do valor dos valores, que é a proporcionalidade aplicada."[148]

Diante do conflito entre direitos fundamentais, deve-se aplicar o princípio da proporcionalidade buscando a ponderação entre os valores em confronto; porém, a proporcionalidade, não poderá resultar na eficácia zero de determinado direito fundamental.[149]

Aqueles que defendem a permanência ilimitada dos ritos sacrificiais apenas se firmam em uma só ideia: a de que sua proibição causaria a própria exclusão religiosa, violando-se de modo direto a existência do direito fundamental à liberdade de culto.[150]

De outro lado, como observa a doutrina, o princípio da proporcionalidade compreende os ditos princípios parciais da adequação, da necessidade e da proporcionalidade em sentido estrito. Quanto a este último, adverte-se exigir ele uma correspondência juridicamente adequada entre o fim a ser alcançado por uma disposição normativa e o meio escolhido. Reclama-se na relação meio-fim mútua razoabilidade, ou a observância da fórmula segundo a qual quanto maior é o grau de comprometimento de um princípio, tanto maior tem de ser a importância da satisfação do outro.[151-152]

Tal não se verificou na situação posta a exame. Sopesando-se a restrição ao exercício do direito à liberdade de culto com a prevalência do interesse ambiental confrontado inexistirá razoabilidade na mútua relação meio-fim: à anulação do primeiro não corresponderá nenhum ganho qualitativo do segundo. "É necessário estancar a hemorragia antropocêntrica que conduz a sociedade a uma prática urubórica de destruição dos animais, e, por conseguinte, de destruição de si própria."[153]

---

148 Ibid.

149 Ibid.

150 Ibid.

151 CLÈVE, Clèmerson Merlin; FREIRE, Alexandre Reis Siqueira. Algumas notas sobre colisão de direitos fundamentais. In: GRAU, Eros Roberto; CUNHA, Sérgio Sérvulo da (Coord.). **Estudos de direito constitucional em homenagem a José Afonso da Silva**. São Paulo: Malheiros, 2003. pp. 238-239.

152 AGUIAR, op. cit., 2018.

153 Ibid.

2.8. O sacrifício religioso como precedente na Corte Norte-Americana

A Suprema Corte dos Estados Unidos[154] (Igreja de Lukumi Babalu v. Cidade de Hialeah/Flórida), em 1993, debruçou-se sobre o sacrifício de animais que era praticado por uma igreja de matriz africana e foi obrigada a enfrentar o tema. Na pequena cidade de Hialeah, Flórida, uma religião nomeada de 'Santeria' praticava rituais de sacrifício deixando as carcaças dos animais abatidos pelas vias públicas, encruzilhadas e lixeiras da cidade. Deste modo, as manhãs de Hialeah passaram a ser verdadeiros filmes de terror para as crianças, que se deparavam ao ir à escola, com cabeças de porcos nas calçadas, línguas penduradas nas árvores e outros restos mortais lançados pelas vias públicas, configurando um ambiente assustador e insalubre. A clandestinidade, e total anti-higienicidade sem inspeção sanitária dos animais antes de serem abatidos, além da disposição das carcaças sem nenhum cuidado, segundo a Corte Distrital, causavam graves riscos à saúde pública da comunidade e sérios danos emocionais às crianças que se deparavam com frequência com cabeças e outras partes dos animais em latas de lixos, praças e escadarias.

A liberdade religiosa é muito relevante nos Estados Unidos da América e está presente em duas cláusulas: a proibição de que o governo apoie qualquer religião (*establishment clause*) e livre exercício (*free exercise clause*). O relevo é tanto que a Emenda de nº. 14 determinou que essas cláusulas fossem oponíveis não só ao Congresso, mas também aos estados membros.

Desta forma, houve um foco na prática religiosa em si, e as leis municipais criaram duas normas, uma que anotava a desconformidade com a moral, paz e a segurança; e outra que, proibiu categoricamente o sacrifício de animais em rituais religiosos. A questão identitária novamente veio à tona. A questão se confundiu porque as leis municipais estavam focando sempre na igreja que vinha praticando tais atos religiosos, sem o cuidado de preservar a própria municipalidade. Pouco se falou sobre a crueldade praticada aos animais. E por sua vez, a Igreja Lukumi, que tinha acabado de adquirir uma propriedade para construção de uma escola e de um centro de convivência, objetivando abrir a 'Santeria' para o mundo, afrontada em seus propósitos provocou a questão de violação à liberdade religiosa prevista na Cláusula de Livre Exercício da Primeira Emenda da Constituição americana.

154 LOURENÇO, Daniel Braga. A liberdade de culto e o direito dos animais não-humanos. **Revista de Direito Constitucional e Internacional**, São Paulo, Ano 13, nº 51, pp. 295-318, abr./jun. 2005.

A demanda chegou até a Suprema Corte, e hoje é considerada um dos precedentes mais mal compreendidos da história norte-americana. Isso porque a Suprema Corte foi sumítica e apenas compreendeu o precedente como uma violação frontal a um direito fundamental de liberdade ao exercício de culto religioso por razões discriminatórias. E sequer examinou a questão da vida animal.[155]

A decisão em si não é o que mais nos importa nesse estudo, e sim as razões que levaram ao equívoco no julgamento. É importante salientar que a decisão não enfrentou a inconstitucionalidade precisa de leis de proteção aos animais e sim as razões discriminatórias que os julgadores entenderam estar presentes na Municipalidade, para tomarem decisões restritivas de direitos a religiões de origem africanista.[156-157]

Nessa medida torna-se impossível conceber o que teria decidido aquela Corte se a questão não tivesse sido direcionada para discriminação racial.[158]

Conclui-se, deste modo que, se os regulamentos não objetivassem atingir com hostilidade específica a 'Santeria', seria absolutamente aceitável uma decisão declaratória de validade e de compatibilidade com a Primeira Emenda. A Corte não concorda com a proposição de que a uma certa motivação religiosa, criada por um determinado segmento religioso, não seja aplicada uma lei genérica, que não é direcionada especificamente às práticas de sua religião, enquanto sua incidência é constitucionalmente admitida em atos de mesma espécie praticados por quaisquer outras razões que não religiosa.[159] E a base para tal com-

---

155 ESTADOS UNIDOS. Supremo Tribunal. Igreja do Lukumi Babalu Aye, Inc. v. Hialeah. Church of the Lukumi Babalu Aye, Inc. v. Hialeah, 508 U.S. 520. 1993.•Disponível em: https://supreme.justia.com/cases/federal/us/508/520/case.html. Acesso em: 04 Dez. 2017.

156 LEITE, Fábio Carvalho. **Veredas do Direito**. Belo Horizonte, v. 10, n. 20, p. 163-177. Julho/Dezembro de 2013.

157 AGUIAR, op. cit., 2018.

158 AGUIAR, op. cit., 2018.

159 A autora cita: ainda que este posicionamento foi assumido pela Suprema Corte no caso Employment Div. Dept. of Human Resources of Oregon v. Smith, julgado dois anos antes, quando esta entendeu que uma estipulação aplicável de forma geral e válida que apresenta efeito meramente incidental à proibição do exercício de religião, não ofende a Primeira Emenda. PASSALACQUA, Gabriella Palhares. Estado e religião na constituição brasileira de 1988 apartheid religioso: a Suprema Corte dos EUA e o caso Church of the Lukumi Babalu Aye v. City of Hialeah. **Relatório Final - Estado e Religião na Constituição Brasileira de 1988**. Rio de Janeiro: Puc, 2006.

preensão se dá a partir do entendimento firmado desde 1879 sobre a liberdade religiosa discutida a partir da suposta poligamia dos *mórmons* em Utah. Trata-se do caso *Reynolds vs. United States.* O caso tem como foco o religioso, mórmon, George Reynolds, sentenciado a dois anos de prisão e multa de quinhentos dólares por prática criminosa de bigamia.[160] O texto da Primeira Emenda à Constituição Norte-Americana, de 1791, é bem claro:[161]

> O congresso não deverá fazer qualquer lei a respeito de um estabelecimento de religião, ou proibir o seu livre exercício; ou restringindo a liberdade de expressão, ou da imprensa; ou o direito das pessoas de se reunirem pacificamente, e de fazerem pedidos ao governo para que sejam feitas reparações de queixas.[162]

O modo como foi julgado o precedente norte-americano foi apenas focado na liberdade religiosa, que por sua vez é um desdobramento da liberdade de expressão também preciosa à aquela ordem jurídica. Ocorre que não diferentemente o Brasil se pautou no mesmo modelo, parecendo até mesmo ter estudado a fundo os votos proferidos para apenas adaptá-los à realidade das religiões brasileiras, tais como o Candomblé e Kimbanda, que praticam rituais sacrificiais como parte integrante de suas respectivas liturgias.

> A velocidade do fato social mutante, hoje não se adequa mais ao sofrimento animal protagonizando ritos religiosos. A prática religiosa pautada no sofrimento de um outro ser inocente estimula a violência gratuita, em nome de dogmas que mereciam ser superados em um país laico. Em última análise, a permissão de sacrificar animais, oportunizaria também pela isonomia entre religiões, que uma tribo indígena até eliminasse suas crianças nascidas com limitações físicas, apenas para sustentar sua fé.[163]

O grande problema que a sociedade brasileira hoje enfrenta, não apenas em sede de questão animal, mas em sede de sua própria auto-organização, resume-se no grande ativismo judicial e legislativo praticado

---

160 GODOY, Arnaldo Sampaio de Moraes. Garantias Constitucionais: Duas primeiras emendas refletem História dos EUA. 2011. Disponível em: https://www.conjur.com.br/2011-abr-24/alem-criar-garantias-duas-primeiras-emendas-eua-guardam-historia?pagina=2. Acesso em: 5 Dez. 2017.

161 AGUIAR, op. cit., 2018.

162 First Emendment (tradução livre)

163 AGUIAR, op. cit., 2019.

pelo Supremo Tribunal Federal. É inegável que o guardião da Constituição está fazendo uma colcha de retalhos não apenas com a norma contida no artigo 225 que normatiza o ambiente ecologicamente equilibrado, mas também em diversos outros pontos nevrálgicos para a ordem jurídica justa naquilo que há de mais seguro: a norma constitucional.

Aqui não se excederá o tema pretendido, que é o animal como objeto de sacrifícios no exercício exclusivo de cultos religiosos,[164] ainda assim há que se sinalizar a amplitude da pesquisa alcançando os abates religiosos para fins primários de consumo, que merecem também um estudo próprio. O abate religioso com o fim primário do consumo da carne do animal é um ponto nevrálgico porque dissimula a ideia limitada do sofrimento e morte apenas para fins religiosos. Considerando a realidade mercadológica da utilização variada dos animais para consumo humano tal prática torna-se muito difícil de ser mapeada, investigada e impedida. Ainda assim há que se reiterar que os abates religiosos, mesmo para consumo imediato primam por uma crueldade excessiva em descompasso total com a evolução da consciência humana sobre a senciencia animal.[165]

Até mesmo a discussão ter se deslocado para o consumo da carne, parece não apenas semelhante ao precedente norte-americano, mas também sinaliza um modo curioso de atuar em técnica legislativa, onde se ignora regramentos constitucionais e federais próprios e já expostos, como o artigo 225, VII, da Carta Magana e o artigo 32 da Lei nº 9605/98, para se passar a discutir algo abstrato e dificilmente possível de ser arbitrado, como o é a circunstância da realidade da existência de matadouros. Ora, se argumentar através da existência dos mesmos, ou seja, o fato de existir o abate cruel de animais para fins de consumo, para se liberar o sacrifício de animais, a grosso modo, é tão desconexo quanto se justificar a existência de pena de morte, para se justificar a possibilidade de sacrifício humano. Não há justificativas. Nada justifica a tortura. E nada poderá motivar na sociedade atual a prática ultrapassada de rituais sangrentos para acesso à Deus. O momento do mundo atual, assim coordenado por diversos tratados e protocolos internacionais é pelo valor da vida, pela coexistência pacífica, pelo meio-ambiente equilibrado, pelas futuras gerações e, sim, pelos animais.

---

164 Aqui o objeto de estudo é o uso do animal como fins primários de sacrifício em rituais religiosos, ainda que haja fins secundários de consumo. O abate religioso como o Kosher (judaico) e o Halal (muçulmano), consideradas as especificidades envolvidas merecerem estudos específicos.

165 AGUIAR, op. cit., 2018.

2.9. O sacrifício religioso no Brasil em histórico normativo

É relevante, antes de se abordar o histórico normativo, classificar-se o conceito de direitos fundamentais na Constituição Federal de 1988. Embora os termos 'direitos humanos' e 'direitos fundamentais' sejam constantemente utilizados como sinônimos, diversos autores classificam-nos de modo diferente. Há também outras expressões correlacionadas tais como "direitos do homem"; "liberdades públicas"; "liberdades fundamentais", inexistindo um consenso, por serem fruto da doutrina aplicada ao Direito.[166]

> [...] são largamente utilizadas outras expressões que não a de direitos fundamentais, tais como "direitos humanos", "direitos do homem", "direitos subjetivos públicos", "liberdades públicas", "direitos individuais", "liberdades fundamentais" e "direitos humanos fundamentais", isso apenas para referir algumas das mais importantes, o que apenas revela o quanto, pelo menos do ponto de vista terminológico, não se registra um consenso, inclusive quanto ao significado e conteúdo de cada termo utilizado, muito embora em diversos casos apenas se trate de uma eleição de rótulo distinto para o mesmo conteúdo.[167]

E como neste trabalho é preciso se readequar o conceito do que é considerado "fundamental" e ainda da abrangência do não-humano nessa categoria, faz-se imperiosa a necessidade de preliminarmente se apontar a variedade terminológica exposta pela própria Carta Magna em vigor, antes mesmo de se buscar compor tais direitos.

> Aliás, tal diversidade semântica se reflete inclusive no texto da nossa Constituição Federal de 1988, onde encontramos expressões como: a) direitos humanos (artigo 4º, inciso II); b) direitos e garantias fundamentais (epígrafe do Título II, e artigo 5º, parágrafo 1º); c) direitos e liberdades constitucionais (artigo 5º, inc. LXXI) e d) direitos e garantias individuais (artigo 60, parágrafo 4º, inciso IV). Também aqui segue válida a indagação se o constituinte estava a contemplar em todos os casos a mesma coisa ou se também no direito constitucional positivo brasileiro há espaço para uma distinção entre di-

166 SCARLET, Ingo. As aproximações e tensões existentes entre os Direitos Humanos e Fundamentais. Disponível em: https://www.conjur.com.br/2015-jan-23/direitos-fundamentais-aproximacoes-tensoes-existentes-entre-direitos-humanos-fundamentais. Acesso em: 20 Ago. 2019.

167 Ibid.

reitos fundamentais e outras figuras, tal como é o caso dos direitos humanos.[168]

Buscando-se uma base histórica para o estudo das Constituições brasileiras através do olhar atento do Professor Ingo Scarlet, chega-se a curiosa reflexão:

> Por outro lado, a referência genérica, na epígrafe do Título II, aos "Direitos e Garantias Fundamentais", representou uma novidade em relação ao direito constitucional positivo brasileiro anterior, pois em nenhuma outra constituição se lançou mão da expressão direitos fundamentais: na Constituição de 1824, falava-se nas "Garantias dos Direitos Civis e Políticos dos Cidadãos Brasileiros", ao passo que a Constituição de 1891 continha simplesmente a expressão "Declaração de Direitos" como epígrafe da Secção II, integrante do Título IV (Dos cidadãos brasileiros). Na Constituição de 1934, utilizou-se, pela primeira vez, a expressão "Direitos e Garantias Individuais", mantida nas Constituições de 1937 e de 1946 (integrando o Título IV da Declaração de Direitos), bem como na Constituição de 1967, inclusive após a Emenda nº 1 de 1969, integrando o Título da Declaração de Direitos.[169]

O que importa aqui é registrar o dissenso e ainda que tais exemplos constam da própria origem constitucional brasileira. Termos como "liberdades públicas" podem ficar carentes de abrangência quanto ao tema desta pesquisa e, portanto, aqui será preferida a expressão "direitos fundamentais". Nessa expressão torna-se possível abarcar direitos não-humanos fundamentais à existência do homem no planeta. E com isso respeitar-se-á a norma constitucional e sua origem histórica.

> O mesmo é possível afirmar em relação às concepções que buscam justificar a distinção entre direitos humanos e direitos fundamentais com base no critério da titularidade, ou seja, do sujeito dos direitos, de tal sorte que direitos humanos teriam sempre como titular o sujeito-pessoa natural, ao passo que a titularidade dos direitos fundamentais poderia ser atribuída também a sujeitos fictos, inclusive pessoas jurídicas e quiçá mesmo sujeitos de direitos que não integram a espécie humana, como dá conta a discussão em torno

168 SCARLET, op. cit., 2015

169 Ibid.

> dos direitos dos animais ou da natureza não humana em geral, o que, contudo, não é o tema de hoje.[170]

Assim sendo, partindo-se dos direitos fundamentais, cumpre-se ressaltar a norma contida na inteligência do art. 225, §1º, VII[171] da Constituição Federal, que frontalmente proíbe crueldade contra animais e art. 32[172] da Lei de Crimes Ambientais, nº 9.605/98, que tipifica como crime o abuso e os maus-tratos praticados a animais.

O Supremo Tribunal Federal, debruçou-se sobre o tema em questão no julgamento do Recurso Extraordinário nº 494.601/RS[173], interposto pelo Ministério Público do Rio Grande do Sul, que pedia a reforma da decisão do Pleno do Tribunal de Justiça Gaúcho. Este, por maioria, havia considerado constitucional, a Lei que criara uma verdadeira exceção ao conceito do tipo penal, ao considerar como não cruel, e sim identitário, o ritual sacrificial em exercício de práticas religiosas de origem afrodescendente. A lei em questão é a 12.131/2004, que considera apenas para essas religiões que o exercício em culto sacrificial com animais não infringirá o Código Estadual de Proteção aos Animais.

O momento inicial de discussão sobre o tema, Sacrifício Religioso, deu-se pelo Código Estadual de Proteção aos Animais do Rio Grande do Sul, Lei nº 11.915 de 2003, que em sede de seu artigo 2º vedava o sacrifício de animais em cultos religiosos.

---

170 SCARLET, op. cit., 2015.

171 "Art. 225. Todos têm direito ao meio ambiente ecologicamente equilibrado, bem de uso comum do povo e essencial à sadia qualidade de vida, impondo-se ao Poder Público e à coletividade o dever de defendê-lo e preservá-lo para as presentes e futuras gerações.
§ 1º Para assegurar a efetividade desse direito, incumbe ao Poder Público:
[...]VII – proteger a fauna e a flora, vedadas, na forma da lei, as práticas que coloquem em risco sua função ecológica, provoquem a extinção de espécies ou submetam os animais a crueldade. [...]."

172 "Art. 32. Praticar ato de abuso, maus-tratos, ferir ou mutilar animais silvestres, domésticos ou domesticados, nativos ou exóticos: Pena – detenção, de três meses a um ano, e multa. [...]"

173 O processo se encontra concluso ao Relator, Min. Marco Aurélio, desde 2005. Disponível em http://www.gazetadopovo.com.br/.../stf-tera-que-decidir-se-sacrificio-de-animais-para-culto. Acesso em: 5 Dez. 2017. BRASIL. Supremo Tribunal Federal. Recurso Extraordinário nº 494.601/RS. Rel. Min. Marco Aurélio. O processo está concluso com o relator desde 19.12.2007, conforme andamento processual. Disponível em: <http://www.stf.jus.br/portal/processo/verProcessoAndamento.asp ?incidente=2419108>. Acesso em: 5 Dez. 2017.

A partir de então houve muito protesto das religiões africanistas, o que fez surgir o projeto de Lei nº 282/2003 a favor dos cultos sacrificiais, com a ressalva à redação do art. 2º do Código Estadual de Proteção aos Animais para permissão das religiões de origem africanistas seguirem livres com essa prática, pelo motivo de que através delas determinavam sua identidade cultural, o que lhes seria essencial. Tal projeto a favor dos cultos sacrificiais, de autoria do Deputado Estadual Edson Portilho do Partido dos Trabalhadores, foi aprovado pela Assembleia Legislativa Gaúcha, por maioria de votos, e a ressalva foi inserida no Código Estadual de Proteção aos Animais, através da Lei nº 12.131, a exceção "não se enquadra nessa vedação o livre exercício dos cultos e liturgias das religiões de matriz africana".

É nítida a má-técnica legislativa criadora de exceções a partir de lobby realizado pelos grupos apoiadores das religiões de matrizes africanas, mas é mais evidente ainda que cultos sacrificiais não são exclusividade destas religiões e ainda um tratamento desigual colocou-se em pauta, indevido e impróprio a um país laico por regramento constitucional. O conceito de laicidade conduz à regra do não envolvimento em matéria religiosa, da já presente separação entre Estado e Religião e da neutralidade estatal. Ora, quando a lei conduz a uma exceção criando exceção à certa modalidade religiosa está claramente desequilibrando a balança dos freios e contrapesos.

Com o tema ainda em discussão houve uma curiosa regulamentação dessa ressalva inserida pela Lei nº 12.131/04. E foi introduzido um estabelecimento restritivo, feito pelo Decreto nº 43.252, que em seu artigo 3º, passou a restringir as práticas ritualísticas nas liturgias de matriz africana, onde "somente poderão ser utilizados animais destinados à alimentação humana, sem a utilização de recursos de crueldade para a sua morte".[174]

O Ministério Público local, desconfortável com essa alteração, então veio a propor a Ação direta de inconstitucionalidade de nº 70010129690 contra a Assembleia Legislativa e o Governador do Estado do Rio Grande do Sul.[175]

174 RIO GRANDE DO SUL. **Decreto nº 43.252, de 22 de julho de 2004**. Regulamenta o artigo 2º da Lei nº 11.915, de 21 de maio de 2003. Disponível em: http://www.al.rs.gov.br/legis/M010/M0100099.ASP?Hid_Tipo=TEXTO&Hid_TodasNormas=47826&hTexto=&Hid_IDNorma=47826 . Acesso em: 5 de dez.. 2017.

175 RIO GRANDE DO SUL. Tribunal de Justiça. **Ação Direta de Inconstitucionalidade nº 70010129690**. Tribunal Pleno. Relator: Des. Araken de Assis. Publicado no Diário de Justiça Eletrônico em 17 de ago. de 2005. Porto Alegre, RS. Disponível em: <http://www.tjrs.jus.br/busca/?tb=proc>. Acesso em: 04 dez. 2017

O Des. Araken de Assis, julgou o pedido improcedente, e em seu voto o relator comparou o sacrifício de animais aos matadouros, afirmando ser impossível presumir que a morte de um animal em um culto religioso pudesse ser a forma mais cruel. E, fundamentou assim apenas com o frágil argumento de que o sacrifício de animais nas cerimônias religiosas de matriz africana não configura afronta direta aos dispositivos penais estatuídos nos art. 32 da Lei Federal nº 9.605/98 e no art. 64 da Lei de Contravenções Penais, já que há matadouros no país.[176]

A preocupação com a laicidade está premente e fez ocorrer a seguinte mudança, para não expor o privilégio à religiões africanistas: a decisão do TJ Gaúcho, objeto do Recurso Extraordinário nº 494.601, distribuído em 29/09/2006 ao Min. Marco Aurélio, já obteve o parecer do Procurador-Geral da República pelo conhecimento e desprovimento do recurso (ou pelo provimento parcial) com a exclusão da expressão *'matriz africana'*, mudando o texto para: "não se enquadra nesta vedação o livre exercício dos cultos e liturgias das religiões". Modo que se iguala toda e qualquer religião, por respeito à laicidade estatal.[177]

O Vereador Cláudio Cavalcanti, no Município do Rio de Janeiro, frontalmente contra o Sacrifício Religioso, apresentou o projeto de lei municipal 1.577 de 26 de Dezembro de 2007, que foi rejeitado no Plenário da Câmara dos Vereadores.[178] E, na Justificativa da Lei, o Vereador Cláudio Cavalcanti fundamentou com paralelismo aos rituais satânicos, que em última análise também configuram rituais de cunho religioso:

> *JUSTIFICATIVA:* [...] Também é norma constitucional a liberdade religiosa, de culto e de fé, desde que esta liberdade não determine ato volitivo, premeditado e ritualizado de privar um ser vivo de seus mais essencial bem – a vida. O princípio da razoabilidade nos obriga a estender aos animais a repugnância moral que sentimos diante de sacrifícios humanos em rituais religiosos. [...] *Devemos ressaltar que toda liberdade garantida pela Constituição Federal não inclui a prática de crime. Se assim fosse os rituais satânicos seriam legais e*

176 Ibid..

177 BRASIL. Supremo Tribunal Federal. **Recurso Extraordinário nº 494.601/RS.** Rel. Min. Marco Aurélio. Disponível em: http://www.stf.jus.br/portal/processo/verProcessoAndamento.asp?incidente=2419108. Acesso em: 5 de dez. 2017.

178 RIO DE JANEIRO. Projeto de Lei nº 1.577 de 26 de dezembro de 2007, de autoria do Vereador Cláudio Cavalcanti. Proíbe a utilização, mutilação e/ou o sacrifício de animais em rituais religiosos ou de qualquer outra natureza no Município do Rio de Janeiro, e dá outras providências. Disponível em: http://www.camara.rj.gov.br/spldocs/pl/2007/pl1577_2007_009717.doc. Acesso em: 5 Dez. 2017.

> *não o são, porque ali são utilizados restos mortais, vísceras, órgãos ou sacrifício de seres humanos adultos ou crianças.* (Grifo nosso)

É importante também registrar como forma de expor a efervescência das discussões no país, que em 2013, Salvador, Bahia, houve um novo Projeto de Lei nº 308/2013 de autoria do vereador Marcell Moraes, requerendo a proibição do sacrifício ou mutilação de animais na prática de qualquer atividade religiosa. Houve muita mídia envolvida e o projeto foi rejeitado por unanimidade. A compreensão é sempre a mesma: a então Comissão de Constituição e Justiça, atacou o projeto com parecer contrário por entender que nele havia a violação ao direito à prática de qualquer culto religioso.[179]

Já em São Paulo, o Projeto de Lei nº 992/2011, em 2015, do Deputado Estadual Feliciano Filho, pretendia proibir o sacrifício de animais em rituais religiosos, mas foi arquivado em 19 de março de 2015 após intensa mobilização religiosa.[180]

O interessante é que também em 2015, focando na defesa dos animais, o Projeto de Lei nº 21/2015[181], de autoria da Deputada Estadual Regina Becker, do Rio Grande do Sul, fez ser retomada a polêmica iniciada em 2003 reclamando a redação original do projeto do Código Estadual de Proteção aos Animais do Rio Grande do Sul. Nessa medida o PL nº 21/2015 requer que seja revogado o parágrafo único do artigo 2º da Lei nº 11.915/2003 e da Lei nº 12.131 de 2004. O objeto então é voltar ao texto original e manter a vedação ao sacrifício religioso. Mas claro que hoje com a tese firmada pelo Supremo Tribunal Federal a questão atual foi suspensa.

---

179 SALVADOR. Câmara Municipal. **Projeto de Lei nº 308/2013.** Dispõe sobre a proibição do sacrifício e/ou mutilação na prática de qualquer atividade religiosa e dá outras providências. Disponível em: http://www.camarasalvador.com.br/pub/DOL-4055/index.html#/15/zoomed. Acesso em: 05 Dez. 2017.

180 SÃO PAULO. Assembleia Legislativa. **Projeto de Lei nº 992/2011.** Proíbe o uso e o sacrifício de animais em práticas de rituais religiosos no Estado de São Paulo e dá outras providências. Disponível em: http://www.al.sp.gov.br/propositura/?id=1041384. Acesso em: 05 Dez. 2017.

181 RIO GRANDE DO SUL. Assembleia Legislativa. **Projeto de Lei nº 21/2015. Altera a Lei nº 11.915, de 21 de maio de 2003.** Institui o Código Estadual de Proteção aos Animais, no âmbito do Estado do Rio Grande do Sul, e revoga a Lei nº 12.131, de 22 de julho de 2004. Disponível em: http://www.al.rs.gov.br/legislativo/ExibeProposicao/tabid/325/SiglaTipo/PL/NroProposicao/21/AnoProposicao/2015/Origem/Px/Default.aspx. Acesso em: 04 Dez. 2017.

E vale por fim trazer o Projeto de Lei nº 4331 de 2012[182] que tramita no Congresso Nacional, em regime de prioridade, proposto pelo Deputado Federal Pastor Marco Feliciano, e que acrescenta o inciso IV ao § 1º do Art. 29 da Lei nº 9.605/98. Esta importante inclusão do inciso IV no rol dos *"Crimes contra a Fauna"*, cria um tipo penal, com a punição de detenção de seis meses a um ano acrescida de multa, pela prática de sacrifício de animais em rituais religiosos de qualquer espécie.

O Deputado sustenta, em justificativa do projeto, que entidades protetoras dos animais de modo heroico lutam para evitar tais crueldades e para dar a função ecológica seu devido destaque. Em sua justificativa ele acrescenta que tais atos religiosos violentos e cruéis são exemplos perigosos a todos os jovens e às crianças que, convivendo com tais rituais, tornar-se-ão insensíveis ao sofrimento e dores alheias, com incitação à violência e à tortura. Essa proposta de alteração legislativa é um modo legítimo de erradicar essa prática primitiva e desnecessária à evolução socio-filosófica do Estado democrático brasileiro.

A matéria não é pacífica em sua compreensão social e com certeza dar-se-á a continuidade da discussão, mesmo diante do recente julgamento do Supremo Tribunal Federal do Recurso Extraordinário nº. 494.601/RS.[183]

O guardião da Constituição Federal, a despeito de sua função precípua, foi surpreendente. O Supremo Tribunal Federal entendeu de modo unânime pela constitucionalidade da lei permissiva ao sacrifício de animais em ritos religiosos. O Plenário da Corte, em 28 de março de 2019,

182 BRASIL. **Projeto de Lei nº 4331 de 28 de Agosto de 2012**. Acrescenta o inciso IV ao § 1º do art. 29 da Lei nº 9.605, de 12 de fevereiro de 1998 e dá outras providências. Disponível em: https://www.camara.leg.br/proposicoesWeb/prop_mostrarintegra;jsessionid=BF2647D3F73C004CB813F993088AE872.proposicoesWebExterno2?codteor=1020499&filename=PL+4331/2012. Acesso em: 15 Jan. 2019.

183 Decisão: O Tribunal, por maioria, negou provimento ao recurso extraordinário, nos termos do voto do Ministro Edson Fachin, Redator para o acórdão, vencidos, em parte, os Ministros Marco Aurélio (Relator), Alexandre de Moraes e Gilmar Mendes, que também admitiam a constitucionalidade da lei, dando-lhe interpretação conforme. Em seguida, por maioria, fixou-se a seguinte tese: "É constitucional a lei de proteção animal que, a fim de resguardar a liberdade religiosa, permite o sacrifício ritual de animais em cultos de religiões de matriz africana", vencido o Ministro Marco Aurélio. Não participaram da fixação da tese os Ministros Ricardo Lewandowski e Gilmar Mendes. Ausente, justificadamente, o Ministro Celso de Mello. Presidência do Ministro Dias Toffoli. BRASIL. Supremo Tribunal Federal. Plenário, 28.03.2019. RE 494.601. Disponível em: http://portal.stf.jus.br/processos/detalhe.asp?incidente=2419108. Acesso em: 29 Jul. 2019.

finalizou o julgamento do Recurso Extraordinário (RE) 494.601, que questionava a validade da Lei Estadual 12.131/2004.[184]

O Presidente do STF, o Ministro Dias Toffoli, solicitou o registro de que todos os votos proferidos foram favoráveis ao sacrifício de animais nos ritos religiosos apontando apenas divergências de cunho jurídico-filosófico em cada uma de suas fundamentações.[185]

Deste modo, o Supremo Tribunal Federal produziu a seguinte tese: "É constitucional a lei de proteção animal que, a fim de resguardar a liberdade religiosa, permite o sacrifício ritual de animais em cultos de religiões de matriz africana". E, com isso, novamente o foco está para a origem identitária dessas modalidades religiosas, ignorando-se a laicidade, ignorando-se a norma protetiva dos animais em sede constitucional.[186]

Vale ressaltar que tudo se iniciou no Rio Grande do Sul. O recurso interposto pelo Ministério Público do Rio Grande do Sul (MP-RS) atacava a decisão do Tribunal de Justiça Estadual (TJ-RS), que negava a inconstitucionalidade da Lei estadual 12.131/2004, que acrescentou dispositivo no Código Estadual de Proteção aos Animais (Lei nº 11.915/2003), vedando diversos tratamentos considerados cruéis aos animais para afastar a proibição no caso de sacrifício ritual em cultos e liturgias das religiões de matriz africana. Porém, o MP-RS sustentou na Corte que a lei estadual trata de matéria de competência privativa da União, ao restringir a exceção às religiões de matriz africana.

Até a formação da tese houve o seguinte procedimento: o julgamento do recurso iniciou em agosto de 2018 e foi suspenso por pedido de vista do ministro Alexandre de Moraes. O relator, que foi o ministro Marco Aurélio, votou pela constitucionalidade do sacrifício de animais em ritos religiosos de qualquer natureza, vedados os maus-tratos no ritual e condicionando o abate sacrificial ao posterior consumo da carne. Ou seja, ao fim do ato sacrificial haveria a necessidade de ser consumida a carne do animal sacrificado.

O ministro Edson Fachin, considerou que a menção específica às religiões de matriz africana não apresenta nenhuma inconstitucionalidade, já que a utilização de animais é intrínseca a esses cultos e a eles deve ser, portanto, destinada proteção legal ainda mais forte, uma vez que são objeto de estigmatização e preconceito estrutural da sociedade e votou pelo desprovimento do RE.

---

184 BRASIL, op. cit., 2019.

185 Ibid.

186 Ibid.

O ministro Alexandre de Moraes, que havia pedido vista, leu seu voto pelo provimento parcial do recurso, conferindo à lei do Rio Grande do Sul interpretação conforme a Constituição para declarar a constitucionalidade de todos os ritos religiosos com abates religiosos de animais, afastando maus-tratos e tortura. Ele acompanhou o voto do relator, mas entendeu que a prática pode ser realizada sem haver o posterior consumo. No mesmo sentido votou o ministro Gilmar Mendes.

O ministro Luís Roberto Barroso acompanhou o voto do ministro Edson Fachin, e expôs que a tradição nas religiões de matriz africana repudia a crueldade com o animal, e que portanto, os sacrifícios ocorrem com morte rápida e indolor dos animais sacrificados "Segundo a crença, somente quando a vida animal é extinta sem sofrimento se estabelece a comunicação entre os mundos sagrado e temporal", assinalou.

Focando apenas na intolerância religiosa, a ministra Rosa Weber entendeu que a ressalva específica às religiões de matriz africana está diretamente vinculada ao preconceito e ao fato de as religiões afro serem estigmatizadas por seus rituais de abate. "A exceção atende o objetivo que as próprias cotas raciais procuraram atingir", afirmou, e, também negou provimento ao RE.

Seguiu o mesmo raciocínio o ministro Ricardo Lewandowski, que considerou a lei gaúcha compatível com a Constituição Federal.

Para o ministro Luiz Fux, que seguiu a ideia de constitucionalidade dos abates religiosos, este é o momento próprio para o Direito afirmar que não há nenhuma ilegalidade no culto e nas liturgias. "Com esse exemplo jurisprudencial, o Supremo Tribunal Federal vai dar um basta nessa caminhada de violência e de atentados cometidos contra as casas de cultos de matriz africana", reforçou o ministro, que como os seus pares, apenas colocou o foco na questão identitária cultural, ignorando por completo a vida dos animais inocentes e os registros de crueldades inclusive e sobretudo clandestinamente praticadas após comércio também clandestino de animais destinados aos abates.

E a ministra Cármen Lúcia, seguindo o mesmo raciocínio, considerou constitucional e positivo haver a referência específica às religiões de origem africanistas, que por sua vez irá combater o preconceito que não apenas em relação aos cultos, mas às pessoas de descendência africana. E citou, como exemplo, o samba, que também foi objeto de preconceito em razão de quem o cantava. O ministro Dias Toffoli, presidente da Corte, acompanhou o entendimento pelo desprovimento do RE.

Assim, com um tom uníssono de preservação cultural e liberdade religiosa, um Ministro acompanhando o outro, o Supremo Tribunal Federal acabou curiosamente a reproduzir a mesma interpretação do caso Lukumi Babalu Aye da Suprema Corte Norte-Americana e, curiosamente por razões similares, desviou a interpretação constitucional para as raízes religiosas e culturais africanistas, ignorando outras modalidades de sacrifícios praticados por religiões de outras origens, como a judaica e a muçulmana.

O entendimento da Corte foi muito festejado pelos grupos africanistas, ao mesmo tempo em que foi extremamente repudiado pela proteção animal. Está ausente da decisão qualquer apreço ou traço de defesa da vida animal, que aceitou atos gratuitos de crueldade à animais inocentes, a fim de nutrir práticas culturais primitivas. O Supremo Tribunal Federal ignorou a vida e prestigiou a cultura identitária de religiões específicas.

> Afinal... a Suprema Corte, com seu ativismo judicial, passou a julgar ignorando a definição em sede constitucional! E assim, a Suprema Corte, ousadamente, passa a reescrever a Carta Magna em curiosa técnica legislativa, ignorando o Art. 225, VII, parágrafo 1º, que existe desde 1988 de modo claro e textual![187]

---

187 "Muito curioso que a decisão norte-americana não tivesse enfrentado a inconstitucionalidade precisa de leis de proteção aos animais e sim as razões discriminatórias que os julgadores entenderam estar presentes para tomarem decisões restritivas de direitos a religiões de origem africanista. Exatamente como ocorreu com o julgamento da semana passada no nosso Supremo Tribunal Federal!
Resta a indagação: como teria decidido aquela corte, e também como decidiria a nossa, se a questão não tivesse sido direcionada para discriminação racial? Aqui no Brasil o julgamento foi encerrado com a promulgação da tese que se fundamentou em discriminação e intolerância religiosa: "É constitucional a lei de proteção animal que, a fim de resguardar a liberdade religiosa, permite o sacrifício de animais em religiões de matriz africana".
É um imenso eufemismo se pensar em sacrifício sem dor, sem crueldade, sem violência como preconizaram os ilustres ministros. A força feia do sofrimento, como diz Guimarães Rosa em *Grande Sertão Veredas*, e não a qualidade do sofrente, é que vale.
A velocidade do fato social mutante, hoje não se adequa mais ao sofrimento animal protagonizando ritos religiosos. A prática religiosa pautada no sofrimento de um outro ser inocente estimula a violência gratuita, em nome de dogmas que mereciam ser superados em um país laico. Em última análise, a permissão de sacrificar animais, oportunizaria também pela isonomia entre religiões, que uma tribo indígena até eliminasse suas crianças nascidas com limitações físicas, apenas para sustentar sua fé.
O Brasil como um Estado laico não deveria priorizar religiões e, com isso, ferir a isonomia. A liberdade constitucional é sim de culto, a prática deveria ser limitada pelos próprios ditames constitucionais, e regulamentada por leis infraconstitucionais que viessem a fazê-lo. Na Constituição brasileira tem-se dois valores fundamentais: liberdade de culto, crença e prática de um lado (art. 5º, inciso VI) e dever do estado de zelar pelos animais, como parte integrante do meio-ambiente ecologicamente equilibrado (Art. 225, § 1º, VII), de outro.

Meios de se obter uma harmonização de direitos fundamentais é um tema tão complexo a ponto de desafiar por si um estudo próprio que exorbita a meta deste estudo. O objeto deste capítulo foi pontuar que no caso específico da liberdade religiosa diante do sacrifício de animais, a discussão ainda é bem mais complexa, e mesmo quando decidida pela Suprema Corte do país, ainda assim deixa a discussão fervorosa.

O grande impasse hermenêutico é que a maior parte das religiões que defendem o sacrifício religioso, ao mesmo tempo se autodefinem através deles culturalmente e de modo identitário. Ocorre que a religião, seja ela qual for, é sempre uma agremiação humana, onde o fato social do qual se originam não é imutável, logo também precisam ser repensadas as suas práticas.

Não faz nenhum sentido na sociedade secularizada atual, a aceitação de práticas sacralizadas, onde o sofrimento, seja animal ou mesmo humano, atue como uma mola propulsora de ritos religiosos. E ainda há que se aventar a violação frontal aos regramentos constitucionais: proteção à fauna inserida no ambiente ecologicamente equilibrado, e a laicidade estatal sem prevalência de nenhum credo.

Na Costa Rica, em 1989, a chamada Conferência de São José, avançou consideravelmente na busca pela responsabilidade universal de todos os seres viventes. O teor textual é pela responsabilidade daqueles que detém o poder no mundo atual de assegurarem a importância da equidade intergeracional, fulcrada na cooperação com a natureza. "Tudo que existe faz parte de um universo interdependente. Todos os seres dependem uns dos outros para sua existência, seu bem-estar e seu desenvolvimento.", é o Texto do artigo primeiro. [188]

Todos os direitos precisam ser regulamentados pelas responsabilidades. Assim, as liberdades de culto, crença e prática não podem ser

E agora? O Sacro + Ofício do dever estatal, dever que perseguimos em sede doutrinária e acadêmica, é caminhar para a implementação completa e responsável da liberdade religiosa, sem crueldades, e sem prevalência no debate de quem acredite na supremacia de suas crenças, ao argumento de que matar animais seja meio apropriado de se chegar a Deus!". (AGUIAR, op. cit., 2019.)

188 COSTA RICA. Declaração das Responsabilidades Humanas – Declaração das Responsabilidades humanas para a Paz e o Desenvolvimento Sustentável. Realização: Universidade da Paz das Nações Unidas na Costa Rica. Disponível em: http://www.unipazrecife.org.br/Declaracao%20das%20Responsabilidades%20Humanas.htm:http://. Acesso em: 05 Dez. 2017.

blindadas por meio do manto de dogmas e da sacralização de sua história cultural.[189]

O medo do totalitarismo após a segunda guerra mundial desafiou o homem a repensar as liberdades absolutas de práticas pelos seres humanos, sejam essas pautadas em crenças políticas, filosóficas ou mesmo religiosas. O direito precisa ser normatizador de limites para que não se cubram de razões quaisquer formatos de dominações gratuitas, abusivas e desnecessárias.

Após a segunda guerra mundial, e a realidade do Holocausto, foi preciso reunir os dirigentes mundiais para se redigir uma Declaração dos Direitos Humanos, com a finalidade de se evitar a repetição do totalitarismo e das barbáries. Hoje é preciso se repensar a desnecessidade da prática de rituais de sacrifício, diante da ética da compaixão e da alteridade, e a fim de civilizar o homem e suas religiões para a importância da vida e a abolição do sofrimento desnecessário.

É imperioso que se seja repudiado todo e qualquer ritual religioso assassino, cruel, e abusivo em relação ao valor vida. Se é preciso guardar o planeta para as futuras gerações também é preciso se dar o exemplo da compaixão e abandonar de vez a apatia diante de rituais de estímulo à violência gratuita, em nome de dogmas ultrapassados, em uma sociedade secularizada.

O homem pós-convencional, que vive na sociedade secularizada, está livre de dogmas e tradições inócuas, e já vive com a clareza da separação entre Estado e Religião, logo as leis podem estar regulamentando as práticas de diversos ritos das mais diferentes fés, sem com isso misturar-se a elas, nem mesmo limitar suas abrangências bem como novas manifestações, dissidências ou organizações.

Pensar de modo libertário náo é conceder uma permissão irresponsável, a qualquer culto, por mais cruel e primitivo que seja, para ser praticado sem regulação e limites. Se for permitido sacrificar animais inocentes em oferenda aos orixás, há que se ter em mente que o princípio da isonomia estará por consequência também permitindo a uma tribo indígena matar suas crianças com qualquer limitação física para sustentar suas crenças.

O Brasil é um Estado Democrático de Direito e laico, e como tal precisa zelar pela isonomia entre as diversas religiões. Assim, torna-se impróprio e mesmo ilegal priorizar fés de matrizes africanas às demais,

189 AGUIAR, op. cit., 2018.

não há como isso ser feito sem serem feridas a isonomia e até mesmo a laicidade.

Além disso, este trabalho pretende demonstrar que a liberdade constitucionalmente garantida é a liberdade de culto, e não a liberdade de prática irrestrita do mesmo. Formar-se-á um novo paradoxo, caso as práticas religiosas não venham a ser regulamentadas por regras constitucionais, e infraconstitucionais. A liberdade religiosa, nela compreendida o culto e a prática de fés plúrimas, portanto, merecem ser regulamentadas, promovendo a convivência pacífica entre diversos credos e os tirando da clandestinidade com respeito, igualdade e segurança jurídica.

É um erro se pensar que o sacrifício religioso é privativo de religiões de matrizes africanas. Há que se atentar para o teor do sacrifício em termos filosóficos e não unicamente dentro de uma religião ou de uma raça. O sacrifício é algo por si já ultrapassado, seja ele usando uma vida animal ou humana. Os tempos atuais não admitem mais o sofrimento na carne como meio de purgar pecados e se há uma luta premente contra a prática da pena de morte aos criminosos mais perigosos, o que se dirá de inocentes que venham a ser imolados para se alcançar o acesso aos deuses ou "a Deus todo poderoso, de onde há de vir a julgar os vivos e os mortos".

É preciso que o Direito, a lei e a doutrina comecem a reposicionar as liberdades fundamentais dentro do próprio Estado Democrático de Direito, o que tornará evidente que inexiste espaço para aceitação de sacrifícios de animais.

3

OS ANIMAIS SOB O OLHAR DA CIÊNCIA: ENTRE A CURA E A FRAUDE

"Não aceito uma visão verticalizada da experimentação com animais. Em qualquer tentativa de raciocínio vertical do conhecimento, de qualquer das práticas usadas pelo homo sapiens, perde-se, inevitavelmente, a dimensão moral. "

(Cláudio Cavalcanti)

O tema aqui merece uma reflexão muito cautelosa por desafiar o ser humano em toda a sua zona de conforto. Partindo da premissa de que os animais desde o Gênesis bíblico surgiram ao olhar do homem para servi-lo em todas as suas necessidades, colocar na berlinda a utilização dos animais pela ciência ultrapassa qualquer sacrilégio e começa a ofender os mais céticos no seu direito de existir e se livrar de doenças presentes e futuras. A comunidade científica se divide e hoje já há um manifesto e diversas publicações com médicos, biólogos e cientistas em geral reconhecendo a consciência dos animais e os fracassos e ineficácias da prática dos experimentos que os utilizam.[1]

A associação que a ciência tem feito com o uso de animais é a da necessidade absoluta da presença destes para o desenvolvimento de testes e experimentos arriscados que colocariam a vida e existência humanas à prova. Uma breve e simples conversa com um médico que tenha fre-

---

1 CHAVES, Fábio. **Neurocientistas de todo o mundo assinam manifesto reconhecendo a consciência dos animais.** 2012. Disponível em: https://www.vista-se.com.br/neurocientistas-de-todo-o-mundo-assinam-manifesto-reconhecendo-consciencia-dos-animais/. Acesso em: 28 Jul. 2019.

quentado as aulas práticas de medicina é suficiente para qualquer adulto verificar a primazia da ciência sobre todas as premissas animalistas.

Neste capítulo será apresentado aquilo que não é esclarecido pela ciência, ou seja, os riscos da própria experimentação animal para a raça humana, que em si diverge em essência de todo e qualquer animal. O paradoxo que permeia toda a questão animal desponta soberano quando se defronta o animal com a ciência. O que é a diferença para considerar o homem como ser superior, dominador absoluto de toda a vida que paira no planeta, simultaneamente é usada como a similitude do ser humano com outras espécies de vida, apenas para delas usar o próprio homem, sem piedade, compaixão, cuidado ou receio de quais efeitos colaterais esses experimentos possam vir a causar ao meio-ambiente, aos animais e ao próprio homem que será também a cobaia[2], após o teatro experimental com animais.

As experiências e testes se estendem desde as behavioristas, passando pelas cirúrgicas, pelas laboratoriais até alcançar as mais avançadas e mais paradoxais, que são as pesquisas neurológicas.

O paradoxo é imenso uma vez que o ser humano ao usar outras espécies de vida para experimentos científicos atua como quem ensaia em um teatro, mas a cobaia definitiva será sempre o próprio homem.

Cobaia é uma palavra, oriunda do latim científico, que após ser extraída de alguma língua indígena sul-americana, identificando o roedor, animal nativo desta região, da família dos roedores, como porquinhos-da-índia (*Cavia porcellus*) e por extensão, significou o objeto de pesquisa científica, conforme o dicionário Aurélio.

A palavra cobaia, ao se voltar aos seres humanos que se voluntariam como sujeitos de pesquisas científicas é de certo modo pejorativo. Isso acrescenta argumento ao paradoxo, causando séria discussão ética no meio científico sobre usar ou não da palavra. Resumindo o desconforto, foi considerado que, cobaias animais, não têm direitos de escolha na integração da pesquisa, o que ocorre de modo livre no caso de humanos. Então, humanos possuem escolhas mais uma vez, enquanto animais vivem para servir às escolhas dos seres humanos.

Em uma pesquisa clínica, o voluntário a participar como objeto a ser pesquisados passa a ser conceituado como "participante da pesquisa", e tem sua definição deste modo nomeada em vários documentos.

2 DICIONÁRIO DO AURÉLIO. **Cobaia.** Aquilo de que alguém se serve para fazer um experimento. [Online]. 2019. Disponível em: <https://dicionariodoaurelio.com/cobaia>. Acesso em: 11 de Jul. de 2019.

Pela Resolução 466/12[3] é proibida ao participante, individual ou coletivamente, de caráter voluntário, qualquer remuneração.[4] Também é definido no ICH/GCP[5] como indivíduo que participa de um estudo clínico. Pode pertencer ao grupo dos que recebem o produto sob investigação ou ao grupo-controle.

No século XIX os defensores dos animais no Reino Unido, em especial na Inglaterra, na Universidade de Oxford, e os defensores norte-americanos do século XX atuaram muito intensamente na luta contra os animais usados pela ciência.[6] E como resultado tem-se um número excessivo de leis norte-americanas e no reino Unido regulando a experimentação animal. É bem verdade que fica mais fácil defender a exclusão dos animais dos testes científicos do que excluí-los da mesa para os humanos carnívoros. A humanidade se habituou de tal moda à dieta proteica que o vegetarianismo ou o veganismo soa sempre como uma restrição demasiadamente incômoda e desnecessária.

A experimentação animal abrange, portanto, qualquer prática que use animais para fins de estudos científicos ou didático-pedagógicos, e que incluam testes comportamentais, biológicos ou neurológicos com os mesmos.

A experimentação é gênero do qual são espécies a dissecação e a vivissecção. A primeira significa seccionar partes do corpo de cadáveres de animais para estudar sua anatomia. A segunda significa testar de modo invasivo animais vivos, ou seja, abri-los para fins de pesquisa, anestesiados ou sem anestesia.

O direito à objeção de consciência está englobado na legislação internacional de direitos humanos, conforme se verifica no artigo 18, primeira parte, da Declaração Universal dos Direitos Humanos, proclamado pela Assembleia Geral das Nações Unidas, em 1948: "Todo homem tem direito à liberdade de pensamento, consciência e religião.".[7]

---

3 Resolução 466/12

4 file:///C:/Users/profl/Downloads/cartilha%20pesquisa%20clnica%20%20final%20-%20internet.pdf

5 ICH/GCP

6 Obra indicada por Francione Gary, O. Para aprofundar a discussão na Inglaterra ver LANDSBURY, Coral. **The old brown dog**: Women, Workers, and Vivisection in Edwardian England. Mdison: University of Winsconsin Press, 1985. E para aprofundar o estudo da origem da discussão nos Estados Unidos ver SPERLING, Susan. **Animal Liberators, Berkerley e los Angeles**. University of California Press, 1968.

7 FERREIRA, 1997.

Qualquer aluno, pela lei brasileira, pode e deve recusar-se a participar de aulas científicas que usem animais. Qualquer professor, ou diretor, não pode punir, tirar pontos ou reprovar um aluno por sua manifestação contrária à prática invasiva. Isso é a própria Objeção de Consciência. A objeção de consciência é o exercício da democracia, consciência moral e a liberdade de expressão dos cidadãos.[8]

3.1. Métodos alternativos ao uso de animais

Partindo-se da filosofia dos 3Rs (*Replacement, Reduction e Refinement*) deve-se buscar reduzir o número de animais objetos de pesquisas científicas por uma questão ética proposta pela própria matriz filosófica. Assim, substituir quando possível (*replace*), reduzir o número ao mínimo possível (*reduce*) e refinar (*refine*) os meios e o treinamento para que a melhor técnica seja empregada nos testes.

> Greif & Tréz analisam criticamente os 3Rs devido aos diferentes pressupostos assumidos para a adoção do conceito, preferindo restringir o termo "alternativas" somente para os casos em que os animais possam ser efetivamente substituídos. Em alguns casos, quando os animais não são utilizados de forma prejudicial, ou se utiliza cadáveres de animais mortos por circunstâncias alheias à experimentação, ou ainda em casos em que o uso prejudicial se dê, mas com o propósito da gravação de vídeos ou softwares, estes recursos podem ser considerados alternativos por pressuporem que os mesmos evitarão que mais animais venham a ser utilizados para realização dos mesmos procedimentos.[9]

---

8 "Art. 5º Todos são iguais perante a lei, sem distinção de qualquer natureza [...], nos termos seguintes [...]:

§2º Ninguém será obrigado a fazer ou deixar de fazer alguma coisa senão em virtude da lei.

§3º Ninguém será submetido a tortura nem a tratamento desumano ou degradante.

§6º É inviolável a liberdade de consciência e de crença, sendo assegurado o livre exercício dos cultos religiosos e garantida, na forma da lei, a proteção aos locais de culto e suas liturgias".

"Art. 9º Nenhum empregado ou servidor poderá sofrer penalidade funcional, em virtude de declaração de objeção de consciência que legitima na recusa da prática ou cooperação na execução de experimentação animal." (BRASIL, 1988).

9 GREIF, S.; TRÉZ, T. A Verdadeira Face da Experimentação Animal: A sua saúde em perigo. Rio de Janeiro: Sociedade Educacional Fala Bicho, 2000.

James Ferguson (1710-1776) por registros históricos surge como o primeiro a procurar as alternativas à utilização de animais em experimentos, por ser avesso ao sofrimento desnecessário. O neurologista chamado Marshall Hall, no século XIX, escreveu sobre premissas que fossem capazes de diminuir a dor e o sofrimento dos animais. O autor pregava a desnecessidade das repetições, bem antes de William Russell e Rex Burch e o da obra The Principles of Humane Experimental Technique abordassem o tema. Seguindo esse raciocínio, Laerte Levai[10] explica que cabe é papel do cientista esclarecer às Universidades e aos centros de pesquisa métodos alternativos ao uso de animais, para que possam ser adotados. E entre os meios alternativos, tais como[11, 12]:

✓ Culturas de bactérias e protozoários (alternativas aos testes cancerígenos e antibióticos);

✓ Cromatografia e espectrometria de massa (técnica que permite a identificação de compostos químicos e sua possível atuação no organismo não-invasivo);

✓ Estudos epidemiológicos (permitem desenvolver a medicina preventiva baseada em dados comparativos e na própria observação da evolução das doenças);

✓ Estudos clínicos (análise estatística da incidência de moléstias em populações diversas);

✓ Farmacologia e mecânica quântica (avaliam o metabolismo das drogas no corpo);

✓ Membrana corialantóide (teste CAME, que utiliza a membrana dos ovos de galinha para avaliar a toxicidade de determinada substância).

✓ Modelos matemáticos (traduzem analiticamente os processos que ocorrem nos organismos vivos);

✓ Necropsias e biópsias (métodos que permitem mostrar a ação das doenças no organismo humano);

✓ Simulações computadorizadas (sistemas virtuais que podem ser usados no ensino de biomédicas, substituindo o animal);

✓ Sistemas biológicos "in vitro" (cultura de células, de tecidos e de órgãos passíveis de utilização em genética, microbiologia, bioquímica,

---

10 LEVAI, Laerte Fernando. **Direito dos Animais.** O direito deles e o nosso direito sobre eles. São Paulo: Editora Mantiqueira, 2004. pp. 67-68.

11 GREIF, Sérgio. **Alternativas ao uso de animais vivos na educação** – pela ciência responsável. São Paulo: Instituto Nina Rosa, 2003.

12 GREIF; TRÉZ, op.cit., 2000.

imunologia, farmacologia, radiação, toxicologia, produção de vacinas, pesquisa sobre vírus e sobre câncer);

✔ Uso de placenta e do cordão umbilical (para treinamento de técnica cirúrgica e testes toxicológicos);

No Brasil, a Universidade Estácio de Sá já foi pioneira na adoção de métodos alternativos à experimentação animal, quando era dirigida pelo Dr. João Uchôa. Atualmente não há mais registros oficiais sobre a o abandono da experimentação animal. As Universidades Federais da Bahia, de Brasília e Federal do Estado de São Paulo já adotaram os métodos alternativos, abandonando as experiências com animais.

3.2. A vivissecção e o uso de animais em experimentos

Na vivissecção se passa a dissecar um animal vivo a fim de conduzir pesquisas anátomo-fisiológicas. Trata-se de uma intervenção invasiva num organismo vivo, com motivações científico-pedagógicas. A partir da entrada em vigor da Lei nº 9605/98 a vivissecção pode ser considerada crime, caso não sejam adotados métodos substitutivos se estes forem existentes. Os infratores estarão sujeitos à pena de detenção de três meses a um ano acrescida de multa. A pena será aumentada de um sexto a um terço no caso do evento morte do animal.

Leis específicas contra a prática da vivissecção estão sendo debatidas desde a entrada em vigor da declaração dos direitos animais, proclamados em assembleia da UNESCO, em Bruxelas, no dia 27 de janeiro de 1978.[13] Mas até hoje muito pouco avanço foi obtido, porque a PHARMA tem um grande poder no mercado e as pesquisas são rentáveis pois mantém as patentes dos produtos testados na pendência dos testes com animais nos laboratórios. Os laboratórios devem adequar seus testes sob rígidos códigos de bioética.

Em Portugal, esta técnica é regulamentada, juntamente com outros métodos de experimentação animal, pela Portaria nº 1005/92 de 23 de Outubro[14], versada sobre a proteção dos animais utilizados para fins

13 UNESCO. Declaração Universal dos Direitos humanos. Bruxelas – Bélgica, 27 de janeiro de 1978. Disponível em: https://wp.ufpel.edu.br/direitosdosanimais/files/2018/10/DeclaracaoUniversaldosDireitosdosAnimaisBruxelas1978.pdf. Acesso em: 27 Jul. 2019.

14 Lei Portuguesa bastante completa, que regulamenta, normatiza e abrange todos a maioria dos pontos relevantes e nevrálgicos da experimentação animal. PORTUGAL. **Portaria n.º 1005/92**. Aprova as normas técnicas de protecção dos animais utilizados para fins experimentais e outros fins científico. Ministérios da

experimentais ou outros fins científicos. Esta lei dispõe que a experimentação precisa ser conduzida apenas por pessoas competentes e os animais devem todos estarem propriamente anestesiados.

Já no Brasil encontra-se em discussão há muito tempo a vivissecção sem grande avanço. No Rio de Janeiro, o vereador Cláudio Cavalcanti criou uma lei[15] que proíbe a vivissecção em todo o município. A lei foi vetada pelo prefeito César Maia.

A ciência costuma dizer que os animais são usados apenas em pesquisas de extrema relevância, como encontrar a cura para o câncer, o diabetes ou a AIDS. E acrescentam que as instituições que realizam as pesquisas sempre cuidam para que os animais não sofram dor nem angústia durante os testes. A utilização dos três Rs já mencionados em detalhes no capítulo primeiro, de modo genérico é o que a comunidade científica costuma exigir como "protocolo" para que os testes se realizem. Assim, em português, redução, refinamento e substituição quando possível são as vigas mestras professadas e já consolidadas para toda e qualquer experimentação animal.

Agricultura, da Educação, da Saúde e do Comércio e Turismo. Diário da República n.º 245/1992, Série I-B de 1992-10-23. Disponível em: https://dre.pt/pesquisa/-/search/220371/details/maximized. Acesso em: 27 Jul. 2019.

---

15 Projeto de Lei 325/2005 – Proíbe a vivissecção assim como o uso de animais em práticas experimentais que provoquem sofrimento físico ou psicológico, sendo estas com finalidades pedagógicas, industriais, comerciais, ou de pesquisa científica. (VETADO PELO PREFEITO – REAPRESENTADO COMO PL1687/08). Disponível em: www.claudiocavalcanti.com PROJETO DE LEI Nº 325/2005 – Proíbe a vivissecção assim como o uso de animais em práticas experimentais que provoquem sofrimento físico ou psicológico, sendo estas com finalidades pedagógicas, industriais, comerciais, ou de pesquisa científica, e dá outras providências. Autor: Vereador Cláudio Cavalcanti. (texto da Lei – Art. 1º Fica proibida, no âmbito do Município do Rio de Janeiro, a vivissecção, assim como o uso de animais em práticas experimentais que a eles provoquem sofrimento físico ou psicológico, sendo estas com finalidades pedagógicas, industriais, comerciais ou de pesquisa científica. Art. 2º Às instituições e estabelecimentos, de ensino ou de pesquisa científica, industriais e comerciais que descumprirem as determinações apontadas no caput serão aplicadas multas de R$ 2.000,00 (dois mil reais), por animal utilizado. Parágrafo único. Em caso de reincidência a instituição ou o estabelecimento infrator terá cassado o alvará para funcionamento. Art. 3º Caberá à Secretaria Municipal de Governo zelar pelo cumprimento das disposições da presente Lei, fiscalizando, promovendo a apuração de responsabilidades no âmbito do Município, e aplicando as sanções administrativas por ela determinadas. Art. 4º Esta Lei entra em vigor na data de sua publicação.).

Segundo a Enciclopédia Britânica[16] o primeiro registro de referência à vivissecção teria sido encontrado em Aristóteles, e a sua prática, com intuitos científicos, deve-se a Galeno[17], no século I DC, que por meio da vivissecção de primatas, estudou o sangue e identificou que as artérias faziam o transporte sanguíneo, identificando também a ligação entre o sistema nervoso. Claude Bernard (1813-1878) introduziu posteriormente o conceito de homeostase com recurso a vivissecção, tendo feito relevantes estudos fisiológicos.

Gary Francione comenta sobre aqueles que são favoráveis à vivissecção como sendo seu uso muito necessário, diferentemente do uso de animais em cosméticos, entretenimento, comida, caça ou peles. "Elas alegam que usam animais apenas quando não há alternativa viável, ao passo que quase sempre existe uma alternativa viável aos outros usos que fazemos dos animais."[18]

E segue o autor criticando os pesquisadores científicos ao afirmar que fazem experimentos desnecessários e que a realidade é muito diferente daquela narrada por laboratórios imaculados, onde poucos animais são utilizados e com pouca ou nenhuma aflição ou dor. Afirma que o uso dos animais pela ciência é tão insensível quanto o uso pela indústria alimentícia por exemplo. "Os pesquisadores usam os animais para todo o tipo de propósitos triviais que não podem ser considerados necessários em nenhum sentido coerente.".[19] A comunidade científica muitas vezes se mantém incrédula de que os animais desenvolvam um sistema nervoso capaz de sentir dores como os seres humanos. "Em um sentido muito real, muitas pessoas da comunidade pesquisadora ainda se agarram à ideia de que os animais são autômatos cartesianos que nem mesmo experienciam dor e sofrimento".[20-21]

16 THE New Encyclopaedia Britannica, vol. 5. Micropaedia Ready Reference, 15th ed., 1986. ISBN 0-85229-434-4. **Encyclopaedia Britannica Inc**. Disponível em: https://archive.org/details/in.ernet.dli.2015.91855/page/n141. Acesso em: 27 Jul. 2019.

17 https://upload.wikimedia.org/wikipedia/commons/c/c9/Galen-Pig-Vivisection.jpg

18 FRANCIONE, Gary, L. **Introdução aos direitos animais**. São Paulo: Unicamp, 2013. p. 93.

19 FRANCIONE, Gary, L. **Introdução aos direitos animais**. São Paulo: Unicamp, 2013. p. 94.

20 Ibid.

21 BERNARD E. Rollin. **The Unbeebbed Cry**: Animal Consciousness. Animal Pain and Science. Oxford: Oxford University Press, 1990.

A resposta tem mais relação com a filosofia do que com ciência. Até hoje pouco valor foi colocado em preocupação sobre a existência da dor animal em pesquisa e na educação científica e veterinária. Indagações sobre se o animal sente ou não dor foram rebatidas com a visão ideológica sobre os animais não sentirem nenhuma dor, ou os animais sentindo apenas dor momentânea, ou nossa incapacidade até mesmo de abordar essa noção.

A ridicularização à defesa da tese da existência da dor animal também é uma realidade entre a comunidade científica.[22]

A questão se resume a ser mais confortável para o pesquisador partir da premissa técnica de que animais não sentem dor, o que torna o trabalho invasivo bem mais fácil se o interventor não se preocupou com a dor dos animais.

O ser humano por ideologia, conveniência ou autodefesa emocional, assim ignora a dor animal e seu controle não são tratados idealmente em ciência. O uso de analgésicos é extremamente reduzido e nada se estuda sobre as reações de dor sofridas pelos animais testados. Vale ressaltar historicamente que as próprias dores humanas em vários momentos foram igualmente ignoradas na pesquisa científica quando se tratava de grupos humanos sem status moral real – mulheres, escravos, negros, indigentes, condenados, presos políticos, etc.) Os animais são geralmente vistos como meros objetos, e os mais baratos, que devem no máximo ser mantidos em boas condições.[23]

---

22 Em uma recente reunião científica, um orador falou ridicularizar a tentativa do Centro de Primatas de Wisconsin de desenvolver uma escala de invasividade de procedimentos usando animais – como se fosse cientificamente absurdo como uma escala de santidade.) Estes ensinamentos eram parcialmente uma questão de dogma a respeito do que a ciência poderia conhecer e mais do que parcialmente uma questão de conveniência, é muito mais fácil de fazer invasivo coisas para os animais se alguém acredita que eles não estão sendo feridos. ROLLIN, Bernard E. Animal pain. In: FOX, M.W.; MICKLEY, L.D. (Eds.). **Advances in animal welfare science 1985**. Washington: The Humane Society of the United States Repository, 1985. PP. 91-106. Tradução nossa. Disponível em: https://animalstudiesrepository.org/cgi/viewcontent.cgi?article=1008&context=acwp_arte. Acesso em: 27 Jul. 2019.

23 Lembro-me de perguntar a um pesquisador médico porque tão poucos projetos financiados pelo governo federal escreveram em provisões para analgesia em animais de laboratório, mesmo quando tal uso não comprometa os dados. Até saltou um amigo do meu, o chefe de cirurgia veterinária desta instituição; "Oh", ele disse: "isso é porque o uso de analgesia não é padrão veterinário prac [...] "Sua mão voou para a boca e ele ficou pálido quando percebeu o que ele tinha dito". "Oh meu Deus", ele continuou, "eu tenho feito grandes cirurgias como toracotomias por vinte e cinco anos, e nunca amanheceu em mim que esses animais certamente

Temos bons conhecimentos científicos e razões filosóficas para postular pela existência da dor animal e outros modos de consciência; na verdade, devemos fazê-lo. Além disso, essa postulação não é mera especulação; é sim fruto de todo tipo de pesquisa que coloca regularmente a hipótese a ser testada. Além disso, explica o que os animais fazem e como eles se comportam, e é consistente com a abordagem teórica evolucionária sobre a qual biologia moderna repousa, bem como com bom senso e comum prática.[24]

Segundo o Departamento da Tecnologia do Congresso dos Estados Unidos (OTA), "as estimativas da quantidade de animais usados nos Estados Unidos a cada ano vão de 10 milhões até cerca de 100 milhões".[25] O OTA conclui que esses dados não são confiáveis, porque toda a estimativa de uso de animais é um cálculo aproximado. Nos Estados Unidos a regulamentação da prática de uso de animais é feita pela Lei Federal do Bem-Estar Animal, que se faz cumprir pelo Departamento de Agricultura Norte- Americano (USDA). O departamento requer que sejam relatados todos os animais usados, mas ocorre que a Lei de Bem-Estar animal não abrange os ratos e camundongos, que são 90% dos animais utilizados, logo nota-se claramente que os ados não podem ser mesmo confiáveis. No Brasil será exposto no próximo item como se faz a regulamentação do uso de animais.

---

experimentam dor pós-cirúrgica [...]". Fundamentalmente, a razão básica pela qual a comunidade científica foi tão arrogante sobre a dor animal é o fato de que os animais não gozam de status moral socialmente sancionado ou legalmente codificado. Pessoas comuns que não duvidam que os animais pensam e sentem, não são ousadas em pensar em animais como sujeitos de direitos. ROLLIN, Bernard E. Animal pain. In: FOX, M.W.; MICKLEY, L.D. (Eds.). **Advances in animal welfare science 1985**. Washington: The Humane Society of the United States Repository, 1985. PP. 91-106. Tradução nossa. Disponível em: https://animalstudiesrepository.org/cgi/viewcontent.cgi?article=1008&context=acwp_arte. Acesso em: 27 Jul. 2019.

---

24 Assim, resta registrar que a comunidade científica, e mais particularmente, a comunidade veterinária, mantém-se sempre fria sobre a dor animal, por exemplo, por causa da raridade em que os analgésicos são usados em pesquisa ou na prática veterinária, sendo uma das curiosidades psicológicas da tomada de decisão terapêutica justamente a retenção de drogas analgésicas, porque o clínico não está absolutamente certo de que o animal está sentindo dor. A dor é em geral negligenciada, mas o mesmo indivíduo irá administrar antibióticos sem documentar a presença de uma infecção bacteriana. ROLLIN, op. cit., pp. 91-106).

25 U.S. CONGRESS, Office of Technology Assessment. **Alternatives to Animal Use in Research, Testing, and Education**. Washington: U.S. Government Printing Office, OTA-BA-273, February 1986. p. 10. Disponível em: https://www.princeton.edu/~ota/disk2/1986/8601/8601.PDF. Acesso em: 27 Jul. 2019.

É importante registrar que a maior parte dos animais usados em experimentos científicos são criados e comercializados para este fim, por grandes corporações, como a Charles River Laboratories, que se autodefine como a maior empresa de produtora de animais de laboratórios do mundo, produzindo atualmente para mais de 14 países.[26]

Os animais da Charles River, tendo a patente protegida, podem ser criados já atendendo às necessidades da pesquisa, por exemplo, e geneticamente modificados para desenvolver certo tipo de doença, como ataques ou convulsões, câncer ou diabetes.[27]

Os animais vendidos pelas corporações são bastante caros. Então nem todas as pesquisas optam pela compra oficial. "[...] os cachorros e gatos, os laboratórios que usam esses tipos de animais frequentemente os adquirem direto de abrigos ou canis para animais sem lar, por uma taxa simbólica [...]".[28] O roubo de animais de estimação, animais dóceis, para venda à laboratórios, sempre foi uma realidade e continua sendo frequente nos Estados Unidos e no Brasil. A venda feita por um comerciante local é lucrativa para ambos, e foi o que motivou a Lei Federal de Bem-Estar Animal Norte-Americana.[29] No Brasil a lei mais abrangente e eficaz é a lei de crimes ambientais, Lei Federal 9605/98, em seu artigo 32, que será examinada mais adiante. Entretanto alei brasileira não foi focada nesta circunstância e tem abrangência genérica do tema, apenas tipificando o crime de maus-tratos.

Todas as pesquisas com animais recebem uma regulamentação muito detalhada, o que faz realmente se pensar que se trata de algo inexorável, a qualquer argumento imprescindível e de cuja realização depende a existência da humanidade no planeta. Pouco se avalia em verdade sobre a verdadeira utilidade dos animais para o bem e para a existência equilibrada do planeta, desde as abelhas[30] que espalhando o

---

26 No site a empresa se autodescreve como atenta e vigilante ao bem-estar animal. "*Animals have contributed to nearly every medical breakthrough in recent history, including treatments for cancer, diabetes, and AIDS, and they continue to play an essential role in the development of life-saving drugs for people and other animals. The welfare of the animals contributing to research is of utmost importance and a prerequisite for the accuracy, reliability, and translatability of our research.*". CHARLES RIVER. **Home**. 2019. Disponível em: https://www.criver.com/. Acesso em: 27 Jul. 2019.

27 FRANCIONE, Gary L. **Animals, Property and the Law**. Filadélfia: Temple University Press, 1995. pp. 190-200. p. 95.

28 Ibid.

29 Ibid. pp. 190-200.

30 As abelhas melíferas, por outro lado, possuem de longe as vidas mais complexas de entre todos os animais domésticos nossos parceiros.... O facto de até agora não se

pólen são capazes de manter imensas plantações vivas até as onças-pintadas que é uma espécie guarda-chuva, pois suas exigências ecológicas envolvem as das outras espécies no mesmo meio-ambiente, significando que através dela pode-se identificar que outas espécies estejam também bem. E, além disso, a onça-pintada regula a existência numérica de suas presas como as capivaras e os jacarés. Até as formigas desenvolvem um papel curioso e relevante.[31]

Não há como se desligar completamente o animal do meio-ambiente em que ele vive, salvo se o animal for doméstico e mesmo assim ele estará ambientado dentro de um universo humanizado e nele interferindo e dele sofrendo seus efeitos.

A vivissecção, em geral, conduz o pesquisador ao erro, uma vez que os resultados obtidos em experimentos com animais são totalmente diferentes dos resultados obtidos em humanos. Nesse sentido, pode-se citar os seguintes exemplos de disparidades entre reações animais e humanas:

1) A sacarina causa câncer em ratos, mas é inofensiva para humanos.

2) O lítio é um grande agente no tratamento de distúrbios afetivos (psicose maníaco-depressiva) do ser humano, mas nada disso foi constado em pesquisas com animais.

3) A penicilina mata porquinhos-da-índia, porém pode salvar seres humanos com infecções bacteriana.

4) A aspirina pode ser fatal para gatos, mas é eficiente analgésico para o homem.

5) O arsênico é extremamente perigoso para o ser humano, porém inofensivo em ovelhas e ratos.

---

ter conseguido resolver o problema do colapso das colônias de abelhas melíferas na Europa e na América do Norte, que no presente tão seriamente ameaça a polinização das culturas e o abastecimento alimentar da humanidade, poderá representar uma debilidade intrínseca dos superorganismos em geral. WILSON, O. Edward. **O sentido da vida humana.** Portugal: Clube do autor Editora, 2014. p.106.

31 As formigas *Dorylus* são consideradas superorganismos. "Estas formigas, estas unidades que formam um organismo, são totalmente altruístas umas em relação às outras e estão completamente coordenadas que se assemelham bastante combinação de células e tecido de um organismo. Quando as vemos juntas na natureza ou em um filme, a tendência natural é para nos referirmos à colônia das formigas do gênero *Dorylus* como uma entidade, como "algo", ao invés de nos referirmos a "elas", às formigas que a constituem. WILSON, O. Edward. **O sentido da vida humana.** Portugal: Clube do autor Editora, 2014. pp. 99 e seguintes.

6) A morfina é um sedativo para o ser humano, porém excita gatos, cabras e cavalos.

7) A beladona, inofensiva para coelhos e cabras, torna-se fatal ao homem.

8) A salsa mata papagaio e as amêndoas são tóxicas para cães, servindo ambas, porém, à alimentação humana.

9) A talidomida, que foi ministrada durante 3 anos em ratos sem nenhum efeito colateral relevante, causou o nascimento de mais de 10.000 crianças com deformações congênitas nos membros e mais de 3 mil natimortos, depois que suas mães - durante a gravidez - ingeriram tranquilizantes feitos com esse produto.

10) Um terço dos doentes renais, que necessitam de diálise, destruíram sua função hepática tomando analgésicos tidos como seguros quando testados em animais.

11) Os CFC (clorofluorcarbonetos), que foram considerados confiáveis após terem sido testados em animais, causaram o perigoso buraco na camada de ozônio sobre a Amazônia.

3.3. Os tipos de testes com animais mais comuns no uso de cosméticos

Animais inocentes, dóceis, muitas vezes filhotes e diversas vezes criados em laboratórios têm sofrido até a morte por intermédio de testes realizados pela indústria de cosméticos. Há leis estaduais já em vigor inclusive no Estado do Rio de Janeiro proibindo o uso de testes com animais[32] pela indústria de cosméticos, mas o mercado industrial é muito amplo e há muito caminho a ser trilhado porque um produto pode não ser produzido de modo local e ainda assim pode ser vendido e distribuído ao mesmo mercado. Segue abaixo alguns dos tipos de testes mais comuns expostos pelo Instituto Nina Rosa [33]:

- Toxicidade de dose repetida

Este teste avalia se o uso repetido de uma substância é tóxica a longo prazo. Coelhos ou ratos são forçados a comer ou inalar um ingredien-

32 STEFANELLI, Lucia Cristiano Juliato. **Experimentação Animal**: considerações éticas, científicas e jurídicas. Disponível em htt://www.educadres.diaadia.pr.gov.br/arquivos/Fie/ novembro2011/biologia_artigos/9experimentcao_aninimal.pdf. Acesso em: 18 de agosto de 2019

33 INSTITUTO NINA ROSA. **Experimentação animal**. Disponível em: http://www.institutoninarosa.org.br/experimentacao-animal/. Acesso em: 28 Jul. 2019.

te de cosméticos, ou tê-lo esfregado na sua pele raspada todos os dias durante 28 a 90 dias e, depois, são mortos.

– Toxicidade reprodutiva

O teste em questão avalia se o uso de uma substância pode ter efeitos na fertilidade, no comportamento sexual, no nascimento e no crescimento dos jovens. Coelhas e ratas grávidas são alimentadas à força com um ingrediente de cosméticos e, em seguida, mortas junto com seus bebês ainda em seus ventres. Tais testes levam um longo tempo e utilizam milhares de animais.

– Toxicocinética

Este avalia a forma como uma substância é absorvida, distribuída, metabolizada e excretada pelo organismo. Coelhos ou ratos são forçados a consumir um ingrediente antes de serem mortos, e seus corpos são dissecados em seguida e seus órgãos examinados, para que seja visto como o ingrediente foi distribuído em seus corpos após a ingestão.

– Teste de sensibilização da pele

Este teste determina se uma substância tornará cada vez mais a pele inflamada e se produzirá coceira a cada vez que for usado. Um ingrediente de cosméticos é esfregado na pele raspada de cobaias e em orelhas de ratos para ver se eles têm uma reação alérgica. Em seguida, são mortos.

– Teste de carcinogenicidade

Um carcinógeno é uma substância que causa câncer ou aumenta a probabilidade de alguém desenvolver a doença. Para avaliar isso, os ratos são alimentados à força com um ingrediente de cosméticos por dois anos para ver se eles desenvolvem câncer, e depois disso, são mortos.

Embora exemplos acima tenham mencionado a realização em certos animais, isso não restringe a aplicação sempre às mesmas espécies; onde se lê "ratos", pode-se entender "coelhos", ou "gatos", por exemplo, pois o uso das espécies varia.

3.4. A regulamentação das pesquisas

Sobre a regulamentação da experimentação animal, em 2008, houve a promulgação da Lei nº 11.794 de 8 de outubro (Lei Arouca), revogando a Lei nº 6.638/79 e criando a fiscalização da experimentação animal através do conselho nacional de controle de experimentação animal (CONCEA) e das comissões de ética no uso de animais (CEUAS). Mais adiante no item 2.5 será exposta a utilização oblíqua da doutrina de Habermas para justificar com base na razão dialógica a necessidade desses órgãos.[34]

Há a avaliação ética, mas há também a avaliação da Agência Nacional de Vigilância Sanitária (Anvisa), que tem por finalidade obter registro no país para estudos com medicamentos e produtos, e a da Comissão Técnica Nacional de Biossegurança (CTNBio), que se volta para estudos envolvendo microrganismos geneticamente modificados.

A medida em questão priorizou os elementos sanitários, de modo a garantir o acesso dos voluntários às terapias inovadoras e eficazes, suprindo-os de garantias éticas de segurança e bem-estar.

Ainda conforme estabelecido na Resolução RDC n° 09/15, esta resolução é aplicável a todos os ensaios clínicos com medicamentos que terão todo ou parte de seu desenvolvimento clínico no Brasil para fins de registro. Resta estabelecido e normatizado que o patrocinador será ainda o responsável pela seleção de investigadores e centros qualificados, garantindo, assim, que os ensaios clínicos sejam conduzidos de acordo com os protocolos e as Boa Práticas Clínicas (BPC). Assim, os patrocinadores devem zelar pelo protocolo do bem-estar animal.

Sobre novos produtos, tem relevo a Lei nº 9.279/1996, regulatória dos direitos e obrigações sobre a propriedade industrial, apelidada de "Lei de Patentes". Tal lei em conjunto com a Lei Federal nº 10.973/2004 e o Decreto nº 5.563/2005 estabelecem medidas de incentivo à inovação e à pesquisa científica, visando a autonomia tecnológica e o desenvolvimento do país.

Em pesquisas com o uso de organismos geneticamente modificados, como em algumas vacinas, vale ressaltar a Lei nº 8.974, de 5 de janeiro de 1995 (revogada), que autorizou a criação da Comissão Técnica Nacional de Biossegurança (CTNBio), e o Decreto nº 1.752, de 20 de dezembro de 1995, que a regulamentou. Hoje, o setor é regulamentado pela Lei nº 11.105, de 2005, que cria o Conselho Nacional de Biossegurança (CNBS) e reestrutura a CNTBio.

Além das normas que regulamentam as pesquisas clínicas em nível nacional, todos os projetos de pesquisa clínica devem obedecer às Boas Práticas Clínicas (BPC). Estas se referem a um documento (Harmonized Tripartite Guideline for Good Clinical Practice) elaborado em 1996 pelo International Conference on Harmonization (ICH), o único órgão que re-

34 Este item foi baseado na página 28 e seguintes da cartilha da Comissão Assessora de Pesquisa Clínica do CRF-SP. BRASIL. **Pesquisa clínica**. Conselho Regional de Farmácia do Estado de São Paulo. Secretaria dos Colaboradores. Comissão Assessora de Pesquisa Clínica. São Paulo: Conselho Regional de Farmácia do Estado de São Paulo, 2012. 64 p.

úne autoridades regulatórias e indústria farmacêutica da Europa, Japão e Estados Unidos para discutir aspectos técnicos e científicos da regulação de medicamentos.

Trata-se de um guia completo, com pré-requisitos técnicos para registro de produtos farmacêuticos com destino ao uso humano. É regra primária de Boas Práticas Clínicas que, sendo positivo ou negativo o resultados obtido, compete aos pesquisadores descreve-los e disponibilizá-los à comunidade científica.

Tendo sido ultrapassada a identificação de uma molécula com potencial terapêutico nos ensaios pré-clínicos, iniciar-se-ão os estudos em seres humanos, que configuram a fase clínica da pesquisa. A Fase 1 da pesquisa em seres humanos objetiva o alcance das informações preliminares sobre a atividade farmacológica de modo seguro. É alarmante que número superior ao percentual de 90% das substâncias estudadas nesta fase sejam eliminadas, ou por insuficiente atividade farmacológica/ terapêutica ou serem extremamente tóxicas em humanos. Somente se os estudos evidenciarem uma atividade farmacológica útil e um perfil de toxicidade aceitável, a pesquisa poderá continuar para a fase clínica seguinte.

Para compreensão das fases da pesquisa clínica e a motivação do uso de animais é preciso conhecer que existem muitas etapas. A Pesquisa Clínica pode ter até quatro etapas, denominadas: Fase I, Fase II, Fase III e Fase IV. Nomeia-se de Fase 1: a primeira das quatro fases de um experimento. Na Fase chamada de Pré-Clínica o estudo de um novo fármaco pode durar entre oito e quinze anos e o investimento pode majorar o valor de 1 bilhão de dólares norte-americanos. O processo começa com a descoberta de uma nova molécula e seu registro nos órgãos competentes, momento em que se inicia o período de patente. Há uma estimativa de que para cada 10 mil novas moléculas, uma alcance o mercado como medicamento. (ANVISA, s.d.).

A descoberta de uma molécula ocorre na fase pré-clínica, onde a nova molécula é testada em animais ou em in vitro. Após a identificação de uma molécula com potencial terapêutico durante os ensaios pré-clínicos, iniciam-se os estudos em seres humanos, que configuram, enfim, a fase clínica da pesquisa. Assim, reitera-se que os humanos sempre serão sim as definitivas cobaias, porque a etapa de testes em animais não garante a eficácia e não risco aos seres humanos.

A experimentação animal deveria ser abolida, uma vez que ela apenas faz enriquecer a indústria farmacêutica e faz sofrer animais inocentes, sem resolver as mazelas humanas.[35]

35 "Legislation still requires animal testing prior to human testing even though the pharmaceutical sector has better options that were unavailable when animal mod-

A manipulação fármaco-genética e o uso das Boas Práticas Clínicas para regulamentar a experimentação animal traça invariavelmente caminhos filosóficos. Assim, é totalmente indevida a utilização da razão comunicativa e dialógica habermasiana para fundamentar os comitês de ética para uso de animais em laboratórios (CEUAS), por exemplo.

3.5. Habermas e o biodireito: da eugenia liberal[36] à sua utilização em doutrina pró experimentação animal

Jürgen Habermas está sendo utilizado de modo oblíquo e indevido como base teórica para defender o uso de animais em experimentação científica e em modelos de ensino. É relevante aqui informar que o referido autor não se ateve às questões da tecnologia nas ciências voltando-se contra a ética animal.[37]

---

eling was first mandated. We propose that the U.S. Food and Drug Administration (FDA) and Congress should work together to abolish regulations and policies that require animal use. Doing so will benefit pharmaceutical industry stakeholders, including patients whose health depends on drugs and the many people who rely on the financial well-being of pharmaceutical firms.". KRAMER, Lisa A.; GREEK, Ray. **Human Stakeholders and the Use of Animals in Drug Development**. Business and Society Review. v.123, nº 1, March 2018, pp. 3-58. Disponível em: https://onlinelibrary.wiley.com/doi/full/10.1111/basr.12134# accessDenialLayout. Acesso em: 29 Jul. 2019.

36 Habermas explica os conceitos de eugenia liberal e autoritária: a primeira é determinada pelo do livre mercado (livre iniciativa), a segunda é controlada e estabelecida pelo Estado. Habermas repudia o controle autoritário do Estado, só que por outro lado também repudia a liberdade absoluta do livre mercado. HABERMAS, Jürgen. **O futuro da natureza humana**. São Paulo: Martins Fontes, 2004. pp. 26-7; 67-8.

37 A Ética Animal, da qual o Direito dos Animais é uma vertente teórica, em que pese ser uma compreensão filosófica que remonta à Filosofia Grega, vem despertando uma atenção maior e progressiva faz algumas décadas. E, neste passo, portanto, um número crescente de interlocutores. Frente a isto importa perguntar: quem são os interlocutores da Ética Animal? Quem são aqueles que apresentam alguma resposta a ela? Quem vem ouvindo o que ela tem a dizer? E, assim, se propondo a dialogar? Muitos ao se depararem com a Ética Animal percebem a complexidade da problemática e a sofisticação da teoria e, assim, concluem que é imperioso se informar, estudar as concepções doutrinárias, saber dos fatos; enfim, conhecer, que é o pressuposto para avaliar. Esta conduta está de acordo com a responsabilidade que a academia reclama. Todavia, outros tantos assumem uma postura oposta. É mesmo muito curioso como alguns creem que a Ética Animal é um castelo de cartas que cai no primeiro assopro. Supõem apresentar objeções robustas, que, imaginam, ninguém pensou antes, para, em um peteleco, deitar por terra toda uma produção muito bem alinhavada, fundamentadamente requintada. Quando não

Em realidade Habermas ainda não se manifestou sobre essa questão de como os animais são utilizados inescrupulosamente sob argumento de pesquisas e estudos para beneficiar a humanidade. Entretanto o mesmo autor nutre pavor pelo regime totalitário nazista, que por sua vez, utilizava-se de premissas similares, considerando os judeus uma raça inferior ou mesmo uma 'não-raça', para usá-los sem pudores em experimentações de toda ordem. É notório o avanço das ciências médicas a partir de tais atrocidades cometidas, entretanto, a questão é bem mais complexa do que apenas a busca de benefícios ao homem. Preliminarmente, comparando à grosso modo, experiências com humanos evidentemente gerarão sempre mais avanços do que experiências com organismos diferentes, ou seja, animais. Em segundo lugar tem-se a ética da vida, a ética social, moral, e por fim, a ética animal. Assim sendo, é totalmente indevida a utilização da razão comunicativa e dialógica habermasiana para fundamentar os comitês de ética para uso de animais em laboratórios (CEUAS). Alerta Daniel Lourenço e Fábio Oliveira:

> A resposta é quase sempre a mesma: não existem maus-tratos na experimentação animal, nem nos circos, nem nos zoológicos, nem na indústria de carne, do leite, de ovos, nem na extração das peles dos animais, nos rodeios e muito menos nos parques aquáticos que apresentam focas, golfinhos, todos felizes. Está tudo bem. É o mundo das maravilhas.[38]

---

cogitam por meio de clichês, do tipo Direito dos Animais é algo como "eu amo meu cachorro", "eu gosto de animais", ou simplesmente desconsideram considerando que diante das mazelas que afligem seres humanos a Ética Animal é um luxo, uma frivolidade ou mesmo um desrespeito, lançam mão de afirmações assombrosas, irrefletidas, inacreditáveis até, apelam para recursos sofistas, buscam fazer a graça que ridiculariza, quando não se enraivecem lançando ataques de uma agressividade impressionante.

Chega a ser risível pensar que Peter Singer, da Universidade de Princeton, Tom Regan, da Universidade da Carolina do Norte, Laurence Tribe, da Universidade de Harvard, Steven Wise, das Universidades de Vermont, Lewis & Clark e Miami e que lecionou em Harvard, Cass Sunstein, da Universidade de Chicago e depois de Harvard, Andrew Linzey, da Universidade de Oxford, David Favre, da Universidade de Michigan, Fernando Araújo, da Universidade de Lisboa, além de vários outros, em diversos países, inclusive de Professores brasileiros das mais prestigiadas instituições nacionais, como a UFRJ, a UFRRJ, a UFF, a UFBA, a PUC/PR, a UFSC, a PUC/RS e a USP, estão ocupados de uma doutrina frágil, carente de solidez argumentativa. LOURENÇO, Daniel Braga; OLIVEIRA, Fábio Corrêa Souza de. Heróis da natureza, inimigos dos animais. Juris Poiesis. **Revista do Curso de Direito da Universidade Estácio de Sá**. Rio de Janeiro. ano 16., n.16., pp. 181-206, jan.-dez. 2013.

---

38 Ibid.

Habermas está sendo invocado na doutrina por sua teoria que é aberta à diálogos, sem sequer ter tratado especificadamente do tema abordado pela Lei nº 11.794/08 que normatiza o uso de animais em ensino e pesquisa no Brasil, criando o Conselho Nacional de Controle de Experimentação Animal (CONCEA) e obrigando a criação dos Comissão de Ética no Uso de Animais (CEUAs). Assim, artigos científicos reportam-se à Habermas requerendo que se observe a atuação ética e dialógica como Anamaria Gonçalves do Santos Feijó, em *"Os desafios dos comitês de ética para uso de animais."*.[39]

> Se busca um consenso na deliberação de um CEUA e esse deve ser conseguido através da comunicação, através do diálogo. Habermas entende que a legitimidade de uma norma só pode ser conseguida através de um processo argumentativo que pede competência dialógica dos envolvidos para se conseguir o entendimento, num esforço de cooperação e solidariedade. Aqui reside outra dificuldade também salientada por Habermas: defender os interesses dos animais não humanos na ética dialógica. Se a validação de uma norma será conseguida pela competência argumentativa dos integrantes do grupo, se as interações entre o homem e o animal estão mediadas por gestos não linguísticos, se os animais não podem exigir a própria libertação ou o respeito por seus direitos, como se dará esse diálogo e como será validada uma norma que leve em consideração todos os interessados e envolvidos na busca da ação consensual?[40]

---

39 "[...] Só se pode encontrar espaço para uma ética discursiva que englobe o trato com os animais se o homem, tutor desses animais e seu representante nas situações dialógicas, demonstrar condições de ampliação de seu horizonte ético conforme salientado.
Haveria a necessidade de esse homem respeitar e entender o valor intrínseco da natureza (englobando os animais) como já vem assumindo o valor intrínseco da espécie humana. Habermas fala de um cenário de responsabilidade e de vinculação ética aceita e assumida, de onde emergiria o sujeito da ética discursiva que defenderia, de forma argumentativa, seus tutelados. Os seres humanos seriam os únicos seres em condições de ajudar os animais não humanos, pois seriam os seres mais capazes de transformar a si e ao mundo através da ética do discurso, na concepção habermasiana, evitando graves problemas que possam advir de uma noção estreita de moral: [...] nosso sentimentos, juízos e ações morais se dirigem nãos ó a sujeitos capazes de atuar , senão também a animais." FEIJÓ, A. G. S.; ROCHA, A. R.; CRIPPA, A. Os desafios dos comitês de ética para uso de animais. In: FEIJÓ, A. G.S.; BRAGA, L. M. G. M.; PITREZ, P. M. C. (Org.). **Animais na pesquisa e no ensino***:* aspectos éticos e técnicos. Porto Alegre: EDIPUCRS. 2008. pp. 158- 167.

40 Ibid.

Considerando-se a inserção de tal artigo científico em livro de doutrina sobre o uso de animais na pesquisa e no ensino, enquanto coletânea de diversos artigos militantes a favor da pesquisa, é evidente que a intenção dos autores foi a de trazer uma maior importância e relevância ao tema no viés de valoração intrínseca do animal.[41] E tal expressão "valor intrínseco" tem sido alvo de crítica feroz por ser esvaziada de responsabilidade. O professor Fábio Oliveira é bem claro em sua abordagem, a qual nos faz aqui indagar que espécie de valor intrínseco teria um boi se você aceita plenamente a ideia dele ser o churrasco de domingo? Cumpre, portanto salientar que como Habermas prega é papel do Direito normatizar o procedimento e que todas as normas sejam válidas e legitimadas por um viés deliberativo típico do pluralismo de uma sociedade secularizada em um Estado Democrático de Direito. Continuam os autores demonstrando preocupação com os animais:

O erro de avaliação dos escritos de Habermas virá agora: "A concepção de Habermas, então, entende que os animais teriam voz em um comitê de ética, através dos seres humanos, ampliando muito a responsabilidade dos membros desses comitês.".[42]

A leitura do trabalho referido demonstra preocupação e interesse com os animais mas resulta errada toda e qualquer abordagem que envolva experimentação com seres vivos de modo simplório, uma vez que

41 Sobre a complexidade da expressão *"valor intrínseco"* ler: Daniel Lourenço e Fábio Oliveira em Heróis da Natureza: Inimigos dos Animais: "O que os defensores dos direitos da natureza precisam esclarecer é o que estão chamando de valor intrínseco. Qual a consequência de reconhecer valor inerente a um ser, seja humano, animal não-humano, planta ou um rio? O que a Ética Ecocêntrica termina por fazer é esvaziar o conceito de valor intrínseco. De que adianta efetivamente afirmar que um porco tem valor intrínseco se podemos matá-lo para satisfazer o paladar, transformando-o em uma salsicha, ou se podemos tirar o couro de uma vaca para fazer uma bolsa, sapato ou um casaco? Eles estão convictos de que um ser humano possui valor intrínseco, mas não hão de concordar que possamos fazer o mesmo com seres humanos. Por qual razão não? Ora, se o ponto nevrálgico é o ecossistema, matar alguns ou milhões de seres humanos, exatamente a espécie que prejudica, sem paralelo, os biomas, em escala planetária, não constitui nenhum dilema moral. Pelo contrário, é mesmo o comportamento devido." OLIVEIRA, Fábio C.S., LOURENÇO, Daniel Braga. *Heróis da Natureza: Inimigos dos Animais* – Revista Juris Poesis – E em nota dos autores sobre a expressão "valor intrínseco": As expressões não estão sendo empregadas de acordo com o sentido emprestado por Tom Regan, que diferencia *valor intrínseco* de *valor inerente*. A distinção pode ser encontrada no livro *The case for animal rights*. University of California Press, 1983.

42 Op. Cit. FEIJÓ em referência a HABERMAS, Erläuterungen Zur Diskursethik, 1991. **Aclaraciones a la ética del discurso** Traducción e introducción de Manuel Jiménez Redondo.

o valor vida é o maior no nosso ordenamento jurídico. Trata-se de artigo científico em livro que tem como tema proposto a Experimentação com o uso de animais, logo seria difícil aos autores se afastarem de uma abordagem permissiva, ainda que responsável.

A Lei Arouca é alvo de críticas variadas e, não se coaduna com o nosso ordenamento jurídico vindo a frontalmente violar a própria Constituição Federal ao dissimuladamente regulamentar a experimentação animal, que sempre inclui maus–tratos aos animais.[43]

Ainda que os animais sejam considerados quando muito, bens semoventes pela Lei Civil ou microbens ambientais, inseridos no macrobem ambiental pela Carta Magna[44], a vida é algo que antecede às próprias leis feitas pelo homem. Na teoria de Habermas, o homem que não reconhece a vida em sentido amplo, o outro como valor em si, não reconhece o sofrimento de uma vida diferente da sua, seja ela qual for, é um homem pré-convencional, obtuso, com errôneo sentimento de intangibilidade. Esses indivíduos é próprio de uma sociedade arcaica bem diferente do que planeja a doutrina científica ao tentar usar sua teoria como argumento para a utilização de animais em laboratórios.

A discussão sobre os animais como detentores de direitos é atual, abrangente e globalizada.[45] É inegável a evolução de diversas legislações

---

43 Lei 11.794./08 "[...] prevê a presença de membros externos à instituição, oriundos de órgãos que defendam a proteção animal. A presença dessas representações é extremamente importante para o crescimento de um CEUA institucional, pois permite a discussão sobre a utilização de animais a partir de distintos pontos de vista". FEIJÓ, A. G. S.; ROCHA, A. R.; CRIPPA, A. Os desafios dos comitês de ética para uso de animais. In: FEIJÓ, A. G.S.; BRAGA, L. M. G. M.; PITREZ, P. M. C. (Org.). **Animais na pesquisa e no ensino***:* aspectos éticos e técnicos. Porto Alegre: EDIPUCRS. 2008.

44 "A preocupação do legislador é evidente, não há como se dizer que o direito brasileiro não é consciente em matéria ambiental, e até mesmo em defesa dos animais. Se há a base constitucional, é essa a alavanca primordial que se precisa para catapultar a proteção para a promoção dos direitos dos animais.". AGUIAR, Lucia Frota Pestana de. **A Tutela Preventiva na Proteção dos Animais**. São Paulo: Ed Max Limonad, 2015. p. 34.
"[....] todo e qualquer animal , embora ainda não considerado objeto de direitos e não sujeito de direitos é um bem ambiental protegido constitucionalmente. Isto significa que ele existe não para o consumo do homem, mas tão somente para que o homem com ele possa conviver, em uma biosfera diversificada, hoje, amanhã e sempre." Ibid, p. 41.

45 "Sem a preocupação de expor um inventário minucioso da doutrina do Direito dos Animais, a literatura brasileira já produziu uma gama de qualificados trabalhos a respeito, o intuito é mapear as questões basilares que caracterizam a perspectiva. Sem dúvida, o Direito dos Animais é mais familiar da academia brasileira do que os direitos da natureza (ou a Ecologia Profunda). Vale anotar desde logo que o Direito

nesse sentido em países avançados bem como em países periféricos.[46] O tema é tocante e cada vez mais invade as redes sociais e a esfera virtual com abaixo-assinados que correm o mundo todo pela libertação animal de várias espécies exploradas. Imagens chocantes, vídeos aterrorizantes estão disponíveis online vinte e quatro horas por dia para esclarecer o que antes era escondido. Os abates na pecuária, as indústrias de laticínios, os animais de circos, rodeios e vaquejadas etc. E isso também é abrangido pela teoria habermasiana que indica a convivência de muitas sociedades em níveis diferenciados de evolução ao mesmo tempo no mundo. E para todas essas exposições conseguimos encontrar a "situação ideal de fala" de Habermas, com as pretensões de verdade claramente comprováveis. Assim, não há espaço aqui para a farta e profunda discussão mundial sobre o tema, ainda assim cumpre ressaltar no Brasil os objetivos ensinamentos de Daniel Lourenço e Fábio Oliveira:

> Entendemos que a conclusão de que animal não é coisa leva obrigatoriamente à conclusão de que animal é titular de direitos. Afirmar que animal não é coisa, mas se negar a reconhecer nele um sujeito de direitos, é terminar por coisificar novamente o animal por via transversa ou não confessadamente. É colocá-lo em um limbo jurídico, um local vulnerável, mais perto do inferno do que do céu. A procura por um meio-termo é uma má procura, situa este *meio-termo* mais para *coisa* do que para *sujeito*.[47]

Peter Singer aborda a experimentação de modo bastante bombástico fazendo provocação ao leitor de suas convicções mais profundas, fazendo a analogia mais proveitosa para a experimentação quando o modelo usado como "cobaia" fosse, por exemplo, seres humanos com

dos Animais não é uma concepção filosófico-jurídica uníssona, havendo posições diferentes e divergentes, o que, aliás, não é nenhuma extravagância dado que é traço generalizado das teorias éticas, da Filosofia, bastando lembrar as diversas teses que se mesclam/antagonizam no terreno dos direitos humanos." OLIVEIRA, Fábio Corrêa de Souza Oliveira. **Carta aberta sobre a libertação de animais do instituto Roya**l. Disponível em:<http://www.animaisecologia.com.br>. Acesso em: 15 Jul. 2019.

46 Sobre os países que já modificaram suas leis para tratar os animais como sujeitos de direitos considerar a Bolívia, Equador, França e Alemanha.

47 LOURENÇO, Daniel Braga Lourenço; OLIVEIRA, Fábio Corrêa Souza de Oliveira. **Titular de direitos.** Reduzir animal a meio para propósitos humanos é intolerável. Disponível em: https://www.conjur.com.br/2013-nov-01/reduzir-animal-meio--propositos-humanos-intoleravel. Acesso em: 28 Abril 2016.

graves e irreversíveis lesões cerebrais.[48] E define o conceito de *especismo* como aquele sentimento que deriva das acepções de consideração de superioridade da raça humana, desconhecendo a dor ou o sofrimento daqueles que não compõem a mesma espécie, ou, quando muito, considerando tais como menos relevantes.[49]

Ocorre que Habermas clama pelo indivíduo pós-convencional, numa sociedade secularizada com um direito moderno e um Estado Democrático de Direito, acreditando plenamente na possibilidade do homem se aprimorar sempre através da razão comunicativa. Esse indivíduo ideal habermasiano irá estar aberto às propostas da Ética Animal simplesmente porque a evolução da razão humana requer essa reflexão. Ainda que não seja um defensor dos direitos dos animais, não poderá mais a sociedade restar alienada ao sofrimento, que é infligido aos animais a serviço do homem. Extrai-se do final do primeiro volume, da principal obra de Habermas, a seguinte afirmação:

> O modo deliberativo da prática de legislação não deve cuidar *apenas* da validade ética das leis. Ao invés disso, a complexa pretensão da validade de normas jurídicas pode ser entendida como a pretensão

---

48 "[...] os que fazem as experiências estariam preparados para fazê-las com seres humanos órfãos com lesões cerebrais graves e irreversíveis, se esta fosse a única maneira de salvar milhares de outras pessoas? (Digo 'órfãos' para evitar a complicação dos sentimentos dos pais humanos.) Se os cientistas não estiverem preparados para usar órfãos humanos com lesões cerebrais graves e irreversíveis, sua aceitação do uso de animais para os mesmos fins parece ser discriminatória unicamente com base na espécie, uma vez que macacos, cães, gatos, e até mesmo camundongos e ratos são mais inteligentes, mais conscientes do que se passa com eles, mais sensíveis à dor, etc., do que muitos seres humanos com graves lesões cerebrais, que mal sobrevivem em enfermarias de hospitais e outras instituições." Idem, pp. 77 e 78. "Não desejo sugerir que os deficientes mentais devam ser forçados a ingerir alimentos com corantes até que a metade deles morra - ainda que, sem dúvida, no que diz respeito a saber se a substância é ou não segura para os seres humanos, este procedimento certamente nos daria indicações mais precisas do que o teste feito com coelhos ou cachorros. Gostaria que a nossa convicção de que seria errado tratar os deficientes mentais dessa maneira fosse transferida para os animais não-humanos em níveis semelhantes de autoconsciência e com uma capacidade semelhante de sofrimento." SINGER, Peter. *Ética prática*. Tradução Jefferson Luiz Camargo. 3ª ed. São Paulo: Martins Fontes, 2012, p. 88.

49 Sobre o que significa ser *"especistas"*: são para Peter Singer aqueles que , "atribuem maior peso aos interesses de membros de sua própria espécie quando há um choque entre os seus interesses e os interesses dos que pertencem a outras espécies. Os especistas humanos não admitem que a dor é tão má quando sentida por porcos ou ratos como quando são os seres humanos que a sentem.". SINGER, op. cit., p. 68.

> de levar em conta, em primeiro lugar, os interesses parciais afirmados estrategicamente, de modo que estes se combinem com o bem comum; em segundo lugar, de recuperar princípios universalistas de justiça no horizonte de uma forma de vida cunhada por constelações particulares de valores. Na medida em que esses princípios de uma moral, de certa forma des-situada e ultrapassando todas as formas concretas de vida, adquirem obrigatoriedeade para uma determinada comunidade jurídica, eles também se inserem em domínios de ação abstratos, cuja integração não se dá apenas através de contextos informais do agir orientado pelo entendimento.[50]

E sobre o cabimento ou não da experimentação animal bem como da vivisecção há que se reportar à bela exposição do Professor Fábio Oliveira em carta aberta[51] sobre o caso do Instituto Royal no uso de cães da raça beagles por serem dóceis:

> A relação de igualdade é antes moral do que fática. Daí a alteridade. Não bastassem os argumentos metodológico-científicos que condenam experiências com animais para efeitos em humanos, o debate acerca da utilização de animais é antes uma discussão ética do que técnico-científica. *Livres e iguais* é uma bandeira central dos direitos humanos. Obviamente, os animais não são iguais em tudo aos seres humanos. Mas, no que são, devem ser assim admitidos. Mesmo não sendo iguais em tudo, são livres. Devem, pois, ser livres da opressão, da instrumentalização que parcela da humanidade impõe, subjugando-os.

E Habermas é o autor contemporâneo mais fundamentadamente aberto ao diálogo. A Teoria do Agir Comunicativo de sua autoria em toda extensão de seus dois volumes prega a necessidade imperativa do repensar todos os valores por meio de diálogos permanentes. Assim, torna-se abusiva a utilização de seus pensamentos para basear qualquer discurso de experimentação animal não cuidado especificamente pelo autor[52].

---

50 HABERMAS, Jürgen. **O futuro da natureza humana**: a caminho de uma eugenia liberal? Tradução Karina Jannini. São Paulo: Martins Fontes, 2004

51 OLIVEIRA, Fábio Corrêa de Souza Oliveira. **Carta aberta sobre a libertação de animais do instituto Roya**l. Disponível em:<http://www.animaisecologia.com.br>. Acesso em: 15 Jul. 2019.

52 A única referência à animais não humanos na obra de Habermas se dará quando ele examinar a terapia gênica e a natureza jurídica dos animais. Ele adverte para a necessidade de ponderação de valores e para a discussão de ser ou não sujeito de direitos não impeditiva do tratamento zeloso, assim como os animais não humanos que são passíveis de dor e sofrimento. Cuidar-se á mais adiante do tema.

> O paradoxo existe e é de difícil execução, já que o Estado hoje é forçado a garantir ao mesmo tempo, a produção, a tecnologia de ponta e o equilíbrio ecológico. Não apenas mudanças políticas são necessárias, mas uma reforma no modo de pensar dos cidadãos para que uma democracia participativa possa atender às suas metas sociais, visando não só às gerações atuais como às futuras [...]. É preciso superar o individualismo, para que não seja danificada a integridade da criação e do planeta em prol de interesses privados.[53]

Apesar de Habermas não se manifestar claramente o único raciocínio lógico que seria dedutível à sua teoria seria a de que ele, de certo modo, poderia aceitar a bioética por meio de uma visão bemestarista dos animais, entretanto nem isso se pode atribuir ao autor. E, como em sua trajetória, muitas vezes ele corrige sua rota na busca pelo aprimoramento, não seria nada surpreendente que sua teoria chegasse ao ápice de fundamentar a corrente abolicionista que repudia toda e qualquer prática que envolva animais, afinal essa seria a abordagem sem dúvida mais coerente para uma sociedade moderna com indivíduos pós-convencionais.

Habermas aborda a evolução da biotecnologia e reforça a necessidade de uma ética de responsabilidade nesse novo tipo de intervenção. Qualquer mudança na ciência resulta da evolução social. E nesse diapasão devem ser afastados olhares egocentrados sejam eles individuais ou coletivos ser repensado o modo ideal de condução em cada caso concreto, sempre com a norma de conteúdo ao final. O temor é sobretudo que valores mercadológicos sejam priorizados, tornando órgãos e tecidos, e em última análise as variadas concepções da vida também mercadorias manipuláveis.

Jürgen Habermas aborda a ética na biotecnologia deste modo: [54]

> [...] um dia quando os adultos passarem a considerar a composição genética desejável dos seus descendentes como um produto que pode ser moldado e, para tanto, elaborarem um design que lhes pareça apropriado, eles estarão exercendo sobre seus produtos geneticamente manipulados uma espécie de disposição que interfere nos fundamentos somáticos da autocompreensão espontânea e da liberdade ética de outra pessoa e que, conforme pareceu até agora, só poderia ser exercida sobre objetos, e não sobre pessoas [....] Essa

53 AGUIAR, Lucia Frota Pestana de. O lixo vivo das cidades; o animal urbano excedente sob a ótica da ecologia profunda. **Logos e Veritas**, v. 2, pp. 31-51, abril, 2015.

54 HABERMAS, Jürgen. **O futuro da natureza humana**: a caminho de uma eugenia liberal? Tradução Karina Jannini. São Paulo: Martins Fontes, 2004, p. 19.

nova estrutura de imputação resulta da confusão de limites entre pessoas e coisas.

O autor muito indaga se "é compatível com a dignidade humana ser gerado mediante ressalva e, somente após um exame genético, ser considerado digno de uma existência e de um desenvolvimento".[55]

Os questionamentos abordados por Habermas são plenamente extensivos aos animais e em seu uso em experimentação com fins supostamente biomédicos. O paralelismo ético torna-se claro mesmo o autor não o tendo claramente abordado, leia-se na escrita dele:

> Podemos dispor livremente da vida humana para fins de seleção? Uma questão semelhante se faz quanto ao aspecto do "consumo" de embriões (inclusive a partir das próprias células somáticas) para suprir a vaga esperança de um dia poder-se produzir e enxertar tecidos transplantáveis, sem ter de enfrentar o problema de transpor as barreiras da rejeição a células estranhas. Na medida em que a produção e a utilização de embriões para fins de pesquisas na área médica se disseminam e se normalizam, ocorre uma mudança na percepção cultural da vida humana pré-natal e, por conseguinte, uma perda da sensibilidade moral para os limites dos cálculos do custo-benefício. Hoje, ainda notamos a obscenidade de tal práxis reificante e nos perguntamos se gostaríamos de viver numa sociedade que adquire consideração narcisística pelas próprias preferências ao preço da insensibilidade em relação aos fundamentos normativos e naturais da vida. [...] Com o diagnóstico genético de pré-implantação, hoje já é difícil respeitar a fronteira entre a seleção de fatores hereditários indesejáveis e a otimização de fatores desejáveis.[56]

E nesse momento Habermas aponta como a única saída o Direito, mas não com seus julgamentos meritórios e sim com as normas procedimentais. Através da legislação aprovada de modo legitimado pela deliberação e participação popular, em um diálogo permanente, aberto, chegar-se-á ao consenso correlato à fase exata daquela sociedade que deve livrar-se de convenções prévias para alcançar o ideal de Justiça efetiva e coerente com os anseios populares. O autor ainda aborda sempre a visão antropocêntrica, porém demonstra grande preocupação com a valoração ética praticada pela ciência atual.

55 Ibid, pp. 28-29.

56 HABERMAS, Jürgen. **O futuro da natureza humana**: a caminho de uma eugenia liberal? Tradução Karina Jannini. São Paulo: Martins Fontes, 2004, p. 29.

É preciso uma moralização da natureza humana, a saber, é preciso defender certa autocompreensão ética da espécie. As justificações da tecnicização da natureza humanas, empreendidas pela biotecnologia moderna, baseiam-se em parte em uma expectativa de uma vida

Habermas aborda a dignidade da vida humana, em especial da vida do embrião face aos avanços da biociência. Mas não cuida dos animais, apenas passa rapidamente por uma menção à necessidade de haver uma ponderação de valores tanto para a terapia gênica quanto no caso dos animais não humanos. Ele teme a consideração do feto como "bem material" disponível e instrumentalizado.

> De tal modo que "algo pode ser considerado como 'indisponível' ainda que não receba o status de um sujeito de direitos" (p. 44). **Habermas cita aqui o exemplo dos animais não-humanos que, embora sejam beneficiados por obrigações morais de respeito ao seu sofrimento, nem por isso são incluídos na esfera dos seres que se impõem mutuamente obrigações e direitos."**[57] (grifo nosso).

São conceitos diversos na lei civil: 'direitos' e 'bens'. E o embrião ainda não é um 'bem material' utilizável livremente. Aqui a amplitude do tema merece tratamento específico que não é o objeto deste trabalho. Ainda assim deve-se expor que a manipulação genética propriamente dita e sua utilização na linha terapêutica podem ser moralmente aceitáveis, pois neste caso é possível supor um 'consentimento' da pessoa afetada pela intervenção genética (o que seria impossível com os animais uma vez que eles não podem falar, não podem racionalizar, formular questionamentos, mas podem sofrer)[58]. Sempre tendo por pano de fun-

---

57 FELDHAUS, C. O. **Futuro da Natureza Humana de Jürgen Habermas**: Um comentário. **ethic@**, Florianópolis, v. 4, nº 3, p. 309-319, Dez 2005.

58 BENTHAM, Jeremy, por SINGER, Peter em Equality for Animals? **Excerpted from Practical Ethics**, Cambridge, 1979, chap. 3 "[...] *The day may come when the rest of the animal creation may acquire those rights which never could have been withholden from them but by the hand of tyranny. The French have already discovered that the blackness of the skin is no reason why a human being should be abandoned without redress to the caprice of a tormentor. It may one day come to be recognised that the number of the legs, the villosity of the skin, or the termination of the os sacrum, are reasons equally insufficient for abandoning a sensitive being to the same fate. What else is it that should trace the insuperable line? Is it the faculty of reason, or perhaps the faculty of discourse? But a full-grown horse or dog is beyond comparison a more rational, as well as a more conversable animal, than an infant of a day, or a week, or even a month, old. But suppose they were otherwise, what would it avail? The question is not, Can they reason? nor Can they talk? but, Can they suffer?*"

do o valor vida que se perfaz em todas as escolhas e todas as prevenções. É plenamente possível prever um mal com bases genéticas e por meio da manipulação necessária corrigir o erro genético no genoma do futuro indivíduo. O suposto consentimento somente pode ser evocado, como já é o caso em muitas decisões bioéticas, na prevenção de uma doença. Mas, esse mesmo tipo de consentimento não pode ser obtido na linha do aperfeiçoamento genético. Seria plausível se pensa sempre de modo permissivo em relação a outras espécies?

Em toda sua obra Habermas alerta para a convivência de dois modelos diversos de sociedade ao mesmo tempo gerando conflitos e retrocessos. Anuncia a Alemanha fascista como um retrocesso e alude aos riscos de religiões causarem conflitos mundiais. Sobre uma Sociedade Moderna mesmo que assim não exemplificada por Habermas, atenta às mudanças e clamores sociais há que se trazer o paralelismo àquela que reconheceria direitos aos animais, como já vem fazendo alguns países.[59]

59 A última conferência – Fé e Saber – aborda o tema da secularização na sociedade pós secular. Habermas começa remetendo-se a dois episódios da história contemporânea: o debate acerca da biotecnologia moderna está dividido entre o temor de se cair no obscurantismo e no ceticismo científico e a oposição cega à ciência, e, o atentado de 11 de setembro ao World Trade Center em Manhattan. O ato dos seguidores do terrorista Osama Bin Laden teria incitado o retorno do político na sociedade mundial contemporânea num prisma hobbesiano e schmidtiano e não num sentido de um poder conciliador e civilizador como seria esperado ao contexto mundial atual e estaria pressuposto na noção política da democracia deliberativa habermasiana. FELDHAUS, C. O. **Futuro da Natureza Humana de Jürgen Habermas**: Um comentário. **ethic@**, Florianópolis, v.4, nº 3, p.316, Dez 2005.
Em conclusão considerando a sociedade secularizada e o Estado Democrático de Direito habermasiano: "[...] Na sociedade pluralista contemporânea mundial, Habermas acredita que, a fim de limitar o potencial destrutivo dos monoteísmos reinantes, as doutrinas ou comunidades religiosas precisam aprender a assimilar o contato com os outros credos e religiões, precisam adaptar-se a autoridade das ciências enquanto monopólio do saber acerca do mundo e estar abertas às premissas do Estado constitucional. Na linguagem de John Rawls, precisam ser razoáveis. Porém, ao mesmo tempo o Estado democrático não pode diante de um conflito entre religião e ciência acerca, por exemplo, da técnica genética adotar uma posição, pois precisa permanecer ideologicamente neutro. A ciência atualmente teria o papel de esclarecer o senso comum – uma terceira instância. No entanto, a ciência tem ocasionado mudanças na autocompreensão da espécie humana. Com Copérnico a visão do universo e do lugar do homem nele foi alterada e com Darwin a própria história da humanidade recebeu novos horizontes, pois a posição biológica do homem diante dos relatos religiosos foi radicalmente alterada. Enfim, o que aconteceria se nesse processo de esclarecimento do senso comum pela ciência a imagem objetivamente da ciência tomasse o lugar da autocompreensão normativa, que dá fundamento a nossas atribuições de responsabilidade e a nossa compreensão de todos os seres humanos como iguais. Habermas chega a denominar a

Sobre uma Sociedade Moderna mesmo que assim não exemplificada por Habermas, atenta às mudanças e clamores sociais há que se trazer o paralelismo àquela que reconheceria direitos aos animais, como já vem fazendo alguns países. Assim leciona Fábio Oliveira[60]:

> Conclusão advinda deste reconhecimento é que animais são titulares de direitos (à vida, à integridade física, à liberdade) e não coisas. São fins em si, não são meros meios para objetivos humanos ou mesmo de outros animais. São indivíduos, insubstituíveis; são sujeitos de direitos e não objetos. Animais não são *agentes biológicos*, como se diz em jargão. A ética a reger a conduta, neste âmbito, deve ser, pois, em tudo, similar à ética adotada para com seres humanos, uma vez que a uma posição igual deve ser dispensado tratamento igual.

A Constituição Federal de 1988 não reconhece os animais como detentores de direitos, entretanto os protege dentro do ambiente ecologicamente equilibrado.[61] Denotando a preocupação dos estudos de Habermas sobre a Biociência Feldhaus[62] explica com base na evolução social teórica proposta pelo próprio autor estudado:

> [...] A posição habermasiana parece ser que assim como a passagem do mito à razão ou lógos – do sagrado ao profano – não se deu sem certa ajuda do sagrado enquanto religiões de cunho universalista,

tentativa científica de substituir e reduzir a autocompreensão normativa – o que chama de consciência de autoria – a autodescrição objetivamente da ciência de filosofia ruim. FELDHAUS, C. O. **Futuro da Natureza Humana de Jürgen Habermas**: Um comentário. **ethic@**, Florianópolis, v. 4, nº 3, p. 316, Dez 2005.

60 É relevante atentar para a lei brasileira atual que em seu Código Civil de 2002 não elenca os animais como sujeitos de direitos, apenas merecendo classificação doutrinária dos mesmos, enquanto dotados de um "dono humano" de bens semoventes. E a Carta Magna de 1988 em vigor o classifica como bem ambiental no seu artigo 225. OLIVEIRA, Fábio Corrêa de Souza Oliveira. **Carta aberta sobre a libertação de animais do instituto Royal**. Disponível em:<http://www.animaisecologia.com.br>. Acesso em: 15 Jul. 2019.

61 Art. 225 da Constituição Federal de 1988: Todos têm direito ao meio ambiente ecologicamente equilibrado, bem de uso comum do povo e essencial à sadia qualidade de vida, impondo-se ao Poder Público e à coletividade o dever de defendê-lo e preservá-lo para as presentes e futuras gerações. §1º – Para assegurar a efetividade desse direito, incumbe ao Poder Público:
[...] VII – proteger a fauna e a flora, vedadas, na forma da lei, as práticas que coloquem em risco sua função ecológica, provoquem a extinção de espécies ou submetam os animais a crueldade.

62 FELDHAUS, op. p. 318.

> um consenso normativo acerca das questões suscitadas pela biotecnologia moderna deve ser obtido por critérios publicamente acordados, em que todos os concernidos devem ter voz. Precisamos de uma secularização que não aniquila a diferença, mas sim, que aprenda a conviver com ela no modo da tradução.

Sobre a biociência há que se relevar a abordagem ainda que rapidamente de Dworkin que inclusive tem obra inteira destinada aos estudos sobre a ética da vida, incluindo a eutanásia e o aborto. A decisão de em que caso (em que doenças) deve ser permitida e em que caso não deve ser permitida, a manipulação genética visando correção, parece bastante pertinente.

Além disso, a ausência de evidência clara de dano e a ausência de um interesse do embrião pendem, para Dworkin, o debate a favor da continuação da pesquisa e a liberação às decisões individuais do que será ou não feito no campo da seleção genética de traços desejáveis.[63]

A argumentação habermasiana reflete a ausência de argumento moral para limitar a eugenia e a pesquisa com embriões e células troncos, mas Habermas recorre ao valor da humanidade como fim em sim mesmo (herdeiro do kantismo, nesse aspecto), a necessidade de respeitar a dinâmica de uma natureza que se faz equilibrada por sim só. Talvez esse retorno a essa sacralização da natureza fosse compreendido como fio condutor de um agir convencional e postura convencional é criticada pelo próprio Habermas e seria associada por ele a um nível intermediário de evolução, posterior à sociedade arcaica, mas anterior à sociedade secularizada. Com base na própria evolução sugerida pelo autor , os indivíduos pós-convencionais deveriam ser abertos a novas formas de olhar o mundo que os cerca, reavaliando antigos valores e se desapegando de dogmas sem fundamentos éticos e morais para um Estado Democrático de Direito que a todo tempo se mantém alerta às mutações nervosas do fato social.

Habermas discorda da ideia de Pós-Modernidade, porque a própria Modernidade realizou-se apenas parcialmente. Ele quer a radicalização da Modernidade e acha que falar de Pós-Modernidade é pedir muito de uma situação que não se realizou. Para Habermas o ideal é tornar cada indivíduo esclarecido (seja pela intervenção das disciplinas da mente, da pedagogia, libertar o indivíduo de suas limitações cognitivas), capaz de libertar-se das convenções, para ser pós-convencional e alcançar a au-

63 DWORKIN, R. **Sovereign Virtue**. The Theory and Practice of Equality. Cambridge: Harvard University Press, 2000.

tonomia dos indivíduos. Como para Habermas a Sociedade é multifacetária, falar em pós-modernidade sem antes exaurir o projeto da própria modernidade, que é o da autonomia dos indivíduos, ou seja, sem ainda criar anticorpos contra o totalitarismo, falar de um projeto que defende o diferente (daí a crítica de Habermas à Hiddegard, com sua *"antologia da diferença"*) de uma fragmentação, de uma sociedade fragmentada sem núcleos comuns de desejos é um perigo de plantar o germe de propostas políticas totalitárias. E para Habermas essa proposta de pós- modernidade, do diferente, da exclusão do outro pela diferença, pode gerar sim totalitarismos. Então repudia a proposta pós-moderna por ser um filósofo da igualdade e define o discurso pós-moderno como perigoso e com germe de totalitarismo. Habermas quer a radicalização da modernidade, porque está em busca do universal como o igual, mesmo que seja apenas pelo procedimento.

Habermas tem esse desejo de estabelecer núcleos mínimos de universalização e como dificuldade em estabelecer valores universalizáveis ele lança mão do procedimento.

E toda universalidade se dará por regras procedimentais que deverão ser legitimadas. Fica fácil concluir que o autor poderá se opor a tomada de decisão genérica contra ou a favor do uso de animais em experimentação científica por considerar tal uma regra de conteúdo que deveria ser visitada no caso concreto e após o término do procedimento.[64] Mas, cumpre ressaltar que como valor que há doutrina forte que diz:

> [...] Animais não são *agentes biológicos*, como se diz em jargão. A ética a reger a conduta, neste âmbito, deve ser, pois, em tudo, similar à ética adotada para com seres humanos, uma vez que a uma posição igual deve ser dispensado tratamento igual. A existência de lei em sentido contrário não tem o condão de tornar moral o que não é. A lei, como sabido, não é necessariamente fonte de legitimidade. Pode ser injusta, pode estar errada.[65]

---

64 Não se trata aqui do procedimento científico do uso de animais, o que importaria em um pré-julgamento, em uma regra de conteúdo sendo utilizada sem a validade que é tão exigida por Habermas entre fatos e normas, isso seria trazer para frente a regra de conteúdo. O procedimento aqui é o próprio processo, complexo de atos concatenados com o fim de alcançar nos eu desiderato a almejada paz social, mas antes dando azo aos princípios que o regularão e às normas procedimentais todas exauridas.

65 Esteve muitas vezes ao longo da história: quando usurpou direitos dos negros, das mulheres, dos *índios* e de tantos outros. Estamos testemunhando mais um movimento pela expansão de direitos: agora aos animais. O melhor cenário é quando o Direito acompanha, *pari passu*, tais movimentos. Por vezes, porém, há um hiato

A chamada Lei Arouca, Lei nº 11.794/08 deveria ser alvo do processo habermasiano de validade para que antes fossem questionados devidamente o seguinte sobre a coerência do ordenamento jurídico brasileiro em que consta a Lei nº 9605/98 que tipifica o crime de maus-tratos bem como a Constituição Federal que ao cuidar do maio ambiente ecologicamente equilibrado proíbe condutas que viabilizem a crueldade a animais:

> [...] como entender lícitas as práticas que impõem sofrimento aos animais em nome da ciência? Não são cruéis? Não são maus-tratos? Como não concluir que a Lei nº 11.794/08, que regula a instrumentalização dos animais em nome da ciência, não está em conflito com a Constituição, é inconciliável com a vedação de maus-tratos? Ora, se não há maus-tratos, se não existe crueldade, por que não realizar tais experimentos diretamente com seres humanos, o modelo ideal (humano-humano ao invés de humano-animal)?[66]

É muito relevante o que o autor alerta sobre o antagonismo entre direitos da natureza e direitos dos animais, quando em verdade os primeiros englobam os segundos de modo inexorável. Tal tema é tão rico que merece destaque a ser tratado em trabalho específico.

> Quem defende a natureza (e seus direitos) não necessariamente defende os animais (e seus direitos). Ao invés, o mais comum é que heróis da natureza sejam inimigos dos animais. Que, ao menos, tenham pudor ao empregar termos como biocentrismo e direitos.[67]

e atos ilegais/criminalizados no passado passam a ser celebrados no futuro. As insurreições contra a escravidão negra, os quilombos, são um exemplo. Quando há um contratempo entre o Direito e os direitos, vê-se a invocação do direito de resistência/desobediência civil/legitima defesa de terceiro. OLIVEIRA, Fábio Corrêa de Souza Oliveira. **Carta aberta sobre a libertação de animais do instituto Royal**. 2013. Disponível em:<http://www.animaisecologia.com.br>. Acesso em: 15 Jul. 2019.

66 OLIVEIRA, Fábio Corrêa de Souza Oliveira. **Carta aberta sobre a libertação de animais do instituto Royal**. 2013. Disponível em:<http://www.animaisecologia.com.br>. Acesso em: 15 Jul. 2019.

67 Ver Oliveira (2013). para aprofundamento: O antropocentrismo é ferrenho, aguerrido e agressivo. Volnei Garrafa, o bioeticista mencionado ao início, buscando desqualificar o ato que libertou animais do Instituto Royal, perguntou: por que não libertaram também os ratos? Por que só os cães? Não saberíamos responder se a soltura dos roedores se deveu a algum obstáculo físico. Se os ratos não foram libertos porque não são simpáticos ao gosto dos humanos que realizaram a ação,

Habermas não cuida em sua obra especialmente da ética animal, porém nutre simpatia pelos animais não-humanos e os define como sencientes, mesmo sem utilizar-se desta palavra específica trazida, ao reconhecer neles o sofrimento e a dor.

Vai o autor aproximar-se dos animais ao cuidar de análises sobre a biociência, a biotecnologia e a ética a elas necessariamente imputada. Vai aprofundar questionamentos sobre a eugenia liberal ao ser autorizado a escolha ou veto de material genético em manipulação como bem material. Seus estudos são profundos e questionadores e reforçam a preocupação de sua análise crítica em todas as suas obras. Habermas não passa rápido por nenhuma questão, sendo seu traço marcante a robustez de seus textos e a complexidade de sua escrita. Isso demonstra que o autor não mesmo quis cuidar dos animais em experimentação científica e logo não deve ser utilizado como base teórica para doutrinas bem-estaristas ou mesmo para compor razões dialógicas em criações de comitês de ética para uso de animais em modelos de ensino e experiências em laboratórios.

Se alguma for a compreensão em totalidade da obra de Habermas há que se referir aos animais de outro modo. A teoria da evolução social proposta por Habermas clama por indivíduos pós-convencionais em uma sociedade secularizada, com direito moderno e um Estado Democrático de Direito sempre aberta às mutações do Fato Social que sempre são muito mais céleres que a normatização jurídica. Nessa ótica é que se insere a ética animal como um novo olhar ético do homem livre de tradições ocas e dotado da ética da compaixão a que se refere outro grande professor e pensador que foi Arthur Shopenhauer apontado como precursor da ética animal.[68]

bonitos, se os beagles foram soltos porque são animais que, em razão da domesticação, tocam mais de perto a um maior número de seres humanos, apesar de em alguma medida compreensível em função da cultura, não se justifica: eles também deveriam ter sido libertados. Mas também aqui a alegação de Garrafa ficou perdida no tempo, pois, após a libertação dos cachorros e dos coelhos, outro grupo entrou novamente no Royal e soltou os ratos. Pronto, Sr. Garrafa, questão resolvida. A reclamação pela coerência foi sanada."

68 Vale ressaltar que Peter Singer aborda a ética da compaixão shopenhauriana a classificando como geradora de mais obstáculos que raízes para a ética animal, ainda assim a referência existe em doutrina e vale um estudo a parte. BARBOZA, Jair. A mitleidsethik e os animais. - UFSC. **Revista Lampejo** n. 2, pp. 130-141, Out. 2012. Disponivel em: http://revistalampejo.apoenafilosofia.org/edicoes/edicao-2/artigos/Artigo12_%20Jair_130_a_141.pdf. Acesso em: 15 Jul. 2019.

Se os animais sob o olhar da ciência consituem a polêmica entrea cura prometida apenas com seu manejo e a fraude no absuo de sua utilização , a avidez do lucro não reside apenas neste nicho mercadológico. O número de animais criados para fins de consumo alimentício é tão avassalador, a ponto de penalizar o ambiente do planeta, através de desmatamentos, queimadas, e disperdício de recursos naturais para destinação de alimento aos animais, que serão por sua vez, virão a ser eles próprios consumidos pelo homem. A utilização das terras para fins de plantio de uma agricultura sustentável mediante o consumo direto de frutas, legumes e grãos seria suficiente para acabar com a fome no mundo.

4

OS ANIMAIS NA ALIMENTAÇÃO: ENTRE A TRADIÇÃO E O VEGETARIANISMO

"E se eu comesse animais, nada me impediria de comer seres humanos."
(Cláudio Cavalcanti)

O ato de comer a carne é explorado simbolicamente na filosofia, de diversos modos, por autores que nem sequer conhecem a ética animal. Escolheu-se aqui uma via bem explícita para se demonstrar o sentido da palavra 'carnismo', no viés que animalistas como Tom Regan e Gary Francione abordam sobre o animal na alimentação.

A realidade é que o animal é utilizado largamente como fonte de alimento para o homem, o que determina que ele seja visto pelo mercado como uma mera commoditie rentável. A questão da dominação está presente desde o texto bíblico, que se refere ao ser humano: *"crescei, multiplicai-vos, enchei a terra e sujeitai-a; dominai sobre os peixes do mar, sobre as aves dos céus, e sobre todo animal que rasteja pela terra".*[1]

A precariedade da legislação brasileira para o transporte de animais, precisa ser enfrentada de modo responsável e consciente, bem como os tipos de abate religioso dado a esses animais, carga viva, no seu destino final. Dito isto será demonstrada a fadiga que a pecuária está causando nas terras do planeta e a finitude de recursos já prevista para a produção em escala industrial de animais de corte. Inevitável também ser demonstrado o sofrimento animal que permeia o mercado da carne.

---

1 *Gênesis, 2:28.*

4.1. Carnismo e o ato de comer a carne em abrangência filosófico

O animal é percebido de modo paradoxal pelo homem. A começar pela estranheza que o ser humano tem em não se reconhecer na qualidade de animal, que também desfruta.[2] Assim sendo é correto dividir entre animais humanos e animais não humanos a vida no planeta Terra.

O modo pelo qual um animal humano lida com um animal não humano é determinado pela existência ou não de vínculo de afeto prévio. Desta forma, Melanie Joy inicia sua obra com um teste mental sobre a possibilidade (que é reconhecida como repugnante em geral) de comer a carne de um cachorro Golden Retriever[3], na sua obra "Porque amamos cachorros, comemos porcos e vestimos vacas – uma introdução ao carnismo. O sistema de Crenças que nos faz comer alguns animais e outros não".

Curiosamente a pessoa que come frango não identifica aquele ser vivente, mas sim a coxa, a asa, o peito, desligado do ser que o compunha. A ideia de, por exemplo, uma coxinha de galinha é tão já arraigada na mente humana, que até existem coxinhas vegetarianas, assim como o presunto vegetariano, o hamburger vegetariano, produtos que foram criados no mercado *"vegan"* para reproduzir o mundo do que a autora Melanie Joy batiza como "Carnismo". Os conceitos culinários já estão tão arraigados na mente humana que passam ao vernáculo perdendo o seu sentido de desmembramento de um ser vivente, ao ponto de existirem à kibes, bacons, bifes, e conforme mencionado até mesmo coxinhas vegetarianas. Vale ressaltar que a indústria fazendo de tudo para conquistar essa fatia do mercado, reproduz as cores das carnes originais naqueles alimentos que de fato não se compõem de produtos de origem animal. É curioso que os vegetarianos aceitem bem a carne de soja com a aparência de um filet mignon por exemplo.

2 *"The point being made there is that just as our language mayembody prejudices against blacks or against women, so may it against non-human animals. It supposedly embodies our prejudice, then, when weuse the word 'animal' to set them apart from us, just as if we were not animals ourselves."*. DIAMOND, Cora. Royal Institute of Philosophy. Eating Meat and Eating People. Cambridge University Press on behalf of Royal Institute of Philosophy Stable URL, **Philosophy**, v.53, n.206, pp. 465-479, Oct., 1978. Disponível em: http://www.laurentillinghast.com/DiamondEatingMeat.pdf. Acesso em: 15 Jul. 2019.

3 JOY, Melanie. **Porque amamos cachorros, comemos porcos e vestimos** vacas – uma introdução ao carnismo. O sistema de Crenças que nos faz comer alguns animais e outros não. São Paulo: Curltrix, 2010.

> Não vemos o ato de comer carne como vemos o vegetarianismo – como opção, baseada num conjunto de pressupostos sobre os animais, sobre o nosso mundo e sobre nós mesmos. Nós o vemos, em vez disso, como um dado, a coisa "natural" a fazer, o modo como as coisas sempre foram e o modo como as coisas sempre serão. Comemos animais sem pensar no que e por que estamos fazendo pelo fato de o sistema de crenças que está por trás desse comportamento ser invisível. Esse sistema de crenças é o que chamo de carnismo.[4]

Os consumidores de carne, explica a autora, não recebem um nome especial, porque na atualidade é considerado normal, comum, regular, comer carne. A exceção é que é não comê-la. Portanto, trata-se de um sistema de crenças de que alimentação à base de carne é o natural. "Em grande parte do mundo de hoje as pessoas comem carne não porque precisem, mas porque optaram por comê-la, e as opções derivam sempre das crenças".[5] Entretanto há uma invisibilidade da categoria que come carne, justamente por ser considerada a regra, o normal. Então é fácil se reconhecer o vegetariano, mas "quando uma ideologia está arraigada, ela é essencialmente invisível"[6], como no caso do patriarcado. "É considerado fato, em vez de opinião; suas práticas são um dado, em vez de uma opção. É a norma. É o modo como as coisas são. E é a razão pela qual o carnismo não recebeu até agora um nome.".[7]

Assim a autora vai demonstrando que a maior defesa do sistema é a invisibilidade, apontando que a maioria absoluta das pessoas nunca viu sequer uma parte da produção da carne que comem, causando-lhes uma circunstância de não-opção, de alienação e por que não dizer de ignorância sobre a crueldade envolvida nos métodos de criação e abate de livestock (animais de criação com destino ao abate). Ao não ver, cada ser humano também desconecta a parte do todo, a galinha da asa, o bife do boi, a costela do porco e etc.

Mesmo que a regra seja comer carne, há outras regras subjacentes de quais carnes são destinadas à alimentação. Por razões culturais, por exemplo, no ocidente não se comem cachorros. Desenvolve-se, em

---

4 Ibid.

5 JOY, Melanie. **Porque amamos cachorros, comemos porcos e vestimos** vacas – uma introdução ao carnismo. O sistema de Crenças que nos faz comer alguns animais e outros não. São Paulo: Curltrix, 2010. p. 32.

6 Ibid, p. 33.

7 Ibid, p. 33.

geral, laços afetivos com os cães. O cão é o melhor amigo do homem, os animais de estimação significam uma parcela cada vez mais elevada de presença entre os humanos, sendo a indústria Pet a primeira a difundir e reforçar o conceito de afeto, amizade, cuidado e carinho com os animais de companhia, cães e gatos em geral.

Assim, o afeto é o divisor determinante entre o que será ou não reconhecido como impróprio de ser devorado. Lembrando que no mundo primitivo, o ato de comer o inimigo é uma ação filosófica muito representativa de ampliação de força motriz, de dominação, de vitória e de coragem.

O paradoxo na alimentação é mais uma externalização do paradoxo presente em toda a relação entre homem e animal. Ora ama e cuida, ora ignora, mata e come.

> Um paradoxo surge quando um conjunto de premissas aparentemente inquestionáveis origina conclusões inaceitáveis ou contraditórias. A resolução de um paradoxo implica mostrar que há um erro escondido nas premissas, ou que o raciocínio é incorreto, ou que a conclusão aparentemente inaceitável pode, afinal, ser tolerada. Os paradoxos desempenham, portanto, um papel importante na filosofia, visto que a existência de um paradoxo não resolvido mostra que há algo nos nossos raciocínios ou nos nossos conceitos que não compreendemos.[8]

Alice Malsenior Walker (nasceu dia 9 de fevereiro de 1944, em Eatonton, Georgia, Estados Unidos da América); escritora de origem afro-americana; famosa pelo livro A Cor Púrpura (The Color Purple). Alice afirma: "Os animais do mundo existem para seus próprios propósitos. Não foram feitos para os seres humanos, do mesmo modo que os negros não foram feitos para os brancos, nem as mulheres para os homens."[9]

Falou-se da humanidade carnívora, e não dos homens ou do homem, isoladamente em seu lugar, porque se falou da humanidade como um todo, compreendida a ficção inicial pela qual se geraram as mesmas

---

8 BLACKBURN, Simon. **Dicionário Oxford de Filosofia**. Rio de janeiro: Jorge Zahar Editor, 1994. pp. 280-281.

9 WALKER, Alice Malsenior. *The animals of the world exist for their own reasons. They were not made for humans any more than black people were made for white, or women created for men.*
– citado em "Vegetarian Times" – Página 68, Revista – jul. 1989 – núm. 143 ISSN 0164-8497 Publicado por Active Interest Media, Inc. – 80 páginas.

oportunidades metafísicas e morais determinadas por razões mercantis e políticas que assolam o mercado de onde a carne é uma commoditie.[10] Assim para se inserir a carne no mercado, comercializa-se de modo primário o boi gordo, que é um produto como matéria-prima, produzido em escala e que podem ser estocados sem perda de qualidade. O seu preço é estimado pelo mercado mundial pela lei da oferta e procura. Uma commodity tem origem primária, pouca industrialização, mundialmente comercializável, qualidade uniformizada independentemente da empresa que o comercializa.[11]

Cora Diamond, em sua resposta crítica aos argumentos de Peter Singer e Tom Regan, expressa a imensa preocupação do homem com a morte, e com seus mortos. Alega a autora, que quando se fala em defesa dos animais, é preciso se falar em vegetarianismo, e deve-se lembrar que há uma diferença de base entre animais-humanos e animais não-humanos. Os humanos não comem seus mortos. Mesmo quando mortos, a carne não é aproveitada, salvo em condições muito especiais de necessidade ou em caso muito ritualístico de cultura específica, [12] e mesmo em casos de extrema necessidade óbvia, há muita relutância. A exceção existe para casos depscopatologias graves que incluem o canibalismo como uma de suas manifestações.

Diamond ainda completa com a colocação de que se o argumento do vegetarianismo de Singer-Regan é o de mostrar que o consumo de

10 BURGAT, Florence L. **Humanité Carnivore**. Paris: Le **Seuil**, **2017.** p. 16.

11 Commodities são produtos que funcionam como matéria-prima, produzidos em escala e que podem ser estocados sem perda de qualidade, como petróleo, suco de laranja congelado, boi gordo, café, soja e ouro. Commodity vem do inglês e originalmente tem significado de mercadoria. Disponível em: https://www.tororadar.com.br/blog/commodities-o-que-e-significado. E exemplo de preço no mercado de boi gordo: https://br.investing.com/commodities/live-cattle Acesso em: 13 Jun. 2019.

12 "All such discussions are beside the point. For they ask why we do not kill people (very irrational ones, let us say) for food, or why we do not treat people in ways which would cause them distress or anxiety and so on, when for the sake of meat we are willing enough to kill animals or treat them in ways which cause them distress. This is a totally wrong way of beginning the discussion, because it ignores certain quite central facts-facts which, if attended to, would make it clear that rights are not what is crucial. We do not eat our dead, even when they have died in automobile accidents or been struck by lightning, and their flesh might be first class. We do not eat them;[...]". DIAMOND, Cora. Royal Institute of Philosophy. Eating Meat and Eating People. Cambridge University Press on behalf of Royal Institute of Philosophy Stable URL, **Philosophy**, v. 53, n. 206, p. 469, Oct., 1978. Disponível em: http://www.laurentillinghast.com/DiamondEatingMeat.pdf. Acesso em: 15 Jul. 2019.

carne está, moralmente, na mesma posição que a comida de carne humana, ele não é consistente a menos que ele diga que é apenas melindre, ou algo assim, que impede os humanos de comer seus mortos. Porém o que está como pano de fundo para a atitude de não se cogitar jantar a si próprios, é a visão de que uma pessoa não é algo para comer, então há clara diferença entre a relação de comer membros da mesma espécie e de outra espécie. Frágil, portanto o argumento de não se ater ao direito da vaca de não ser morta, como se isso fosse o coração do próprio ser humano, quando claramente não o é.[13]

Os humanos não comem seus mortos, mesmo quando morre em acidentes de carro ou atingidos por um raio, e sua carne podendo ser de primeira classe. E também não comem seus membros amputados. (se houvesse tal hipótese, seria nos mesmos tipos de circunstâncias especiais em que se descreveu acima como comer seus mortos).

Agora, o fato de humanos não comerem seus mortos não é uma conseqüência direta de falta de vontade de matar pessoas por comida ou outros fins. Não é uma consequência direta de falta de vontade de causar sofrimento às pessoas. É claro que causaria Angústia às pessoas pensar que poderiam ser comidas após a morte, mas a causa da angústia seria a estranheza que significa comer uma pessoa morta, estando intima e tacitamente ligada a essa estranheza o sentimento de repugnância, de novo, não o do nojo moral, mas o do nojo à putrefação.

Assim, se algo está errado com a prática de se comer animais, apelando para o sofrimento que os causaria, se não se comem pessoas que já estão mortas e também não se matam pessoas para se fazer delas co-

13 We do not eat our dead, even when they have died in automobile accidents or been struck by lightning, and their flesh might be first class. We do not eat them; or if we do, it is a matter of extreme need, or of some special ritual-and even in cases of obvious extreme need, there is very great reluctance. We also do not eat our amputated limbs. (Or if we did, it would be in the same kinds of special circumstances in which we eat our dead.) Now the fact that we do not eat our dead is not a consequence-not a direct one in any event-of our unwillingness to kill people for food or other purposes. It is not a direct consequence of our unwillingness to cause distress to people. Of course it would cause distress to people to think that they might be eaten when they were dead, but it causes distress because of what it is to eat a dead person. Hence we cannot elucidate what (if anything) is wrong -if that is the word-with eating people by appealing to the distress it would cause, in the way we can point to the distress caused by stamping on someone's toe as a reason why we regard it as a wrong to him. Now if we do not eat people who are already dead and also do not kill people for food, it is at least prima facie plausible that our reasons in the two cases might be related, and hence must be looked into by anyone who wants to claim that we have no good reasons for not eating people which are not also good reasons for not eating animals.

mida, é pelo menos plausível que as razões nos dois casos possam estar relacionadas e, portanto, devam ser analisadas por qualquer um que queira reivindicar que não temos boas razões para não comer pessoas, e que também não são boas razões para não comer animais.

O argumento de se criar animal livre com vida digna para um dia, o dia D, ser abatido, é inaceitável. Tal raciocínio é perverso e desonroso à ética do cuidado, à ética da compaixão e à ética da alteridade.

É, portanto paradoxal que se coma os animais de estimação; pessoas que comessem seus animais de estimação não os considerariam animais "de estimação" no mesmo sentido daquele termo. (Se nós chamamos um animal que estamos engordando para a mesa de um animal de estimação, estamos fazendo uma piada grosseira de um tipo familiar).[14]

Um animal de estimação, como o próprio termo indica, é um ser a quem se estima pelo afeto, e não pela utilidade, não sendo, portanto um ser a ser comido, recebe um nome, vive uma rotina doméstica, é acariciado, pode receber palavras de carinho. É um ser com quem se interage, não é algo para se comer. Ou seja, é dada alguma parte do caráter de uma pessoa. (Isso pode ser mais ou menos sentimental; não precisa ser sentimental).

O tratamento diferenciado recebido pelos animais animais de estimação, não significa, de forma alguma, que possuam maiores qualidades intrínsecas do que as de outros animais. A diferença é apenas o possível e provável afeto que os animais de estimação em geral acabam por conquistar, acima dos demais, e que os fazem ser muito serem melhor tratados. Assim sendo, não deveria haver uma classe de seres animais de estimação, cuja natureza, capacidades e características os tornem detentores de maiores direitos que os demais.

O paradoxo está na Lei Civil brasileira, no Código Civil, o status jurídico do animal enquanto coisa de um dono, caso tenha dono. Assim passa a ser propriedade, o que Gary Francione chama de esquizofeenia moral, e que aqui prefere-se chamar simplesmente de de "paradoxo". Enquanto o animal que não tem dono não desfruta sequer da qualidade de coisa, é uma não-coisa, um não-ser, uma *res nullius*, coisa de nin-

14 Texto original: *"A pet is not something to eat, it is given a name, is let into our houses and may be spoken to in ways in which we do not normally speak to cows or squirrels. That is to say, it is given some part of the character of a person"*. (Tradução nossa). DIAMOND, Cora. Royal Institute of Philosophy. Eating Meat and Eating People. Cambridge University Press on behalf of Royal Institute of Philosophy Stable URL, **Philosophy**, v.53, nº 206, p. 469, Oct., 1978. Disponível em: http://www.laurentillinghast.com/DiamondEatingMeat.pdf. Acesso em: 15 Jul. 2019.

guém.[15] Há recente proposta de modificação legislativa, que merece a naálise, crítica e a atenção que lhe será dada em próximo capítulo.

O status jurídico dos animais está hoje no ordenamento jurídico com crise de identidade, pois está tratado diferentemente no Código Civil, na Constituição Federal, na Lei de Crimes Ambientais e na Lei Penal. A inconguência e disnivelamento no tratamento legal dos animais merece uma aprofundamento oportuno.

Cora Diamond segue com a parte central de seu texto onde afirma onde se indentifica a maior diferença entre humanos e não-humanos:

> E mais uma vez, não é respeito pelos nossos interesses que estão envolvidos em não nos comermos. Estas são todas as coisas que vão determinar que tipo de conceito 'humano" se é. Da mesma forma, com deveres para com os seres humanos. Isto não é uma conseqüência do que os seres humanos são: é em si uma das coisas que vão construir a nossa noção do que significa o conceito de "seres humanos".[16] (tradução nossa)

15 Ver o Código Civil Brasileiro no seu artigo 82. Ver após o projeto de lei da Câmara nº 27/18, de autoria do Dep. Ricardo Izar, que propõe em seu art. 4, uma mudança na Lei nº 9605/98 de 12 de fevereiro de 1998, para lá se incluído dispositivo 79-B e passar a vigorar acrescida do seguinte : "Art. 79-B. O disposto no art. 82 da Lei nº 10.406, de 10 de janeiro de 2002 (Código Civil), não se aplica aos animais não humanos, que ficam sujeitos a direitos despersonificados." Ementa: Acrescenta dispositivo à Lei nº 9.605, de 12 de fevereiro de 1998, para dispor sobre a natureza jurídica dos animais não humanos.
Explicação da Ementa: Determina que os animais não humanos possuem natureza jurídica sui generis e são sujeitos de direitos despersonificados, dos quais devem gozar e obter tutela jurisdicional em caso de violação, vedado o seu tratamento como coisa.

16 Texto original: "*Similarly, it is not out of respect for the interests of beings of the class to which we belong that we give names to each other, or that we treat human sexuality or birth or death as we do, marking them-in their various ways-as significant or serious. And again, it is not respect for our interests which is involved in our not eating each other. These are all things that go to determine what sort of concept 'human being' is. Similarly with having duties to human beings. This is not a consequence of what human beings are, it is not justified by what human beings are: it is itself one of the things which go to build our notion of human beings. And so too-very much so-the idea of the difference between human beings and animals. We learn what a human being is in-among other ways-sitting at a table where WE eat THEM. We are around the table and they are on it. The difference between human beings and animals is not to be discovered by studies of Washoe or the activities of dolphins. It is not that sort of study or ethology or evolutionary theory that is going to tell us the difference e between us and animals: the difference is, as I have suggested, a central concept for human life and is more an object of contemplation than observation (though that*

E também muito frágil a ideia da diferença entre seres humanos e animais. Aprende-se o que é: "um ser humano".

> E a forma de se aprender, entre outras maneiras, é estar sentado em uma mesa onde comemos. Nós estamos sentados ao redor da mesa e eles estão nela. Nós os comemos. A diferença entre seres humanos e animais não é para ser descoberta por estudos de Washoe ou as atividades de golfinhos. Não é esse tipo de estudo ou etologia ou teoria evolutiva que vai nos dizer a diferença entre nós e os animais: a diferença é, como eu sugeri, um conceito central para a vida humana e é mais um objeto de contemplação do que de observação (embora isso possa ser mal interpretado; Não estou sugerindo que seja uma questão de intuição).[17](tradução nossa)

A autora critica frontalmente o argumento de Singer e Regan, chamando-o de cego para o fato de que o que os humanos privam os animais de seus direitos porque se beneficiam disso, fazendo uso de diferenças irrelevantes entre eles e os próprios homens. Transformando essas diferenças em argumentos morais para justificar a diferença em tratamento. Colocando de forma bastante grosseira, dizer que alguém não pode viver porque é negro, isso deveria se como se dizer 'Você pode ser usado para nossos experimentos, porque você é apenas um animal e não pode falar'.[18] Se o primeiro é um preconceito injustificável, o mesmo vale para o segundo.[19] Peter Singer fazem até a alusão, assim como Gary Francione à figura de um extraterrestre, muito mais evoluído em aptidões que a população terrrestre, e que aqui aterrize na Terra e se depare com os humanos. Eles, Ets, por serem claramente seres superioresteriam o direito de nos escravizar? O paralelismo é claro. Pelo nosso tratamento ofertado aos animais, a resposta seria indubitavelmente, sim. Mas, não é essa a

---

might be misunderstood; I am not suggesting it is a matter of intuition)." DIAMOND, Cora. Royal Institute of Philosophy. Eating Meat and Eating People. Cambridge University Press on behalf of Royal Institute of Philosophy Stable URL, **Philosophy**, v. 53, nº. 206, p. 469, Oct., 1978. Disponível em: http://www.laurentillinghast.com/DiamondEatingMeat.pdf. Acesso em: 15 Jul. 2019

---

17 Ibid.

18 *Putting it fairly crudely: if we say 'You cannot live here because you are black', this would be supposed to be parallel to saying 'You can be used for our experiments, because you are only an animal and cannot talk'. If the first is unjustifiable prejudice, so equally is the second. In fact, both Singer and Regan argue, if we, as a justification for differential treatment, point to things like the incapacity of animals to use speech, we should be committed to treating in the same way as animals those members.*

19 DIAMOND, op. cit., p. 469.

mensagem que a humanidade quer passar á outras modalidades de vida, caso existam em outros locais do Universo. Assim, chegou o momento de capacidade reflexiva humana trazer à tona uma benéfica mudança para o modo com o qual os animais serão tratados.

Na verdade, Singer e Regan como uma justificativa para o diferencial tratamento, apontam para dados como o da incapacidade dos animais para usar a fala, ou seja, como se os humanos devessem tratar da mesma forma com que tratamos os animais, os membros de nossa própria espécie que desses membros[20, 21, 22, 23] de nossa própria espécie que, por exemplo, tenham sofrido dano cerebral suficiente para prevenir o desenvolvimento da fala, assim sendo, permitir que fossem usados como animais de laboratório ou como alimento ou qualquer outra coisa.

Se for dito 'Esses animais não são racionais, por isso temos o direito de matá-los por comida', mas não é o que humanos dizem sobre pessoas cuja racionalidade não pode se desenvolver ou cujas capacidades tenham sido destruídas, não estamos tratando claramente casos semelhantes.

O princípio fundamental aqui é aquele que poderíamos colocar dessa maneira (a formulação é baseada nas declarações de Peter Singer): Devemos dar a mesma consideração ao interesses de qualquer ser que seja capaz de ter interesses; e a capacidade ter interesses é essencialmente dependente apenas da capacidade de sofrer e de sentir prazer. Isso evidentemente compartilhamos com os animais.

Diamond escreve que argumentar como Singer e Regan fazem, não é dar uma defesa aos animais; é atacar o significado na vida humana. Os "singer-regan"[24] argumentos equivalem a isto: liberais no racismo e sexismo que devem se estender assim sobre vacas e porquinhos-da-índia; e eles (animalistas) certamente mostram como isso pode ser

20 SINGER, Peter. **Animal Liberation**. Nova York: New York Review,1975.

21 REGAN, Tom; SINGER, Peter (eds.). **Direitos animais e obrigações humanas**. Englewood Cliffs: Prentice-Hall, 1976.

22 GODLOVITCH, Stanley; GODLOVITCH, Roslind; HARRIS, John (eds.). **Animais, Homens e Morais**. Nova York: Grove, 1972.

23 RYDER, Richard. **Speciesism**: A Ética da Vivissecção. Edimburgo: Scottish – Sociedade para a Prevenção da Vivissecção, 1974. Filosofia 53 I978 465.

24 A autora se utiliza da expressão singer-regan para unir os dois expoentes do movimento Animal Rights nos Estados Unidos na década de setenta. DIAMOND, Cora. Royal Institute of Philosophy. Eating Meat and Eating People. Cambridge University Press on behalf of Royal Institute of Philosophy Stable URL, **Philosophy**, v. 53, nº 206, p. 469, Oct., 1978. Disponível em: http://www.laurentillinghast.com/DiamondEatingMeat.pdf. Acesso em: 15 Jul. 2019.

feito. Eles então deveriam estar dispostos a deixar que os animais sofram por causa de um significado em nossa vida - por assim dizer, do conceito de humano.

E o que seria isso, senão o especismo novamente - mais uma hipocrisia talvez do tipo familiar, mas não menos moralmente desonrosa. A importância, porém, não é um fim, não é algo que se propõe como alternativa à prevenção do sofrimento desnecessário, para o qual este último pode ser sacrificado. Inexiste nas teorias portanto nenhum apelo à prevenção do sofrimento que é cego a isso pode, no final, ser tudo menos autodestrutivo.[25]

Cora Diamond sugere ainda que se suponha ser um proprietário de escravos teimoso e antiquado, cujo o vizinho libertou seus escravos em seu leito de morte. E sugere que se poderia considerar tal homem tão insensato, mas não tanto, e insensível como deveria pensar em alguém se ele tivesse, digamos, libertado suas vacas em seu leito de morte.

Comparando com o caso Orwell[26] que descreve, a partir de sua experiência na Guerra Civil Espanhola, algo bonito e profundo, de ser

25 To argue otherwise, to argue as Singer and Regan do is not to give a defence of animals; it is to attack significance in human life. The Singer-Regan arguments amount to this: knee-jerk liberals on racism and sexism ought to go knee-jerk about cows and guinea-pigs; and they certainly show how that can be done, not that it ought to be. They might reply: If you are right, then we are, or should be, willing to let animals suffer for the sake of significance in our life-for the sake, as it were, of the concept of the human. And what is that but speciesism again-more high-falutin perhaps than the familiar kind but no less morally disreputable for that? Significance, though, is not an end, is not something I am proposing as an alternative to the prevention of unnecessary suffering, to which the latter might be sacrificed. The ways in which we mark what human life is belong to the source of moral life, and no appeal to the prevention of suffering which is blind to this can in the end be anything but self-destructive. DIAMOND, Cora. Royal Institute of Philosophy. Eating Meat and Eating People. Cambridge University Press on behalf of Royal Institute of Philosophy Stable URL, **Philosophy**, v.53, n.206, p. 474, Oct., 1978. Disponível em: http://www.laurentillinghast.com/DiamondEatingMeat.pdf. Acesso em: 15 Jul. 2019

26 "[...] A bem da verdade, naquela linha de frente e nesse período da guerra a arma verdadeira não era o fuzil, mas o megafone. Não se podendo matar o inimigo, gritava-se para ele tudo quanto era desaforo e provocação. Tal método de guerra é coisa tão extraordinária, que merece explicação. Sempre que as linhas se encontravam em distância que a voz humana alcançasse, travava-se intenso intercâmbio de uma trincheira para a outra De nós partiam os gritos: — Fascistas — maricones! E, vindo deles: — Viva Espanha! Viva Franco! Ou então, quando sabiam que havia ingleses no nosso lado, gritavam em espanhol: — Voltem pra casa, seus ingleses! Não queremos estrangeiros aqui! No lado do Governo, as milícias partidárias, o grito de frases de propaganda destinadas a solapar o moral do inimigo já se trans-

incapaz de atirar em um homem meio vestido que estava correndo, segurando as calças com as duas mãos enquanto corria. 'Eu tinha que atirar em "fascistas", mas um homem que está segurando suas calças não é um "fascista", ele é visivelmente um semelhante, semelhante a você mesmo, e você não tem vontade de atirar nele.'.[27]

> Existe uma massa substancial de evidências demonstrando a aversão aparentemente natural dos humanos a matar. Grande parte das pesquisas nessa área tem sido realizada pelos militares; os analistas descobriram que os soldados tendem a atirar intencionalmente acima da cabeça do inimigo ou a não atirar absolutamente.

A noção de inimigo ('fascista') e criatura semelhante está lá em uma espécie de tensão, e até mesmo um homem que poderia atirar em um homem correndo segurando suas calças pode reconhecer perfeitamente bem porque Orwell não podia.

A tensão existente em tais casos (entre 'escravo' ou 'inimigo' e não entre 'companheiro humano') pode ser refletida não apenas em reconhecimento do ponto de ação de outra pessoa, se como u m igual ou um diferente.

A diferença também se repercute em vários comportamentos e exigências de coerências na defesa de argumentos, como a de dizer a alguém que se é vegetariano e receber a resposta "E de que são seus sapatos?".

A cobrança social que paira nas ideologias que defendem os animais são nocivas à proteção dos mesmos animais. Ocorre que um ser humano pode ser vegetariano e usar couro, pode tomar um medicamento que foi testado em animais e não usar cosméticos que tenham feito experimentação animal, e, além desse fato, é refém tanto das exigências da vida prática, quanto da disponibilidade do mercado. isso se dá porque a humanidade está ainda engatinhando no tema do reconhecimento da amplitude da questão animal. E como Tom Reagan diz, ao ser indagado sobre os invertebrados se serão protegidos ou não, ele diz que a linha divisória deve ser feita à lápis para ser modificada a qualquer tempo. E

formara em técnica regular.". ORWELL, George. **Lutando na Espanha**. 2002. p. 27. Disponível em: http://bibliotecadigital.puc-campinas.edu.br/services/e-books/George%20Orwell-3.pdf. Acesso em: 3 Ago. 2019.

27 A autora descreve como o ser humano tem aversão à morte e ao sofrimento como traço normal de personalidade. Só o psicopata não tem reações a um abate por exemplo. JOY, Melanie. Porque amamos cachorros, comemos porcos e vestimos vacas – uma introdução ao carnismo. O sistema de Crenças que nos faz comer alguns animais e outros não. São Paulo: Curltrix, 2010, p. 36.

o erro, a reflexão e como diz Cora Diamond, a observação dos animais pelos humanos é o que determinará a maior aproximação com um tratamento digno.

Em tempos de inteligências artificiais dominando as máquinas, estas últimas também criadas pelo homem, será no momento em que humanos se depararem com a similitude da vida (entre animais humanos e não humanos) em relação à frieza da máquina, que será percebida a maior representação dos animais no mundo-da-vida e no ser-para-a-morte, ainda que os animais não raciocinem, eles reconhecem o poder da vida e o medo da morte.

4.2. A carne no mercado

O animal destinado à alimentação é, como deixa claro o termo "livestock", uma commodity. Pelas mais básicas leis de mercado, deve gerar o máximo de lucro com o mínimo de investimento. Quaisquer gastos dispensáveis com a manutenção do produto, serão descartados. Para tal o animal é confinado em locais fechados, uma vez que a luz do sol e a liberdade de movimentos não é necessária `permanência da vida. A alimentação é feita à base de hormônios com a finalidade de acelerar a engorda. As pesquisas de cientistas a respeito da toxicidade desse tipo de nutrição, que ao ser absorvida e mantida na carne do animal é causadora de comorbidades dos que a consomem, não é aceita pela pecuária como legítima ou relevante para a minimização do lucro que gera.

Os consumidores desconhecedores dos métodos de produção e percebendo o produto já embalado e exposto no mercado, adquirem-no confiantemente.

A alimentação sem carne é potencialmente mais econômica para o consumidor, pois em geral baseia-se em grãos, hortaliças e frutos, mas por outro lado seria um impacto na economia global caso fosse realmente majoritária entre a humanidade.

O mercado de carne movimenta bilhões de dólares por ano, e garante um número elevadíssimo de empregos e de renda. O Brasil tem estados eminentemente pecuaristas, como o Rio Grande do Sul e o Mato Grosso do Sul, que com certeza sofreriam queda na geração de renda, pois a criação de animais para abate é a fonte de subsistência de mais de 18 milhões de pessoas no mundo, segundo relatório da Organização das Nações Unidas sobre padrões de alimentação e mudanças de mercado.[28]

28 *THE STATE OF THE WORLD series of the Food and Agriculture Organization of the United Nations.. Eighty percent of the countries (52 out of 65) with a rise in hunger*

Com a economia brasileira abalada na operação Carne Fraca[29] que reconheceu a irregularidade nos frigoríficos, foi mapeado pelo Ministério do Desenvolvimento brasileiro o Brasil como exportador de mais de 50 milhões de dólares de carne diariamente, ou seja, a supressão de carne geraria grave impacto para a economia brasileira.

Como o Brasil tem vasto território de plantio de grãos, o aumento da produção desse insumo, especialmente o da produção de grãos transgênicos que movimentam bilhões de reais por ano no Brasil, possibilitaria que o país recuperasse facilmente a economia, após o abandono da carne.[30] Nesse ponto, de produção de transgênico, vale ressaltar que o Brasil está na contramão da temática mundial de supressão de agrotóxicos, o que causa também grave impacto ambiental comprovado. Fica aqui evidente que a questão abordada reside em algo muito além de uma discussão filosófica: reside no poder do mercado.

Assim, há que se reconhecer que se nem a supressão de transgênicos foi obtida apesar de toda a consciência global envolvida, a supressão do animal comercializado para abate está extremamente distante de se

during recent economic slowdowns and downturns are countries whose economies are highly dependent on primary commodities for export and/or import. è In 2018, 807 million undernourished people and 154 million stunted children under the age of five lived in low- and middle-income countries: of these, respectively, around 381 million and 73 million lived in high commodity-dependent countries. The latter also were home to almost 109 million out of the 113 million people facing crisis levels of acute food insecurity requiring urgent humanitarian actions. è Changes in commodity prices affect the relative value of exports and imports in these countries. Foreign exchange drains, depreciation and devaluation of currencies may pass through the economic system, resulting in rising domestic prices, unemployment, loss of wages, and consequently loss of incomes. è These events pose macroeconomic aggregate shocks affecting multiple households, rather than idiosyncratic shocks that only affect a single household. Many vulnerable households see their purchasing power reduced, while coping strategies they use during idiosyncratic once-off shocks are not effective. The need to change consumption patterns. p. 3. FAO, IFAD, UNICEF, WFP and WHO. **2019** – The State of Food Security and Nutrition in the World 2019. Safeguarding against economic slowdowns and downturns. Rome: FAO, 2019. Disponível em: http://www.fao.org/3/ca5162en/ca5162en.pdf;. Acesso em: 20 Jul. 2019.

29 FOLHA DE SÃO PAULO. **Exportações de carne despencam após operação da PF contra frigoríficos**. 2017. Disponível em: https://www1.folha.uol.com.br/mercado/2017/03/1868678-numeros-da-exportacao-sofrem-queda-busca-apos-operacao-carne-fraca.shtml. Acesso em: 20 Jul. 2019.

30 ORGANICS NEWS BRASIL. **Produção de transgênicos cresce no Brasil**. 2016. Disponível em: https://organicsnewsbrasil.com.br/bem-estar/saude/alimentacao/transgenicos/producao-de-transgenicos-cresce-no-brasil/. Acesso em: 20 Jul. 2019.

tornar uma realidade, antes que ocorra as mudanças que pairam na visão apocalíptica do comprometimento da biosfera.

É inegável que, uma comunidade vegetariana impacta muito menos a biosfera. A produção da carne só permanece em larga escala na comunidade global porque, assim como a experimentação animal, configura também um negócio extremamente rentável. Os impactos e danos ambientais, de uma dieta global focada na proteína animal já estão sendo diagnosticados: o custo da alimentação do gado, que irá alimentar o homem, não pode ser desconsiderado. A criação do gado requer também o uso excessivo da água, que poderia ser poupada para o plantio de vegetais que nutririam ainda mais o solo, o microssistema e o Planeta.

Peter Singer alerta que com 18 quilos de cereal se produz um quilo de carne, e que um acre de terra para cultivar cereais alcança cinco vezes mais proteína do que o que alcançaria para produzir carne.[31] John Robbins, por sua vez, acrescenta que 2,5 acres de terra, produz repolho para até 23 pessoas, batatas para 22 pessoas, arroz para 19 pessoas, milho para 17 pessoas, trigo para 15 pessoas, mas frango ou leite para 2 pessoas, ovos ou bife para alimentar somente 1 pessoa.[32]

Torna-se fácil deduzir que a fome poderia ser eliminada no planeta, se a dieta global fosse vegetariana, somando-se a essa conclusão o menor impacto que sofreria o meio-ambiente.

Pela Organoização das Nações Unidas para Agricultura e Alimentação para produzir 1 quilograma de carne bovina são usados cerca de 15.000 litros de água (considerando o consumo do animal durante sua vida dividido pelo rendimento bruto de sua carne). Para produzir 1 quilograma de soja, são gastos menos de 1 300 litros de água, cerca de 10% do volume de água necessário para se produzir um quilograma de carne bovina. A economia de água é, portanto, superior a 90%.[33, 34]

Um terço da superfície terrestre é utilizada para criar gado. Anualmente cerca de 200.000 quilómetros quadrados de florestas tropicais são destruídas para criação de pastos para gado, conduzindo à desertificação e extinção de aproximadamente 1000 espécies de plan-

---

31 SINGER, Peter; MASON, Jim. **Como Comemos**: Porque as nossas escolhas alimentares fazem a diferença. Dom Quixote, 2008, pp. 275-276. ISBN 978-972-20-3633-7

32 ROBBINS, John. **The Food Revolution**. Berkeley: Conari Press, 2001. p. 294.

33 SINGER, Peter. **Libertação Animal**. São Paulo: Lugano, 2004, prefácio à edição de 1975, xxi.

34 http://www.fao.org/home/en/

tas e animais. As florestas tropicais também estão a ser destruídas para produzir soja, sendo que cerca de 80% da soja mundial é utilizada para alimentar animais para consumo humano, em vez de ser consumida diretamente pelos humanos.

> Se assim fosse a soja sendo comida diretamente pelos humanos, não haveria a necessidade de destruir as florestas tropicais que restam, pois existe um enorme desperdício de recursos naturais no processo de produção de carne.[35]
> Só o gado dos Estados Unidos consome anualmente soja e grão que seriam suficientes para alimentar toda a população humana cinco vezes.[36]
> O número de pessoas que poderiam ser alimentadas com o grãos e os feijões de soja que são comidos apenas pelo gado dos Estados Unidos (onde vive 4% da população mundial) é o de 1.400.000.000.[37]
> A Amazônia continua a ser desbravada a uma taxa de 25.000 quilômetros quadrados por ano para criação de gado e cultivo de soja para alimentar animais (ou seja, 11 acres de floresta são derrubados a cada minuto).[38] Devido à redução das barreiras comerciais, o mundo passou a ser um mercado único, sendo que o aumento do consumo de carne faz com que florestas de outros países sejam destruídas para cultivar soja para alimentar animais e assim, o nosso consumo de carne contribui, de forma indireta, para a desflorestação no estrangeiro e para a consequente perda de biodiversidade. [39]A destruição das árvores, por sua vez, vem a causar danos ambientais, pois estas deixam de absorver o dióxido de carbono.[40]
> Outro problema grave resultante do consumo de carne, são os excrementos que o elevado número de animais produz, o que não acontece na produção de alimentos de origem vegetal. Os animais criados para comer produzem 130 vezes mais excrementos do que toda a população dos Estados Unidos, e ainda os gases emanados por tais

35 Goveg, [Wasted Resources: Rainforest. Disponível em: http://www.goveg.com/environment-wastedResources-rainforest.asp]

36 WORLDWATCH Institute. **Fire Up the Grill for a Mouthwatering Red, White, and Green July 4th**. July 2, 2003.

37 ROBBINS, John. **The Food Revolution**. Conari Press, 2001, p. 292.

38 SINGER, Peter; MASON, Jim. **Como Comemos**: Porque as nossas escolhas alimentares fazem a diferença. Dom Quixote, 2008, pp. 275-276. ISBN 978-972-20-3633-7

39 Ibid.

40 GORE, Al. Uma Verdade Inconveniente. **Esfera do Caos**, 2006. p. 317. ISBN 989-8025-15-8

excrementos provocam consequências danosas ao meio-ambiente, agravando o efeito estufa[41]. [42]

Sobre a vida marinha a situação não é menos dramática. Os mares estão contaminados e os efeitos são os piores possíveis, isso sem mencionar outro risco : os peixes e crustáceos criados em cativeiros , as fazendas de camarão e suas respectivas fabricações de novas doenças e contaminações pela artificialidade do próprio método de cultivo e produção.

"Quanto ao peixe, segundo um estudo publicado na revista *Science*, se a situação se mantiver assim, no ano 2048 não haverá mais peixe no mar[43]-[44]."

As dietas que suprimem os animais são as seguintes: a ovolactovegetariana (inclui alimentos de procedência vegetal, ovos, leite e derivados destes, excluindo qualquer carne da alimentação); a lactovegetariana (a mesma que a anterior, mas excluindo também os ovos); a ovegetariana (nesta permanecem os legumes, verduras, frutas e grãos e se excluem leite e derivados); a vegetariana estrita (ou vegetarianismo verdadeiro, que exclui da dieta todos os produtos de origem animal, incluindo o mel. A crudívora (composta de apenas alimentos crus); a frugívora (composta apenas de frutas) e o vegana, que inclui o voto vegano e a manifestação expressa combinada com um estilo de vida próprio onde se exerce ativismo contra todo e qualquer uso mercadológico de animais como produtos, bens, entretenimento ou medicamentos para o consumo do homem ou de outros seres viventes.

Os veganos visam papel didático-pedagógico participando de campanhas, conferências, passeatas, sempre se opondo a uma utilização dos animais sem respeito ao valor intrínseco. Em termos numéricos Henry Salt alerta que é muito relevante se esclarecer como funciona a indústria da carne, da pesca, dos laticínios e dos ovos de granja, pois a utilização de animais para alimentação ainda é a maior expressão do uso de animais. [45]

---

41 Goveg, **Meat and the Environment**: Pollution. Disponível em: http://www.goveg.com/environment-pollution.asp. Acesso em:

42 GUEDES, Maria Helena. **Os Vegetarianos!** Vitória: Front Cover, 2016.

43 WORM, Boris et al. Impacts of Biodiversity Loss on Ocean Ecosystem Services. **Science**, v. 314, Nov. 3, 2006; pp. 787-780. Disponível em: https://www3.epa.gov/region1/npdes/schillerstation/pdfs/AR-024.pdf. Acesso em: 28 Jul. 2019.

44 GUEDES, op. cit., 2016.

45 SALT, Henry Stephens. **Animals' rights considered in relation to social progress**. Londres: G. Bell and Sons, 1922. p. 54. Disponível em: http://archive.org/details/cu31924030305332. Acesso em: 25 Jul. 2019.

A proliferação de dietas hiperproteicas deve-se ao ritmo de vida e ao reduzimento do tempo nos grandes centros urbanos e também ao crescimento das variadas das cadeias de comida *fast food*, estas com opções calcadas em produtos animais, acrescidos de realçadores de sabor e outras químicas viciantes.

A alimentação infantil ainda recebe além de corantes, formas lúdicas e desenhos de animais felizes antes de serem comidos. Mas a realidade do animal destinado à alimentação é outra: os animais para o abate passam a vida toda confinados, muitos sem terem conhecido a luz do sol. Muitos são alimentados à base de hormônios para o processo de engorda, com toxidade elevada, que causa diversas comorbidades, que inclusive podem ser transferidas à carne, mas nada disso é mapeado, porque a mola propulsora do mercado é sempre a mesma: o lucro.

O mercado se compraz da ignorância e preguiça dos consumidores, que acabam por quererem serem enganados por aqueles produtos nas prateleiras dos supermercados, crendo que são confeccionados com regras severas de salubridade e vigilância sanitária.

Para Peter Singer o ato de parar de comer carne é necessário não apenas por motivo de compaixão pelos animais, mas sobretudo porque o uso em escala industrial de animais para consumo não foi capaz de resolver o problema da fome no planeta.[46]

E ainda há a o desmatamento de áreas imensas para o pasto como alerta Peter Singer:

> [...] é a destruição das florestas a maior de todas as loucuras cometidas em nome da demanda por carne. Historicamente, o desejo de apascentar animais tem sido o motivo principal da devastação das matas. Hoje em dia, ainda é assim. Na Costa rica, na Colômbia, e no Brasil, assim como na Malásia, na Tailândia e na Indonésia, as florestas tropicais são derrubadas para prover áreas de pastagem para o gado. Mas a carne produzida não beneficia os pobres desses países. Ao contrário, ela é vendida para os abastados das grandes cidades ou é exportada.[47]

Embora as doutrinas de Singer e Regan se diferenciem conforme já exposto, o primeiro postulando pelo bem-estar dos animais e o se-

46 SINGER, Peter. **Libertação Animal**. São Paulo: Lugano, 2004. p. 248.

47 Ibid.

gundo pela abolição do uso de animais pelos humanos, no eu se refere ao consumo do animal como alimento, os dois mais populares animalistas se afinam.

> Direitos animais é uma ideia simples, no nível mais básico, significa apenas que os animais têm o direito de serem tratados com respeito. E é uma ideia profunda porque suas implicações têm amplas consequências. Quão amplas? Eis alguns exemplos de como o mundo vai ter de mudar, uma vez que aprendamos a tratar os animis com respeito. Vamos ter de parar de cria-los por causa de sua carne. Vamos ter de parar de matá-los por causa de sua pele. Vamos ter de parar de treiná-los para que nos divirtam. Vamos ter de parar de parar de usá-los em pesquisas científicas. Cada exemplo ilustra a mesma lógica moral. Quando se trata de como os humanos exploram os animais, o reconhecimento de seus direitos requer abolição, não reforma. Ser bondoso com os animais não é o suficiente. Independentemente de os explorarmos para a nossa alimentação, abrigo, diversão ou aprendizado, a verdade é dos direitos animais requer jaulas vazias e não jaulas mais espaçosas.[48]

Tom Regan mantém seu discurso contrário ao uso de animais pelo homem, entretanto Peter Singer, mais adiante vai reconhecer a senciência mas postular a ausência de autoconsciência pelos animais no que vão se distanciar bastante. E Gary Francione será o relevante doutrinador que apontará os erros da doutrina utilitarista de Singer em sua popular releitura e difusão dos ensinamentos de Jeremy Bentham.

4.2.1. A contaminação da carne

Voltando aos métodos de maximização do lucro pela indústria da carne, passa-se a relatar o *modus operandi* utilizado quando e porque se torna necessário o descarte de animais destinados ao abate. Devido a longos deslocamentos em veículos de espaço limitado, durante os quais precisam ser mantidos imóveis e privados de água e alimentação, e frequente algumas unidades adoecerem e se tornarem incapazes de se locomover por conta própria. Nesses casos são

48 REGAN, Tom. **Jaulas Vazias.** Disponível em: file:///C:/Users/profl/Downloads/Tom _Regan_Jaulas_Vazias_Encarando_o_desa.pdf. Acesso em: 28 Jul. 2019.

descartados a meio-caminho, ou em currais e leilões para abatedouros clandestinos.[49-50]

Os animais descartados a meio caminho, devido à falta de fiscalização, mesmo já estando em estado de putrefação, têm seus restos destinados ao consumo humano. Nos Estados Unidos há já a legislação impedindo a utilização de animais nestas condições bem como a vedação do aproveitamento de partes de sua carne.

A retirada dos animais paralisados, quando necessária, devido ao peso que estes têm, é feita através de correntes e ganchos, sendo que este procedimento deve ser realizado com a máxima realidade a fim de não prejudicar prazos contratuais.

Como já acima mencionado, existem abatedouros clandestinos onde as regras sanitárias são ignoradas. Nesses abatedouros são mortos aleatoriamente, bois saudáveis, bois doentes e porcos, sendo que resíduos, carcaças e vísceras, não recebendo o devido descarte, podem ser comercializados para uso de alimentação à animais , favorecendo ainda mais as contaminações.

A ausência de higiene no abate coloca a saúde do consumidor desta carne em grave risco. A carne é um convite à proliferação nutritiva de bactérias, fungos. A saúde ode ser gravemente atacada. Comer carne contaminada é um risco perigoso demais. Nos últimos cinco anos, 81 mil pessoas foram internadas pelo Sistema Único de Saúde com doenças relacionadas ao consumo de carne. O gasto para os cofres públicos foi de R$ 32 milhões. Estudos neurológico s explicam:

> [...] existem dois tipos de contaminação. O primeiro caso é aquele em que o animal já está doente e tem a carne consumida pelo ser humano. O risco aumenta se a carne estiver mal passada. Entre as doenças mais comuns, estão a toxoplamose, brucelose, tuberculose e uma das mais perigosas, a cisticercose. – A pessoa que consome uma carne mal passada, que tem cisticerco, forma larval, quando a pessoa engole esta larva ela pode ter dentro do seu abdômen a tênia, parasita que causa dor abdominal, diarreia, anemia. Quando a pessoa é contaminada com os ovos da tênia, ela é contaminada com a larva no cérebro e outros órgãos. Isso pode causar epilep-

49 Legislação Norte-Americana sobre gado incapaz de locomoção. THE PIG SITE. **Judge Rules Recumbet Pigs May Be Processed**. 2009. Disponível em: http://www.thepigsite.com/swine-news/20475/judge-rules-recumbent-pigs-may-be--processed. Acesso em: 30 Jul. 2019.

50 THE HUMAINE SOCIETY OF UNITED STATES. **Factory farming Campaign**. [2019?]. Disponível em: http://www.hsus.org/farm. Acesso em: 30 Jul. 2019.

sia, distúrbios de cognição, meningite, inclusive o óbito – afirma o neurologista.[51]

Sangue, restos ou vísceras de animais abatidos, ou mesmo mortos por causas naturais, transformam-se em vetores de transmissões de doenças. A larga escala de produção da carne, uma vez que falhe a fiscalização sanitária rigorosa, pode causar consequências desastrosas.

Assim, toda a produção da carne desde o princípio está amplamente sujeita à contaminação por bactérias, em especial patogênicas ao longo de toda a cadeia de produção, ou seja, desde o criadouro até o prato.

> Em 2004, depois de o primeiro caso da doença da vaca louca ser divulgado nos Estados Unidos, o USDA proibiu a prática de usar parte do gado caído para consumo humano. E em março de 2009, o presidente Barack Obama anunciou que o USDA passaria a proibir o uso de qualquer gado incapaz de se locomover no suprimento alimentar da nação.[52]

Quando se fala em contaminação tais dados se estendem à todas as modalidades de carne, e não apenas à bovina. O frango, os ovos de granja e as galinhas poedeiras também estão sujeitos à possível contaminação, uma vez que, por motivos comerciais, sejam privados das condições corretas de criação, assim como do correto descarte que são produzidos, também fontes de patologias.[53]

> Inerente às ideologias violentas, é o acordo tácito entre produtor e consumidor de não ver nada de mau, não ouvir nada de mau, não falar nada de mau. Claro, a indústria agropecuária faz de tudo para proteger seus segredos. Mas tornamos o trabalho fácil para eles. Dizem-nos para não olhar e viramos a cara. [....], a maior parte de nós não quer saber como são realmente as coisas.

---

51 Depoimento disponível em: BOSCO, João Henrique. **Especialistas alertam para os riscos do consumo de carne contaminada e do descarte irregular de resíduos de abate**. 2013. Disponível em:https://canalrural.uol.com.br/noticias/especialistas-alertam-para-riscos-consumo-carne-contaminada-descarte-irregular-residuos-abate-30673/. Acesso em: 15 Jun. 2019.

52 JOY, Melanie. **Porque amamos cachorros, comemos porcos e vestimos vacas** – uma introdução ao carnismo. O sistema de Crenças que nos faz comer alguns animais e outros não. São Paulo: Curltrix, 2010, pp. 36, 67.

53 RODRIGUES, Alex. Empresa Brasil de Comunicação. **BRF recolhe carne de frango por risco de contaminação por salmonela**. 2019. Disponível em: http://agenciabrasil.ebc.com.br/ economia/noticia/2019-02/brf-recolhe-carne-de-frango-por-risco-de-contaminacao-por-salmonella. Acesso em: 1 Ago. 2019.

Desta forma, os métodos utilizados na indústria da carne, desde a criação ao abate merecem especial atenção e merecem ser mais divulgados. Paul McCartney gravou documentário alarmante com um apelo a todos para que tomem conhecimento, "não virem a cara para a realidade que assola os animais em livestock".[54]

Inúmeros são os documentários disponíveis onde se mostra a realidade clandestina de um abatedouro, um deles, Earthling (Terráqueos)[55] que após mostrar o que se passa com os animais, corta para um limpo supermercado com as prateleiras ascéticas contendo bandejas de carne vermelha, já cortada e embalada e completamente distanciada de sua origem animal. Ali o que se mostra é o produto final, momento em que o narrador, o ator, Joaquim Phoenix alerta: "se você compra, você é cúmplice".

O poder do mercado não será jamais alterado, o lucro será sempre perseguido e o comércio dará as regras. O que é possível de mudar é o consumidor, que merece ter a consciência da origem e métodos de industrialização, dos produtos que adquire, assim como de seus atos, caprichos e desejos que permanecem após dele ter tomado consciência, tê-los mensurado e revisto, quantas vezes forem necessárias para que tenha a certeza de que está imbuído do movimento de permanecer inerte diante das perversas regras do que a autora Melanie Joy denomina 'carnismo'.

Dedicou-se aqui muito a falar do gado[56], mas apenas como o exemplo numérico mais representativo, e sem se excluir todas as outras carnes brancas ou vermelhas consumidas pelo homem, incluindo, aves, suínos, caprinos, carne de caça, peixes e frutos do mar.[57]

---

54 Paul McCartney. 'Se os abatedouros tivessem paredes de vidro' (legendado). PEOPLE FOR THE ETHICAL TREATMENT OF ANIMALS (PETA). Official "Glass Walls" Video by Paul McCartney. 2013. Disponível em: https://www.youtube.com/watch?v=ql8xkSYvwJs&feature=youtu.be. Acesso em: 14 Jul. 2019.

55 Os próprios detentores dos direitos autorais liberaram o filme completo na internet, como forma de ativismo. Documentário completo disponível em: http://www.terraqueos.org/

56 Alguma vez você já pensou na trajetória de um bife antes de chegar ao seu prato? Nós pesquisamos isso para você e contamos neste documentário aquilo que não é divulgado. Saiba os impactos que esse ato – de comer carne representa para a sua saúde, para os animais e para o planeta. Com depoimentos dos jornalistas Washington Novaes e Dagomir Marquezi, entre outros. JACOB, Nina Rosa. **A carne é fraca**. Documentário Instituto Nina Rosa. 2013. Disponível em: https://youtu.be/euvdedl-qso. Acesso em: 1 Ago. 2019.

57 HUMAN E SOCIET. **Pesca comercial**. Disponível em: http://www.hsus.org/ farm/resources/animals/. Acesso em: 1 Ago. 2019.

4.3. Transporte de animais vivos: prática comercial de violência animal

O Brasil é um grande exportador de animais. Bois, ovelhas e outros animais são comercializados para envio para o exterior, sendo que os bois são exportados "de pé", o que para os empresários do agronegócio, que por si só enfrenta várias tributações, sem dúvida é muito mais rentável.

Vale ressaltar que tal exportação de "bois de pé" em geral se destina ao abate religioso em países como a Turquia e Israel. Tais países que usam de ritos específicos de abate religioso, por tal motivo comercializam a compra dos animais, e não apenas de sua carne, necessitando que, os animais para tanto estejam vivos, mesmo que moribundos ou debilitados. Israel pratica o abate kosher e a Turquia por sua vez pratica o abate halal.

Há 17 anos não havia um embarque tão vultoso quanto o que foi feito pela Minerva Foods, por exemplo, uma das grandes empresas exportadora de gado vivo do país, que recentemente comercializou e conseguiu embarcar 27 bois para a Turquia no Porto de Santos. A viagem até o destino dura 16 dias, e a previsão de embarque inicial era de 100 mil animais. [58]

O intenso sofrimento dos animais se inicia bem antes do embarque, nas fazendas de origem, distribuídas em todo o país, onde passam semanas sendo transportados até a chegada no porto. E ao lá chegar também aguardam semanas, uma vez que não é possível operacionalizar o embarque imediato de centenas, e às vezes até milhares de animais.

O peso dos animais impede que o navio possa inclinar, o que seria arriscado (o navio poderia virar) para descarte das urinas e fezes dos animais e portanto todo o excremento é acumulado e não é descartado no mar durante a viagem.

Ativistas do mundo todo, e organizações com fins de defesa dos animais protestam pelo transporte de gado em pé, e curiosamente recentemente mesmo um rabino se manifestou contrário à tal prática.

Há farto material disponível online em forma de documentários e vídeos mostrando a violenta, cruel e impiedosa prática. [59] Em Portugal o

---

58 CANAL DO BOY. **Gado Turquia Santos**. Reportagem. 2017. Disponível em: https://www.youtube.com/watch?v=wh52GYYgsz4. Acesso em: 3 Ago. 2019.

59 CENAS FORTES. Em parceria com a ONG Animals Australia, o Fórum Animal tem atuado contra a exportação de animais vivos. Em 08/04/2018, foi divulgada uma investigação realizada em navios de exportação da Austrália, denunciando a ex-

tema já tomou uma proporção muito intensa pela atuação das entidades de proteção animal locais.[60]

4.3.1. Violação das normas brasileiras de bem-estar animal em transporte de animais

No Brasil vigora o conceito de "abate humanitário" na instrução normativa n° 12 de 11 de maio de 2017, expedida pelo Ministério da Agricultura, Pecuária e Abastecimento do Governo Federal.

A instrução, portanto, normatiza no seu artigo 2°, inciso I:

> Para efeito dessa instrução normativa, entende-se por:
> I – Procedimento de abate humanitário: o conjunto de diretrizes técnicas e científicas que garantem o bem-estar dos animais desde o embarque na propriedade de origem até a sua morte [...].

Da manifesta ilegalidade e inconstitucionalidade do transporte e exportação de carga viva em pé: O artigo 225, VII da Constituição Federal é claro ao normatizar que "são vedadas todas as práticas que submetam os animais à crueldade".

A Lei de Crimes Ambientais, Lei nº 9605/98 tipifica em seu artigo 32 o crime de maus-tratos às práticas que envolvam crueldade aos animais.

O Crime de maus-tratos no transporte de "bois de pé" é agravado pelo concurso material de crimes. Na forma do artigo 69 do Código Penal, ocorre o concurso material de crimes: "quando o agente, mediante mais de uma ação ou omissão pratica dois ou mais crimes, idênticos ou não, aplica-se cumulativamente as penas privativas de liberdade em

---

trema crueldade a qual os animais são submetidos nesse transporte, até o Oriente Médio. FÓRUM ANIMAL. **Cenas fortes! Investigação sobre Exportação de Animais Vivos**. Disponível em: https://www.youtube.com/watch?v=UOeJH7-mkTg. Acesso em: 2 Ago. 2019.

---

60 Reportagem portuguesa sobre transporte de animais vivos Plataforma PATAV; Publicado em 19 de novembro de 2017. A PATAV trabalhou junto da RTP para levar este tema à publico. Ficou bem patente que se trata de um negócio com interesses muito particulares, que várias organizações para os direitos dos animais o reprovam e que as entidades reguladoras não poderiam ignorar. PLATAFORMA PATAV. **Sexta às 9 – Reportagem sobre transporte de animais vivos**. 2017. Disponível em: https://www.yo/utube.com/watch?v=KTo0An86eLc. Acesso em: 2 Ago. 2019.

que haja incorrido" Assim os responsáveis pela exportação dos bois em pé incorrem em concurso material de crimes de maus-tratos.

Inclusão dos delitos acima nas hipóteses previstas na "lei de Ficha Limpa", tornando inelegíveis prefeitos e autoridades envolvidas.

Vários laudos veterinários atestaram o lastimável estado dos animais, mergulhados em seus próprios excrementos. Nenhum registro oficial foi capaz de atestar um estado de saúde favorável aos animais, pois contra fatos não há argumentos.

A consequência para um laudo omisso, falso ou enganoso encontra-se no artigo 69A da Lei nº 9605/98, transcrito *in verbis*:

> Art. 69-A. Elaborar ou apresentar, no licenciamento, concessão florestal ou qualquer outro procedimento administrativo, estudo, laudo ou relatório ambiental total ou parcialmente falso ou enganoso, inclusive por omissão: (Incluído pela Lei nº 11.284, de 2006)
> Pena – reclusão, de 3 (três) a 6 (seis) anos, e multa. (Incluído pela Lei nº 11.284, de 2006)
> § 2º A pena é aumentada de 1/3 (um terço) a 2/3 (dois terços), se há dano significativo ao meio ambiente, em decorrência do uso da informação falsa, incompleta ou enganosa. (Incluído pela Lei nº 11.284, de 2006)

Assim, a apresentação de laudo permissivo que ateste bem-estar animal será delituoso, sujeito seus autores às penas cominadas acima. Todo o exposto nesses 7 itens tem como objetivo cobrir a circunstância paradigmática que pegou o Poder Judiciário de surpresa e confundiu as interpretações, deixando o Brasil numa condição delicada. Se por um lado o gado exportado oferece rentabilidade ao país, por outo a imagem de sua incoerência no mercado exterior às suas própria legislação gerará sempre a insegurança dos investidores internacionais em território brasileiro.

Os crimes ambientais estão também previstos na Lei da Ficha Limpa, em seu artigo 2°, letra e, 3, da lei complementar nº 135 de 2010, acarretando a inelegibilidade por 8 anos daqueles que por eles forem condenados.

O transporte internacional de gado vivo para o Oriente Médio causou polêmica e obteve destaque nos noticiários. O tema não é exclusivo de defesa animal, assim como os riscos da contaminação da carne que atinge a todos que dela se alimentam, o transporte de gado em pé em navios por longos dias ao mar, também alcança a comunidade desde o produtor pecuarista até o destinatário em outro país, passando pelos ecologistas e exportadores.

Denúncias de entidades de defesa animal obtiveram uma medida drástica, que envolvia a devolução do gado já embarcado às fazendas de origem. Isso se deu no Ecoporto da cidade de Santos, no estado de São Paulo. O navio em questão era do Panamá, 25 mil bois nele estavam já embarcados e o destino era a Turquia.

A viagem foi cancelada e o navio retido pela marinha do Brasil, a partir de decisão judicial em caráter de liminar obtida na Justiça Federal.[61]

A decisão judicial impedia a lotação do navio e determinava a suspensão das exportações navais de bovinos vivos em todo o território brasileiro, reconhecendo o que a projeção do fato causaria ao Brasil e seus valores constitucionais.[62]

---

61 Nos autos nº: 5001511-93.2018.4.03.0000/Órgão Especial. Agravante: Fórum Nacional de Proteção e Defesa Animal. Agravada: União. "Em seu agravo interno, requer o recorrente a revalidação da liminar anteriormente concedida, para que seja proibida a exportação de carga viva de todos os portos do território nacional, alegando, em síntese, que restaram demonstrados: a) os maus tratos sofridos pelos animais; b) a violação a diversos dispositivos de lei; c) a pequena parcela do PIB do agronegócio representada pela exportação de gado vivo; d) a responsabilidade do país pela integridade dos animais nos países destinatários; e) o potencial risco de contaminação decorrente da exportação de animais vivos; f) a ausência de danos à saúde pública e à economia pública, face à proibição; e g) a soberania do Brasil sobre seus animais e o modo de tratá-los. Intimado, o MPF manifestou-se pela intimação da União para apresentar contrarrazões (ID 1842348), o que ocorreu no ID 1856248". BRASIL. Ministério Público Federal. **Agravo Interno em Suspensão de Segurança (Liminar).** Autos nº. 5001511-93.2018.4.03.0000. Órgão Especial. Procuradoria Regional da República da 3ª Região. 2018. Disponível em: http://www.mpf.mp.br/regiao3/sala-de-imprensa/docs/2018/parecer-exportacao-de--animais-vivos.pdf. Acesso em: 2 Ago. 2019.

62 "A CF/1988 repele a práticas que configurem crueldade animal (art. 225, § 1º-VII), de sorte que a liminar em comento andou muito bem ao estabelecer o liame claro entre crueldade animal e a forma de abate que, por valores religiosos, é seguida na Turquia. Ora, mas como pode, o mesmo Brasil que veda, inelutavelmente, como se vê no precitado cânone constitucional, práticas que submetam animais à crueldade, permitir que milhares de bovinos sejam impensados em um navio para, após duas semanas de viagem marítima, em péssimas condições de alimentação, acondicionamento, higiene e sanitárias, serem enfim abatidos de modo que se choca, absolutamente, frontalmente, com aquele que é autorizado pelo ordenamento constitucional brasileiro? Esse mandamento constitucional não impõe que o Brasil adote práticas dignas apenas em território brasileiro, mas as projeta, no estrangeiro, quando os seus nacionais tenham alguma relação com esses animais e com as práticas que venham a ser submetidos. Esse vale tudo defendido pela representação judicial da União, desde que o desenlace se dê em solo alienígena, claramente, não se harmoniza com o nosso texto constitucional. Não reconhecer isso é negar, de maneira muito evidente, o que giza a Lei Fundamental, e o que a liminar cassada fez foi exata e tão somente restaurar a ordem constitucional desres-

Sérgio Monteiro Medeiros, Procurador Regional da República deu relevante parecer detalhado onde com fotos e dados expressivos de fiscalização veterinária e de biólogo, faz o retrato exato das condições exatas em que o navio se encontrava no momento do embarque, impossíveis de serem aceitas como normais pela lei brasileira.[63]

Por inciativa de entidades e ativistas da causa animal e pressões da Secretaria do Meio Ambiente de Santos, e sob a alegação de maus-tratos severos e danos ecológicos irreversíveis, o Porto de Santos interrompeu em início de 2018 temporariamente os embarques de bovinos, por intervenção da empresa estatal, Companhia Docas do Estado de São Paulo (Codesp), sociedade de economia mista, entidade pública privada, que administra o terminal.

Após a Índia, que não comercializa o abate de bovinos, Brasil detém o segundo maior número comercial de rebanho do mundo. Conforme

peitada por essas malsinadas exportações que, muito lamentavelmente, seguem acontecendo." BRASIL. Ministério Público Federal. **Agravo Interno em Suspensão de Segurança (Liminar).** Autos nº. 5001511-93.2018.4.03.0000. Órgão Especial. Procuradoria Regional da República da 3ª Região. 2018. Disponível em: http://www.mpf.mp.br/regiao3/sala-de-imprensa/docs/2018/parecer-exportacao-de-animais-vivos.pdf. Acesso em: 2 Ago. 2019.

63 "Destacamos ainda o relato da inspeção técnica feita no Navio "NADA", pela veterinária, Magna Regina, CRM 7583: 1) o navio era composto por 13 pisos todos ocupados por baias; houve tentativa de limitar a inspeção somente no 8º andar, sendo que nos demais houve a informação de que o processo de limpeza estava com problemas operacionais; 2) nos demais andares do navio as condições de higiene restaram comprovadas como precárias. A camada de dejetos animais formava uma camada lamacenta de odor amoniacal, tornando difícil a respiração. Também havia grande poluição sonora decorrente dos ventiladores; 3) a lavagem do navio é feita a cada 5 dias, mas somente com ele em funcionamento. São feitos jatos de água que conduz a sujeira a um tanque de armazenamento que são posteriormente descartados no mar sem qualquer tratamento; 4) no setor conhecido como graxaria há um equipamento feito para triturar o animal morto para depois ser lançado no mar; 5) nas respostas aos quesitos restou esclarecido que nas baias não há espaço para movimentação, sendo somente possível o animal prostrar-se ao chão em contato com grande quantidade de dejetos. Há elevada poluição sonora, elevada temperatura interna, piso extremamente escorregadio. Também restou constatado restrições hídricas e alimentares, insalubridade extrema dos recintos, limitação de mobilidade, extrema concentração de gases, dentre outros tantos problemas que causam extremo sofrimento aos animais." Parecer da Procuradoria da República, p.22. BRASIL. Ministério Público Federal. **Agravo Interno em Suspensão de Segurança (Liminar).** Autos nº. 5001511-93.2018.4.03.0000. Órgão Especial. Procuradoria Regional da República da 3ª Região. 2018. Disponível em: http://www.mpf.mp.br/regiao3/sala-de-imprensa/docs/2018/parecer-exportacao-de-animais-vivos.pdf. Acesso em: 2 Ago. 2019.

estatísticas do Instituto Brasileiro de Geografia e Estatística – IBGE, publicada em 2016, se alcançou o número recorde de quase 215.200.000 (duzentas e quinze milhões e duzentas mil) cabeças, indicando um acréscimo de 1,3% em relação a 2014, em curva ascendente.

"A pecuária brasileira detém mais de 13 bilhões de dólares anuais, exportando para mais de 160 países, ocupando a terceira posição do ranking internacional desde 2015.[...]".[64] Para que haja a venda de animais para exportação por produtores locais suas fazendas serão auditadas, mas é inegável que um número tão elevado de animais é uma soma difícil de ser transportada viva.

Os novilhos exportados são rastreados individualmente, ganham brinco próprio, chip, que informará sua procedência (fazenda de origem), sua alimentação (o tipo de substâncias ingeridas e por quanto tempo), o peso, idade e a raça (ou cruzamento) de cada um, passando por quarentena.

Os caminhões são inspecionados, pesados e lacrados após a conferência de carregamento, e no navio há acompanhamento de fiscais e veterinários desde o embarque, durante a viagem, até o descarregamento no destino, para assegurar a qualidade da exportação brasileira.

Após suspender o prosseguimento no embarque da lotação de gado no navio ganadeiro panamenho, foi proferida a decisão do juiz da 2ª Vara da Fazenda Pública de Santos, que ordenou o desembarque dos quase 27 mil bois, sob a multa de cinco milhões pelo descumprimento.

O desembarque de um número tão grande de animais precisaria de uma extensão enorme de currais para contenção, até a decisão definitiva, algo que não existe na cidade de Santos. Posteriormente, sob pena de multa diária de um milhão de reais, cedeu o prazo até 06 de fevereiro para que a Minerva Foods S.A. apresentasse plano de desembarcamento, que deveria atentar para planejamento responsável, indo além do desembarque, exigindo identificação de destino e logística de transporte.

E na ação civil pública n° 5000325-94.2017.4.03.6135, processada na 25ª Vara Cível Federal paulista, por decisão liminar, restou proibido o transporte marítimo de gado vivo em todo o território nacional. Preceituou também que a suspensão remanesça até que o país de destino se comprometesse a adotar práticas de abate compatíveis com o preconizado no ordenamento jurídico brasileiro, além de ter que obser-

64 BEEFPOINT. **A verdade sobre a exportação de Gado Vivo, por Alexandre Valente Selistre**. 2018. Disponível em: https://www.beefpoint.com.br/a-verdade-sobre-a-exportacao-de-gado-vivo-por-alexandre-valente-selistre/. Acesso em: 2 Ago. 2019.

var normas concretas e verificáveis para garantir condições de manejo e bem- estar dos animais.

O referido magistrado ordenou, concomitantemente, o desembarque de todos os 27 mil bois carregados, com retorno à origem, estabelecendo que o MAPA deveria organizar plano de saída a expensas do frigorífico Minerva Foods S.A., tido como proprietário dos bovinos

A Desembargadora do Tribunal Regional Federal da 3ª Região, manteve a liminar em 2ª instância, no agravo de instrumento n° 5001499-79.2018.4.03.0000 ratificando o laudo. E, decretou o retorno às fazendas originárias, para que estes bois crescessem e recebessem abates humanizados, segundo a legislação pátria, impedindo de serem reencaminhados à Turquia. Atingiu os princípios básicos de Livre Mercado porque interrompeu o negócio destas fazendas.

Posteriormente, a mesma Desembargadora, em novo agravo, de n° 5001513-63.2018.4.03.0000, voltou atrás e concedeu liminar para permitir que o navio boiadeiro iniciasse a viagem à Turquia, reconhecendo a alegação de risco de dano reverso à integridade e saúde dos bovinos, e impraticável a higienização da embarcação enquanto aportada, por prováveis danos ambientais.

E assim, nos autos do processo n° 5001511-93.2018.4.03.0000, o Presidente do referido Tribunal suspendeu a liminar deferida, que impossibilitava, em todo o território pátrio, a exportação de animais vivos para abate no exterior, por dano à ordem administrativa, gerando quebra de confiança no país, com reflexos como perda de mercado.

4.3.2. O abate halal e o abate kosher

Embora o Supremo Tribunal Federal recentemente tenha autorizado o sacrifício religioso, bem como o Decreto nº 9013, de 29.3.2017, que regulamentou a Lei nº 1.283, de 18 de dezembro de 1950, e a Lei nº 7.889, de 23 de novembro de 1989, que dispõem sobre a inspeção industrial e sanitária de produtos de origem animal, permitiu o abate de animais segundo preceitos religiosos, não permitiram qualquer tipo de crueldade contra animais, pois ambos, se o fizessem, violariam frontalmente diretamente a Constituição.

Assim o abate religioso deve obedecer à vedação de não submeter o animal a desnecessário sofrimento. A chamada "insensibilização", visa que o animal fique inconsciente no abate, para que possa ser abatido, sem dor. Assim sendo, o ato de "insensibilizar" o animal permitiria uma melhor sangria com o animal já inconsciente.

Halal em árabe significa "legal" ou "permitido", sendo um termo usado para descrever várias facetas da vida que são permitidas pelas leis de Allah (Deus), entre elas relacionadas à alimentação. Halal é palavra que se refere aos comportamentos, formas de vestir e de falar, alimentos que são permitidos pela religião, [65] sendo o inverso de haraam. Apenas os alimentos halal são permitidos para o consumo dos muçulmanos, que são os obtidos de acordo com os preceitos e as normas ditadas pelo Alcorão Sagrado e pela Jurisprudência Islâmica.

Todos alimentos são considerados halal desde que não sejam carne de porco e derivados, álcool, animais abatidos de forma imprópria, que contenham sangue ou que não desrespeitem as leis do alcorão e que não sejam em nome Alá (Deus, em árabe).[66]

Animais como os bovinos, caprinos, ovinos, frangos podem ser considerados halal desde que sejam abatidos segundo os rituais islâmicos (Zabihah). 1- O animal deve ser abatido por um muçulmano que tenha atingido a puberdade. Ele deve pronunciar o nome de Alá ou recitar uma oração que contenha o nome de Alá durante o abate, com a face do animal voltada para Meca; 2- O animal não deve estar com sede no momento do abate; 3- A faca deve estar bem afiada e ela não deve ser afiada na frente do animal. O corte deve ser no pescoço em um movimento de meia-lua. 4- Deve-se cortar os três principais vasos (jugular, traqueia e esôfago) do pescoço; 5- O sangue deve ser totalmente retirado da carcaça.

Quanto a esse método de abate, afirma o XXI Congresso Brasileiro de Zootecnia[67]:

> Os bovinos abatidos pelo método Halal apresentaram níveis mais elevados de ácido láctico e cortisol sanguíneo, quando comparados com os abatidos pelo método convencional. O ácido lático é produto da glicólise anaeróbica celular. Nível elevado de ácido láctico no sangue está associado ao aumento de metabolismo provocado pelo estresse, sendo este um indicador utilizado para avaliação do estresse

---

65 WILLIAMS, John Alden. **Islam.** New York: Ed. Forgotten Books, 1962. p. 119.

66 QUALITTAS. **Arábia Saudita apresenta nova interpretação de exigências de abate Halal**. 2018. Disponível em: https://www.qualittas.com.br/blog/index.php/arabia-saudita-apresenta-nova-interpretacao-de-exigencias-de-abate-halal/. Acesso em: 3 Ago. 2019.

67 UNIVERSIDADE ESTADUAL DE LONDRINA. **Avaliação do Estresse Decorrente do Abate Halal em Bovinos**. Zootec. 2011. Disponível em: http://www.uel.br/grupo-esquisa/gpac/pages/arquivos/ZOOTEC%202011/ZOOTEC%202011%20Avaliacao%20do%20Estresse%20Decorrente%20do%20Abate%20Halal%20em%20Bovinos.pdf. Acesso em: 3 Ago. 2019.

> dos animais (Bertoloni et al., 2006). Já o cortisol é um hormônio liberado pelo córtex das adrenais em resposta a fatores estressantes. Em situação de estresse é acionado o eixo neuroendócrino hipotálamo-hipófise-adrenais, que resulta na liberação de cortisol

Além disso há estudos clínicos sobre a possível contaminação da carne nesta modalidade de abate, conforme expõe conforme alertou o veterinário francês Alain de Peretti[68]:

> O aspecto sanitário, o aspecto de segurança, de fato, vamos lembrar que no abate halal, o animal está voltado para Meca, sangrados sem atordoamento, uma grande incisão da garganta para as vértebras seccionando todos os órgãos da jugular e carótida, mas também a traqueia e o esôfago. Esta prática traz consequências anatofisiológicas [...].

A palavra K*osher* ou *Kasher* significa "apropriado", "adequado". A diferença na pronúncia está vinculada à região, sendo que no hebraico israelense se pronuncia *kasher* e nos EUA é muito utilizada a pronúncia *kosher*. As leis de *kashrut* tem origem na Bíblia judaica (Torá) e do Talmude (coleção de livros que dá origem ao código de leis judaicas, inclusive sobre o comportamento alimentar).

Segundo consta nestes livros, uma série de alimentos ou misturas dos mesmos não podem ser consumidos pelo povo judeu. Os Rabinos

---

68 1. Uma regurgitação do conteúdo do estômago através do esôfago o qual é anatomicamente ao lado da traquéia 2. O animal continua com uma respiração muito intensa provocada pela agonia que pode durar de 15 minutos a 1 hora. Vamos lembrar que ele inala matéria fecal, rica em germes de todos os tipos. 3. Esta matéria é inalada até os alvéolos pulmonares, que distribuem os germes no sangue muito mais facilmente porque a membrana não é muito fina e a circulação, vamos lembrar, está sempre trabalhando durante este período de agonia e ainda acelerada pelo stress ao nível dos órgãos essenciais. 4. O risco enorme de contaminação na profundidade da carne está presente. 5. Observamos, também, a partir do estresse intenso, dois fenômenos fisiológicos que conjugam a queda de todos os sistemas imunitários. E a concentração de sangue nos órgãos essenciais, você pode dizer que o animal mantém o seu sangue. Este é um processo natural de sobrevivência que traz também uma hemorragia que não é tão boa. Isso se opõe as alegações de pessoas que fazem esta prática. Há, de fato, um aumento da produção de toxinas. 6. Quanto mais demorada a agonia, ela, finalmente, conduz a convulsões violentas acompanhadas de defecação e urina, tudo isso a espirrar em toda a área de abate.". MERLIN, Xavier. **Les risques sanitaires liés à l'abattage Halal - Par Alain de Peretti, Docteur vétérinaire**. 2011. Disponível em: https://fr.novopress.info/104433/les-risques-sanitaires-lies-a-l%E2%80%99abattage-halal-par-alain-de-peretti-docteur-veterinaire/. Acesso em: 3 Ago. 2019.

Legisladores nos definem como se pode utilizar e quais produtos estão de acordo com a norma da Torá.

O alimento a ser consumido pelos seguidores da Torá tem que ser *kosher*. No Brasil surgiram as certificadoras *kosher* como o BDK do Brasil, elas certificação as indústrias alimentícias. Verificam os insumos e suas procedências, fabricação, assim como a eventual influência de outros produtos e linhas de produção dentro da fábrica.

> Quando um animal é morto segundo o ritual judaico, "a jugular é cortada, o animal morre instantaneamente e em seguida todo sangue é retirado", [...]. O Brasil, que no ano passado consolidou sua posição de líder de mercado nas exportações de carne bovina, com vendas de 1,9 milhão de toneladas e receita de 2,5 bilhões de dólares, tem se mostrado bastante eficiente no cumprimento de rituais. E com isso vem, aos poucos, ganhando espaço no Oriente Médio e norte da África, regiões com exigências específicas de abate.[69]

O abatedor – *shochet* – tem que ser treinado e altamente qualificado para este ofício, bem como amplo conhecedor dos hábitos alimentares e das leis judaicas. A faca deve ser extremamente afiada para que a morte do animal seja instantânea e sem sofrimento. O corte é feito na veia jugular do animal e no abate todo o sangue é retirado. "Sangue é vida". E tem que ser totalmente removido.

Os judeus não podem "ingerir a vida". Antes de ser encaminhado para a desossa, o animal tem seu pulmão examinado e as gorduras impróprias retiradas.

Após a retirada do sangue, a carne é lavada e todas as artérias, veias e gorduras são eliminadas. "Na preparação do filé mignon o nervo ciático é removido em respeito a um episódio bíblico no qual Jacob, um dos patriarcas do povo judeu, foi ferido na virilha". Por isso, devido a um motivo.

Recentemente Israel mudou as regras para abate *Kosher*[70], exigindo agora um box rotatório que segundo os rabinos irá minimizar a dor e angústia do animal antes do abate, levando-o à óbito após um rápido estado de inconsciência. Nova norma do Serviço Veterinário e de Saúde Animal do Ministério da Agricultura de Israel, (IVSAH, na sigla em in-

---

69 GLOBO. **Ritual lucrativo**. Revista Globo Rural. Edição 232, Fev. 05. Disponível em: http://revistagloborural.globo.com/EditoraGlobo/componentes/article/edg_article_print/0,3916,905119-1641-3,00.html. Acesso em: 3 Ago. 2019.

70 CARDOSO, Denis. **Israel muda regras de abate "kosher" e mexe com mercado**. Portal DBO. 2019. Disponível em: https://www.portaldbo.com.br/israel-muda-regras-de-abate-kosher-e-mexe-com-mercado-de-carne/. Acesso em: 3 Ago.2019.

glês), exige o uso de um box rotativo de imobilização de bovinos, a implantação de novas normas de bem-estar animal e o cumprimento das Análises de Perigos e Pontos Críticos de Controle (APPCC).

A mudança propõe o fim da violenta prática de "*shackle and hoist*" (acorrentar e pendurar), em que animal é arrastado, pendurado com ganchos e imobilizado. Essa nova norma afetou bastante o Mercosul, onde se encontram grandes fornecedoras de carne à Israel. O Uruguai é hoje o maior exportador da América Latina, com 26,2% do mercado, seguido pela Argentina (22,5%), Paraguai (18,4%) e Brasil (16,41%).

O mercado ainda irá responder a essa nova exigência, e nem todas as empresas estão aderindo, afinal, há um alto custo do equipamento e dos ajustes necessários, entre outros motivos.

Já a Polônia, que hoje no cenário mundial está como o quinto principal fornecedor de carne *kosher* a Israel, pode sair do mercado por medidas políticas que buscam proibir a prática *kosher* em seu território. Na Europa há um "movimento ativista" contra o abate *kosher*. O abate *kosher* foi proibido em Flandres, na Bélgica, em janeiro deste ano. A Noruega, Suécia, Dinamarca e Eslovênia, já têm leis animalistas que impedem a prática e buscam proibir o abate religioso sem acordo prévio.

A violência do abate *kosher* tem problemas estéticos, uma vez que a sangria do animal causa a ele movimentos involuntários durante o choque por anemia. O animal entra no box rotativo e é suavemente imobilizado. Ao girar 180 graus, é colocado em uma posição para ser abatido rapidamente em modo *kosher*. O rabino, posteriormente, corta as artérias carótidas e veias jugulares do animal com uma faca extremamente afiada. Dessa forma, o rabino induz o processo de perda de consciência do animal, que se conclui em aproximadamente 30 segundos. Essa é a prática ideal, mas claro que dependendo do abatedouro outras variantes são aplicadas e o sofrimento animal pode se protrair muito no tempo. Há diversos vídeos online contra essa forma de abate, mas o principal documentário é o de nome Earthlings[71], "Terráqueos" já referendado anteriormente. O texto do filme está transcrito e disponível online também para quem não quiser ou não conseguir assistir as cenas fortes expostas.[72]

71 Terráqueos mostra que mais de 150 bilhões de animais são abatidos todos os anos. Apenas para o nosso prazer. É hora de abrir os olhos. Temos de enfrentar a verdade feia e começar a viver uma vida mais compassiva. VEGANIZE. **Terráqueos (Earthlings)** – legendado Pt Br. 2016. Disponível em: https://www.youtube.com/watch?v=wSMI-KLnUGk, Acesso em: 3 Ago. 2019.

72 Texto do filme Veganize. Disponível em http://www.veganise.me/earthlings_transcript. Acesso em: 3 Ago. 2019.

Em relação ao relatório técnico de inspeção sobre os bois vivos e transportados de pé para o abate na Turquia, apresentado por médica veterinária, naquela ação civil pública, que tramitou na 25ª Vara Cível Federal de São Paulo, foi considerado que eram narrados fatos precedentes ao ingresso a bordo do navio.

Assim como o sacrifício religioso foi permitido pelo Supremo por razões culturais e porque não dizer, também por razões de mercado, o transporte de gado vivo seguiu a mesma linha na interpretação final até momento, no Poder Judiciário brasileiro.

Mais uma vez importa ressaltar a relevância de conscientizar o consumidor para as práticas do mercado que lhe são oferecidas. O Parecer da Procuradoria da República, bem como a acertada decisão de 1º grau, escrevem sobre a importância da lei reconhecer o animal como ser senciente, e como sujeito de direitos. É o que se passará a discutir no próximo e último capítulo deste trabalho.

4.4. O erro utilitarista: ter a vaca de estimação e também comê-la

O utilitarismo[73] é uma teoria filosófica que sustenta que pretende avaliar o certo e o errado a partir das consequências. Assim o moralmente correto ou não em uma determinada circunstância, em particular será aquilo que é determinado pelos efeitos das ações ora praticadas. Assim para ser moral é preciso se escolher entre as ações possíveis, aquela que cause os melhores resultados para o maior número possível de beneficiados. O utilitarismo então é buscar uma apenas ação, que só será moralmente correta, se as suas consequências promoverem o bem-estar coletivo. Se resultado da ação, ao inverso, acabar for negativo para a maior número de beneficiados, a ação passa a ser moralmente condenável. A partir disto, o utilitarismo surge como o reverso do egoísmo, já que as consequências das ações devem estar focadas na felicidade da maioria e não em interesses individuais.

O utilitarismo foi defendido durante os séculos XVIII e XIX pelos filósofos e economistas ingleses **John Stuart Mill** e **Jeremy Bentham**, muito embora o pensamento utilitarista já remonte à Grécia antiga, através de Epicuro. Pelo fato de estar baseado nas consequências, o utilitarismo não leva em consideração os motivos do agente (se é bom ou mau), visto que as ações de um agente que são tidas como negativas podem desencadear consequências positivas e vice-versa. Os atos dos indivíduos são

73 BARRETTO, Vicente de Paulo (Coord.). **Dicionário de Filosofia do Direito**. Rio Grande do Sul: Editora Unisinos e Renovar, 2015. pp. 837-840.

adequados aos fins quando maximizam o prazer e minimizam a dor. Há uma profunda ligação do utilitarismo com o sistema liberal.

Os princípios do pensamento utilitarista são aplicados em diversas áreas da vida em sociedade, como no sistema político, na justiça, na economia, nas leis e etc. Os principais princípios básicos do utilitarismo são: Princípio do bem-estar: o objetivo da ação moral deve ser o bem-estar em todos os níveis (intelectual, físico e moral). Consequencialismo: a moralidade das ações é julgada mediante as consequências por elas geradas. Princípio da agregação: leva em consideração a maioria dos indivíduos, descartando as "minorias". (Este teor "sacrificial" foi questionado pelos opositores ao utilitarismo). Princípio de otimização: a maximização do bem-estar é interpretada como um dever. Imparcialidade e universalismo: não existe distinção entre o sofrimento ou felicidade dos indivíduos, sendo todos iguais perante o utilitarismo.

Existem diversas teorias e linhas de pensamento que criticam os princípios do utilitarismo. O conceito do *"Imperativo Categórico"* desenvolvido pelo filosofo alemão Immanuel Kant, por exemplo, questiona a capacidade do utilitarismo de não estar ligado a uma atitude egoísta, já que todas as ações e consequências geradas estariam sempre ligadas às inclinações pessoais.

Partindo então da ideia do animal de estimação, é preciso que se diga que animais de estimação via de regra são cães e gatos, mas não apenas estes animais podem ser domesticados ou mesmo não apenas estes transformam-se em animais próximos ao ser humano. Na realidade novamente entra a questão local e cultural, pois dependendo da cultura pode-se ter até uma vaca de estimação, ou qualquer outro animal. O erro que Cora Diamond apontou em Singer e Reagan, na verdade dirige-se primariamente à Jeremy Bentham, que é o pai do utilitarismo e da ética prática desenvolvida por Singer. O que resta bem claro ao ler as obras de Peter Singer é que ele bem interpretou Jeremy Bentham tornando-o palatável e aproximando-o de uma linguagem mais adequada ao mundo atual. Bentham era contrário ao rebaixamento dos animais à classe das coisas, e afirmava que a capacidade de sofrer do animal o faz de imediato merecedor de um tratamento moral. Assim, para Bentham a senciência era a única e determinante característica para a obtenção de um tratamento moral.

Inexiste dúvida em reconhecer que a teoria de Bentham causou uma revolução expressiva e o famoso "Não Importa se podem raciocinar, ou falar, eles podem sofrer" de Jeremy Bentham já garantiu aos animais um olhar diferenciado. Entretanto, a condição dos animais não melhorou. Isto se deveu ao fato da consequência seguinte de sua teoria e do que aqui será apontado como erros do utilitarismo.

Gary Francione muito bem expressa esses erros na sua obra "Introdução aos Direitos Animais", onde ele aponta:

Afirma Gary Francione ao criticar o utilitarismo:

> Os utilitaristas de um modo geral não gostam dos direitos porque, um direito ergue uma espécie de muro protetor em torno de um interesse, mesmo se as consequências de ab-rogar esse interesse forem beneficiar os outros.[...] apenas os interesses importam e deveremos abrir uma brecha no muito protetor erguido pelo direito toda vez que as consequências esperadas assim exigirem."[74]

Assim, Jeremy Bentham considerava os animais não detentores de direitos morais, mas apenas seres sencientes e ponto final.

> Bentham geralmente é considerado um utilitarista de ato que acrescentava que, em qualquer situação em particular, a ação moralmente correta é aquela que maximiza o maior prazer para o maior número de afetados pela ação. Bentham rejeitava o conceito de direitos morais inatos, e afirmava que qualquer interesse humano poderia ser ignorado se as consequências de fazer isso pesassem mais que as consequências de proteger o interesse. Isso sugeriria que a escravidão podia ser moralmente permissível em certas circunstâncias, dependendo de se o dano ao escravo tinha menos peso do que o prazer ao seu proprietário. Mas Bentham rejeitava a instituição da escravidão. Humana; ele acreditava que o interesse do escravo em não ser propriedade tinha mais peso do que os benefícios da escravidão para os proprietários de escravos.[75]

A base utilitarista de Bentham o permitia, portanto, acreditar que um animal poderia servir de alimento para beneficiar um grupo grande de pessoas. "E Bentham fazia comparações explícitas entre os escravos e os animais" [76].

O erro do utilitarismo está no seguinte exposto por Gary Francione:

> [...] a resposta está relacionada à visão de Bentham de que os animais como os humanos, tinham interesse em não sofrer, mas, diferentemente dos humanos, não tinham interesse em continuar

---

74 FRANCIONE, Gary L. **Introdução aos Direitos Animais**: seu filho ou cachorro? Tradução Regina Redha. São Paulo: Editora Unicamp, 2013. p. 229.

75 FRANCIONE, Gary L. **Introdução aos Direitos Animais**: seu filho ou cachorro? Tradução Regina Redha. São Paulo: Editora Unicamp, 2013. p. 230

76 Ibid, p. 230.

> vivendo. Essencialmente Bentham argumentava que era possível ter a vaca e comê-la também; era moralmente permissível manter nossa propriedade e nosso uso dos animais como nossos recursos, e mata-los para os nossos propósitos , contanto eu pudéssemos fazer isso de um modo que respeitasse o princípio da igual consideração aplicado aos interesses dos animais em não sofrer. Ele afirmava que nosso uso de animais como propriedade podia ficar coerente com o princípio da igual consideração e que não tínhamos de abolir o status de propriedade dos animais. Segundo Bentham, os animais não se importam se os comemos porque, embora possam sofrer, eles não são autoconscientes.

A teoria de Jeremy Bentham, então, foi um convite bem aceito às teorias do bem-estar animal, que olham para o animal com boa vontade, mas sem atribuir-lhes direitos, ainda ao inteiro dispor dos homens e para beneficiar a maioria. E a segui Peter Singer, enquanto o "o ´proponente moderno de Bentham"[77], afirma que "não é preciso se estender aos animais o direito básico de não ser propriedade para atribuir importância moral aos seus interesses".[78]

Portanto são dois, os erros utilitaristas de Jeremy Bentham, seguidos e perseguidos por Peter Singer e reconhecidos e apontados por Gary Francione:

> Há duas falhas graves na abordagem de Bentham. Primeiro, a asserção factual de que os animais são sencientes, mas não têm autoconsciência ou interesses em continuar vivos, é conceitualmente problemática. Segundo uma vez que Bentham aceitou que os humanos e os animais são qualitativamente dessemelhantes, permitindo que usemos os animais como recursos substituíveis, mas não usemos os humanos como tal, ele tornou impossível tratarmos os interesses dos animais como moralmente significativos. Isto é, não podemos aplicar o princípio da igual consideração se os humanos têm interesse em não sofrer, de jeito nenhum, devido a seu uso como recursos, e os animais não tem esse interesse.

Aos estudiosos da ética animal surge sempre uma indignação no momento de se deparar com essa licença concedida aos humanos por Peter Singer, que em suas várias obras sobre animais, segue bem até determinado ponto, no qual permite os animais serem usados para o

77 Ibid, p. 231.

78 SINGER, Peter. **Animal Liberation**. 2ª ed. New York: Reviews of Books, 1990.

bem da maioria dos homens.[79] "Uma das grandes ironias da ética animal moderna é que Singer é considerado , por muitas pessoas , o pai do movimento pelos direitos dos animais."[80]

Conforme amplamente noticiado pelo sitio O último relatório Oficial da ONU sobre mudanças climáticas fez o alerta que uma mudança radical é necessária para salvar o planeta.[81] A dieta vegetariana ou vegana seria a solução mais efetiva, diz o relatório, indicada para refazer o que já foi degradado. Os humanos afetam mais de 70% das terras livres de gelo diz o relatório de 1.200 páginas. E hoje, 500 milhões de pessoas vivem em áreas que já beiram à desertificação" e essas pessoas vivendo em áreas degradadas são cada vez mais afetadas negativamente pelas mudanças climáticas.

Alimentos e combustíveis baseados em plantas, são fundamentais para a luta contra as mudanças climáticas Essa degradação do solo tem um impacto direto na quantidade de carbono que a terra é capaz de conter. Há relatos recentes de que mais de 820 milhões de pessoas estão subnutridas em todo o mundo, enquanto até 30% dos alimentos são perdidos ou desperdiçados. Incongruência fatal que requer mudança urgente.

No futuro próximo, os países devem considerar todas as opções para lidar com a perda e o desperdício, reduzindo assim a pressão sobre a terra e as emissões resultantes de gases de efeito estufa, incluindo o cultivo de biocombustíveis. Limitar o aquecimento global a 1,5 ou mesmo dois graus (Celsius) envolverá a remoção de dióxido de carbono da atmosfera e a terra tem um papel crítico a desempenhar na remoção de dióxido de carbono. Assim, uma mudança alimentar e mercadológica nas práticas agrícolas poderão constituir a única via de ajuda a acumular carbono nos solos, e com isso reequilibrar o planeta.

É importante a exposição de todos os autores e todos os relatórios da ONU que de algum modo contribuíram para o tema da defesa dos animais, sendo que estes deverão ser também discutidos na esfera jurídica, sobre seu olhar ambientalista e seu status jurídico bem como as possibilidades atuais de litígios judiciais os envolvendo, como será abordado nos próximos capítulos.

---

79 FRANCIONE, Gary. L. **Rain Without Thunder**: The ideology of The Animal Rights Movement. Filadélfia: Temple University Press, 1996. pp. 51-53.

80 Ibid.

81 UNITED NATIONS. World food security increasingly at risk due to 'unprecedented' climate change impact. **New UN Report Warns**. 2019. Disponível em: https://news.un.org/en/story/2019/08/1043921. Acesso em: 11 Ago. 2019.

5

OS ANIMAIS PELO OLHAR AMBIENTAL: ENTRE O FUTURO E O PRENÚNCIO

"A Defesa dos animais é a política do 3º milênio"
(Cláudio Cavalcanti)

O tema direito dos animais, ainda é muito controvertido e aqui está sendo abordado de um ponto de vista normativo inserido na legislação vigente. Buscar-se-á identificar as legislações que tutelam os animais, mesmo sem os reconhecer como sujeitos de direitos. Pelo olhar constitucional, calcada em uma garantia fundamental ao meio ambiente ecologicamente equilibrado, alcançar-se-á a proteção da fauna disposta no art. 225 da Carta Magna, uma vez que todos os animais são tutelados pelo Estado através do ordenamento jurídico vigente.

A evolução do Direito Ambiental alcançando uma Ética de Responsabilidade Ambiental exige que o habitante da Terra se revista das qualidades de um guardião da biosfera e nunca mais de mero consumidor da natureza. Os conceitos ambientalistas demonstram a consciência irreversível do fim das reservas naturais do planeta e a responsabilidade para com as futuras gerações.

Pactos e tratados internacionais, ratificados pelo Brasil abordam o tema do respeito a toda forma de vida, e não apenas a humana, trazendo com isso uma discussão que interliga duas linhas de pesquisa: o acesso à justiça e os novos direitos.

O capítulo, portanto, inicia-se com o neo-constitucionalismo como vetor para a compreensão dos novos direitos e a evolução da consciência global no que tange às regras de preservação planetária (inclusos, naturalmente, os animais). Trata dos conceitos de antropocentrismo alargado e de uma nova visão ambientalista caracterizadora das novas situações jurídicas. A seguir, traz os princípios do Estado do meio-ambiente, demonstra o interesse global em uma política de consciência ambiental valorizadora da vida. E finaliza demonstrando a proteção jurídica dos animais nas legislações constitucionais estaduais e federal.

Tendo sido demonstrado que a proteção dos animais está garantida na Constituição Federal, que o atropocentrismo tem que ser mitigado a fim de viabilizar o fenômeno da equidade intergeracional e que o direito à vida não se aplica apenas ao ser humano, passa-se a rever a legislação infraconstitucional que tipifica criminalmente a crueldade contra animais no art. 32 da Lei 9605/98.

Com a valorização dos direitos metaindividuais, demonstrando ser o direito ao meio ambiente, por essência um deles, merecerá, então, a fauna, a proteção jurídica equivalente aos demais. Para se abraçar o sentido do conflitos coletivos demonstrar-se a atualidade das três ondas renovatórias do Processo Civil para o acesso à justiça dos animais não-humanos. Neste momento buscar-se também as origens das *class actions* norte-americanas autorizadoras de um coletivo estar em juízo. E ainda se evidenciará a relevância do Código de Defesa do Consumidor, como diploma legal efetivo no âmbito coletivo por trazer, inclusive, uma norma tautológica (art. 84 da Lei nº 8078/90) da Lei de Ritos, fortalecendo a tutela específica das obrigações de não-fazer (art. 497 do C.P.C).

Como todo direito difuso não admite fragmentação o direito à vida garantido aos animais também não poderá ser valorado de modo inferior ao direito à vida humana. O que importa é que humanos e não humanos se igualem na aversão à dor, ao sofrimento, à agonia e à morte. Por tudo isso há uma legislação que não pode ser ignorada.

E considerando tudo que foi exposto reafirma que a proteção jurídica dos animais independe da discussão polêmica de ter ou não personalidade jurídica. Os passos que faltam ser dados em direção à proteção animal estão na alteração da lei material para garantir-lhes ao menos por hora o direito básico: o de não ser tratado como uma coisa.

Conclui-se que existe legislação protegendo os animais, entretanto, a sua violação é a praxe e o respeito a exceção. A proposta é tornar coerente o tratamento jurídico dos animais, entre o sagrado e o justo, para que os operadores do direito se entusiasmem na defesa dos animais.

5.1. O neoconstitucionalismo como vetor para compreensão de novos direitos

A ampliação do universo temático do Direito vem sendo objeto de pesquisa em diversas áreas do saber jurídico. Hoje é inevitável que se admita que o fato social, sempre mutante, passa a ter motores turbinados, impedindo as velhas máximas jurídicas de acompanhá-lo. Para que se possa compreender os novos sujeitos sociais, bem como os mecanismos que os legitimam, é preciso traçar um panorama do que a doutrina conceitua como "novos direitos". A tarefa aqui é demonstrar que os *novos direitos* e o *acesso à justiça* caminham de mãos dadas, o que os tornam inseparáveis.

A juridicidade atribuída a novos ramos do conhecimento científico merece destaque e muita cautela. "Trata-se de verdadeira revolução em que fenômenos novos e desafiadores se impõem à ciência jurídica da modernidade, seja na esfera da teoria do Direito (público e privado), seja no âmbito do Direito Processual convencional."[1]

As mudanças de paradigmas, dos valores nacionais suplantados pelos globais, da era industrial para a nova era digital, dos ineditismos de uma ciência que se supera diariamente na conquista de novos modelos de vida, não podem nem devem ser ignorados pelo Direito. Sabe-se que todo Estado Democrático disponibiliza aos seus cidadãos uma ordem jurídica garantidora de seus direitos e cobradora de seus deveres. Ocorre que esta precisa ser devidamente munida dos artifícios capazes de aristotelicamente[2] dar a cada um aquilo que é seu por direito.

Os processos legislativos, longos e repletos de conotações políticas, não são suficientes para fazer a norma jurídica alcançar a rapidez da fantástica evolução que se impõe ao mundo atual. É, portanto, necessá-

1 WOLKMER, Antônio Carlos; LEITE, José Rubens Morato. **Os "novos" direitos no Brasil***:* natureza e perspectivas: uma visão básica das novas conflituosidades jurídicas. São Paulo: Saraiva, 2003. Apresentação.

2 Aristóteles (384-322 a.C.). Juntamente com Platão é o filósofo mais influente da tradição ocidental. Dado o nível das investigações aristotélicas e seu lugar central na história da filosofia, a obra de Aristóteles resiste a qualquer tentativa de descrição resumida. A mente ordenada de Aristóteles mostrava o mesmo interesse instintivo pelo meio-termo que sua filosofia moral glorificava: evitava todos os extremos e em geral era justo com todos os lados das divisões que separavam os filósofos em campos adversários. Defensor do mundo plural e variado tornou-se muito influente nas ciências jurídicas por sua compreensão de justiça, como sendo dar a cada um aquilo e precisamente aquilo a que tem direito. Diversas foram as acepções em torno de seu pensamento, mas vigora sua posição no mundo jurídico como sendo a mais clara definição de Justiça.

rio que o intérprete da lei busque, mais do que nunca, a doutrina como sua fiel auxiliar. Só que se fala aqui de outro tipo de doutrina, não mais monolítica, conservadora, linear e determinante. Surge, assim, uma necessidade de intercomunicação transdisciplinar.

Exige-se um nova ótica para as teorias jurídicas e novos instrumentos adequados para viabilizar a materialização dos *novos direitos*. Torna-se clara a necessidade de Novos Direitos, Material e Processual concebidos por meio de uma releitura dos ditames constitucionais.

Para situar o 'Direito dos Animais', no universo dos novos direitos, é preciso antes passar pelos chamados direitos fundamentais, elencados no art. 5º da Constituição da República, levando-se em conta que o moderno estudo constitucional propõe um reexame de diversos conceitos. O neoconstitucionalismo é, por si só, um fenômeno que merece atenção. A ascensão e queda do jusnaturalismo, bem como a inoperância do positivismo criaram uma via de acesso a diversas discussões sobre as interpretações jurídicas que facilitam a compreensão dos novos direitos e dos meios processuais para sua efetivação.

"O pós-positivismo é a designação provisória e genérica de um ideário difuso, no qual se incluem a definição das relações entre valores, princípios, regras, aspectos da chamada nova hermenêutica, e a teoria dos direitos fundamentais."[3]

Esse novo direito constitucional trabalha com a visão pós-positivista no sentido de superação total do antigo legalismo, através dos valores compartilhados por toda uma comunidade. O intérprete a fim de evitar conflitos entre esses valores comunitários usará dos princípios da razoabilidade, proporcionalidade, e da dignidade da pessoa humana. A Constituição passa a ser um modo de interpretar todos os ramos do Direito. A este fenômeno a doutrina chama de *filtragem constitucional*. (sem grifo no original).[4]

São diversas as definições de direitos humanos e a terminologia utilizada varia entre direitos naturais, direitos inatos, direitos individuais, direitos do homem, do cidadão e do trabalhador, direitos fundamentais, direitos públicos subjetivos, liberdades fundamentais, liberdades públicas. Eusébio Fernandez, entende mais adequada a expressão direitos fundamentais do homem, expressão que indica que todos possuem direitos morais que devem ser garantidos e reconhecidos socialmente, ao

3 Fundamentos teóricos e filosóficos do novo direito constitucional brasileiro (pós-modernidade, teoria crítica e pós-positivismo). BARROSO, Luiz Roberto. **Temas de direito constitucional**. Rio de Janeiro: Renovar, 2003.

4 Ibid,. pp. 43-44.

mesmo tempo em que constituem condições para o desenvolvimento da ideia de dignidade da pessoa humana, que, por sua vez, é um dos vetores do Estado Democrático de Direito. Ao lado dessa dignidade se encontra o conceito de necessidades humanas, que são exigências para uma vida digna.[5] Assim, fica claro que não foi desenhada nesta teoria espaço para direitos que não seja, humanos, não sejam do homem, e inexiste dúvida sobre a impossibilidade de se alocar os animais nessa categoria.

Euzébio Fernandez cita importante trabalho científico de Liborio Hierro, onde este afirmou que ter um direito é ter uma necessidade cuja satisfação há razões suficientes para serem exigidas. Só são direitos, aquelas necessidades (novamente) humanas, que exigem satisfação de forma incondicional, como se tratasse de um fim em si mesmo, e só quando existam possibilidades de satisfazê-las. E a cada direito corresponde um dever, desta forma a liberdade de imprensa, por exemplo, está ligada ao dever de expressar a verdade e informar corretamente. E ainda, os direitos são lógica e axiologicamente anteriores aos deveres, estes criados pelo homem. Como os animais não podem ter deveres a cumprir, por esta lógica não seria a eles possível a atribuição de direitos.

A luta por direitos humanos implica a inevitável questão de sua fundamentação, porque dela depende também sua determinação, isto é, a fixação de quais são e quais não são direitos fundamentais do homem. Há três essenciais fundamentações: jusnaturalista, histórica e ética. O estudo das diversas correntes permite concluir que há que se interligá-las para sua correta fundamentação em favor do que se pretende defender: os próprios direitos fundamentais. Estes não podem ser apenas fruto de fundamentação nos direitos naturais, nem só em fatos históricos e muito menos em unicamente valores morais. Ademais as variantes históricas, éticas se modificam ao sabor dos determinismos geográficos e culturais de cada época. Desta forma os direitos naturais o são apenas dentro de certo contexto, o qual é mutável e flexível aos sabores das modificações dos próprios hábitos de seus titulares.

E ao falar em natureza é preciso frisar que as relações do homem como animal e a natureza têm sido regidas pela dominação. A crueldade dos animais exercida pelo ser humano, encontra raiz na própria Bíblia que confere ao homem o domínio sobre todas as criaturas, tendo Deus criado apenas o homem a sua imagem e semelhança.[6]

---

5 FERNANDEZ, Eusébio. **El problema del fundamento de los derechos humanos**. Madri: Universidad Autonoma de Madrid, 1984.

6 "Disse também Deus: Produza a Terra animais viventes segundo a tua espécie, animais domésticos, e répteis, e animais selváticos, segundo a sua espécie. E, assim se

Assim, ao se falar sobre direitos humanos fica distante o respeito aos animais. Para uma aproximação é preciso buscar o amparo da filosofia ocidental sobre o papel do animal. O antropocentrismo vem acompanhado de alguns poucos pensamentos que demonstram uma consciência a mais.

5.2. O animal e a equidade intergeracional

Poder-se-ia iniciar o estudo com a Grécia e os pré-socráticos, mas focando no tema a ser aqui desenvolvido tem-se o ponto inicial para este momento do estudo a partir de Sócrates.[7]

É com a máxima socrática "Conhece-te a ti mesmo" que se inicia o antropocentrismo. Sócrates é considerado o fundador da ética, ao estudar profundamente o homem ele respondia que a alma é a sede do comportamento racional, da atividade ética e do conhecimento. Valorizava a humildade em reconhecer a própria ignorância que, por sua vez, era considerada indispensável para o iniciar da caminhada rumo à verdade. Costumava o filósofo afirmar e orientar seus interlocutores a repetir: "só sei que nada sei".

O que Sócrates quis mostrar é que as leis morais têm origem na estrutura do indivíduo, mas infelizmente não foi lembrado que os valores éticos devem ser concebidos não para o homem isoladamente, mas em sua universalidade, inclusive no ambiente em que o cerca. O meio ambiente exige uma ética que consiste em respeitar as leis da biodiversidade, a integralidade da matéria e a programação da natureza.

Qualquer perspectiva, que aumente a importância dos seres humanos no cosmos, vendo todo o resto como criações apenas para benefício do próprio homem, é antropocêntrica. Importa agora abandonar a limi-

fez. E fez Deus os animais selváticos, segundo a sua espécie, e os animais domésticos, e todos os répteis da Terra, segundo a sua espécie. E viu Deus que isso era bom, e por fim disse: Façamos o homem a nossa imagem e semelhança, e presida aos peixes do mar, e às aves do céu, e aos animais selváticos, e a toda Terra, e a todos os répteis que se movam sobre a Terra". *Bíblia, Sagrada*. Gênesis, 1, 24-26.

7 Sócrates (469-399 A.C) "Embora Sócrates discordasse dos sofistas, em um ponto concordava com eles: tal como Górgias ou Protágoras entendia que a filosofia deveria ocupar-se particularmente do homem. Ele chegou a essa conclusão depois de ter, por longo período, frequentado e estudado os físicos. Desligou-se deles na medida em que ia se convencendo da menor importância dos problemas da natureza diante do mistério do homem". HRYNIEWICZ, Severo. **Para filosofar hoje**. 5 ed. Rio de Janeiro: Edição do autor, 2002.

tada visão do antropocentrismo para se concretizar uma *rede de teorias* que torne eficaz os instrumentos processuais que já existem, mas continuam desconhecidos dos operadores do direito, que se acostumaram à figura central do homem detentor de direitos, consumidor da natureza e de todos os demais seres que a compõem.

Afirmar que os animais têm direitos, inclusive o próprio direito à vida e à dignidade de tratamento, é muito mais controvertido do que apenas exigir do ser humano um bom comportamento em relação a eles. A noção de direito, pela ótica positivista, implica na capacidade de reivindicar algo a alguém, ou a escolha consciente ou ainda posse da racionalidade e a capacidade de fazer parte de relações recíprocas. Se tais exigências forem consideradas legítimas estar-se-á negando o direito não só aos animais, mas também aos deficientes mentais, às crianças, e a outras minorias. O movimento de proteção dos animais costuma identificar a discriminação moral contra os animais com a discriminação em termos de raça, sexo, religião ou qualquer critério subjetivo preconceituoso por essência.[8]

Ao se estudar os direitos fundamentais do homem à vida e a liberdade, não se pode ignorar o direito à igualdade de condições de vida adequadas, em meio ambiente de qualidade tal, que lhe permita levar uma vida digna, gozar de bem-estar e ser portador solene da obrigação de proteger e melhorar o meio ambiente para as gerações presentes e futuras.[9] Significa afirmar categoricamente que, os recursos naturais da terra, inclusos o ar, a água, o solo, a flora e *a fauna* devem ser preservados em benefício de gerações presentes e futuras.[10]

Nos ensinamentos de José Rubens Morato Leite[11], tem-se no Brasil um conceito de um *antropocentrismo alargado* porque, apesar da fi-

---

8 Em outros termos, seria o próprio conceito de *especismo*, que por analogia com o racismo, ou com o sexismo, consiste em recusar o respeito pela vida, pela dignidade, e pelos direitos ou necessidades dos animais.

9 Declaração sobre o ambiente humano, proclamada em Estocolmo através da Assembleia Geral das Nações Unidas, de 5 a 16 de junho de 1972. Expressou a convicção comum de apreço pelos valores ambientais em vinte e três princípios para preservação do ambiente. (Ver princípio de n. 1)

10 Conceito de equidade intergeracional. O Comitê Consultivo criado pelo Projeto Universitário das Nações Unidas em Leis Internacionais, Patrimônio Comum e Equidade Intergeracional adota um estatuto elaborado na Índia em 15 de fevereiro de 1988. A expressão "equidade" já é muito conhecida no Direito, mas o acréscimo do termo "intergeracional" trouxe uma inovação que merece um estudo mais detalhado.

11 "Além disso, esta tutela do meio ambiente no Brasil está vinculada não a interesses imediatos e, sim, aos citados interesses intergeracionais. Não há como refutar,

gura central ser sempre o homem, há uma larga e extensa preocupação legislativa com o meio-ambiente. Isso torna o Direito brasileiro bastante avançado no que tange aos conceitos de solidariedade e responsabilização ambiental. Porém, mais uma vez, deve-se frisar que leis existem, mas não são observadas nem cumpridas. O aplicador da lei muitas vezes ao se deparar com questões ambientalistas age como diante de uma bela perfumaria, repleta de artigos supérfluos, porém muito agradáveis aos sentidos.

Hoje busca-se trazer para o estudo acadêmico mais uma reflexão palpável e real, atual e veemente, intensa e angustiante. "No direito positivo brasileiro, a proteção jurídica do meio ambiente é do tipo antropocêntrica alargada, pois nesta verifica-se um direito ao meio ambiente equilibrado, como bem de interesse da coletividade e essencial à sadia qualidade de vida".[12]

Realmente o antropocentrismo alargado citado por José Rubens Morato Leite vem respaldado pelo art. 225, *caput* da Constituição da República: "Todos têm direito ao meio ambiente ecologicamente equilibrado, bem de uso comum do povo e essencial à qualidade de vida, impondo-se ao Poder Público e à coletividade o dever de defendê-lo e preservá-lo para as presentes e futuras gerações".

E o legislador constitucional não só definiu no *caput* da norma como discriminou detalhadamente nos parágrafos e incisos o que incumbe ao Poder público para assegurar a efetividade desse direito. Evidencia a preocupação com todo o processo ecológico e com o ecossistema no inciso I do parágrafo 1º, reafirma o dever do Poder Público de evitar todo e qualquer dano ambiental nos incisos IV e V do mesmo parágrafo, manifesta a relevância de uma educação ambiental a ser promovida em todas as camadas sociais no inciso VI e especialmente, o que muito interessa a esta dissertação, no inciso VII protege claramente a *fauna* e a flora, trazendo a ótica da conscientização ecológica a fim de evitar extinção de es-

desta forma, que no sistema jurídico brasileiro, além da proteção à capacidade de aproveitamento do meio ambiente, simultaneamente, visa-se a tutelar o mesmo, para se manter o equilíbrio ecológico e sua capacidade funcional, como, proteção específica autônoma, independente do benefício direto que advenha do homem". LEITE, José Rubens Morato; AYALA, Patrick de Araújo. Novas tendências e possibilidades do direito ambiental no Brasil. In: VOLKMER, Antonio Carlos; _____ (orgs.). **Os "novos" direitos no Brasil**: natureza e perspectivas: uma visão básica das novas conflituosidades jurídicas. São Paulo: Saraiva, 2003. pp. 181-292. p. 213.

12 LEITE, José Rubens Morato; AYALA, Patrick de Araújo. Novas tendências e possibilidades do direito ambiental no Brasil. In: VOLKMER, Antonio Carlos; _____ (orgs.). **Os "novos" direitos no Brasil**: natureza e perspectivas: uma visão básica das novas conflituosidades jurídicas. São Paulo: Saraiva, 2003. pp. 181-292. p. 213.

pécies ou submissão dos animais a crueldade. Dada a relevância do que se busca aqui, vale transcrever fielmente tal inciso: Inciso VII do art. 225, em seu parágrafo 1º. "Proteger a fauna e a flora, vedadas, na forma da lei, as práticas que coloquem em risco sua função ecológica, provoquem a extinção de espécies ou submetam os animais a crueldade".[13]

A preocupação do legislador é evidente, não há como se dizer que o direito brasileiro não é consciente em matéria ambiental, e até mesmo em defesa dos animais. Se há a base constitucional, é essa a alavanca primordial que se precisa para catapultar a proteção para a promoção dos direitos dos animais. Importa ressaltar que não se busca aqui misturar conceitos, mas é preciso se formar bases sólidas para se chegar ao ponto nodal da questão.

Assim sendo, para se alcançar os direitos dos animais, é preciso se fortalecer a consciência e os fundamentos do direito ambiental que é o gênero do qual o primeiro é espécie na ótica constitucional. Claro está que ao trabalhar com o direito do meio-ambiente, não se objetiva aqui exaurir tema tão extenso, até porque este seria por si só objeto de muitos escritos, mas impossível saltar este degrau tão necessário para se subir na escada das razões ecológicas jurisdicionalizadas.[14]

A visão do homem como guardião da biosfera faz ressaltar uma interdependência e solidariedade entre ele e a natureza como um todo. A relação do homem muda sua ótica de mero inconsequente e irresponsável consumidor dos frutos naturais para agente de preservação e recuperação.

Há uma grande e única família chamada *Mãe Natureza,* onde o ser humano é o único ser racional dotado da capacidade de gerenciar todos os valores. E a noção de valores também se modifica a fim de alcançar todos os seres vivos. Ensina Morato Leite que há uma ruptura com a existência de dois universos distantes, o humano e o natural. Passa também ao repudio absoluto qualquer movimento de submissão e dominação.[15]

---

13 Aqui vale a remissão aos seguintes diplomas legais: Código de Caça; Lei nº 5.197 de 3-1-1967; Código de Pesca: Decreto-lei nº 221, de 28-2-1967; Código Florestal; Lei nº 4.771, de 15-9-1965; Lei de crimes Ambientais; Lei nº 9.605, de 12-2-1988

14 A expressão jurisdicionalização da ecologia ou ecologização da justiça é o título de célebre trabalho de José Joaquim Gomes Canotilho, o qual também serviu de base para elaboração deste trabalho. CANOTILHO, José Joaquim Gomes. Juridização da ecologia ou ecologização do direito. **Revista de Direito, urbanismo e meio-ambiente**. Dez. Coimbra, Almedina, nº 4,1995.

15 Enquanto Morato Leite chama de ruptura entre dois universos, Jacques Derrida ao se referir ao homem e o animal usa a expressão "abismo abissal". Por olhares diferentes os dois autores reconhecem a mesma divisão e distanciamento.

Afirma Morato Leite:

> Por outro lado, a perspectiva antropocêntrica alargada propõe não uma visão restritiva de que o homem tutela o meio ambiente única e exclusivamente para proteger a capacidade de aproveitamento deste, considerando precipuamente satisfazer as necessidades individuais dos consumidores em uma definição economicocêntrica.[16]

Constatada está a responsabilidade social pelo meio ambiente que deve ser executada por toda a coletividade. Por isso a Constituição Federal afirma claramente a força deste novo ramo do direito[17]. Fernando Scaff chama a isso de *crise de viés hermenêutico*[18], ou seja, a Constituição não encontrou o *modus operandi* para a efetivação das promessas contidas no seu texto. A norma existe, mas é preciso concretizá-la. Não há mesmo texto de lei imune à filtragem constitucional, Scaff alerta para a inexistência de "textos blindados", ao que aqui se complementa que não pode haver lei que não traga em si uma base de constitucionalidade. Se é

---

16 WOLKMER, Antônio Carlos; LEITE, José Rubens Morato. **Os "novos" direitos no Brasil**: natureza e perspectivas: uma visão básica das novas conflituosidades jurídicas. São Paulo: Saraiva, 2003. Apresentação.

17 Sendim resume: "Existe, por isso, uma solidariedade entre o Homem e a comunidade biótica de que faz parte". SENDIM, José de Souza Cunhal. **Responsabilidade civil por danos ecológicos**: da reparação do dano através da restauração natural. Coimbra: Coimbra editor, 1998. p. 101.

18 Daí o contraponto hermenêutico: o problema da interpretação é fenomenológico, é existencialidade. Gadamer sempre nos ensinou que a compreensão implica uma pré-compreensão que, por sua vez, é pré-figurada por uma tradição determinada em que vive o intérprete e que modela os seus pré-juízos. Desse modo, o intérprete do direito (o jurista *lato sensu*) falará o Direito a partir dos seus pré-juízos, enfim, de sua pré-compreensão. Falará, enfim, de sua situação hermenêutica (o conceito de situação caracteriza-se porque alguém não se encontra frente a ela e portanto não pode ter um saber objetivo dela; se está nela, este alguém se encontra sempre em uma situação cuja iluminação é uma tarefa que não pode ser desenvolvida por inteiro). Essa pré-compreensão é produto da relação intersubjetiva (sujeito--sujeito) que o intérprete tem no mundo. O intérprete não interpreta do alto de uma relação sujeito-objeto. Estará, sim, sempre inserido em uma situação hermenêutica. ... Desse modo, se a hermenêutica é modo de ser e não um procedimento, sendo antes de tudo, filosofia, ela não se limita, nas palavras de Gadamer, a prestar conta dos procedimentos que a ciência aplica. Trata das questões que determinam todo o saber e o fazer humanos, essas questões "máximas" que são decisivas para o ser humano enquanto tal e para a sua escolha do "bem". SCAFF, Fernando Facury. (Org). **Constitucionalizando direitos, quinze anos da Constituição brasileira de 1988.** Rio de Janeiro: Renovar, 2003, pp. 140-141.

a Carta Magna a lei de todas as leis, a lei máxima, claro é que o que nela estiver, deve ser observado infraconstitucionalmente.[19]

Como o operador do Direito, conservador que é em essência, fala do Direito a partir de suas ideias já pré-concebidas, mesmo com bases constitucionais sólidas para defender aqui a preservação dos animais e da natureza, tal atitude pode parecer à primeira vista uma revolução pouco fundamentada. Aqui o que se quer é evidenciar primeiramente a força da norma constitucional, para depois se buscar amparo em outros diplomas legais. Legislação para reforço das ideias aqui defendidas é o que mais se tem, mas é preciso também trabalhar com a hermenêutica e suas crises, com a linguagem e suas armadilhas, com o Direito, suas correntes e sua extrema beleza tão sedutora e perigosa.

Yves Cartuyvels e François Ost, ao falarem na crise, que Scaff trata como específica da hermenêutica ao se interpretar a Constituição, a aplicam a todos o estudo jurídico, questionando profundamente se hoje ainda se pode reger uma sociedade apenas por normas jurídicas que tanto demoram para sua elaboração e promulgação. Questiona ainda a possibilidade de duração das normas a serem criadas uma vez que a ciência cada vez mais potencializa suas turbinas.[20]

Como já fora dito no início deste capítulo, é muito difícil para os operadores do direito buscar de forma segura mecanismos de integração da norma quando a aceleração é tanta. A própria missão de legis-

---

19 "Em Cem Anos de Solidão, Gabriel Garcia Márquez conta que, em Macondo, "o mundo era tão recente que muitas coisas careciam de nome e para mencioná-las precisava-se apontar o dedo". Nossa Constituição também é muito recente. Olhando a imensidão de seu texto, colhe-se a nítida impressão que algumas coisas ainda não têm nome; e os juristas limitam-se – quando a fazem apontá-las com o dedo ... A falta de uma pré-compreensão impede o acontecer do sentido. (...) Há que se construir (novos) caminhos na busca da concretização das promessas da modernidade plasmadas no texto constitucional. Como na Macondo de Gabriel Garcia Márquez, algumas "coisas" de nossa Constituição ainda estão sendo apontadas com o dedo, porque ainda não têm a "nominação constitucionalizante". Velhos pré-juízos continuam a nos causar prejuízos. Entre sístoles e diástoles, os quinze anos de Constituição deixaram muitas lições. Talvez na imbricação entre jurisdição constitucional e participação da sociedade esteja o caminho para o novo, para a superação da crise, que, como se sabe, existe, exatamente quando o novo não nasce e o velho não morre; enfim, quando o velho obnubila o novo!". SCAFF, Fernando Facury. (Org). **Constitucionalizando direitos, quinze anos da Constituição brasileira de 1988**. Rio de Janeiro: Renovar, 2003, pp. 172-173.

20 CARTUYVELS, Yves; OST, François. **Crise du lien social et crise du temps juridique**; le droit est-il encore en mesure d'instituer la société? L'exemple du droit penal. Fondation Roi Baudoin, 1998. p. 119.

lar é questionada por Benoit Janot como sendo algo já ultrapassado.[21] Conhece-se o princípio das relações jurídicas que sustenta todo o ordenamento jurídico brasileiro, mas como atender às necessidades de segurança e rapidez?[22] Ost, citado por Morato Leite[23], comenta a evolução da consciência global para uma transdisciplinaridade[24] com todas as regras planetárias de preservação.

---

21 JADOT, Benôit; OST, François. **Temps et droit: le droit a -t-il pour vocation de durer**? Time and law: Is it the nature of law to last? Saint-Lois: Facultés Universitaires, 1999, p. 253.

22 OST, François; HOECKE, Van Mark (Orgs.). **Temps et Droit. Le Droit a-t-il pour vocation de durer**? Bruxelles: Bruylant, 1998. p. 469.

23 "Passo a passo, o direito faz, assim, a aprendizagem do ponto de vista global. Num século, a evolução é significativa, conduzindo de uma posição estreitamente antropocêntrica a uma maior tomada de consideração da lógica natural em si mesma; evolução que é, também, a ponto de vista concreto e particular (tal flor, *tal animal*) para a exigência abstrata e global (por detrás da flor ou *do animal*, o patrimônio genético). Se nos primeiros tempos da proteção da natureza, o legislador se preocupava exclusivamente com tal espécie ou tal espaço, beneficiado dos favores do público (critério simultaneamente antropocêntrico, local e particular), chegamos hoje à proteção de objetos infinitamente mais abstratos e mais englobantes, como o clima e a biodiversidade". OST, Franaçois. **A natureza a margem da lei**: a ecologia a prova do Direito. Lisboa: Instituto Piaget, 1997. apud LEITE, José Rubens Morato; AYALA, Patrick de Araújo. Novas tendências e possibilidades do direito ambiental no Brasil. In: VOLKMER, Antonio Carlos; _____ (orgs.). **Os "novos" direitos no Brasil**: natureza e perspectivas: uma visão básica das novas conflituosidades jurídicas. São Paulo: Saraiva, 2003. pp. 181-292. p. 214.

24 "Sintetizando o Direito Ambiental e a transdiciplinariedade:
O meio ambiente é um conceito que pressupõe uma interação homem-natureza, mostrando dois elos da mesma corrente. Outrossim, pressupõe uma *visão holística* e não fragmentária. 2. Postula-se um antropocentrismo alargado, impondo-se uma verdadeira comunhão, e solidariedade de interesses, entre o homem e a natureza, como condição imprescindível para assegurar o futuro de ambos. No sistema jurídico brasileiro, prevalece a adoção do antropocentrismo alargado, pois protege-se o meio ambiente no que concerne à sua capacidade de aproveitamento para o uso do homem, mas também no que diz respeito ao bem ambiental, autonomamente, para manter o equilíbrio ecológico e sua capacidade funcional. 3. O "novo" direito ambiental é um direito que está desvinculado dos tradicionais, direito público e privado, pois visa a proteção de um bem pertencente à coletividade como um todo e não ao caráter dicotômico (do direito). O direito ambiental demonstra autonomia pois é alicerçado por princípios de direito ambiental. Além do que, conforme já anotado, pressupõe uma visão transdisciplinar para o seu aprimoramento.". LEITE, José Rubens Morato; AYALA, Patrick de Araújo. Novas tendências e possibilidades do direito ambiental no Brasil. In: VOLKMER, Antonio Carlos; _____ (orgs.). **Os "novos" direitos no Brasil**: natureza e perspectivas: uma visão básica das novas conflituosidades jurídicas. São Paulo: Saraiva, 2003. pp. 181-292. pp. 221-222.

> A extensão do conteúdo da proteção da vida (não apenas humana) como fundamento da constituição de novos direitos, torna-se viável a partir do momento em que reconhecemos que a vida humana que se protege no texto constitucional não é a vida atual, mas, simultaneamente, a potencial, como a própria vida que se protege não pode ser somente a humana, que estaria inserida no conjunto global dos interesses e direitos das futuras gerações.[25]

Muda-se o foco para o ser humano não apenas de hoje, mas de todas as épocas. Busca-se a continuidade de todos os recursos, de todo o planeta e de todo o Universo. A partir da consciência que o homem já adquiriu, não pode mais ele agir de forma alienada. Não se podem aceitar leis fantásticas, resoluções superbem elaboradas e tratados robustos e com grande variedade de signatários sem que o pano de fundo da preservação total esteja sempre presente. O ser humano hoje tem o fardo de garantir aos seus descendentes o mesmo mundo em que viveu e isso é certamente a mais difícil e trabalhosa de todas as funções educacionais, pois implica em restrições de conceitos antes ignorados.

Sugere-se um amadurecimento desconfortável para os mal-educados habitantes do Planeta Terra. E nessa via de acesso à consciência está também a crônica preocupação com a preservação de todos os seres vivos. Desta forma, os animais, hoje, fazem parte de uma biosfera superprotegida juridicamente, seja porque ela deverá estar aqui para todo o sempre, ou seja, porque a Constituição Federal garante aos animais o direito de serem bem tratados.

A reorganização jurídica que traz os conceitos de novos direitos[26], traz também junto, a equidade intergeracional, o bem ambiental, a transdiciplinariedade, a crise hermenêutica constitucional, a biodiversidade e o novo direito ambiental. Cada um destes fenômenos que surgem como cortes epistemológicos no estudo do direito mereceria destaque. Ocorre que aqui tem-se que passar por tais questões de modo a focar no núcleo que se pretende demonstrar que é a possibilidade, já existente, de respeito à vida não-humana, um novo direito, o assim chamado 'direito dos animais'. Tal direito à vida animal já se encontra inserido no

25 LEITE, José Rubens Morato; AYALA, Patryck de Araújo. A transdiciplinariedade do direito ambiental e sua eqüidade intergeracional. **Revista de Direito Ambiental**. São Paulo, v. 6, nº 22, pp. 62-80, abr./jun.2001.

26 aqui inserindo os direitos dos animais que nos importa, mas não ignorando o direito do idoso, dos menores de idade, dos índios, dos homossexuais, dos deficientes mentais ou físicos, e de todas as coletividades que por qualquer motivo foram são ou serão marginalizadas por um sistema que só aceita a perfeição e o sucesso do mais forte.

largo conceito da nova visão ambientalista que engloba a biosfera vendo o direito ao meio ambiente como um *macrodireito*, composto por um *macrobem*, que se denomina bem ambiental.

Neste contexto todo e qualquer animal, embora ainda considerado sujeito de direitos e não sujeito de direitos, já é um bem ambiental protegido constitucionalmente. Isto significa que ele existe não para o consumo do homem, e sim para que o homem com ele possa conviver, em uma biosfera diversificada, hoje, amanhã e sempre.

A partir disso, e com base constitucional é necessário e possível se discutir com seriedade se os animais são ou não são detentores de direitos.

5.2.1. O futuro intergeracional no Brasil e o ensino

A equidade intergeracional disposta na Carta Magna implica não somente no acesso ambiental a tudo que existe na natureza pátria, mas sobretudo a viabilização de que se possa conhecê-la estruturalmente através do ensino. O Direito Ambiental cada vez vem mais difundido em cartilhas e campanhas oficiais governamentais, sejam elas de reflorestamento ou de cuidados particulares com a preservação de parques, florestas, rios, mares e lagoas. A grade curricular oficial de Escolas e Universidades não engloba uma disciplina que cuide propriamente da questão animal, embora haja lei municipal assim determinando no Município do Rio de Janeiro (Lei nº 3.844 de 2004[27]) para fins de estu-

---

27 RIO DE JANEIRO. **LEI Nº 3.844, de 11 de Novembro de 2004.** Autoriza o Poder Executivo a criar o Programa "Bichos de Estimação" nas unidades da Rede Municipal de Ensino Público e dá outras providências.
Autor: Vereador Cláudio Cavalcanti
Art. 1º Fica o Poder Executivo autorizado a criar o Programa Bichos de Estimação nas unidades da Rede Municipal de Ensino Público.
Art. 2º O Programa "Bichos de Estimação" será desenvolvido junto aos alunos do ensino fundamental e terá a finalidade de:
I – incentivar o amor e o respeito aos animais e ao meio ambiente;
II – orientar sobre os cuidados necessários na criação dos animais de estimação;
III – ensinar procedimentos de higiene na convivência com os animais;
IV – estimular as adoções de animais abandonados;
V – ministrar noções de cidadania.
Art. 3º VETADO
Art. 4º VETADO
Art. 5º O Programa Bichos de Estimação incluirá, entre outras atividades, exposições de fotografias, feiras destinadas a doações e adoções de animais, visitas a entidades que cuidam de animais abandonados, painéis e trabalhos dos alunos sobre o tema proposto.

dos fundamentais. Nos Estados Unidos e no Canadá o tema é chamado de *animal studies* e muitos catedráticos já oficializaram o seu magistério. A informação e compreensão da condição dos animais no mundo atual trará a certeza de uma nova geração mais responsável e vigilante. Esta pesquisa evidencia que algumas vezes a temática foi tratada oficialmente nas Universidades do país, mas isso ainda é pouco.

Um projeto idealizado com o apoio da Peta, da Animal Rahat e do governo indiano visa ampliar a conscientização e disseminação dos direitos animais na Índia. Sob o nome de *Compassionate Citizen*, a iniciativa cria uma matéria escolar nas escolas indianas que aborda o amor pelos animais e sua importância para a existência do planeta. Os idealizadores afirmam que um dos principais objetivos do projeto é ensinar os ideais de respeito e empatia às crianças para formar adultos melhores e compassivos. Quatro milhões de estudantes já estão tendo acesso ao conteúdo que abordará maus-tratos e proteção animal no país. Inicialmente 20 mil escolas incluirão o programa que logo se espalhará por toda a Índia. A ideia é que as crianças se tornem multiplicadores de boas práticas, além de agentes de transformação de seus bairros e cidades.[28]

O único meio de educar as gerações futuras é demonstrar de modo oficial o relevo da importância do respeito aos animais através de contextualização programática nos planos de ensino oficiais. A presença de ao menos uma disciplina de ética que abranja a circunstância animal é capaz de minimizar a violência contra animais já tão banalizada, e isso refletiria na redução de todo e qualquer modo de violência. Um bom exemplo foi implantado pela Prefeitura de Porto Alegre, O projeto ESTA ESCOLA É O BICHO[29] vem exercitando ações educativas que sensibilizem

---

Parágrafo único. Os interessados na adoção ou doação de animais deverão assinar um termo de responsabilidade, onde constará a concordância dos mesmos com eventuais fiscalizações da Secretaria Especial de Promoção e Defesa dos Animais.
Art. 6º As despesas decorrentes da execução desta Lei correrão à conta de dotações orçamentárias próprias, ficando o Poder Executivo autorizado a abrir créditos suplementares e especiais.
Art. 7º Esta Lei entra em vigor na data de sua publicação.

---

28 ARAÚJO, Bruna. Índia inclui amor e respeito pelos animais em currículo escolar. 2017. Disponível em: https://www.anda.jor.br/2017/10/india-inclui-amor-e-respeito-pelos-animais-em-curriculo-escolar/. Acesso em: 26 Jun. 2018.

29 Vale ressaltar que tal Projeto é realizado pela SEDA, Secretaria Especial de Direito Animal, secretária que se baseou na extinta SEPDA (Secretaria Especial de Defesa e Promoção dos Animais) do Município do Rio de Janeiro, que foi a pioneira absoluta numa política pública de defesa e promoção dos animais, inclusive tendo realizado convênio com a Secretaria de Educação Municipal a fim de implementar

e conscientizem alunos e comunidade escolar da cidade de Porto Alegre sobre os Direitos, Bem-Estar, Proteção e Guarda Responsável dos animais e incentivam e contribuem para professores e gestores pensarem propostas pedagógicas em suas escolas sobre estes temas. Tal projeto busca com estas ações:

> [...] contribuir e estimular na sociedade valores éticos e humanitários, que possibilitem atitudes de respeito, de compaixão, empáticas, senso de responsabilidade e dever para com todos os seres vivos. São ações do projeto: PALESTRAS, AÇÕES EDUCATIVAS, OFICINAS, FORMAÇÕES, CONSULTORIA PEDAGÓGICA, CRIAÇÃO DE PROPOSTAS PEDAGÓGICAS acerca dos Direitos, Bem-Estar, Proteção e Guarda Responsável dos animais.

A forma como se ensina e se educa as crianças e jovens será determinante e condicionadora de seu futuro comportamento. A permissividade em relação a atos de crueldade envolvendo animais será perniciosa e estimulará mentes violentas e doentias a praticar com todo e qualquer mais fraco atos de tamanha nocividade. O Poder Legislativo em várias esferas brasileiras começou a reproduzir propostas legislativas em que o Poder Executivo fica autorizado a instituir a disciplinas de Respeito e Proteção aos Animais nas escolas da rede pública de ensino do estaduais e municipais, mas infelizmente muitos projetos ficam engavetados e não são implementados.

A ideia a disciplina despertar e promover, desde a infância e a adolescência, a reflexão sobre o respeito aos animais, como primeiramente o direito à vida e a aversão ao sofrimento e também da alta consideração que deve ser franqueada a todos os seres vivos. A metodologia ideal deverá compreender a interdisciplinaridade, de modo que os temas possam ser objeto de outras disciplinas, ampliando a reflexão e a discussão conexas.

Noções de cidadania implicam no conhecimento da Carta Magna, de seus direitos fundamentais e da força protetiva que tem o meio-ambiente com sua fauna e flora no discurso constitucional.

Talvez a criança nem considere a possibilidade do sofrimento animal, se a empatia por outros seres vivos não lhe for desde a infância por seus educadores estimulada. Assim, crianças e adolescentes que sejam educadas pelo ensino curricular permeado de bons valores levá-los-ão

o Programa Bicho Rio nas Escolas Municipais. PORTO ALEGRE. **Essa escola é o Bicho**. Prefeitura Municipal de Porto Alegre. Disponível em: http://www2.portoalegre.rs. gov.br/seda/default.php?p_secao=82. Acesso em: 26 Jun. 2018.

para suas próprias casas, fazendo com que os familiares reflitam sobre suas más ou equivocadas ações herdadas de outras gerações desprovidas de tal enriquecimento educacional.

E não menos relevante é o ensino nas cátedras das Faculdades de Direito, onde já há tempos existem disciplinas de Direito Ambiental, mas que na maioria das vezes se apresenta na modalidade eletiva e atualmente muitas das vezes apenas à distância. Ocorre que a apresentação para estudantes de Direito dá-se de outro modo, imbuindo os mesmos do espírito preservacionista e detalhado, conforme já está descrito no artigo 225 da Constituição Federal. Ainda assim o tema dos Direitos dos Animais merece constar como apelo consciente dentro de uma Ética de Responsabilidade.

Se a educação ainda não se preocupou completamente com a consciência da questão animal, o mesmo não acontece com a questão religiosa. Muito embora haja a laicidade estatal esculpida no texto constitucional, recentemente a mais alta Corte do país se debruçou sob a permanência do *statuo quo* no ensino religioso. Com o reposicionamento do ser humano no planeta, pela necessidade de proteção aos não-humanos, urge que se redefinam códigos morais e sociais de convivência, *locus* também da religião, que sempre ofertou ao homem um lugar de destaque e de conforto na natureza. Assim, a discussão do ensino religiosa não é destacada do ensino geral, muito menos do ensino de novos direitos, como o dos animais. Nesta tese será utilizada a expressão direitos dos animais com ressalvas, uma vez que estará no centro de nossas indagações esta categoria, tema que será abordado mais adiante.

Assim, como nossa Carta Magna fala expressamente no direito ao meio-ambiente equilibrado para as gerações futuras, torna-se clara a ligação do ensino com o modo como o futuro será disponibilizado para as crianças e jovens de hoje.

5.3. O estado ambiental

A expressão título deste capítulo é também o nome de um livro de José Joaquim Gomes Canotilho[30] que propõe uma releitura da ecologia à luz do Direito ou vice-versa. Conforme leciona Canotilho o pressuposto da abertura ambiental do Estado é um imperativo democrático. A proposta é haver uma grande expansão estrutural do Estado capaz de

---

30 CANOTILHO, José Joaquim Gomes. Juridização da ecologia ou ecologização do direito. **Revista de Direito, urbanismo e meio-ambiente**. Dez. Coimbra, Almedina, nº 4,1995, p. 73.

ofertar a cada cidadão o legítimo direito de obter dos poderes públicos informações sobre o meio ambiente, sua fauna e sua flora. Trata-se de um *due process* ambiental, pelo qual os direitos difusos ficam salvaguardados. O Estado do ambiente seria um estado autoritário, utilizador de instrumentos coativos, como leis, regulamentos, preceitos administrativos e até ordens policiais.

Por esta visão, não pode o bem ambiental ser visto como mero bem público, devendo, portanto, ser caracterizado como o bem de interesse comum de todos cuja administração e fruição devem ser compartilhadas com toda a comunidade, inspirado em um perfil de democracia ambiental.[31] Mas o Estado Ambiental é a exigência de mais direitos e deveres coletivos e menos mercantilização.[32]

Pode-se apontar a *Magna Carta*, em 1215, como o marco inaugural do fenômeno de declaração de direitos, que evoluiu com a *Declaração dos Direitos do Homem e do Cidadão*, decretada pela Assembléia Francesa em 1789, e, mais tarde, com a *Declaração Universal dos Direitos do Homem*, aprovada pela Assembléia-Geral das Nações Unidas, em 1948; a *Declaração de Estocolmo sobre o Meio Ambiente*, em 1972; a *Declaração de Haia* sobre a Atmosfera, em 1989, a *Declaração do Rio*, em 1992. O princípio de número 10 (dez) da Declaração do Rio de Janeiro sobre o Meio Ambiente revela a importância do acesso adequado a informações relacionadas ao meio ambiente. Canotilho prega isso ao alertar para a necessidade da população conhecer tudo que ocorre em torno de si.[33]

A declaração de direitos é um processo contínuo, e hoje já se proclamou a *Declaração Universal dos Direitos dos Animais*, na sede da Unesco, em 1978. A constituição brasileira, em seu art. 225, § 1°, VII, transformou a proteção aos animais num preceito constitucional.

O paradoxo existe e é de difícil execução, já que o Estado hoje é forçado a garantir ao mesmo tempo, a produção, a tecnologia de ponta e o equilíbrio ecológico. Não apenas mudanças políticas são necessárias, mas uma reforma no modo de pensar dos cidadãos para que uma demo-

---

31 A democracia, do grego, *demokratia*: governo pelo povo, é estéril a menos que seja compartilhada pelo poder em outras esferas e pela capacidade de legislar e constituir declarações de direitos. Quanto mais o ser humano evolui e aumenta seus conhecimentos, surgem novas declarações de direitos. A passagem dos direitos às Constituições dos países é das maiores conquistas da democracia.

32 PUREZA, José Manuel; FRADE, Catarina. **Direito do ambiente**. Coimbra: Faculdade de Economia de Coimbra, 1998. pp. 8-9.

33 CANOTILHO, José Joaquim Gomes. Juridização da ecologia ou ecologização do direito. **Revista de Direito, urbanismo e meio-ambiente**. Dez. Coimbra, Almedina, nº 4,1995, p. 77.

cracia participativa possa atender às suas metas sociais, visando não só às gerações atuais como às futuras.

Tal alteração não poderá vir de revoluções passageiras, como a Revolução Russa, de 1917, ou as revoluções alemã e austro-húngara, de 1918. O Estado Popular contra o Estado da Força só trouxe ódio e sofrimento. Assistiu-se às Revoluções da fome, mas urge que aconteça a revolução da liberdade.

Essas transformações no Estado Pós-Moderno devem abarcar o mundo das relações sociais, a cultura, a política, a economia, a geopolítica, demandando, sobretudo uma transformação de valores que incorpore: a) a evolução de uma de uma ciência sem ética para uma ciência eticamente responsável; b) a evolução de uma tecnocracia que denomina as pessoas para uma tecnologia que sirva à humanidade e a toda família planetária; c) a evolução de uma indústria que destrói o meio ambiente para uma indústria que promova o bem-estar das pessoas e uma vida harmoniosa do ser humano com o ambiente.

Um estado livre precisa de homens livres, pois as leis não conseguem dominar os fatos. Mas não se pode pensar num homem livre fora do seu meio ambiente. O ser humano, a sociedade e o Estado só podem ser concebidos dentro de um sistema planetário, juntamente com os animais, as plantas e toda vida que compõem a família humana. O homem só poderá libertar-se juntamente com todos os seres.

A garantia dos direitos individuais depende do destino de todos e do meio social e natural. O verdadeiro fundamento do estado pós-moderno precisa reconhecer o homem como um animal bípede intelectualizável, que divide o espaço e o alimento da terra com os outros seres e que, como tal, possui o dever de preservá-los e protegê-los. É preciso superar o individualismo, para que não seja danificada a integridade da criação e do planeta em prol de interesses privados.

Desde 1972, a *Declaração de Estocolmo*, emanada da Assembleia-Geral da ONU, alertou a humanidade para os perigos de esgotamento de recursos naturais. Só se pode cogitar de um regime de governo que leve em conta os direitos das outras espécies tomando decisões e elaborando leis, ou seja, um Estado Ecológico.

O Estado Moderno que privilegia o positivismo e a tecnocracia está ultrapassados. Um Estado Pós-Moderno terá de se voltar para a heterogeneidade, a alteridade, o pluralismo e a descontinuidade. Este novo Estado terá de ser produto das relações sócio-biológicas e de ser capaz de implementar mudanças concretas na estrutura social vigente para atingir um desenvolvimento sustentável. O novo modelo de Estado deve ter como meta a sustentabilidade evolucionária futura da Terra e a mudança dos paradigmas jurídicos que pressuponham a ética da sobrevivência.

Arthur J. Almeida Diniz comenta que "uma das tarefas urgentes do Direito é a de restaurar a saúde ética da humanidade"[34] e que esta busca de princípios éticos deve se realizar "não por idealismo abstrato, mas por simples expediente de sobrevivência não mais de um povo, mas da humanidade."[35] "[...] sem profundo e duradouro compromisso com uma ética planetária, envolvendo todos os povos, todas as raças, todas as religiões, culturas, políticas, línguas, civilizações, governos, baldados serão nossos esforços para a viabilidade da paz."[36]

O conceito de desenvolvimento sustentável para Diniz implica uma sonhada descentralização, isto é, a dependência econômica deverá ser atenuada para que "cada um dos integrantes do que pode ser descrito como *economia do mundo* possa seguir seu próprio perfil, sua tradição cultural, o que fundamenta a economia pelo eixo do conceito de valor." Desenvolvimento sustentável, porque integrado e fruto da vocação de cada economia aquilo que ela possui de específico, de verdadeiramente *regional*.[37] Ainda segundo Diniz, isso demandaria a construção de um novo paradigma – o da justiça nas relações econômicas – com o consequente eliminação do paradigma do lucro,[38] e um pacto mundial para uma nova humanidade que rejeite o paradigma das diferenças[39] e construa uma sociedade onde o Estado possua funções meramente instrumentais a serviço da pessoa humana.

O conceito de desenvolvimento sustentável proposto para relatório *Nosso Futuro Comum*, e oficialmente aceito pela *Assembleia das Nações Unidas* e pela conferência do Rio nasceu da confluência das correntes de pensamento desenvolvimentista, ambientalista e humano.

O relatório conceitua o desenvolvimento sustentável como aquele que atende às necessidades do presente sem comprometer a possibilidade de as gerações futuras atenderem a suas próprias necessidade.

---

34 DINIZ, Arthur J. Almeida. **Novos paradigmas em direito internacional público.** Porto Alegre: Sérgio Antônio Fabris, 1995, p. 79.

35 Ibid, p. 80.

36 Ibid, p. 189.

37 Ibid, pp. 164-165.

38 Ibid, p. 163.

39 Ibid, p. 187.

Na *Rio-92*[40], a maior conferência internacional de todos os tempos (mais de 1000 chefes de Estado ou governo, cerca de 8 mil delegados, 3 mil representantes de organizações não-governamentais e 9 mil repórteres), as nações aceitaram o desafio de realizar, na prática, o desenvolvimento sustentável.

A concepção de desenvolvimento sustentável terá, pois, de estar baseada em sólidos princípios éticos – uma ética da Terra.

---

40 Em 1992, representantes de vários países e Organizações Não-Governamentais se reuniram no Rio de Janeiro, na II Conferência das Nações Unidas sobre Meio Ambiente e Desenvolvimento Humano. Mais conhecido como Eco-92, o evento ambiental foi considerado o mais importante do século XX. Na ocasião, foram estabelecidos diversos acordos, protocolos, convenções e recomendações, sendo que o mais importante deles ficou conhecido com "Agenda21". Dez anos depois, a ONU promoveu, entre 26 de agosto e 4 de setembro, outro evento mundial para discutir o meio ambiente e desenvolvimento sustentável. A Rio + 10 ou Eco2002 ocorreu em Johannesburgo, na África do Sul, e o principal objetivo foi discutir e avaliar os acertos e falhas nas ações relativas ao meio ambiente mundial, nos últimos dez anos. A partir da avaliação, estabeleceram-se metas para os próximos dez anos. Paralelamente ao evento, ocorreu a conferência mundial das organizações não governamentais sobre meio ambiente. A adoção de políticas concretas mundialmente é fundamental para garantir o futuro do planeta. No Relatório **"Nosso Futuro Comum"**, Desenvolvimento Sustentável é definido como aquele que atende às necessidades das gerações atuais sem comprometer a capacidade de as futuras gerações terem suas próprias necessidades atendidas. Ou seja, cada vez mais se tem consciência da necessidade de avaliar os impactos ambientais de quaisquer atividades, além de se procurar formas de preservar os recursos ambientais e maneiras alternativas de desenvolvimento com preservação ambiental e redução da pobreza e da fome. Entre os temas debatidos, estão acesso a energia limpa e renovável, efeito estufa, conservação da biodiversidade, proteção e uso das fontes de água, acesso à água potável, saneamento e controle de substâncias químicas nocivas. Como resultado da Rio + 10, foram acertadas diversas intenções, mas poucas metas. Um considerável avanço foi o comprometimento dos países em reduzir pela metade a população sem acesso a água potável e saneamento básico, até 2015. Um resultado concreto da Cúpula de Johanesburgo foi o início do "Programa Áreas Protegidas da Amazônia" (ARPA), que prevê a criação e implementação de 500 mil km2 de parques e reservas na Amazônia até 2012, triplicando a área de florestas atualmente protegidas. Esse programa é a maior ação de conservação de florestas já feito em toda a história da humanidade. O governo brasileiro se destacou também ao apresentar uma proposta (não aprovada), segundo a qual cada país assumiria como meta produzir 10% de sua energia a partir de energias renováveis, como eólica, solar e hidrelétrica, até 2010. A realização de encontros desse porte ressalta a conscientização dos problemas futuros que o desenvolvimento pode trazer à saúde do planeta, e reafirma o compromisso das nações na busca de alternativas e promoção de ações que garantem o desenvolvimento sustentável das nações que garantam o desenvolvimento sustentável das nações. Disponível em: http://www.riomaisdez.gov.br/

Hans Küng, em seu livro *Projeto de Ética Mundial, uma moral ecumênica em vista da sobrevivência humana*, prega a responsabilidade planetária como forma de sobrevivência. Segundo ele, tem-se de abandonar a ética de sucessos e de mentalidade, como única forma de sobrevivência da espécie e do planeta, isto é: "responsabilidade da sociedade mundial por causa do seu próprio futuro! Responsabilidade para com o meio ambiente, tanto hoje quanto no futuro."[41] Para ele, essa ética exige uma responsabilidade para com o meio ambiente, a pessoa humana deve ser mais humana para construir uma sociedade mais humana e conservar um meio ambiente íntegro. Por isso a ética na pós-modernidade terá de possuir um propósito público de primeira grandeza. Küng completa sua ideia dizendo que não haverá ordem mundial sem uma ética mundial.

A Agenda 21, também conhecida como a *Estratégia da Cúpula da Terra*, é outro documento sobre o desenvolvimento sustentável. O sucesso dessa estratégia depende, em grande parte, da atuação da Administração Pública no controle e fiscalização do uso dos recursos naturais, na reparação dos erros passados e na defesa da cidadania plena. O desenvolvimento sustentável não ocorrerá espontaneamente; depende da intervenção estatal. O sucesso dessa interferência exige que sejam abandonadas a ciência sem ética, a tecnologia onipotente, a indústria que destrói o meio ambiente e a democracia puramente formal.[42] A agenda mínima de ação política com vista à realização prática do desenvolvimento sustentável deve propiciar reformas institucionais que sejam coerentes à realização da sociedade sustentável.

A realização prática do desenvolvimento sustentável dependerá de atos políticos capazes de transformar a realidade atual, detendo o processo da exploração desenfreada dos recursos naturais. O pensamento científico e tecnológico moderno mostrou-se incapaz de fundamentar padrões éticos, valores universais e direitos para outras espécies.

O ato político-administrativo da sociedade sustentável dependerá da liberdade (nela incluída a dignidade de todos os seres), mas sobretudo da responsabilidade (entendida como expressão de solidariedade, nascida da consciência de nossa unidade com tudo que vive).

O Estado Ecológico, gestor da diversidade biológica, terá de incorporar em seus fundamentos três princípios básicos: respeito, solidariedade e cooperação.

---

41 KÜNG, Hans. **Projeto de ética mundial, uma moral ecumênica em vidas da sobrevivência humana**. São Paulo: Edições Paulistas, 1993. p. 52.

42 KÜNG, Hans. **Projeto de ética mundial, uma moral ecumênica em vidas da sobrevivência humana**. São Paulo: Edições Paulistas, 1993. p. 65.

5.3.1. Os princípios do estado ambiental

A modernização e a transformação das formas políticas começam da conscientização do povo. É preciso que os princípios se inscrevam na consciência humana. Voltaire, Montaigne, Rousseau e Diderot trabalharam no mundo das ideias abstratas, mas deram vida ao processo revolucionário. As ideias se inspiram nos fatos, mas fazem a história.

Vitor Hugo afirmou: "Existe algo mais poderoso que todos os exércitos do mundo: uma ideia cujo momento chegou.".[43] Os princípios são regras de observações permanentes e obrigatórias para o Legislador e a Administração, constituindo elementos de validade da atividade pública e da atividade privada.

Os princípios evoluem paralelamente à evolução do pensamento humano. Toda revolução começa no mundo das ideias e os princípios derivam dos valores filosóficos que emanam da comunidade em uma determinada época. Entretanto, são dinâmicos e devem acompanhar a evolução das ciências e o aprimoramento ético das raças.

No Direito Romano, os recursos da natureza eram considerados como r*es comuni*, coisas da comunidade, salvo o direito sobre pequenas porções individuais. Todos tinham direito de uso e abuso dos recursos naturais, que foi retomado pela Revolução Francesa, pautada na ideologia liberal.

Os desastres ecológicos mostraram que a estrutura jurídica até então adotada começava a dar sinais de obsolescência ia e inoperância. Foi assim que surgiram um novo direito e novos princípios, *os princípios do Direito Ambiental.*

Esse novo ramo do Direito surge alicerçado em vários princípios, os quais, entretanto, estão longe de esgotar os princípios que devem ser adotados. É por isso que, ao lado dos princípios já abraçados e solidificados na Carta Constitucional e outras normas, está-se sugerindo a adoção de novos princípios: *o princípio da solidariedade, o princípio da interdependência e o princípio do direito das outras espécies*, os quais devem ser perquiridos e cumpridos dentro de uma perspectiva internacional e mundial, para informar a atividade de proteção aos animais, às plantas e ao meio ambiente.

Num momento em que a qualidade de vida e a proteção do meio ambiente emergem para primeiro plano, as declarações que se seguirem devem dar nascimento a um Estado Ecológico, fundado sobre o direito

---

43 HUGO, Vitor *apud* MULLER, Robert. **O nascimento de uma civilização global**: São Paulo: Aquariana, 1993, p. XV.

coletivo de todas as espécies e sobre uma solidariedade em escala nacional e mundial.

5.3.2. O interesse ambiental globalizado em tratados e pactos internacionais

As revoluções científica e tecnológica pelas quais se passou têm contribuído para grandes transformações sociais e jurídicas. A proteção do meio ambiente requer uma evolução conceitual do universo jurídico internacional. Novos princípios emergem no Direito brasileiro, como o bem comum da humanidade, o desenvolvimento sustentável, as responsabilidades diferenciadas, as obrigações *erga omnes* e a parceria mundial equitativa.[44]

Em 1990, foi publicado o documento *Nossa Própria Agenda*, elaborado por vários grupos de trabalho com representantes de todos os países da América Latina. Teve o patrocínio do Programa das Nações Unidas para o Desenvolvimento (PNUD) e do Banco Interamericano de Desenvolvimento (BID), com a colaboração do Programa das Nações Unidas para o Meio Ambiente (PNUMA) e da Comissão Econômica para a América Latina e Caribe (CEPAL). É um documento que procurou fazer uma análise das questões ambientais na América Latina e Caribe e apresentar sugestões para o futuro. Adverte que a ampla participação da sociedade civil é essencial para alcançar o desenvolvimento com equidade e para fortalecer o ordenamento jurídico, de modo a proteger os cidadãos de danos ambientais. O desenvolvimento sustentável requer uma mobilização social, uma democracia participativa, com um objetivo de responsabilidade conjunta do Estado e da sociedade.

Todos têm direito à solidariedade, ao desenvolvimento, ao ambiente sadio, à paz, à educação, à informação e à cidadania planetária; o direito de não matar e de não ser morto; o direito à não-violência. Não se pode, porém, esquecer os direitos das outras espécies e os direitos da Terra. O interesse comum de todos é realizar da mais equilibrada forma possível a proteção a estes direitos.

Na reunião do *Programa das Nações Unidas para o Meio Ambiente*, organizado em conjunto pela *United Nations Environment Programme* (UNEP), o Ministério das Relações Exteriores e da Justiça de Malta e Universidade de Malta, em dezembro de 1990, em Malta, *o interesse*

44 TRINDADE, Antônio Augusto Cançado. **Direitos humanos e meio ambiente** – Paralelo dos sistemas de proteção internacional. Porto Alegre: Sérgio Antônio Fabris, 1993. p. 198.

comum da humanidade (*common concern of markind*) foi conceituado como a concentração de esforços em questões verdadeiramente fundamentais a toda humanidade, de acordo com a noção *commonness*, especialmente as questões ambientais globais.

Todos os países e todas as sociedades têm a obrigação de se engajarem nas questões de interesse comum. O interesse comum tem uma dimensão temporal de longo prazo e abrange as gerações futuras. As razões de *ordre public* são anteriores à de reciprocidade. A responsabilidade na preservação do meio ambiente é preventiva e subsequente ao dano, e essa partilha de responsabilidade entre os Estados deve ser equitativa. Todos os deveres dos Estados derivam desses princípios.[45]

No primeiro momento foram tratados os direitos humanos e a autodeterminação dos povos. Essa questão, até então, estava reduzida ao domínio da jurisdição doméstica dos Estados. Esse pensamento evolui, desde o Tratado de Barcelona (1970), em direção ao reconhecimento de que certas questões concernem a todos os Estados e criam obrigações *erga omnes*.[46]

O atual conceito de *interesse comum da humanidade* engloba questões que assumem uma dimensão global e social, e deve buscar soluções que sejam verdadeiramente fundamentais para toda humanidade.

No segundo momento[47] foi sugerido que o conceito de *bem comum da humanidade* poderia se aproximar de uma nova perspectiva jurídica. Ficou claro que todos os países devem contribuir para a proteção do ambiente e que deve haver uma divisão de custos e benefícios. Essa divisão deve ser equitativa, o que significa que os países devem dar uma contribuição, maior ou menor, em proporção à sua responsabilidade histórica e presente pela poluição da atmosfera e o excessivo nível *per capita* de emissão de gases poluidores. Devem ser levadas em conta, ainda, as capacidades econômicas e técnica de cada país em oferecer soluções preventivas. Os países devem não só parar de emitir gases, mas transferir tecnologias para os países em desenvolvimento e assistência financeira. As obrigações devem ser divididas de acordo com a capacidade de cada país. A equidade, ou *fair sharing of burdens*, aparece como resposta ao conceito de *interesse comum da humanidade*.

45 TRINDADE, Antônio Augusto Cançado. **Direitos humanos e meio ambiente** – Paralelo dos sistemas de proteção internacional. Porto Alegre: Sérgio Antônio Fabris, 1993. pp. 276-281.

46 Ibid, p. 277.

47 Ibid, p. 279.

No terceiro momento[48] foi discutida a relação entre direitos humanos e meio ambiente. Concluiu-se que a questão da sobrevivência constitui um direito fundamental do homem de viver em um ambiente limpo, saudável e sadio, e que a evolução dos direitos humanos e os direitos ambientais devem caminhar juntos.

No quarto[49] momento, as discussões foram centradas na *Convenção do Clima* e na *Convenção da Biodiversidade*, firmadas na Rio/92. Essas conclusões dos *experts*, na reunião de Malta, refletiram-se não só nessas convenções, como na Carta da Terra, que, apesar de não ter força legal, encerra os princípios a serem seguidos pelas nações na elaboração de suas leis e políticas ambientais, tanto assim que a expressão *interesse comum da humanidade* foi usada (1991) no *Protocolo sobre Proteção Ambiental ao Tratado da Antártida*, que considerou o desenvolvimento de um regime abrangente para a proteção do meio ambiente antártico e ecossistemas dependentes associados de interesse comum da humanidade como um todo.[50]

A *Convenção sobre Mudança de Clima e a Convenção sobre Diversidade Biológica*, ambas emanadas da *Conferência das Nações Unidas sobre Meio Ambiente e Desenvolvimento* (Rio-92), acolheram a expressão *common concern of makind*. No preâmbulo da *Convenção sobre Mudança do Clima* está dito que *a mudança do clima da Terra é de interesse comum da humanidade* e a *Convenção sobre Diversidade Biológica* afirma que a conservação da diversidade biológica é um interesse comum da humanidade.

A responsabilidade equitativa é a que se traduz pelo desempenho de obrigações segundo as capacidades de cada país (*equitable burden-sharing*). Em virtude dessa preocupação, o interesse comum da humanidade estabelece responsabilidades comuns, porém diferenciadas, o que vem gerando resistência dos países desenvolvidos para sua concentração.

Cumpre reconhecer que uma democracia participativa demanda um novo paradigma para a democracia social, de acordo com a descoberta da interdependência, e onde se inclua toda comunidade terrestre. Nessa democracia social, sujeitos de direito devem ser não apenas os seres humanos, mas todos os seres que habitam o planeta e compõem o mundo social humano.

---

48 TRINDADE, Antônio Augusto Cançado. **Direitos humanos e meio ambiente** – Paralelo dos sistemas de proteção internacional. Porto Alegre: Sérgio Antônio Fabris, 1993. p. 280.

49 Ibid, p. 281.

50 Ibid, pp. 218-219.

O documento *Nosso Futuro Comum*, elaborado pela Comissão de Meio Ambiente e Desenvolvimento do Programa das Nações Unidas para o Meio Ambiente, sediada em Nairobi, aprovado pelas Nações Unidas em 1987, reza em sua *Súmula dos Princípios Legais*, item 14: "Todos os estados devem cooperar mutuamente de boa-fé no sentido de um aproveitamento ideal dos recursos naturais além-fronteiras e de uma prevenção ou amenização eficazes das interferências ambientais além-fronteiras.".[51]

Nessa mesma linha de princípios firmou-se a *Declaração de Porto Novo por um Contrato de Solidariedade*, em encontro realizado, de 31 de outubro a 3 de setembro de 1989, entre a África e Europa, organizado pela Associação Mundial de Perspectiva Social em cooperação com o Conselho da Europa e a Organização da Unidade Africana:

Também em 1989, a *Conferência de São José* deu um importante passo na concepção de uma ideia de responsabilidade universal como centro de uma atenção planetária. No começo de 1989, o governo da Costa Rica se propôs a apresentar um projeto de *Declaração das Responsabilidades Humanas para a Paz e o Desenvolvimento* à Assembleia-Geral das Nações Unidas. Um comitê foi constituído para preparar um texto que completasse a *Declaração Universal dos Direitos Humanos*. Esse texto afirma a responsabilidade da geração atual de assegurar o desenvolvimento e a sobrevivência das gerações futuras, de ter a consciência de um só mundo, um mundo justo e pacífico, um mundo fundamentado na cooperação com a natureza. Em seu art. 1° enfatiza: *"Tudo que existe faz parte de um universo interdependente. Todos os seres dependem uns dos outros para sua existência, seu bem-estar e seu desenvolvimento."*

Assim sendo nos artigos 3º e 6º respectivamente, tem-se: art. 3°: *"Toda manifestação de vida sobre a Terra é única e necessária, e tem pois direito ao respeito e aos cuidados qualquer que seja seu valor aparente para os seres humanos."*; art. 6°: *"A responsabilidade é um aspecto inerente a cada relação em que o ser humano esteja engajado."*.[52]

Os conceitos de equidade e responsabilidade, ao lado do conceito de democracia, convidam a construir um novo modelo de civilização com novos valores, como harmonia, equilíbrio e uma ética da vida cuja tônica é a solidariedade com a natureza. Milton Rokeack, em seu livro *The Nature of Human Values*, ao se referir aos valores políticos comenta que:

---

51 COMISSÃO MUNDIAL SOBRE MEIO AMBIENTE E DESENVOLVIENTO (PNUMA). **Nosso futuro comum**. Rio de Janeiro: Fundação Getúlio Vargas, 1991. p. 390.

52 Ibid, pp. 38-42.

> [...] os valores de liberdade e igualdade estão divididos nas várias correntes políticas. Enquanto o comunismo preza a igualdade e despreza a liberdade, o capitalismo, ao contrário, preza a liberdade, mas despreza a igualdade. O fascismo apresenta índice baixo para a liberdade e a igualdade. O socialismo coloca muita importância tanto na liberdade quanto na igualdade.[53]

O que é necessário, porém, não há dúvida, é o restabelecimento da unidade da trilogia liberdade-igualdade-fraternidade, condições para a concretização de uma democracia. Esta trilogia foi fragmentada, e a fraternidade ficou relegada às religiões. Essa atitude gerou um mundo dividido e incapaz de realizar a justiça social. O esquecimento da fraternidade resultou na exacerbação da concupiscência do lucro e do poder, no egoísmo, na violência, na desigualdade, na injustiça social, na opressão e na destruição do Planeta. É preciso que a justiça e as leis sejam inspiradas no princípio da solidariedade, ou toda vida perecerá.

A Unesco obteve, anteriormente à realização da Conferência das Nações Unidas sobre Meio Ambiente e Desenvolvimento (cnumad), mais de 9 milhões de assinaturas em favor da proteção do Planeta para fazer da Terra um lar seguro e hospitaleiro para as gerações presentes e futuras. Essas assinaturas foram coletadas numa campanha de defesa da Terra, lançada pelo secretário da cnumad.

O *Pacto da Terra* é conhecido como um veículo de mobilização da opinião pública em torno da cnumad e como um ponto de partida de um movimento popular de sustentação massiva à Cúpula da Terra.

O Pacto da Terra diz em substância:

> Consciente de que o comportamento dos habitantes de nosso Planeta em relação à natureza e uns com os outros é cada vez mais fontes de prejuízos para sobrevivência e o desenvolvimento, eu me engajo para contribuir como melhor de meus meios para fazer da terra um lar seguro e hospitaleiros para as gerações presentes e futuras[54].

O *Pacto da Terra* foi divulgado pela imprensa em inúmeros países. Não pode haver desenvolvimento sem solidariedade, declarou Eduardo

53 ROKEACK, Milton apud WEILL, Pierre. **A nova ética**. Rio de Janeiro: Rosa dos Tempos, 1994. p. 54.

54 Ibid.

Portela,[55] porta-voz da Unesco: "Um outro desenvolvimento durável e solidário é necessário.".[56]

O documento *Cuidando do Planeta Terra* (PNUMA, UICN, WWF) reconhece "que se nosso objetivo for conseguir a sustentabilidade em nosso Planeta uma sólida aliança deve ser formada por todos países. Esta estratégia implica no respeito e no cuidado que devemos uns aos outros e ao Planeta Terra." E ainda "a interdependência das comunidades humanas e o dever de cada um preocupar-se com seus semelhantes e o meio ambiente." Ele reivindica "nossas responsabilidades sobre as formas de vida com as quais compartilhamos o Planeta [...] que a necessidade de se defender os direitos individuais é maior do que nunca. Ao mesmo tempo, é preciso uma ação conjunta para proteger e preservar as necessidades comuns a todos e os recursos compartilhados. As obrigações dos indivíduos devem ser enfatizadas tanto quanto os seus direitos."[57] E criou um quadro para a ética mundial que interliga o ser humano à natureza de forma conscientizada.[58]

---

55 PORTELLA apud DESSART, op. cit., p. 111.

56 Ibid.

57 PNUMA, UICN, WWF. **Uma estratégia para o futuro da vida**. São Paulo: editora, 1991, pp. 14-15.

58 "[...] elementos de uma ética mundial para viver de uma forma sustentável". Todo ser humano é parte da comunidade dos seres vivos. Esta comunidade interliga todas as sociedades humanas - gerações presentes e futuras -, como também a humanidade, com o restante da natureza. Ela engloba tanto a diversidade cultural como a natural.
Todo ser humano tem os mesmos direitos fundamentais, incluindo: o direito à vida, à liberdade, à segurança pessoal; à liberdade de pensamento, consciência e religião; ao questionamento e à livre expressão; à livre assembleia e associação; à participação no governo; à educação; e, dentro dos limites do Planeta Terra, aos recursos necessários para um padrão de vida digno. Nenhuma comunidade ou nação tem o direito de privar qualquer outra de seus meios de subsistência.
Cada indivíduo e cada sociedade deve respeitar esses diretos, sendo responsável pela proteção deles. Cada forma de vida deve ser respeitada, independentemente de seu valor para o homem. O desenvolvimento não deve ameaçar a integridade da natureza ou a sobrevivência de outras espécies. As pessoas devem tratar dignamente todas as criaturas e protegê-las da crueldade, evitando o sofrimento e a morte desnecessários.
Todos devem ser responsáveis por seu próprio impacto sobre a natureza. As pessoas devem conservar os processos ecológicos e a diversidade da natureza. Os recursos devem ser usados apenas nos níveis necessários e com eficiência, atentando para que o uso dos recursos renováveis seja sustentável.
Todos devem ter como objetivo compartilhar os benefícios e custos do uso de recursos entre as comunidades e grupos interessados, entre as regiões pobres e abastadas, e entre as gerações presentes e futuras. Cada geração deve deixar para

Por último, cita-se a *Nova Carta da Terra*[59], que começou a nascer em 1997 na *Rio+5*, quando se formou uma comissão da *Carta da Terra*, com membros provenientes de todos os credos. Um primeiro rascunho foi feito para consulta. No começo de 1999 saiu o segundo rascunho referência, que é a base da discussão que passa a prevalecer.

Chegou-se a um consenso de que deve ser uma declaração de princípios fundamentais, uma chamada à ação, uma cartado povos. Até o momento de sua chancela pela ONU, em 2002, estará em constante aperfeiçoamento e divulgação. É coordenada mundialmente por um Comitê diretivo composto por nove membros, com o apoio da comissão da *Carta da Terra*, composta por vinte pessoas de renome mundial, como Mikhail Gorbachev, Mercedes Sosa, Maurice Strong, Amandou Toumani Toure e Kamla Chowdry, cada um representando seu continente. Mas, na verdade este documento está sendo escrito por pessoas do mundo inteiro, com a intermediação de seus grupos representativos e via internet. Nela declara-se:

> De forma solidária entre todos e com a comunidade de vida, nós os povos do mundo, comprometemo-nos a uma ação orientada pelos seguintes princípios: *Respeitar a Terra e toda vida. Reconhecer o valor intrínseco de todos os seres. É dever da comunidade cuidar da vida em toda a sua diversidade, aceitando que a Terra é responsabilidade a ser compartilhada por todos (entre os princípios gerais).*
>
> Tratar todos os seres com compaixão e protegê-los da crueldade e destruição desnecessária (entre os princípios da integridade ecológica, inciso II, 7).
>
> Criar uma cultura de paz e cooperação (entre os princípios de democracia e paz – IV, 16).
>
> Um novo começo: como nunca antes na história, o destino comum nos chama a redefinir nossas prioridades e a buscar um novo começo. [...] Tal renovação é a promessa de concretização dos princípios da Carta da Terra, que são resultado de um diálogo a nível mundial em busca de

sua sucedânea um mundo pelo mesmo tão diverso e produtivo quanto aquele que herdou. O desenvolvimento de uma sociedade ou geração não deve limitar as oportunidades de outras sociedades ou gerações. A proteção dos direitos humanos e do restante da natureza é uma responsabilidade de âmbito mundial, que transcende as fronteiras culturais, ideológicas e geográficas. A responsabilidade é tanto coletiva quanto individual."

59 Conferência Mundial dos Povos Indígenas sobre territórios, meio-ambiente e desenvolvimento. Documento na íntegra disponível em http// www.culturabrasil.pro.br/cartadaterra.htm

um fundamento comum de valores compartilhados. [...] Podemos, se for nossa vontade, aproveitar as possibilidades, criativas, entre nós e inaugurar uma era de nova esperança. Que nosso tempo seja recordado como o despertar de uma nova reverencia por toda vida, por um firme compromisso de restauração da integridade ecológica da Terra, o avivamento da luta pela justiça [...] e pela jubilosa celebração da vida.[60]

Caminha-se em direção a uma ética ecológica. Por ela, expressa-se o comportamento justo e a maneira correta do ser humano ser relacionar com os outros seres vivos, com o Planeta e com seus semelhantes. É um compromisso consciente para a criação de uma sociedade fundada no respeito, na harmonia e na solidariedade. Ser ético significa ter ilimitada responsabilidade sobre tudo que vive e existe.

A situação calamitosa em que se encontra a humanidade, com um quarto da população sem acesso às necessidades básicas, faz-nos evocar as conclusões finais da Declaração de Copenhagen, de 1995, que considerou ser desafio nosso o estabelecimento de um modelo de desenvolvimento social centrado nas pessoas que nos guia, tanto hoje quanto no futuro, na construção de uma cultura de cooperação e solidariedade, a fim de atender às necessidades imediatas dos mais afetados pela desgraça humana.

O processo de conscientização demanda a adoção de uma convenção internacional que resulte num quadro jurídico integrado para a legislação e as políticas atuais e futuras para o meio ambiente e o desenvolvimento.

5.4. O olhar distorcido – Efeito *Backlash* das vaquejadas

O efeito chamado de *Backlash*[61] significa o retrocesso jurídico, que foi causado por uma normatização ainda pior do que a anterior, ou seja, significa literalmente piorar a decisão judicial proferida. Assim sendo, o acórdão que deveria representar na verdade um passo avante em direção à execução da norma constitucional protetiva do artigo 225 no que

60 THE EARTH CHARTER. **Benmark Darft**. 1999. Disponível em: <http://www.Earthcharter.org.Echarter@terra.ecouncil.ac.cr>. Acesso em: 28 Jul. 2019.

61 Tornou-se corriqueiro que decisões polêmicas no Poder Judiciario venham causar certa reação popular, levando-se por sua vez, a uma reação política que se manifeste contra o já decidido. O tema envolve estudo próprio de jurisdição constitucional, para os momentos em que, a mesma assume postura ideológica progressista, causando efeito colateral na política conservadora, que poderá, atuar a ponto de conseguir causar um retrocesso social em questões já decididas pelo Poder Judiciários.

tange aos animais não sofrerem com espetáculos cruéis, foi manejado de forma indevida através de perigosa técnica legislativa causando nítido retrocesso.

A perigosa argumentação em favor da cultura merece um aprofundamento cauteloso. O que se entende por cultura vai esbarrar na norma protetiva constitucional, e não apenas no que tange aos espetáculos com animais, mas também em outras cearas, sempre bastante provocativas.[62, 63]

Todo o movimento libertário no sentido de fortalecimento da liberdade cultural e de expressão não pode ser confundido com um desrespeito fabricado aos ditames constitucionais ou mesmo infraconstitucionais, ou seja, em nome da cultura não se pode desrespeitar a lei ou criar mecanismos que a desmoralizem.[64]

O julgamento da ADI foi apertado (6X5) e a procedência do pedido para declaratório da inconstitucionalidade, gerou reação do Congresso Nacional, que em acelerado processo legislativo, editou a Emenda Constitucional 96/2017.[65]

---

62 IÓRIO FILHO, Rafael Mario; DUARTE, Fernanda; BAPTISTA, Bárbara Gomes Lupetti. O impacto da cultura na concepção de uma ética global: a cultura realmente importa? The impact of culture on global ethics: does culture really matter? **Revista Juris Poeisis**. p. 283. Disponível em: http://portal.estacio.br/media/2485/revistas-juris-poiesis-14.pdf. Acesso em: 22 Ago. 2019.

63 Para aprofundamento deste estudo ver: IÓRIO FILHO, Rafael Mario; DUARTE, Fernanda. Para maior amplitude das questões envolvendo cultura e igualde jurídica: A impossibilidade da igualdade jurídica no Brasil. **Revista Juris Poeisis**, p. 47. Disponível em: https://portal.estacio. br/media/2482/juris-poiesis-14-11-maio1.pdf. Acesso em: 22 Ago. 2019.

64 VII Fórum Jurídico de Lisboa, o desembargador do TJ/RJ, André Gustavo Corrêa de Andrade, em entrevista gravada à TV Migalhas e falou sobre casos que envolvem liberdade de expressão nos Tribunais. *Para o magistrado, os juízes ainda estão "perdidos" para decidir situações em que há fake news, dano à honra e discurso de ódio. "Ainda não encontramos critérios para nos basear em casos difíceis de liberdade de expressão"*, afirma. Ver entrevista integral com Andre Gustavo Correa Andrade em: https://www.migalhas.com.br/Quentes/17,MI301187,51045Para+desembargador +juizes+estao+perdidos+ao+julgar+casos+sobre. Em liberdade de expressão, por todos, ver também Palestra proferida na EMERJ sob o nome de *Liberdade de expressão e direito de imagem com enfoque na política – Disponível em: http://www.emerj.tjrj.jus.br/paginas/ eventosgravados/eventosgravados.html.* E para maior aprofundamento – Ver a Tese de Doutorado, UNESA (obra no prelo).

65 Emenda Constitucional 96/17 (Em Anexo L)

O projeto de Lei nº 8240 de 2017[66] é de iniciativa do senador Raimundo Lira, está sendo tratado pela mídia como algo novo, quando na verdade não é. É importante se explicar que tal projeto nada mais é que uma regulamentação da EC 96/17, que ficou conhecida pela sociedade civil como "PEC das Vaquejadas" e que considera essas práticas como desportivas, embora com a utilização de animais, desde que sejam também manifestações culturais.

A afronta ao teor original do Art. 225 já é alvo de ADI que questiona a constitucionalidade da emenda permissiva do que é na verdade uma prática cruel de uso de animais no entretenimento.

A ADI foi ajuizada no Supremo Tribunal Federal, tem como legitimado ativo o Fórum Nacional de Proteção e Defesa Animal (ADI 5728), a fim de questionar a constitucionalidade da técnica legislativa utilizada pela Emenda Constitucional 96/2017, partindo de distorcido pressuposto de não haver crueldade nas práticas desses eventos com animais, desde que sejam manifestações culturais.

A proposta da ADI é a de descortinar a real motivação dessa EC 96 de 2017, que surgiu a partir da inconstitucionalidade da Lei nº 13364/2016[67] em decisão do Supremo Tribunal Federal, proferida em outubro de 2016, para essa prática frequente no estado do Ceará[68], que a buscava legalizar, por ser rentável e muito comum na região nordestina. E após a decisão, o estado do Ceara gostaria de reverter essa proibição.

A emenda foi por si abusiva e afrontosa ao texto constituinte, uma vez que acrescentou no artigo 225, o parágrafo 7º, desautorizando o teor original da Constituição Federal de 1988. Esse artigo 225, sabe-se que é o mesmo que fortalece não só a defesa animal, como também a defesa da natureza, do estado ambiental e é fortalecedor da defesa do meio-ambiente.

A emenda comentada afirma:

> [...] para fins do disposto na parte final do inciso VII do parágrafo 1º deste artigo, não se consideram cruéis as práticas desportivas que utilizem animais, desde que sejam manifestações culturais, conforme o parágrafo 1º do artigo 215 desta Constituição Federal, registradas como bem de natureza imaterial integrante do patrimônio

66 Projeto de Lei 8240/18 (Em Anexo M)

67 Lei nº 13364/16 (Em anexo)

68 A ADI nº 4983 foi julgada procedente reconhecendo a crueldade dos animais nas vaquejadas e afins, e foi impetrada pela PGR, contra a Lei Estadual cearense nº 15.299/2013, que regulamentava a vaquejada como prática desportiva e cultural.

> cultural brasileiro, devendo ser regulamentadas por lei específica que assegure o bem-estar dos animais envolvidos.

É flagrante a afronta à cláusula pétrea[69] protetiva da equidade intergeracional, pela EC 96/2017, desvalorizando o comando do *caput,* sobre o direito ao meio ambiente equilibrado, que combina a defesa animal por considerar os animais parte integrante do bem ambiental, na qualidade de "microbens" ambientais conforte já foi exposto anteriormente neste trabalho.

Ingo Scarlet vai direto ao ponto chamando a atenção para o civil ponto crucial em que a sociedade civil, em um Estado Democratico de Direito, precisa estar vigilante ao se questionar a própria legitimidade constitucional da EC 96, e o que ela esconde. Não se trata apenas de um retrocesso em matéria ambiental, mas vai-se muito além ao estar-se criando essa perigosa exceção

> Por um lado, é possível – ao menos em tese e numa primeira aproximação – invocar a incidência do princípio da proibição de retrocesso em matéria ambiental, porquanto aberta "a porteira" para uma relativização da proibição (estabelecida pelo constituinte originário) de crueldade com os animais.

O risco grave ficou evidenciado, o desrespeito ao núcleo essencial da proteção ambiental e da dignidade da vida dos animais, o que o autor deixa bem claro

> Aqui é necessário chamar a atenção para o fato de que a condição de cláusula pétrea da proibição de crueldade com os animais é no mínimo passível de controvérsia, salvo se tida (o que é pelo menos plausível e defensável) como regra densificadora do núcleo essencial do direito e dever fundamental da proteção ambiental, associável à noção de um mínimo existencial ecológico ou mesmo de uma dignidade da vida não humana (para quem assim o sustenta), ainda que não na perspectiva de posições subjetivas (direitos) titularizadas no caso pelos animais não humanos.

Considerando o efeito *backlash* atuante nessa temática a judicialização pelo *buden of inertia* resta evidente e apenas se trata de tempo

---

69 SARLET, Wolfgang. **Novamente a proteção constitucional dos animais no Brasil — o caso da EC 96/2017**. Disponivel em: https://www.conjur.com.br/2017-jul-07/direitos-fundamentais-protecao-constitucional-animais-ec-962017. Acesso em: 21 Ago. 2019.

para cada vez mais o Poder Judiciário ter que enfrentar tais questões envolvendo diferentes modalidades pseudo-desportivas que serão obviamente criadas a fim de contornar toda e qualquer restrição ao mercado lucrativo do entretenimento de espetáculos cureis envolvendo animais. As motivações mercadológicas são suficientemente fortes para mexer com a corte guardiã da Carta Magna, e deixar os operadores do Direito completamente atarantados com tantas manobras, maleficamente criativas, e seus ardilosos meios sub-reptícios de contornar a proibição constitucional. E o escândalo ficou reconhecido pelo autor

> Tendo em conta, todavia, a técnica legislativa quase que escandalosamente inapropriada, até mesmo isso soa relativamente difícil de se levar a efeito. De qualquer sorte – e talvez seja essa a principal certeza nesta quadra – deve ser novamente o Poder Judiciário quem irá decidir sobre a matéria, como já ocorreu em diversas outras situações – julgadas pelo STF – que envolvem manifestações culturais que afetam animais, como é o caso da farra do boi, da rinha de galos e da vaquejada, assim como a ainda pendente de julgamento questão relativa aos rituais religiosos que envolvem sacrifício de animais. Ademais disso, não é possível desconsiderar que a alteração constitucional consistiu em reação imediata ao julgamento do STF no caso da vaquejada, objetivando não apenas contornar a decisão proibitiva proferida, mas também salvaguardar outras manifestações similares, como rodeios, tiros de laço, dentre outras, todas também vinculadas a expressivos interesses econômicos.[70]

Assim sendo a proibição de crueldades a animais, que consta do artigo 225 (parágrafo 1º, inciso VII) da Constituição Federal não pode ser desautorizada por via de Emenda Constitucional. Como ensina Ingo Scarlet sobre a técnica legislativa utilizada

> Considerados em seu conjunto, tais preceitos normativos suscitam uma série de observações e inquietações, inclusive em relação a (proposital, ou não) má técnica legislativa, em especial da EC 96/2017. De modo particular, contudo, importa enfrentar eventual impacto sobre a proteção dos animais em relação a práticas de natureza cruel.[71]

70 SARLET, Ingo Wolfgang. **Novamente a proteção constitucional dos animais no Brasil** – o caso da EC 96/2017. Disponível em: https://www.conjur.com.br/2017-jul-07/direitos-fundamentais-protecao-constitucional-animais-ec-962017. Acesso em: 15 Ago. 2019.

71 Ibid.

Torna-se clara a afronta ao artigo constitucional

> Uma primeira observação, que por si só já enseja preocupação, diz respeito ao fato de que mediante a inserção do citado parágrafo 7º no artigo 225 da CF, em princípio não apenas a prática (desportiva e cultural?) da vaquejada – já tida como ilegítima do ponto de vista constitucional pelo STF –, mas toda e qualquer outra manifestação/prática que envolva o uso de animais, desde que tida como manifestação cultural nos termos da própria CF e da legislação específica que a regulamenta (e devidamente registrada como bem de natureza imaterial integrante do patrimônio cultural nacional), não será considerada como cruel, portanto, não será tida como infração ao disposto no inciso VII do parágrafo 1º do artigo 225 da CF.`[72]

E segue o autor identificando os perigos que envolvem a questão com inclusive o poder de reforma atuando de uma forma muito indevida, ao criar um verdadeiro novo conceito de crueldade, distante dos fatos reais, totalmente ficcional, para agrado da indústria do entretenimento que fortalece a entrada de lucros e turismo para cidades e estados, a despeito de submeterem os animais a uma severidade de sofrimento desnecessária capaz de tirar-lhes a vida ou comprometer-lhes definitivamente por mero prazer humano de ve-los pular e reagir em espetáculos totalmente primitivos e rudimentares.

> Com isso, ao que tudo indica, o poder de reforma constitucional cria um conceito eminentemente normativo de crueldade, dizendo, ainda que com outras palavras, que o que mesmo representa uma crueldade de fato (pela natureza da prática concreta e suas consequências em termos de sofrimento desnecessário) o deixa de ser por decreto normativo. Além disso, ao remeter à regulamentação legal, defere ao legislador infraconstitucional relativamente ampla liberdade de conformação em inclusive ampliar tal espectro, ainda que a legislação deva, nos termos do novo dispositivo constitucional, assegurar o bem-estar dos animais.[73]

Assim, Ingo continua de modo irônico, cautelosamente esclarecendo que o próprio legislador reconhece a fragilidade do argumento, ao

72 Ibid.

73 SARLET, Ingo Wolfgang . **Novamente a proteção constitucional dos animais no Brasil** — o caso da EC 96/2017. Disponível em: https://www.conjur.com.br/2017-jul-07/direitos-fundamentais-protecao-constitucional-animais-ec-962017. Acesso em: 15 Ago. 2019.

demonstrar que precisa haver uma regulamentação para aquilo que ele entende como não cruel. Se inexistisse crueldade envolvida nada haveria a ser mais normatizado.

> Ora, se as práticas, pelo fato de serem enquadradas como manifestações culturais, por tal razão não são cruéis, ao menos curioso que o legislador deva então atentar, no âmbito da regulação infraconstitucional, para que as práticas respeitem o bem-estar dos animais, portanto, dito de outro modo, não sejam realmente cruéis![74]

É nítido que houve violação ao texto original principiológico do Estado Ambiental, e, com isso, o artigo 60 (parágrafo 4º, inciso IV), foi desautorizado, tal artigo 60 assegura que "não será objeto de deliberação a proposta de emenda tendente a abolir cláusulas pétreas".

O Fórum Nacional de Proteção e Defesa Animal requer, portanto, a liminar no sentido de ser obtida a suspensão da eficácia da EC 96/17. E que lhe seja declarada a inconstitucionalidade.

O Ministro Dias Toffoli, relator, aplicou o procedimento abreviado do artigo 12 da Lei nº 9.868/99, para a decisão ser tomada em caráter definitivo, sem análise de liminar, pelo apelo público e relevo da matéria.

O projeto agora de regulamentação para rodeios, vaquejadas e outras provas perante o ministério da Agricultura, Pecuária e Abastecimento tem, portanto, uma maior complexidade quando analisados os passos legislativos trilhados anteriormente.

O PL 8840/18, portanto, busca outra via transversa, agora através de regulamentos, que visam esvaziar o questionamento da inconstitucionalidade, ao serem criadas regras "garantidoras" do bem-estar dos animais.

Tais regras são: os animais deverão ter água, alimento e local para descanso. Tudo sob inspeção médico-veterinária.

Enfim, mas uma manobra legislativa para honrar o lucro que dimensiona a força da crueldade animal no seu uso para a indústria do entretenimento.

Tem-se atualmente um Supremo Tribunal Federal, que ao invés de zelar pela Constituição, passa a uma atuação que a desvaloriza e a esvazia, em seu âmago mais profundo: no futuro do meio-ambiente, para que este exista com seus animais bem tratados e com a natureza como existe hoje.

---

74 Ibid.

Vale ressaltar que os precedentes do STF precisam ser tratados cautelosamente porque conduzirão o Brasil no futuro. A norma que for distorcida ou desrespeitada por um precedente, passa a ser desmoralizada perante toda a sociedade, o que resulta no descredito do próprio Estado Democratico de Direito.[75]

Se a norma é distorcida para a dominação do animal, que grita de dor, para fins do prazer desportivo homem, o que esperar deste mesmo tribunal em relação às futuras práticas lucrativas, quando os alvos forem as árvores, rios, mares e lagoas, que não gritam de dor com sons audíveis, mas constituem igualmente o nosso patrimônio ambiental? Terrível, cruel e revoltante assistir a uma desvalorização constitucional tão estrategicamente violadora do texto original.

5.5. A Declaração Universal dos Direitos dos Animais

A *Declaração Universal dos Direitos dos Animais* foi proclamada na sede da Unesco, em Paris.[76] Considera-se o mais importante documento

---

75 ALMEIDA, Marcelo Pereira de. Precedentes Judiciais. Analise critica dos métodos empregados no Brasil para a solução de demandas de massa. Para uma leitura esclarecedora sobre a importância dos Precedentes. Editora Jurua, 2014

76 DECLARAÇÃO UNIVERSAL DOS DIREITOS DOS ANIMAIS. Preâmbulo: Considerando que cada animal tem direitos; considerando que o descobrimento e o desprezo destes direitos levaram e continuam a levar o homem a cometer crimes contra a natureza e contra os animais; considerando que o reconhecimento por parte da espécie humana do direito à existência das outras espécies animais, constitui o fundamento da coexistência das espécies no mundo; considerando que genocídios são perpetrados pelo homem e que outros ainda podem ocorrer; considerando que o respeito pelos animais por parte do homem está ligado ao respeito dos homens entre si; considerando que a educação deve ensinar à infância a observar, compreender e respeitar os animais.
Artigo 1°
Todos os animais nascem iguais diante da vida e têm o mesmo direito à existência.
Artigo 2°
Cada animal tem direito ao respeito.
O homem, enquanto espécie animal, não pode atribuir-se o direito de exterminar os outros animais ou explorá-los, violando esse direito. Ele tem o dever de colocar sua consciência a serviço dos outros animais.
Cada animal tem o direito à consideração, à cura e à proteção do homem.
Artigo 3º
Nenhum animal será submetido a mau trato e a atos cruéis.
Se a morte de um animal for necessária, deve ser instantânea, sem dor nem angústia.
Artigo 4º
Cada animai que pertence a uma espécie selvagem tem direito de viver no seu ambiente natural terrestre, aéreo e aquático e tem direito de reproduzir-se.
A privação da liberdade, ainda que para fins educativos, é contrária a esse direito.

internacional na luta em favor dos animais. Foi uma conquista que propiciou grandes evoluções nos conceitos debatidos.

Seu texto foi redigido após várias reuniões internacionais, por personalidades dos meios científico, jurídico e filosófico, e por representantes das associações protetoras dos animais. Constituiu uma tomada de posição filosófica no sentido de estabelecer diretrizes para o relacio-

---

Artigo 5º
Cada animal pertencente a uma espécie, que vive habitualmente no ambiente do homem, tem direito de viver e crescer segundo o ritmo e as condições de vida e de liberdade que são próprias de sua espécie.
Toda modificação desse ritmo e dessas condições, imposta pelo homem para fins mercantis, é contrária a esse direito.
Artigo 6º
Cada animal que o homem escolher para companheiro tem direito a uma duração de vida conforme sua natural longevidade.
O abandono de um animal é ato cruel e degradante.
Artigo 7º
Cada animal que trabalha tem o direito a uma razoável limitação de tempo e intensidade do trabalho, a uma alimentação adequada e ao repouso.
Artigo 8º
A experimentação animal, que implica um sofrimento físico, é incompatível com os direitos do animal, quer q seja uma experiência médica, científica, comercial ou qualquer outra.
As técnicas substitutivas devem ser utilizadas e desenvolvidas.
Artigo 9º
No caso de o animal ser criado para servir de alimentação, deve ser nutrido alojado, transportado e morto sem que isto resulte em ansiedade ou dor.
Artigo 10°
Nenhum animal deve ser usado para divertimento do homem. A exibição dos animais e os espetáculos que utilizam animais são incompatíveis com a dignidade do animal.
Artigo 11°...
O ato que leva à morte de um animal sem necessidade é um biocídio, ou seja, um delito contra a vida.
Artigo 12°
Cada ato que leva à morte um grande número de animais selvagens é um genocídio, ou seja, um delito contra a espécie.
O aniquilamento e a destruição do meio ambiente natural levam ao genocídio.
Artigo 13°
O animal morto deve ser tratado com respeito.
Cenas de violência de que os animais são vítimas devem ser proibidas no cinema e na televisão, a menos que tenham como fim mostrar um atentado aos direitos do animal.
Artigo 14°
As associações de proteção e de salvaguarda dos animais devem ser representadas a nível de governo.
Os direitos do animal devem ser definidos por leis, como os direitos dos homem.

namento do homem com o animal. Esta nova filosofia se respalda nos conhecimentos científicos recentes que reconhecem a unidade de toda vida e exige uma postura igualitária diante da vida. Seus artigos propõem uma nova ética biológica, uma nova postura de vida e de respeito para com os animais.

A relação entre o homem e o animal é explicada pela biologia. As mesmas necessidades fundamentais são encontradas no homem e no animal, principalmente a de se alimentar, a de se reproduzir, a de ter um *habitat* e a de ser livre. A cada necessidade fundamental corresponde um direito fundamental inerente ao conjunto de seres vivos. Todos os seres tem direitos biológicos e psicológicos como partes integrantes do bem ambiental. Conceder direitos aos animais, mesmo como inseridos no meio-ambiente, ou seja, como macrobem ambiental, significa que, ao serem criadas normas a respeito dos animais, deve-se atentar para cada natureza morfológica, cada instinto e cada sensibilidade própria de cada espécie.

O avanço científico que reconhece a necessidade de relacionar o homem com todos os seres vivos obteve o respaldo da Declaração dos Direitos do Animal, em 27 de janeiro de 1978, que cria obrigações para os Estados signatários, como todos os demais pactos internacionais.

Em seu art. 1° ela declara que o direito à vida é extensivo aos animais: *"Todo os animais nascem iguais diante da vida e tem o mesmo direito à existência"* Em seu derradeiro artigo estatui que *"os Direitos do animal devem ser defendidos por leis, como os Direitos dos homens."*

O documento Nosso Futuro Comum, em sua súmula de princípios legais à responsabilidade do Estado, propõe: "Os Estados devem manter os ecossistemas e os processos ecológicos essenciais ao funcionamento da biosfera, preservar a diversidade biológica e observar o princípio da produtividade ótima sustentável, ao utilizarem os ecossistemas e recursos naturais vivos." *"A sobrevivência e a prosperidade da humanidade vinculam-se à saúde da biosfera (a valermo-nos de um conceito hipocrático) e à interdependência de ecossistemas. Em termos mais explícitos a humanidade protege a natureza porque a natureza protege a humanidade. Um temor apocalíptico oxigena o ambientalismo.".*[77]

Arnaldo Sampaio de Moraes Godoy chama a atenção para um fenômeno de interesses interligados entre a ecologia e a economia. Evidencia o autor que ambas as ciências se interagem na simplista equação de custo e benefício. O alerta para catástrofes ambientais, especialmente no

77 GODOY, Arnaldo Sampaio de Moraes. Fundamentos filosóficos do Direito Ambiental. **Jus Navigandi**, Teresina, nº 466, 16 de outubro de 2004.

que tange a mortandades de animais como as baleias da Nova Zelândia ou o bacalhau da Noruega travestem-se de uma indumentária ecológica romantizada quando em essência significam uma valorização econômico-mercantil voltada apenas para a utilidade do próprio mercado de consumo.[78]

Uma das maiores violações dos direitos humanos e de outras espécies é sem dúvida o *ecocídio*, e acarreta para o Estado o poder-dever de proteger os direitos humanos e o das outras espécies, bem como o dever de *prevenir ou impedir* a ocorrência de danos irreparáveis. Aqui está a essência desta dissertação que busca demonstrar a viabilidade instrumental de se tornar efetiva uma tutela inibitória em defesa dos animais. Isso porque nada adianta ressarcir aquilo que é irreversível.

A conduta que a *Declaração Universal dos Direitos dos Animais* propõe ao homem não pretende esquecer a luta contra a miséria, o sofrimento moral da humanidade, a tortura, a dominação política ou o racismo. Pelo contrário, a proteção do animal faz parte da proteção humana, tanto que o respeito dos homens pelos animais está ligado ao respeito dos homens entre si. Trata-se de neste diploma trazer um convite para o homem renunciar à sua atual conduta de exploração dos animais e, progressivamente, ao seu modo de vida e ao antropocentrismo, para ir a encontro do biocentrismo. Por essa razão, representa uma etapa importante na história da evolução do homem.[79]

A ideia de que a definição do homem como ser mortal deve ser substituída pelo do homem como um ser vivo é defendida por Levi Strauss de forma efusiva

---

78 Ibid.

79 O princípio 22 e 23 da Declaração do Rio merecem um comentário: Princípio 22 – *As populações indígenas e suas comunidades e outras comunidades locais um papel vital na gestão e desenvolvimento do ambiente devido aos seus conhecimentos e práticas tradicionais. Os Estados deverão reconhecer e apoiar devidamente a sua identidade, cultura e interesses e tornar possível a sua participação efetiva na concretização de um desenvolvimento sustentável* – Princípio 23 – *O ambiente e os recursos naturais dos povos oprimidos, dominados e sujeitos a ocupação deverão ser protegidos.* Ocorre que aqui se exige a proteção ambiental em nome da defesa do *habitat* natural e cultural de populações nativas que se sabe não são exatamente o modelo de harmonia ecológica. Comunidades primitivas praticam tradições inconsequentes e por vezes cruéis, em nome de um traço cultural de religiosidade e crenças específicas. Índios por exemplo matam animais para sacrifícios. Há tribos (felizmente não nacionais) que praticam circuncisão em mulheres, genocídios e canibalismos.

> Ora, se o homem começa por ter direitos ao título de ser vivo, daqui resulta imediatamente que esses direitos, reconhecidos à humanidade enquanto espécie, encontrem os seus limites naturais nos direitos das outras espécies, Os direitos da humanidade cessam assim no momento preciso em que seu exercício põe em perigo a existência de uma outra espécie. O direito à vida e ao livre desenvolvimento das espécies vivas ainda representadas sobre a Terra pode ser o único a declarar imprescritível, pela simples razão de que a desaparição de uma espécie qualquer cria um vazio irreparável a nossa escala, no sistema de criação.[80]

É necessário estancar a hemorragia antropocêntrica que conduz a sociedade global a uma prática urubórica de destruição dos animais, e por conseguinte, de destruição de si própria. Em 1989, aniversário de 200 anos da *Declaração dos Direitos Humanos*, novo documento em defesa dos animais foi redigido, pelo Partido Verde Alemão, e adotado por diversas entidades protecionistas em todo mundo. O segundo documento contém princípios bem mais evolutivos que o primeiro: apresenta como inovação a condenação da classificação dos animais de acordo com os interesses humanos, gerando diferentes categorias de direitos; recomenda que a custódia de animais deve ser radicalmente restrita; condena a matança de animais para consumo; defende a abolição dos experimentos em animais vivos; e prega a garantia dos direitos do animal pelas Constituições das Nações.[81]

---

80 Proclamada na sede da Unesco, em sessão realizada em Bruxelas, em 27 de janeiro de 1978. LÉVI-STRAUSS, Claude. **O olhar distante**. Lisboa: Edição 70, 1983. p. 390.

81 PROCLAMAÇÃO DOS DIREITOS DOS ANIMAIS – abril, 1989*

Artigo 1° – O mais elementar princípio de justiça exige que semelhantes sejam tratados igualmente e os animais, exatamente como os homens, esforçam-se por proteger suas vidas e as de suas desiguais sejam tratados de forma desigual. Todas as criaturas vivas devem ser tratadas de forma igual, em respeito aos aspectos em que são iguais.

Artigo 2° – Considerando que espécies, e que demonstram interesse em viver, eles também tem direito à vida. Isto posto, não podem ser classificados como objetos ou semoventes, juridicamente.

Artigo 3° – Considerando que os animais são iguais aos homens em sua capacidade de sofrer, sentir dor, interesse e gratificação, estas capacidades precisam ser respeitadas.

Artigo 4° – Considerando que os animais são capazes de experimentar a ansiedade e o sofrimento, eles não devem ser maltratados ou amedrontados. O direito à proteção dos homens é um direito fundamental dos animais.

Artigo 5° – As diferenças existentes entre homens e animais, relativamente à inteligência e capacidade de falar, não justificam a desconsideração à grande similaridade de suas funções vitais básicas.

O biocentrismo inspira uma ética do equilíbrio, que tem como certa a premissa que confere validade à preservação da integridade, estabilidade e beleza de todos os seres vivos.

Faz-se um esforço dialético para abandonar o individual em nome do coletivo. "*Por vias transversas submete-se o individualismo ao bem geral. Posições não antropocêntricas reconhecem intrínsecos valores na*

Artigo 6° - A classificação dos animais em animais de estimação, de caça, e de trabalho, de acordo com os interesses e preferências humanas, gerando diferentes categorias de direitos, precisa ser eliminada, sob pena de infringir os princípios de justiça estabelecidos no Artigo II.
Artigo 7° - As espécies animais resultantes da evolução, tem o direito de existir como tal, isto é, elas não podem ser exterminadas ou manipuladas geneticamente.
Artigo 8° - Toda espécie animal que vive em estado selvagem tem o direito de viver em espaço apropriado. Os animais só podem ser mortos em legítima defesa e, em nenhuma circunstância, por esporte ou exploração comercial.
Artigo 9° - Os animais que vivem em estado selvagem devem ser rigorosamente protegidos contra a interferência da sociedade e da civilização humana.
Artigo 10 - A custódia deve se restringir ao máximo, já que não oferece aos animais a possibilidade de viver em um ambiente adequado às suas espécies e está ligada à crueldade.
Artigo 11 - A produção e venda de animais e seus produtos para (aparente) satisfação das necessidades humanas como companhia, prestígio, luxúria, precisam ser interrompidas.
Artigo 12 - Todo animal tem o direito de agir segundo o padrão de conduta de sua espécie e seu próprio ritmo de vida. Seu ambiente precisa ser adaptado de tal maneira que ele possa satisfazer suas necessidades de alimentação, movimentação, motivação e vida social.
Artigo 13 - Os animais não devem ser mortos para consumo. Sua criação, acomodação, alimentação e demais cuidados não devem submetê-los ao stress, sofrimento ou injúria. O transporte não deve lhes causar nenhum sofrimento ou ansiedade.
Artigo 14 - A experimentação animal é a extrema expressão da violência contra os animais e uma parte da ciência que se baseia em um modelo de violência, que infringe os direitos tanto dos homens como dos animais.
Artigo 15 - A exibição de animais para divertimento ou fins pseudoinstrutivos não é compatível com a dignidade do animal como ser vivo sensível. Devem ser proibidas por constituírem uma exaltação da violência, as lutas entre animais ou entre homens e animais.
Artigo 16 - A concretização dos direitos fundamentais dos animais deve ser considerada um objetivo nacional, nas Constituições das Nações. É um dever dos governos promover o cumprimento desses direitos em nível nacional e internacional.
Artigo 17 - Para o fim de promover e fiscalizar o cumprimento dos direitos fundamentais dos animais, deverão ser designadas pessoas a quem serão conferidas os competentes mandatos e poderes legais para tal. Às entidades de proteção aos animais e à natureza deverão ser delegados poderes para instaurar processos legais em defesa dos animais.

natureza, valendo-se de paradigmas holísticos, reconhecendo direitos aos animais".[82]

Godoy[83] valoriza a ecologia, mas sempre frisando a necessidade de um legalismo prescritivo que seja capaz de determinar como se cuidar do meio-ambiente. Ao antropocentrismo se contrapõe o biocentrismo insurgente, que reconhece até mesmo direitos intrínsecos à própria natureza. A ilusão conceitual da limitada visão antropocêntrica vem sendo contestada e alargada. A trajetória deste estudo é clara. Apesar de parte da doutrina animalista reconhecer direitos aos animais sabe-se da polêmica que envolve o tema, por isso se torna relevante mostrar a proteção resultante da ótica ambientalista, que por si já consta da Carta Magna.

5.6. Legislação constitucional

A proteção jurídica dos animais se encontra em diversos diplomas legais, mas o que aqui importa a ser demonstrado é a coerência das fontes constitucionais estaduais e federal do país. Hoje os animais, independentemente de serem ou não da fauna brasileira, contam agora com garantia constitucional, que dá maior força à legislação vigente, pois todas as situações jurídicas devem se conformar aos princípios constitucionais. Constituição Federal: *Ar. 225, § 1º: "incumbe ao Poder Público: VII – proteger a fauna e a flora, vedadas, na forma da lei, as práticas que coloquem em risco sua função ecológica, provoquem a extinção de espécies ou submetam os animais a crueldade."*

Vale também fazer menção aos artigos. 5º, LXXIII, 23, IV e VII e 24, VIII da Constituição Federal de 1988 que reforçam a relevância constitucional da proteção ao ambiente alargando o marco tradicional antropocêntrico.

As Constituições estaduais se inspiram na Carta Magna para dispor sobre o tema. Os animais encontram proteção constitucional nas Constituições estaduais, porém há as que mais se destacam por tratar de territórios geográficos onde é alvo comum a caça, e a pesca predatórias, e, também onde já se evidenciara extinção de espécies:[84]

82 GODOY, Arnaldo Sampaio de Moraes. Fundamentos filosóficos do Direito Ambiental. **Jus Navigandi**, Teresina, nº 466, 16 de outubro de 2004.

83 Idem

84 Constituição do Acre:
[...]
Art. 206, § 1º, V: "proteger a fauna e a flora das práticas predatórias e devastadoras ou que submetam os animais a crueldade."

5.7. Direitos metaindividuais e acesso à justiça

O direito brasileiro passa hoje por um processo de profunda modificação em seus pilares mais sólidos em termos normativos. Em recente palestra na Escola da Magistratura, o Prof. Miguel Reale sintetizou com a maestria de seus 91anos o sentido do novo código civil em três básicos fundamentos: eticidade, operacionalidade e sociabilidade.

Constituição de Alagoas:
Art. 217, VI: "proteger a fauna e a flora, vedadas, na forma da lei, as práticas que coloquem em risco sua função ecológica, provoquem a extinção de espécies ou submetam os animais à crueldade."
Constituição do Amazonas:
Art. 230, VIII: "proteger a fauna e a flora, vedadas, na forma da lei, as práticas que coloquem em risco sua função ecológica, provoquem a extinção de espécies ou submetam os animais à crueldade."
Constituição da Bahia:
Art. 214, VII: "proteger a fauna e a flora, em especial as espécies ameaçadas de extinção, fiscalizando a extração, captura, produção, transporte, comercialização e consumo de seus espécimes e subprodutos, vedadas, na forma da lei, as práticas que coloquem em risco sua função ecológica, provoquem sua extinção ou submetam os animais à crueldade."
Constituição do Ceará:
Art. 259, parágrafo único, XI: "proteger a fauna e a flora, vedadas na forma da lei, as práticas que coloquem em risco sua função ecológica, provoquem a extinção de espécie ou submetam os animais à crueldade, fiscalizando a extração, captura, produção, transporte, comercialização e consumo de seus espécimes e subprodutos."
Constituição do Espírito Santo:
[...]
Art. 186, parágrafo único, III: "proteger a flora e a fauna, assegurando a diversidade das espécies, principalmente as ameaçadas de extinção, fiscalizando a extração, captura, produção e consumo de seus espécimes e subprodutos, vedadas as práticas que submetam os animais à crueldade."
Constituição do Maranhão:
[...]
Art. 241, II: "proteção à fauna e à flora, vedadas as práticas que submetam os animais à crueldade."
Constituição de Mato Grosso do Sul:
[...]
Art. 222, § 2º, XV: "controlar e fiscalizar atividade pesqueira, incluída a dos frigoríficos de pescado, que só será permitida através de utilização de métodos adequados de captura."
Constituição de Minas Gerais:
Art. 214, § 1, V: "proteger a fauna e a flora, a fim de assegurar a diversidade das espécies e dos ecossistemas e a preservação do patrimônio genético, vedadas, na forma da lei, as práticas que provoquem a extinção das espécies ou submetam os animais à crueldade."

É de se aplaudir a consciência do Presidente da Comissão Revisora

---

Constituição do Pará:
Art. 255, III: "assegurar a diversidade das espécies e dos ecossistemas, de modo a preservar o patrimônio genético, biológico, ecológico e paisagístico e definir espaços territoriais a serem especialmente protegidos."
Constituição do Paraíba:
[...]
Art. 227, parágrafo único, II: "proteger a fauna e a flora, proibindo as práticas que coloquem em risco sua função ecológica, provoquem a extinção da espécie ou submetam os animais à crueldade."
Constituição do Paraná:
[...]
Art. 207, § 1º, XIV: "proteger a fauna, em especial as espécies raras e ameaçadas de extinção, vedadas as práticas que coloquem em risco sua função ecológica ou submetam os animais à crueldade."
Constituição de Pernambuco:
[...]
Art. 210, III: "preservar a fauna silvestre que habita os ecossistemas transformados e as áreas rurais e urbanas, proibindo a sua caça, captura e a destruição de seus locais de reprodução."[...].
Art. 213: "O Estado garantirá, na forma da lei, o livre acesso às águas públicas estaduais, para dessedentação humana e animal."
Constituição do Piauí:
[...]
Art. 237, § 1º, VIII: "proteger a fauna e a flora, vedadas, na forma da lei, as práticas que coloquem em risco sua função ecológica, provoquem a extinção de espécies ou submetam os animais à crueldade."
Constituição do Rio de Janeiro:
Art. 258, § 1º, IV: "proteger e preservar a flora e a fauna, as espécies ameaçadas de extinção, as vulneráveis e raras, vedadas as práticas que submetam os animais à crueldade, por ação direta do homem sobre os mesmos."
Constituição do Rio Grande do Norte:
[...]
Art. 150, § 1º, VIII: "proteger a fauna e a flora, vedadas, na forma da lei, as práticas que coloquem em risco a sua função ecológica, provoquem a extinção de espécies ou submetam os animais à crueldade."
Constituição do Rio Grande do Sul:
[...]
Art. 251, § 1º, VII: "proteger a flora, a fauna e a paisagem natural, vedada as práticas que coloquem em risco sua função ecológica e paisagística, provoquem extinção de espécies ou submetam os animais à crueldade."
Constituição de Rondônia:
[...]
Art. 219, I: "assegurar, em âmbito estadual, as diversidades das espécies e dos ecossistemas, de modo a preservar o patrimônio genético do Estado."
Art. 221, VI: "prevenir e coibir prática que submeta os animais à crueldade."
Constituição de Santa Catarina:
[...]

e Elaboradora do novo Código Civil ao atentar para valores que vão ao encontro da evolução natural do fato social mutante, hoje licenciado

---

Art. 182, III: "proteger a fauna e a flora, vedadas as práticas que coloquem em risco sua função ecológica provoquem extinção de espécie ou submetam animais a tratamento cruel."
Constituição de São Paulo:
[...]
Art. 193, X: "proteger a flora e a fauna, nesta compreendidos todos os animais silvestres, exóticos e domésticos, vedadas as práticas que coloquem em risco sua função ecológica e que provoquem extinção de espécies ou submetam os animais à crueldade, fiscalizando a extração, produção, criação, métodos de abate, transporte, comercialização e consumo de seus espécimes e subprodutos." Art. 204: "Fica proibida a caça, sob qualquer pretexto, em todo o Estado."
Constituição de Sergipe: Art. 232, § 1º, V: "proteger a fauna e a flora, em especial as espécies nativas e/ou ameaçadas de extinção, fiscalizando a extração, captura, produção, transporte, comercialização e consumo de suas espécies e subprodutos, vedadas as práticas que submetam os animais à crueldade."· Constituição de Tocantins: Art. 110, III: "proteção da flora e da fauna, principalmente das espécies ameaçadas de extinção, na forma da lei, vedadas as práticas que submetam os animais à crueldade."
Constituição de Goiás:
[...]
Art. 127, § 1º, V: "controlar e fiscalizar a extração, captura, produção, transporte, comercialização e consumo de animais, vegetais e minerais, bem como a atividade de pessoas e empresas dedicadas à pesquisa e à manipulação de material genético."Art. 128, VI, parágrafo único: "ficam vedadas, na forma da lei, a pesca e a caça predatórias e nos períodos de reprodução, bem como a apreensão e comercialização de animais silvestres, no território goiano, que não provenham de criatórios autorizados."
Constituição de Mato Grosso:
[...]
Art. 263, parágrafo único, IX: "proteger a fauna e a flora, assegurando a diversidade das espécies e dos ecossistemas, vedadas, na forma da lei, as práticas que coloquem em risco sua função ecológica e provoquem a extinção de espécies ou submetam os animais à crueldade."
Art. 275: "Ficam vedadas, na forma da lei, a pesca no período de desova e a pesca predatória em qualquer período, bem como a caça amadora e profissional, apreensão e comercialização de animais silvestres no território Mato-Grossense, não provenientes de criatórios autorizados pelo órgão competente."
Art. 276: "O apreendido da caça, pesca ou captura proibidas das espécies da fauna terá destinação social e não será mutilado, incinerado ou sob qualquer forma destruído."
Constituição do Rio de Janeiro:
[...]
Art. 258, § 1º, IV: "proteger e preservar a flora e a fauna, as espécies ameaçadas de extinção, as vulneráveis e raras, vedadas as práticas que submetam os animais à crueldade, por ação direta do homem sobre os mesmos."

pelas Leis nºs 7347/85; 7853/89; 7913/89, 8069/90, 8078/90 bem como pela Constituição da República Federativa do Brasil de 1988. Fala-se aqui da valorização das persuasões comuns. Não só o costume, mas também a lei só se podem impor efetivamente se consagrados por um consenso geral. Estas persuasões comuns, esta consciência popular, são a resultante e a combinação das consciências individuais. Há sempre encontro e consciência recíproca entre as consciências individuais e as sociais. E este encontro, que também pode ser *luta* torna-se mais explícito e ativo com o progresso da evolução jurídica. Desta forma, a luta pelo direito, seja ele individual ou coletivo, devidamente entendida, constitui um dever ético como ensina Giogio Del Vechio.[85]

Ocorre que hoje os direitos supraindividuais, abordados aqui apenas na esfera jurídica pátria, já tem seus contornos e suas exigências refletidas no atual mundo globalizado. Não há mais como se limitar a um país apenas as exigências de uma coletividade, uma vez que sociologicamente já se afirmaram os organismos dotados de maior força como sendo aqueles que trascendem os limites territoriais-geográficos de um Estado. O melhor exemplo é a proteção ao meio-ambiente que não pode ser entendida de forma isolada uma vez que toda a atmosfera climática da Terra vem sendo alterada paulatinamente. Desta forma, a destruição da camada de Ozônio, trazendo o degelo das calotas polares, os desmatamentos, a questão da futura escassez da água hoje abundante, são direitos difusos, indivisíveis, e portanto, metaindividuais que merecem tratamento protetivo de todo e qualquer organismo sócio-econômico-jurídico do Planeta. Evidente que não se quer aqui minimizar os conflitos *inter partes*, colocando o indivíduo em situação de menor proteção

85 "Se é certo que, por vezes, as paixões menos nobres ressurgem e dominam, levando alguns Estados a oprimir os seus próprios cidadãos ou outros povos, ao ponto de comprometerem as mais belas conquistas da civilização humana, nem por isso deixa de ser absolutamente válido, vivo e ativo nas consciências o ideal de liberdade, da ordem e da paz (em resumo: da justiça) tanto no âmbito de cada Estado como no das relações entre vários Estados. Quanto mais graves são as ofensas àquele ideal, tanto mais altas e vigorosas são, e serão, as suas reivindicações. O regresso ou involução nunca será a última palavra, enquanto existir o espírito humano com a capacidade de infinito por força de sua natureza. A ideia de progresso não tem apenas um significado teórico, enquanto exprime uma tendência para um fim que se manifesta necessariamente no curso da história, apesar de todas as negações e contrastes; tem também um valor ético (especialmente nas doutrinas de KANT e MAZZINI), enquanto implica para cada um o dever de cooperar para o mesmo fim, isto é, para o maior aperfeiçoamento individual e social e para a atuação do ideal de justiça". VECCHIO, Giorgio Del. Lições de filosofia do direito. 5 ed. **Coleção Studium**, nº. 58 e 59, Armênio Amado Editor, 1979.

jurídica. Porém, tem-se historicamente que as questões individualmente consideradas já conquistaram o devido amparo legal.

O esforço agora é dirigido à viabilização da garantia constitucional do acesso à justiça (art 5º, XXXV da C.R.F.B. de 1988) ao dizer "a lei não excluirá da apreciação do Poder Judiciário nenhuma lesão ou ameaça a direito". Ao mencionar a última parte, fez-se clara a preocupação do legislador com esses direitos não patrimoniais que, por sua vez, ficam impossibilitados de ter a garantia de não sofrimento de lesão.

Os anseios da coletividade, dos grupos, classes e todos os microcosmos devem ter um instrumento capaz de fazer valer seus direitos enquanto força plural. Esta preocupação ainda é muito acanhada no mundo jurídico. Os operadores do direito dedicam-se muito à filigranas jurídicas de interpretação, perdendo-se em vaidades de construções técnicas, e com isso se distanciam das reivindicações populares, das exigências das classes menos favorecidas e da satisfação dos "novos direitos".

Com o que Kazuo Watanabe[86] vem a chamar de "litigiosidade contida" surge uma parcela da sociedade que fica marginalizada, sem poder levar ao conhecimento do Poder Judiciário os seus conflitos de interesses. Há certamente um temor à lei, à figura do juiz, aquele que condena e pune. É assim que a população mais carente enxerga a Justiça. Algo incompreensível e distante, embora capaz de ferir e tirar a liberdade. Surge assim uma necessidade de não se frustrarem esses conflitos, de trazê-los para perto da aplicação da lei, buscando oferecer também uma orientação e conforto para as partes hipossuficientes. Desta forma surge então a primeira onda: assistência judiciária para os pobres.

5.8. As três ondas renovatórias de Mauro Cappelleti e Bryant Garth

O estudo da primeira onda sob um enfoque sociológico exige uma menção prévia à fonte de todas as ciências sócias: a filosofia. A visão filosófica para Miguel Reale, significando o amor pela sabedoria, começa com um estado de inquietação e perplexidade, para culminar numa atitude crítica diante do real e da vida. Considerando o estudo de Aristóteles (384 - 322 a.C) que repetia Platão, a Filosofia começou com o assombro do homem perante a força da natureza e progrediu em escala crescente de dúvidas sobre o próprio ser humano, suas relações em grupos e sua existência. A Filosofia é sim a ciência das causas primeiras e das razões

86 WATANABE, Kazuo. Acesso à justiça e sociedade moderna. *In*: GRINOVER, DINAMARCO e WATANABE. **Participação e processo**. São Paulo: RT, 1988. pp. 21-26.

últimas, mas sempre lembrando que o percurso é mais importante do que a chegada. O valor reside justamente na constante busca de uma maior profundidade.

O tema de Acesso à Justiça já abordado em inúmeras obras de grande peso literário-jurídico clama por um estudo profundo na medida em que trata da possibilidade do ser humano carente de recursos obter uma pacificação de seus conflitos. O estudo da vida e do comportamento social é o próprio estudo sociológico, sobretudo quando se aborda as mudanças sociais ocasionadas pelo surgimento de um sistema jurídico que permite que todos usufruam da tutela jurisdicional.

O termo "sociologia" foi primeiramente usado por Augusto Comte e desde o início tem sofrido uma séria crise de identidade ocasionada por suas várias definições.

Ocorre que a Sociologia é definida como o estudo da sociedade, furtando-se de falar no estudo de todos os outros grupos, subgrupos e células sociais, que embora menores que a sociedade não são menos importantes. Desta forma o estudo de uma dinâmica de grupo de uma sala de aula, bem como a de um cartório dos Juizados Especiais merece, sim, um estudo sociológico, porque suas realidades influenciam outras e são capazes de gerar mudanças em toda sociedade. E também o estudo de grandes grupos econômicos, organizações de diversos países e blocos sociais, não são em si uma sociedade, mas também merecem estudo sociológico.

Fundamental para a compreensão sociológica de um tema é entender que o todo é maior do que a soma de suas partes, pois o todo inclui também as relações que ligam em si as partes, o que em geral não pode ser obtido apenas com o conhecimento das partes.

A *primeira onda renovatória,* viabilizando o acesso à justiça para os pobres, traduz uma preocupação sócio-cultural de proporções globalizadas. As reformas processuais ocorreram na Áustria, Inglaterra, Holanda, França e Alemanha Ocidental como descreve Mauro Cappelletti e Bryant Garth, através do *Sistema Judicare.* Tal sistema implica em que a assistência judiciária seja compreendida como um direito para todos que se enquadrem nos termos da lei. São advogados particulares que trabalham com apenas uma diferença: os honorários são endereçados ao Estado. Tomando-se como exemplo o sistema britânico, há uma extensa lista de advogados, já que a remuneração é satisfatória, onde os jurisdicionados podem escolher o profissional que irá defendê-los em juízo.

Embora o *Sistema Judicare* seja revolucionário sob o enfoque sociológico, traduzindo uma imensa mutação social, recebe muitas críticas por não encorajar o pobre nem o esclarecer sobre os seus direitos.

Parte-se da ideia de que cada um irá reconhecer seus conflitos e pedir ao advogado sua defesa em juízo. São afastadas as custas, mas não se soluciona o problema, já que o hipossuficiente não consegue enxergar bem seus direitos. Ocorre que são mais facilmente identificáveis os direitos individuais em matéria de família e criminal, deixando-se sem amparo os chamados "novos direitos", ou ainda "direitos coletivos" que dentro de um enfoque sociológico são, sem sombra de dúvida, os mais importantes. Há, portanto, no *Sistema Judicare* uma negligência da situação de "classe social", atendendo-se apenas as exigências individuais. Os tão exaltados direitos dos consumidores ficam sem amparo.

O sistema francês merece um aplauso por trabalhar não apenas com os mais carentes, mas também com uma população acima do nível de pobreza.

Posteriormente, surgiu a figura do "Advogado Remunerado pelos Cofres Públicos" com objetivo diferente do anterior sistema. Neste sistema o atendimento é feito por "escritórios de vizinhança" por advogados pagos pelo governo, mas voltados exclusivamente para os pobres. O objetivo é utilizar o dinheiro dos contribuintes com o maior custo-benefício e suas vantagens se resumiam em ir até o pobre para auxiliá-los criando uma categoria de profissionais capazes para tal. A crítica vem dizendo que tal modelo é muito paternalista ao tratar o pobre como quase incapaz, quando o correto seria o tratar como igual, apenas com menos dinheiro.

Outro problema é que tal sistema exige um apoio estatal muito forte contra a proliferação da pobreza, poucos são os países com um governo voltado para a irradicação da pobreza como os Estados Unidos. Também a Suécia e Província Canadense de Quebec seguem essa ótica e buscam oferecer mecanismos capazes de fomentar coragem nos pobres para solicitar seus direitos. Para tanto se utilizam dos chamados "modelos combinados", que permitem que os indivíduos escolham entre os advogados particulares com atendimento personalizado ou a capacitação especial de advogados de equipe treinados para atender aos mais necessitados.

Na Inglaterra há os "*Law Centers*" que são cada vez mais elogiados por sua brilhante atuação, localizados em áreas pobres e até bem perto de Londres, oferecem qualidade em seus serviços com seus *Solicitors* assalariados e até *Barristers* defendendo direitos até em Cortes Superiores. Mas já que se buscou falar de vários países é preciso relevar muito a Suécia, que com mínimos índices de pobreza, conseguiu finalizar totalmente o problema da assistência judiciária. No entanto isso lhe custou ser o mais dispendioso sistema de assistência judiciária do mundo como afirma Mauro Cappelletti e Bryant Garth.

É na *segunda onda renovatória* que surge a representação dos interesses difusos e coletivos em juízo. Espera-se uma verdadeira revolução processual, na medida em que o processo ainda é visto como instrumento capaz de pacificar um conflito entre duas partes, cada qual defendendo seus direitos individualmente. A ideia de um direito da coletividade, do grupo, que mereça tratamento especial é inovadora para os ditames processuais clássicos.

Mas tal novidade sob o enfoque sociológico apenas vem a seguir o fato Social mutante. Hoje os direitos difusos são a maior parcela dos direitos.

Cada ser humano, individualmente, tem mais direitos coletivos a defender em juízo, do que os próprios direitos individuais. A prova disso é uma análise rápida de titular de direitos: Um *homo medius*, homem de prudência mediana, normal, é consumidor de serviços e produtos em potencial, podendo pertencer a vários subgrupos de consumidores. Também faz parte de um condomínio de apartamentos ou casas, seja como locatário ou proprietário, trabalha em determinada empresa pública ou particular e com isso pertence a uma categoria profissional, podendo ainda pertencer a sindicatos e clubes associativos, bem como a planos de saúde, etc. Desta forma, mais fácil é que se tenha um desses direitos lesionados do que um simples direito individual. E a tutela desses direitos merece tratamento próprio, específico, bem como os direitos difusos que visam a preservação do meio ambiente, incluindo a proteção aos animais.

Claude Leford, citado por Clémerson Cléve, afirma: "A sociedade democrática é aquela que não apenas garante os direitos individuais e coletivos historicamente conquistados, mas também os promove.".[87]

Hoje tem-se instrumentos inovadores como a Ação Civil Pública, a Ação Popular, o Mandado de Segurança Coletivo que propiciam a defesa de interesses metaindividuais. Não há como se falar em acesso à justiça sem mecanismos de proteção do acervo cultural, do patrimônio histórico, artístico, do meio ambiente e dos animais que o compõe.

A terceira onda renovatória é propriamente o *novo enfoque do acesso à justiça*, agora sob o prisma dos chamados "consumidores de justiça". Com isso deixa-se de lado as preocupações partindo dos chamados "produtores de justiça" (advogados, juízes, serventuários, promotores) para se buscar atender aos apelos daqueles que a consomem: o povo. Busca-se aqui a *deformalização* do processo, o abandono de excesso de

87 CLÈVE, Clemerson. **O direito e os direito**. São Paulo: Max Limonad, 2001. p. 173.

formalismos e a criação de mecanismos capazes de garantir às partes uma solução de seus conflitos. Novos Direitos exigem novos mecanismos, instrumentos, figuras e meios. A busca pela segurança nas relações jurídicas coletivas agora através de novos sistemas, vem a constituir um novo e sólido valor sócio-cultural.[88]

5.8.1. Evolução do direito processual e influência das class actions

O Direito Processual passou por diversas fases evolutivas; iniciando com o sincretismo em que se desconhecia a autonomia da relação jurídica processual. O termo utilizado era "direito adjetivo" pois a ação era compreendida como o próprio direito subjetivo material, que com a lesão ocorrida adquiria força para obter sua reparação. Esse período vigorou até que a doutrina alemã iniciou seus estudos sobre a natureza jurídica do processo.

Passou-se para a segunda fase, chamada Autonomista ou Processual, surgindo grandes construções doutrinárias e científicas, mas sempre enxergando o processo como um instrumento técnico, sem atentar para o seu aspecto social e muito menos para os valores de justiça que deveriam ser por ele perseguidos. Foi uma fase auto-referente do processo, em que ele se afirmava como ciência e ganhava segurança social. Com isso o resultado era um grande culto a suas formalidades como um grande jogo, onde os jogadores deveriam mostrar sua técnica.

Hoje tem-se a fase instrumentalista do processo, que é por si uma fase muito crítica. Busca-se a efetividade do processo, com novas soluções práticas sempre visando a economia processual. O processo é visto como um grande instrumento valorizador de justiça, e não apenas técnico. Esta fase vem ao encontro das três ondas renovatórias e da implementação dos direitos metaindividuais.

Vive-se o momento de necessidade de remodelamento de todas as normas processuais tradicionais para se criar um Processo Civil Coletivo. Examinar-se-á mais adiante as mudanças já ocorridas.

---

88 Meta cultural é, seguramente, a segurança de um indivíduo, como é a segurança de uma sociedade. Meta cultural sendo, motiva a criação, ou o desenvolvimento, ou ainda o aperfeiçoamento de meios de que a sociedade vem a dispor para assegurar a consecução de tal objetivo. São os meios institucionalizados de que fala Merton, principalmente representados pelas normas sociais. Entre estas, as normas jurídicas; destas fazem parte as normas do Direito Processual". ROSA, Fellipe Augusto de Miranda. **Sociologia do direito** – O fenômeno jurídico como fato social. 10 ed. Rio de Janeiro: Jorge Zahar, 1993.

Cumpre primeiro localizar historicamente quem primeiro admitiu uma demanda coletiva. Deu-se na Inglaterra, no século XVIII, com a edição do *Bill of Peace* do século XVII. Tratava-se da ideia do interesse comum ou *commonality* em que se cuidava dos interesses de todos os membros de uma classe uniformemente. Era o mecanismo ideal para atender às solicitações de um grande número de titulares perfazendo um total impossível de formar um pólo ativo processual. Com o passar do tempo tais ações perderam sua utilidade, sendo suplantadas pelas atuais *representative actions* (próprias para a defesa de direitos individuais homogêneos) e as *relator actions*, utilizadas para a defesa dos direitos indivisíveis. As primeiras se assemelham às *classs actions* norte-americanas.

Em 1845, a Suprema Corte Norte-Americana promulgou uma variedade de regramentos processuais baseados na *equity*, e precisamente na *Equity Rule 48*, havia a primeira referência à ação coletiva em território norte-americano. Neste primeiro momento não se concebia uma coisa julgada que prejudicasse aos ausentes, muito embora estes pudessem ser beneficiados e tutelados pelo instrumento coletivo.

Apenas em 1912 é que houve um avanço da anterior norma para a que vem a ser chamada de *Rule 38*, onde se suprimiu a proibição da coisa julgada alcançar os ausentes na demanda coletiva. Simplificava-se tudo na ideia de se promover um litisconsórcio em que não fosse possível compor com todos os titulares de direitos. Apenas uns representariam os interesses da classe.

Importa salientar que nos E.U.A inexiste uma codificação, mas sim as *Federal Rules of Civil Procedure* que surgiram como a primeiro conjunto de regras federais, pois antes o que havia era apenas as regras de cada estado, concebidas dentro de uma órbita de um federalismo muito mais extremo do que o modelo brasileiro. Nesta órbita federal o que se discutia dizia respeito à questões federais, leis ou tratados, ou casos entre cidadãos de estados diferentes (diversidade de cidadania). Na Regra 23 dividiu-se o tratamento das ações coletivas em: *true, hybrid* e *spurius*, significando respectivamente ações coletivas propriamente ditas, híbridas e impróprias. Esta classificação de um dos redatores da Regra, James W. Moore foi muito criticada até o ano de 1966, quando a Suprema Corte editou a atualização da *Rule* 23. As três modalidades foram retiradas e foi criado o sistema de *opt-out* para as ações coletivas para a defesa de direitos individuais e a dispensa de notificação quando se tratasse de direito difuso, indivisível e com titulares numerosíssimos, o que ocasionaria um gasto exorbitante para se proceder a um critério de comunicação um a um inviável na prática, ocasionando a desistência da ação por parte dos autores e caminhando na contra-mão do acesso à ordem jurídica justa.

Ensina Márcio Flávio Mafra Leal[89, 90] que a "chave" para toda a compreensão dos sistema da Regra 23 é a adequação na representação (*Adequacy of Representation)*. Tomando-se como exemplo uma companhia que afete o meio-ambiente poluindo-o. Será demandada por muitas pessoas representadas apenas por uma que por sua vez terá que cumprir diversas condições constantes do título A da Regra 23. O tribunal exigirá que o representante seja competente, capaz em diversos níveis.

Trata-se de uma especialização em lidar com demandas coletivas, uma vez que é muita responsabilidade representar os direitos de um grupo maior. Se essa pessoa não for devidamente preparada para exercer tal função, melhor é que não o faça. O tribunal raramente dirá que o representante é inapto, apenas ordenará que inicie a representação e se a argumentação for fracativa, limitar-se-á a Côrte a dizer: "Você perdeu".

O Tribunal pode ainda optar por não certificar a ação de classe. Chama-se de *certification* a um rigoroso juízo de admissibilidade. Não será certificado se for verificado que as condições exigidas na Regra 23 não estiverem presentes. No caso em que o Tribunal certifica haverá alguém que falará em nome de um grupo maior (caso do herói).

No Brasil, diferentemente, o indivíduo é proibido de ingressar com ação de classe. Apenas o Ministério Público ou entidades de classes desfrutam dessa legitimação conferida pela lei. Inversamente, nos E.U.A essa legitimidade é muito mais ampla, por isso mesmo também há abusos com relação ao sistema. Com o surgimento da Lei nº 8078/90 houve uma maior pulverização dessa legitimidade para a proposição das ações de classes brasileiras, mas ainda assim é muito mais restrita do que a sua inspiração norte-americana. As *class actions for damages* ou *damage class actions* fundadas na alínea "b" (Regra 23) equiparam-se as ações coletivas do CDC na defesa de direitos individuais homogêneos, e têm caráter indenizatório, com base em responsabilidade civil. A jurisprudência americana conquistou o alargamento da competência para aceitar também os chamados *mass tort* ***case,*** que são pleitos envolvendo massas ou grupamentos lesionados. Antes apenas se admitia a ação versando sobre evento singular (*single-event*).

O modelo norte-americano é sofisticado e moderno, mas não pode ser simplesmente transplantado para o Brasil. É uma leviandade se pensar que é possível realizar transplantes jurídicos. É preciso se considerar

89 LEAL, Márcio Mafra Leal. **Ações coletivas**: história, teoria e prática. Porto Alegre: Sérgio Antonio Fabris Editor, 1998. pp. 155-162.

90 Chama-se *mass tort cases*, as ações que envolvam ato ilícito, como as de responsabilidade civil em geral.

todos os modelos e adequá-los, na medida do possível, ao sistema brasileiro, providenciando cautelosamente as correções necessárias ao seu funcionamento local.

A Constituição Federal de 1988, em seu artigo 5º assegura o acesso à justiça de várias formas: como no inciso XXIV, quando assegura o direito de petição; no inciso XXXV, quando afirma que a lei não excluirá da apreciação do Poder Judiciário lesão ou ameaça a direito; no inciso LXXIV, quando afirma que o Estado prestará assistência judiciária integral e gratuita aos que comprovem insuficiência de recursos. Desta forma a preocupação do legislador constituinte está clara e o que se busca não dizer no Brasil o velho provérbio inglês; *"Justice is open for all just like the Ritz Hotel."*. [91] Ocorre que agora esse acesso à justiça se dá de forma cada vez mais intensa no plano coletivo, O direito objetivo brasileiro foi além da proteção aos interesses coletivos e difusos (chamados de direitos naturalmente coletivos), protegendo também os interesses acidentalmente coletivos, ou seja, os individuais homogêneos.

No embalo da terceira onda renovatória de Cappelletti e Garth, pela ótica dos consumidores de justiça é preciso se operacionalizar um sistema que realmente seja eficaz para viabilizar todo a *mens legis* constitucional. Portanto Paulo César Pinheiro Carneiro[92] propõe uma releitura dessa garantia constitucional a partir de quatro grandes princípios: operosidade, utilidade, proporcionalidade e acessibilidade.

A operosidade significa que as pessoas que participam da atividade judicial ou extrajudicial devem atuar da forma mais produtiva e laboriosa possível para assegurar o efetivo acesso à justiça. Este princípio implica na atuação ética de todos os envolvidos e no uso adequado dos instrumentos processuais de forma a ser a mais produtiva possível.

---

91 De nada valeria inscrever na Constituição o princípio de que todos têm o direito de pleitear em juízo, se não se cuidasse de pensar no problema daqueles que, sentindo essa necessidade, não disponhamtodavia dos meios necessários para o custeio do processo. Houve quem dissesse ironicamente: a justiça, assim como o Hotel Ritz, está aberta à todos. É preciso que nós asseguremos concretamente a possibilidade de acesso, não ao Hotel Ritz, que, convenhamos, é supérflua, mas à justiça, que não é tão supérflua assim. Como prover a essa necessidade? Joaquim B. Barbosa Gomes. **A recepção do Instituto da Ação Afirmativas pelo Direito Constitucional Brasileiro**. 2001. p. 2. Disponível em: <http://www.adami.adv.br/artigos.asp>. Acesso em: 02 Ago. 2019.

92 CARNEIRO, Paulo Cezar Pinheiro. **Acesso à Justiça**: juizados especiais cíveis e ação civil pública. Tese. Faculdade de Direito da Universidade do Estado do Rio de Janeiro: Forense, 1999. pp. 55 e segs.

A utilidade se refere à necessidade da máxima de Chiovenda[93] de que o processo deva assegurar ao vencedor tudo aquilo a que ele tem direito a receber, da forma mais rápida e proveitosa possível, e com menor sacrifício pra o vencido.

A proporcionalidade é a escolha que o julgador deve fazer quando se depara com dois intresses em conflito. O julgador deve privilegiar aquele interesse que satisfaça a um maior número quantitativo de pessoas. Nessa linha de raciocínio se verifica que o direito ao meio ambiente (difuso) tem muito mais valor do que um direito individualmente considerado.

Enfim, a acessibilidade é a existência de sujeitos de direito (aqui leia-se, os necessitados em geral precisam também de amparo jurídico para seus animais), capazes de figurar em juízo, sem obstáculos de qualquer natureza, utilizando de forma adequada o ordenamento jurídico e possibilitando o acesso aos necessitados. Inclui-se aqui o direito de / informação, a gratuidade de justiça e o a garantia de uma legitimidade adequada. Mecanismos como os Juizados Especiais (Lei nº 9099/95) e o próprio Código de Defesa do Consumidor vieram para viabilizar essa proposta, a Lei Complementar nº 8078/90. Não se ousa tratar de tema tão extenso e rico, mas apenas demonstrar sua sincronia com os movimentos de Acesso à Justiça.

Merton[94] ao analisar os sistemas de grupos, classes sociais e entidades representantes de cada esfera define consciência social como sendo a percepção de membros representativos do grupo identificando a existência de uma situação social ou crise de negócios que reclame ajuste ou solução de iniciativa coletiva. Cita-se o sociólogo apenas para sublinhar a atualidade do tema original da segunda onda renovatória que não traz consequências apenas jurídicas, mas apenas juridicamente garante-se a proteção almejada. Assim, por exemplo, a exterminação dos animais comunitários de uma área pública, representará um direito coletivo a ser tutelado.

Mais uma vez demonstra-se a urgência de um redimensionamento do processo às novas questões sociais, bem como a especialização de profissionais nesta área tão nova, mas repleta de vida. Ora se o direito

93 *"Il processo deve dare per quanto è possibile praticamente a chi há um diritto tutto quello e próprio quello ch´egli há diritto di conseguire"*. CHIOVENDA, Giuseppe. **Saggi di diritto processuale civile**. Roma: Foro Italiano, 1930. p. 110.

94 MERTON, Robert. K. (Org.). Contribuitions to the theory of reference group behavior. In: MERTON, Robert K.. **Social Theory and social Structure**. New York: Free Pass, 1968.

ambiental é difuso em essência e em realização, e se merece tutela ampla e irrestrita, há que se criar com a máxima urgência uma nova ótica jurídica para estuda-lo.

O objetivo neste capítulo é demonstrar a proteção dos animais, através da visão ambientalista, porém para tanto há que se referendar toda a necessidade de acesso à justiça que já vem acenando na doutrina e na jurisprudência.

As ações coletivas, bem como as ondas renovatórias e a evolução constante do direito processual com o advento de novas leis que propiciem uma modernização da justiça são o reflexo de uma busca, um clamor dos consumidores de Justiça nos dias de hoje. No terceiro milênio os novos direitos exigem um direito processual que os abranja de forma coletiva, a fim de alcançar todas as difusividades do direito ao meio ambiente equilibrado. A necessidade de uma tutela inibitória coletiva para prevenir o ilícito, sua continuação e repetição está afirmada e garantida pela Lei nº 8078/90 em todas as suas formas.

A conscientização de que um processo coletivo elimina um quantitativo elevadíssimo de demandas individuais repetitivas, que acabam por emperrar o Poder Judiciário, atentando contra todos os princípios de efetividade processual se faz necessária para que se possa criar aos poucos um Direito Processual Coletivo, com suas especificidades diante das normas tradicionais e munido de todos os instrumentos capazes de trazer de volta a pacificação social.

Enfatize-se que é cada vez mais importante, para a questão da proteção do ambiente, a compreensão do acesso à justiça, a partir da ótica de que há ampla possibilidade de acesso direto à Constituição pelos juízes, por meio das próprias ações constitucionais de tutela dos interesses transindividuais".[95]

Assim sendo o direito dos animais está já inserido na difusividade do próprio direito ao meio ambiente equilibrado. Se o direito ambiental é um direito fundamental de todo ser humano, embora não elencado no art. 5º, mas sim no art. 225 da Constituição Federal, como direito difuso por excelência, merece os mesmos instrumentos que o ordenamento

95 O acesso à Constituição em matéria ambiental parece ser cada vez mais importante, podendo ser instrumentalizado a partir de uma concepção baseada no exercício do poder de restrição constitucional da liberdade de conformação do legislador ordinário nas ações de tutela dos direitos transindividuais. LEITE, José Rubens Morato; AYALA, Patrick de Araújo. Novas tendências e possibilidades do direito ambiental no Brasil. In: VOLKMER, Antonio Carlos; _____ (orgs.). **Os "novos" direitos no Brasil**: natureza e perspectivas: uma visão básica das novas conflituosidades jurídicas. São Paulo: Saraiva, 2003. p. 256.

jurídico pátrio disponibiliza a todos aqueles direitos considerados coletivos. Lembrando sempre que uma demanda coletiva para proteger os animais evitaria uma infinidade demandas individuais que viriam a afogar o Poder Judiciário. E atentando para que estes animais viriam a juízo representados pelo Ministério Público, que é o órgão dotado da capacidade processual para tanto.

Se a demanda versar sobre crime contra animais silvestres (que são todos aqueles animais pertencentes às espécies nativas, migratórias, aquáticas ou terrestres , que tenham a sua vida ou parte dela ocorrendo naturalmente dentro do Território Brasileiro e suas águas jurisdicionais), além de serem normalmente protegidos pela Lei nº 9.605/98 ainda podem ser denunciados à Polícia Florestal (onde houver) e ao IBAMA. Os animais silvestres possuem legislação própria prevista na Constituição Federal e no Código Penal.

Além do Parquet é possível que os animais sejam representados em juízo pelas Associações Protetoras dos Animais e pelas Associações de Bairro. Essas últimas representam uma força associativa que pode provocar as autoridades de forma eficaz, uma vez que a Lei nº 7347/ 85 as qualifica como entidades de função pública legitimadas para ingressar com mandados de segurança (Constituição Federal em seu art. 5º, LXX, "b"). Sendo a Fauna considerada um patrimônio público, parte integrante do todo ambiental, já pode e deve perfeitamente ser objeto de proteção desta forma antes exposta. E, sem especial, não há motivos para a sociedade continuar ignorando a necessidade urgente de proteger os animais que se encontram alijados de seu habitat natural, espalhados pelas cidades e grandes metrópoles.[96]

A aplicação de tal tutela de direitos alcança perfeitamente a proteção a todos os tipos de animais, uma vez que neste trabalho já se restou comprovado que há proteção constitucional garantida aos animais, ainda que sejam apenas considerados bens ambientais.

Desta forma o princípio do poluidor pagador pode aqui ser alargado até evitar o agente que vitimiza os animais, seja com maus-tratos, seja com lazer cruel, seja com o extermínio. Aquele que promove brigas de galos ou canários, rodeios, e vaquejadas[97], rinha de cães, touradas ou

---

96 Páginas da Internet relacionadas: http://www.renctas.org.br; http://www.sos-fauna.org, http://www. ibama.gov.br; e http//www.aila.org.br.

97 Sobre o tema o STF recentemente incluiu o parágrafo 7º no art. 225, que autoriza a prática para fins culturais.

a farra do boi está afrontando a Constituição da República e merece todas as punições que a própria lei infraconstitucional prevê:[98]

A primeira proposição de lei que surgiu para impedir crueldades foi a que proibiu as lutas entre touros e cães, introduzida na Câmara dos Comuns em 1800. George Canning, Ministro de Assuntos Exteriores, julgou um absurdo e ela foi rejeitada, sob a alegação de que se teria que proibir, então, o boxe [99].

Em 1821, Richard Martin fez uma proposição de lei para impedir os maus-tratos a cavalos. Essa proposição foi igualmente rechaçada. Só em 1822 Martin, triunfou, com a aprovação da primeira lei de proteção aos animais. Esta proibia que alguém submetesse a maus-tratos o animal, que fosse propriedade de outra pessoa. Pela primeira vez a crueldade contra os animais tornava-se uma infração punível.

A primeira sociedade de proteção aos animais foi fundada na Inglaterra sob o nome de *Royal Society for the Prevention of Cruelty to Animals*, sob os cuidados da Rainha Vitória. Surgiu para postular em juízo o cumprimento da lei. Tinha o formato quase de uma Curadoria Especial dos Animais.

Apenas no século XX a expressão sujeito de direitos surgiu em relação aos animais. Vários países começaram a aprovar leis defendendo os animais da crueldade dos próprios homens. Os novos direitos atingiram o idoso, a criança, o adolescente, os índios e os deficientes. Fez desaparecer a distinção entre raça, cor, sexo e condição social.

É o momento de se conferir aos animais pelo menos o direito de existir.

---

98 Lei Federal de Crimes Ambientais nº 9605/98 de 12 de fevereiro de 1998, art. 32: "Praticar ato de abuso, maus tratos, ferir ou mutilar animais silvestres, domésticos ou domesticados, nativos ou exóticos:
Pena – detenção de três meses a um ano, e multa.
Parágrafo 1º – Incorre nas mesmas penas quem realiza experiência dolorosa em animal vivo, ainda que para fins didáticos ou científicos, quando existirem recursos alternativos.
Parágrafo 2º – A pena é aumentada de um sexto a um terço, se ocorrer morte do animal

99 SINGER, Peter. **Liberation animal**. México: Cuzamil, 1985. p. 318.

5.8.2. Proteção constitucional independente da ausência de personalidade jurídica

A falta de personalidade não inibe a proteção dos seres vivos de todas as espécies. Apesar de o Código Civil tratar os animais como coisas nada impede que eles sejam protegidos, como já exposto anteriormente, como espécie do gênero bem ambiental. Trata-se de *macrobem*[100], componente de um direito difuso e generalizante.

Os elementos que compõem o meio ambiente tem conceituação e regime próprios e estão submetidos a uma legislação específica (Lei nº 6838/81)[101] (que dispõe sobre a Política Nacional do meio Ambiente). Assim quando se fala na proteção à fauna, ou na proteção ao animal doméstico, está-se falando de parte componente do todo ambiental, que é por sua vez bem incorpóreo e imaterial.

Dos ensinamentos de Murgel Branco é possível extrair o conceito de sinecologia, em abordagem mais ampla da ecologia, agora incluindo o homem. Assim, pela sinecologia, tem-se um conceito também diferenciado de meio ambiente, no qual se incluem várias áreas do saber e várias espécies[102].

---

100 Macrobem significa um bem em visão globalizada e integrada. Parte-se do conceito de meio ambiente como o conjunto de relações e interações que condiciona a vida em todas as suas formas.

101 O conceito de meio ambiente veio para trazer a consciência ao homem. De acordo com os cientistas do século XVII, estudava-se o mundo natural com o intuito de conhecer a natureza, dominá-la e utilizá-la a serviço da vida humana. Assim, a civilização humana foi, como disse Thomas, uma expressão virtualmente sinonímia de conquista da natureza. THOMAS, Keith. **O homem e o mundo natural**. São Paulo: Cia das Letras, 1989.

102 Sinecologia: "Ramo da Ecologia que trata das relações entre as comunidades animais ou vegetais e o meio ambiente". BRANCO, Murgel. **Conflitos conceituais nos estudos sobre meio ambiente**. São Paulo: Estudos avançados, 1995. pp. 217, 222-223.
"O homem pertence à natureza tanto quanto – numa imagem que me parece apropriada – o embrião pertence ao ventre materno: originou-se dela e canaliza todos os seus recursos para as próprias funções e desenvolvimento, não lhe dando nada em troca. É seu dependente, mas não participa (pelo contrário, interfere) de sua estrutura e funções normais. Será um simples embrião se conseguir sugar a natureza, permanentemente, de forma compatível, isto é, sem produzir desgastes significativos e irreversíveis; caso contrário, será um câncer, o qual se extinguirá com a extinção do hospedeiro. Qualquer que seja o conceito a se adotar o meio ambiente engloba, sem dúvida, o homem e a natureza, com todos os seus elementos. Desta forma, se ocorrer uma danosidade ao meio ambiente, esta se estende à coletividade humana, considerando tratar-se de um bem difuso interdependente". BRANCO, Murgel. **Conflitos conceituais nos estudos sobre meio ambiente**. São Paulo: Estudos avançados, 1995. p. 231.

Portanto, o animal se insere na natureza, no meio ambiente e tem sua proteção garantida.[103]

Tudo que existe, coexiste, essa é a visão do *holismo* que pressupõe uma interação entre homem e natureza. Por outro lado, é impossível se ignorar a visão antropocêntrica, vez que ela vigora no atual ordenamento jurídico. O *Princípio de nº 1 da ECO/92* valoriza o ser humano, mas não em detrimento dos outros seres vivos: *"Os seres humanos estão no centro das preocupações com o desenvolvimento sustentável. Têm direito a uma vida saudável e produtiva, em harmonia com a natureza."*.[104]

Porém para o direito a personalidade é atributo exclusivo do homem, assim estão consonantes o Código Civil de 1916 e o Código Civil de 2002, este em vigor. Mas nada obsta que no avanço das ciências jurídicas futuramente se consiga atribuir personalidade também aos animais, uma vez que outrora os escravos eram considerados coisas e evoluíram de *"res"* para *"persona"*. Eram os negros considerados coisas ligadas a seus proprietários e passíveis de alienação a qualquer tempo.

Em termos de capacidade de exercício, têm os animais essa possibilidade de atuar no mundo jurídico, pois detentores de proteção constitucional, merecem os cuidados e a fiscalização do Ministério Público. A representação supre tal problemática da mesma forma que o deficiente mental pode ser representado na defesa de seus direitos. Ideal seria se o *Parquet* criasse uma curadoria especial só para defender o direito dos animais.

Constata-se que a construção das leis se faz através de política legislativa, que pode e deve moldar-se aos novos direitos.

Peter Singer aborda o "princípio da isonomia" com uma visão bastante moderna e não discriminadora. A isonomia garantida na Carta Magna brasileira apenas diz que todos devem ser igualmente tratados perante a lei. A doutrina e a jurisprudência já abordaram tal tema afirmando que isonomia é muito mais do que isso: significa igualar as posições processuais para que o hipossuficiente esteja no processo, enquanto sujeito dele, em condições de litigar com seu adversário, sem que isso o humilhe. Os prazos em dobro para a Defensoria Pública e em quádruplo para o Ministério Público recorrer são exemplos de isonomia de forma diferenciada. Não se trata de privilégio, mas sim de uma forma de igualar as posições, já que os órgãos públicos vivem assoberbados de trabalho.

103 Ibid.

104 Nações Unidas. Declaração de Estocolmo sobre o meio ambiente (1972). In: SILVA, Geraldo Eulálio do Nascimento. **Direito ambiental internacional**. Rio de Janeiro: Thex, 1995. p.168.

Já para Singer essa isonomia se estende para todos os seres vivos, não se restringindo aos humanos, já que todos são merecedores de iguais preocupações: *"It is an implication of this principle of equality that our concern for other and our readiness to consider their interest ought not to depend on whay they are like or on what abilities they may posses".*[105]

Já no primeiro capítulo de outra obra sua, *"All Animals are equal"*, Singer desenvolve a argumentação de que o princípio moral da igualdade alcança os animais. Utilizando-se de argumentos de Thomas Jefferson[106] e

105 SINGER, Peter. **Animal Liberation**. New York: Avon Brooks, 1995. p. 5.

106 *A free people [claim] their rights as derived from the laws of nature, and not as the gift of their chief magistrate." – Thomas Jefferson: Rights of British America, 1774. "Under the law of nature, all men are born free, every one comes into the world with a right to his own person, which includes the liberty of moving and using it at his own will. This is what is called personal liberty, and is given him by the Author of nature, because necessary for his own sustenance". Thomas Jefferson: Legal Argument, 1770. "What is true of every member of the society, individually, is true of them all collectively; since the rights of the whole can be no more than the sum of the rights of the individuals" -- Thomas Jefferson to James Madison, 1789. "It is strangely absurd to suppose that a million of human beings, collected together, are not under the same moral laws which bind each of them separately." -- Thomas Jefferson to George Logan, 1816. "The function of rights is to keep society from riding roughshod over the individual. ... Individual rights are inalienable--which means, they were not transferred to you by anyone or any government." -- Wayne Dunn "The authority of government (...) can have no pure right over my person and my property but what I concede to it." – Henry David Thoreau."It is to secure our rights that we resort to government at all." -- Thomas Jefferson to Francois D'Ivernois, 1795. "Nothing... is unchangeable but the inherent and unalienable rights of man." -- Thomas Jefferson to John Cartwright, 1824*

"[Our] principles [are] founded on the immovable basis of equal right and reason." -- Thomas Jefferson to James Sullivan, 1797 "Of liberty I would say that, in the whole plenitude of its extent, it is unobstructed action according to our will. But rightful liberty is unobstructed action according to our will within limits drawn around us by the equal rights of others. I do not add 'within the limits of the law,' because law is often but the tyrant's will, and always so when it violates the right of an individual." -- Thomas Jefferson to Isaac H. Tiffany, 1819. "Those rights , then, which God and nature have established, and are therefore called natural rights , such as life and liberty, need not the aid of human laws to be more effectually invested in every man than they are; neither do they receive any additional strength when declared by the municipal laws to be inviolate. On the contrary, no human legislature has power to abridge or destroy them, unless the owner shall himself commit some act that amounts to a forfeiture." -- Sir William Blackstone, Commentaries on the Laws of England, 1765

"A right without an attendant responsibility is as unreal as a sheet of paper which has only one side." – Felix Morley (textos retirados da Internet. Disponível em <http//freedomkeys.com/righs.htm>).

Bentham[107] sobre a necessidade de respeito à liberdade as pessoas independe de seus talentos ou de suas características, esse filósofo australiano afirma que a capacidade de sofrimento é a característica fundamental que fornece a um ser o direito de ser tratado com consideração, com direito a certos direitos inalienáveis. Nesse raciocínio os animais pelo menos teriam os chamados direitos de primeira geração (vida, liberdade e respeito a sua integridade física).[108]

---

107 *"Under the Hindu and Mahometan religions, the interests of the rest of the animal creation seem to have met with some attention. Why have they not, universally, with as much as those of human creatures, allowance made for the difference in point of sensibility? Because the laws that are have been the work of mutual fear; a sentiment which the less rational animals have not had the same means as man has of turning to account. Why ought they not? No reason can be given. If the being eaten were all, there is very good reason why we should be suffered to eat such of them as we like to eat: we are the better for it, and they are never the worse. They have none of those long-protracted anticipations of future misery which we have. The death they suffer in our hands commonly is, and always may be, a speedier, and by that means a less painful one, than that which would await them in the inevitable course of nature. If the being killed were all, there is very good reason why we should be suffered to kill such as molest us: we should be the worse for their living, and they are never the worse for being dead. But is there any reason why we should be suffered to torment them? Not any that I can see. Are there any why we should not be suffered to torment them? Yes, several. The day has been, I grieve to say in many places it is not yet past, in which the greater part of the species, under the denomination of slaves, have been treated by the law exactly upon the same footing as, in England for example, the inferior races of animals are still. The day may come, when the rest of the animal creation may acquire those rights which never could have been withholden from them but by the hand of tyranny. The French have already discovered that the blackness of the skin is no reason why a human being should be abandoned without redress to the caprice of a tormentor. It may come one day to be recognized, that the number of the legs, the villosity of the skin, or the termination of the os sacrum, are reasons equally insufficient for abandoning a sensitive being to the same fate. What else is it that should trace the insuperable line? Is it the faculty of reason, or, perhaps, the faculty of discourse? But a full-grown horse or dog is beyond comparison a more rational, as well as a more conversable animal, than an infant of a day, or a week, or even a month, old. But suppose the case were otherwise, what would it avail? the question is not, Can they reason? nor, Can they talk? but, Can they suffer? Why should the law refuse its protection to any sensitive being?".* BENTHAM, Jeremy. **The principles os Moral and Legislatition**. 1789, Chapter XVII, Section I. Disponível em: <http://www.animal-rights-library.com?texts-c/bentham01.htm>. Acesso em: 02 Ago. 2019.

108 *"When we say that all human beings, whatever their race, creed, or sex are equal, what is it that we are asserting? Those who wish to defend a hierarchical, inegalitarian society have often pointed out that by whatever test we choose, it simply is not true that all humans are equal. Like it or not , we must face the fact that humans come in different shapes and sizes; they come with differing moral capacities, dif-*

Singer demonstra facilmente que igualdade não significa mesma identidade, ou seja, seres iguais não são seres idênticos. Isso porque não se pode ignorar que os seres humanos tenham capacidades e características diferentes, uns mais inteligentes que outros, uns mais bonitos, outros mais saudáveis. Com todos são detentores dos mesmos direitos, também o seriam os animais.

Se o físico alemão Albert Einstein precisasse de um transplante de rim não poderia forçar o pior e mais limitado estudante de uma escola a lhe doar tal órgão. Isso porque os valores de ambos são iguais frente aos direitos humanos. Não pode haver discriminação é isso que Singer alega para alcançar os animais. Singer argumenta: se a posse de um grau mais alto de inteligência não autoriza um ser humano a usar outros seres humanos para seus próprios objetivos, como poderá autorizar os humanos a explorar, com o mesmo fim, os não-humanos? [109] Mas isso não significa conferir aos animais os mesmos direitos conferidos a uma pessoa. Garantir o direito de inviolabilidade de correspondência a uma vaca, o direito de resposta a um cão, o direito de maior remuneração por trabalho noturno a um gato ou o voto a um cavalo não fazem sentido algum. Apenas os interesses iguais podem ser comparados e Singer afirma que os direitos se igualam na aversão ao sofrimento.[110]

---

fering intellectual abilities, different amounts of benevolent feeling and sensitivity to the needs of others , differeing abilities to communicate effectively , and differing capacities to experience pleasure and pain . In short, if the demand for equality were based on the actual equality of all human beings, we would have to stop demanding equality. It would be an unjustifiable demand.
Still, one might cling to the view that the demand for equality amoung human beings is based on actual equality of the different races and sexes. Although humans differ as individuals in various ways, there are no differences between the races and sexes as such. From the mere fact that a person is black, or a woman, we cannot infer anything else about that person. This, is may be said, is what is wrong with racism and sexism. The white racist claims that white is superior to blacks, but this is false although there are differences between individuals, some blacks are superior to some whites in all of the capacities and abilities that could conceivably be relevant. The opponent of sexism would say the same; a person 's sex is no guide or his or her abilities, and this is why it is unjustifiable to discriminate on the basis of sex". SINGER, Peter. ***All animals are equal***. Disponível em: http://www.animal-rights – library.com/texts-m/singer02.htm. Acesso em: 02 Ago. 2019.

---

109 Singer usa a expressão não-humanos por preferi-la a tratar os animais por este termo, sob o argumento de que animais é gênero do qual fazem parte os humanos também.

110 *"Nearly all the external signs that lead us to infer pain in other humans can be seen in other species, especially the species most closely relates to us – the species of mam-*

Mais uma vez demonstra-se a urgência de um redimensionamento do processo às novas questões sociais, bem como a especialização de profissionais nesta área tão nova, mas repleta de vivacidade. Não há de se admitir uma limitação humanística ao estudo do direito processual, que deve acompanhar a evolução do direito material.

Os especistas humanos não aceitam que a dor sentida por porcos ou ratos seja tão má como a dor sentida por seres humanos.

Sobre a inserção dos direitos ambientais dentro do leque de direitos fundamentais Paulo Affonso Leme Machado ressalta a afirmação de Maguelonne Déjant-Pons: "*O direito ao meio ambiente é um dos maiores direitos humanos do século XXI, na medida em que a humanidade se vê ameaçada no mais fundamental de seus direitos o da própria existência*".[111]

A alteração da qualidade dos conflitos gera uma imperfeição em seu instrumento, considerando o processo como um meio e não um fim. Entenda-se que dentro dos direitos difusos encontra-se o direito fundamental ao meio ambiente, que por sua vez implica na proteção dos animais quaisquer que sejam eles.

Os novos direitos, bem como as ondas renovatórias e a evolução constante do direito processual, são o reflexo de uma busca, um clamor dos destinatários da Justiça nos dias de hoje. Se um determinado ser não é capaz de sofrer nem de sentir satisfação nem felicidade, não há nada a tomar em consideração. É por isso que o limite da *senciência* é a única fronteira defensável da preocupação pelo interesse de outras formas de vida. Marcar esta fronteira com alguma característica como a inteligência ou a racionalidade seria marcá-la de modo arbitrário.

---

mals and birds. The behavioral signs include writhing, facial contortions, moaning, yelping or other forms of calling, attempts to avoid the source of pain, appearance of fear at the prospect of its repetition, and so on. In addition we know that these animals have nervous systems very like ours, which respond physiologically like ours do when the anima is in circumstances in which we would feel pain; an initial rise of blood pressure, dilated pupils, perspiration, an increased pulse rate, and, if the stimulus continues, a fall in blood pressure. [...] So, to conclude: there are no good reasons, scientific or philosophical, for denying that animals feel pai. If we do not doubt that other humans fell pain we should not doubt that other animals do so too. Animals can feel pain". SINGER, Peter. ***Do animals can feel pain?*** *Excerpted from Animal Liberation. 2nd edition.* New York: Avon Brooks, 1990. p 10-12. Disponível em: <http://www.animal-righrts-library.com/texts-m/singer03.htm>. Acesso em: 02 Ago. 2019.

111 MACHADO, Paulo Affonso Leme. **Estudos de direito ambiental**. São Paulo: Malheiros Editores, 1994. p. 25.

Os racistas violam o princípio da igualdade atribuindo maior peso aos interesses de membros da sua própria raça quando há um confronto entre os seus interesses e os de outra raça. Os racistas de ascendência europeia não aceitavam geralmente que a dor conta tanto quando é sentida pelos africanos, por exemplo, como quando é sentida pelos europeus. Do mesmo modo, aqueles 'especistas' atribuem maior peso aos interesses dos membros da sua própria espécie quando há um conflito entre esses interesses e os das outras espécies.

Evitar infligir sofrimento aos animais, não apenas quando os interesses dos seres humanos não fossem afetados, seria efetuar mudanças radicais na forma como são tratados os animais, o que teria implicações relativamente à alimentação, aos métodos de criação de animais, aos processos experimentais em muitas áreas da ciência, à atitude perante a vida selvagem e a caça, as armadilhas para o uso de peles e relativamente a certas áreas do entretenimento como circos, touradas e jardins zoológicos. Em consequência disso, a quantidade total de sofrimento causado seria grandemente reduzida; seria tão reduzida que é difícil imaginar outra mudança de atitude moral que causasse uma redução tão grande da soma total de sofrimento no universo.

A postura do homem diante da natureza condiciona o tratamento jurídico a ser conferido aos animais. E para se tornar eficaz a legislação em vigor, sobre os animais, deve-se superar a visão antropocêntrica, incapaz de responder às novas necessidades ambientais.

Ao lado desse aporte doutrinário, também está contemplada essa inserção pelo próprio ordenamento jurídico brasileiro, tendo em vista o amplo conceito de meio ambiente positivado na Lei nº 6838/81 (que dispõe sobre a Política Nacional do meio Ambiente) e na Constituição Federal de 1988 em seu art. 225, bem como na Lei Federal nº 9605/98 e em diversos outros diplomas legais.

Urge que se faça um uso adequado dos instrumentos que já existem para a proteção dos animais. Hoje este conceito transcende às organizações protetoras e aos simpatizantes da causa animal, tem-se que agir com a consciência ambiental geral que já foi adquirida. O homem não pode mais ser parasita da natureza e agir apenas como um hóspede mal-educado. Tudo que a natureza oferta ao homem ele deve preservar e conservar.

Impõem-se uma relação de reciprocidade e de simbiose, onde o homem reconheça os direitos da Terra e de toda a família planetária. O conceito de sociedade não pode ser restrito ao de sociedade humana, mas deve incluir o meio ambiente e todos os animais. A partir desse manancial normativo ambiental e constitucional, pode-se comprovar que os animais estão amparados, embora os seres humanos tenham por hábito ignorar essa proteção.

Para a compreensão da complexidade da questão animal e do modo paradoxxal como ela term sido tratada pelo ordenamento jurídico brasileiro, será preciso que se exponha a evolução das leis infraconstitucionais na defesa animal no Brasil, para se chegar á polêmica discussão sobre a titularidade de direitos conferida aos animais.

A utilização de meios procedimentais atualmente tem sido criativa mas insuficiente para a correta proteção jurídica aos animais não-humanos é o que será demonstrado no próximo capítulo.

6

OS ANIMAIS SOB O OLHAR DA LEI: ENTRE A ORDEM E O CAOS

"Nada justifica a tortura, praticada em nome de pseudo-experiências científicas ou em nome de inclusão social."

(Cláudio Cavalcanti)

A primeira proposição de lei que surgiu para impedir crueldades foi a que proibiu as lutas entre touros e cães, introduzida na Câmara dos Comuns em 1800. George Canning, Ministro de Assuntos Exteriores, julgou um absurdo e ela foi rejeitada, sob a alegação de que se teria que proibir, então, o boxe.[1]

Em 1821, Richard Martin fez uma proposição de lei para impedir os maus-tratos a cavalos. Essa proposição foi igualmente rechaçada.

Só em 1822 Martin, triunfou, com a aprovação da primeira lei de proteção aos animais. Esta proibia que alguém submetesse a maus-tratos o animal, que fosse propriedade de outra pessoa. Pela primeira vez a crueldade contra os animais tornava-se uma infração punível.

A primeira sociedade de proteção aos animais foi fundada na Inglaterra sob o nome de *Royal Society for the Prevention of Cruelty to Animals*, sob os cuidados da Rainha Vitória. Surgiu para postular em juízo o cumprimento da lei. Tinha o formato quase de uma Curadoria Especial dos Animais.

Apenas no século XX a expressão "sujeito de direitos" surgiu em relação aos animais. Vários países começaram a aprovar leis defendendo

---

1 SINGER, Peter. **Liberation animal**. México: Cuzamil, 1985. p. 318.

os animais da crueldade dos próprios homens. Os novos direitos atingiram o idoso, a criança, o adolescente, os índios e os deficientes. Fez desaparecer a distinção entre raça, cor, sexo e condição social. Seria o momento de conferir aos animais algo mais do que o direito de existir.

6.1. Evolução das leis infraconstitucionais na defesa animal no Brasil

Em termos históricos é preciso se iniciar a exposição das leis que cuidam da questão animal a começar pelo dia 10 de julho de 1934, no Governo Provisório do Presidente Getúlio Vargas, onde foi editado o Decreto nº 24.645, com a proibição de prática de um rol de 31 condutas que foram definidoras de maus-tratos aos animais.

A doutrina diverge sobre esse diploma estar em vigor ou não. Parte dela defende que o mesmo está em vigor.[2] Mas é unânime a compreensão de que a Lei nº 9.605/98 causou uma revogação parcial, uma vez que há definições que não foram mantidas pela Lei de Crime Ambientais.

A Lei das Contravenções Penais, Decreto-Lei nº 3.688, de 03 de outubro de 1941, no artigo 64[3], previa a tipificação de conduta cruel contra o animal com pena de prisão simples ou multa para quem o desrespeite. Este artigo tipifica a prática de crueldade contra os animais como mera contravenção, que é "infração penal de sanções penais leves ou menos pesadas". Levai[4] defende que os diplomas contemplam coexistem harmonicamente. *"o Decreto-Lei nº 24.645/34 não foi revogado pelo art. 64 da Lei de Contravenções Penais".*

2 Há na doutrina quem defenda que o decreto está em vigor porque fora expedido em momento de total atipicidade política, só podendo ser revogado por outra lei (CADAVEZ, 2008, p. 103). Segundo Dias, (2000) o Decreto nº 24.645/34, "tinha força de lei, uma vez que o Governo Central avocou a si a atividade legiferante".

3 O artigo 64 previa: Art.64 – Tratar animal com crueldade ou submetê-lo a trabalho excessivo – Pena- prisão simples, de 10 (dez) dias a 1(um) mês ou multa; §1º- Na mesma pena incorre aquele que, embora para fins didáticos ou científicos, realiza, em lugar público ou exposto ao público, experiência dolorosa ou cruel em animal vivo. §2º- Aplica-se a pena com aumento de metade se o animal é submetido a trabalho excessivo ou tratado com crueldade, em exibição ou espetáculo público (BRASIL, Decreto-Lei nº 3.688, de 3 de outubro de 1941, 1941).

4 LEVAI, Laerte Fernando. **Direito dos animais**: O direito deles e o nosso Direito sobre eles. Campos do Jordão: Mantiqueira, 1998. p. 43.

Para Daniela Tetu Rodrigues[5] "*o artigo 64 do Dec.-Lei nº 3.688 não revogou o Dec.-Lei nº 24.654/34, mas sim o complementou com preceitos que visam a proteção dos Animais*".

Em 1964, o artigo 19 da Lei Federal nº 4.591, combinado com determinados artigos do antigo Código Civil, datado de 1916, veio proteger e tutelar os animais que vivem em apartamentos, "sobrepondo-se às convenções condominiais com cláusulas de proibição de Animais em apartamentos".

O Código Florestal ou Lei nº 4771, editado em 1965, prevê certas condutas como contravenções, cominando pena de três meses a um ano de prisão simples a quem incorrer nas mesmas.[6] Cabe ressalvar que o supracitado Código Florestal de 1965 foi revogado pelo atual Código Florestal editado em 25 de maio de 2012, também conhecido como Lei nº 12.651/2012, o qual não repete certas condutas como contravenções.

Em 1967, entrou em vigor a Lei nº 5.197, para a proteção dos animais silvestres. Conhecida como Código de Caça, a Lei passou a considerar como crimes as condutas antes tidas apenas como contravenções penais, sendo, por sua vez, posteriormente alterada, pela Lei nº 7.653 de 1988.[7] Esta, "além de conceituar fauna silvestre como propriedade do Estado, aboliu a concessão de fiança nos crimes cometidos contra os Animais".[8]

No mesmo ano de 1967, foi editado o Decreto-Lei nº 221/67, sobre a pesca, e "estabelecendo sanções administrativas aos transgressores". Este Decreto-Lei foi alterado pela Lei nº 7.679, em 1988.

No ano de 1979, a Lei nº 6.638, dispôs sobre regras para a vivissecção, o uso de animais vivos como cobaia, em pesquisas e experiências científicas.

A fauna foi definida como meio ambiente pela Lei da Política Nacional do Meio Ambiente, Lei nº 6.938/81, que também abordou criou o reconhecimento do dano ambiental e da responsabilidade civil e administrativa ambiental, considerando o meio ambiente como um direito público tutelável.

---

5 RODRIGUES, Danielle Tetu. **O direito e os animais**: uma abordagem ética, filosófica e normativa. 2. ed. Curitiba: Juruá, 2012. p. 66.

6 LEVAI, op. cit., p. 45.

7 RODRIGUES, Danielle Tetu. **O direito e os animais**: uma abordagem ética, filosófica e normativa. 2. ed. Curitiba: Juruá, 2012. p. 67.

8 Ibid. – Recentemente o Presidente da República autorizou a caça.

Em 1985, a Lei de Ação Civil Pública, Lei nº 7.347 disponibilizou mais um mecanismo de tutela do meio ambiente. E, finalmente, a Constituição Federal, em seu artigo 225, com a finalidade de tutela dos animais e do meio ambiente em geral.

O artigo 32 da Lei nº 9.605, de 12 de fevereiro de 1998, traz em seu caput a tipificação dos maus-tratos de animais silvestres, domésticos ou domesticados, nativos ou exóticos. Este artigo revogou tacitamente o artigo 64 do Decreto-Lei nº 3.688 de 1941, uma vez que, agora, a conduta de maus-tratos aos animais não se configura mais como contravenção penal, e sim como crime.[9]

O sujeito ativo desse crime, pode ser qualquer pessoa natural, por se tratar de crime comum. É sujeito passivo de tal crime a coletividade, e não o próprio animal, sendo este o objeto material da conduta delitiva. Pode ser também configurado como sujeito passivo a própria União, quando forem vítimas os animais silvestres.[10]

> A Lei nº 9.605, de 1998, define crimes ambientais, tutela direitos básicos dos animais, independentemente do instituto da propriedade privada e prevê, dentre os seus oitenta e dois artigos, nove artigos que constituem tipos específicos de crimes contra a fauna. Dispõe sobre as sanções penais e administrativas resultantes de atividades lesivas ao ambiente. [...] Permite inclusive, visualizar-se crime comissivo por omissão ou falsamente omissivo. O novo diploma apresentou, também, a regra de coautoria e participação nos crimes contra os Animais.[11]

Ainda conforme a autora, a Lei de Crimes Ambientais trouxe em seu teor a responsabilidade penal da pessoa jurídica, quanto a crime contra o meio ambiente, mas, por outro lado, não trouxe as sanções aplicáveis

---

9 Repete-se aqui o texto do artigo 32 da Lei 9605/98 pelo relevo na esfera criminal e melhor compreensão do texto: Art. 32 – Praticar ato de abuso, maus-tratos, ferir ou mutilar animais silvestres, domésticos ou domesticados, nativos ou exóticos. Pena- Detenção de 3 (três) meses a 1 (um) anos e multa.
§1º Incorre nas mesmas penas quem realiza experiência dolorosa ou cruel em animal vivo, ainda que para fins didáticos ou científicos, quando existirem recursos alternativos.
§2º A pena é aumentada de 1/6 a 1/3 se ocorre a morte do animal.

10 LIMA, 2007, p. 45

11 RODRIGUES, Danielle Tetu. **O direito e os animais**: uma abordagem ética, filosófica e normativa. 2.ed. Curitiba: Juruá, 2012. p. 28.

aos tipos penais. Contudo, o Decreto 3.176, de 21 de outubro de 1999, trouxe tais sanções.[12]

A visão da Constituição Federal de 1988, em seu artigo 225, define o homem como sujeito de direitos e o meio-ambiente (nele incluso a fauna e a flora, logo, incluindo os animais) como objeto de direitos para o benefício do homem e das futuras gerações.[13] Lembrando que no Código Civil, os animais são considerado ainda como propriedade ou coisa, não sendo, sujeitos de direitos, mas sim, bens semoventes com movimentos próprios.

6.2. A tutela jurídica da Pacha Mama

Pacha Mama ou Pachamama representa a mãe terra.[14] O boliviano historiador Rigoberto Paredes conta o mito de Pacha Mama referindo-se ao tempo,

> [...] talvez vinculado de alguma forma à terra; ao tempo que cura as maiores dores, tal como extingue as alegrias mais intensas; ao tempo que distribui as estações, fecunda a terra, sua companheira; dá e absorve a vida dos seres no universo. Pacha significa originariamente "tempo", na língua kolla; só com o transcurso dos anos – as adulterações da língua e o predomínio de outras raças – pôde confundir-se com a terra e fazer com que a esta e não àquele se rendesse preferente culto [...] Pacha-Mama, segundo o conceito que tem entre os índios, poderia ser traduzido no sentido de terra grande, diretora e sustentadora da vida.[15]

---

12 Ibid. p. 68.

13 Repete-se aqui o artigo 225 da Constituição Federal: A Constituição Federal de 1988, prevê em seu artigo 225, §1º, inciso VII o seguinte: Artigo 225. Todos têm direito ao meio ambiente ecologicamente equilibrado, bem de uso comum do povo e essencial à sadia qualidade de vida, impondo-se ao poder público e à coletividade o dever de defendê-lo e preservá-lo para as presentes e futuras gerações. §1º – Para assegurar a efetividade desse direito, incumbe ao poder público:
VII- proteger a fauna e a flora, vedadas, na forma da lei, as práticas que coloquem em risco sua função ecológica, provoquem a extinção de espécies ou submetam os animais à crueldade.

14 FERREIRA, Marcilene Aparecida. Pacha Mama: os direitos da natureza e o novo constitucionalismo na América Latina. **Revista de Direito Brasileira**, v. 4, ano 3, jan.-abril. 2013.

15 PAREDES, Manuel Rigoberto. ***Mitos, supersticiones y supervivencias populares de Bolivia***. Prólogo do Dr. Belisario Díaz Romero. La Paz: Arno Hermanos-Libreros Editores, 1920. pp. 38-42. Disponível em: https://ia800901.us.archive.org/22/items/mitossupersticio00pareuoft/mitossupersticio00pareuoft.pdf. Acesso em: 13 Ago. 2019.

No ano de 2011, o Equador, inovou bastante na tutela ambiental. Em 30 de março de 2011, foi ajuizada uma ação na Justiça equatoriana, em nome do Rio Vilcabamba, rio este que se localiza em uma região perto da cidade de Loja. A estrada de Vilcabamba-Quinara estava sendo alargada, e, por conta dessa obra, houve um acúmulo de materiais de escavação no rio em questão. Há três anos vinha-se alargando a estrada, sem ter havido um estudo sobre os possíveis impactos ambientais na região.

> A corrente fluvial aumentara, trazendo riscos de desastres para a região [...] Resíduos, pedras, cascalho e até mesmo árvores atingiam as margens diretamente, causando grandes prejuízos aos terrenos ribeirinhos. Os efeitos já vinham afetando as populações que vivem às margens do rio e utilizam sua água.[16]

Ao ser julgada procedente a demanda, tornou-se legítima a possibilidade de se ter um rio como titular de uma ação, reconhecendo o mesmo como sujeito de direitos. Esse caso fez com que os direitos da natureza fossem incorporados à Constituição do Equador em 2008, passando a haver naquele país a tutela da natureza e da Terra agora já reconhecidamente por força constitucional como *"possuidoras de dignidade e direitos".*[17]

O meio ambiente no Equador, é, portanto, considerado, sujeito de direitos, e não mais como objeto.

Pachamama é expressão dos povos andinos (Peru, Chile, Argentina e Bolívia), quando se referem à Terra Madre (Mãe Terra), absorvido pelo abandono do antropocentrismo. Hoje, Equador e Bolívia já estão aos poucos incorporando aos seus ordenamentos jurídicos a Lei da Pacha Mama, ou da Mãe Terra.[18]

Diante de tantos diplomas legais e de avanços reconhecidos na história humana pode-se notar que a questão animal esteve bastante presente, embora a evolução no Direito brasileiro ainda deixe a desejar quanto à lei civil, onde a classificação dos animais permanece inadequada. Ainda assim o reconhecimento da Pacha Mama como sujeito de direitos é por si um corte epistemológico de muito valor para a evolução mundial do direito. E, vale ressaltar que o Direito Comparado tem sido

---

16 VIANA, Mateus Gomes. A Terra como sujeito de direitos. **Revista da faculdade de Direito**, Fortaleza, v. 34, nº 2, pp. 258-259, jul./dez. 2013.

17 Ibid.

18 FERREIRA, Marcilene Aparecida. Pacha Mama: os direitos da natureza e o novo constitucionalismo na América Latina. **Revista de Direito Brasileira**, v. 4, ano 3, jan.-abril. 2013. p. 401.

relevante fonte jurídica na busca de uma legislação nacional apropriada em relação aos animais e à própria natureza.

6.3. Os animais como sujeitos de direitos: a necessidade dos animais titularizarem ou não direitos subjetivos

A vida, como valor inquestionável, merece a tutela jurídica. Ocorre que, quando essa vida não é humana, todos os holofotes se voltam para essa proteção. Após ser aprovado no Senado Federal o Projeto de Lei 27/2018, apelidado de PL "Animal Não é Coisa", com texto que reconhece os animais como entes despersonalizados, e não, coisas, retornou para a Câmara dos Deputados sob o número de 6054/19. O texto original sofreu uma emenda que o abalou consideravelmente e o projeto é merecedor de uma análise detalhada. Ainda assim, é preciso registrar que o legislativo, pior ou melhor, concretizou uma impactante mudança, que trouxe um olhar em direção aos animais, que precisa ser debatido, avaliado e estudado com a máxima atenção.

Vale ressaltar que alguns países estrangeiros já regulamentaram, em suas soberanias, mudanças legislativas que podem e devem servir de norte para uma mudança paradigmática em relação à vida animal no Brasil. Há países como a Holanda que já criou inclusive uma força policial com o fim de atuar na defesa dos animais.[19] Diante da recentíssima alteração legislativa brasileira, tornou-se imperioso primeiramente falar de tal alteração. Ainda assim buscar-se-á demonstrar quais teriam sido as alternativas entre as opções já utilizadas pelo Direito Comparado para a tutela jurídica da vida animal.

O Brasil já promulgou leis sobre proteção dos direitos dos animais. Sendo a primeira delas datada de 1934, o Decreto-Lei de Getúlio Vargas[20], que foi precursor de toda a temática animalista.

---

19 A Holanda é o primeiro país sem animais abandonados. SILVA, Lilian. A Holanda é o primeiro país do mundo sem animais abandonados. 2018. Disponível em: <https://awebic.com/animais/holanda-animais-abandonados/>. Acesso em: 3 jun. 2018; e, também, o primeiro a adotar a Força Policial Animal e a ter um partido exclusivo em prol dos direitos animais. ANDA. **Animais têm senciência e direitos reconhecidos na Holanda**. 2018. Disponível em: <https://www.anda.jor.br/2018/02/animais-tem-senciencia-e-direitos-reconhecidos-na-holanda/>. Acesso em: 10 Ago. 2019.

20 BRASIL. **Decreto n. 24.645, de 10 de julho de 1934**. Estabelece medidas de proteção aos animais. Disponível em: https://www2.camara.leg.br/legin/fed/decret/1930-1939/decreto-24645-10-julho-1934-516837-publicacaooriginal-1-pe.html. Acesso em: 04 Ago. 2019.

Além do artigo 225 na Constituição Federal, há a Lei de Crimes Ambientais (Lei nº 9.605/1998), que tipifica e incrimina atos de crueldade aos animais; Lei nº 7.173/1983, a qual disciplina o funcionamento dos zoológicos; Lei nº 7.643/1987, sobre proteção de cetáceos marinhos; Lei nº 11.794/2008, regulamentando as atividades científicas com animais; Lei. n. 10.519/2002, sobre as normas de higiene e cuidados com os animais em rodeios e similares entre outras. Há também uma variedade de leis estaduais e municipais sobre defesa e proteção dos animais.

A teoria dos entes despersonalizados não parece ser a melhor a ser aplicada aos animais, ainda assim, para que se possa demonstrar as impropriedades, torna-se necessário explicar a teoria antes da inserção dos animais nela. E atentando ao fato de que a inserção não alterou o Código Civil, mas sim a Lei 9605/98, Lei de Crimes Ambientais, que mais adiante será analisada. Para que se torne possível formar um correto raciocínio crítico, há que se demonstrar primeiramente quais as opções que existiam antes da escolha pela teoria da despersonalização.

6.3.1. Teorias possíveis para a extensão de direitos subjetivos aos animais

A possibilidade de os animais serem considerados sujeitos de direitos é tema alvo de debates recorrentes na esfera jurídica. Pelo Código Civil os animais são coisas e pela Lei Ambiental são parte componente do meio-ambiente, mas caso não tenham dono, e como não são pessoas, são *res nullius* e é precisamente neste caso que urge a maior e mais cuidadosa necessidade de tutela jurídica adequada.

Não há necessidade de conhecimento técnico para se identificar a imprecisão legislativa na atribuição da natureza jurídica dos animais enquanto coisas. Coisa é algo inanimado, uma vida não é uma coisa, a vida tem interesse em conservar-se como tal, distante de perigos que a possam ceifar.

Vale registrar que muitos defensores da causa animal não possuem formação jurídica, e portanto, não foi possível que tal questionamento tomasse a arena pública com o devido protagonismo até o momento.

O artigo 1 do Código Civil Brasileiro traz a definição de pessoa, como sendo a pessoa humana: "O artigo 1º – Toda pessoa é capaz de direitos e deveres na ordem civil".[21] Nota-se que não há na lei material

21 CC art. 1º

brecha imediata para a inserção do animal na qualidade de pessoa, uma vez que pessoa humana e animais têm diferentes interesses.

Vale ressaltar que a inclusão de uma categoria de animais em detrimento de outra criaria um verdadeiro especismo eletivo, que em verdade, acabaria por tornar ainda mais difícil e injusta a tutela jurídica dos animais. Se fossem por exemplo consideradas pessoas as espécies de animais que mais convivem com os seres humanos, o que se criaria seria teratológico, ou seja, algo como um caráter de personificação animal. Alguns casos já foram mapeados na primatologia onde vários tipos de macacos provam a inteligência e a capacidade de fazer escolhas de modo muito similar ao gênero humano. Mesmo assim tem-se de modo subjacente a essa teoria um arcabouço filosófico merecedor de maior desenvolvimento e aceitação antes de fazer-se integrar a ordem jurídica.

Assim sendo, descarta-se por hora a primeira rota, de personificação animal. Passa-se à segunda rota, que cria um *tertium genus*, para a inclusão do animal enquanto ser senciente, mas ainda entre as duas categorias, entre pessoas e coisas. Não sendo nenhuma das categorias anteriores, o animal seria reconhecido como ser que sente e sofre e que tem vida. Essa foi a rota escolhida por alguns países que já alteraram suas legislações tais como a Alemanha, Suíça, Bélgica, França, Portugal e a cidade do México.[22]

---

22 A Constituição da Alemanha, em seu artigo 20, "Na responsabilidade pelas futuras gerações, o Estado protege também os direitos fundamentais naturais da vida e os animais, de acordo com os preceitos da ordem constitucional, através de legislação e de acordo com a lei e o Direito, através de seu pleno poder e jurisdição". No ano de 1990 também na Alemanha foi introduzido o § 90 no Código Civil alemão, cuidando dos animais (BGB) com o seguinte texto: "1. Os animais não são coisas. 2. Eles serão protegidos por legislação especial. 3. As normas relativas às coisas, serão correspondentemente aplicáveis aos animais, salvo disposição em contrário." Houve também a alteração do Código Civil Suíço de 2002, no seu art. 641, aquela que introduziu a mesma frase: *les animaux nes sont pas de choses*. Na Áustria, o artigo 285ª do Código Civil Austríaco ABGB (Allgemeines Bügerliches Gesetzbuch), que data de 1º de Julho de 1988, dispõe expressamente que os animais não são objetos, são protegidos por leis especiais e as leis que dispuserem sobre objetos não se aplicam aos animais exceto se houver disposição em contrário. E a França, alterou o Código Civil em 28 de janeiro de 2015, sendo o país que fez a alteração mais incisiva. A lei francesa, diferentemente das já mencionadas, trouxe uma proteção afirmativa, ao afirmar que *os animais são seres vivos dotados de sensibilidade*. Portugal e a cidade do México também seguiram essa linha. Do reconhecimento da senciência animal. A França seguiu caminho similar. Em 2015 o seu Código Civil estabeleceu que "os animais são seres vivos dotados de sensibilidade" e que "sob a reserva das leis que os protegem, os animais estão submetidos ao regime de bens". Em Portugal, a Lei de nº 8, de 3 de março de 2017, estabeleceu um estatuto jurídico dos animais, alterando o Código Civil, o Código de Processo Civil e o Código Penal,

A conquista de direitos subjetivos conferidos aos animais poderia se dar a partir de três possíveis rotas: a primeira rota, seria a mais difícil, porque inseriria o animal na categoria de pessoa equiparada ao incapaz. Seria verdadeira personificação animal; a segunda rota inseriria o animal numa categoria à parte, um terceiro gênero, entre pessoas e coisas, seguindo o modelo do Código Civil Francês; e, a terceira rota, foi a escolhida pelo PL 6054/19, que preferiu incluir o animal no rol da teoria dos entes despersonificados.

Antes de se passar ao exame da terceira rota, que veio a ser implementada, ainda que não pelo C.C., torna-se necessário expor as duas primeiras rotas como possibilidades seus prós e contras.

É bem verdade que a construção de um terceiro gênero pode conduzir a um bem-estarismo, onde seriam reconhecidos deveres humanos, mas não direitos animais. Se tantos países seguem essa rota há que se estudá-la com atenção por já configurar uma tendência mundial.

François Ost preconiza esta posição em sua obra.[23], ao demonstrar a "perplexidade da doutrina jurídica":

> Alguns dirão, que é a partir de agora, impossível continuar a afirmar que eles são apenas coisas.... Não retomaremos, aqui, a refutação da tese personificadora; tomemos antes, em consideração, o fato de que os desenvolvimentos atuais do direito positivo já não permitem considerar o animal, nem como objeto de direito nem como um sujeito de direito. É preciso reinventar um estatuto jurídico que faça justiça à situação do animal, esse ser vivo que nos assemelha.

Ost, segue concordando com Singer nas conclusões jurídicas, embora com discordâncias filosóficas:

---

de modo a contemplar maior proteção jurídica aos animais. Essa Lei reconhece sua natureza de seres vivos dotados de sensibilidade e, alterando regra do Código Civil, conceitua-os em um patamar jurídico distinto das coisas móveis e imóveis, porém passíveis de serem objeto do direito de propriedade. E, seguindo a lógica da legislação holandesa, francesa e alemã, o art. 201º-D da referida lei portuguesa dispõe: "Artigo 201º-*D Regime subsidiário Na ausência de lei especial, são aplicáveis subsidiariamente aos animais as disposições relativas às coisas, desde que não sejam incompatíveis com a sua natureza." E, no art. 201º-C, o Código Civil português assim define os animais: "Os animais são seres vivos dotados de sensibilidade e objeto de proteção jurídica em virtude da sua natureza"*

23 OST, François, A Natureza à margem da lei, 1995, p. 268

> Assim, se Singer renuncia a falar em "direitos" dos animais, atendo--se aos deveres do homem, podemos manifestar o nosso acordo com ele neste ponto, tanto mais que, já o dissemos atrás, há efetivamente um longo caminho a percorrer para civilizar, definitivamente, as nossas relações com aqueles. O nosso desacordo, profundo e radical, com o utilitarismo de Bentham e Singer, assenta menos nas conclusões jurídicas do que nas premissas filosóficas: não é num pretenso igualitarismo das espécies, mas antes na valorização das capacidades éticas da espécie humana, que convém apoiar-se, para esperar uma melhoria da condição animal.[24]

Já a terceira e última rota é uma construção jurídica que parte de uma teoria que abrange ficções, pois será preciso se considerar a pessoa jurídica enquanto tal para se chegar às pessoas formais, ou quase- pessoas jurídicas, que em verdade são os entes despersonalizados, mas que são reconhecidos como detentores de interesses pela lei civil.

O Código Civil de 2002 portanto fez uma substancial alteração, ao substituir a palavra "homem" pela palavra "pessoa"[25], tornando evidente que se trata de conceitos diferentes. Já logo no artigo 2º a lei civil garante os direitos de um ente despersonalizado, que ainda está para nascer, o nascituro.

Deste modo os animais, por essa teoria, constituem também entes despersonalizados, pois não são pessoas[26], mas aptos a aquisição de direitos de personalidade, ainda que de modo ficcional, assim como o fazem as pessoas jurídicas, e demais entes listados no mesmo rol. Vale lembrar que essa categoria, ainda que transitória, já foi ocupada de modo equiparado por outros membros excluídos da realidade jurídica da época, como foram os escravos e as mulheres.

Assim, o sujeito de direito é um gênero, do qual é espécie: entes personificados (pessoas físicas e jurídicas) e entes despersonificados (pessoas formais). Entretanto, não é sempre exigida a personalidade para se estar em juízo. (heranças jacentes, condomínios, massas falidas.

---

24 OST, Franaçois.. **A natureza a margem da lei**: a ecologia a prova do Direito. Lisboa: Instituto Piaget, 1997. p. 260.

25 "pessoa é o ente físico ou moral, suscetível de direitos e obrigações. Neste sentido, pessoa é o sinônimo de sujeito de direto ou sujeito da relação jurídica". MONTEIRO, Washington de Barros. **Curso de Direito Civil**. Parte Geral. 27 ed. São Paulo: Saraiva, 1988. p. 56.

26 COELHO, Fabio Ulhoa. **Curso de Direito Civil**. São Paulo: Saraiva, 2003. pp. 138-139.

Fica claro então, que pela lei civil pátria, o sujeito de direito por vezes é pessoa[27], dotada de personalidade jurídica (pessoas físicas ou jurídicas), outras vezes é somente uma entidade despersonalizada (pessoas quase-jurídicas, também chamadas de pessoas jurídicas formais).[28]

Animais e outras entidades[29] podem ser tratados como pessoas, como entes despersonalizados, ou seja, entidades desprovidas de personalidade jurídica.

6.3.2. Teoria dos entes despersonalizados – adotada pelo PL 6054/19 (PL "ANIMAL NÃO É COISA")

Há entidades que detém quase a totalidade dos pré-requisitos para a sua configuração na qualidade de pessoas jurídicas, entretanto um ou mais dos requisitos podem não ser completamente satisfeitos.

Esse é o caso do descrito no artigo 91 do Código Civil brasileiro, que cuida de entes que se formam independentemente da vontade de seus membros, sem traduzir a *affectio societatis* propriamente dita. Podem se formar também através de atos jurídicos que reúnem as pessoas naturais ao redor de bens. Em ambos os casos haverá uma entidade despersonalizada[30], mas que detém titularidade conferida pela lei material para ser legitimada a atuar em juízo.

Assim sendo, a Lei nº 10.406/02, institui o Art. 91, que textualmente assim determina: *"Constitui universalidade de direito o complexo de relações jurídicas, de uma pessoa, dotadas de valor econômico".*

Fica claro que alguns patrimônios (ou bens) como a herança jacente ou vacante, o espólio, a massa falida, independentemente de não terem a personalidade jurídica, estarão legitimados para estar em juízo, dotados de capacidade processual, isso ocorre porque eles são os entes despersonalizados.

---

27 "Pessoa é o ente físico ou coletivo suscetível de direitos e obrigações sendo sinônimo de sujeito de direito". DINIZ, Maria Helena. **Compêndio de introdução à ciência do direito**. 18 ed. São Paulo: Saraiva, 1993. p. 461.

28 COELHO, Fabio Ulhoa. **Curso de Direito Civil**. São Paulo: Saraiva, 2003. p. 141.

29 Não somente as que se referem a doutrina civilista e a lei material e processual, com o advento da ciência há que se pensar a exemplo sobre embriões congelados, material de um cordão umbilical, patrimônios genéticos que podem também figurar como entes despersonificados.

30 Outras modalidades de entes despersonalizados são *consórcios, grupos de convênios médicos, sociedade de fato e sociedade irregular.*

Existe certa divergência sobre o fundamento da ausência de personalidade jurídica dos entes despersonalizados:

1. Doutrina Clássica – Não tem personalidade jurídica própria, em razão da ausência de *affectio societatis*, que consiste na intenção de estar junto com objetivo comum.

2. Doutrina Contemporânea – José de Oliveira Ascensão – essas coletividades não têm personalidade jurídica própria porque o seu objetivo é atender meramente a necessidades internas de organização dos seus integrantes.

Maria Helena Diniz esclarece:

> [...] os grupos despersonalizados ou com personificação anômala constituem uma comunhão de interesses ou conjunto de direitos e obrigações, de pessoas e de bens sem personalidade jurídica e com capacidade processual, mediante representação.[31]

São entes despersonalizados: A família: mesmo tendo seus integrantes os mesmos interesses, não requer personalização jurídica para responder aos atos pela própria família realizados, cada membro responde individualmente, excepcionada a incapacidade civil, em que, o incapaz precisa de um representante legal para responder por seus atos.

As sociedades irregulares (ou de fato): são as que já exercem atividade, mas não estão reguladas, pela falta de registro ou por falta de autorização legal

A massa falida: surge após a declaração de falência, na qual o falido perde o direito de administrar seus bens, que são, confiados a um síndico, que irá os representar a fim de liquidar as dívidas existentes.

O espólio: totalidade de obrigações e direitos, originários do falecido, representado pelo inventariante.

A herança jacente e vacante[32]: é o conjunto de bens enquanto não entregues ao sucessor, deixados pelo falecido. Se forem desconhecidos os herdeiros, e ainda inexistente testamento, trata-se de herança jacente, que também não terá personalidade jurídica, mas pode estar em juízo representada pelo administrador da mesma. Será a herança considerada vacante, quando não existirem herdeiros legais, ou os herdeiros, em razão de quaisquer motivos recusarem a sucessão da herança.

---

31 Diniz, Maria Helena. **Curso de Direito Civil**. 29 ed. São Paulo: Saraiva, 2012. p. 334.

32 art. 1.819 a 1.823 do CC

O condomínio era o mais discutido ente despersonalizado, antes dos animais virem a integral esse rol pelo PL 6054/19. No caso do condomínio geral, não há personalidade jurídica, por se compreender apenas de uma propriedade em comum (quota parte). Entretanto, o edilício ou horizontal, tem divergência entre o entendimento dos doutrinadores.[33]

Assim, o condomínio especial (edilício ou horizontal) é uma intenção de *affectio societatis*, equiparando-se neste requisito com as sociedades.

Conclui-se, portanto, com a necessidade de cuidado na técnica legislativa para tais entes despersonalizados, resultando na unificação de interesses e vontades.

Assim, tem-se que o sujeito de direito é o centro de imputação de direitos e obrigações referido em normas jurídicas, com o fim de superar o conflito de interesses.

Assim sendo, se os entes despersonalizados são detentores de direitos para si próprios por serem titulares de certas prerrogativas inerentes à sua natureza e funções , é nessa linha que se desenvolve a titularidade de ente despersonalizado , ou não personificado, para os animais, isso porque a maioria das normas que protegem ou defendem os animais , visam a incolumidade física ou psíquica do próprio animal. O animal é o destinatário direto da norma que o beneficia.

Deste modo, o animal não precisa ser considerado pessoa para ser titular dedireitos, enquanto ente despersonificado.

Há que se lembrar sempre da alocação do animal enquanto microbem ambiental inserido no macrobem ambiental e, portanto, parte integrante do meio-ambiente ecologicamente equilibrado, para as atuais gerações e para as futuras.

As normas relativas ao meio-ambiente vão reforçar esses conceitos, conforme o artigo 225§ 1, VII da Constituição Federal, o artigo 3º, inciso I da Lei 6938/81, que determina:

---

33 *Alguns entendem analogicamente que tal ente, é pessoa jurídica, pois segundo a Lei n.4.591/64 em seu art. º 63, parágrafo 3º, o condomínio pode realizar aquisição de bens, conferindo-lhe direitos nos quais entes despersonalizados não podem realizar. Entretanto, o condomínio pode também contratar funcionários, realizar obras, e as outras atividades relativas à sua natureza, mas sem poder ir além disso. Assim também ocorre com o espólio, que vai existir apenas enquanto durar a pendência das relações do falecido e também serve o mesmo raciocínio para coligações partidárias e consórcios de consumidores.*

> Art. 3º - Para fins previstos nesta Lei, entende-se por:
> I - meio ambiente: o conjunto de condições, leis, influências, e interações de ordem física, química e biológica, que permite, abriga e rege a vida em todas as suas formas [...].

A rota escolhida pela técnica legislativa brasileira foi a dos entes despersonalizados, mas poderia ter sido a do *tertium genus*, seguindo o Direito Comparado. O importante é que se fixe a ideia de que o valor vida, por si só, seja humana, seja animal, é detentor de valor intrínseco e merecedor de tutela jurídica e com garantia de acesso à justiça, tendo como fundamento a dignidade.

Dalai Lama afirma que a sociedade moderna deve estar vigilante, juntamente com o reconhecimento do relevo dos direitos humanos, "é a maneira com que as pessoas passaram a preocupar-se com os animais".[34]

6.4. Crítica ao Projeto de Lei 6054/19 em texto originário do PL 27/18 – as artimanhas e armadilhas que se escondem em um texto de lei e a ingenuidade dos bem-intencionados

Na quarta-feira, 7 de agosto de 2019, o plenário do Senado aprovou PL criador do regime jurídico especial para os animais. Pelo teor do texto aprovado, os animais não poderão mais ser considerados "coisas". Por ter sido modificada por três emendas no Senado, a matéria retorna para a Câmara dos Deputados.

> Acrescenta dispositivo à Lei nº 9.605, de 12 de fevereiro de 1998, para dispor sobre a natureza jurídica dos animais não humanos. O CONGRESSO NACIONAL decreta: Art. 1º Esta Lei estabelece regime jurídico especial para os animais não humanos. Art. 2º Constituem objetivos fundamentais desta Lei: I – afirmação dos direitos dos animais não humanos e sua proteção; II – construção de uma sociedade mais consciente e solidária; III – reconhecimento de que os animais não humanos possuem natureza biológica e emocional e são seres sencientes, passíveis de sofrimento.
> Art. 3º Os animais não humanos possuem natureza jurídica sui generis e são sujeitos de direitos despersonificados, dos quais devem gozar e obter tutela jurisdicional em caso de violação, vedado o seu tratamento como coisa. Art. 4º A Lei nº 9.605, de 12 de fevereiro de 1998, passa a vigorar acrescida do seguinte art. 79-B: "Art. 79-B. O disposto no art. 82 da Lei nº 10.406, de 10 de janeiro de 2002

34 LAMA, Dalai. **Uma ética para o novo milênio**. Rio de Janeiro: Sextante, 2000. p. 119.

> (Código Civil), não se aplica aos animais não humanos, que ficam sujeitos a direitos despersonificados." Página 2 de 4 Parte integrante do Avulso do PLC nº 27 de 2018. 2 Art. 5º Esta Lei entra em vigor após decorridos 60 (sessenta) dias de sua publicação oficial. CÂMARA DOS DEPUTADOS, de abril de 2018.

A primeira emenda proposta pelo Senador Rodrigo Cunha é não apenas curiosa como se baseia de modo paradoxal em texto constitucional, que por sua vez já sofrera um efeito backlash com as vaquejadas. O "microbem" ambiental tonou-se por lei autorizado a ser manejado em práticas culturais, excepcionando um direito fundamental garantido pelo artigo 225 e acrescentando um parágrafo em curiosa técnica legislativa[35]:

> EMENDA Nº____ (ao PLC 27/2018[36]) Dê-se à ementa, ao art. 1º, ao inciso I do caput do art. 2º, ao art. 3º, e ao Art. 79-B da Lei 9.605/98, incluído pelo art. 4º do projeto a seguinte redação: "Acrescenta dispositivo à Lei nº 9.605, de 12 de fevereiro de 1998, para dispor sobre a natureza jurídica dos animais de estimação." "Art. 1º Esta Lei estabelece regime jurídico especial para os animais de estimação." "Art. 2º [...] I – afirmação dos direitos dos animais de estimação e sua proteção; [...]" "Art. 3º Os animais de estimação possuem natureza jurídica sui generis, os quais devem gozar e obter tutela jurisdicional em caso de violação, vedado o seu tratamento como coisa. Parágrafo único. Esta lei não afetará práticas culturais reconhecidas como patrimônio cultural." "Art.4º [...] "Art. 79-B. O disposto no art. 82 da Lei nº 10.406, de 10 de janeiro de 2002 (Código Civil), não se aplica aos animais de estimação, que ficam sujeitos a direitos despersonificados.

O Senado aprovou, portanto, lei cujo texto reconhece que os "animais não humanos possuem natureza biológica e emocional e são seres sencientes, passíveis de sofrimento e que é vedado o seu tratamento como coisa" sendo eles "sujeitos de direitos despersonificados". A lei "não afetará hábitos de alimentação ou práticas culturais". Fácil e claro está a se identificar o paradoxo.

Protetores e defensores dos animais festejam frenéticos. *"They Couldn't See the Forest for the Trees!"* Os animais agora, reconhecidamente "passíveis de sentir dor ou sofrimento emocional", ao invés de ganhar uma defesa jurídica em caso de maus tratos, já que não mais serão coisas, mas seres despersonificados, terão a dor e o sofrimento que reconhecidamente sentem, com o aval da lei.

35 Scarlet, Ingo.

36 Anexo A

Sem a ousadia de se clamar pela hermenêutica. Restringindo-se a uma simples e atenta leitura do texto, especialmente do trecho que sidera, devido à criatividade acaciana que incorpora.

> Os animais não humanos possuem natureza jurídica *sui generis* e são sujeitos de direitos despersonificados, dos quais devem gozar e obter tutela jurisdicional em caso de violação, vedado o seu tratamento como coisa, uma vez respeitados os hábitos alimentares e as práticas culturais. (grifo nosso).

Analise-se: Os elaboradores da lei, sem dúvida não criaram "um terceiro tom a que chamamos aurora", essa a dos bichos, e com um sol turvado pelas artimanhas eleitoreiras que dominam nossas leis, criaram ao invés, mais um paradoxo. Ora, o *tertium genus* criado pelos nossos legisladores, não foi o terceiro tom que reverberava entre os animalistas, e é de fato outro, fragmentado, paradoxal e muito curioso.

> EMENDA Nº – PLEN (ao PLC nº 27, de 2018) Altera o art. 3º do PLC nº 27, de 2018 para incluir o Parágrafo único, que passa a vigorar com a seguinte redação: "Art. 3º [...] Parágrafo único: A tutela jurisdicional referida no caput não se aplica aos animais produzidos pela atividade agropecuária e aos que participam de manifestações culturais registradas como bem de natureza imaterial integrante do patrimônio cultural brasileiro.[37]

Ocorre que houve a segunda emenda, proposta pelo Senador Oto Alencar, que foi incorporada. A seguir:

> EMENDA Nº – PLEN (ao PLC nº 27, de 2018) Altera o art. 3º do PLC nº 27, de 2018 para incluir o Parágrafo único, que passa a vigorar

37 JUSTIFICAÇÃO da EMENDA – A presente emenda tem por objetivo evitar que interpretações equivocadas do PLC nº 27, de 2018 afetem a produção agropecuária brasileira, bem como a realização de atividades culturais, como o rodeio e a vaquejada, cujos direitos estão assegurados pela Lei nº 13.364/2016 e pela Emenda Constitucional nº 96/2017, que elevou essas manifestações de expressões artístico-culturais à condição de patrimônio cultural imaterial nacional. A aprovação do presente projeto não altera em nenhuma instância a balança comercial de atividades agropecuárias ou não afeta quaisquer atividades comerciais ou culturais que envolvam animais. Vale ressaltar que países como Suíça, Alemanha, França e Nova Zelândia já adotaram legislação semelhante, mudando status jurídico de animais e reconhecendo que não são coisas, valorizando a importância do bem-estar animal, sem que nestes países houvesse qualquer prejuízo às atividades comerciais ou culturais envolvendo animais de qualquer espécie. Sala da Comissão, Senador OTTO ALENCAR PSD/BA

> com a seguinte redação: "Art. 3º [...] Parágrafo único: A tutela jurisdicional referida no caput não se aplica aos animais produzidos pela atividade agropecuária e aos que participam de manifestações culturais registradas como bem de natureza imaterial integrante do patrimônio cultural brasileiro.[38]

Aos animais é *"vedado o seu tratamento como coisa".* Mas, "[...] são sujeitos de direitos despersonificados" e submetidos a hábitos alimentares e práticas culturais vigentes?

Assim, não são coisas, sentem dor e sofrem, são entes despersonificados como a massa falida, o espólio, a herança jacente, e se os hábitos alimentares ou as práticas culturais vigentes lhes causarem dor, sofrimento e os matarem, são hábitos e práticas a serem respeitados. Curiosamente oco e paradoxal o novo texto normativo.

Treparam os animais no muro! E lá estarão eles, entre Descartes e o Pós-humanismo, de onde, com o aval da lei, descerão pacificamente para continuarem a ser assassinados, comercializados, devorados, vivissecionados, explorados, esfolados, degolados, participando de rodeios, circos e demais "praticas culturais" – e que não se ouse listá-las por tantas e tão diversas serem elas – (rinhas de galo não!), mas, atenção, tudo isso farão estando elevados ao patamar da "descoisificação" .

Assim, perus continuarão a enriquecer as ceias de natal, só que agora de moral alta, pois foram descoisificados. Vacas descoisificadas, com o status adquirido, não chorarão mais ao serem separadas de seus filhotes. Macacos, cães, gatos, ratos de laboratórios, apostarão corrida, "descoisificadamente", para serem os primeiros a lamber as mãos que já seguram os bisturis com que vão ser cortados. E que os deuses nos livrem e aos bichos, dos incautos legisladores, e da ingenuidade que celebra e abraça tal festim de cinismo politiqueiro.

38 JUSTIFICAÇÃO da EMENDA – A presente emenda tem por objetivo evitar que interpretações equivocadas do PLC nº 27, de 2018 afetem a produção agropecuária brasileira, bem como a realização de atividades culturais, como o rodeio e a vaquejada, cujos direitos estão assegurados pela Lei nº 13.364/2016 e pela Emenda Constitucional nº 96/2017, que elevou essas manifestações de expressões artístico-culturais à condição de patrimônio cultural imaterial nacional. A aprovação do presente projeto não altera em nenhuma instância a balança comercial de atividades agropecuárias ou não afeta quaisquer atividades comerciais ou culturais que envolvam animais. Vale ressaltar que países como Suíça, Alemanha, França e Nova Zelândia já adotaram legislação semelhante, mudando status jurídico de animais e reconhecendo que não são coisas, valorizando a importância do bem-estar animal, sem que nestes países houvesse qualquer prejuízo às atividades comerciais ou culturais envolvendo animais de qualquer espécie. Sala da Comissão, Senador OTTO ALENCAR PSD/BA

Não se trata de doutrina, nem de política pública. O PL6054/19, "PL Animal Não é Coisa" (originário PL 27/18), foi apenas um barulho cínico numa luta tão desmoralizada diante da força do mercado. Nem mesmo a alteração legislativa seguindo o direito comparado foi alcançada. Não mudar ainda o Código Civil, apenas, a Lei de Crimes Ambientais, além de restringir por emenda aos animais domésticos, para favorecer à agropecuária e ao agronegócio foi o golpe fatal. Proposta do Senador Oto Alencar, que foi incorporada. A seguir:

Após longa exposição a favor, aparentemente, dos animais como titulares de direitos, o Senador Randolfe Rodrigues finaliza acrescentando uma proposta de emenda, que foi aceita, e que de modo decisivo tornou como bem diz o filósofo alemão[39], novamente "a razão cínica das normas jurídicas".

> EMENDA Nº – PLEN (ao PLC nº 27, de 2018) Altera o art. 3º do PLC nº 27, de 2018, que passa a vigorar com a seguinte redação: "Art. 3º Os animais não humanos possuem natureza jurídica sui generis e são sujeitos com direitos despersonificados, dos quais devem gozar e obter tutela jurisdicional em caso de violação, vedado o seu tratamento como coisa. Parágrafo único A tutela jurisdicional referida no caput não se aplica ao uso e disposição dos animais empregados na produção agropecuária, pesquisa científica e aos que participam de manifestações culturais registradas como bem de natureza imaterial integrante do patrimônio cultural brasileiro, resguardada a sua dignidade. (grifo nosso)

Não há aquisição alguma. Há cinismo legislativo que na prática não confere nada além de mídia passageira para a atormentada questão animal.

Assim, o PL 6054/19 agora voltou para a Câmara, onde será provavelmente aprovado, por não ter impacto orçamentário algum. Apelidado de projeto de lei "Animal Não é Coisa, este projeto é um retrocesso. Existe já uma oposição formada por animalistas e ativistas requerendo o arquivamento do PL 6054/19.[40]

---

39 SLOTERDI, J.K. Peter. **Crítica da Razão Cínica**. Estação Liberdade.
O autor destrincha o legado da filosofia ocidental de cunho racionalista e progressista, rompendo com criatividade os moldes clássicos de argumentação de Adorno e Horkheimer, de Sartre e de Foucault. Frequentemente provocador e sempre perspicaz, Sloterdijk desconstrói as raízes do Esclarecimento, que, ao solapar os idealismos vigentes, plantou os alicerces do niilismo moderno e um cinismo generalizado.
Parte superior do formulário
Parte inferior do formulário

40 https://www.somostodosanimais.org.br/

6.5. Legitimação em juízo por parte dos entes despersonalizados

A teoria, portanto, já adotada precisa oferecer uma legitimação para o exercício dos direitos dos entes despersonalizados, que poderão atuar em juízo. A princípio a lei existente já suprirá essa atuação, uma vez que se amplie o rol de pessoas quase-jurídicas (formais) fazendo-a alcançar os animais, estes também poderão atuar ativa e passivamente representados por um ser-humano. Assim, será preciso definir quem será o legitimado extraordinário que atuará em nome dos animais, e a qual título.

É importante expor aqui a obra *"Animal Rights: current debates and new directions"*de Cass Susstein e Martha Nussbaum. Cass Sustein, em capítulo de sua autoria, sob o título "*Can animal sue*?" (Pode o animal porcessar?), o autor vai abordar exatamente a capacidade postulatória dos animais, defendendo a possibilidade de que um cidadão comum possa ingressar em juízo para impedir por exemplo uma crueldade animal.[41]

Ocorre que no Brasil há uma grande diferença para os Estados Unidos, será aqui visto que a legitimação para este tipo de postulação é bastante reduzida, e sobretudo não há, até o momento, meio de um ser humano ao presenciar uma supressão ou violação de direitos a um animal possa ingressar em juízo sozinho para esta heroica defesa.

A etimologia da palavra pessoa, vem de *persona*, e foi uma adaptação de uma palavra grega que significava a máscara que era usada no teatro grego pelos personagens. A origem mais remota é o grego *'prósopon'* (aspecto) de onde passou ao etrusco *'phersu'*, com o significado de 'aí'. A partir de então, o latim denominou de 'persona' as máscaras do teatro utilizadas pelos atores, e os próprios personagens teatrais representados. Pessoa de direito privado: denominação dada às pessoas jurídicas cuja organização ou fundação é de responsabilidade das pessoas físicas, de acordo com as obrigações regidas pelo direito, para fins de interesse privado (são as associações, sindicatos, sociedades etc.).

Para se ter a correta abrangência do significado de pessoa no português, vale explicitar pelo dicionário que: a definição da lei civil[42] de

---

41 SUNSTEIN, Cass R. (ed.).; NUSSBAUM, Martha C. (ed.). **Animal Rights** - Current Debates and New Directions edited by Cass. New York: Oxford University Press, 2004. p. 252.

42 Art. 41. São pessoas jurídicas de direito público interno:
I - a União;
II - os Estados, o Distrito Federal e os Territórios;
III - os Municípios;

pessoa de direito privado é a denominação dada às pessoas jurídicas cuja organização ou fundação é de responsabilidade das pessoas físicas, de acordo com as obrigações regidas pelo direito, para fins de interesse privado (são as associações, sindicatos, sociedades etc.); pessoa de direito público é a denominação dada às pessoas jurídicas que representam entidades, criadas por lei, em países, estados e municípios, vinculadas à Administração Pública ; pessoa física é ser humano na forma singular de existir, sujeito a direitos e deveres; pessoa individual, pessoa natural. Pessoa interposta é o mediador de um negócio; pessoa jurídica é qualquer associação, empresa ou instituição, legalmente autorizada para funcionar, com existência e responsabilidades jurídicas. Pessoas divinas, na teologia católica são as três pessoas que compõem a Santíssima Trindade (o Pai, o Filho e o Espírito Santo); pessoas reais: os membros de uma família real. Quando se fala "como uma só pessoa": como um único ser.[43]

Visto isso não parece tão chocante que a lei civil opte por inserir os animais dentro do conceito de entes despersonalizados, e forma do livro destinado aos bens. Mas, é preciso que se deixe claro que essa opção foi a do PL 6054/19, mas não era a única possibilidade de enquadramento. Assim, quando a lei material dividiu entre pessoas e bens o

IV – as autarquias;
IV – as autarquias, inclusive as associações públicas;(Redação dada pela Lei nº 11.107, de 2005)
V – as demais entidades de caráter público criadas por lei.
Parágrafo único. Salvo disposição em contrário, as pessoas jurídicas de direito público, a que se tenha dado estrutura de direito privado, regem-se, no que couber, quanto ao seu funcionamento, pelas normas deste Código.
Art. 42. São pessoas jurídicas de direito público externo os Estados estrangeiros e todas as pessoas que forem regidas pelo direito internacional público.
Art. 43. As pessoas jurídicas de direito público interno são civilmente responsáveis por atos dos seus agentes que nessa qualidade causem danos a terceiros, ressalvado direito regressivo contra os causadores do dano, se houver, por parte destes, culpa ou dolo.
Art. 44. São pessoas jurídicas de direito privado:
I – as associações;
II – as sociedades;
III – as fundações.
IV – as organizações religiosas; (Incluído pela Lei nº 10.825, de 22.12.2003)
V – os partidos políticos. (Incluído pela Lei nº 10.825, de 22.12.2003)
VI – as empresas individuais de responsabilidade limitada.

43 Disponível em: http://michaelis.uol.com.br/busca?r=0&f=0&t=0&palavra=pessoa. Acesso em: 11 Ago. 2019.

livro do Código Civil, em pessoas estava a abranger uma gama aberta de entidades.

O vocábulo latino – 'persona' – conservou-se no português 'pessoa', no galego '*persoa*', no italiano e no espanhol 'persona', no inglês '*person*' e no francês '*personne*' (podendo também significar 'ninguém' se usado sem artigo), entre outras línguas.

Assim, na Roma antiga nem todos os humanos eram considerados pessoas. Havia um grupamento de requisitos, assim, por exemplo, mulheres e crianças, escravos e animais não eram pessoas, mas sim coisas. Mas no sentido jurídico pessoa é ser com aptidão para contrair direitos e obrigações na ordem civil.

Ficou já claro que ser pessoa não é condição para ser sujeito de direito. Bastando para isso se pensar nos entes despersonalizados e que atuam em juízo ativa e passivamente por intermédio de seus representantes.

Foi preciso então primeiro alargar o conceito de sujeito de direito para abarcar mulheres, crianças e escravos a partir do fim da escravidão. Mas então agora o mesmo é necessário para alcance dos animais, que ainda constituem os escravos da nossa era.

Vale ressaltar que o Direito é um produto de criação do ser humano, e, portanto, suas leis e estatutos jurídicos, codificados ou não também são fruto do poder criativo do homem. O Direito também inventa seus institutos.[44] Assim, por influências culturais e históricas o Direito preferiu conceder personalidade a alguns entes e negar a outros.

Resta claro que a qualidade de pessoa não evoluiu para além da vida humana, mas também se faz nítida a necessidade de reconhecimento dos animais como sujeitos de direitos, que já são, por exemplo, enquanto parte integrante, componente do meio-ambiente. Assim, todas as vezes que um juiz em um caso concreto levado à juízo reconheça direitos a um animal, seja por qual razão for, o caso toma o espaço da mídia e passa a ser debatido e discutido de forma muito emblemática.

Há que se deixar clara a divisão necessária de ser enfrentada:

Primeiro há a discussão sobre a existência de direitos dos animais, ou seja, a titularidade por parte dos animais de uma gama de direitos subjetivos fundamentais, tema que é defendido pelo movimento *Animal Rights* desde a década de 70. E, outra discussão é a que se trava agora no legislativo brasileiro, os animais serem considerados sujeitos de direitos, para poderem figurar processualmente, serem titulares, portanto,

44 BARROSO, Luís Roberto. A nova interpretação constitucional. Op. Cit. P. 12

de direitos processuais. A base do PL 6054/19, teoria dos entes despersonalizados, preconiza que os animais possam ter personalidade para demandarem em juízo em nome próprio mediante representação.

O que o PL 6054/19 está pelos animais a pleitear é que os mesmos possam ter a garantia constitucional do acesso á justiça a eles estendida, uma vez que se trata também de um corolário do Estado Democrático de Direito.

Há que se registrar que o *"burden of inertia"* legislativo sobre os animais criou um sentimento de apatia na população em geral e uma revolta nos defensores da causa, porque afinal a tipificação legal de crimes no direito brasileiro é mais severa para os causadores de ilícitos patrimoniais, do que para os que praticam atos de crueldade a animais.

É inegável que seria mais fácil coibir uma ação de um infrator com leis mais severas que conferissem direitos claros aos seres não humanos. Em reflexão rápida até mesmo danos ambientais às arvores, por exemplo, na questão dos desmatamentos poderia ser melhor mais adequadamente evitado se fossem atribuídos direitos às reservas ambientais.

Aos que são contrários aos animais como sujeitos de direitos alegam sempre que os animais não podem raciocinar[45], e, portanto, não poderiam ser detentores de direitos. Essa alegação é facilmente derrubada quando se faz a paridade com incapazes, doentes mentais ou mesmo com bebês. Volta-se sempre à Bentham: não importa que não possam falar ou raciocinar, eles podem sofrer, isso é o bastante.

O Código Civil de 2002, com projeto bem antigo que demorou ser aprovado, já nasceu velho, e por isso, talvez, tenha perdido a oportunidade de corrigir a impropriedade de considerar os animais como coisas. É fato que os animais não são objetos, por não serem inanimados, e terem vida, mas o fato de não serem coisa, por si só, não os define como pessoa. Não se trata de um critério de exclusão, não sendo coisa, será pessoa. É preciso que a lei assim os defina em sua natureza jurídica essencial, para que, a partir dali, seja-lhes autorizado demandar em juízo.

---

45 Mesmo sobre raciocínio há muito a ser descoberto e estudado sobre a capacidade de raciocínio dos animais. Vinciane Despret descreve experimentos com papagaios e corvos que conseguiram expressar raciocínio matemático, mesmo considerando que não estivessem contando, mas reconhecendo outros elementos. *"Crowns and parrots in particular, though they are far from the only ones, could distinguished between cards, on which a certain number of points were drawn... the might not be counting [...]"*. DESPRET, Vinciane. *What Animals say if we asked the right questions?*. Tradução Brett Buchanan. Foreword by Bruno Latour. p. 153. Para melhor visualização dos processos de experimentos com animais ver fotos Anexo N.

Voltando-se para o início do Código Civil, Parte Geral, Livro I, das pessoas, título I, das pessoas naturais, capítulo I, da personalidade e da capacidade: *todas as pessoas (Quais pessoas? Humanas? A lei não define quem são as pessoas) são capazes de direitos e deveres na ordem civil*."[46] E o art. 2º[47] define que toda pessoa (Qual? Humana?) que tenha nascido com vida é dotada de direitos e obrigações na lei civil. A personalidade começa com o nascimento com vida, leia-se, portanto, vida humana. E a lei põe a salvo, desde a concepção, os direitos do nascituro.

Fica claro o viés antropocêntrico legal, próprio do século passado, mas em descompasso com a própria leitura constitucional do artigo 225, ao dar garantia constitucional ao meio-ambiente ecologicamente equilibrado. Deste modo, resta claro que falta um diálogo entre os diplomas legais. O Código Civil merece ser revisitado para que os animais sejam inseridos, ou como entes despersonalizados ou como terceiro gênero entre pessoas e coisas, uma vez que não são propriamente pessoa humana, nem coisa inanimada, porque têm vida.

Embora o PL 6054/19 tenha preferido a teoria dos entes despersonalizados, o tema poderia ser muito bem tratado a partir de uma inserção dos animais como terceiro gênero. E a linha de raciocínio a seguir neste caso já estaria no próprio código ao se cuidar dos incapazes.

Ora, se aos incapazes, que não dispõem de capacidade plena, porque desfrutam de capacidade de direitos (de ter direitos e obrigações na lei civil), mas não possuem a capacidade de fato (de exercício, ou de praticar os atos da vida civil desacompanhados) é conferida a integração da capacidade, por meio da representação (absolutamente incapazes) e por meio do instituto da assistência (relativamente incapazes), já estaria aberta a via de acesso aos animais enquanto terceiro gênero, dotados portanto de direitos, porém sem a aptidão para se defenderem desacompanhados, requerendo sempre um ser humano ou entidade que os represente, integrando sua capacidade, do mesmo modo que os representantes legais e os assistentes integram a capacidade dos incapazes, por dicção da lei material.

Ainda assim, tal raciocínio vai caber também à teoria dos entes despersonalizados, porque o artigo 75 do C.C[48], ao dispor sobre o instituto da representação, pode ainda ser utilizado.

---

46 Art. 1º Toda pessoa é capaz de direitos e deveres na ordem civil

47 Art. 2º A personalidade civil da pessoa começa do nascimento com vida; mas a lei põe a salvo, desde a concepção, os direitos do nascituro.

48 Art. 75. Serão representados em juízo, ativa e passivamente:
I – a União, pela Advocacia-Geral da União, diretamente ou mediante órgão vinculado;

6.6. A classificação atual dos animais na lei civil e os projetos de lei em andamento

Torna-se difícil compreender a resistência em reconhecer os animais como sujeitos de direitos se tal reconhecimento é ofertado para humanos que não podem raciocinar ou falar, mas também podem sofrer. O paralelismo está claro e a forma de representação já estaria também delineada na lei.

Assim sendo, o reconhecimento de não ser coisa seria sim extremamente relevante para em especial os animais de rua, considerados o lixo vivo das cidades, aqueles que são considerados hoje pela lei civil, *res nullius*, coisa de ninguém, e que são tratados pelo controle veterinário e pelo instituto de zoonoses apenas como vetores de doenças, que certamente são, por viverem alijados das condições mínimas sanitárias a qualquer ser vivo.

No livro dos bens, o art. 82 do Código Civil assim define: "são móveis os bens suscetíveis de movimento próprio, ou de remoção por força alheia, sem alteração da substância ou da destinação econômico-social". Inexiste, portanto, no Código Civil, nenhuma referência específica à natureza jurídica dos animais. Silente a lei material, cumpre constatar que continuam eles desprotegidos, podendo tão somente serem enquadrados, como o faz a doutrina civilista, como bens semoventes, que se movem por movimento próprio, a condição de bens móveis, mas ainda no gênero "coisas", que claramente não são.

Hoje, portanto, os animais que tenham dono, são, para fins legais, classificados no Livro II, dos Bens, título único, das diferentes classes de bens, capítulo I dos bens considerados em si mesmos, seção II, dos bens

---

II - o Estado e o Distrito Federal, por seus procuradores;
III - o Município, por seu prefeito ou procurador;
IV - a autarquia e a fundação de direito público, por quem a lei do ente federado designar;
V - a massa falida, pelo administrador judicial;
VI - a herança jacente ou vacante, por seu curador;
VII - o espólio, pelo inventariante;
VIII - a pessoa jurídica, por quem os respectivos atos constitutivos designarem ou, não havendo essa designação, por seus diretores;
IX - a sociedade e a associação irregulares e outros entes organizados sem personalidade jurídica, pela pessoa a quem couber a administração de seus bens;
X - a pessoa jurídica estrangeira, pelo gerente, representante ou administrador de sua filial, agência ou sucursal aberta ou instalada no Brasil;
XI - o condomínio, pelo administrador ou síndico.

móveis[49], das coisas, cuja espécie é a de bens semoventes, sendo passíveis, em regra, de figurar como objetos de contratos e negócios jurídicos, como é o caso de cavalos de corrida, cães premiados, bois de corte e vacas de leite.

O Código Civil de 1916 dispunha que "são móveis os bens suscetíveis de movimento próprio" (artigo 47, 1ª parte). O artigo 82, primeira parte, do Código Civil vigente possui redação similar. Ambos os artigos se referem aos semoventes. O Código Civil de 1916, por sua vez, também externalizava, no artigo 593, a natureza dos animais como objeto, ao cuidar da ocupação de coisas móveis, nas quais incluía os animais bravios, mansos e domesticados, os enxames de abelhas e os animais arrojados às praias pelo mar.

O Código Civil atual, por sua vez, ao tratar da ocupação, prevê apenas que "quem se assenhorear de coisa sem dono para logo lhe adquire a propriedade, não sendo essa ocupação defesa por lei" (artigo 1.263). Não houve mudança relevante sobre a natureza jurídica dos animais

Por tudo isso, essa inadequação ético-legislativa já é o momento de se definir propriamente o status jurídico dos animais.

O primeiro projeto de lei a propor uma mudança é o de 215/2007, de iniciativa do deputado Ricardo Tripoli, que visa à criação de um Código Federal de Bem-Estar Animal.[50]

Cinco anos após o primeiro projeto, surgiu o Projeto de Lei nº 3.676/2012, de iniciativa do deputado Eliseu Padilha, pela criação de um Estatuto dos Animais, e nele constando o artigo 2º com o texto: "Os animais são seres sencientes, sujeitos de direitos naturais e nascem iguais perante a vida".[51]

---

49 Código Civil. SeçãoII -Dos Bens Móveis Art. 82. São móveis os bens suscetíveis de movimento próprio, ou de remoção por força alheia, sem alteração da substância ou da destinação econômico-social. Art. 83. Consideram-se móveis para os efeitos legais:
I – as energias que tenham valor econômico;
II – os direitos reais sobre objetos móveis e as ações correspondentes;
III – os direitos pessoais de caráter patrimonial e respectivas ações.
Art. 84. Os materiais destinados a alguma construção, enquanto não forem empregados, conservam sua qualidade de móveis; readquirem essa qualidade os provenientes da demolição de algum prédio.
Disponível em: http://www.planalto.gov.br/ccivil_03/leis/2002/l10406.htm . Acesso em: 11 Ago. 2019.

50 Disponível em: http://www.camara.gov.br/proposicoesWeb/prop_mostrarintegra?codteor=436891 &filename=PL+215/2007. Acesso em: 29 dez. 2017.

51 Disponível em: http://www.camara.gov.br/proposicoesWeb/fichadetramitacao?idProposicao =541122. Acesso em: 11 Ago. 2019.

Ganhou agora movimento e projeção, tendo sido aprovado no Senado com Emendas, o inicial Projeto de Lei nº 6.799/2013, de iniciativa do deputado federal Ricardo Izar, que hoje é o PL nº 6054/19. O texto inicial sofreu emendas que o restringiu aos animais domésticos, mas o 3º original da proposta dispunha que "os animais domésticos e silvestres possuem natureza jurídica sui generis, sendo sujeitos de direitos despersonificados, dos quais podem gozar e obter a tutela jurisdicional em caso de violação, sendo vedado o seu tratamento como coisa". A ideia era atribuir aos animais não humanos o status de seres sencientes, como na Cidade do México.

Em 2014, surge o Projeto de Lei nº 7.991/2014, do deputado Eliseu Padilha, visando o acréscimo do artigo 2º-A ao Código Civil, com o seguinte teor: "Art. 2º-A. Os animais gozam de personalidade jurídica sui generis que os tornam sujeitos de direitos fundamentais em reconhecimento a sua condição de seres sencientes. Parágrafo único: São considerados direitos fundamentais a alimentação, a integridade física, a liberdade, dentre outros necessários à sobrevivência digna do animal".

E, em 2015, o senador Antônio Anastasia apresentou o Projeto de Lei do Senado 351/2015[52] (Anexo E), propondo que os animais sejam coisas, mas enquadrados na categoria de bens móveis, ressalvado o disposto na legislação especial, ou seja, seriam aqui um terceiro gênero.[53]

E, por fim, há o Projeto de Lei nº 650/2015, de autoria da senadora Gleisi Hoffmann, propondo a criação de um Código de Proteção e Defesa do Bem-Estar dos Animais".[19]

Há, portanto, todo o movimento legislativo para reagir ao viés antropocêntrico. No mundo ocidental a natureza jurídica dos animais está sendo alvo de alterações significativas. Mudanças ocorreram nos Códigos Civis austríaco (modificado em 1988); alemão (em 1990); suíço (em 2003); holandês (em 2011); francês (em 2015); e português (em 2016). Em 2017, a Constituição da Cidade do México[54], ao reconhecer os

---

52 Anexos: Emenda nº 1 do Projeto de Lei do Senado 351/2015 (Anexo F); Emenda nº 1 do Projeto de Lei do Senado 351/2015 (Anexo G).

53 A última movimentação é de 13 mar. 2018. Foi deferido o requerimento n. 88/2018, de autoria do senador Wellington Fagundes, solicitando a retirada do PLS n. 677/2015, que tramitava em conjunto. Assim, o PLS n. 351/2015 voltou a ter tramitação autônoma. Movimentação disponível em: https://www25.senado.leg.br/web/atividade/materias/-/materia/123360. Disponível em: <http://legis.senado.leg.br/sdleggetter/documento?dm=2916668&disposition=inline. Acesso em: 11 Ago. 2019.

54 "Artículo 13 (Ciudad habitable) B. *Protección a los animales. 1. Esta Constitución reconoce a los animales como seres sintientes y, por lo tanto, deben recibir trato dig-*

animais como seres sencientes e destinatários de consideração moral. O próximo país a caminhar para a reformulação do estatuto jurídico dos animais é a Espanha.

O Brasil ainda goza do que Gary Francione chama de esquizofrenia moral[55], e mantém uma normatização paradoxal sobre os animais, embora na Constituição de 1988 um artigo que tutele o animal "microbem" ambiental contra práticas humanas que venham a submetê-los a crueldade (artigo 225, parágrafo 1º, VII) aprova emenda que cria novo tipo de autorização para práticas culturais que claramente são impossíveis de serem fiscalizadas para garantir a incolumidade dos animais envolvidos. Na lei civil continua a reconhecer os animais como coisa móvel e ao mesmo tempo o Supremo Tribunal Federal em retrocesso legislativo autoriza o sacrifício religioso, certamente privilegiando as vultosas exportações agropecuárias de gado vivo para países que compram do Brasil animais para serem sacrificados de modo cruel no destino. Além disso, houve a justificativa de votos dos Ministros (que voaram por unanimidade) de que práticas utilizadas por religiões de matrizes -africanas poderiam ser prejudicadas em suas respectivas culturas por preconceito racial.

A lei brasileira reflete o paradoxo da relação humana com o animal. Assim sendo, a redefinição da natureza jurídica do animal requer prévio debate jurídico e acadêmico, abandonando de vez a ultrapassada visão antropocêntrica. A reflexão se faz urgente sob pena de o impulso legislativo acabar por criar textos contrastantes e teratológicos, em que os animais sejam uma hora protegidos e outra rechaçados para uso do mercado. As alterações a serem realizadas não devem ser manejadas para fins políticos e eleitoreiros, apenas para agradar segmentos do mercado ou mesmo de classes sociais representativas de maior votação em ano eleitoral, outrossim, devem externalizar a devida consciência jurídica bem como a maturidade exigida pelo princípio da segurança das relações jurídicas.

---

no. En la Ciudad de México toda persona tiene un deber ético y obligación jurídica de respetar la vida y la integridad de los animales; éstos, por su naturaleza son sujetos de consideración moral. Su tutela es de responsabilidad común" (Constitución Política de la Ciudad de México, 2017.
Disponível em: <http://www.derechoanimal.info/bbdd/Documentos/2215.pdf>. Acesso em 11 de agosto de 2019).

---

55 *O Diagnóstico: nossa esquizofrenia moral acerca dos animais. "nossas atitudes morais acerca dos animais são , para dizer o mínimo, esquizofrênicas".* FRANCIONE. Ob. Cit p. 49. Título do capítulo.

O texto constitucional do artigo 225, VII, parágrafo 1º já é exemplo de ter sofrido essa fragmentação indevida e acréscimos que de fato acabaram por desautorizar a sua norma inicial, assim é preciso unificar tratamentos legislativos ao invés de ramificá-los. O Brasil com sua extrema vastidão territorial, diferentes necessidades locais e multiculturalismo requer uma solidez de tratamento igualitária, soberana e coerente. Essa tarefa não é simples nem fácil, mas precisa ser delineada com urgência, sob pena de haver uma total inadequação legislativa prestes a ser aprovada.

Vale trazer a visão pós-humanista dos "direitos animais", que despe a necessidade de reconhecimento de direitos, ao receio de se criar um especismo seletivo, mas tutela a vida visaria o reconhecimento da existência de um dever humano moral e jurídico (dever que já vigorava no texto constitucional, como direito fundamental, mas foi esvaziado) dos humanos em relação aos animais.

6.7. Os julgamentos emblemáticos nas cortes superiores

Não são muitos os corajosos julgamentos envolvendo a questão animal que inovam em termos de buscar uma alocação jurídica mais adequada para os animais, que hoje se encontram em um verdadeiro limbo jurídico na lei civil, embora tutelados dentro do meio-ambiente na norma constitucional. Busca-se aqui demonstrar que há, entretanto, alguns importantes posicionamentos que podem e devem servir de base para a implementação de políticas públicas da condição animal.

6.7.1. STJ e a dimensão ecológica da dignidade da pessoa humana e dignidade aos animais não-humanos e à natureza

Em recente julgamento a Corte Especial (Superior Tribunal de Justiça) tendo como relator o Ministro Og Fernandes, que adotou uma posição biocêntrica, abandonando o antropocentrismo e valorizando os animais e a natureza. No julgamento do Recurso Especial 1797.175/SP[56] o relator reconheceu a *dimensão ecológica da dignidade da pessoa humana* e, conferiu *dignidade e direitos aos animais não-humanos e à Natureza.*[57]

---

56 STJ, REsp 1.797.175/SP, 2ª Turma, Rel. Min. Og Fernandes, j. 21.03.2019.

57 Inteiro teor da decisão e voto. Disponível em: https://ww2.stj.jus.br/processo/revista/ documento/mediado/?componente=ATC&sequencial=92773702&num_registro=201800312300&data=20190513&tipo=51&formato=PDF. Acesso em: 11 Ago. 2019.

O recurso cuida da guarda de um papagaio, ave silvestre, por mais de 23 anos. A alegação é de que retirada do animal silvestre do convívio com a recorrente, através de arresto, vulnerou a previsão dos artigos 8º do Código de Processo Civil/2015 e 5º da Lei de Introdução às Normas de Direito Brasileiro (LINDB), porque o acórdão estabeleceu uma guarda provisória que induz expectativa e ansiedade, desestabilizando o emocional e o físico da recorrente. A parte alegou que a retirada do animal silvestre depois de largo período de domesticação implica, inclusive, violação dos direitos do próprio animal. A linha de pensamento ecológica, calcada na Constituição Federal brasileira foi trazida à tona e o relator expõe:

> *Nesse contexto, deve-se refletir sobre o conceito kantiniano, antropocêntrico e individualista de dignidade humana, ou seja, para incidir também em face dos animais não humanos, bem como de todas as formas de vida em geral, à luz da matriz jusfilosófica biocêntrica (ou ecocêntrica), capaz de reconhecer a teia da vida que permeia as relações entre ser humano e natureza (Ministro Og Fernandes).*[58](grifo nosso)

A base do voto é o valor intrínseco atribuído aos animais não humanos, o relator esclarece a necessidade de ser reformulado o conceito de dignidade, reconhecendo o status moral à vida animal, ou seja, dos animais não humanos que passará a dividir com os seres humanos a mesma comunidade moral. "Em outras palavras, pode-se falar também de limitações aos direitos fundamentais dos seres humanos com base no reconhecimento de interesses não humanos."[59] O relator inovou bastante e suas ideias marcarão um corte epistemológico no Superior Tribunal de Justiça, uma vez que ele foi bastante claro ao se posicionar a favor dos animais como sujeitos de direitos.

> Segundo a doutrina especializada, a própria ideia de um tratamento não cruel dos animais deve buscar o seu fundamento não mais na dignidade humana ou na compaixão humana, mas sim na própria dignidade inerente às existências dos animais não humanos.

O acórdão cita o Professor Ingo[60] SARLET, bem como a Constituição de outros país já conferindo status moral aos animais, como é o caso da

---

58 Acórdão acima. p. 8

59 Acórdão acima ainda p. 8

60 SARLET, Ingo Wolfgang; FENSTERSEIFER, Tiago. **Direito constitucional ambiental**: Constituição, direitos fundamentais e proteção do ambiente. 5 ed. São Paulo: 2017. pp. 91-92.

Suíça que reconheceu uma 'dignidade da criatura' (art. 24), que deve ser respeitada. Cita também a lei alemã e a Constituição da Bolívia[61] com extremo apreço à Mãe Natureza (Pachamama) e demonstra que o Brasil já tem leis em favor dos animais, embora não os reconheça pela lei civil como detentores de direitos.

O teor da decisão segue acompanhando a jurisprudência consolidada no STJ sobre animais, envolvendo discussão sobre a *guarda* de animal silvestre.[62]

Assim sendo, no caso em comento sobre a permanência da ave, o STJ entendeu por não acolher o pedido do órgão ambiental federal (Ibama) e manter a guarda de um papagaio em cativeiro com a pessoa que o detinha, apenas com requisitos de cumprimento periódico para o bem-estar do animal:

> [...] a) visita semestral de veterinário especializado em animal silvestre, comprovada documentalmente, para que realize um treinamento educativo com a recorrente, ensinando os cuidados necessários e adequados para com a ave; b) fiscalização anual das condições do recinto e do animal, com emissão de parecer, cujas observações devem ser implementadas *in totum*, sob pena de perdimento da guarda – a visita técnica deve ser realizada pelo Ibama local.

Importa ressaltar aqui a fundamentação lançada no voto do ministro Og Fernandes reforçando a moderna jurisprudência do STJ, também em matéria ambiental – como da prática decisória dos tribunais brasileiros de um modo geral.

A decisão comentada frisa a coexistência necessária equilibrada e respeitosa entre ser humano e Natureza, rejeitando a relação de dominação do ser humano sobre os "demais seres da coletividade planetária".

O mais expressivo da decisão está justamente no reconhecimento de *direitos de titularidade dos animais não-humanos e da Natureza*, o que implica também no reconhecimento do *status jurídico de animais como sujeitos de direitos.*

---

61 Ibid. p. 103.

62 Vale frisar que o acórdão em comento, bem como o que também será comentado a seguir, cujo relator é o Min. Luis Felipe Salomão, ambos se referem a expressão "guarda", e não "posse" de animais, assim já tendendo sinalizando o reconhecimento do valor vida, sua dignidade e o valor intrínseco dos animais como seres sencientes.

A decisão do STJ faz menção à Constituição do Equador de 2008, que reconhece Direitos da Natureza ou da "Pachamama", e também ao direito comparado, expressamente quanto à decisão de corte epistemológico da Corte Constitucional Colombiana, atribuindo os "Direitos do Rio Atrato" no ano de 2016.[63] E na Colômbia, em 2018, a Corte Suprema reconheceu, em caso de desmatamento florestal, direitos à Amazônia colombiana a nomeando "entidade *sujeito de direitos*".[64]

Assim o emblemático acórdão rejeita a ultrapassada classificação civilista do CC de 2002 dos animais como "coisas", reconhecendo a *incongruência entre o regime jurídico dos animais tratado pelo art. 82 do Código Civil de 2002 e pela Constituição Federal no seu artigo 225.*

O tratamento anterior dado pelo Código Civil de 1916, como já foi dito, foi reproduzido de modo cego no de 2002, ignorando o direito comparado e a nova técnica explicitada no Código Civil alemão (BGB) desde 1990, quando foi inserido o § 90a na *Seção 2 para diferenciar entre Coisas e Animais* (*Sachen und Tiere*), renomeada na mesma ocasião, especificamente para diferenciar os conceitos e regimes jurídicos: "§ 90a – Animais – *Animais não são coisas* (*Tiere sind keine Sachen*).

O Código Civil da França, em 2015, seguido pelo Código Civil de Portugal no ano seguinte, 2016, seguem reconhecendo mais, além dos animais não serem simples coisas, definem a natureza jurídica dos animais como "seres vivos dotados de sensibilidade" (seres sencientes).

Trata-se assim de pública e notória tendência jurídica ocidental no sentido de reconhecer finalmente o *status dos animais como sujeito de direitos*, por serem dotados de sensibilidade, e aptos a serem titulares de interesses com merecida tutela jurídica. O excelente voto do ministro Og Fernandes foi acolhido por unanimidade pela 2ª Turma.

---

63 Já o Equador havia reconhecido em 2008 os Direitos a outro Rio Vilacamba, que foi exposto anteriormente. A decisão judicial no caso Vilacamba se baseou na Constituição equatoriana de 2008 que garante direitos à Natureza (Pachamama). Foram reconhecidos os direitos à proteção e regeneração da Natureza, representada judicialmente por dois cidadãos norteamericanos residentes no Equador. Por todos. GUSSOLI, Felipe. Disponível em: http://www.direito.ufpr.br/portal/wp-content/uploads/2014/12/Artigo-Felipe-Gussoli-classificado-em-1º-lugar-.pdf. Acesso em: 13 Ago. 2019.

64 Decisão proferida pela Corte Suprema Colombiana, no julgamento da STC4360-2018 (Radicacion nº 1100-22.03-000-2018-00319-01), proferida em 05.04.2018. Disponível em: http://www.cortesuprema.gov.co/corte/index.php/2018/04/05/corte-suprema-ordena-proteccion-inmediata-de-la-amazonia-colombiana/. Acesso em: 11 Ago. 2019.

6.7.2. Julgamento do reconhecimento do direito de guarda e a família multiespécie

Em decisão inovadora o Ministro Luis Felipe Salomão reconhece numa dissolução de união estável, o direito à visitação, em virtude da relação de extremo afeto de ambos ex-companheiros, com o animal de estimação.[65]

> Inicialmente cumpre salientar que o fato de o animal ser tido como de estimação, recebendo o afeto da entidade familiar, não pode vir a alterar sua substância, a ponto de converter a sua natureza jurídica. No entanto, possuem valor subjetivo único e peculiar, aflorando sentimentos bastante íntimos em seus donos, totalmente diversos de qualquer outro tipo de propriedade privada.

O Ministro admite que o regramento da Lei Civil está insatisfatório porque não se trata de simples discussão atinente à posse e à propriedade. E esclarece que não deve haver nenhuma equiparação da posse de animais com a guarda de filhos, porque sendo não humanos são "portadores de demandas diferentes das nossas" segundo o Ministro.

Em seu voto o Ministro Salomão continua adotando a natureza civilista de bens semoventes, mas presenta as ressalvas oportunas pela qualidade de senciencia animal. *"deve ser levado em conta o fato de que tais animais são seres que, inevitavelmente, possuem natureza especial e, como ser senciente [...], o seu bem-estar deve ser considerado."*. Assim o voto respeita O Código Civil deixando o alerta:

> *[...] mas será resguardada a ideia de que não se está diante de uma "coisa inanimada", sem lhe estender, contudo, a condição de sujeito de direito.* Reconhece-se, assim, um terceiro gênero, em que sempre deverá ser analisada a situação contida nos autos, voltado para a proteção do ser humano, e seu vínculo afetivo com o animal.

O Julgamento supracitado foi a base para o reconhecimento da chamada família multiespécie.[66] O Direito de Família trouxe muitas modi-

---

65 REsp 1.713.167-SP, Rel. Min. Luis Felipe Salomão, por maioria, julgado em 19/06/2018, DJe 09/10/2018.

66 Thomas Nosch Gonçalves é tabelião, registrador e membro da Comissão de Notas e Registro do Instituto Brasileiro de Direito de Família – IBDFAM, e é um dos destaques da 30ª edição da Revista IBDFAM – Famílias e Sucessões. GONÇALVES, Thomas Nosch. **Família multiespécie e divórcio extrajudicial com guarda de animais sencientes.** Disponivel em http://ibdfam.org.br/noticias/6898/. Acesso em: 10 Ago. 2019.

ficações, em razão da família, enquanto célula *mater* do tecido social, constantemente mudar, trazendo muitos novos modelos, todos amparados constitucionalmente, no rol do art. 226 da Constituição Federal de 1988, que por sua vez é meramente exemplificativo.

Assim sendo as famílias matrimoniais, decorrentes do casamento; as da união estável, que são informais; as homoafetivas iniciadas entre pessoas do mesmo sexo; as monoparentais onde há apenas o vínculo afetivo entre um dos genitores com seus filhos; famílias anaparentais firmadas no vínculo existente entre irmãos diante da ausência dos pais; e a família "multiespécie" formada por animais não humanos e humanos.

A expressão "família multiespécie" refere-se aos novos modelos familiares que envolvem os animis de companhia ou estimação. Há clara possibilidade da lavratura escritura pública na dissolução da união ou do divórcio a guarda dos animais. A ideia da felicidade familiar, inclui também a presença dos animais de estimação. Assim, a guarda de animais por escritura pública na dissolução da união estável ou do divórcio é um tema de relevo na defesa animal.

A lei precisa acompanhar o fato social mutante, mas chega sempre com certo atraso, assim é papel da doutrina e da jurisprudência sinalizar os novos contornos. A partir dos vínculos de afeto criados entre os humanos e o animal, um rompimento será causador de abalos tanto para ambos.

A primeira demanda em juízo envolvendo a família multiespécie deu-se na 22ª Câmara Cível do Tribunal de Justiça do Rio de janeiro em 2015. Em apelação um homem obteve "posse compartilhada" do cãozinho de estimação com sua ex-companheira. Os ex-companheiros ao juiz monocrático pediram a dissolução da união estável e a divisão dos bens comuns do casal, dentre eles o cão de nome Dully da raça Cocker Spaniel, de idade já avançada. Na sentença, o juiz de primeiro grau determinou a posse e devolução de Dully para a autora da ação, porque esta comprovou ser legítima proprietária do animal de estimação, tendo em vista que todos os documentos, tais como carteira de identificação e cartão de vacinação, continham como proprietária o nome da autora.

Indignado com a decisão de primeiro grau, insurgiu-se o réu contra sentença por meio de apelação direcionada ao Tribunal de Justiça do Rio de Janeiro, pretendendo unicamente a reforma da decisão quanto à posse do cão, pugnando para que a posse/guarda fosse de sua exclusividade. Em seu voto, o relator, Desembargador Marcelo Lima Buhatem, destacou a importância do tema atual não normatizado pela lei civil.

Para o desembargador, ao animal de companhia é necessário empregar outro tratamento, justamente por ser de estimação e dotado de afeto e,nas palavras do mesmo, "por preencher as necessidades humanas emocionais, afetivas, que, atualmente, de tão caras e importantes não podem passar desapercebidas pelo operador." Assim, o voto trouxe a afirmativa que os animais são seres que compõem a família de forma afetiva em relação aos seus donos, sendo sua possível perda passível de sofrimento desmedido.[67]

> APELAÇÃO CÍVEL Nº 0019757-79.2013.8.19.020822ª CÂMARA CÍVEL"RECONHECIMENTO/DISSOLUÇÃO DE UNIÃO ESTÁVEL - PARTILHA DE BENS DE SEMOVENTE - SENTENÇA DE PROCEDÊNCIA PARCIAL QUE DETERMINA A POSSE DO CÃO DE ESTIMAÇÃO PARA A EX- CONVIVENTE MULHER- RECURSO QUE VERSA EXCLUSIVAMENTE SOBRE A POSSE DO ANIMAL SOLUÇÃO QUE NÃO TEM O CONDÃO DE CONFERIR DIREITOS SUBJETIVOS AO ANIMAL, AUSÊNCIA DE PREVISÃO NORMATIVA REGENTE SOBRE O TEMA,[...]

E diante dessa decisão surgiram muitas outras ações envolvendo temas similares envolvendo a família multiespécie.

Na 7ª câmara cível do Tribunal de Justiça do Rio de Janeiro, O Des. Ricardo Couto determinou o pagamento de despesas no importe de R$ 1.050 (mil e cinquenta reais) por parte do ex-companheiro, a título de manter animais de estimação adquiridos na constância da união estável. A convivência de 22 anos teve em sua constância a aquisição de 6 animais (cinco cachorros e uma gata).

O acórdão teve que enfrentar o pagamento de um valor a título de verdadeira pensão alimentícia para animais de estimação, pelo paralelismo com normas relativas a guarda de filhos menores de idade. A decisão foi inovadora em todo o país. A decisão impôs a divisão das despesas

---

67 APELAÇÃO CÍVEL Nº 0019757-79.2013.8.19.0208, na 22ª CÂMARA CÍVEL. Disponível em www.tjrj.jus.br
"RECONHECIMENTO/DISSOLUÇÃO DE UNIÃO ESTÁVEL - PARTILHA DE BENS DE SEMOVENTE - SENTENÇA DE PROCEDÊNCIA PARCIAL QUE DETERMINA A POSSE DO CÃO DE ESTIMAÇÃO PARA A EX- CONVIVENTE MULHER- RECURSO QUE VERSA EXCLUSIVAMENTE SOBRE A POSSE DO ANIMAL SOLUÇÃO QUE NÃO TEM O CONDÃO DE CONFERIR DIREITOS SUBJETIVOS AO ANIMAL, EXPRESSANDO-SE, POR OUTRO LADO, COMO MAIS UMA DAS VARIADAS E MULTIFÁRIAS MANIFESTAÇÕES DO PRINCÍPIO DA DIGNIDADE DA PESSOA HUMANA, EM FAVOR DO RECORRENTE - PARCIAL ACOLHIMENTO DA IRRESIGNAÇÃO PARA, A DESPEITO DA AUSÊNCIA DE PREVISÃO NORMATIVA REGENTE SOBRE O TEMA,(...), PERMITIR AO RECORRENTE, TER CONSIGO A COMPANHIA DO CÃO DULLY, EXERCENDO A SUA **POSSE PROVISÓRIA**, FACULTANDO-LHE BUSCAR O CÃO EM FINS DE SEMANA ALTERNADOS, DAS 10:00 HS DE SÁBADO ÀS 17:00HS DO DOMINGO." (grifo nosso)

dos animais entre os ex-companheiros, uma vez que os animais não devem ser considerados coisas, mas sim como membros da família, não podendo os mesmos serem descartados.

É lógica a utilização de algumas normas da pensão alimentícia aos animais, considerando que estes como seres vivos que são, causam despesas de alimentação, vacinas, medicamentos. A tendência da consideração da titularidade de direitos também se demonstra por via transversa, uma vez que o que o julgado resolveu foi a necessidade do animal também ser mantido, ao invés de simplesmente ignorar a sua natureza senciente mantendo-o como coisa, de acordo com a lei civil.

Uma boa solução a essas demandas seria a estipulação prévia no pacto antenupcial como se dará a custódia e o regime de convivência com os animais de estimação em casos de divórcio, como destacado pelo Colégio Notarial do Brasil – Seção São Paulo.

Há um projeto de lei em andamento sobre a família multiespécie:[68] Dispõe sobre a custódia compartilhada dos animais de estimação nos casos de dissolução do casamento ou da união estável.

---

68 PL do Senado 542/18, da senadora Rose de Freitas, que citando a decisão do Ministro Salomão em justificativa , "estabelece o compartilhamento da custódia de animal de estimação de propriedade em comum, quando não houver acordo na dissolução do casamento ou da união estável. Disponível em : https://www25.senado.leg.br/web/atividade/materias/-/materia/135006. Acesso em: 11 Ago.2019, e aguardando designação de relator. Comissão de Constituição, Justiça e Cidadania (Secretaria de Apoio à Comissão de Constituição, Justiça e Cidadania)Último estado:26/03/2019 – AGUARDANDO DESIGNAÇÃO DO RELATOR – "A proposta teve como base o enunciado 11 do Instituto Brasileiro de Direito de Família (IBDFAM): *"na ação destinada a dissolver o casamento ou a união estável, pode o juiz disciplinar a custódia compartilhada do animal de estimação do casal". O presente projeto busca resolver essa lacuna legislativa propondo a custódia compartilhada como regra para os casais que se separam sem que tenham chegado a um acordo sobre como deve ser dividida a convivência com o animal de estimação de propriedade comum. É uma solução que considera as diretrizes do entendimento do STJ sobre o assunto e que está de acordo com o Enunciado nº 11 do Instituto Brasileiro de Direito de Família (IBDFAM), aprovado por ocasião do X Congresso Brasileiro de Direito de Família, segundo o qual, "na ação destinada a dissolver o casamento ou a união estável, pode o juiz disciplinar a custódia compartilhada do animal de estimação do casal". Importante destacar que a SF/18352.40795-43 Página 4 de 6 Parte integrante do Avulso do PLS nº 542 de 2018. opção pelo termo custódia tem por objetivo diferenciar claramente o regime proposto em relação ao instituto da guarda, que diz respeito apenas às crianças e adolescentes. Ainda na linha do IDBFAM, o projeto prevê a competência da vara de família para decidir sobre a custódia dos animais de estimação. O direito ao compartilhamento da custódia dos animais vem acompanhado do dever de contribuir para as despesas de manutenção do animal. A divisão do tempo de convívio deve ter em vista as condições fáticas, entre as quais, o ambiente adequado para a*

6.7.3. Impossibilidade do condomínio proibir o proprietário de ter animais

É ilegítima a restrição genérica contida em convenção condominial que proíbe a criação e guarda de animais de quaisquer espécies em unidades autônomas.

O art. 19 da Lei nº 4.591/1964 assegura aos condôminos o direito de usar e fruir, com exclusividade, de sua unidade autônoma, segundo suas conveniências e interesses, condicionados às normas de boa vizinhança, e poderá usar as partes e coisas comuns de maneira a não causar dano ou incômodo aos demais moradores, nem obstáculo ou embaraço ao bom uso das mesmas partes por todos.

A convenção de condomínio precisa respeitar o direito constitucional de propriedade, que garante ao dono do imóvel ter em sua unidade o que quiser (animais domésticos permitidos por lei)[69], desde que respeitados os direitos de vizinhança. Na regulamentação da criação de animais feita por uma convenção de condomínio, é preciso se alertar para a possibilidade de surgirem as seguintes situações:

1) a convenção pode simplesmente ser silente sobre a matéria; 2) a convenção pode ser proibitiva quanto à quaisquer animais ; 3) a convenção pode ser restritiva aos animais de grande porte e, ou aos que causem incômodo ou temor aos demais condôminos , nos termos dos artigos 1336, IV do CC/2002 e 19 da Lei nº 4591/64; e 4) a convenção pode permitir a criação e a guarda de animais, mas restringir a circulação dos mesmos em áreas comuns.

A convenção totalmente restritiva é ilegal. Já a convenção que veda apenas a permanência de certos animais, considerados alguns critérios

morada do animal, a disponibilidade de tempo e as condições de trato, de zelo e de sustento que cada uma das partes apresenta. Enquanto as despesas ordinárias de alimentação e de higiene incumbirão àquele que estiver exercendo a custódia, as demais despesas de manutenção do animal, como aquelas realizadas com consultas veterinárias, internações e medicamentos, serão divididas equitativamente entre as partes. Por fim, com o objetivo de promover a pacificação familiar nos casos em que o compartilhamento de custódia não seja recomendado ou não esteja funcionando, o projeto prevê quatro hipóteses de perda da posse e da propriedade dos animais de estimação em favor da outra parte, nos casos de: a) descumprimento imotivado e reiterado dos termos da custódia compartilhada; b) indeferimento do compartilhamento de custódia nos casos de risco ou histórico de violência doméstica ou familiar; c) renúncia ao compartilhamento da custódia por uma das partes; e d) comprovada ocorrência de maus-tratos contra o animal de estimação.

69 Os animais silvestres encontram-se regulados por leis próprias.

levando-se em consideração incômodos aos demais moradores, a norma condominial é isenta de ilegalidade. O risco da restrição é tornar-se desarrazoada, considerando-se que nem todos os animais apresentam um incômodo à tranquilidade dos demais moradores do condomínio.

O impedimento de circulação de animais perigosos em partes exclusivas se justifica na preservação da segurança, da higiene, da saúde e do sossego. Por outro lado, convenções com restrição genérica, devem ser afastadas para assegurar o direito do condômino, desde que sejam protegidos os direitos dos demais condôminos e frequentadores do condomínio.

É certo que existe um imenso poder no afeto, e que o animal criado dentro de uma entidade familiar passa a fazer parte da família, gozando assim uma nova situação jurídica, inclusive já cuidada pelos tribunais no que tange ao direito à guarda, visitação e mesmo aos custos que geram, serem partilhados ou não. Tudo isso corrobora para que sejam reconhecidos como seres viventes que são, e nunca como seres inanimados, como coisas, assim como erroneamente é definido até hoje pela lei civil.

No ementário de Jurisprudência do STJ, encontra-se o julgamento do REsp 1.783.076-DF[70], Rel. Min. Ricardo Villas Bôas Cueva, Terceira Turma, por unanimidade definindo a importância do direito de propriedade e o relevo da relação de afeto desenvolvida com o animal, bem como o reconhecimento de haver um terceiro gênero no qual seriam inseridos os animais:

> [...] o regramento jurídico dos bens não se vem mostrando suficiente para resolver, de forma satisfatória, a disputa familiar envolvendo os *pets*, visto que não se trata de simples discussão atinente à posse e à propriedade. Também não é o caso de efetivar-se alguma equiparação da posse de animais com a guarda de filhos. Os animais, mesmo com todo afeto merecido, continuarão sendo não humanos e, por conseguinte, portadores de demandas diferentes das nossas. Nessa ordem de ideias, a premissa básica a se adotar é a atual tipificação e correspondente natureza jurídica dos animais de estimação, isto é, trata-se de semoventes, coisas, passíveis de serem objeto de posse e de propriedade, de contratos de compra e venda, de doação, dentre outros. A solução deve ter como norte o fato, cultural e da pós-modernidade, de que há uma disputa dentro da entidade familiar,

70 Disponível em: https://ww2.stj.jus.br/jurisprudencia/externo/informativo/?acao=pesquisar&livre=ANIMAIS&operador=e&b=INFJ&thesaurus=JURIDICO&p=-true. Voto do relator disponível com inteiro teor em: https://www.conjur.com.br/dl/condominio-nao-proibir-animal-nao.pdf. Acesso em: 15 Ago. 2019.

> em que prepondera o afeto de ambos os cônjuges pelo animal [...]. Nessa linha, há uma série de limitações aos direitos de propriedade que recaem sobre eles, sob pena de abuso de direito. Portanto, buscando atender os fins sociais, atentando para a própria evolução da sociedade, independentemente do *nomen iuris* a ser adotado, a resolução deve, realmente, depender da análise do caso concreto, mas será resguardada a ideia de que não se está diante de uma «coisa inanimada», sem lhe estender, contudo, a condição de sujeito de direito. Reconhece-se, assim, um terceiro gênero, em que sempre deverá ser analisada a situação contida nos autos, voltado para a proteção do ser humano, e seu vínculo afetivo com o animal.

Nada no caso concreto demonstrou que um pequeno gato pudesse atrapalhar os demais condôminos. O condomínio também não demonstrou fundamentos para a proibição. A permanência de animais em condomínio não tem regulamentação uníssona e atualmente há diversas decisões nos tribunais do país, portanto há que se estabelecer a uniformização da interpretação da lei federal.

No caso em questão houve a aplicação da tutela inibitória. A moradora ajuizou ação de obrigação de não fazer com pedido de tutela de urgência contra o Condomínio Residencial das Palmeiras postulando o direito de criar sua gata de estimação no interior de seu apartamento, diante da proibição prevista na respectiva convenção de seu condomínio. O magistrado de primeiro grau julgou procedente o pedido para determinar que o condomínio "se abstenha de praticar ato que impeça ou inviabilize a criação do animal dentro de sua unidade". E o STJ por unanimidade manteve a decisão monocrática, entendendo que a convenção condominial absolutamente restritiva é ilegítima e abusiva, por não ter havido nenhuma demonstração de risco aos moradores envolvendo o animal.

6.8. A legitimação em juízo

Utilizando o instituto americano do "*standing*" que se aproxima muito da nossa capacidade postulatória, Cass Susstein esclarece que é comum que os animais estejam como objeto da demanda e não como parte da relação processual e também não podem ser representados, porque se são propriedade de alguém, não podem ao mesmo tempo ser titulares de direitos.[71]

---

71 SUNSTEIN, Cass R. (ed.).; NUSSBAUM, Martha C. (ed.). **Animal Rights** - Current Debates and New Directions edited by Cass. New York: Oxford University Press, 2004, p.75

Há um caso emblemático no Brasil na Bahia, onde o Ministério Público, conjuntamente com associações não governamentais impetraram *Habeas Corpus*[72] em favor de uma chimpanzé, chamada Suíça, que se encontrava em situação perigosa para a continuidade de sua vida, por estar sem a infraestrutura necessária e mal acomodada em Parque Zoobotânico. O pedido era de sua transferência para um santuário de Grandes Primatas em Sorocaba.[73]

A liminar foi indeferida pelo juiz da 9º Vara Cível de Salvador, mas foi intimada a autoridade coatora, mas infelizmente a chimpanzé faleceu antes de que uma decisão final fosse proferida. Houve portanto, a perda do objeto da ação, mas a polêmica permaneceu. Atualmente outros casos com chimpanzés já foram enfrentados no Poder Judiciário Brasileiro. [74] A decisão de segundo grau negou o habeas corpus ao Chimpanzé Jimmy, pelo entendimento da Constituição ser permissiva à concessão de HC apenas a seres humanos. Os argumentos à favor tinham a base de o chimpanzé ter 99,4% do DNA similar ao do ser humano. O relator, Des. Muiños Piñeiro Filho, negou a concessão, porque o animal não tem natureza de pessoa na lei material e assim não poderia ser um sujeito de direito.

6.8.1. O caso Mary Ellen Wilson – a lógica reversa (a partir dos animais para os humanos)

Trata-se de caso emblemático em época onde a violência, negligência e o abuso infantil eram temas completamente ignorados. É curioso por ter sido utilizada uma lógica reversa apara ser obtido um reconhecimento de crueldades praticadas contra uma criança, a partir de um manejo da comparação entre crianças e animais que precisam de tutela. Essa comparação baseia-se na integração da capacidade relativa ou mesmo na incapacidade.

---

72 HC 833085-3/2005

73 LOURENÇO, Daniel Braga. **Direito dos Animais**: Fundamentação e Novas perspectivas. Rio Grande do Sul: Editora Fabris, 2008. p. 526

74 Memorial do advogado Fernando Fragoso na defesa da Fundação Jardim Zoológico de Niterói (ZôoNit), em memorial aos desembargadores da 2ª Câmara Criminal do Tribunal de Justiça do Rio de Janeiro. MEMORIAL DA ASSISTENTE FUNDAÇÃO JARDIM ZOOLÓGICO DE NITERÓI HABEAS CORPUS Paciente: JIMMY (Chimpanzé que vive na Fundação) N° 0002637-70.2010.8.19.0000 RELATOR: EXMO. DES. JOSÉ MUIÑOS PIÑEIRO PAUTA DE 19 DE ABRIL DE 2011. Disponível em https://www.conjur.com.br/dl/memorial-julgamento-hc-chimpanze-jimmy.pdf. Acesso em: 10 Ago. 2019.

Vale ressaltar que foi a consistência, força e determinação da atuação de uma sociedade de proteção aos animais que chamou humana para se fortalecer para a defesa de outro ser humano em condição de vulnerabilidade. Assim foi utilizada a ótica pós-humanista de aproximação entre os seres que detém a mesma condição no mundo: têm vida e são vulneráveis diante dela. Assim o abandono do antropocentrismo em via reversa é curioso e merece destaque para a construção de uma nova filosofia que baseie a defesa animal.

Mary Ellen Wilson (com 10 anos em 1874 - data do julgamento) também chamada de Mary Ellen McCormack foi uma criança norte-americana, de oito anos de idade. O abuso infantile sofrido e reconhecido a partir de uma atuação reversa de jma sociedade de proteção animal levou à criação da *New York Society for the Prevention of Cruelty to Children.*[75]. Mary Ellen foi abusada por seus pais adotivos, Francis e Mary Connolly.[76] A história da criança foi detalhada em livros e matérias jornalísticas. E só pôde ser identificada, após a morte dos pais com a ajuda de vizinhos que ficaram cientes dos maus-tratos à menina. As evidências eram de espancamento, desnutrição entre outras. E a vizinha começou a pesquisar opções legais para proteger Marry Ellen. Depois das autoridades locais permanecerem relutantes em agir, a vizinha conseguiu um aliado: um defensor local de proteção de animais, o fundador da *American Society for the Prevention of Cruelty to Animals*,[77] Henry Bergh.

---

75 SHELMAN, Eric A. **Out of the Darkness**: The Story of Mary Ellen Wilson, 1999, Dolphin Moon Publishing Authors: Eric A. Shelman & Stephen Lazoritz, M.D. Disponível em: audiobook em: https://www.amazon.com/dp/0966940008. Acesso em: 10 Ago. 2019.

76 MARKEL, Howard. Case Shined First Light on Abuse of Children. **New York Times.** 2015. Disponível em: https://www.nytimes.com/2009/12/15/health/15abus.html?ref=science&mtrref=pt.wikipedia.org&gwh=F8F4C84C3E94DC51B4FD4D71F458D23A&gwt=pay&assetType=REGIWALL. Acesso em: 8 Ago. 2019.

77 A *American Society for the Prevention of Cruelty to Animals* (Sociedade Americana para a Prevenção da Crueldade contra os Animais) , com a sigla ASPCA foi a primeira sociedade de defesa animal criada na América do Norte e é hoje uma das maiores do mundo. Foi fundada na crença de que os animais têm direito a tratamento gentil e respeitoso pelos humanos e precisam de proteção legal. Sediada em Nova York, a ASPCA mantém uma atuação intensa e, com programas abrangentes que ampliam a missão anti-crueldade em todo o país reconhecidos como uma organização nacional de bem-estar animal. Juridicamente a ASPCA é uma corporação sem fins lucrativos, de capital fechado, e com mais de 2 milhões de apoiadores norte-americanos. A missão da ASPCA, como afirma o fundador Henry Bergh em 1866, é "fornecer meios efetivos para a prevenção da crueldade contra os animais nos Estados Unidos". (tradução livre) Disponível em: https://www.aspca.org/about-us.

> As crueldades deliberadas e as privações infligidas a Mary Ellen Wilson por seus pais adotivos incluíam o seguinte: espancamentos regulares e severos; insuficiência alimentar; ser forçada a dormir no chão; não ter roupas quentes para usar no frio; deixada com frequência sozinha dentro de uma sala trancada, escura; proibição de ir ao ar livre, exceto durante a noite em seu próprio quintal.[78]

A Sra. Connolly foi condenada à prisão por um ano. Neste ano a *New York Society for the Prevention of Cruelty to Children* foi fundada.

6.8.2. Legitimação pelo Ministério Público, por entidades não governamentais, pela Defensoria Pública

É importante que seja esclarecido como atualmente é possível tutelar os animais em juízo. Os caminhos são restritos. Há a possibilidade do manejo de uma ação promovida por uma associação, organização não governamental ou sociedade protetora dos animais, pelo Ministério Público ou ainda pela Defensoria Pública. A provocação pode ser através de uma ação civil pública ou preventivamente por meio da tutela inibitória pura para impedir que o ilícito se transforme em dano, ou impura, para impedir a sua repetição ou continuação.

As associações que atuam na defesa animal ou protetores autônomos enfrentam o grande obstáculo da ausência de recursos econômicos, infraestrutura, logística material e meios sanitários adequados às normas de vigilância sanitária, para de fato poderem promover a causa animal e resgatar animais que estejam em apuros. Trata-se de um trabalho que deve ser exercido pelo Poder Público, que tem recursos para criar mecanismos próprios de atuação às necessidades locais e regionais. Cada comunidade, bairro, cidade tem uma natureza própria, mas é certo que o animal de rua foi trazido pelo homem para as cidades e, assim, precisa do amparo humano para nela sobreviver dignamente.

Animais vagando pelas ruas precisam de tutela, seja para conferir-lhes um lar, seja para através do conceito de "animal comunitário", regulado por lei municipal, obterem proteção através de pessoas que desenvolvam vínculo de afeto real com eles. A lei do animal comunitário se refere ao cachorro que vive num estacionamento de um comércio, em uma rua sem saída, em uma praça, escola, clube, condomínio ou qualquer lugar onde vivam sem dono certo, mas com protetores que lhes dão alimento e cuidados.

78 MARKEL, op. cit., 2009, s/p.

Sobre o Ministério Público, desde a Constituição Federal de 1988, o papel institucional do Parquet se aproximou também da defesa dos interesses sociais e se tornou um poderoso legitimado para os interesses difusos da coletividade.

O Ministro Herman Benjamim ensina que a *persecutio criminis* na temática ambiental já é exercida pelo órgão há muito tempo. A lei 6938/81 já estabelecia a legitimidade para a causa na ação de responsabilidade civil e criminal por danos causados ao meio ambiente. No governo provisório de Getúlio Vargas, o Decreto-lei nº 24645/34 já estabelecia que os animais seriam assistidos em juízo pelo Ministério Público (artigo 2º, § 3º. A Lei de Proteção à Fauna (Lei 5197/67) também mencionou o Ministério Público ao cuidar da fauna silvestre.

Entretanto, foi com a competência instituída pela Lei 7347/85, que a Ação Civil Pública passou a dar bastante destaque para a atuação jurisdicional do Ministério Público, que por critérios constitucionais passou ao principal legitimado para a tutela dos animais em juízo.

Assim, na ação civil pública ambiental é necessária a participação do Ministério Público, mesmo que não seja como autor da demanda, será atuante como fiscal da lei, o que significa que sua presença será necessária no inquérito civil ou como autor, em coautoria com outros legitimados ou como fiscal da lei.

Entre os membros integrantes do Ministério Público, alguns entendem que a norma constitucional é suficiente para a tutela dos animais como parte integrante do meio-ambiente ecologicamente equilibrado. Outros entendem que a hermenêutica do artigo 225, *caput* e inciso VII é insatisfatória para a defesa dos animais, mesmo diante do decreto nª 24.645/34, sinalizando a necessidade de nova lei que regule a matéria.

O promotor de justiça, Fernando Laerte Levai[79], de São José dos Campos, São Paulo, alerta que diante do valor vida que envolve a questão animal, deveria haver um arcabouço normativo mais direcionado para o tema, mas cuida de diversas ações civis públicas com resultado vitorioso apenas com as normas mencionadas e a base constitucional.

Para a implementação adequada e responsável em termos institucionais da tutela jurídica dos animais, seria preciso ao Ministério Público o desenvolvimento de promotorias[80] e delegacias de defesa animal. A

79 LEVAI, Op. Cit

80 Há companhas no sentido da criação de promotorias animais. Para agir diretamente na criação de Promotorias de Defesa Animal, estar associado e representar uma ou

especialidade do tema animal exige profissionais capacitados, com treinamento e aptidão para lidar com o resgate de animais, cuidados veterinários, reconhecimento de zoonoses, entre outros.

A atuação da Defensoria Pública foi concedida pelo artigo 134 da Carta Magna, como garantidora ao necessitado o acesso à justiça. Assim, a orientação jurídica e a defesa constituem papel a ser exercido pelo defensor público. Foi também uma determinação constitucional que este direito de acesso à ordem jurídica justa fosse prestado pelo Estado. E dessa forma, a Defensoria Pública passou a ser o maior expoente da terceira onda renovatória do processo civil.

A Defensoria Pública é uma instituição aliada ao Ministério Público na tutela dos animais, uma vez que atende aos mais carentes da população, que em geral têm animais também carentes, além de geralmente morarem em áreas de risco com animais errantes e vulneráveis.

Políticas Públicas de esterilização e vacinação gratuitas são urgências sociais, e que, via de regra são políticas públicas relegadas à segundo plano pelas autoridades executivas. A quantidade de animais recolhidos pela municipalidade e após sacrificados é imensa, afinal animal é coisa e ainda para vigilância sanitária quando vive nas ruas é considerado e definido como vetor de zoonoses.

É válido ressaltar que a partir de 2009 houve uma mudança salutar na defensoria Pública e a nova lei complementar 132/09[81] criou a atri-

mais ONGs do cada estado é condição bastante desejável A criação de Promotorias nos Ministérios Públicos Estaduais (MPEs) passa pelo Procurador Geral de Justiça. A campanha é dirigida no sentido de convencê-lo sobre a importância e urgência da criação desses órgãos. A *petição online* criada pelo Olhar Animal (já encerrada) pode servir como exemplo de apoio à ideia. Há duas formas de se criar Promotorias: renomear uma promotoria já criada por lei, porém desativada (neste caso a criação também pode ser resolvida internamente pelo MPE, por medida administrativa); o Procurador Geral enviar projeto de lei para a Assembléia Legislativa (um caminho mais longo, que passa pela aprovação de deputados estaduais). Disponível em: https://olharanimal.org/promotorias-de-defesa-animal/. Acesso em: 10 Ago. 2019.

81 LEI COMPLEMENTAR Nº 132, DE 7 DE OUTUBRO DE 2009 – Altera dispositivos da Lei Complementar nº 80, de 12 de janeiro de 1994, que organiza a Defensoria Pública da União, do Distrito Federal e dos Territórios e prescreve normas gerais para sua organização nos Estados, e da Lei nº 1.060, de 5 de fevereiro de 1950, e dá outras providências. O PRESIDENTE DA REPÚBLICA Faço saber que o Congresso Nacional decreta e eu sanciono a seguinte Lei Complementar:
Art. 1º Os arts. 1º, 4º, 5º, 6º, 7º, 8º, 9º, 10, 15, 18, 19, 20, 21, 22, 24, 26, 29, 31, 32, 38, 44, 54, 57, 58, 64, 89, 98, 99, 101, 102, 104, 105, 107, 108, 123, 128 e 136 da Lei Complementar nº 80, de 12 de janeiro de 1994, passam a vigorar com a seguinte redação:

buição à defensoria pública para promover a difusão e a conscientização

---

"Art. 1º A Defensoria Pública é instituição permanente, essencial à função jurisdicional do Estado, incumbindo-lhe, como expressão e instrumento do regime democrático, fundamentalmente, a orientação jurídica, a promoção dos direitos humanos e a defesa, em todos os graus, judicial e extrajudicial, dos direitos individuais e coletivos, de forma integral e gratuita, aos necessitados, assim considerados na forma do inciso LXXIV do art. 5º da Constituição Federal." (NR)
"Art. 4º [...]
I - prestar orientação jurídica e exercer a defesa dos necessitados, em todos os graus; (grifo da autora)
II - promover, prioritariamente, a solução extrajudicial dos litígios, visando à composição entre as pessoas em conflito de interesses, por meio de mediação, conciliação, arbitragem e demais técnicas de composição e administração de conflitos;
III - promover a difusão e a conscientização dos direitos humanos, da cidadania e do ordenamento jurídico;
IV - prestar atendimento interdisciplinar, por meio de órgãos ou de servidores de suas Carreiras de apoio para o exercício de suas atribuições;
V - exercer, mediante o recebimento dos autos com vista, a ampla defesa e o contraditório em favor de pessoas naturais e jurídicas, em processos administrativos e judiciais, perante todos os órgãos e em todas as instâncias, ordinárias ou extraordinárias, utilizando todas as medidas capazes de propiciar a adequada e efetiva defesa de seus interesses;
VI - representar aos sistemas internacionais de proteção dos direitos humanos, postulando perante seus órgãos;
VII - promover ação civil pública e todas as espécies de ações capazes de propiciar a adequada tutela dos direitos difusos, coletivos ou individuais homogêneos quando o resultado da demanda puder beneficiar grupo de pessoas hipossuficientes; (grifo da autora)
VIII - exercer a defesa dos direitos e interesses individuais, difusos, coletivos e individuais homogêneos e dos direitos do consumidor, na forma do inciso LXXIV do art. 5º da Constituição Federal;
IX - impetrar habeas corpus, mandado de injunção, habeas data e mandado de segurança ou qualquer outra ação em defesa das funções institucionais e prerrogativas de seus órgãos de execução;
X - promover a mais ampla defesa dos direitos fundamentais dos necessitados, abrangendo seus direitos individuais, coletivos, sociais, econômicos, culturais e ambientais, sendo admissíveis todas as espécies de ações capazes de propiciar sua adequada e efetiva tutela; (gripo da autora)
XI - exercer a defesa dos interesses individuais e coletivos da criança e do adolescente, do idoso, da pessoa portadora de necessidades especiais, da mulher vítima de violência doméstica e familiar e de outros grupos sociais vulneráveis que mereçam proteção especial do Estado;
XIV - acompanhar inquérito policial, inclusive com a comunicação imediata da prisão em flagrante pela autoridade policial, quando o preso não constituir advogado;
XV - patrocinar ação penal privada e a subsidiária da pública;
XVI - exercer a curadoria especial nos casos previstos em lei;
XVII - atuar nos estabelecimentos policiais, penitenciários e de internação de adolescentes, visando a assegurar às pessoas, sob quaisquer circunstâncias, o exercí-

dos direitos humanos e a ampla defesa dos direitos fundamentais dos necessitados, incluindo entre outros, seus direitos ambientais.

Como a Defensoria Pública tem atuação intensa com os hipossuficientes e sem dúvida é um órgão mais que adequado para esclarecer a população carente sobre a questão animal e para representar os animais em juízo.[82]

Além disso é preciso registrar que a Defensoria Pública é legitimada para o manejo da ação civil pública[83] por autorização expressa conce-

---

cio pleno de seus direitos e garantias fundamentais;
XVIII – atuar na preservação e reparação dos direitos de pessoas vítimas de tortura, abusos sexuais, discriminação ou qualquer outra forma de opressão ou violência, propiciando o acompanhamento e o atendimento interdisciplinar das vítimas;
XIX – atuar nos Juizados Especiais;
XX – participar, quando tiver assento, dos conselhos federais, estaduais e municipais afetos às funções institucionais da Defensoria Pública, respeitadas as atribuições de seus ramos;
XXI – executar e receber as verbas sucumbenciais decorrentes de sua atuação, inclusive quando devidas por quaisquer entes públicos, destinando-as a fundos geridos pela Defensoria Pública e destinados, exclusivamente, ao aparelhamento da Defensoria Pública e à capacitação profissional de seus membros e servidores;
XXII – convocar audiências públicas para discutir matérias relacionadas às suas funções institucionais.
[...]
§ 4º O instrumento de transação, mediação ou conciliação referendado pelo Defensor Público valerá como título executivo extrajudicial, inclusive quando celebrado com a pessoa jurídica de direito público.
§ 5º A assistência jurídica integral e gratuita custeada ou fornecida pelo Estado será exercida pela Defensoria Pública. (grifo da autora)
§ 6º A capacidade postulatória do Defensor Público decorre exclusivamente de sua nomeação e posse no cargo público.[...]. Disponível em: http://www.planalto.gov.br/ccivil_03/leis/lcp/Lcp132.htm. Acesso em: 13 Ago. 2019.

82 A leitura atenta das atribuições atuais da Defensoria Pública faz remeter aos animais como parte integrante do direito ambiental. Nem é preciso haver a titularidade de direitos aos animais para a atuação da defensoria pública se fazer presente. A exemplo leia-se o inciso X do artigo 4º da lei 132/09:"promover a mais ampla defesa dos direitos fundamentais dos necessitados, abrangendo os ambientais, sendo admissíveis todas as espécies de ações capazes de propiciar sua adequada e efetiva tutela"

83 Em 18 de maio de 2018 no julgamento da ADI 3.943 o STF rejeitou os embargos e afirmou que a Defensoria é legitimada para propor ações coletivas e, portanto, pode propor ação civil pública para defesa de interesses ambientais, onde se inserem os interesses da fauna e da flora. Restaram rejeitados os embargos de declaração opostos pela Associação Nacional dos Membros do Ministério Público (Conamp), no julgamento virtual da ADI 3.943. Para a Conamp, o inciso II do

dida pela lei 11.448/07, que alterou a lei de ação civil pública quanto aos seus legitimados ativos. Em 2015 o Supremo Tribunal Federal declarou as ações coletivas da Defensoria constitucionais, e a Associação Nacional dos Membros do Ministério Público (CONAMP) embargou a decisão logo a seguir. Só dois anos depois o caso foi enviado à pauta de julgamento no Plenário Virtual, onde foi reconhecida a legitimidade do órgão em decisão unânime.

O recurso proposto pela Associação Nacional dos Membros do Ministério Público, questionava o artigo que define a legitimidade da Defensoria como proponente de ações civis públicas. A CONAMP alegava que a lei em questão afetaria os poderes do Ministério Público, responsável pela propositura das ações coletivas, e em embargos declaratórios pediu o esclarecimento.

A ministra relatora de fato deu margem a um questionamento, porque em seu voto, ela disse que, para que a Defensoria possa propor ação

---

artigo 5º da Lei 7.347/1985, com redação dada pela Lei 11.448/07, que autoriza a Defensoria Pública a propor ações coletivas, afeta os poderes do Ministério Público, órgão responsável por apresentar ações em nome de interesses coletivo. Em setembro de 2015, diante da decisão negativa do Supremo sobre a inconstitucionalidade da norma, a associação opôs embargos de declaração pedindo que fosse sanada uma contradição e declarada a admissão da legitimidade da Defensoria Pública somente nos casos em que existam "comprovadamente" hipossuficientes envolvidos e interessados.

LEI Nº 11.448, DE 15 DE JANEIRO DE 2007. Altera o art. 5o da Lei no 7.347, de 24 de julho de 1985, que disciplina a ação civil pública, legitimando para sua propositura a Defensoria Pública. O VICE–PRESIDENTE DA REPÚBLICA, no exercício do cargo de PRESIDENTE DA REPÚBLICA Faço saber que o Congresso Nacional decreta e eu sanciono a seguinte Lei: Art. 1o Esta Lei altera o art. 5o da Lei no 7.347, de 24 de julho de 1985, que disciplina a ação civil pública, legitimando para a sua propositura a Defensoria Pública.

Art. 2o O art. 5o da Lei no 7.347, de 24 de julho de 1985, passa a vigorar com a seguinte redação:

"Art. 5o Têm legitimidade para propor a ação principal e a ação cautelar:

I - o Ministério Público;

II - a Defensoria Pública;

III - a União, os Estados, o Distrito Federal e os Municípios;

IV - a autarquia, empresa pública, fundação ou sociedade de economia mista;

V - a associação que, concomitantemente:

esteja constituída há pelo menos 1 (um) ano nos termos da lei civil;

inclua, entre suas finalidades institucionais, a proteção ao meio ambiente, ao consumidor, à ordem econômica, à livre concorrência ou ao patrimônio artístico, estético, histórico, turístico e paisagístico.

[...]".

Art. 3o Esta Lei entra em vigor na data de sua publicação.

Brasília, 15 de janeiro de 2007;

coletiva torna-se necessário que se prove a hipossuficiência dos afetados para justificar a atuação do órgão. No entanto, após ela afirma que:

> [...] condicionar a atuação da Defensoria Pública à comprovação prévia de pobreza do público-alvo diante de situação justificadora do ajuizamento de ação civil pública parece-me incondizente com princípios e regras norteadoras dessa instituição permanente e essencial à função jurisdicional do Estado, menos ainda com a norma do artigo 3º da Constituição.

A CONAMP pediu que fosse sanada a contradição e declarada a admissão da legitimidade da Defensoria Pública somente nos casos em que existam "comprovadamente" hipossuficientes envolvidos e interessados.

Entre os membros integrantes do Ministério Público, alguns entendem que a norma constitucional é suficiente para a tutela dos animais como parte integrante do meio-ambiente ecologicamente equilibrado. Outros entendem que a hermenêutica do artigo 225, *caput* e inciso VII é insatisfatória para a defesa dos animais, mesmo diante do decreto nª 24.645/34, sinalizando a necessidade de nova lei que regule a matéria.

O promotor de justiça, Fernando Laerte Levai[84], de São José dos Campos, São Paulo, alerta que diante do valor vida que envolve a questão animal, deveria haver um arcabouço normativo mais direcionado para o tema, mas cuida de diversas ações civis públicas com resultado vitorioso apenas com as normas mencionadas e a base constitucional.

A atuação da Defensoria Pública foi concedida pelo artigo 134 da Carta Magna, como garantidora ao necessitado o acesso à justiça. Assim, a orientação jurídica e a defesa constituem papel a ser exercido pelo defensor público. Foi também uma determinação constitucional que este direito de acesso à ordem jurídica justa fosse prestado pelo Estado. E dessa forma, a Defensoria Pública passou a ser o maior expoente da terceira onda renovatória do processo civil.

84 LEVAI, Op. Cit

6.9. A tutela inibitória-aplicação às demandas coletivas na proteção dos animais

A ação civil pública tutela todo o meio ambiente, incluindo a fauna doméstica e silvestre. A legitimidade para propor tal ação é do Ministério Público, dos órgãos ambientais e das entidades de defesa do ambiente, incluindo aqui as entidades de defesa dos animais. Já o cidadão comum só poderá se valer dela através da representação ao Ministério Público, para que ele aja mediante a provocação. Mas na Lei nº 7347/85 só se admite, em princípio, no seu art. 11, uma das formas da tutela inibitória, aquela que visa a fazer cessar a prática do ilícito, que se traduz na tutela em sua forma impura[85].

Antes de 1985 José Carlos Barbosa Moreira já apontava a necessidade de um instrumento apto a prevenir as ofensas que não poderiam ser ressarcidas em pecúnia visando a proteção ao meio ambiente.[86] Já usava Barbosa Moreira do mesmo raciocínio que mais tarde levou Marinoni a desenvolver seu estudo sobre a tutela inibitória que hoje vem com novos contornos no Código de Processo Civil como tutela específica.

Trata-se de uma ação que visa a condenação pecuniária e cominatória, ou seja, encerra a chance de determinar o cumprimento de obrigação de fazer ou deixar de fazer. Por outro lado, ela aceita o ajuizamento de medida cautelar para paralisar qualquer ato danoso aos objetivos da própria lei. É o sentido da prevenção o único capaz de agir com eficácia processual no que diz respeito aos direitos dos animais (e também a todo o direito Ambiental).

---

85 AGUIAR, Lucia Frota Pestana de. **A Tutela Preventiva na Proteção dos Animais**. São Paulo: Ed Max Limonad, 2015. p. 181.

86 Considere-se por um instante o caso de interesse na sanidade do ambiente, ou na preservação das belezas naturais e do equilíbrio ecológico, ou na honestidade das mensagens de propaganda; o interesse em que não se ponham á venda produtos alimentícios ou farmacêuticos nocivos à saúde, em que funcionem com regularidade e eficiência os serviços de utilidade pública, prestados pela Administração ou por particulares, e assim por diante. Se a Justiça Civil tem aí um papel a desempenhar, ele será necessariamente o de prover no sentido de prevenir ofensas a tais interesses, ou pelo menos de fazê-lo cessar o mais depressa possível e evitar-lhes a repetição; nunca o de simplesmente oferecer aos interessados o pífio consolo de uma indenização que de modo algum os compensaria adequadamente do prejuízo acaso sofrido, insuscetível de medir-se com o metro da pecúnia. MOREIRA, José Carlos Barbosa. **Tutela sancionatória e preventiva** – *Temas de direito processual.* Segunda Série. São Paulo: Saraiva, 1980. p. 222.

Morato Leite[87] afirma que se deve fazer uma distinção entre o princípio da prevenção e o princípio da precaução. O princípio da prevenção se dá em relação ao perigo concreto, enquanto, em se tratando do princípio da precaução, a prevenção é dirigida ao perigo abstrato.

Importa saber que a cautelaridade contida na prevenção dirige-se pelo conhecimento da periculosidade e do risco ocorrido, assim sendo situação de maior perigo de potencial lesivo que aquela controlada pelo princípio da precaução. Na aplicação do princípio da prevenção o que se busca é a proibição da repetição da atividade que já se conhece ser perigosa.[88]

Atua-se primeiro através da precaução, para só depois se atuar na prevenção. O sentido é inibir o risco de dano, ou seja, o risco de que a atividade perigosa (e não apenas a potencialmente ou pretensamente perigosa) possa vir a produzir, com seus efeitos danosos aos animais e à toda a sociedade que testemunha atos de crueldade gratuitos, maculando-a em sua paz social bem como disseminando a violência.

A produção de efeitos de dor e crueldade durante os rodeios ou vaquejadas é potencial, provável e verossímil. Provado está que para o animal pular e saltar, o peão de boiadeiro faz uso de equipamentos, como o sedém, esporas, peiteiras, podendo haver o choque elétrico para atiçar os animais mais dóceis. O Sedém é uma tira de crina animal, amarrada com afinco no flanco inguinal (virilha) do animal, que comprime os ureteres (canais que ligam os rins à bexiga) e aperta o prepúcio e o pênis ao escroto, tornando o animal bravio e desesperado. Ao serem soltos na arena recebem um forte puxão, uma forte compressão, fazendo com que reaja com coices, enquanto estiver correndo. Conhecendo essa periculosidade de tal atividade, no Município do Rio de Janeiro, por iniciativa do Vereador Cláudio Cavalcanti[89], os rodeios estão proibidos pela Lei Municipal nº 3879 de 16 de Dezembro de 2004.[90] Assim, o que tal Lei Municipal visou foi a prevenção do risco já conhecido, uma vez que sua

87 LEITE, José Rubens Morato. Op.cit. p.226.

88 AGUIAR, Lucia Frota Pestana de. **A Tutela Preventiva na Proteção dos Animais**. São Paulo: Ed Max Limonad, 2015. p. 181.

89 Lista das Leis de defesa dos animais elaboradas pelo Vereador Cláudio Cavalcanti em anexo (Anexo K).

90 Muito recentemente o atual prefeito do Rio de Janeiro César Epitáfio Maia sancionou o Projeto de Lei n. 614-A, de 2001, de autoria do ilustre Sr. Vereador Cláudio Cavalcanti, que "Proíbe a realização dos rodeios, touradas e eventos similares no Município do Rio de Janeiro. Tal projeto originou a Lei Municipal de n. 3.879 onde consta: Art. 1º – Fica proibida, em todo o Município, a realização de rodeios, touradas ou eventos similares que envolvam maus tratos e crueldades de animais.

origem já foi pesquisada e comprovada. O perigo deixa de ser potencial, ele já é certo. O risco de perigo evolui para o risco da produção de efeitos sabidamente lesivos, isso leva a necessidade da prevenção contra perigo em si.[91]

Ainda no sentido maior do princípio geral da prevenção[92] ca... ressaltar a Lei Municipal[93] que proibiu espetáculos com animai... partir

---

Parágrafo único. Excetua-se do disposto neste artigo, exposi...es de animais, provas hípicas, utilização de animais em processões religiosa... desfiles cívicos e/ou militares.

---

91 LEITE, Op. cit.p.229. O tratamento diferenciado d...pologia do risco pode ser observado com clareza contrastando o significad...o princípio em três dos principais e mais atuais instrumentos internacion..., a saber: a Declaração sobre Meio Ambiente e Desenvolvimento, a Convençã... obre a Diversidade Biológica e a Convenção-Quadro sobre a Mudança de Cli... Note-se que o que se exige sério e irreversível não é o dano, mas a ameaça.

92 "Lembrando o inciso XXXV do art. ... da Constituição Federal como a garantia máxima do direito à tutela preven...a. Tal dispositivo garante o direito à adequada tutela jurisdicional e, por con...quência, o direito à tutela preventiva. É possível até mesmo afirmar que a inser...o da locução "ameaça a direito" na nova verbalização do princípio da inafastab...dade teve por fim deixar claro que a tutela preventiva. O princípio da efetivid...e, porém, não só obriga o legislador ordinário a predispor procedimentos ade...dos à tutela dos direitos mas também vincula o doutrinador e os operador... jurídicos, obrigando-os à leitura das normas infraconstitucionais à luz do pri...pio constitucional da efetividade. O princípio co...stitucional da efetividade não permite que o processualista "entregue-se" per...te uma primeira, e muitas vezes não adequadamente aprofundada, conclusã...de inexistência de tutela jurisdicional adequada, transferindo o problema par... uma discussão *de lege ferenda* e, assim, para uma futura e incerta reforma p...ocessual. Cabe-lhe buscar nas normas processuais, sempre a partir de uma lei...ra constitucional, os instrumentos adequados à efetiva garantia dos direitos. ...final, como dizia Liebman, o Código de processo civil é apenas a lei regulamentadora das garantias de justiça contidas na Constituição". MARINONI, Luiz Guilherme. **Tutela inibitória: individual e coletiva**. São Paulo: Revista dos Tribunais, 1998. p. 68.

93 Lei Municipal nº 3.402 de autoria do Vereador Cláudio Cavalcanti. de 22 de Maio de 2002, com os parágrafos 2º, 3º e 4º, acrescidos ao art. 1º pela lei municipal n º 3.444 de 13 de novembro de 2002 proibindo a utilização ou exibição de animais silvestre, nativos ou exóticos, domésticos ou domesticáveis, em circos espetáculos congêneres. A alteração feita passou a definir melhor os conceitos ali apresentados, com a seguinte redação:

Art. 1º – Fica proibida a instalação de circos, espetáculos congêneres e eventos que utilizem ou exibam animais silvestres, nativos ou exóticos, domésticos ou domesticados.

§ 1º – Por espetáculos congêneres, entenda-se vaquejadas, rodeios e touradas.

§ 2º – Define-se como eventos que utilizam ou exibam animais, todos aqueles que,

de comprovações reiteradas em diversas companhias circenses e similares de maus-tratos a animais. Ocorre que muitos animais a serem apresentados são por natureza ferozes e selvagens, o que os torna também perigosos. Os criadores, na maior parte das vezes, interessados apenas no lucro de suas atividades não os nutre devidamente, até porque a nutrição deles é cara e de difícil manutenção. Um leão consome em média 6 kilogramas de carne por dia. Claro que o leão circense não consome isso, o que o torna subnutrido, fraco e infeliz. Além da nutrição há se atentar para o confinamento em ambientes inadequados, viagens cansativas com péssimo transporte e acomodação. Estes são uns dos muitos motivos que fundamentam a iniciativa dessa lei[94].

---

para seu exercício, desrespeitando as funções naturais dessas criaturas, agridam os princípios básicos de seus direitos e/ou sejam passíveis de enquadramento na legislação em vigor.

§ 3º – São consideradas como funções naturais dos animais todas aquelas que, por serem parte integrante do comportamento de cada espécie, caso realizadas, não determinam constrangimento físico ou psicológico de qualquer tipo, desconforto, dor, maus tratos ou crueldade.

§ 4º – São considerados eventos compatíveis com as funções naturais dos animais: exposições, feiras, leilões, concursos, corridas de cavalos, provas hípicas e provas de adestramento.

Art. 2º – O Poder Executivo só concederá licença para a instalação de circos, ou espetáculos congêneres aos estabelecimentos que não exibam ou façam uso de animais de qualquer espécie.

§ 1 º – A licença de instalação e funcionamento só será permitida pelo órgão competente do Município após a vistoria e mediante termo de compromisso, assinado pelos interessados, afirmando não fazerem uso de qualquer espécie de animal.

§ 2º – Fica também proibida a manutenção de animais silvestres nativos, exóticos, domésticos ou domesticados para simples exibição, considerando-se como exceção os zoológicos mantidos pelo Poder Público e os criadores autorizados pelo IBAMA.

Art. 3º – A não observância dos termos deste diploma legal implicará no imediato cancelamento da licença de funcionamento da firma, empresa, associação, entidade ou organização que esteja promovendo o espetáculo e na aplicação de multas pecuniárias.

---

94 De acordo com Henry Ringling North, em seu livro "The Circus Kings" (Disponível em: <http://www.mwercyforanimals.org>), os grandes felinos são acorrentados a seus pedestais e as cordas são enroladas em suas gargantas para que tenham a sensação de estarem sendo sufocados. São dominados pelo fogo e pelo chicote , golpeados com barras de ferro e queimados na testa, pelo menos, uma vez na vida, para que não se esqueçam da dor. Muitos têm suas garras arrancadas e as presas extraídas ou serradas. Alguns Circos brasileiros alimentam seus felinos com cães e gatos. Já os elefantes antes de chegarem no Circo, passam por meses de tortura. São amarrados sentados, numa jaula onde não podem se mexer, para que o peso comprima os órgãos internos e cause dor. Levam surras diárias, ficam sobre seus

Já o princípio da precaução é utilizado apenas para a hipótese de risco potencial, ainda que esse risco não possa ser claramente demonstrado, ainda que os dados a seu respeito sejam deficitários e inconclusivos. A precaução trabalha com níveis de tolerabilidade, pelos quais se esclarece que os processos que envolvam tomadas de decisões pelas autoridades públicas devem buscar o nível de risco aceitável para a sociedade.

Muito utilizado a fim de se avaliar o nível de impacto ambiental[95] a ser causado por certa atividade e a possível substituição de mecanismos menos danosos, não se aplica perfeitamente aos animais por não ser plausível tolerar a crueldade, em qualquer nível que ela surja. (art. 225, caput da Constituição Federal de 1988).

6.9.1. A importância da precaução

Na Constituição Federal de 1988 as demandas coletivas surgem como garantia constitucional dispostas de direitos metaindividuais através de remédios dispostos no art. 5º. Para efeito desta pesquisa utiliza-se a expressão demandas coletivas para indicar as ações coletivas *lato*

próprios excrementos, até que seu "espírito seja quebrado" e passem a obedecer. Elefantes se comunicam, vivem em grupos com papéis sociais definidos. São extremamente inteligentes. Ficam de luto por seus mortos e são capazes de reconhecer um familiar, mesmo tendo sido separados deles quando filhotes. Sofrem de problemas nas patas por falta de exercício, pois na natureza elefantes andam dezenas de kilometros diariamente. No Circo os elefantes permanecem acorrentados o tempo inteiro. Mexer constantemente a cabeça é uma das características de neurose de cativeiro. Os ursos têm o nariz quebrado durante o treinamento, suas patas são queimadas para forçá-los a ficar sobre duas patas. São obrigados a pisar em chapas de metal incandescente ao som de uma certa música. No picadeiro, então, ouvem a mesma música e começam a se movimentar, dando a impressão de uma dança. Alguns se auto-mutilam devido ao cativeiro, batendo a cabeça nas grades da jaula e mordendo as próprias patas. Enfim, todos os animais em circo sujeitam-se aos choques elétricos, chicotadas, privação de água e comida.

95 "O estudo do impacto ambiental é um requisito procedimental do ato administrativo de licenciamento ambiental, tendo grande importância para a sua motivação; este estudo contém as razões que devem ser levadas em conta pelo administrador no momento do licenciamento. Como já foi dito, se o administrador diverge da conclusão do estudo de impacto ambiental, ele terá de demonstrar as razões que o levaram a optar por uma solução diversa. É a motivação do ato que, quando em desacordo com a finalidade da norma, abre oportunidade para a impugnação judicial do licenciamento e, destarte, à tutela inibitória (MIRRA, Álvaro Luiz Valery. *Limites e controle dos atos do Poder Público em matéria ambiental*. São Paulo: RT, 1995. Ação Civil Pública, p.52 citado por Marinoni "A tutela inibitória", p.85.

sensu que amparam os direitos coletivos e difusos (indivisíveis) e assim evitar confusão com as ações coletivas que visam o amparo de direitos individuais homogêneos.

As figuras processuais para cuidar do tema são: o mandado de segurança coletivo, previsto no art. 5º, LXXIII; e a ação civil pública, objeto da disposição do art. 129, III e de seu parágrafo 1º. Tem-se ainda no art. 5º, XXI a legitimidade de entidades associativas, mediante autorização expressa, a litigar, em juízo, por direitos de seus associados; e no art. 8º, VI está a possibilidade dos sindicatos litigarem, em Juízo, em favor dos interesses e direitos das categorias profissionais que representam direitos e interesses gerais ou mesmo individuais. Apesar do sistema brasileiro ter regras rigorosas para a legitimação extraordinária, há previsão constitucional para as entidades de classe agirem processualmente.

A tutela contra o ilícito, assim tratada por Luiz Guilherme Marinoni, fulcrada nas sentenças mandamentais de Pontes de Miranda, vem socorrer a defesa de interesses difusos e coletivos, especialmente apropriada e oportuna quando se trata de proteção da *fauna*, flora e meio-ambiente em geral. Os valores históricos, culturais e artísticos, também quando sofrerem possibilidade real de serem violados poderão se valer deste instituto para sua proteção em juízo. Marinoni aponta a previsão contida no artigo 497da Lei de Ritos como:

> [...] a mais importante forma de tutela jurisdicional do novo Código de Processo Civil está prevista no seu art. 497, parágrafo único. Diz esta norma: Art. 497. Na ação que tenha por objeto a prestação de fazer ou de não fazer, o juiz, se procedente o pedido, concederá a *tutela específica* ou determinará providências que assegurem a obtenção de tutela pelo resultado prático equivalente. Parágrafo único: Para a concessão da tutela específica destinada *a inibir a prática, a reiteração ou a continuação de um ilícito, ou a sua remoção, irrelevante a demonstração da ocorrência de dano ou da existência de culpa ou dolo.*

Continua o autor no sentido de demonstrar que o art. 497, parágrafo único, do novo Código de Processual Civil consagra a necessidade de tutela jurisdicional contra o ato contrário ao direito, ou melhor, de tutela jurisdicional contra o ilícito. Esclarece Luiz Guilherme Marinoni que a norma elenca duas formas de tutela jurisdicional contra o ilícito: 1) a tutela inibitória, que pode ser voltada contra a prática, a repetição ou a continuação de um ilícito; e 2) a tutela de remoção do ilícito, direcionada à remoção dos efeitos concretos da conduta ilícita.[96]

96 MARINONI, Luis Guilherme.

Mais do que isso, a norma afirma a dissociação entre ato contrário ao direito e fato danoso, deixando claro que tais tutelas não têm como pressuposto o dano e os critérios para a imputação da sanção ressarcitória, ou seja, a culpa e o dolo.

Trata-se de um mecanismo eficaz na prevenção do ilícito, sua continuação ou sua repetição e não destinada à reparação do dano. Baseia-se no *Princípio Geral da Prevenção*. Através de uma atuação profilática do Poder Judiciário impedir-se-á, antes que o ilícito ocorra, um dano irreparável ou de difícil reparação. E ao usar tais termos é preciso se diferenciar tal espécie de tutela que hoje pelo Código de Processo Civil de 2015 vem descrita em capítulo próprio chamado Da Tutela Provisória, que deu lugar a alocação da tutela antecipatória do art. 273 do código anterior de 1973.[97]

A ação inibitória completa autonomia e independe de propositura de ação principal. Tem sua cognição exauriente e se baseia na esfera do ilícito e não do dano, objetivando um fim diferente da reparação do dano. O ilícito, em linguagem carneluttiana consiste no pressuposto da condenação ao ressarcimento do dano, e por assim dizer o antecede, mas não se confunde com ele.

A tutela com função inibidora se consubstancia em uma ação preventiva e por isso não é apenas antecipação dos efeitos da sentença. A tutela inibitória, ora tratada tem suas bases constitucionais no art 5°, XXXV, e no C.P.C através do art. 497 ao tratar da tutela específica das obrigações de não fazer e ainda também no art. 84 do CDC, bem como no art. 11 da Lei nº 7347/85, nesta última na sua forma impura. E ao se mencionar o art. 497 é preciso se fazer referência clara a origem da primeira reforma processual, Lei nº 8952/94 que alterou o artigo 461, e após também a referência às últimas reformas do C.P.C anterior em fins de 2001 e início de 2002, especialmente no que tange a redação da Lei nº 10.444 de 7 de Maio de 2002. Foi publicada no Diário Oficial da União de 8 de maio de 2002, em vigor três meses após sua publicação, que inclusive acrescentou o dispositivo 461-A ao Código Processual Civil de 1973, que dispunha sobre a tutela inibitória no seu artigo 461. A sentença condenatória das obrigações de fazer e não-fazer e entrega de coisa passaram a ser auto-executórias, o que propiciou um grande avanço na celeridade processual e no objetivo maior da efetividade do processo.

---

97 "A existência da tutela antecipatória, entretanto, não basta para viabilizar a tutela preventiva, até porque a tutela antecipatória não tem nada a ver com a necessidade de prevenção do ilícito, mas sim com a necessidade de distribuição do ônus do tempo no processo". MARINONI, Luiz Guilherme. *Tutela inibitória: individual e coletiva*. São Paulo: Revista dos Tribunais, 1998, p.20.

Assim sendo, em sede dos arts. 461 e 461-A do C.P.C de 1973 já não havia mais processo de execução, apenas este será exigido quando o título for extrajudicial.

Agora trazendo o tema para o campo dos animais, por exemplo, em caso de crime de maus-tratos, pode ser firmado com o Ministério Público um termo de ajustamento de conduta, envolvendo os animais, em relação às políticas públicas, que permite a execução fundada em título extrajudicial, cuja a execução das obrigações de fazer ou de não fazer referentes ficam descritas em disposições comuns e especiais nos artigos 814, da obrigação de fazer, e precisamente nos artigos 822 e 823 do CPC de 2015 ficam as diretrizes para a execução da obrigação de não fazer, que abrange a tutela inibitória antes assim apenas descrita doutrinariamente.[98]

6.9.2. A lei de ação civil pública

Considerando a clareza com que a nova lei de ritos veio em consonância com a efetividade do processo, passa-se a examinar com cuidado os art. 11 da Lei 7347/85 e o art. 84 do CDC que consagram a tutela inibitória no plano coletivo.

Diz o art. 11 da Lei nº 7347/85:

> [...] na ação que tenha por objeto o cumprimento de obrigação de fazer ou não fazer, o juiz determinará o cumprimento da prestação da atividade devida ou a cessação da atividade nociva, sob pena de execução específica, ou de cominação de multa diária, se esta for suficiente ou compatível, independentemente de requerimento do autor.

O art. 12 desta mesma lei claramente traz a chance do juiz;

> [...] 'conceder mandado liminar, com ou sem justificação prévia' com a cominação de multa, que 'só será exigível do réu após o trânsito em julgado da decisão desfavorável ao autor, mas será devida desde o dia em que se houver configurado o descumprimento'.

Com o estudo da Lei em questão é possível verificar que aqui só se admite, em princípio, a tutela inibitória para fazer *cessar* a prática de ilí-

98 No que diz respeito a execução da tutela baseada em títulos judiciais o dispositivo que cuida é o artigo 536 do CPC.

cito. E no dizer do prof. Marinoni, esta modalidade é a de tutela inibitória impura.[99]

Pergunta-se então se haveria no plano coletivo apenas a tutela inibitória em sua forma impura. E a resposta surge através do exame do dispositivo 84 do CDC.

Sabe-se que o art. 461 do CPC se baseou no art. 84 do C.D.C., porque a primeira reforma processual foi em 1994, e o Código do Consumidor já estava em vigor. Mas hoje está coerente com o atual artigo 497 do CPC de 2015, com a força protetiva do sistema no qual está inserido, que por sua vez veio a dar contornos próprios e bem definidos às relações de consumo.

Diz o art 84, em seu *caput*:

> [...] na ação que tenha por objeto o cumprimento da obrigação de fazer ou não fazer, o juiz concederá a tutela específica da obrigação ou determinará providências que assegurem resultado prático equivalente ao do adimplemento.

O art. 84 não faz a restrição do art. 11 da Lei nº 7347/85, e desta forma responde à questão da viabilidade da concessão de tutela inibitória em sua forma pura no plano coletivo.

E o art. 83 do CDC também afirma: "para a defesa dos direitos e interesses protegidos neste código são admissíveis todas as espécies de ações capazes de propiciar sua adequada e efetiva tutela"

E nos ensinamentos de Kazuo Watanabe, tal dispositivo explicitou ainda mais o princípio da efetiva e adequada tutela jurídica processual de todos os direitos consagrados no Código de Defesa do Consumidor.[100]

Apresenta-se assim um sistema de tutela coletiva dos direitos, que alguns chamaram de Código de Processo Civil Coletivo[101], composto pela Lei nºs 7347/85, 7853/89, 7913/89, 8069/90 (Aqui especificamente em seu art. 210 que deixa expresso o cabimento de ações cíveis fundadas em interesses coletivos e difusos e em seu art. 208 onde admite o plano coletivo para apurar ofensas aos direitos de crianças e adolescentes) e pelo Código de Defesa do Consumidor ora tratado. E quanto a este último, em seu art. 90 há previsão para aplicar às ações ajuizadas com base nele, as normas da Lei da Ação Civil Pública e do Código de Processo

99 Idem.

100 WATANABE, Kazuo. *Código brasileiro de defesa do consumidor* (comentado pelos autores do anteprojeto), cit., p.1521.

101 Houve uma tentativa de criação de Código de Processo Civil Coletivo, mas que infelizmente não prosperou.

Civil. E é interessante ainda que a Lei nº 7347/85, por sua vez, em seu art. 21, afirme que são aplicáveis às ações nela fundadas as disposições processuais que estão no CDC.

Desta forma fica bem demarcada na legislação atual a preocupação com os "novos direitos", especialmente no que tange aos terríveis *danos ecológicos* que no dizer de Marinoni não suportariam a lógica perversa do cínico "poluo, mas pago".[102] Resta assim provado ser imprescindível a atuação preventiva e assim, a tutela inibitória coletiva.[103]

A interpretação analógica do texto de Luiz Guilherme Marinoni que esta tese pretende não guarda maior complexidade. Se não se pode poluir e depois ressarcir, também não se pode maltratar, exterminar e depois reverter o mal feito pagando quantia em dinheiro.[104]

O cão escalpelado, a cadela estuprada, o gato com a boca costurada para rituais de macumba, o cavalo com as patas em carne viva e o lombo arrebentado pelo peso das carroças não querem dinheiro algum. Precisam é dos bons tratos que o texto constitucional lhes garante. O sofrimento não se paga, seja do homem, seja do animal.[105]

Toda a doutrina que se refere à aplicação da tutela inibitória enumera casos de impacto ambiental, aborda o art. 225 da Constituição da República e afirma a necessidade da atuação preventiva e também da precaução (ver-se-á a diferença entre prevenção e precaução logo a seguir), mas nenhum doutrinador ainda teve a coragem de aplicar tal raciocínio à fauna, que está amparada pelo mesmo art. 225. O objetivo aqui é demonstrar que tal aplicação é possível, apropriada e necessária. A aplicação de tal tutela de direitos alcança perfeitamente a proteção a todos os tipos de animais, uma vez que nesta pesquisa já restou compro-

---

102 MARINONI, Luiz Guilherme. *Tutela inibitória: individual e coletiva*- São Paulo: Revista dos Tribunais, 1998, p.79. "Para a demonstração da importância da tutela inibitória coletiva, torna-se adequada a análise da tutela do meio ambiente, uma vez que este é um dos lugares em que a inefetividade da tutela ressarcitória evidencia-se de modo mais claro. Se é verdade que cresce a importância nos últimos tempos, a reparação específica do dano ecológico, é que é necessária a responsabilização ainda que pelo equivalente, daquele que agride o meio ambiente, o certo é que não se pode admitir, no campo do direito ambiental, a troca da tutela específica e preventiva do bem tutelado pela tutela ressarcitória, sob pena de admitir-se, implicitamente, uma lógica perversa, que justificaria o cínico "poluo mas pago".

103 AGUIAR, Lucia Frota Pestana de. **A Tutela Preventiva na Proteção dos Animais**. São Paulo: Ed Max Limonad, 2015. p. 181.

104 Ibid.

105 AGUIAR, Lucia Frota Pestana de. **A Tutela Preventiva na Proteção dos Animais**. São Paulo: Ed Max Limonad, 2015. p. 181.

vado que há proteção constitucional garantida aos animais, ainda que sejam apenas considerados bens ambientais.

Desta forma o princípio do poluidor pagador pode aqui ser alargado até evitar o agente que vitimiza os animais, seja com maus-tratos, seja com lazer cruel, seja com o sacrifício religioso ou extermínio eugenista. Aquele que promove brigas de galos ou canários, rodeios, novilhadas, rinha de cães, touradas ou a farra do boi está afrontando a Constituição da República e merece todas as punições que a própria lei infraconstitucional prevê.[106, 107, 108]

A ação civil pública tutela todo o meio ambiente, incluindo a fauna doméstica e silvestre. A legitimidade para propor tal ação é do Ministério Público, dos órgãos ambientais e das entidades de defesa do ambiente, incluindo aqui as entidades de defesa dos animais. Já o cidadão comum só poderá se valer dela através da representação ao Ministério Público, para que ele aja mediante a provocação. Mas na Lei nº 7347/85 só se admite, em princípio, no seu art. 11, uma das formas da tutela inibitória, aquela que visa a fazer cessar a prática do ilícito, que se traduz na tutela em sua forma impura.

Antes de 1985 José Carlos Barbosa Moreira já apontava a necessidade de um instrumento apto a prevenir as ofensas que não poderiam ser

---

106 Lei Federal de Crimes Ambientais n. 9605/98 de 12 de fevereiro de 1998, art. 32: "Praticar ato de abuso, maus tratos, ferir ou mutilar animais silvestres, domésticos ou domesticados, nativos ou exóticos: Pena – detenção de três meses a um ano, e multa. Parágrafo 1º – Incorre nas mesmas penas quem realiza experiência dolorosa em animal vivo, ainda que para fins didáticos ou científicos, quando existirem recursos alternativos. Parágrafo 2º – A pena é aumentada de um sexto a um terço, se ocorrer morte do animal

107 Atente-se para a inclusão no texto da referência aos animais domésticos ou domesticáveis, o que inclui os animais urbanos excedentes (animais de rua). Porém em se tratando de animais silvestres a lei é bem mais rigorosa, basta ver a dicção do art. 29 parágrafo 4º e 5º da mesma lei 9605/88. Parágrafo 4 – "a pena é aumentada de metade, se o crime é praticado: I – contra espécie rara ou considerada ameaçada de extinção , ainda que somente no local da infração; II- em período proibido à caça; III- durante a noite; IV – com o abuso de licença: V- em unidade de conservação; VI – com emprego de métodos ou instrumentos capazes de provocar destruição em massa. Parágrafo 5º – A pena é aumentada até o triplo, se o crime decorrer do exercício de caça profissional. O conceito de animal silvestre está no parágrafo 3º do mesmo art.29 – São espécies da fauna silvestre todos aqueles pertencentes às espécies nativas, migratórias e quaisquer outras, aquáticas ou terrestres, que tenham todo ou parte de seu ciclo de vida ocorrendo dentro dos limites do território brasileiro, ou águas jurisdicionais brasileiras".

108 AGUIAR, Lucia Frota Pestana de. **A Tutela Preventiva na Proteção dos Animais**. São Paulo: Ed Max Limonad, 2015. p. 181.

ressarcidas em pecúnia visando a proteção ao meio ambiente[109]. Já usava Barbosa Moreira do mesmo raciocínio que mais tarde levou Marinoni a desenvolver seu estudo sobre a tutela inibitória que hoje vem com novos contornos no Código de Processo Civil como tutela específica.

Trata-se de uma ação que visa a condenação pecuniária e cominatória, ou seja, encerra a chance de determinar o cumprimento de obrigação de fazer ou deixar de fazer. Por outro lado, ela aceita o ajuizamento de medida cautelar para paralisar qualquer ato danoso aos objetivos da própria lei. É o sentido da prevenção o único capaz de agir com eficácia processual no que diz respeito aos direitos dos animais (e também a todo o direito Ambiental). Morato Leite[110] afirma que se deve fazer uma distinção entre o princípio da prevenção e o princípio da precaução. O princípio da prevenção se dá em relação ao perigo concreto, enquanto, em se tratando do princípio da precaução, a prevenção é dirigida ao perigo abstrato.

Importa saber que a cautelaridade contida na prevenção dirige-se pelo conhecimento da periculosidade e do risco ocorrido, assim sendo situação de maior perigo de potencial lesivo que aquela controlada pelo princípio da precaução. Na aplicação do princípio da prevenção o que se busca é a proibição da repetição da atividade que já se conhece ser perigosa.

Atua-se primeiro através da precaução, para só depois se atuar na prevenção. O sentido é inibir o risco de dano, ou seja, o risco de que a atividade perigosa (e não apenas a potencialmente ou pretensamente perigosa) possa vir a produzir, com seus efeitos danosos aos animais e à toda a sociedade que testemunha atos de crueldade gratuitos, maculando-a em sua paz social bem como disseminando a violência.

---

109 Considere-se por um instante o caso de interesse na sanidade do ambiente, ou na preservação das belezas naturais e do equilíbrio ecológico, ou na honestidade das mensagens de propaganda; o interesse em que não se ponham á venda produtos alimentícios ou farmacêuticos nocivos à saúde, em que funcionem com regularidade e eficiência os serviços de utilidade pública, prestados pela Administração ou por particulares, e assim por diante. Se a Justiça Civil tem aí um papel a desempenhar, ele será necessariamente o de prover no sentido de prevenir ofensas a tais interesses, ou pelo menos de fazê-lo cessar o mais depressa possível e evitar-lhes a repetição; nunca o de simplesmente oferecer aos interessados o pífio consolo de uma indenização que de modo algum os compensaria adequadamente do prejuízo acso sofrido, insuscetível de medir-se com o metro da pecúnia. MOREIRA, José Carlos Barbosa. **Tutela sancionatória e preventiva** – *Temas de direito processual.* Segunda Série. São Paulo: Saraiva, 1980, p. 222.

110 LEITE, José Rubens Morato. Op.cit. p.226.

A produção de efeitos de dor e crueldade durante os **rodeios ou vaquejadas** é potencial, provável e verossímil. Provado está que para o animal pular e saltar, o peão de boiadeiro faz uso de equipamentos, como o sedém, esporas, peiteiras, podendo haver o choque elétrico para atiçar os animais mais dóceis. O Sedém é uma tira de crina animal, amarrada com afinco no flanco inguinal (virilha) do animal, que comprime os ureteres (canais que ligam os rins à bexiga) e aperta o prepúcio e o pênis ao escroto, tornando o animal bravio e desesperado. Ao serem soltos na arena recebem um forte puxão, uma forte compressão, fazendo com que reaja com coices, enquanto estiver correndo. Conhecendo essa periculosidade de tal atividade, no Município do Rio de Janeiro, por iniciativa do Vereador Cláudio Cavalcanti, os rodeios estão proibidos pela Lei Municipal nº 3879 de 16 de Dezembro de 2004.[111] Assim, o que tal Lei Municipal visou foi a prevenção do risco já conhecido, uma vez que sua origem já foi pesquisada e comprovada. O perigo deixa de ser potencial, ele já é certo. O risco de perigo evolui para o risco da produção de efeitos sabidamente lesivos, isso leva a necessidade da prevenção contra o perigo em si.[112]

---

111 Muito recentemente o atual prefeito do Rio de Janeiro César Epitáfio Maia sancionou o Projeto de Lei n. 614-A, de 2001, de autoria do ilustre Sr. Vereador Cláudio Cavalcanti, que "Proíbe a realização dos rodeios, touradas e eventos similares no Município do Rio de Janeiro. Tal projeto originou a Lei Municipal de n. 3.879 onde consta: Art. 1º - Fica proibida, em todo o Município, a realização de rodeios, touradas ou eventos similares que envolvam maus tratos e crueldades de animais. Parágrafo único. Excetua-se do disposto neste artigo, exposições de animais, provas hípicas, utilização de animais em procissões religiosas e desfiles cívicos e/ou militares.

112 LEITE, Op. cit.p.229. O tratamento diferenciado da tipologia do risco pode ser observado com clareza contrastando o significado do princípio em três dos principais e mais atuais instrumentos internacionais, a saber: a Declaração sobre Meio Ambiente e Desenvolvimento, a Convenção sobre a Diversidade Biológica e a Convenção-Quadro sobre a Mudança de Clima. Note-se que o que se exige sério e irreversível não é o dano, mas a ameaça.

Ainda no sentido maior do princípio geral da prevenção[113] cabe ressaltar a Lei Municipal[114] que proibiu espetáculos com animais a partir

113 "Lembrando o inciso XXXV do art. 5º da Constituição Federal como a garantia máxima do direito à tutela preventiva. Tal dispositivo garante o direito à adequada tutela jurisdicional e, por consequência, o direito à tutela preventiva. É possível até mesmo afirmar que a inserção da locução "ameaça a direito" na nova verbalização do princípio da inafastabilidade teve por fim deixar claro que a tutela preventiva.
O princípio da efetividade, porém, não só obriga o legislador ordinário a predispor procedimentos adequados à tutela dos direitos mas também vincula o doutrinador e os operadores jurídicos, obrigando-os à leitura das normas infraconstitucionais à luz do princípio constitucional da efetividade.
O princípio constitucional da efetividade não permite que o processualista "entregue-se" perante uma primeira, e muitas vezes não adequadamente aprofundada, conclusão de inexistência de tutela jurisdicional adequada, transferindo o problema para uma discussão *de lege ferenda* e, assim, para uma futura e incerta reforma processual. Cabe-lhe buscar nas normas processuais, sempre a partir de uma leitura constitucional, os instrumentos adequados à efetiva garantia dos direitos. Afinal, como dizia Liebman, o Código de processo civil é apenas a lei regulamentadora das garantias de justiça contidas na Constituição". MARINONI, Luiz Guilherme. **Tutela inibitória: individual e coletiva**. São Paulo: Revista dos Tribunais, 1998. p. 68.

114 Lei Municipal nº 3.402 de autoria do Vereador Cláudio Cavalcanti. de 22 de Maio de 2002, com os parágrafos 2º, 3º e 4º, acrescidos ao art. 1º pela lei municipal n º 3.444 de 13 de novembro de 2002 proibindo a utilização ou exibição de animais silvestre, nativos ou exóticos, domésticos ou domesticáveis, em circos espetáculos congêneres. A alteração feita passou a definir melhor os conceitos ali apresentados, com a seguinte redação:
Art. 1º – Fica proibida a instalação de circos, espetáculos congêneres e eventos que utilizem ou exibam animais silvestres, nativos ou exóticos, domésticos ou domesticados.
§ 1º – Por espetáculos congêneres, entenda-se vaquejadas, rodeios e touradas.
§ 2º – Define-se como eventos que utilizam ou exibam animais, todos aqueles que, para seu exercício, desrespeitando as funções naturais dessas criaturas, agridam os princípios básicos de seus direitos e/ou sejam passíveis de enquadramento na legislação em vigor.
§ 3º – São consideradas como funções naturais dos animais todas aquelas que, por serem parte integrante do comportamento de cada espécie, caso realizadas, não determinam constrangimento físico ou psicológico de qualquer tipo, desconforto, dor, maus tratos ou crueldade.
§ 4º – São considerados eventos compatíveis com as funções naturais dos animais: exposições, feiras, leilões, concursos, corridas de cavalos, provas hípicas e provas de adestramento.
Art. 2º – O Poder Executivo só concederá licença para a instalação de circos, ou espetáculos congêneres aos estabelecimentos que não exibam ou façam uso de animais de qualquer espécie.
§1 º – A licença de instalação e funcionamento só será emitida pelo órgão competente do Município após a vistoria e mediante termo de compromisso, assinado

de comprovações reiteradas em diversas companhias circenses e similares de maus-tratos a animais. Ocorre que muitos animais a serem apresentados são por natureza ferozes e selvagens, o que os torna também perigosos. Os criadores, na maior parte das vezes, interessados apenas no lucro de suas atividades não os nutre devidamente, até porque a nutrição deles é cara e de difícil manutenção. Um leão consome em média 6 kilogramas de carne por dia. Claro que o leão circense não consome isso, o que o torna subnutrido, fraco e infeliz. Além da nutrição há se atentar para o confinamento em ambientes inadequados, viagens cansativas com péssimo transporte e acomodação. Estes são uns dos muitos motivos que fundamentam a iniciativa dessa lei.[115]

---

pelos interessados, afirmando não fazerem uso de qualquer espécie de animal.
§ 2º - Fica também proibida a manutenção de animais silvestres, nativos, exóticos, domésticos ou domesticados para simples exibição, considerando-se como exceção os zoológicos mantidos pelo Poder Público e os criadores autorizados pelo IBAMA.
Art. 3º - A não observância dos termos deste diploma legal implicará no imediato cancelamento da licença de funcionamento da firma, empresa, associação, entidade ou organização que esteja promovendo o espetáculo e na aplicação de multas pecuniárias.

---

115 De acordo com Henry Ringling North, em seu livro "The Circus Kings" (Disponível em: <http://www.mwercyforanimals.org>), os grandes felinos são acorrentados a seus pedestais e as cordas são enroladas em suas gargantas para que tenham a sensação de estarem sendo sufocados. São dominados pelo fogo e pelo chicote , golpeados com barras de ferro e queimados na testa, pelo menos, uma vez na vida, para que não se esqueçam da dor. Muitos têm suas garras arrancadas e as presas extraídas ou serradas. Alguns Circos brasileiros alimentam seus felinos com cães e gatos. Já os elefantes antes de chegarem no Circo, passam por meses de tortura. São amarrados sentados, numa jaula onde não podem se mexer, para que o peso comprima os órgãos internos e cause dor. Levam surras diárias, ficam sobre seus próprios excrementos, até que seu "espírito seja quebrado" e passem a obedecer. Elefantes se comunicam, vivem em grupos com papéis sociais definidos. São extremamente inteligentes. Ficam de luto por seus mortos e são capazes de reconhecer um familiar, mesmo tendo sido separados deles quando filhotes. Sofrem de problemas nas patas por falta de exercício, pois na natureza elefantes andam dezenas de kilometros diariamente. No Circo os elefantes permanecem acorrentados o tempo inteiro. Mexer constantemente a cabeça é uma das características de neurose de cativeiro. Os ursos têm o nariz quebrado durante o treinamento, suas patas são queimadas para forçá-los a ficar sobre duas patas. São obrigados a pisar em chapas de metal incandescente ao som de uma certa música. No picadeiro, então, ouvem a mesma música e começam a se movimentar, dando a impressão de uma dança. Alguns se auto-mutilam devido ao cativeiro, batendo a cabeça nas grades da jaula e mordendo as próprias patas. Enfim, todos os animais em circo sujeitam-se aos choques elétricos, chicotadas, privação de água e comida.

Já o princípio da precaução é utilizado apenas para a hipótese de risco potencial, ainda que esse risco não possa ser claramente demonstrado, ainda que os dados a seu respeito sejam deficitários e inconclusivos. A precaução trabalha com níveis de tolerabilidade, pelos quais se esclarece que os processos que envolvam tomadas de decisões pelas autoridades públicas devem buscar o nível de risco aceitável para a sociedade.

Muito utilizado a fim de se avaliar o nível de impacto ambiental[116] a ser causado por certa atividade e a possível substituição de mecanismos menos danosos, não se aplica perfeitamente aos animais por não ser plausível tolerar a crueldade, em qualquer nível que ela surja. (art. 225, caput da Constituição Federal de 1988).

116 "O estudo do impacto ambiental é um requisito procedimental do ato administrativo de licenciamento ambiental, tendo grande importância para a sua motivação; este estudo contém as razões que devem ser levadas em conta pelo administrador no momento do licenciamento. Como já foi dito, se o administrador diverge da conclusão do estudo de impacto ambiental, ele terá de demonstrar as razões que o levaram a optar por uma solução diversa. É a motivação do ato que, quando em desacordo com a finalidade da norma, abre oportunidade para a impugnação judicial do licenciamento e, destarte, à tutela inibitória (MIRRA, Álvaro Luiz Valery. *Limites e controle dos atos do Poder Público em matéria ambiental.* São Paulo: RT, 1995. Ação Civil Pública, p.52 citado por Marinoni "A tutela inibitória", p. 85.

7

O PARADOXO: ENTRE O SAGRADO E O JUSTO

"Eu temo pela minha espécie,
quando penso que Deus é justo"
(Thomas Jefferson)

A forma como o animal é reconhecido pelos seres humanos se demonstrou controvertida em diversas searas, começando pela própria filosofia, passando pela religião, pela ciência e pela lei. E será também no olhar filosófico que se dará o grande salto quântico para o abandono do antropocentrismo. Será através da chamada ruptura abissal[1], proposta identificada por Jacques Derrida, que será apontada a negligência do humanismo em relação à animalidade.

Para que se possa demonstrar de modo correto, a força da alteridade e seus expoentes, será preciso começar de seu primeiro defensor na filosofia, até ser possível concluir a proposta mais moderna de enquadramento da questão animal.

Assim sendo, expor-se-á as doutrinas de Emmanuel Levinas, Jacques Derrida e por fim será alcançada a visão pós-humanista trazida por Mathew Calarco, Donna Haraway, Cary Wolfe e outros que se debruçam sobre a doutrina derridiana, sempre tendo como pano de fundo Jeremy Bentham e o reconhecimento da sofrimento animal.

---

1 DERRIDA, Jacques. **O animal que logo sou**. Tradução Fábio Landa. São Paulo: Ed. UNESP, 2011. p. 27. p. 59.

7.1. A questão animal e o sagrado

Quando se trata de assunto, questão ou indagação cuja a extrema complexidade exige, para buscar o entendimento e a imprescindível fundamentação jurídica que o sustente, a ousadia de imersão no que há de mais arcaico e arquetípico do universo psicossocial do animal humano, quando se torna imprescindível abordar, estudar e inevitavelmente, provocar, as mais profundas e remotas tradições, costumes, tabus, crenças, convicções e filosofias, que alicerçaram a evolução desse animal até a nossa época, é indispensável retroagir às mais simples definições vernaculares dos principais atores desse drama, no caso, Deus, o animal e a lei.

É impossível estudar o animal humano sem chegar a Deus, como Levinas encontra Deus no rosto do outro e Derrida encontra a sua nudez de si próprio no olhar animal. Da mesma forma é impossível estudar o animal não-humano sem chegar a Deus. O estudo da questão animal conduz a pesquisa ao seu cerne: deus, em seu sentido mais abrangente, ou seja, à religião, ao desejo de re-ligar, ao anseio pela plenitude, pela transcendência e pela imortalidade. Este desejo e anseio faz do animal humano um ser arquetipicamente religioso.

Nessa busca, desde a mais remota cultura de que se tem notícia, o animal humano procurou elementos da natureza que, externos a si próprio, pudessem proporcionar e garantir sua, primeiro, sobrevivência física e, em seguida, sua segurança emocional.

A despeito de qualquer tempo ou civilização o animal-humano é panteista. Deus, invocado ou não, está presente *("vocatus at que non vocatus deus aderit"*[2], Oráculo de Delfos que está gravado em pedra acima da porta da casa de Carl Gustav Jung, em Kusnachtin[3]). "É a resposta

---

2 https://jbaranyart.wordpress.com/2016/12/27/vocatus-atque-non-vocatus--deus-aderit/amp/
Aniela Jaffe diz: "É a resposta do Oráculo de Delfos aos lacedemonianos quando eles planejavam uma guerra contra Atenas". (1979: 136)

3 Numa carta de 19 de novembro, 1960, Jung explica a inscrição: "Ora, você procura em vão em Delfos o enigmático oráculo *Vocatus at que non vocatus deus aderit*: este está gravado em pedra acima da porta de minha casa em Kusnacht próximo a Zurique e foi encontrado na coleção de Erasmus de Adagia(séc. XVI) [Jung havia adquirido um exemplar da edição de 1563 da Collectaneas adagiorum de Erasmus, uma compilação de provérbios de autores clássicos, quando ele tinha 19 anos de idade.] É um oráculo de Delfos, entretanto. Quer dizer: sim, o deus estará presente, mas em que forma e para qual propósito? Eu coloquei a inscrição ali para lembrar meus pacientes e a mim mesmo: Timor dei initium sapiente ["O temor do Senhor é o início da sabedoria."] Aqui começa uma estrada não menos importante, não a abordagem ao "Cristianismo", mas ao próprio Deus e isso parece ser a derradeira

do Oráculo de Delfos aos lacedemonianos quando eles planejavam uma guerra contra Atenas".[4]

Da Natureza fazem parte os astros, os fenômenos naturais e climáticos, os mares, as árvores e os animais. Esses últimos os únicos com que o animal humano pode estabelecer uma interrelação. Os animais não humanos Re-Agem, têm linguagem, se comunicam, entre si e com o animal humano. E é esta Re-Ação que provoca no animal humano toda a gama de sentimentos de que é capaz, da identificação à rejeição. Do "se ver" neles espelhado ou o de negar neles o que em si-mesmo nega: medo, respeito, ou amor.

Daí encontraremos presentes os animais em todas as culturas, desde as mais primitivas até à nossa atual.

Para citar apenas alguns exemplos, teremos no Egito Antigo o gato como divindade a ser adorada, e na Idade Média o mesmo gato como personificação do Diabo a ser queimado na fogueira, na Índia atual a Vaca como ser sagrado a ser respeitado e no resto dos países a mesma vaca como *"livestock"*, a ser morta e devorada, em muitos sofisticados cardápios ainda vertendo sangue, e ainda veremos o animal em rituais , adquirindo um terceiro papel, o do sacrificado , ou seja, o de veículo de comunicação com a divindade , uma vez que através do sangue dos animais vertidos no sacrifício, o humano purifica os seus pecados, tanto nos rituais cristãos atuais – quando , de forma sublimada, na missa, o carneiro é identificado a Cristo sendo sua carne comida na hostia e seu sangue bebido no vinho (*"agnus dei qui tollis peccata mundi miserere nobis et dona nobis pacem* ") – quanto nas religiões primitivas que se mantiveram até hoje como tal, primitivas, sendo esse mesmo carneiro imolado nos rituais do Candomblé.

E aí está: O animal como Deus e o animal como Diabo; o animal como elemento de purificação; o animal como o bem e o animal como o mal; o animal ser querido que faz parte da família, ou que é herói de ações policiais de salvamento ou de identificação de criminosos, e esse mesmo animal que é vetor de zoonoses, que é o lixo vivo das cidades, a ser oficialmente exterminado pelo Poder Público.

---

questão." (1975:611)- Jung, C. G. (1975) Letters: 1951-1961, ed. G. Adler, A. Jaffe, and R. F. C. Hull, Princeton, NJ: Princeton University Press, vol.2
JASSE, A. C. G. Jung. **Word and Image.** Princeton. NJ: Princeton University Press, 1979. p. 136.

---

4 Ibid.

Partindo da "*praxis* "ou seja da observação atenta do relacionamento do animal humano com o animal não humano, passando à atribulação que a questão animal provocou e provoca na filosofia – se estendendo de Aristóteles à Da Vinci, de Da Vinci à Descartes , de Jeremy Bentham à Cary Wolfe e ainda aos violentos conflitos religiosos que permeiam as religiões da atualidade, torna-se impossível não perceber a ambivalência extremada que envolve a questão, que aflige desde o morador de rua, que quer proteger o seu único companheiro das garras do Poder institucionalizado, passando ao temor dos vivissectores ao perceber suas práticas ameaçadas, até a angústia dos bilionários pecuaristas quando temem que, por qualquer motivo, seus lucros possam ser diminuídos.

Este trabalho se propôs a devassar esse universo de ambivalências que de tão extremadas e presentes na história da humanidade, pode ser comparado aos dois maiores símbolos de oposição do pensar, ou seja, de estudar o animal como deus, e o animal como diabo e buscar na lei, o refúgio e a ordenação dos conflitos.

7.2. A alteridade como reencontro

A forma como o animal é reconhecido pelos seres humanos se demonstrou controvertida em diversas searas, começando pela própria filosofia, passando pela religião, pela ciência e pela lei. E será também no olhar filosófico que se dará o grande salto quântico para o abandono do antropocentrismo. Será através da chamada ruptura abissal[5] proposta identificada por Jacques Derrida que será identificada a negligência do humanismo em relação à animalidade.

Para que se possa demonstrar de modo correto, a força da alteridade e seus expoentes, será preciso começar de seu primeiro defensor na filosofia, até ser possível concluir a proposta mais moderna de enquadramento da questão animal.

Assim sendo, expor-se-á as doutrinas de Emmanuel Levinas, Jacques Derrida e por fim será alcançada a visão pós-humanista trazida por Mathew Calarco, Donna Haraway, Cary Wolfe e outros que se debruçam sobre a doutrina derridiana, sempre tendo como pano de fundo Jeremy Bentham e o reconhecimento da sofrimento animal.

---

5 DERRIDA, Jacques. **O animal que logo sou**. Tradução Fábio Landa. São Paulo: Ed. UNESP, 2011. p. 27. p. 59.

7.2.1. Emmanuel Levinas: reconhecendo a diferença e o valor intrínseco do "outro".

Levinas foi um filósofo nascido em família judaica na Lituânia em 1905, onde aprendeu russo e hebraico em casa. Influenciado pelas obras de Martin Heidegger, Levinas defende que a Ética seja a Filosofia primeira. É no face-a-face humano que se irrompe todo sentido. Diante do rosto do Outro, o sujeito se descobre responsável e lhe vem à ideia o Infinito. Para que se compreenda a importância da filosofia de Levinas é preciso inserir o homem no seu tempo. Na França, de 1923, Levinas começa seu estudo de filosofia e se torna aluno de Edmund Husserl e de Martin Heidegger.

Com a Segunda Guerra Mundial, Levinas passa a compor o exército francês na qualidade de tradutor, em razão da fluência em russo e alemão que adquirira desde a infância.

E, curiosamente, por estar vestido com um uniforme francês, acaba sendo capturado pelo exército alemão, e sendo levado como prisioneiro para um campo de trabalhos forçados de Stammlanger, ao invés de ir à um campo de concentração. [6] Mas acaba sendo declarado judeu e preso por cinco anos, época em que escreveu sobre o ódio humano direcionado a outro ser humano (*De l'éxistence à léxistant)*, que acabou por ser publicada após o fim da guerra. Como Levinas conheceu o campo de concentração e na pele toda a filosofia nazista, sua teoria se volta para a força da diferença. Assim, ao se referir ao "outro", o autor se refere ao outro humano.

Para Levinas, a filosofia do Ocidente valoriza o sujeito e sua identidade, o que transforma a liberdade no maior valor ocidental, mas excluindo a chance da diferença.

Levinas vai desenvolver a ideia de "infinito" propondo uma ruptura. O "outro" escapa à razão do mesmo modo que o "infinito" escapa ao todo. E deste modo, o autor insere o infinito no plano ético, propondo a relação com um diferente, um desigual, como meio de ruptura da totalidade. "O infinito é absolutamente Outro"[7].

Para o autor o "bem" só pode estar "fora do ser", ou seja, no "outro". Ele desenvolve uma responsabilidade pré-original para com o outro.

---

6 LEVINÁS, Emmanuel. **Totalidade e infinito**. Tradução de José Pinto Ribeiro. Lisboa: Edições 70, 2008.

7 Aqui o autor evidencia que haja um vestígio de Deus no outro e não no "ser". LEVINÁS, Emmanuel. **Totalidade e infinito**. Tradução de José Pinto Ribeiro. Lisboa: Ed. Almedina, 1988. p. 36.

Levinas muda o paradigma do pensamento filosófico ocidental, porque desloca a filosofia primeira da ontologia, para a alteridade. Ou seja, ele vai condenar a dominação alheia. Assim sendo,

> [...] trata-se de afirmar a própria identidade do eu humano a partir da responsabilidade, isto é, a partir da posição ou da de-posição do eu soberano na consciência de si, deposição que é precisamente a sua responsabilidade por outrem. [...] Tal é a minha identidade inalienável de sujeito."[8]

O autor vai seguir buscando a "expressão do rosto" como expressão ética, para a obtenção do discurso original e o alcance do infinito, ao se romper com a totalidade do ser. Rompe-se o "ser" e entra-se no universo alheio, do outro, do diferente, do desigual, que não é espelho. A Ética de Levinas é uma ética de responsabilidade pelos outros humanos. Mas, embora Levinas se refira ao outro de rosto humano, o filósofo não distancia o homem de sua inexorável animalidade. E faz o autor um relato de um cão, chamado Bobby, que fez um elo de afeto no campo de concentração com os humanos, sendo o único a demonstrar uma afeição.[9]

Infelizmente Levinas não segue adiante com a temática animalista e limita-se a definir Bobby como apenas um cão, *"sem o cérebro necessário para universalizar máximas"*[10]

Levinas foi claramente influenciado pela visão de Heiddeger sobre a animalidade, e o rosto "a que o autor se refere é o rosto humano, mas em sua obra *"Nom d'un chien ou le droit naturel"*. (tradução livre – "O nome de um cão ou o direito natural"), Levinas acena com a necessidade de um pensamento sobre a questão animal.

> [...] a questão da ética se estende a todos os seres vivos. Nós não queremos fazer um animal sofrer sem necessidade, mas o protótipo disso é a ética humana. O vegetarianismo, por exemplo, surge da transferência para animais da ideia de sofrimento. O animal sofre,

8 LEVINÁS, Emmanuel. Ética e Infinito: diálogos com Philippe Nemo. Trad.: João Gama. Lisboa: Edições 70, 1988. p. 92-93.

9 Bobby era o cachorro que saudava Emmanuel Lévinas e seus companheiros em um campo de concentração nazista. "Para Bobby [...] nós éramos homens", é parte do texto que se encontra de autoria de Emmnuel Levinas em *"Nom d'un chien ou le droit naturel".* O autor com esse texto demonstra a afeição do cão e o olhar do mesmo para os homens. Olhar sem a diferença, sem a exclusão.

10 LEVINAS, 1990, p. 153

> E nós humanos, por sabermos o que o sofrimento significa, temos obrigação de não fazê-los sofrer"[11]

O ponto a ser pontuado aqui na ótica de Levinas, e que será levado até a visão pós-humana, precisamente é o que há de comum entre humanos e animais: vida. Não se trata de cuidar e enxergar apenas o animal como ser senciente, mas o animal como o diferente, o desigual, um outro rosto, mesmo que Levinas não o tenha visto nessa qualidade, será ele seguido por Derrida que assim o fará. O animal é o outro rosto, que merece ser aceito, protegido e cuidado. E não mais relegado ao duro conceito de coisa para uso humano.

7.2.2. Jacques Derrida e o animal autobiográfico

Jacques Derrida é corajoso ao apontar o que chama de 'ruptura abissal' entre o homem e o animal. Ele claramente ataca o humanismo e a cisão que o homem criou de tudo que há no conceito de animalidade.

> [...] o limite entre o Homem, com um H maiúsculo e o Animal com um A maiúsculo. Não se tratará de abordar de maneira frontal ou antiética a tese do sentido filosófico como do sentido comum sobre a qual edificou-se a relação ,a si, a apresentação de si da vida humana, a autobiografia da espécie humana, toda a história de si que se conta o homem , ou seja, a tese de um limite como ruptura ou abismo entre aqueles que dizem " nós os homens" , " eu o homem", e o que este homem dos homens eu dizem "nós" , chama ele , o animal, ou os animais. [...] uma tal ruptura, um tal abismo entre este "eu--nós", e o que nós chamamos os animais.

A questão animal ocupa protagonismo na filosofia de Derrida. E sua proximidade com Levinas auxilia à compreensão da alteridade estendida aos animais, com os conceitos por ele especialmente cunhado da palavra "**animôt**"[12].

---

11 LEVINAS, Emanuel. **Totalidade e Infinito**. Lisboa: Edições 70, 1988 (Biblioteca de Filosofia Contemporânea) p. 173. *"Nom d'un chien ou le droit naturel"*. In: ____. Difficile liberté: essais sur le judaïsme. Paris: Albin Michel, 2006.

12 DERRIDA, *"O Animal que logo sou"*, em nota de rodapé na p. 70. Jacques Derrida, em *"O animal que logo sou"*, cria a expressão: *"animot"*, inventada por ele, que, com o som de *"animaux"* , significa "animais" no plural francês , representando a multiplicidade da fauna, e com um trocadilho com *animal* + *mot* , que significa em francês "palavra". DERRIDA, Jacques. **O animal que logo sou**. Tradução Fábio Landa. São Paulo: Ed. UNESP, 2011. p

Sem diminuir a preciosa contribuição dos estudos animalistas anteriores de Peter Singer, nos anos 1970 e Tom Regan nos anos 1980 entre outros, a base reflexiva de Jacques Derrida é a mais apropriada para este estudo.

Derrida, para os fins da reflexão a que se pretende é o filósofo mais provocativo ao expor o paradoxo que vigora atualmente na aplicação prática da questão animal ao direito brasileiro, e mesmo mundial. O filósofo provoca em seu discurso o paradoxo: deixando claro que ele mesmo suspeita da oposição entre teoria e prática, fica ambivalente sobre a ética prática (vegetarianismo, por exemplo) e não ousa ir muito além. Assim, é sua filosofia, *nua, e sem* receitas sobre como agir, indutiva de uma ética de responsabilidade para com o outro, não-humano, o outro, animal, que servirá de base para o Pós-Humanismo que se segue.

7.2.3. O olhar Humano: a humanidade nua

A obra de Derrida, intitulada *O animal que logo sou*, é composta por quatro textos que registram suas comunicações no colóquio de Cerisy, em 1997, o qual teve como tema *O animal autobiográfico*. Pelo explícito interesse de Derrida na questão animal, o terceiro colóquio de Cerisy dedicado à sua obra, realizado no ano de 1999, teve o tema como eixo principal, sob o título O animal autobiográfico. Nesse colóquio, Derrida proferiu uma conferência de abertura, intitulada *" L´Animal donc je suis"* (que foi traduzida de modo ineficaz como " o animal que logo sou, mas sendo muito mais próxima de *"o animal, que eu sou"* e coordenou quatro sessões de discussão, cujo tema foi sempre a questão animal, a partir de Descartes, Kant, Heidegger, Levinas e Lacan.

Importa ressaltar que o texto em inglês com toda a comunicação do filósofo no evento foi publicado em 2008 somente, quando os estudos animalistas estavam invadindo as Universidades norte-americanas e britânicas. Dois destes textos – *The animal that therefore I am (more to follow)* e *And say the animal responded?* – haviam sido publicados antes em outros lugares[13]. Os outros dois textos que compõem o volume são publicações póstumas.

13 DERRIDA, *"The animal that therefore I am", de* 1999, é a tradução em inglês publicada em 2001 na revista Critical Inquiry. E, após em 2003, o texto *"And say the animal responded?"*. As datas são citadas por Calarco (2009), que relata em uma resenha do livro *The animal that therefore I am*: "Quando falei com Derrida, em 2002, sobre a possível publicação do texto integral ... [*The animal that therefore I am*], ele sublinhou para mim como estava infeliz com o esboço inicial e quanto admirava, em contraste, o trabalho massivo de Elisabeth de Fontenay sobre a questão

A edição brasileira em 2002 trabalha apenas com o primeiro texto, que é o mais importante, e expressa os principais questionamentos de Derrida sobre o tema animal.

7.2.4. O olhar do animal: a perplexidade

Em "*O animal que logo sou*", Derrida, relata o momento em que ele próprio está nu quando encontra o olhar de um gato. *"Um animal me olha. O que devo pensar dessa frase? O gato que me olha nu, e que é verdadeiramente um gatinho, esse gato do qual falo, que é também uma gata,[...]"* [14] Derrida ao olhar o gato que o vê nu, sente um pudor por sua nudez e se questiona a respeito de uma possível ou impossível nudez do animal ou se o pudor sobre a nudez seria exclusivo do homem?

Então inicia a separação entre homem e animal: quem é o "outro", quando o "outro" é um animal? E deste modo surge a dúvida sobre a real legitimidade do protagonista do conceito de humanismo.

Assim, a revelação ao reconhecer a diferença no animal, detentor de vida além da humana, não é a diferença entre o humano e o animal, mas sim *O OLHAR DO ANIMAL*.

> Como todo olhar sem fundo, como os olhos do outro, esse olhar dito "animal" me dá a ver o limite abissal do humano: o inumano ou o a-humano, os fins do homem, ou seja, a passagem das fronteiras a partir da qual o homem ousa se anunciar a si mesmo, chamando-se assim pelo nome que ele acredita se dar

E o olhar animal é determinante e marca um ponto novo de partida filosófico. O autor menciona o discurso dos filósofos que viram os animais, mas não enxergaram o olhar animal. E essa é a grande maioria na filosofia que o autor lerá, adiante, em *O animal que logo sou*: Descartes,

do animal, *Le silence des bêtes*. Consequentemente, os leitores devem ter em mente que o livro que têm diante de si não representa um esboço polido, mas um trabalho em andamento que Derrida sem dúvida teria querido expandir e retrabalhar em diversas formas" (CALARCO, 2009, pp. 80-81). Derrida faleceu ainda com textos a serem expostos, inclusive, após sua morte, foram publicados, em francês e em inglês, os dois volumes de seus seminários sob o título *A besta e o soberano*, onde ele continua a escrever sobre o animal. O similar entre o animal e o soberano é estarem, ambos, fora da lei – o animal abaixo, e o soberano acima.

14 DERRIDA, op. cit. p. 19

Kant, Heidegger, Lacan e Levinas: autores que ignoraram o olhar do animal[15]

> [...] eles faziam do animal um teorema, uma coisa vista, mas que não vê. A experiência do animal que vê, do animal que os observa, não a tomaram em consideração na arquitetura teórica ou filosófica de seus discursos. Em suma eles tanto a negaram quanto a desconheceram. Daqui em diante, voltaremos a essa imensa denegação cuja lógica atravessa toda a humanidade, e não apenas da configuração quase "epocal" que acabo de evocar. É como se os homens desta configuração tivessem visto sem terem sido vistos por ele, sem se terem visto vistos por ele; sem se terem vistos visto nus por alguém que, no fundo de uma vida dita animal, e não apenas pelo olhar, tê-los-ia obrigado a reconhecer, no momento da destinação que isso tinha a ver com eles[16]

Toda a linguagem de Derrida é nitidamente indignada com a condição animal, e a extração da animalidade do conceito de humano. A começar pela Bíblia: "Entretanto já é no primeiro relato da gleba, criado como réplica de Deus [...] recebe imediatamente a ordem de sujeitar os animais. Ele deve, para obedecer, marcá-los com sua ascendência, sua dominação, seu poder de domar" (idem p. 35)

A reflexão de Derrida sobre os animais se inicia com a crítica à palavra animal em detrimento da palavra humano e da superioridade que o homem se colocou em relação aos outros animais, privando-os da linguagem e os definindo como algo inferior, e diferente.

> Sim, o animal, que palavra! É uma palavra, o animal, que os homens se deram o direito de dar. Eles se encontraram, esses humanos, a se dar essa palavra, mas como se eles a tivessem recebido de herança. Eles se deram a palavra para dispor um grande número de viventes sob esse único conceito: O Animal, dizem eles. [17]

O ser humano, assim reserva apara si o dom da linguagem, a ignora para os animais, os considera sua propriedade, e segue superior à todas as espécies exercendo a ruptura abissal:

---

15 DERRIDA, Jacques. **O animal que logo sou**. Tradução Fábio Landa. São Paulo: Ed. UNESP, 2011. p. 33.

16 Ibid, p. 31.

17 DERRIDA, Jacques. **O animal que logo sou**. Tradução Fábio Landa. São Paulo: Ed. UNESP, 2011. p. 62

> O mal está feito há muito tempo e por muito tempo. Ele consiste nesta palavra, ele se resumiria, sobretudo, nesta palavra, o animal, que nos homens se deram, como na origem da humanidade, e se deram, com o fim de se identificar, para se reconhecer, com vistas a ser o que eles se dizem ser, homens, capazes de responder e respondendo em nome dos homens[18]

A questão animal por Derrida é deixada como questão, em aberto. A cada gesto desconstrutivo o que resta são interrogações, e não respostas. O vegetarianismo é um exemplo disso, Derrida não se posiciona com clareza.

É preciso desconstruir a ética para encontrar uma orientação pós-humanista e não antropocêntrica que nos leve a uma responsabilidade incondicional com a alteridade radical, que foi identificada por Derrida[19]. Através de mecanismos diferentes e amplos de comunicação e linguagem, que é comum a humanos e não-humanos pode-se verificar que coube ao humanismo reduzir essa capacidade aos seres humanos, quando em verdade isso não é exclusivo deles.

E o sofrimento animal nos leva à vulnerabilidade[20] compartilhada entre os seres viventes. Derrida aborda o inegável que diz respeito ao rosto do outro, que Derrida estende a filosofia de Levinas para inclusão do rosto do outro, o animal. A responsabilidade com o outro, pela alteridade, vem antes da questão da identidade.

Matthew Calarco faz uma interessante leitura de Derrida, esclarecendo que o pensamento do filósofo franco-argelino trabalha através da questão animal a força do sofrimento, o que ele nomeia como uma ética antes da ética, com força disruptiva. [21]

---

18 Ibid.

19 *"What Derrida enables us to formulate. Is that yes, it is true that what we think of as personhood, knowledge, and so on is inseparable from who " we" are, from our culture, discourses, and disciplines; but at the same time, we are not we, we are not that "auto" of autobiography that humanism "gives to itself". [...]equaly important for the topic of animal studies is Derrida's insistence that this second type of finitude – the estranging prostheticity and exteriority of communication – is shared by humans and nonhumans the moment they begin to respond to each other by means of any semiotic system in the most rudimentary sense´ WOLFE. P. 119 (What is Posthumnism)*

20 A vulnerabilidade é um conceito que liga todos os seres diante da vida e da morte, segundo Cary Wolfe.

21 *"At the proto-ethical level, then, Derrida has insisted that there is a certain disruptive force in animal suffering, one that affects and challenges us prior to any reflection or debates we might have on the ethical status of animals."* (CALARCO, *The question of the animal – from Heiddeger to Derrida.* pp. 119-120)

Derrida ao reconhecer o erro humano continua:

> De qualquer maneira que se interprete, qualquer consequência prática, técnica, científica, jurídica, ética, ou política que se tire, ninguém hoje pode negar esse evento, ou seja, as proporções sem precedentes desse assujeitamento do animal. Esse assujeitamento cuja história tratamos de interpretar, podemos chama-lo de violência, mesmo que seja no sentido mais neutro do ponto de vista moral (...) Todo mundo sabe que horríveis e insuportáveis quadros de pintura realista poderia fazer da violência industrial , mecânica, química , hormonal, genética, à qual o homem submete há dois séculos a vida animal. E o que se tornaram a produção, a criação, o transporte e o abate desses animais."[22]

Sair da zona de conforto da alienação de consumidor e passar a ver o animal, seja ele um gato, um porco, um coelho ou uma vaca, não como algo a ser usado, comido, ingerido, sem dó ou piedade. Passar a olhar o vivente com compaixão e com responsabilidade[23] é um movimento para o qual Derrida convida o leitor, mesmo sabendo do grande dilema da humanidade, de continuar a olhar o animal como coisa.[24]

---

22 DERRIDA. op. cit., p.. 52, 53

23 CALARCO, idem, p 120 *"There are vary ways in which animals might interrupt us, challenge our standard ways of thinking, and call us the responsibility- and many of these ways could be located more or less within the sphere of the proto-ethical."*

24 "Ninguém mais pode negar seriamente a negação. Ninguém mais pode negar seriamente e por muito tempo que os homens fazem tudo o que podem para dissimular ou para se dissimular essa crueldade, para organizar em escala mundial o esquecimento ou o desconhecimento dessa violência que alguns poderiam comparar aos piores genocídios (existem também os genocídios animais : o número de espécies em via de desaparecimento por causo do homem é de tirar o fôlego) "Da figura do genocídio não se deveria nem abusar nem de desembaraçar rápido demais. Porque ela se complica aqui: o aniquilamento das espécies , de fato, estaria em marcha, porém passaria pela organização e a exploração de uma sobrevida artificial, infernal, virtualmente interminável, em condições que os homens do passado teriam julgado monstruosas, fora de todas as normas supostas da vida própria aos animais assim exterminados na sua sobrevivência ou na sua superpopulação mesmo. Como , se por exemplo, em lugar de jogar um povo nos fornos crematórios e nas câmaras de gás, os médicos ou os geneticistas (por exemplo , nazistas) tivesses decidido organizar por inseminação artificial a superpopulação e supergeração de judeus, de ciganos e de homossexuais que, cada vez amais numerosos e mais nutridos, tivessem sido destinados, em número sempre crescente, ao mesmo inferno, o da experimentação genética.... Nos mesmos abatedouros. Aqui Derrida se refere claramente aos biotérios, e aos laboratórios que criam e reproduzem animais para utilização em vivissecção." (DERRIDA, op. cit., p. 52)

> Essa guerra não tem idade, sem dúvida, mas, eis minha hipótese, ela atravessa uma fase crítica. Nós a atravessamos e nós somos atravessados por ela. Pensar essa guerra na qual estamos não é apenas um dever, uma responsabilidade, uma obrigação, é também uma necessidade, um imperativo do qual bem ou mal, direta ou indiretamente, ninguém poderia subtrair-se. Doravante mais do que nunca. E digo "pensar" essa guerra, porque creio que se trata do que chamamos "pensar". O animal nos olha, e estamos nus diante dele. E pensar começa talvez aí. [25]

Jacques Derrida, em *"O animal que logo sou"*[26], cria a expressão: *"animot"*, inventada por ele, que, com o som de *"animaux"* ("animais" no plural francês), representando a multiplicidade da fauna, e com um trocadilho com *animal* + *mot* ("palavra").

A representação derridiana é provocativa porque usa a junção do som da "palavra", significando a linguagem que desde René Descartes é algo reconhecidamente ausente para os animais. "Gostaria que se escutasse o plural de animais no singular: não há o animal no singular genérico, separado do homem, por um só limite indivisível."[27]

O autor busca no som das palavras[28] um meio de falar dos animais sem a cisão da animalidade com a humanidade. "Existem viventes que não se deixam reunir em uma figura única de animalidade simplesmente oposta à humanidade" [29] Não bastaria só "restituir" aos animais um nome, mas criar um pensamento "mesmo que seja quimérico ou fabuloso, que pense a ausência do nome e da palavra de outra maneira que não seja uma privação" [30]

---

25 DERRIDA, op. cit., p. 57.

26 Esse título traduzido não faz jus ao mesmo em francês, ou seja, o título é por si um trocadilho provocativo da expressão "Cogito ergo sumn", penso logo existo, de Descartes. Seria, portanto, algo similar *a L"animal donc je suis* em francês, que significaria na essência, o animal que portanto eu sou. ***Cogito, ergo sum*** é uma frase de autoria de René Descartes. Em geral, e traduzida para o português como "penso, logo existo"; entretanto, é mais correto traduzi-la como "penso, portanto, sou". Na quarta parte da versão francesa de *Discurso sobre o Método* (1637), essa sentença é formulada como *je pense, donc je suis*; nesse sentido, *cogito ergo sum* é a sua versão latina.

27 DERRIDA, op. cit., p. 87.

28 Além de *"animot"* e outra criação feita anteriormente por Derrida, para a filosofia da desconstrução foi: *"différance"*, que indica a palavra francesa *différence* ("diferença"), escrita de outro modo, com a letra *a* no lugar do *e*.

29 DERRIDA, op. cit., p. 87.

30 DERRIDA, op. cit., p. 89.

O que se acompanha nitidamente é que Derrida foi provocativo, mas não seguiu adiante. A busca pela doutrina pós-humanista relembra o conceito de romance em cadeia a que se refere Ronald Dworkin[31], onde cada expoente escreve um capítulo da história.

Segundo Dworkin, o processo de interpretar seria um romance escrito por vários autores, e que a cada um é atribuído um capítulo separado, sendo correto continuar a elaboração do romance a partir de onde seu antecessor parou. Tal metáfora é bem explicativa para o momento em que Derrida parou, sobrevindo a sua morte e a sequência aqui proposta com o pós-humanismo.

Com isto, Dworkin propõe uma *interpretação construtiva* em etapas. Que devem ser inseridas no contexto histórico. Assim, é certo que a doutrina com o título pós-humanismo encontra centenas de títulos em pesquisas no google, mas remonta a variados pensadores.

Matthew Calarco reconhece que Derrida desestabilizou a distinção humano-animal e desenvolveu um pensamento alternativo sobre a animalidade por meio da palavra *animot.*[32]

Derrida lembra que "o consumo de carne nunca foi uma necessidade biológica"[33] ou quando ele questiona Elisabeth Roudiscesco: "Mas se todos os dias passasse diante dos seus olhos, lentamente, sem lhe deixar tempo de se distrair, um caminhão cheio de bezerros saindo do estábulo direto para o abatedouro, a senhora ainda conseguiria comer carne de vaca por muito tempo?".[34]

7.3. A visão pós-humana

O animal no olhar antropocêntrico é apenas meio para fins de uso e consumo humano. Não detém direitos ou interesses, não merece atenção ou filosofia. Os estudos animais tiveram e têm sua importância, e

31 DWORKIN, Ronald. **O Império do Direito**. Tradução: Jefferson Luiz Camargo. São Paulo: Martins Fontes, 1999.

32 *And yet, despite the destabilization of the human- animal distinction on the proto-ethical level : the contestation of the distinction on the ontological level. "The main stakes of Derrida's work on the question of the animal is to insist that ethical thought in relation to animals begins in and attests to such proto-ethical encounters – which is to say:, animal ethics is not simply a matter of theoretical consistency and rationality".* CALARCO, op. cit., p. 126.

33 DERRIDA, Jacques. **O animal que logo sou**. Tradução Fábio Landa. São Paulo: Ed. UNESP, 2011. pp. 90-91.

34 Ibid.

vieram trazendo desde a década de setenta, um novo contorno para a importância do animal , porém a falta de unicidade de pensamentos e a audaciosa prática divulgada por movimentos que pregam a não utilização de animais pelo homem, acaba reverberando sempre de modo negativo para o próprio animal e para a evolução da sua aceitação como parte integrante do próprio homem. Isso porque tudo que existe coexiste e os homens são como são na medida que existem os animais. Assim, não há nós e eles, há nós os vivos, diante das máquinas.

O conceito de pós-humanismo é um conceito guarda-chuva que traz uma abertura imensa para dois eixos centrais: o primeiro aborda a evolução das máquinas e também é chamado de transhumanismo, trabalhando com a inteligência artificial e seus impactos. O segundo, proposto por um núcleo de professores da Universidade de Minnesota[35] propõe a releitura da animalidade, a mesma a que se refere Derrida em suas obras, para enfim trazer de volta o homem para seu eixo onde não excluirá os animais, que sofrem e sentem, da força de sintonia entre os seres viventes. Animais e Humanos, embora separados hoje pelos contornos biopolíticos mercadológicos são iguais em um ponto inquestionável: na vulnerabilidade diante da vida da qual desfrutam. Assim, oposto a ambos está a máquina, o algoritmo. O que se precisa deixar claro é que a visão pós-humana abandona de vez o homem como hóspede mal-educado do planeta, como o centro da vida na Terra, e o reinsere nos contornos da vida com respeito e parcimônia ao diferente, ao desigual, unindo assim as teorias da alteridade de Levinas, da descontrução de Derrida e sua proposta de reler a questão animal sobre o ponto de vista agora não humano no sentido de humano narciso, humano cento absoluto, mas sim pós-humano, inclusivo.

Cary Wolfe afirma que para tanto o sistema de direitos deixa a desejar e que não se deve aguardar por um momento m que sejam reconhecidos direitos aos animais, pois este momento será também confuso, na

35 Posthumanities situates itself at a crossroads: at the intersection of "the humanities" in its current academic configuration and the challenges it faces from "posthumanism" to move beyond its standard parameters and practices. Rather than simply reproducing established forms and methods of disciplinary knowledge, posthumanists confront how changes in society and culture require that scholars rethink what they do—theoretically, methodologically, and ethically. The "human" is enmeshed in the larger problem of what Jacques Derrida called "the living," and traditional humanism is no longer adequate to understand the human's entangled, complex relations with animals, the environment, and technology. Disponível em https://www.upress.umn.edu/book-division/series/posthumanities. Acesso em: 10 Ago. 2019.

medida em que se pode recair invariavelmente num especismo seletivo onde o próprio homem escolhera a quais espécies dará quais direitos.

Descartar o sistema de direitos e partir de uma premissa inclusiva, respeitosa, de coabitantes do planeta, encaixa com perfeição na temática do artigo 225, §1°, VII da Constituição Brasileira. A ótima ambientalista, do animal enquanto "microbem" ambiental merecia ser fortalecida. E não rechaçada ou desvalorizada por normas como a emenda da vaquejada que fez em realidade um efeito de desvalorizar o caput da norma em questão.

A evolução conceitual do animal enquanto não mais coisa, merece destaque no Código Civil, conforme proposta feita pelo PL 351/2015 de autoria do Senador Anastasia, e que por motivos políticos deixou de caminhar, deixando o PL 6054/19 ter um destaque maior com uma mudança muito mais reduzida por ser apenas na Lei de Crimes Ambientais e com emendas redutoras da proteção inicialmente almejada.

O pós-humanismo seria certamente para onde iria Derrida, caso adiante com sua obra, pois é constante nos estudos do filósofo franco-argelino sua intenção em sublinhar as dimensões antropocêntricas. Derrida questiona o que há e se há algo *próprio* e exclusivo ao ser humano e como essa lógica funciona para traçar uma linha divisória entre o humano e o animal.

Derrida se enquadra no que Cary Wolfe nomeia como filosofia *pós-humanista*[36], ou seja, a filosofia que irá se opor ao humanismo tradicional, como homem no centro absoluto. A animalidade do homem não lhe pode ser mais retirada, extraída, provavelmente inclusive será o principal problema a ser controlado.[37]

Cary Wolfe defende que qualquer filosofia que pretenda confrontar o antropocentrismo e o especismo requer uma reconfiguração do que é a própria filosofia – ou "teoria" – e como ela pode responder ao desafio de "compartilhar o planeta com sujeitos[18] não humanos" (idem).

O sentido mais radical do pós-humanismo de Derrida, para Wolfe, está na incerteza da relação do humano consigo mesmo que instabiliza tudo no mundo: o vivo e o tecnológico

36 WOLFE, What is Posthumanism p. 99,100

37 *For biopolitical theory, the animality of the human becomes a central problem – perhaps the central problem- to be produced, controlled, or regulated for politics indistinctly modern form" WOLFE. p. 100*

7.4. O pós-humanismo: onde as espécies se reencontram

O pós-humanismo tem sido objeto de intenso debate desde que seu surgimento, muitas vezes definido como pós-antropocentrismo, é um termo muito rico que significa o resultado da necessidade contemporânea de redefinir a condição humana. O pós-humanismo crítico, entre o qual se pode contar um certo número de desconstrucionistas, feministas, multiculturais, defensores dos direitos dos animais e ambientalistas, pretende desafiar a centralidade dos seres humanos em torno da ideia de como o homem tem mantido o lugar privilegiado como mestre dos animais.

No Brasil, a lei constitucional protege o meio ambiente de uma perspectiva crítica e desafia novos limites a ponto de ameaçar o futuro da própria vida. Constituição do Brasil, art. 225, diz: "Todos têm direito a um ambiente ecologicamente equilibrado, que é um bem de uso comum e essencial para uma qualidade de vida saudável, e tanto o governo quanto a comunidade têm o dever de defendê-lo e preservá-lo para o presente e o futuro. gerações."

Como é possível garantir algo para as gerações futuras apenas por uma perspectiva única? O principal objetivo deste documento é além dos países, é sobre qualquer forma de vida como a forma como conhecemos hoje e os que poderiam vir.

O Especismo é uma parte muito importante da abordagem pós-humanista, investigando o tempo geológico do Antropoceno e indo em frente em estudos com animais. Os pós-humanos estão sendo considerados seres humanos tornados super-humanos, inteligentes e resilientes pelos futuros avanços em nanotecnologia, biotecnologia e ciência cognitiva. Algumas pessoas imaginam, pela tecnologia, uma maneira de viver uma vida melhor; outros temem que mexer com nossa natureza prejudicará nosso senso de nossa própria humanidade.

A superação pós-humana da primazia humana, porém, não deve ser substituída por outros tipos de primazia (como a das máquinas). Considerando nossa idade como o último período de domínio total do Planeta Terra apenas por seres humanos, enfrentamos a degradação dos serviços ecossistêmicos e a erosão da capacidade do planeta de absorver nossos resíduos. Questões de equidade continuam teimosamente difíceis de resolver. Essa situação é nova em sua velocidade, escala global e ameaça à resiliência do Sistema Terrestre. O advento do Antropoceno, o intervalo de tempo em que as atividades humanas agora rivalizam com os processos geofísicos globais, sugere que precisamos fundamentalmente alterar nossa relação com o planeta em que vivemos.

A vida é considerada como uma forma única e complexa de interconectividade. Cary Wolfe, trabalhando no campo de estudos animais, escreve o projeto da ética pós-humana sobre o reconhecimento do humano como um animal humano, cujas características definidoras não são tão excepcionais quanto as características do que ele chama de animais generalizados seguindo a teoria de Jacques Derrida.

Um exame crítico de seus argumentos em particular poderia, pelo menos, traçar um novo quadro completo do modo de reconhecer o lugar dos seres humanos em um mundo cheio de tecnologia e inteligência artificial em uma urgência de mudança. Novos desafios estão chegando: se os seres humanos ainda vivem em um mundo cheio de racismo, sexismo e especismo, como a humanidade poderia lidar com a diferença exótica, como um robô ou um alienígena?

Uma das razões de Cary Wolfe é atraída pela teoria da desconstrução de Derrida é pensar que é necessário cruzar as conjugações para deixar claro que não está nem um pouco limitado ao que chamamos de linguagem ou linguagem humana. A linguagem é um fenômeno de segunda ordem que surge em termos evolutivos dentro de um domínio de comunicação muito mais amplo, um significado que não se limita em nada ao uso das palavras. O uso de palavras é único e especial, mas ocorre dentro de um domínio muito mais complexo de comunicação que envolve diferentes tipos de produção, incluindo o uso de vários códigos entre animais e até mesmo em laboratórios na manipulação da vida.

O pós-humanismo, como teoria, está tanto ressuscitando como inventando o ponto que, na verdade, não acredita que a categoria de espécies seja constitutiva de qualquer uma dessas problemáticas, e esse é o valor da biopolítica para comprar uma estrutura política. Por exemplo, antes da lei, observar como os porcos e as vacas são tratados na agricultura industrial e ver como a indústria de animais de estimação está concentrada hoje.

A análise biográfica pela introdução do que Foucault[38] chama de biopoder: [39]o poder de morrer e deixar viver substituído pelo biopoder

---

38 Biopoder é um termo criado originalmente pelo filósofo francês Michel Foucault para referir-se à prática dos estados modernos e sua regulação dos que a ele estão sujeitos por meio de uma «explosão de técnicas numerosas e diversas para obter a subjugação dos corpos e o controle de populações». O termo apareceu pela primeira vez em *A vontade de saber*, primeiro volume da *História da Sexualidade*. FOUCAULT, Ä. Para além do poder disciplinar e do biopoder, THAMY POGREBINSCHI Disponível em : http://www.scielo.br/pdf/ln/n63/a08n63.pdf

39 FOUCOULT, A. Vontade de saber. Disponível em: https://edisciplinas.usp.br/pluginfile.php/2940534/mod_resource/content/1/Hist%C3%B3ria-da-Sexualidade-1-A-Vontade-de-Saber.pdf. Acesso em: 10 Ago. 2019.

que é Viver e deixar morrer, (do estado de bem-estar social, seguridade social, seguro) no contínuo biológico que permita que algumas formas de vida humana ou animal sejam mortas, ou deixadas morrer, e outras formas de vida humana ou animal para desfrutar historicamente um acesso a cuidados de saúde de qualidade de vida.

O fato que provavelmente poderia surpreender é que muitos cães e gatos bio-politicamente têm acesso a uma melhor qualidade de vida do que muitos milhões de habitantes humanos do mundo. A diferença entre a vaca na fazenda da fábrica e o cachorro ou gato de estimação não é tão grande, para se aceitar o fato de que as criaturas tratadas de uma maneira e uma das criaturas tratadas de outra maneira.

O cão está tratado como um animal de companhia e o que quer que esteja acontecendo, a distinção constitutiva não é um direito humano animal, é na verdade uma análise biográfica pela introdução do que Foucault chama de biopoder: o poder de morrer e deixar viver substituído pelo biopoder que é Viver e deixar morrer, (do estado de bem-estar social, seguridade social, seguro) no contínuo biológico que permita que algumas formas de vida humana ou animal sejam mortas, ou deixadas morrer, e outras formas de vida humana ou animal para desfrutar historicamente um acesso a cuidados de saúde de qualidade de vida.

É urgente não pensar em espécies, mas no valor da estrutura biopolítica. E lembrar que é impossível falar sobre a biopolítica sem falar de raça, e também impossível falar de raça sem falar de espécie.

Finalmente, é hora de perceber que a espécie não é constitutiva, outra coisa está acontecendo. O direito de viver é um campo muito mais complexo de efetividade biopolítica que para o qual o vocabulário animal humano é insuficiente, mas é o vocabulário que herdamos e temos que tentar desfazer e refazer. Como Hanna Arendt diz, é um privilégio humano fazer novos começos. É hora de fazer um novo.

7.5. O acesso à justiça pelos animais

Na década de 70, praticamente assim como os movimentos animalistas, iniciou-se em Florença por Mauro Capelletti e Bryant Garth a pesquisa para viabilizar o acesso à justiça. Hoje as ondas renovatórias foram implementadas, mas os animais permanecem alijados deste acesso.

Há que reivindique o reconhecimento dos direitos fundamentais de quarta geração, incluindo nessa gama de direitos, os direitos dos animais. É importante que se frise que embora os animais continuem pela lei civil com natureza jurídica de coisa, inseridos dentro do livro dos bens, ainda assim a norma constitucional do artigo 225º da Constituição Federal ao cuidar do meio-ambiente os abrangem na qualidade de parte integrante do meio- ambiente. Deste modo, mesmo que não sejam conferidos direitos aos animais, continua a vigorar tanto a Constituição Federal quanto a Lei de Crimes ambientais, lei 9605/98 que tipifica criminalmente o crime de maus-tratos e define de modo bem ampliativo o que para a lei é considerado maus-tratos aos animais ou submetê-los às crueldades.

Acrescente-se a urgência nesse reconhecimento d quarta dimensão de direitos fundamentais incluindo os dos animais, porque caso contrário será mantida a regra que já muito hoje preocupa, pela má-técnica legislativa, a da EC 96/2017, que acrescentou um parágrafo ao artigo 225 e com isso autorizou a prática de rodeios e vaquejadas [40]por compre-

---

40 RODEIOS E VAQUEJADAS – Surgiram nos Estados Unidos e obteviveram abrigo no interior do Brasil. Começaram nas fazendas do oeste americano, quando os trabalhadores, depois da lida, exibiam-se e disputavam agilidade. No tempo livre os *cowboys* brincavam de montaria e laço.
Segundo a Federação Nacional do Rodeio Completo, em 1997 foram realizadas 1200 competições no Brasil, com 24 milhões de espectadores. O acontecimento mais famoso dos rodeios no Brasil é a *Festa de Peões de Boiadeiros*, em Barretos, São Paulo. Desde 1955 lá se realizam festas de rodeio, em razão de a agropecuária ser a maior atividade econômica da região. Enquanto o gado era levado das fazendas aos frigoríficos, os peões competiam em circos improvisados. A partir dos anos 80 os rodeios proliferaram descontroladamente, transformando-se numa atividade comercial muito lucrativa. A competição se mistura com quermesses, música sertaneja, muita bebida e muita dança, animada pelo locutor.
No Brasil foi inventada uma modalidade de rodeio distinta do americano, o *cutiano*. No *cutiano* o peão também precisa ficar em cima do cavalo por 8 segundos, mas o que conta ponto são as esporeadas que ele dá no animal. Cada um dos juízes, que são três, dá notas de 0 a 100, e a nota intermediária é a que vale. Os peões afirmam que as esporas não tem pontas. São esporas giratórias. É usado o mesmo tipo de sedém preso na virilha do animal. A modalidade mais antiga nos Estados Unidos é a *saddle bronc*,em que o peão se apóia nos estribos, sentado sobre uma sela, segurando um cabo de 1,20 metro de cumprimento.
O *bareback* é uma prova sem estribos, tendo o peão como apoio uma única alça. Fica quase deitado sobre uma sela pequena, e mesmo assim não pode parar de esporear, com um braço no ar. No final, o peão é salvo pelo madrinheiro.
A prova mais perigosa é a de montaria em touro, ou *bullriding*. O peão tem de se manter por 8 segundos montado num animal que corcoveia, para ganhar nota de 0 a 100, a soma dos pontos dados pelos juízes. Quanto mais o touro corcoveia e o peão esporeia, maior é a nota. O boi tem seus órgãos sexuais apertados com o sedém, o que provoca os pulos. Uma corda de náilon é amarrada no touro, para que o peão a segure com uma só mão. As esporas não podem ter pontas. São freqüentes as distensões em peões e no animal, podendo ocorrer até fraturas. No final da prova o peão escolhe o melhor momento para saltar, enquanto um peão-palhaço, o salva vidas, distrai o animal depois que o peão desmonta.
Existe, ainda, a prova do laço do bezerro, que é capturado pelo pescoço, ou *calf roping*. O laçador, montado num cavalo, atravessa a porteira perseguindo um bezerro de

endê-los como práticas culturais. De modo particular, contudo, importa

---

apenas três ou quatro meses de idade. O peão laça a cabeça do animal e o puxa para trás, e pára de correr. Depois, desce do cavalo e levanta o filhote até a altura da cintura, e com a corda que carrega na boca amarra três de suas patas. Três juízes cronometram o tempo da prova, e vale a marcação intermediária. Não podem ser ultrapassados 2 minutos. O laçador não pode sair do *Box* antes do bezerro, sob pena de ser penalizado com 5 segundos a mais na contagem do tempo final.
Uma variante dessa modalidade é *dois contra um*, o *roping*. São dois cavaleiros perseguindo um boi jovem. O laçador é o cabeceiro, e deve pegar a cabeça do animal. É o primeiro a sair. O peseiro tem a tarefa de laçar os pés traseiros do animal. Com os laçadores de frente um para outro, o animal e amarrado e puxado pela cabeça e pelos pés. Quando a prova termina os dois peões levantam os braços.
Existe, ainda, a prova da velocidade, o *bulldogging*. Enquanto um auxiliar cerca o boi para constrangê-lo a seguir a rota prevista, o peão se aproxima montado e salta em cima do boi, segurando-o pela cabeça. Torce o pescoço do animal até imobilizá-lo completamente. A prova termina quando o boi é derrubado.
Para o sexo feminino existe o teste dos três tambores. Os tambores são dispostos na arena em forma de triângulo. Depois que o juiz dá a largada, a amazona dá a volta em torno do primeiro tambor, depois do segundo e do terceiro, sucessivamente. Depois, corre até a linha de chegada. A vitória é para quem realizar o desafio em menor tempo. O tambor não pode ser derrubado, sob pena de serem acrescentados 5 segundos a mais na marca final do tempo da competidora.
Em Barretos – SP foi instituído o *Rodeio Mirim*, para garotos de 11 a 15 anos, com regras iguais às dos adultos. Lançaram, ainda, a montaria de carneiros para crianças: um animal manso e indefeso é maltratado pelo peão – *abelha*, como é chamado o iniciante de rodeios. Nessa modalidade a grande conquista do peão é conseguir equilibrar-se no carneiro, que sai em disparada após a abertura do brete (corredor onde fica preso antes de entrar em cena). Vence quem completar sete metros sem cair. Esse tipo de rodeio é praticado em Jaguariúna – SP. Os rodeios são realizados, sobretudo, em Roraima, Mato Grosso, Mato Grosso do Sul, Goiás, Tocantins, Minas Gerais, Espírito Santo, Paraná, São Paulo, Santa Catarina e Rio Grande do Sul.
Nos Estados do Nordeste é adotada uma festa similar, a vaquejada, um espetáculo genuinamente brasileiro, que nasceu na cidade de Santo Antão, em Pernambuco. Dois vaqueiros, um denominado *puxador* e outro *esteireiro*, montados em cavalos, acompanham um boi desde a saída da sangra (Box para a largada da rês) até a faixa de julgamento. Ali, devem tombar o boi no chão, arrastando-o brutalmente, até que mostre as quatro patas. Caso queiram aumentar os pontos com o feito, no ato da derrubada, o boi tem de cair de patas para cima. As chamadas *apartações*, que eram feitas até a primeira metade deste século nos sertões nordestinos eram presenciadas por multidões que se deslocavam de grandes distâncias para ver as atrocidades impostas aos animais. Isso era feito no tempo em que o gado era criado em campos abertos. Depois das épocas invernosas os criadores se juntavam e arrebanhavam o gado para fazer o devido reconhecimento de propriedade do animal pela marca registrada do fazendeiro (feita com ferro quente). A derrubada era feita no final da operação, quando os bezerros já haviam sido reconhecidos através de suas mães. Cada rês que era mutilada na queda era sacrificada para servir de pasto aos participantes. As apartações já não existem hoje, depois que o gado passou a ser criado em mangas de terras cercadas pelos latifundiários.

enfrentar eventual impacto sobre a proteção dos animais em relação a práticas de natureza cruel.

Ficou deveras desautorizado o caput do artigo 225 e por lobby legislativo atualmente será considerada não como cruel, e não representará infração ao disposto no inciso VII do parágrafo 1º do artigo 225 da CF, quaisquer apresentações de animais em congêneres á rodeios e novilhadas, ou mesmo outras práticas não enumeradas, mas que possam ser similarmente tratadas como práticas culturais. Sendo o Brasil um país multiculturalista, não é difícil se imaginar outras práticas similares, como por exemplo a farra do boi, típica do Estado de Santa Catarina, mas trazida originariamente de Açores.

> Com isso, ao que tudo indica, o poder de reforma constitucional cria um conceito eminentemente normativo de crueldade, dizendo, ainda que com outras palavras, que o que mesmo representa uma crueldade de fato (pela natureza da prática concreta e suas consequências em termos de sofrimento desnecessário) o deixa de ser por

---

Os animais usados em vaquejadas sofrem luxações e hemorragias internas, devido ao tombo. E não é só o sertanejo que participa da *derrubada do boi*. Hoje em dia, já vêm entrando em cena empresários, profissionais liberais e outras categorias profissionais, como se a prática fosse um esporte. Todo esse tormento que sofrem os animais é para ganhar prêmios oriundos de rateio das inscrições pagas pelo vaqueiro. Os peões nordestinos costumam carregar uma lâmina, ou um pedaço de osso cortante, escondido na luva para decepar a cauda do boi, ao tempo em que o tomba.

A Constituição Federal e a Lei 9.605/98 vedam as práticas que submetam os animais a crueldade, donde se conclui que os rodeios e as vaquejadas são práticas ilegais, mas agora com a Emenda Constitucional 96/17 a prática é considerada cultural e logo, legal.

Não obstante, o Ministério da Agricultura regulamentou os rodeios, pela Portaria n. 14, de 17/7/1984, da Comissão Coordenadora da Criação do Cavalo Nacional. Eles começam a se proliferar desordenadamente e ao arrepio da lei. A crueldade e aos maus-tratos nesses eventos ficaram consagrados em parecer técnico de veterinários da USP, emitido a pedido das entidades ambientalistas.

No Estado de São Paulo foram inúmeras as pronúncias sobre a crueldade do sedém pelos Tribunais.

Enquanto o Rio de Janeiro tem a proibição total de rodeios, vaquejadas e novilhadas, São Bernardo do Campo, onde o rodeio está proibido por lei municipal, foi concedida liminar pelo Egrégio Tribunal do Estado de São Paulo, em 25 de outubro de 1996, para o não uso do sedém em rodeios.

No mesmo sentido se pronunciou o 3º Ofício Criminal do Estado de São Paulo, em ação movida pela União Internacional Protetora dos Animais alcançando a suspensão dos rodeios.. No entando, o *lobby* para que os eventos voltem a funcionar é imenso pois se trata de injeção de recursos. Os animais, protagonistas do sofrimento e o ser humano mais uma vez com seu papel de explorador ambiental.

> decreto normativo. Além disso, ao remeter à regulamentação legal, defere ao legislador infraconstitucional relativamente ampla liberdade de conformação em inclusive ampliar tal espectro, ainda que a legislação deva, nos termos do novo dispositivo constitucional, assegurar o bem estar dos animais.[41]

Poder-se-ia questionar a própria legitimidade constitucional da EC 96, por em tese invocar a incidência do princípio da proibição de retrocesso em matéria ambiental, considerando que este parágrafo sétimo acabou por proporcionar uma certa relativização da proibição (estabelecida pelo constituinte originário) de crueldade com os animais.

> Aqui é necessário chamar a atenção para o fato de que a condição de cláusula pétrea da proibição de crueldade com os animais é no mínimo passível de controvérsia, salvo se tida (o que é pelo menos plausível e defensável) como regra densificadora do núcleo essencial do direito e dever fundamental da proteção ambiental, associável à noção de um mínimo existencial ecológico ou mesmo de uma dignidade da vida não humana (para quem assim o sustenta), ainda que não na perspectiva de posições subjetivas (direitos) titularizadas no caso pelos animais não humanos.[42]

A alternativa mais apropriada seria a de promover uma interpretação e aplicação em sintonia com a proibição constitucional originária de vedação de práticas que envolvam crueldade com os animais. Lembrando que o que fez a inserção deste parágrafo foram os expressivos interesses econômicos envolvidos.

---

41 SARLET, Ingo Wolfgang . **Novamente a proteção constitucional dos animais no Brasil** — o caso da EC 96/2017. Disponível em : https://www.conjur.com.br/2017-jul-07/direitos-fundamentais-protecao-constitucional-animais-ec-962017. Acesso em: 15 Ago. 2019.

42 Ibid.

Aos animais ainda é preciso reivindicar o acesso à justiça. Mas a Defensoria Pública, órgão destacado para amparar os necessitados, mudou para uma atuação ainda mais abrangente.[43-44].

---

43 "Art. 4º [...]
I – prestar orientação jurídica e exercer a defesa dos necessitados, em todos os graus;
II – promover, prioritariamente, a solução extrajudicial dos litígios, visando à composição entre as pessoas em conflito de interesses, por meio de mediação, conciliação, arbitragem e demais técnicas de composição e administração de conflitos;
III – promover a difusão e a conscientização dos direitos humanos, da cidadania e do ordenamento jurídico;
IV – prestar atendimento interdisciplinar, por meio de órgãos ou de servidores de suas Carreiras de apoio para o exercício de suas atribuições;
V – exercer, mediante o recebimento dos autos com vista, a ampla defesa e o contraditório em favor de pessoas naturais e jurídicas, em processos administrativos e judiciais, perante todos os órgãos e em todas as instâncias, ordinárias ou extraordinárias, utilizando todas as medidas capazes de propiciar a adequada e efetiva defesa de seus interesses;
VI – representar aos sistemas internacionais de proteção dos direitos humanos, postulando perante seus órgãos;
VII – promover ação civil pública e todas as espécies de ações capazes de propiciar a adequada tutela dos direitos difusos, coletivos ou individuais homogêneos quando o resultado da demanda puder beneficiar grupo de pessoas hipossuficientes;
VIII – exercer a defesa dos direitos e interesses individuais, difusos, coletivos e individuais homogêneos e dos direitos do consumidor, na forma do inciso LXXIV do art. 5º da Constituição Federal;
IX – impetrar *habeas corpus*, mandado de injunção, *habeas data* e mandado de segurança ou qualquer outra ação em defesa das funções institucionais e prerrogativas de seus órgãos de execução;
X – promover a mais ampla defesa dos direitos fundamentais dos necessitados, abrangendo seus direitos individuais, coletivos, sociais, econômicos, culturais e ambientais, sendo admissíveis todas as espécies de ações capazes de propiciar sua adequada e efetiva tutela;
XI – exercer a defesa dos interesses individuais e coletivos da criança e do adolescente, do idoso, da pessoa portadora de necessidades especiais, da mulher vítima de violência doméstica e familiar e de outros grupos sociais vulneráveis que mereçam proteção especial do Estado;

44 Art. 2º O Título I da Lei Complementar nº 80, de 12 de janeiro de 1994, passa a ser denominado "DISPOSIÇÕES GERAIS" e a vigorar acrescido dos seguintes arts. 3º-A e 4º-A:
"Art. 3º-A. São objetivos da Defensoria Pública:
I – a primazia da dignidade da pessoa humana e a redução das desigualdades sociais;
II – a afirmação do Estado Democrático de Direito;
III – a prevalência e efetividade dos direitos humanos; e
IV – a garantia dos princípios constitucionais da ampla defesa e do contraditório."
"Art. 4º-A. São direitos dos assistidos da Defensoria Pública, além daqueles previstos na legislação estadual ou em atos normativos internos:

É preciso se alterar a ótica antropocêntrica e nem sequer o antropocentrismo alargado será suficiente para auxílio à defesa dos animais. É preciso se basear em uma nova ótica pós-humana, onde o que liga animais e seres humanos é o que todos têm de mais precisos: a vida. Em tempos onde a máquina e todo tecnicismo cada vez mais supera o ser humano, é momento do ser humano buscar uma aproximação com a natureza e com os animais à justiça.

A vida é o bem maior e é também o mais precioso direito. Seja animal -humano ou não-humano, a vida não é eterna. A vida como deve ser protegida como sujeito de direito. A norma[45] constitucional no seu artigo 225 tutela a vida do meio-ambiente e tudo que nele está inserido: animais e vegetais.

Em Cochabama, na Bolívia, em abril de 2010, houve o consenso entre todos os 142 países que participaram da Conferência de Cochabamba, em considerar a Terra como grande provedora Pachamama (Grande Mãe). E assim a Terra foi considerada como ser vivo, titular de dignidade e direitos. O documento resultante foi a *"Declaração dos Direitos da Mãe Terra"*[46], que prevê o direito à vida; o direito à continuação de seus ciclos

I – a informação sobre:
localização e horário de funcionamento dos órgãos da Defensoria Pública;
a tramitação dos processos e os procedimentos para a realização de exames, perícias e outras providências necessárias à defesa de seus interesses;
II – a qualidade e a eficiência do atendimento;
III – o direito de ter sua pretensão revista no caso de recusa de atuação pelo Defensor Público;
IV – o patrocínio de seus direitos e interesses pelo defensor natural;
V – a atuação de Defensores Públicos distintos, quando verificada a existência de interesses antagônicos ou colidentes entre destinatários de suas funções."

45 MORAIS, Germana. UNASUL: *notas sobre a integração energética e cultural da América do Sul.*Revista Latino-Americana de Estudos Constititucionais, nº 11, Ano 9, Fortaleza: Edições Demócrito Rocha, nov., 2010. P. 16

46 Artigo 1: A Mãe Terra – A Mãe Terra é um ser vivo.
A Mãe Terra é uma única comunidade, indivisível e auto- regulada, de seres inter-relacionados que sustem, contém e reproduz a todos os seres que a compõe.
Cada ser se define pelas suas relações como parte da integrante da Mãe Terra.
Os direitos inerentes da Mãe Terra são inalienáveis porque derivam-se da fonte mesma da existência.
A Mãe Terra e todos os seres que a compõe são titulares de todos os direitos inerentes reconhecidos nesta Declaração sem nenhum tipo de distinção, como pode ser entre seres orgânicos e inorgânicos, espécies, origem, usos para os seres humanos, ou qualquer outro status.
Assim como os seres humanos possuem os seus direitos, todos os demais seres da Mãe Terra também possuem direitos específicos da sua condição e apropriados

e processos vitais; direito à saúde integral, dentre outros. A Assembleia Geral das Nações Unidas foi conclamada a adotá-la como modelo a ser seguido pelos países de todo o mundo.

Se a Terra foi considerada sujeito de direitos, está mais que na hora do mesmo tratamento alcançar os animais, que a compõe e que estão também amparados constitucionalmente pela ótica biocêntrica da norma contida no artigo 225 da Constituição Federal.

Assim sendo, a nova Defensoria Pública, agora no manejo também da ação civil pública, pela lei complementar 132/09 deverá atuar como legitimada ativa na defesa dos animais.

O Acesso à Justiça é garantido pelo artigo 5º, inciso XXXV da Carta Magna, porém quando se trata de animais não-humanos, a situação é de que a acessibilidade não lhes tem sido reconhecida.

O PL 6054 de 2019, aprovado no Senado Federal em 7 de agosto de 2019, confere aos animais o direito de não ser reconhecidos como coisa, mas alterações por emenda apenas fez com que o texto original fosse alterado para a mudança só alcance a lei de Crime s Ambientais,

---

para o seu papel e função dentro das comunidades em nas quais existem.
Os direitos de cada ser são limitados pelos direitos dos outros seres, e qualquer conflito entre estes direitos deve ser resolvido de maneira que seja mantida a integridade, equilíbrio e saúde da Mãe Terra.
Artigo 2: Direitos Inerentes da Mãe Terra
A Mae Terra e todos os seres que a compõe possuem os seguintes direitos inerentes:
Direito da Vida e a existir;
Direito a ser respeitados;
Direito à regeneração da sua bio-capacidade e continuação dos seus ciclos e processos vitais livre das alterações humanas;
Direito a manter a sua identidade e integridade como seres diferenciados, autorregulados e interrelacionados.;
Direito da água como fonte de vida;
Direito ao ar limpo;
Direito da saúde integral;
Direito de estar livre da contaminação, poluição e resíduos tóxicos ou radioativos;
Direito a não ser alterada geneticamente e modificada na sua estrutura, ameaçando assim a sua integridade ou funcionamento vital e saudável;
Direito a uma plena e pronta restauração depois de violações aos direitos reconhecidos nesta Declaração e causados pelas atividades humanas;
Cada ser tem o direito a um lugar e a desempenhar o seu papel na Mãe Terra para o seu funcionamento harmônico; Todos os seres possuem o direito ao bem-estar e a viver livre de tortura ou trato cruel por parte dos seres humanos. Disponível em: http://rio20.net/pt-br/propuestas/declaracao-universal-dos-direitos-da-mae-terra/

Lei 9605/98, e com isso a titularidade de direitos no Código Civil, que merece e precisa lhes ser reconhecida ainda continua postergada.

E importa ressaltar que, embora o artigo 225 da Carta Magna afirme que o direito ao meio ambiente equilibrado deve vigorar, com a tutela pelo Estado da fauna e da flora, para que os animais possam exercer esse direito é necessário a acessibilidade ao judiciário para garanti-lo.

O acesso à justiça está atrelado ao estado democrático de Direito. Os animais figuram como os detentores dos chamados "novos direitos" requerendo a sobrevivência da vida, e sendo destinatários do direito fundamental à vida.[47]

Pessoas mais necessitadas, aquelas à margem do Poder Judiciário, as mesmas que não tinham acesso à justiça, nelas incluindo a população de rua (mendigos quase sempre tem animais) e pessoas que vivem em locais de risco (onde há hipossuficiência, há animais igualmente hipossuficientes), precisam do Poder Estatal para terem acesso à tutela jurídica para seus animais e mesmo para os animais comunitários, aqueles que possuem vínculo de afeto com pessoas numa comunidade, mas não têm dono, e pela lei civil, ainda permanecem na qualidade equivocada de coisa, quando coisa inanimada nunca foram.

Diariamente animais de rua são capturados pelos órgãos municipais e caso não sejam resgatados em poucos dias são exterminados.

O poder público ignora a necessidade premente de políticas públicas de defesa dos animais (esterilização e vacinação etc.) e muito pouco se tem visto no sentido de práticas pedagógicas de conscientização sobre a questão dos animais e em especial os que se encontram nas ruas.

Além do modelo tradicional de atendimento – voltado para a tutela dos casos individuais – torna- se necessária a construção de uma política de tutela coletiva cuja resolução possa resultar em benefício para outros casos da mesma natureza. Esse processo mais amplo de construção democrática e da cidadania, da emergência de novos direitos, possibilitou a construção da "cidadania ambiental": uma cidadania referida a direitos coletivos

A vida é bem maior na cidadania ambiental, não é atributo apenas do homem, e sim um bem genérico, inato e imanente a tudo que vive. A nova Defensoria atua agora na defesa dos interesses individuais e cole-

47 As medidas de proteção aos animais dentre os quais o § 1º, inciso VII, do artigo 225 da Constituição, Decreto n° 24.645/34, Decreto-Lei n° 3.688/41 (art. 64) e Lei nº 9.605/98 garantem de modo bastante paradoxal a proteção em face de maus tratos , embora não confira a condição de sujeito de direito aos animais.

tivos do idoso, da pessoa portadora de necessidades especiais, da criança, da mulher vítima de violência doméstica e familiar, do consumidor e de outros grupos sociais vulneráveis que mereçam proteção especial do Estado, abrangendo seus direitos individuais, coletivos, sociais, econômicos, culturais e ambientais

A justiça ambiental é necessária e urgente. A Defensoria Pública sendo instituição essencial à função jurisdicional do Estado deve buscar sempre ampliar o princípio do acesso à justiça, contribuindo sobremaneira para concretizar o objetivo democrático de erradicação da pobreza e redução das desigualdades sociais.

Uma nova interpretação do termo necessitado adentrou no direito brasileiro, impedindo que fique restrito ao necessitado econômico, demostrando que há ainda necessitados políticos, culturais, jurídicos e que a defensoria, ao realizar suas funções atípicas, tem esses hipossuficientes como potenciais assistidos.

Diante da guerra ambiental travada pela sociedade contemporânea e dos riscos que acometem todo o planeta e toda espécie vivente, demonstrou-se que o princípio da dignidade deve ser centralizada na "vida" e não somente na vida humana, seguindo-se a nova concepção de cidadania coletiva biocêntrica.

7.6. Uma política pública nacional de defesa dos animais

Estamos vivendo uma época que poderia ser sintetizada numa única palavra; impunidade. Os atos mais imorais, antissociais, atos que violentam toda e qualquer forma de vida são diariamente praticados sem que seus culpados sejam punidos. Pode soar por tudo isso uma quimera a luta pelos animais e seus interesses. Aqui buscou-se evitar a expressão "direitos dos animais" já tão estigmatizada, pela consciência de que a atribuição de direitos aos animais seria algo romântico num universo social e jurídico onde os valores mercadológicos são soberanos.

Ainda assim vive-se em um mesmo planeta, com recursos finitos e valores preciosos a serem preservados. E como já se citou de Antônio Sampaio de Moraes Godoy "Um temor apocalíptico oxigena o ambientalismo"[48]. Não há como se desligar o homem do animal, o animal do meio-ambiente e o todo de suas partes. A conservação e a compaixão caminham juntas pelo bem da equidade intergeracional. Não basta a

48 GODOY, Arnaldo Sampaio Moraes. Repositório. Disponível em: http://www.repositorio.ufc.br/bitstream/ riufc/12206/1/2009_art_asmgodoy.pdf. Acesso em: 15 Ago. 2019.

norma constitucional ser respeitada na sua integralidade, evitar ser desmoralizada com emendas (como foi a da vaquejada)[49] e o julgamento do sacrifício religioso[50]. Mesmo que os estados e municípios sigam a mesma linha. É preciso educar a população como já foi feito em outros países onde não se encontram animais de rua, e onde os abrigos são atribuição do Poder Público, seja para animais, seja para humanos. Os "*homeless*" (sem-teto) nada mais são de diferente que os animais de rua, quando se fala na reestruturação da URBE.

Se a linha divisória entre animal humano e animal-não humano mostrou-se tênue, para não dizer inexistente, considerando o momento misterioso e relutante de Jacques Derrida, o que se dizer de um país que não cuida de seus animais e de seus expoentes mais humildes e oprimidos. "A grandeza de uma nação pode ser julgada pelo modo que seus animais são tratados." [51]

Através de legislações severas pode-se conseguir impedir a prática cruel contra animais, mas não se consegue educar um povo criado sem

---

49 EC 96/17 - O Congresso Nacional promulgou a EC 96, que acrescentou um parágrafo 7º ao artigo 225 da CF, com o seguinte teor: "Para fins do disposto na parte final do inciso VII do § 1º deste artigo, não se consideram cruéis as práticas desportivas que utilizem animais, desde que sejam manifestações culturais, conforme o § 1º do artigo 215 desta Constituição Federal, registradas como bem de natureza imaterial integrante do patrimônio cultural brasileiro, devendo ser regulamentadas por lei específica que assegure o bem-estar dos animais envolvidos". Lembrando-se que, de acordo com o inciso VII do parágrafo 1º do artigo 225 da CF, são vedadas, na forma da lei, as práticas que coloquem em risco a função ecológica, provoquem a extinção de espécies e ou submetam os animais à crueldade. *"O poder de reforma constitucional cria um conceito eminentemente normativo de crueldade, dizendo, ainda que com outras palavras, que o que mesmo representa uma crueldade de fato (pela natureza da prática concreta e suas consequências em termos de sofrimento desnecessário) o deixa de ser por decreto normativo. Além disso, ao remeter à regulamentação legal, defere ao legislador infraconstitucional relativamente ampla liberdade de conformação em inclusive ampliar tal espectro, ainda que a legislação deva, nos termos do novo dispositivo constitucional, assegurar o bem-estar dos animais."*
Novamente a proteção constitucional dos animais no Brasil — o caso da EC 96/2017 SARLET, Ingo Wolfgang. *Novamente a proteção constitucional dos animais no Brasil — o caso da EC 96/2017.* Disponível em https://www.conjur.com.br/2017-jul-07/direitos-fundamentais-protecao-constitucional-animais-ec-962017. Acesso em: 10 Ago. 2019.

50 AGUIAR, Lucia Frota Pestana de. **O sacrifício de animais e o pecado original no Supremo Tribunal Federal**. Disponível em: https://www.conjur.com.br/2019-abr-03/opiniao-sacrificio-animais-pecado-original-stf. Acesso em: 15 Jul. 2019.

51 Pensamento atribuído à Mahatma Gandhi em https://www.pensador.com/frase/OTcyMjU/.

conceitos e sem regras, acreditando que as práticas culturais podem revelar todo tipo de violência para com seres vivos, por lazer, por crenças ou por ciência.

Neste este último capítulo explicou-se que a questão animal, por ser paradoxal, ampla e complexa, continua em aberto também na filosofia. Não será a existência ou não dos chamados "direitos dos animais" que a definirão, e não se deve ter a ilusão de que seja. A vastidão de espécies no mundo animal dificulta a tipificação legal.

O que fará a mudança paradigmática no tratamento dos animais no Brasil será uma Política Pública de Defesa dos Animais que incluirá campanhas, cartilhas, estudos escolares, desde a infância até às universidades, informações reais sobre abatedouros, dietas e modo de vida tanto dos homens como de outras espécies , pode sim conscientizar as futuras gerações, torna-las ávidas pelo valor da vida e críticas do modelo vigente. Tudo isso visando a garantia de que a sequência do romance em cadeia, possa continuar a ser escrita mudando-se cada vez mais o olhar do povo brasileiro, e o seu papel no cenário mundial como verdadeiro país do futuro.

É notório que a maior parte dos animais recolhidos das ruas encontram-se tutelados por sociedades protetoras de animais, que trabalham com recursos particulares, o Estado não desenvolve recursos próprios para uma campanha de controle populacional que seria a forma correta de conter os animais vulneráveis. A política do extermínio ainda é utilizada frequentemente, sempre ao argumento do animal ser vetor de zoonoses. [52]

A Política Pública a favor dos animais é a única proposta eficaz no controle da questão animal. Demonstrou-se o paradoxo presente na religião, na ciência, na alimentação, e mesmo na lei. Foi exposta a necessidade de readequação do animal na lei civil e ao mesmo tempo as abordagens ambientalistas que por si lhe são garantidoras de tutela pelo Estado, que por sua vez é ineficiente nesse quesito já que inexiste vontade política de agir pelos animais.

52 Uma pesquisa do Instituto Pet Brasil, mais de 170 mil animais estão sob os cuidados de 370 ONGs e grupos que atuam na área de proteção animal em todo o Brasil. "Do total, 169 entidades estão no Sudeste, tutelando mais de 78 mil animais. A maior parte dos animais é formada por cachorros (96%) e apenas uma minoria, gatos (4%)." O Instituto Pet Brasil levou mais de seis meses para mapear as organizações em todo o país. As ONGs e os protetores forneceram informações sobre suas capacidades de acolhimento e o acolhimento real no momento da pesquisa. Disponível em: https://g1.globo.com/sp/sao-paulo/noticia/2019/08/18/brasil-tem-mais-de-170-mil-animais-abandonados-sob-cuidado-de-ongs-aponta-instituto.ghtml. Acesso em: 15 Jul. 2019.

Diante de julgamentos das cortes superiores demonstrou-se que há uma forte tendência no sentido que reconhecer o direito básico aos animais de existir sem ser coisa, mesmo assim foi demonstrada a inadequação de julgamentos recentes que alteraram o artigo 225 da Constituição Federal para criar mecanismo de aceitação de práticas cruéis como a vaquejada e o rodeio como práticas culturais, e ainda o sacrifício religioso como parte integrante da liberdade religiosa em plenitude se sua prática, mesmo ignorando a laicidade estatal, o teor do artigo 225 e o conteúdo da Lei de Crimes Ambientais, Lei nº 9605/98.

Foi demonstrado o PL 6054 de 2019 (PL "Animal Não é Coisa") e suas emendas absolutamente reveladoras da condição do animal no panorama mercadológico e as limitações economicocêntricas impeditivas de um necessário avanço legislativo.

Consideradas as revoluções que marcaram a evolução humana, a cognitiva, a da agricultura e a científica, bem como a entrada na era geológica do Antropoceno, é mister que se crie uma Política Nacional de Defesa dos Animais, para que seja possível preservar a vida não-humana na sua origem.

Os animais abandonados nas metrópoles, inevitavelmente, por sua natureza jurídica ultrapassada em nossa lei material, cada vez mais são vilões indevidos e incompreendidos do viés mais sombrio, misterioso e incontrolável da natureza instintiva da coletividade. Com o animal abandonado surge a urgência, a emergência que inadmite meio termo. Ou bem nega-se ou se socorre. E em torno dos animais abandonados surge o antagonismo primeiro: a vida contra a morte. E é dentro de cada animal ignorado, que se encontra a ineficiência estatal, desde o socorro que evita o sofrimento gratuito até a inoperância que transforma os animais em grandes vetores de zoonoses.

Ao socorrer os animais excedentes, uma sociedade estará tentando resgatar o estado de graça original, através da redenção dos seus mais negros pecados, aqueles cometidos contra a sua própria natureza.

A defesa dos animais urbanos – o lixo vivo da cidade – A impossibilidade de usar o maior tesouro de que uma Sociedade dispõe: a Generosidade. Esclarecendo, a intenção é mostrar que uma sociedade não será ecologicamente equilibrada, como determina a Constituição Federal, se não souber proteger os seus animais. Não apenas os silvestres, mas também e em especial os urbanos, aqueles que foram trazidos pelos próprios homens para as cidades.

> Há aqui a certeza de que o Homem começa a morrer no momento em que exclui os bichos. Considerado o Lucro como a grande meta e situado o Animal como produtivo ou não produtivo – incluído enquanto produtivo, eliminado enquanto não produtivo – é esquecida a dimen-

> são do afeto que une os homens para além da produtividade que os relacionamentos podem gerar. Funda-se o império da Exclusão, onde tudo que não é lucrativo não serve e deve ser descartado. E a ponta mais podre da Exclusão Social é o bicho, o Lixo Vivo da Cidade.[53]

Cumpre com urgência estancar o fluxo intenso do conjunto de artérias abertas que causam a hemorragia dos animais excedentes na Urbe. Tais artérias são compostas pelo comércio de animais, abandono sistemático e reprodução descontrolada. Ignorar isso numa cidade é fatal e faz com que o animal excedente seja até mais incômodo que o lixo e seja fadado ao extermínio. A política pública correta numa metrópole exige na educação, métodos de conscientização dos direitos dos animais bem como na prática, programa contínuo de esterilização gratuita, para introduzir novo comportamento jurídico-metodológico que chame a atenção do Mundo para o novo modelo de relacionamento urbano entre o homem e o animal que já habita as cidades.

Arnaldo Sampaio de Moraes Godoy chama a atenção para um fenômeno de interesses interligados entre a ecologia e a economia. Evidencia o autor que ambas as ciências se interagem na simplista equação de custo e benefício. O alerta para catástrofes ambientais, especialmente no que tange a mortandades de animais como as baleias da Nova Zelândia ou o bacalhau da Noruega travestem-se de uma indumentária ecológica romantizada quando em essência, significam uma valorização econômico-mercantil voltada apenas para a utilidade do próprio mercado de consumo.[54]

---

53 *"E aí reside o erro. Parafraseando Milan Kundera, "a verdadeira bondade do homem só pode se manifestar com toda a pureza, com toda a liberdade, em relação àqueles que não representam nenhuma força. O verdadeiro teste moral da humanidade (o mais radical, num nível tão profundo que escapa a nosso olhar) são as relações com aqueles que estão à nossa mercê: os animais. É aí que se produz o maior desvio do homem, derrota fundamental da qual decorrem todas as outras". Derrotados, reprovados neste teste fundamos o império da Exclusão e a ponta mais podre da Exclusão Social é o bicho, o Lixo Vivo da Cidade. Se encararmos a Exclusão como uma cauda, como o que vem atrás na estrutura da Sociedade, o bicho é aquela ponta do rabo que já necrosou. Só que, em torno dessa ponta necrosada, há uma quantidade enorme de humanos que sofrem por eles e com eles, os Bichos"* CAVALCANTI, Maria Lucia Frota. **A relação entre o homem e o animal urbano**. Disponível em: www.holostech.com/da/SEPDA.pdf-. Acesso em: 15 Ago. 2019.

54 Idem.

8

ÚLTIMAS NOTÍCIAS: O ESPECISMO ELETIVO DA CHAMADA "LEI SANSÃO"

Entrou em vigor a Lei nº 14.064[1] de 29/09/2020, publicada na imprensa oficial no dia 30 de setembro de 2020. O PL 1095/2019, apelidado de Lei Sansão, em homenagem ao cachorro vítima de maus tratos com pernas decepadas pelos agressores[2], foi sancionado pelo presidente no dia 29 de setembro de 2020. O projeto de lei prevê pena mais elevada para maus-tratos a cães e gatos. O crime de maus-tratos a animal, tipificado no art. 32 da Lei de Crimes Ambientais (9.605/98), apenado com

---

1 LEI Nº 14.064, DE 29 DE SETEMBRO DE 2020 -Altera a Lei nº 9.605, de 12 de fevereiro de 1998, para aumentar as penas cominadas ao crime de maus-tratos aos animais quando se tratar de cão ou gato. O PRESIDENTE DA REPÚBLICA - Faço saber que o Congresso Nacional decreta e eu sanciono a seguinte Lei: Art. 1º- Esta Lei altera a Lei nº 9.605, de 12 de fevereiro de 1998, para aumentar as penas cominadas ao crime de maus-tratos aos animais quando se tratar de cão ou gato. Art. 2º O art. 32 da Lei nº 9.605, de 12 de fevereiro de 1998, passa a vigorar acrescido do seguinte § 1º-A: "Art. 32. ....§ 1º-A Quando se tratar de cão ou gato, a pena para as condutas descritas no caput deste artigo será de reclusão, de 2 (dois) a 5 (cinco) anos, multa e proibição da guarda. ...." (NR) Art. 3º Esta Lei entra em vigor na data de sua publicação. Brasília, 29 de setembro de 2020; 199º da Independência e 132º da República.
//g1.globo.com/mg/minas-gerais/noticia/2020/07/17/agressor-de-sansao-cao-que-teve-duas-patas-decepadas-em-confins-na-grande-bh-e-multado.ghtm

2 Notícia de repercussão social sobre a multa aplicada aos agressores do cão Sansão disponível em: https://g1.globo.com/mg/minas-gerais/noticia/2020/07/17/agressor-de-sansao-cao-que-teve-duas-patas-decepadas-em-confins-na-grande-bh-e-multado.ghtml. Acessado em 3 de outubro de 2020

detenção de três meses a um ano de reclusão e multa, passa a contar com nova lei modificativa da pena. Esta passa para a ser majorada com reclusão de dois a cinco anos, além de multa e proibição de o agressor ser tutor de animais.

Assim, em 9 de setembro de 2020 o Senado Federal em Sessão Plenária Virtual aprovou o (PL 1.095/2019) e em apenas vinte dias depois o presidente sancionou o PL tornando-o a lei nº 14.064[3] de 29/09/2020, já em vigor.

Torna-se necessário demonstrar no que resultou as emendas para a aprovação de um texto de lei que fora inicialmente apresentado de modo completo, mas sofreu exclusões que o macularam. As alterações realizadas em 16 de dezembro de 2019, e expostas pelo relator Deputado Celso Sabino PSDB/PA ocorreram na própria Câmara dos Deputados, em Parecer da Comissão Especial Permanente para análise de constitucionalidade e justiça[4], que reconhecendo a constitucionalidade, juridicidade, boa técnica legislativa; não implicação em aumento de despesa ou diminuição da receita pública, no mérito, aprovou o Projeto de Lei nº1.095/2019, na forma do Substitutivo[5] apresentado, restringindo o alcance a apenas cães e gatos.

---

3 A Lei nº 14.064/20 acrescentou o parágrafo, § 1-A, ao Art. 32 da Lei nº 9605/98. LEI Nº 14.064, DE 29 DE SETEMBRO DE 2020 Altera a Lei nº 9.605, de 12 de fevereiro de 1998, para aumentar as penas cominadas ao crime de maus-tratos aos animais quando se tratar de cão ou gato.

Lei: Art. 1º Esta Lei altera a Lei nº 9.605, de 12 de fevereiro de 1998, para aumentar as penas cominadas ao crime de maus-tratos aos animais quando se tratar de cão ou gato. Art. 2º O art. 32 da Lei nº 9.605, de 12 de fevereiro de 1998, passa a vigorar acrescido do seguinte § 1º-A: "Art.32....................................

§ 1º-A. Quando se tratar de cão ou gato, a pena para as condutas descritas no caput deste artigo será de reclusão, de 2 (dois) a 5 (cinco) anos, multa e proibição da guarda. ...." (NR)

Art. 3º Esta Lei entra em vigor na data de sua publicação. Brasília, 29 de setembro de 2020; 199º da Independência e 132º da República. JAIR MESSIAS BOLSONARO

4 COORDENAÇÃO DE COMISSÕES PERMANENTES (CCP)- Durante o seu funcionamento, a Comissão Especial realizou diversas audiências públicas, cujos palestrantes e participantes trouxeram importantes subsídios para a elaboração do presente relatório. Encaminhado à publicação. Parecer da Comissão Especial Publicado em avulso e no DCD de 18/12/19 PÁG 926, Letra A

5 SUBSTITUTIVO AO PROJETO DE LEI Nº 1.095, DE 2019. Texto do Parecer alterando o Texto Original - Altera a Lei nº 9.605, de 12 de fevereiro de 1998 para estabelecer pena de reclusão a quem praticar ato de abuso, maus-tratos, ferir ou mutilar animais silvestres, domésticos ou domesticados, nativos ou exóticos; e instituir penas para estabelecimentos comerciais ou rurais que concorrerem para a prática

A Lei 9605/98 tipifica como crime os maus tratos a animais. Qualquer nova restrição, portanto, sinalizará um perigoso retrocesso, na sofrida defesa animal. É um equívoco pensar que cães e gatos, por serem os mais numerosos animais domésticos, nas residências, detêm a exclusividade enquanto vítimas de maus-tratos. Bom exemplo é o cavalo urbano, animal de grande porte, de difícil e caro tratamento, usado para tração no asfalto de grandes vias expressas, sendo obrigado a trabalho extenuante e perigoso, sem qualquer tipo de cuidado, e que quando vitimado de maus-tratos, seja por exaustão, doença ou acidente, é deixado à própria sorte agonizando até que lhe sobrevenha a morte. Logo, não somente cães e gatos mereceriam ser mantidos no projeto, e sim todos os animais incluídos na Lei Ambiental e ainda paradoxalmente tratados como coisa pela Lei Civil.

Foi assim aprovado na Câmara o PL 1.095/2019, na forma do Substitutivo apresentado, restringindo o alcance da alteração a apenas cães e gatos. O "especismo", termo cunhado pelo psicólogo inglês Richard Ryder, passa a ser um especismo eletivo[6] na proposta do PL 1095/19. Assim, o preconceito entre espécies, passa a criar uma hierarquia entre animais, classificando-os em diversos valores, determinando o valor de acordo com o vínculo de afeto desenvolvido pelo, ou com o ser humano. É certo que a força do afeto é capaz de grandes avanços, mas o perigo precisa ser demonstrado, antes que a tendência se consolide para outros projetos. E a mesma já foi comprovada na aprovação do PL6054/20 que também acabou sendo restrito, por emendas no Senado, aos animais domésticos, quando o texto original não propunha essa restrição.

O texto inicial do PL 1095 de 2019, aprovado na Câmara dos deputados, em 17 de dezembro de 2019, de autoria do Deputado Fred Costa (PATRIOTA-MG) alcançava também os animais silvestres, nativos

do crime; tendo parecer da Comissão Especial pela constitucionalidade, juridicidade e técnica legislativa; e, no mérito, pela aprovação, com substitutivo Aumenta as penas cominadas ao crime de maus-tratos aos animais quando se tratar de cão ou gato. O Congresso Nacional decreta: Art. 1º Esta Lei aumenta as penas cominadas ao crime de maus-tratos aos animais quando se tratar de cão ou gato. Deputado CELSO SABINO PSDB/PA RELATOR. Disponível em: Página 932 de Quarta-feira, dia 18 de dezembro de 2019, no DIÁRIO DA CÂMARA DOS DEPUTADOS http://imagem.camara.gov.br/Imagem/d/pdf/DCD0020191218002280000.PDF#page=930 Acessado em 12 de set. de2020

6 FELIPE, Sonia T. O que é Especismo Eletivo? Disponível em: https://www.portalveganismo.com.br/artigos/o-que-e-especismo-eletivo/ Acessado em 20 de set. de 2020.

ou exóticos e previa o aumento da pena de detenção, para a pena de reclusão, de um a quatro anos, e multa. A Comissão aumentou a pena prevista no texto original para 5 anos de reclusão, mas restringiu para cães e gatos.

Assim, a proposta original era alterar o art. 32 da Lei de Crimes Ambientais, lei nº 9.605, de 12 de fevereiro de 1998, para que esta passasse vigorar com a redação:

> "Art. 32. Praticar ato de abuso, maus-tratos, ferir ou mutilar animais silvestres, domésticos ou domesticados, nativos ou exóticos:
> Pena – reclusão, de um a quatro anos, e multa

Além disso, o texto inicial propôs instituir penas para estabelecimentos comerciais ou rurais que concorrerem para a prática do crime, o que seria um avanço muito esperado para responsabilizar a criação e abate de animais para consumo. Foi lamentável essa parte ter sido suprimida desde o Substitutivo da Câmara.

> § 3° Os estabelecimentos comerciais ou rurais que concorrerem para a prática de crimes previstos neste artigo poderão incorrer nas seguintes sanções: I – multa no valor de 1 a 40 salários mínimos; II – interdição parcial ou total do estabelecimento; IV – suspensão ou cancelamento da licença ambiental do estabelecimento; V – perda ou restrição de incentivos e benefícios fiscais concedidos pela União."

Enquanto a população leiga e simpática à causa animal comemora a aprovação no Senado, ativistas e animalistas mais atentos sinalizam o risco inerente ao especismo, eletivo e os opositores continuam com antolhos à necessidade de se preservar a vida e dignidade animal, permanecendo em um antigo e perverso discurso que contrapõe, animais às crianças, num antagonismo falsamente construído. Se o crime de maus-tratos à criança é apenado com detenção de dois meses a um ano, e multa, este também deveria ser corrigido assim como se propõe a correção dos maus-tratos a animais. Uma proteção não exclui nem desmerece a outra.

Ao invés de se buscar um avanço legislativo mais protetivo da vida, as comparações de penas promovem discórdia relembrando as primeiras oposições que sofreram os crimes ambientais, as queimadas e podas de árvores com motosserra, e até mesmo a resistência ao uso de cinto de segurança em veículos automotivos. O estudo do tipo penal exige segmentos, sendo implausível comparar penas, e sim os bens jurídicos tutelados. Por isso há crimes contra a vida, contra o patrimônio, contra a saúde pública, sem que um crime contra a vida possa se comparar com o peculato, que é de segmento diferenciado. Categorias diversas não são comparáveis por suas respectivas sanções.

Importa ressaltar que atos de crueldade praticados contra animais denotam uma tamanha capacidade delituosa no agente criminoso, a ponto de torna-lo um potencial agressor de crianças, idosos e todo e qualquer ser mais fraco ou inofensivo. Coibir atos cruéis contra animais é dever do Estado previsto não apenas na Lei Ambiental, mas sobretudo na Constituição Federal como já visto.

Houve três emendas no Senado, atenuando a proposta original, e demonstra a tendência do Senado para mitigar a proteção animal, restringindo-a ao mínimo: animais em convívio familiar com humanos.

A primeira emenda do Senador Telmário Mota (PROS/PR) explicita um evidente equívoco comparativo, corolário do especismo eletivo, e trata como inversão de valores o relevo para majorar a pena em atos de crueldade animal.

A segunda emenda, da Senadora Rose Freitas seguiu a mesma linha, embora mantivesse a pena do texto original, continuou corroborando com o especismo eletivo ao defender a adstrição aos animais em residência. Assim, também deprecia o projeto original, mas é melhor que a primeira emenda por manter a sanção proposta.

A terceira emenda, do senador Jean Paul Prates (PT - RN) permanece com o viés do especismo eletivo, entretanto já inclui alguns outros animais: *"cães, gatos, aves ou demais animais, quando mantidos em ambiente doméstico."*[7] E mantém a sanção proposta no texto original acrescentando a proibição da guarda.

O relator, senador Fabiano Contarato (Rede-ES), destacou que, com a pandemia do novo coronavírus, os maus-tratos a animais aumentaram consideravelmente. Expôs os registros da Delegacia Eletrônica de Proteção Animal (DEPA) de São Paulo, demonstrando que só naquele estado, denúncias de violência contra animais aumentaram 81,5% de janeiro a julho de 2020, em relação ao mesmo período em 2019.

O relator citou estudos acadêmicos conectando os maus-tratos aos animais domésticos, em maioria cães e gatos, com a violência doméstica.

7 Agência Senado. Disponível em: https://www12.senado.leg.br/noticias/materias/2020/09/09/aumento-da-pena-para-quem-maltratar-caes-e-gatos-vai-a-sancao . Acessado em 12 de set. de 20

A tendência legislativa na análise de projetos de lei pelos animais defende mais os animais domésticos. O grande risco que se corre é retroagir na busca por respeito e dignidade aos animais da agropecuária, do entretenimento e da experimentação animal, que são as mais numerosas e continuadas vítimas dos atos de crueldade. Ainda assim houve vitória legislativa pelos animais. Agora a proposta é a cadeia para quem praticar qualquer ato de abuso como trabalho excessivo, causar sofrimento ao animal como privação de alimentos, mutilação, agressão com violência, mutilar partes do corpo do animal, etc. Foi reconhecida a detenção como irrisória, por ser incapaz de punir corretamente o infrator, resolvendo-se em geral em uma cesta básica. Se uma reflexão. demonstra que há vinte anos defender os animais em juízo era considerado risível, um grande avanço sim foi conquistado para o momento atual.

É perverso o reducionismo na causa animal. Surpreende negativamente a nova redação legislativa de projetos de lei que foram apresentados de modo inclusivo para todos os animais. A normatização do PL 6054/19 e do PL 1095/19 é limitadora, tira muito mais do que dá. Ao ser reduzida a proteção para abranger apenas cães e gatos, de modo indireto permite-se todas as outras, mais cruéis modalidades de exploração animal.

8.1. Os animais e a pandemia do Novo Coronavírus (COVID-19)

Culpar os animais tem sido sempre a forma mais prática de resolver uma doença. O animal como vetor de zoonoses foi sacrificado, morto e execrado diversas vezes na história mundial. A eugenia vem sendo praticada como política pública impiedosa para as mazelas humanas, mas desde dezembro de 2019 um alerta foi dado ao mundo e algo urge mudar.

Em dezembro de 2019 autoridades chinesas identificaram que um número crescente de pessoas desenvolveu sintomas de uma mesma doença ainda desconhecida, com início de tosse seca e febre, que ia evoluindo rapidamente para uma espécie estranha de pneumonia. A doença ficou mais alarmante porque várias pessoas morreram em pouco tempo, sem nada ainda ser conhecido sobre a esta causa. A Organização Mundial de Saúde dizia que não havia risco de contaminação direta de humano para humano, mas as dúvidas eram tão mais angustiantes quanto as notícias de um número crescente de vítimas acometidas dos mesmos sintomas.

Foi batizada a doença misteriosa como COVID-19, que significa *Coronavírus Desease*, identificada e surgida no ano de 2019. Ao ser procurada a sua origem as autoridades se deparam com um *Wet Market*, situado na cidade de Wuhan, foco da doença. Trata-se de mercado popular que comercializa todos os tipos de animais vivos para consumo humano, sem as devidas fiscalizações sanitárias. Para a compreensão desta prática será preciso voltar no tempo na China pós-guerra e na escassez alimentar.

O alarme soou alto quando foi identificado que de 41 doentes infectados com o novo Coronavírus, 27 haviam estado no mercado. Mesmo sem certeza da origem da doença o mercado foi fechado por ordem das autoridades chinesas. Ocorre que em 2002 um Coronavírus surgiu a partir de um mercado similar no norte da China e o vírus chegou a alcançar 29 países causando a morte de cerca de 800 pessoas.

O comércio frenético de animais, sua carne, vísceras e restos mortais já foram identificados como vetores de vírus causadores de doenças humanas. A gripe aviária, suína e a SARS vinda do camelo são exemplos disso. O vírus do HIV teria vindo dos chimpanzés e o Ebola Vírus teria vindo com certa possibilidade do morcego.

A primeira sugestão possível sobre o Novo Coronavírus 2019 seria que sua origem tivesse se dado a partir do contato do morcego com o pangolim, antes de se chegar ao ser humano. É comum que vírus atravesse espécies, mas muito raro que em pouco tempo façam os vírus a travessia por três espécies, quando uma dessas seja o ser humano. Raríssimo porque todas as três espécies deveriam estar no mesmo local ao mesmo tempo: o *Wet Market*.

Os mercados molhados são focos de contaminação generalizada pois os animais lá são comercializados vivos e abatidos de imediato, em total ausência de compaixão e assepsia. A limpeza não existe nesses locais onde ficam amontoados animais de diversas espécies, sem dignidade, sem mínimos cuidados, sem onde possam fazer necessidades ou mesmo sem um local em separado para viver e morrer. Vivos e mortos se misturam, como se confundem as urinas e as fezes dos animais mortos e vivos. Se um ser humano consumir um animal infectado assim pode ser o começo de um surto viral.

Os mercados asiáticos são os mais diversificados e os chineses têm uma variedade imensa de animais selvagens. O motivo desse comércio se deu por decisões polêmicas do governo chinês em momentos passados na História.

Durante o regime comunista com uma população de cerca de 900 milhões de pessoas, em 1978[8] a China era um país pobre, e a fome estava levando à morte milhões de pessoas. Nesse contexto, o governo decidiu pela privatização da agricultura. As grandes empresas iniciaram

8 Disponível em : https://observador.pt/especiais/criacao-comercio-e-consumo-de-animais-selvagens-nos-mercados-da-china-e-la-que-nascem-todos-os-surtos-de-coronavirus/ Acessado em 5 de outubro de 2020.

a criação e comercialização de animais de consumo popular como porco e frango. E alguns agricultores particulares começaram a fazer a apreensão, criação e comercialização de espécies de animais selvagens como meio de se sustentarem.

No início eram apenas pequenas iniciativas como a venda de carne de tartarugas e de cobras, mas como começou a ser uma forma de sustento para a população, o governo apoiou e encorajou esta atividade e em 1988 o governo chinês tomou uma decisão que alterou completamente a realidade de comércio de animais selvagens na China. O governo passou a Lei de Proteção de animais selvagens, declarando os animais selvagens como recursos naturais de propriedade do estado, e regulamentou as atividades que estavam a utilizar esses mesmos recursos. A mesma lei encorajou a domesticação e criação de espécies de animais selvagens. E assim nasceu uma indústria.

As pequenas produções locais se transformaram em grandes empreendimentos industriais, e quanto maior o número de animais concentrados em um mesmo local, maior é a chance de criação, disseminação, e transmissão de qualquer novo ou antigo vírus ou ainda transmissões de bactérias.

Também se aumentou o número de espécies a serem comercializadas e com isso majorou-se o número de vírus circulando. Todos esses animais começaram a ser vendidos nos mercados vivos, agora totalmente legalizados e com expressão dominante na China.

Ao mesmo tempo o comércio legal passou a acobertar uma outra prática ilegal e expressiva de comércio de espécies ameaças de extinção, como tigres, rinocerontes e pangolins. "Várias espécies em vias de extinção são valiosas, como é o caso do pangolim, que em 2013 foi a espécie não humana mais traficada no mundo inteiro. As razões são muitas, desde o uso na medicina tradicional chinesa, aos efeitos que se acredita que o seu consumo possa ter na saúde ou em outras questões particulares."[9]

No ano 2000 esses mercados estavam cheios de animais selvagens. E aconteceu o inevitável. Em 2003 a origem do surto do SARS o Coronavírus aliado à síndrome respiratória aguda grave foi localizado como foco inicial num mercado vivo ao sul da China. Cientistas encontraram naquela época vestígios do vírus em civetas[10], que eram vendi-

9 Disponível em: https://observador.pt/especiais/criacao-comercio-e-consumo-de-animais-selvagens-nos-mercados-da-china-e-la-que-nascem-todos-os-surtos-de-coronavirus/ Acessado em 5 de outubro de 2020

10 Espécie de pequeno mamífero muito comercializado para consumo e uso de sua pele nos países asiáticos.

das nos mercados. As autoridades fecharam os mercados e proibiram de imediato o comércio de animais selvagens. Mas, apenas alguns meses após o surto, as autoridades decidiram que seria legal a criação de 54 espécies de animais selvagens, incluindo as próprias civetas.

Em 2004 a indústria de animais selvagens na China estava estimada em 100.000 (cem mil milhões de yuans) que correspondia a cerca de 13,1 milhões de euros. E por isso detinham um looby de extrema influência no governo chinês. E exatamente por isso o governo foi permitindo que o comércio de animais selvagens crescesse ao longo dos anos. Em 2016 por exemplo, o governo legalizou até a criação de espécies ameaçadas, como tigres ou pangolins. Isso demonstra o imenso risco para a humanidade e para o planeta.[11]

Em 2018, a criação de animais selvagens tinha crescido para cerca de 140.000 cento e quarenta mil milhões de yuan, e começou a ocupar o nicho de comércio de alimentos ligados ao fitness, forma sexual, estética e saúde. Claro que nenhum desses usos era comprovado cientificamente, mas de todo modo esses novos produtos passaram a se popularizar numa nova classe rica, poderosa emergente na China. E foi justamente essa nova minoria que o governo chinês pretendeu favorecer com as leis do comércio de animais selvagens, colocando assim em risco a maioria da população do país.

Pouco tempo após o surto de covid-19 o governo chinês fechou a maioria dos mercados vivos e baniu temporariamente o comércio de animais selvagens. Várias organizações estão empenhadas no mundo todo para que essa proibição se torne permanente. Os animais permanecem nos mercados durante dias, ou até semanas, fechados em jaulas, sem dignidade alguma ou mesmo segurança e limpeza.

Há relatos de que a China esteja a rever a lei de proteção a animais selvagens que encorajava os pequenos agricultores a fazer a criação dessas espécies. A menos que a proibição se torne permanente, surtos como esse vão continuar a acontecer.

---

11 *The number of wild animals living on Earth is set to fall by two-thirds by 2020, according to a new report, part of a mass extinction that is destroying the natural world upon which humanity depends. The analysis, the most comprehensive to date, indicates that animal populations plummeted by 58% between 1970 and 2012, with losses on track to reach 67% by 2020. Researchers from WWF and the Zoological Society of London compiled the report from scientific data and found that the destruction of wild habitats, hunting and pollution were to blame. Disponível em: https://www.theguardian.com/environment/2016/oct/27/world-on-track-to-lose-two-thirds-of--wild-animals-by-2020-major-report-warns?CMP=share_btn_link. Acessado em 5 de outubro de 2020.*

Após serem testados, nenhum dos animais testou positivo[12]. Assim, desde janeiro, isso não foi realmente conclusivo. Mas a ideia é possível e se desenvolveu de modo intenso em todo o mundo.

Um dos motivos pelos quais essa ideia ganhou tanto impulso é que ela se encaixa nos esforços de conservação. Muitos mercados molhados vendem animais exóticos, ameaçados de extinção e altamente traficados, como pangolins. E seria uma vitória para a conservação dos animais se mercados como este fossem fechados após serem responsabilizados pela doença. Mas isso não significa que a evidência esteja lá.

O vírus pode ter sido de origem animal e ter dado o salto entre espécies, talvez dos morcegos para os humanos, talvez através de outro animal, talvez através do gado. Até o momento inexistem dados ainda para saber a exata origem. O estudo que realmente mostrou os morcegos de origem da SARS foi publicado em 2017, cerca de 15 anos após a ocorrência do primeiro surto.[13]

A Organização Mundial da Saúde ainda não detém respostas, mas organiza a divulgação de métodos de detecção do vírus.[14] Demorou muito para os cientistas percorrerem cavernas, examinando amostras aptas à construção de uma base de evidências onde fosse possível se afirmar que o vetor era um certo tipo de morcego, em exato tipo de caverna, e tendo ocorrido na exata época detectada.

Então, ainda é desconhecido de onde veio o SARS-CoV-2. Descartar um local demorou meses. Encontrar o local de origem definitivo provavelmente demorará muito mais. Se em um mercado ou se em um laboratório, hoje ainda é impossível saber.

Se hoje, em final de 2020, ainda se desconhece a exata origem do novo coronavírus, uma coisa é certa: o paradoxo da questão animal sofreu uma severa, misteriosa e cruel mutação. Agora, a exploração de animais para consumo humano em caráter industrial já está reconhecidamente colocando em risco permanente a sobrevivência humana no planeta. Urge a visão pós-humana, urge amparar o sagrado e justo direito à vida, seja ela humana ou animal.

---

12 Disponível em: https://www.livescience.com/covid-19-did-not-start-at-wuhan-wet-market.html. Acessado em 3 de Outubro de 2020. E ainda disponível em: https://www.paho.org/pt/covid19

13 Disponível em: **International Journal of Infectious Diseases.** *Effect of a wet market on coronavirus disease* (COVID-19) transmission dynamics in China, 2019–2020 .https://www.sciencedirect.com/science/article/pii/S1201971220303982 Acessado em 2 de outubro de 2030

14 Disponível em: https://www.paho.org/pt/covid19. Acessado em 3 de outubro de 2020.

EVOLUÇÃO LEGISLATIVA: CÂMARA DOS DEPUTADOS, SENADO FEDERAL E SANÇÃO PRESIDENCIAL

TEXTO DO PROJETO ORIGINAL DA CÂMARA PROJETO DE LEI N.º DE 2019 (Fred Costa)

Altera a Lei nº 9.605, de 12 de fevereiro de 1998 para estabelecer pena de reclusão a quem praticar ato de abuso, maus-tratos, ferir ou mutilar animais silvestres, domésticos ou domesticados, nativos ou exóticos; e instituir penas para estabelecimentos comerciais ou rurais que concorrerem para a prática do crime.

O Congresso Nacional decreta:

Art. 1º O art. 32 da Lei nº 9.605, de 12 de fevereiro de 1998, passa a vigorar com a seguinte redação:

"Art. 32. Praticar ato de abuso, maus-tratos, ferir ou mutilar animais silvestres, domésticos ou domesticados, nativos ou exóticos:

Pena – reclusão, de um a quatro anos, e multa.

....

§ 3° Os estabelecimentos comerciais ou rurais que concorrerem para a prática de crimes previstos neste artigo poderão incorrer nas seguintes sanções:

I - multa no valor de 1 a 40 salários mínimos;

II - interdição parcial ou total do estabelecimento;

IV-suspensão ou cancelamento da licença ambiental do estabelecimento;

V- perda ou restrição de incentivos e benefícios fiscais concedidos pela União" (NR)

Art. 2º Esta Lei entra em vigor na data de sua publicação.

CÂMARA DOS DEPUTADOS

TEXTO DO PROJETO 1095/19 APROVADO NO SENADO

Altera a Lei nº 9.605, de 12 de fevereiro de 1998, para aumentar as penas cominadas ao crime de maus-tratos aos animais quando se tratar de cão ou gato. O Congresso Nacional decreta: Art. 1º Esta Lei altera a Lei nº 9.605, de 12 de fevereiro de 1998, para aumentar as penas cominadas ao crime de maus-tratos aos animais quando se tratar de cão ou gato.

Art. 2º O art. 32 da Lei nº 9.605, de 12 de fevereiro de 1998, passa a vigorar acrescido do seguinte § 1º-A: "Art.32.. § 1º-A Quando se tratar de cão ou gato, a pena para as condutas descritas no caput deste artigo será de reclusão, de 2 (dois) a 5 (cinco) anos, multa e proibição da guarda. ...." (NR) Art. 3º Esta Lei entra em vigor na data de sua publicação

SENADO FEDERAL

Diário Oficial da União

LEI Nº 14.064, DE 29 DE SETEMBRO DE 2020

Altera a Lei nº 9.605, de 12 de fevereiro de 1998, para aumentar as penas cominadas ao crime de maus-tratos aos animais quando se tratar de cão ou gato.

O PRESIDENTE DA REPÚBLICA

Faço saber que o Congresso Nacional decreta e eu sanciono a seguinte Lei:

Art. 1º Esta Lei altera a Lei nº 9.605, de 12 de fevereiro de 1998, para aumentar as penas cominadas ao crime de maus-tratos aos animais quando se tratar de cão ou gato.

Art. 2º O art. 32 da Lei nº 9.605, de 12 de fevereiro de 1998, passa a vigorar acrescido do seguinte § 1º-A:

"Art. 32. ....

§ 1º-A Quando se tratar de cão ou gato, a pena para as condutas descritas no caput deste artigo será de reclusão, de 2 (dois) a 5 (cinco) anos, multa e proibição da guarda.

...." (NR)

Art. 3º Esta Lei entra em vigor na data de sua publicação.

Brasília, 29 de setembro de 2020; 199º da Independência e 132º da República.

JAIR MESSIAS BOLSONARO

André Luiz de Almeida Mendonça

CONCLUSÃO

O campo de atuação dos chamados '*animal studies*' (estudos sobre animais) é interdisciplinar e requer um aprofundamento filosófico. O título utilizou-se da expressão 'questão animal', por se tratar de tema complexo, ainda em aberto, com implicações éticas, políticas, econômicas, filosóficas e legais. Jacques Derrida e Cary Wolfe utilizam-se da expressão 'questão animal' em seus escritos, e neste trabalho se considera a ética da alteridade derridiana a melhor expressão crítica do animalismo em suas variadas expressões. Será também utilizada a perspectiva pós-humanista proposta por Cary Wolfe.

Passando-se pelos variados autores que se debruçaram sobre o papel do animal no mundo, foram expostas as principais correntes animalistas: o abolicionismo (*Animals Rights*) de Tom Regan, o bem-estarismo (*Welfarism*) de Peter Singer, passando pelo utilitarismo de Jeremy Bentham, e coroando com a esquizofrenia moral explorada por Gary Francione. Foi demonstrado como Singer construiu sua teoria de "igual consideração de interesses" baseando-se na senciencia animal, ao passo que Regan a sua doutrina, que considera os animais "sujeitos de uma vida".

Foi explorado o equívoco do exercício livre da liberdade religiosa, no que se refere às práticas sacrificiais de algumas religiões, que até hoje movimentam o mercado, e ditam regras cruéis de uso de animais. Tudo isso, mesmo diante das regras constitucionais de proteção ao meio-ambiente, e da necessidade de conjugação da liberdade religiosa, com os animais enquanto 'microbens' ambientais inseridos na tutela do meio-ambiente ecologicamente equilibrado.

Foi demonstrado o precedente da Suprema Corte Norte-Americana, e a reprodução similar ao mesmo, em julgamento no Supremo Tribunal Federal, ocorrido durante a elaboração deste trabalho. O enfrentamento nacional do tema restou sendo uma limitação desafiadora para a elaboração da pesquisa .

Demonstrou-se a hipocrisia do bem-estar animal com a teoria dos três Rs, (*reduce, refine and replace*) levada às cátedras dos cursos biomédicos, e foi trazida à tona a possibilidade da objeção de consciência, por parte de alunos, que sentem como violência moral serem forçados a participar de aulas com práticas vivisseccionistas, quando já existem modelos de ensino paralelos e alternativos, sem causar sofrimento desnecessário aos animais.

Derrida aponta a animalidade inerente ao homem, e ao mesmo tempo dele, ser humano, extraída para conservar só virtudes como características humanas. O autor reconhece o 'olhar animal', vê e é visto pelo animal (o gato não metafórico do 'animal autobriográfico) derridiano, e a partir desse olhar enigmático, questiona-se sobre a essência do outro animal, do diferente, do desigual e suas necessidades, sentimentos e desejos. Partindo-se do infinito que vigora no outro, preliminarmente explorado por Emmanuel Levinas em "Totalidade e Infinito", foi Derrida o filósofo que mais ousou em criticar a crença autorreferente do ser humano, como ser superior aos demais viventes, inclusive criticando a alimentação carnívora e refletindo sobre o ato de comer carne como mecanismo de dominação.

O outro não deve ser o espelho, e o ser humano precisa abandonar o Mito de Narciso que o acompanha, e que só o permite amar o que é feito à sua imagem e semelhança. A eternidade em sua plenitude, na compaixão, e na verdadeira satisfação, não está em si próprio, e sim no rosto do outro. E, como ensina Levinas, o outro é o 'completamente outro', 'o diverso' do que se é, onde Derrida insere o animal.

Assim, o mandamento bíblico "amar ao próximo como a si mesmo" recai em tentação narcísica, onde o amor jamais será pleno, puro e verdadeiro. Na mitologia grega, Narciso morre ao se deleitar com sua própria figura no rio e, portanto, de nada desfruta, e nada constrói, ao contrário, perde-se no seu entorpecimento ególatra. Narciso simbolizava tanto a vaidade quanto a insensibilidade, pois ele era emocionalmente entorpecido às solicitações alheias, e de quem se apaixonasse pela sua beleza.

Ainda assim, Narciso não simboliza apenas a negatividade: o mito de Narciso conduz ao drama da individualidade humana, a profundidade de um indivíduo que toma consciência de si mesmo em si mesmo, ou seja, no lugar onde experimenta os seus dramas humanos e de onde não sairá bem. E, diversamente, o amor pelo outro, o compassivo, em seu estado puro, é o único capaz de construção social desfazendo as barreiras do eugenismo, ou mesmo especismo, sendo o amor pelo que não é espelho, ou seja, a aceitação e a integração do diferente no tecido social. E neste trabalho o 'diferente', conforme preconiza Jacques Derrida, é o animal.

E, foi exposto que, a religião foi perfazendo toda a história humana desde a mais remota antiguidade, e mesmo antes dela, nos tempos primórdios da evolução humana, aspectos religiosos de mitos e crenças fazendo com que o *homo sapiens* tivesse se destacado na revolução cognitiva, por meio de mitos e fantasias, que arregimentaram grupamentos maiores do que a regra geral do máximo de indivíduos de cada espécie.

Se, foi portanto, através da religião que o *sapiens* evoluiu enquanto espécie, e dominou o mundo, não se pode desprezar a força dos conceitos religiosos, que não estão isolados nas crenças, e sim espalhados pelas modernas acepções de um todo místico que envolve desde as grandes marcas no mercado, passando por times esportivos, regras jurídicas, formações profissionalizantes, até mesmo valores patrióticos de uma nação: conceitos abstratos que são capazes de unir pessoas de diferentes origens, verdadeiros desconhecidos em torno de valores comuns. Conceitos e categorias criadas pela mente humana, que fazem com que a comunicação entre os seres-humanos seja facilitada mesmo entre estranhos.

Assim, os Deuses hoje não são apenas religiosos, e sim mercadológicos. O Deus da cura: A PHARMA e o Deus da dieta proteica: O AGRONEGÓCIO conduzem o Deus Supremo, comandante de todos os Deuses do mundo contemporâneo: O LUCRO. E foi demonstrada a condução dos relatórios ambientalistas por uma ética biocêntrica, abandonando de vez o antropocentrismo, e a posição de hóspede mal-educado do homem no planeta, como uma necessidade para sobrevivência da vida na Terra.

Com a preocupação latente da equidade intergeracional, foram inseridas as novas óticas a favor dos necessitados, por meio de ondas renovatórias de acesso à justiça. Os animais merecem ser devidamente representados, para terem seu acesso à justiça. Nessa panaceia de remédios o animal continua a figurar como o elo perdido vivo e sofredor do sacrifício original.

E foi demonstrado o animal no olhar legal, sua ausência de personalidade jurídica bem como as teorias que o classificam de modo a considerá-lo ou um terceiro gênero, entre pessoas e coisas, ou um ente despersonalizado, igualmente às pessoas formais reconhecidas na lei civil, como legitimadas para atuar ativa e passivamente em juízo.

Foram demonstrados julgados das cortes superiores em favor da dignidade dos animais, da ética da Mãe Natureza (Pacha Mamma), da guarda dos animais reconhecendo sua condição de seres sencientes, bem como a abusividade da convenção de condomínio que sem risco demonstrado restringe o direito de permanência de animais em unidades condominiais.

Foi ainda abordada a legitimação para agir em juízo para defesa dos animais, que hoje ainda estão na lei civil sem personalidade jurídica reconhecida, o manejo da ação civil pública, a tutela inibitória e o cínico princípio do poluidor pagador, em paralelismo aos maus-tratos dos animais. Restou esclarecida a insuficiência de uma tutela ressarcitória em casos de crueldade animal, havendo apenas a forma eficaz e adequada na prevenção do ilícito, em sua continuação ou repetição, por isso a tutela específica das obrigações de não-fazer.

Conforme os resultados obtidos nessa pesquisa os objetivos foram atingidos, visto que foi possível demonstrar e comprovar que é urgente a necessidade de um reposicionamento para a natureza jurídica dos animais no ordenamento jurídico pátrio, em especial na lei civil.

Foi demonstrado o paradoxo que acompanha a relação homem/animal até mesmo na aprovação de uma lei, quando o PL 6054/19 inicialmente em seu texto original com maior abrangência, acaba por ser limitado e através de três emendas, que excluem do campo de proteção jurídica os animais considerados *'livestock'*, que são os animais de criação para corte, leite etc. Bem como a restrição do alcance da nova conceituação à Lei de Crimes Ambientais ao invés do alcance a todo o Código Civil, como o fez diversos países. Inclusão em 1988 do art. 285a ao Código Civil austríaco; Inclusão em 1990 do art. 90a ao BGB (Código Civil alemão); Inclusão em 2003 do artigo 641, inciso II ao Código Civil suíço; Inclusão em 2011 do art. 3.2a do Livro 3 do Código Civil holandês; Inclusão em 2015 do art. 515-14 do Código Civil francês; Inclusão em 2017 do art. 201ªB do Código Civil português.

Ainda conforme um resultado obtido, a propositura da ADI 5728 pelo Fórum de Prevenção Animal, que enfrenta a inconstitucionalidade da Emenda Constitucional das Vaquejadas, 96/17 e a demonstração do efeito *backlash*, com o Supremo Tribunal Federal avançando em área legislativa, uma vez que a emenda 96/17, foi editada após a decisão proferida em plenário do Supremo tribunal Federal, no julgamento da ADI 4983 do estado do Ceará que teve julgamento no sentido oposto.

Foi descortinada a manobra legislativa, que resultou em nova ADI por uma entidade de defesa animal, graças a legitimação ativa da causa animal. E, muito recentemente, no dia 20 de agosto, surge novo PL 80240/18, que pretende regulamentar a EC 96/17 com práticas de suposto bem-estar animal, novamente ocupando espaço da mídia e da aceitação social. Foi identificado e analisado o verdadeiro objetivo da EC 96/17: o de superar uma decisão do STF, e agora o PL 8240/17 que pretende agora esvaziar o tema, por criar supostas regras de bom trato dos animais, que serão utilizados de modo cruel para deleite do entretenimento humano.

A procuradoria Geral da República juntou laudos inquestionáveis de que os animais utilizados em vaquejadas, rodeios e similares, sofrem crueldades tais como fraturas nas patas, ruptura dos vasos sanguíneos e dos ligamentos, traumatismos e deslocamento da articulação dos rabos e mesmo sua extração, o que causa reação fatal na medula espinhal e sofrimento severo. O tratamento cruel configurado contraria e viola a norma constitucional do artigo 225, $1º, inciso VII.

O questionamento dessa pesquisa foi, portanto, respondido em termos de clamores sociais, visto que o objeto central do estudo foi tema de projeto de lei aprovado pelo Senado Federal e já agora tendo este retornado à Câmara dos Deputados, com ótima perspectiva de aprovação. Porém, demonstrou-se que tal aprovação não será nada bem-vinda por animalistas e ativistas mais atentos, uma vez que o Projeto de Lei 6054/19, chamado de "Animal Não é Coisa", foi completamente descaracterizado de seu propósito inicial, tendo se tornado um perigoso retrocesso em relação à própria Constituição Federal de 1988, que esclarece em seu artigo 225, VII, parágrafo primeiro, que é dever estatal tutelar o animal como parte integrante do bem ambiental, indiscriminadamente. Assim, cumpre ressaltar que é indiferente para a norma constitucional de qual espécie o animal seja para que o mesmo possa ser protegido, mas já para o PL 6054 (PL "Animal Não é Coisa") a curiosa e indevida distinção então aparece. E com isso, embora com novos textos legais, o paradoxo assim continua a permear a temática. Permanecem as batalhas, porque a luta que se trava na defesa animal faz-se em passos lentos, como afirma Jacques Derrida, e acrescenta-se, que sejam estes movimentos, conscientes, seguros e corajosos.

Pode-se demonstrar que foi chegada a hora da investigação interdisciplinar de um novo campo de estudo: a interface entre o animal humano e o animal não-humano. A ciência jurídica foi desafiada a partir de agora a se debruçar sobre a compreensão dos animais e sua interação com os homens. O pertencimento do *homo sapiens* às espécies animais não pode mais ser ignorada. O tempo ecológico fez sua entrada de vez na história humana, com a entrada na era geológica batizada como o Antropoceno, e marcada pelos testes nucleares, excesso de consumo de materiais tóxicos, e assim, seguido em breve pela proximidade da sexta extinção em massa, sendo a primeira exclusivamente causada pelo homem.

Por fim, através de uma ótica pós-humanista ficou esclarecida a hipótese de que o foco central da proteção deve ser a vida, seja ela humana ou animal. Diante de uma evolução em projeção geométricas das tecnologias, inteligências artificiais e algoritmos, o grande diferencial e o marco divisório passa a ser a existência de vida. Homens e animais, ambos desfrutam da mesma condição de vulnerabilidade diante da vida, diferentemente da máquina que não morre, apenas pode chegar ao seu fim.

Demostrou-se que ao animal deve ser atribuído o seu valor intrínseco por sua simples existência, antes de quaisquer discussões sobre quais interesse ou direitos lhes serão atribuídos. A existência do animal já é o simples motivo para que desfrute de um status moral, que independe de ser útil ou não para o ser humano. Já foi demonstrado que o especismo encontra raízes no racismo e no sexismo, e que evoluções sociais garantiram respeito aos negros, e após às mulheres, agora sendo o momento de garantir respeito e reconhecimento aos animais.

A partir do reconhecimento da devastação planetária causada pelo agronegócio, foi esclarecida a necessidade de mudança de paradigma em relação aos animais, embora tenha sido bem delineada o real posicionamento do Brasil no cenário mundial como um dos maiores exportadores de carne do planeta. Foi demonstrado que o cenário econômico-político é determinante de ações humanas, mas que o aparato de estudos científicos tem o dever de fazer questionamentos, e provocar o incômodo tirando o ser humano da inércia de sua zona de conforto sobre às crueldades em escala industrial, causadas sistematicamente a animais inocentes, e que desconhecem um dia que seja de dignidade na vida.

Acrescente-se também o elevado número de animais geneticamente modificados, criados e comercializados, para uso em biotérios, como modelos vivos de longas e dolorosas experiências científicas.

O paradoxo foi lançado, reconhecido e demonstrado. A solução já existe, mas requer um reposicionamento extremamente desafiador ao ser humano, que mesmo já sendo pós-convencional, continua acostumado à primazia absoluta de seus desejos e apetites perante o sacrifício animal que lhe aparece invisível e que seus olhos se vedam não querendo sequer reconhecer.

Esclarece-se que o estudo baseado na etologia e na primatologia, embora fortalecedor do relevo do tema, não foi utilizado neste trabalho, cujo referencial teórico utilizado baseou-se no entrosamento de áreas humanísticas, como a filosofia, justamente no intuito de propor a visão transcendente do humanismo clássico, mas sem com isso desvalorizar as demais vertentes, apenas reservando-as para um novo enfoque considerando a extensão do que elas abordam, e sobretudo dos resultados inquestionáveis que elas evidenciam.

Finaliza-se este trabalho com o reconhecimento do historiador romeno, Mircea Eliade, que ao estudar o tratado das religiões, os mitos e suas forças, reconhece o homem como o animal religioso, experiente com o sagrado e o transcendente. Assim o historiador reconhece que o homem mata, mas não sem a culpa, e produz com isso uma moral e uma religião baseadas no martírio, nos sacrifícios, na imolação, mas também no paradoxo de agir contra a natureza que nos criou, permanecendo sempre em uma eterna dívida com os Deuses.

Restou evidente que as religiões sempre dominaram os seres humanos através dos seus representantes religiosos, que eram, e continuam sendo, os únicos mercadores com acesso à negociação com os Deuses. E se o segredo criacionista já está superado, e restou comprovado que o *homo sapiens* é de fato originário da mesma família de alguns primatas, então o pecado original não se deu quando Eva comeu a maça, e sim quando o homem colocou na boca o seu primeiro pedaço de carne, e se autodeterminou autorizado a subjugar outros seres à seu bel prazer.

Por todo o exposto apenas uma política pública nacional de defesa dos animais será capaz de iniciar o processo de desconstrução do paradoxo da questão animal, ensinando o animal-humano o respeito à vida animal.

REFERÊNCIAS

ADORNO, Theodor. **Mínima moralia**. Reflexionen aus dem beschädigten Leben © 1951 by Suhrkamp Verlag Tradução: Artur Morão Capa de Edições 70 Depósito Legal n°166799/01 ISBN 972-44-1071-4 Direitos reservados para língua portuguesa por Edições 70-Lisboa-Portugal, Disponível em: http://www.mom.arq.ufmg.br/mom/babel/textos/adorno-minima-moralia.pdf. Acesso em: 28 Nov. 2017.

AGUIAR, Lucia Frota Pestana de. **O sacrifício de animais e o pecado original no Supremo Tribunal Federal**. Disponível em: https://www.conjur.com.br/2019-abr-03/opiniao-sacrificio-animais-pecado-original-stf. Acesso em: 15 Jul. 2019.

_____. HOGEMANN, Edna Raquel. Sacrifício de animais e liberdade Religiosa: o equívoco do exercício livre diante da laicidade do estado brasileiro. In: DUARTE, Fernanda; IORIO FILHO, Rafael Mario; FELIPE, Ana Paula Faria; MEIRELLES, Delton (Coord.). **Escritos sobre Direito, Cidadania e Processo**: Discursos e Prática. Livro eletrônico. Coletânea em.pdf de trabalhos de grupos de pesquisa da Universidade Federal Fluminense e da Universidade Estácio de Sá. Niterói: PPGSD – Programa de Pós-Graduação em Sociologia e Direito, 2018.

_____. O lixo vivo das cidades; o animal urbano excedente sob a ótica da ecologia profunda. **Logos e Veritas**, v. 2, p. 31-51, abril, 2015.

_____. **A Tutela Preventiva na Proteção dos Animais**. São Paulo: Ed Max Limonad, 2015. p. 181.

ALVES, Rubem. **O enigma da religião**. Campinas: Papirus, 1988. p. 24.

ANDA. **Animais têm senciência e direitos reconhecidos na Holanda**. 2018. Disponível em: https://www.anda.jor.br/2018/02/animais-tem-senciencia-e-direitos-reconhecidos-na-holanda/. Acesso em: 10 Ago. 2019.

ARAÚJO, Bruna. Índia inclui amor e respeito pelos animais em currículo escolar. 2017. Disponível em: https://www.anda.jor.br/2017/10/india-inclui-amor-e-respeito-pelos-animais-em-curriculo-escolar/. Acesso em: 26 Jun. 2018.

ARAÚJO, Fernando. **A hora dos direitos dos animais**. São Paulo: Almedina, 2013. p. 21.

BARBOZA, Jair. A mitleidsethik e os animais. – UFSC. **Revista Lampejo** nº 2, p. 130-141, Out. 2012. Disponivel em: http://revistalampejo.apoenafilosofia.org/edicoes/edicao-2/artigos/Artigo12_%20Jair_130_a_141.pdf. Acesso em: 15 Jul. 2019.

_____. **Schopenhauer**: a decifração do enigma do mundo. São Paulo: Moderna, 1997.

BARRETTO, Vicente de Paulo (Coord.). **Dicionário de Filosofia do Direito**. Rio Grande do Sul: Editora Unisinos e Renovar, 2015. pp. 837-840.

BARROSO, Luís Roberto. **A nova interpretação constitucional**.

_____. **Temas de direito constitucional**. Rio de Janeiro: Renovar, 2003.

BASTIDE, Roger. **O Candomblé da Bahia**. Tradução Maria Isaura Pereira de Queiroz. São Paulo: Companhia das Letras, 2001. p. 31.

BEEFPOINT. **A verdade sobre a exportação de Gado Vivo, por Alexandre Valente Selistre.** 2018.

Disponível em: https://www.beefpoint.com.br/a-verdade-sobre-a-exportacao-de-gado--vivo-por-alexandre-valente-selistre/. Acesso em: 2 Ago. 2019.

BENTHAM, Jeremy. **An introduction to the principles and morals and legislation.** Batoche Books: Kitchener 2000. p. 138-145. Disponível em: http://historyofeconomicthought.mcmaster.ca/bentham/morals.pdf. Acesso em: 1 Set. 2018.

_____. **An introduction to the principles and morals and legislation**. Oxford: Clarendon Press, 1780. Disponível em: https://www.earlymoderntexts.com/assets/pdfs/bentham1780.pdf. Acesso em: 22 Ago. 2018.

_____. **An introduction to the principles of morals and legislation**. 1823. Disponível em: www.econlib.org/library/Bentham/bnthPML.html. Acesso em: 15 dez. 2018.

_____. **The principles os Moral and Legislatition**. 1789, Chapter XVII, Section I. Disponível em: <http://www.animal-rights-library.com?texts-c/bentham01.htm>. Acesso em: 02 Ago. 2019.

_____. **Uma introdução aos princípios da moral e da legislação**. Série Os Pensadores. 2 ed. São Paulo: Abril Cultural, 1979. p. 14.

BERKENBROCK, Volney J. **A experiência dos Orixás**: um estudo sobre a experiência religiosa no Candomblé. 2 ed. Petrópolis: Vozes, 1999. p. 205.

BERNARD E. Rollin. **The Unbeebbed Cry**: Animal Consciousness. Animal Pain and Science. Oxford: Oxford University Press, 1990.

BLACKBURN, Simon. **Dicionário Oxford de Filosofia**. Rio de janeiro: Jorge Zahar Editor, 1994. pp. 280-281.

BOSCO, João Henrique. **Especialistas alertam para os riscos do consumo de carne contaminada e do descarte irregular de resíduos de abate**. 2013. Disponível em https://canalrural.uol.com.br/noticiasespecialistas-alertam-para-riscos-consumo-carne-contaminada-descarte-irregular-residuos-abate-30673/. Acesso em: 15 Jun. 2019.

BRAMBELL, F. W. R. **Report of the technical committee to enquire into the welfare of animals kept under intensive husbandry systems. London**: Her Majesty´s Stationary Office, 1965. ISBN 0 10 850286 4.

BRANCO, Murgel. **Conflitos conceituais nos estudos sobre meio ambiente**. São Paulo: Estudos avançados, 1995. p. 231.

BRASIL. [Constituição (1988)]. **Constituição da República Federativa do Brasil de 1988**. Brasília, DF: Presidência da República, [2019]. Disponível em: http://www.planalto.gov.br/ccivil_03/constituicao/constituicaocompilado.htm. Acesso em: 1 dez. 2018.

_____. **Projeto de Lei nº 4331 de 28 de Agosto de 2012**. Acrescenta o inciso IV ao § 1º do art. 29 da Lei nº 9.605, de 12 de fevereiro de 1998 e dá outras providências. Disponível em: https://www.camara.leg.br/proposicoesWeb/prop_mostrarintegra;jsessionid=BF2647D3F73C004CB813F993088AE872.proposicoesWebExterno2?codteor=1020499&filename=PL+4331/2012. Acesso em: 15 Jan. 2019.

_____. Supremo Tribunal Federal. **Plenário, 28.03.2019. RE 494.601**. Disponível em: http://portal.stf.jus.br/processos/detalhe.asp?incidente=2419108. Acesso em: 29 Jul. 2019.

_____. Supremo Tribunal Federal. **RE 859.376 rg/PR**. Repercussão geral no recurso extraordinário. Relator Min. Luiz Roberto Barroso. Julgamento: 29/06/2017. Órgão julgador: Tribunal Pleno. Processo Eletrônico dje -168, divulgado em 31 Jul. 2017. Publicação 01 Ago. 2017. Disponível em: http://portal.stf.jus.br/processos/detalhe.asp?incidente=4690513. Acesso em: 05 Dez. 2017.

_____. **Decreto n. 24.645, de 10 de julho de 1934**. Estabelece medidas de proteção aos animais. Disponível em: https://www2.camara.leg.br/legin/fed/decret/1930-1939/decreto-24645-10-julho-1934-516837-publicacaooriginal-1-pe.html. Acesso em: 04 Ago. 2019.

_____. Ministério Público Federal. **Agravo Interno em Suspensão de Segurança (Liminar).** Autos nº. 5001511-93.2018.4.03.0000. Órgão Especial. Procuradoria Regional da República da 3ª Região. 2018. Disponível em: http://www.mpf.mp.br/regiao3/sala-de-imprensa/docs/2018/parecer-exportacao-de-animais-vivos.pdf. Acesso em: 2 Ago. 2019.

_____. Ministério Público Federal. **Agravo Interno em Suspensão de Segurança (Liminar).** Autos nº. 5001511-93.2018.4.03.0000. Órgão Especial. Procuradoria Regional da República da 3ª Região. 2018. Disponível em: http://www.mpf.mp.br/regiao3/sala-de-imprensa/docs/2018/parecer-exportacao-de-animais-vivos.pdf. Acesso em: 2 Ago. 2019.

_____. Ministério Público Federal. **Agravo Interno em Suspensão de Segurança (Liminar).** Autos nº. 5001511-93.2018.4.03.0000. Órgão Especial. Procuradoria Regional da República da 3ª Região. 2018. Disponível em: http://www.mpf.mp.br/regiao3/sala-de-imprensa/docs/2018/parecer-exportacao-de-animais-vivos.pdf. Acesso em: 2 Ago. 2019.

_____. **Pesquisa clínica**. Conselho Regional de Farmácia do Estado de São Paulo. Secretaria dos Colaboradores. Comissão Assessora de Pesquisa Clínica. São Paulo: Conselho Regional de Farmácia do Estado de São Paulo, 2012. 64 p.

_____. Supremo Tribunal Federal. **Plenário**, 28.03.2019. Disponível em: http://portal.stf.jus.br/processos/detalhe.asp?incidente=2419108. Acesso em: 29 Jul. 2019.

_____.Supremo Tribunal Federal. **RE 859376 rg/PR**. Repercussão geral no recurso extraordinário. Relator Min. Luiz Roberto Barroso. Julgamento: 29/06/2017. Órgão julgador: Tribunal Pleno. Processo Eletrônico dje -168, divulgado em 31 Jul. 2017. Publicação 01 Ago. 2017. Disponível em: http://portal.stf.jus.br/processos/detalhe.asp?incidente=4690513. Acesso em: 05 Dez. 2017.

_____. Supremo Tribunal Federal. **Recurso Extraordinário nº 494.601/RS**. Rel. Min. Marco Aurélio. O processo está concluso com o relator desde 19.12.2007, conforme andamento processual. Disponível em: <http://www.stf.jus.br/portal/processo/verProcessoAndamento.asp?incidente=2419108>. Acesso em: 5 Dez. 2017.

BUCHANAN-SMITH, H.M.; RENNIE, A.E.; VITALE, A.; POLLO, S.; PRESCOTT, M.J.; MORTON, D.B. Harmonising the definition of refinement HM Buchanan. Universities Federation for Animal Welfare, **Animal Welfare**. n.14:p. 379-384, 2005. Disponível em: https://dspace.stir.ac.uk/bitstream/1893/7436/1/http_www.psychology.stir.ac.pdf. Acesso em: 16 Ago. 2018.

BURGAT, Florence L. **Humanité Carnivore**. Paris: Le **Seuil, 2017. p.** 16.

CAMPBELL, Joseph. **O poder do mito**. São Paulo: Editora Palas Athena, 1990.

CANAL DO BOY. **Gado Turquia Santos**. Reportagem. 2017. Disponível em: https://www.youtube.com/watch?v=wh52GYYgsz4. Acesso em: 3 Ago. 2019.

CANOTILHO, José Joaquim Gomes. Juridização da ecologia ou ecologização do direito. **Revista de Direito, urbanismo e meio-ambiente**. Dez. Coimbra, Almedina, nº 4,1995.

______.. Juridização da ecologia ou ecologização do direito. **Revista de Direito, urbanismo e meio-ambiente**. Dez. Coimbra, Almedina, nº 4,1995, p. 73.

______.. Juridização da ecologia ou ecologização do direito. **Revista de Direito, urbanismo e meio-ambiente**. Dez. Coimbra, Almedina, nº 4,1995, p. 77.

CARDOSO, Denis. **Israel muda regras de abate "kosher" e mexe com mercado**. Portal DBO. 2019. Disponível em: https://www.portaldbo.com.br/israel-muda-regras-de-abate-kosher-e-mexe-com-mercado-de-carne/. Acesso em: 3 Ago. de 2019.

CARNEIRO, Paulo Cezar Pinheiro. **Acesso à Justiça**: juizados especiais cíveis e ação civil pública. Tese. Faculdade de Direito da Universidade do Estado do Rio de Janeiro: Forense, 1999. p. 55 e segs.

CARRUTHERS, P. **The animal issue***: moral theory in practice.* Cambridge: Cambridge University Press, 1992.

CARTUYVELS, Yves; OST, François. **Crise du lien social et crise du temps juridique**; le droit est-il encore en mesure d'instituer la société? L'exemple du droit penal. Fondation Roi Baudoin, 1998. p. 119.

CAVALCANTI, Maria Lucia Frota. A **relação entre o homem e o animal urbano**. Disponível em: www.holostech.com/da/SEPDA.pdf-. Acesso em: 15 Ago. 2019.

CHARLES RIVER. **Home**. 2019. Disponível em: https://www.criver.com/. Acesso em: 27 Jul. 2019.

CHAVES, Fábio. **Neurocientistas de todo o mundo assinam manifesto reconhecendo a consciência dos animais.** 2012. Disponível em: https://www.vista-se.com.br/neurocientistas-de-todo-o-mundo-assinam-manifesto-reconhecendo-consciencia-dos-animais/. Acesso em: 28 Jul. 2019.

CHIOVENDA, Giuseppe. **Saggi di diritto processuale civile**. Roma: Foro Italiano, 1930. p. 110.

CLÈVE, Clèmerson Merlin; FREIRE, Alexandre Reis Siqueira. Algumas notas sobre colisão de direitos fundamentais. In: GRAU, Eros Roberto; CUNHA, Sérgio Sérvulo da (Coord.). **Estudos de direito constitucional em homenagem a José Afonso da Silva**. São Paulo: Malheiros, 2003. p. 238-239.

______. **O direito e os direito**. São Paulo: Max Limonad, 2001. p. 173.

COELHO, Fabio Ulhoa. **Curso de Direito Civil**. São Paulo: Saraiva, 2003. pp. 138-139.

COMISSÃO MUNDIAL SOBRE MEIO AMBIENTE E DESENVOLVIMENTO (PNUMA). **Nosso futuro comum**. Rio de Janeiro: Fundação Getúlio Vargas, 1991. p. 390.

CORTINA, Adela. **Las Fronteras de la Persona**: El valor de los animales, la dignidad de los humanos. Taurus: Madrid, 2009. p. 117.

COSTA RICA. **Declaração das Responsabilidades Humanas** - Declaração das Responsabilidades humanas para a Paz e o Desenvolvimento Sustentável. Realização: Universidade da Paz das Nações Unidas na Costa Rica. Disponível em: http://www.unipazrecife.org.br/Declaracao%20das%20Responsabilidades%20 Humanas. htm:http://. Acesso em: 05 Dez. 2017.

CROATTO, J. S. **As linguagens da experiência religiosa**: uma introdução à fenomenologia da religião. São Paulo: Paulinas, 2001. p. 41. Disponível em: http://www.eaglegestao.com.br/mitoritosimbolo/. Acesso em: 15 Jul. 2018.

DENIS, Lara. Kant's Conception of Duties regarding Animals: Reconstruction and Reconsideration. History of Philosophy Quarterly. **North American Philosophical Publications.** University of Illlinois press. **v.** 17, n. 4, out. 2000, p. 405-423. Disponível em: http://www.jstor.org/stable/27744866. Acesso em: 20 Ago. 2018.

_____. Kant's Conception of Duties regarding Animals: Reconstruction and Reconsideration. History of Philosophy Quarterly. **North American Philosophical Publications.** University of Illlinois press. v. 17, nº 4, out. 2000, pp. 405-423. Disponível em: http://www.jstor.org/stable/27744866. Acesso em: 20 Ago. 2018.

DEPARTMENT FOR ENVIRONMENT, FOOD AND RURAL AFFAIRS (Defra). **About Defra**. 2011. Disponível em: http://webarchive.nationalarchives.gov.uk/20110907093000/http://www.defra.gov.uk/corporate/. Acesso em: 16 Ago. 2018.

DERRIDA Jacques. **Fé e Saber**. In: DERRIDA, Jacques; VATTIMO, Gianni (org.). **A Religião**: o seminário de Capri. São Paulo: Ed. Estação Liberdade Ltda. 1996. p. 54

_____. **O animal que logo sou**. Tradução Fábio Landa. São Paulo: Ed. UNESP, 2011. p. 27.

DESPRET, Vinciane. **What Animals say if we asked the right questions?.** Tradução Brett Buchanan. Foreword by Bruno Latour. p. 153.

DIAMOND, Cora. Royal Institute of Philosophy. Eating Meat and Eating People. Cambridge University Press on behalf of Royal Institute of Philosophy Stable URL, **Philosophy**, v. 53, nº 206, p. 474, Oct., 1978. Disponível em: http://www.laurentillinghast.com/DiamondEatingMeat.pdf. Acesso em: 15 Jul. 2019

DICIONÁRIO DO AURÉLIO. **Cobaia**. Aquilo de que alguém se serve para fazer um experimento. [Online]. 2019. Disponível em: <https://dicionariodoaurelio.com/cobaia>. Acesso em: 11 de Jul. de 2019.

DINIZ, Arthur J. Almeida. **Novos paradigmas em direito internacional público**. Porto Alegre: Sérgio Antônio Fabris, 1995, p. 79.

DINIZ, Maria Helena. **Compêndio de introdução à ciência do direito**. 18 ed. São Paulo: Saraiva, 1993. p. 461.

_____. **Curso de Direito Civil**. 29 ed. São Paulo: Saraiva, 2012. p. 334.

DUNCAN, I.J.H.; FRASER, D. **Understanding animal welfare. Animal welfare**. CAB. International: Ed. M.C.Appleby & B.O.Hughes, 1997. pp. 19-32.

DWORKIN, Ronald. **Sovereign Virtue**. The Theory and Practice of Equality. Cambridge: Harvard University Press, 2000.

_____. **O Império do Direito**. Tradução: Jefferson Luiz Camargo. São Paulo: Martins Fontes, 1999.

ELIADE, Mircea. **Mito e Realidade**. 6 ed. São Paulo: Editora Perspectiva, 2013.

_____. **O sagrado e o profano**: a essência das religiões. São Paulo: Martins Fontes, 2001. p. 27.

_____. **Traité d'histoire des religions**. Tradução Fernando Tomaz e Natália Nunes. 4 ed. São Paulo: Editora WMF, 2010.

ESTADOS UNIDOS. Supremo Tribunal. **Igreja do Lukumi Babalu Aye, Inc. v. Hialeah**. Church of the Lukumi Babalu Aye, Inc. v. Hialeah, 508 U.S. 520. 1993.·Disponível em: https://supreme.justia.com/cases/federal/us/508/520/case.html. Acesso em: 04 Dez. 2017.

EXPERIMENTAÇÃO animal. Ética animal. Oakland, [2013?]. Disponível em: http://www.animal-ethics.org/exploracao-animal/experimentacao-animais/. Acesso em: 22 Ago. 2018.

FAO, IFAD, UNICEF, WFP and WHO. **2019** – The State of Food Security and Nutrition in the World 2019. Safeguarding against economic slowdowns and downturns. Rome: FAO, 2019. Disponível em: http://www.fao.org/3/ca5162en/ca5162en.pdf;. Acesso em: 20 Jul. 2019.

FARM ANIMAL WELFARE COUNCIL. **Farm Animal Welfare in Great Britain**: Past, Present and Future. London: Farm Animal Welfare Council, 2009. (PDF 500KB). Disponível em: http://webarchive.nationalarchives.gov.uk/

20110909181140/http://www.fawc.org.uk/reports.htm. Acesso em: 16 Ago. 2018.

_____. **The new website of the Farm Animal Welfare Committee can now be found at**. Disponível em: www.defra.gov.uk/fawc. Acesso em: 16 Ago. 2018.

FEIJÓ, A. G. S.; ROCHA, A. R.; CRIPPA, A. Os desafios dos comitês de ética para uso de animais. In: FEIJÓ, A. G.S.; BRAGA, L. M. G. M.; PITREZ, P. M. C. (Org.). **Animais na pesquisa e no ensino**: aspectos éticos e técnicos. Porto Alegre: EDIPUCRS. 2008. pp. 158- 167.

FELDHAUS, C. O. **Futuro da Natureza Humana de Jürgen Habermas**: Um comentário. **ethic@**, Florianópolis, v.4, n. 3, p.316, Dez 2005.

FELIPE, Sônia T. **Fundamentação ética dos direitos animais. O legado de Humphry Primatt.** 2014. Disponível em: file:///C:/Users/DELL/Documents/Doutorado%20Teses/Humphry%20Primatt%2010249-28716-1-PB.pdf. Acesso em: 19 Ago. 2018.

_____. **Por uma Questão de Princípios**: alcance e Limites da Ética de Peter Singer. Florianópolis: Boiteaux, 2003. p. 2.

FERNANDEZ, Eusébio. **El problema del fundamento de los derechos humanos**. Madri: Universidad Autonoma de Madrid, 1984.

FERREIRA, A. B. H. **Novo dicionário da língua portuguesa**. 2 ed. Rio de Janeiro: Nova Fronteira, 1986. p. 1513.

FERREIRA, Marcilene Aparecida. Pacha Mama: os direitos da natureza e o novo constitucionalismo na América Latina. **Revista de Direito Brasileira**, v. 4, ano 3, jan.-abril. 2013.

FERRY, Luc. **A nova ordem ecológica**: a árvore, o animal e o homem. Rio de Janeiro: Difel, 2009

FIVE FREEDOMS. 2012. Disponível em: http://webarchive.nationalarchives.gov.uk/20121010012427/http://www.fawc.org.uk/freedoms.htm. Acesso em: 16 Ago. 2018.

FOLHA DE SÃO PAULO. **Exportações de carne despencam após operação da PF contra frigoríficos**. 2017. Disponível em: https://www1.folha.uol.com.br/mercado/2017/03/

1868678-numeros-da-exportacao-sofrem-queda-busca-apos-operacao-carne-fraca.shtml. Acesso em: 20 Jul. 2019.

FÓRUM ANIMAL. **Cenas fortes! Investigação sobre Exportação de Animais Vivos**. Disponível em: https://www.youtube.com/watch?v=UOeJH7-mkTg. Acesso em: 2 Ago. 2019.

FRANCIONE, Gary L. Animals – Property or Persons? In: SUNSTEIN, Cass R. (ed.).; NUSSBAUM, Martha C. (ed.). **Animal Rights** – Current Debates and New Directions edited by Cass. New York: Oxford University Press, 2004. p. 111.

_____. **Animals, Property and the Law**. Filadélfia: Temple University Press, 1995. p. 190-200. p. 95.

_____. **Introdução aos Direitos Animais**: seu filho ou cachorro? Tradução Regina Redha. São Paulo: Editora Unicamp, 2013. p. 230

_____. CHARLTON, Anna. **Animals rights***: the abolitionist approach*. Exempla Press, Dez. 2015.

_____. **Rain Without Thunder**: The ideology of The Animal Rights Movement. Filadélfia: Temple University Press, 1996. pp. 51-53.

FREUD, Sigmund. **Alguns tipos de caráter encontrados no trabalho psicanalítico**: criminosos em consequência de um sentimento de culpa. Tradução de J. Salomão. v. 14. Edição Standard brasileira das obras psicológicas completas de Sigmund Freud. Rio de Janeiro: Imago, 1974, pp. 375-377. (Trabalho original publicado em 1916).

_____. **O mal-estar na civilização**. Tradução de J. Salomão. v. 21. Edição Standard brasileira das obras psicológicas completas de Sigmund Freud. Rio de Janeiro: Imago. 1996, pp. 75-171. (Trabalho original publicado em 1930 (1929)).

_____. **Totem e Tabu**. L& PM Editores, 2013. pp. 200-201.

GLOBO. **Ritual lucrativo**. Revista Globo Rural. Edição 232, Fev. 05. Disponível em: http://revistagloborural.globo.com/EditoraGlobo/componentes/article/edg_article_print/0,3916,905119-1641-3,00.html. Acesso em: 3 Ago. 2019.

GODLOVITCH, Stanley; GODLOVITCH, Roslind; HARRIS, John (eds.). **Animais, Homens e Morais**. Nova York: Grove, 1972.

GODOY, Arnaldo Sampaio de Moraes. Fundamentos filosóficos do Direito Ambiental. **Jus Navigandi**, Teresina, nº 466, 16 de outubro de 2004.

_____. **Garantias Constitucionais**: Duas primeiras emendas refletem História dos EUA. 2011. Disponível em: https://www.conjur.com.br/2011-abr-24/alem-criar-garantias-duas-primeiras-emendas-eua-guardam-historia?pagina=2. Acesso em: 5 Dez. 2017.

GOMES, Joaquim B. Barbosa. **A recepção do Instituto da Ação Afirmativas pelo Direito Constitucional Brasileiro**. 2001. p. 2. Disponível em: <http://www.adami.adv.br/artigos.asp>. Acesso em: 02 Ago. 2019.

GONÇALVES, Thomas Nosch. **Família multiespécie e divórcio extrajudicial com guarda de animais sencientes**. Disponivel em http://ibdfam.org.br/noticias/6898/. Acesso em: 10 Ago. 2019.

GORE, Al. Uma Verdade Inconveniente. **Esfera do Caos**, 2006. p. 317. ISBN 989-8025-15-8

GOVEG, **Meat and the Environment**: Pollution. Disponível em: http://www.goveg.com/environment-pollution.asp. Acesso em: 28 Jul. 2019.

GREIF, Sérgio.; TRÉZ, T. **A Verdadeira Face da Experimentação Animal**: A sua saúde em perigo. Rio de Janeiro: Sociedade Educacional Fala Bicho, 2000.

_____. **Alternativas ao uso de animais vivos na educação** – pela ciência responsável. São Paulo: Instituto Nina Rosa, 2003.

GRIMAL, Pierre. **Mitologia grega**. Rio Grande do Sul: L&PM, 2013.

GUEDES, Maria Helena. **Os Vegetarianos!** Vitória: Front Cover, 2016.

GUSSOLI, Felipe. Disponível em: http://www.direito.ufpr.br/portal/wp-content/uploads/

2014/12/Artigo-Felipe-Gussoli-classificado-em-1º-lugar-.pdf. Acesso em: 13 Ago. 2019.

GUYER, Paul. Duties Regarding Nature. In: **Kant and the Experience of Freedom**. New Yoork: Cambridge University Press, pp. 304-340, 1993.

HABERMAS, Jürgen. **O futuro da natureza humana**: a caminho de uma eugenia liberal? Tradução Karina Jannini. São Paulo: Martins Fontes, 2004, p.19.

HARARI, Yuval Noah. **Sapiens, uma breve história da humanidade**. 34 ed. Porto Alegre: L&PM, 2012. pp. 32 e 33

HARRIS, Sam. **A paisagem moral**: como a ciência pode determinar os valores humanos. São Paulo: Companhia das Letras, 2013. p. 67.

HART, Donna, L.; SUSSMAN, Robert W. **Man the hunted primates, predators, and human evolucion**. Expanded edition. Westview Press, 2008. p. 180. Disponível em: http://rirlisboaampm.com.br/man-the-hunted-man-

the-hunted-primates-predators-and-human.pdf. Acesso em: 17 Ago. 2018.

HOBBES, Thomas. **Leviatã, ou matéria, forma e poder de um estado eclesiástico e civil**. Tradução João Paulo Monteiro e Maria Beatriz Nizza da Silva. São Paulo: Abril Cultural, 1983. p. 122. Disponível em: http://www.dhnet.org.br/direitos/anthist/marcos/hdh_thomas_hobbes_leviatan.pdf. Acesso em: 05 Dez. 2017.

HOGEMANN, Edna Raquel; SILVA, Lucia Frota Pestana de Aguiar. O pós-secularismo e o ensino religioso diante da laicidade do estado. 2019. p. 147. In: PERLINGEIRO, Ricardo (Org.). **Liberdade Religiosa e direitos humanos**. Rio de Janeiro: Nupej/

TRF2, 2019. 602 p. Disponível em: http://emarf.trf2.jus.br/documentos/livroliberdadereligiosa2019.pdf. Acesso em: 15 Ago. 2019.

_____. **Bioética, Alteridade, embrião humano**. Rio de Janeiro: Multifoco, 2015. p. 103.

HRYNIEWICZ, Severo. **Para filosofar hoje**. 5 ed. Rio de Janeiro: Edição do autor, 2002.

HUMAN E SOCIET. **Pesca comercial**. Disponível em: http://www.hsus.org/farm/resources/animals/. Acesso em: 1 Ago. 2019.

ILVA, Geraldo Eulálio do Nascimento. **Direito ambiental internacional**. Rio de Janeiro: Thex, 1995. p.168.

INSTITUTO NINA ROSA. **Experimentação animal**. Disponível em: http://www.institutoninarosa.org.br/experimentacao-animal/. Acesso em: 28 Jul. 2019.

IÓRIO FILHO, Rafael Mario; DUARTE, Fernanda; BAPTISTA, Bárbara Gomes Lupetti. O impacto da cultura na concepção de uma ética global: a cultura realmente importa? The impact of culture on global ethics: does culture really matter? **Revista Juris Poeisis**. p. 283. Disponível em: http://portal.estacio.br/media/2485/revistas-juris-poiesis-14.pdf. Acesso em: 28 Jul. 2019.

IÓRIO FILHO, Rafael Mario; DUARTE, Fernanda. Para maior amplitude das questões envolvendo cultura e igualde jurídica: A impossibilidade da igualdade jurídica no Brasil. **Revista Juris Poeisis**, p. 47. Disponível em: https://portal.estacio.br/media/2482/juris-poiesis-14-11-maio1.pdf. Acesso em: 22 de agosto de 2019. Acesso em: 28 Jul. 2019.

JACOB, Nina Rosa. **A carne é fraca**. Documentário Instituto Nina Rosa. 2013. Disponível em: https://youtu.be/euvdedl-qso. Acesso em: 1 Ago. 2019.

JADOT, Benôit; OST, François. **Temps et droit: le droit a -t-il pour vocation de durer**? Time and law: Is it the nature of law to last? Saint-Lois: Facultés Universitaires, 1999, p. 253.

JONES, Helen. Animal Rights: A View and Commentary. **Society for Animal Rights Report**. October 1981, at 3.

JOY, Melanie. **Porque amamos cachorros, comemos porcos e vestimos** vacas – uma introdução ao carnismo. O sistema de Crenças que nos faz comer alguns animais e outros não. São Paulo: Curltrix, 2010.

KANT, Immanuel. **Fundamentação da metafísica dos costumes**. Tradução Paulo Quintela. Lisboa: Edições 70, 2007.

_____. **Lectures on Ethics**. New York: Hackett Publishing Company, 1980. p. 240.

KRAMER, Lisa A.; GREEK, Ray. **Human Stakeholders and the Use of Animals in Drug Development**. Business and Society Review. v.123, n. 1, March 2018, p. 3-58. Disponível em: https://onlinelibrary.wiley.com/doi/full/10.1111/basr.12134#accessDenialLayout. Acesso em: 29 Jul. 2019.

KÜNG, Hans. **Projeto de ética mundial, uma moral ecumênica em vidas da sobrevivência humana**. São Paulo: Edições Paulistas, 1993. p. 52.

JASSE, A. C. G. Jung. **Word and Image.** Princeton. NJ: Princeton University Press, 1979. p. 136.

LAMA, Dalai. **Uma ética para o novo milênio**. Rio de Janeiro: Sextante, 2000. p. 119.

LANDSBURY, Coral. **The old brown dog**: Women, Workers, and Vivisection in Edwardian England. Mdison: University of Winsconsin Press, 1985.

LEAL, Márcio Mafra Leal. **Ações coletivas**: história, teoria e prática. Porto Alegre: Sérgio Antonio Fabris Editor, 1998. p.155-162.

LEITE, Fábio Carvalho. **Veredas do Direito**. Belo Horizonte, v. 10, nº 20, pp. 163-177. Julho/Dezembro de 2013.

LEITE, José Rubens Morato; AYALA, Patrick de Araújo. Novas tendências e possibilidades do direito ambiental no Brasil. In: VOLKMER, Antonio Carlos; _____ (orgs.). **Os "novos" direitos no Brasil**: natureza e perspectivas: uma visão básica das novas conflituosidades jurídicas. São Paulo: Saraiva, 2003. pp. 181-292. p. 213.

_____; AYALA, Patryck de Araújo. A transdiciplinariedade do direito ambiental e sua eqüidade intergeracional. **Revista de Direito Ambiental**. São Paulo, v.6, n. 22, pp. 62-80, abr./jun.2001.

LEVAI, Laerte Fernando. **Direito dos animais**: O direito deles e o nosso Direito sobre eles. Campos do Jordão: Mantiqueira, 1998. p. 43.

LEVINAS, Emmanuel. **De Deus vem a ideia**. São Paulo: Vozes, 2016. p. 105.

_____. **Entre nós**: ensaios sobre a Alteridade. Tradução Pergentino Stefano Pivatto (coord.). Petrópolis: Vozes, 1997. Disponível em: https://olimpiadadefilosofiasp.files.wordpress.com/2012/03/entre-nos-ensaios-sobre-a-alteridade-emmanuel--levinas.pdf. Acesso em: 01 set. 2018.

_____. **Totalidade e infinito**. Lisboa: Ed. Almedina, 1988. p. 24.

_____. **Totalidade e infinito**. Tradução de José Pinto Ribeiro. Lisboa: Edições 70, 2008.

LÉVI-STRAUSS, Claude. **O olhar distante**. Lisboa: Edição 70, 1983. p. 390.

LOURENÇO, Daniel Braga; OLIVEIRA, Fábio Corrêa Souza de Oliveira. **Titular de direitos.** Reduzir animal a meio para propósitos humanos é intolerável. Disponível em: https://www.conjur.com.br/2013-nov-01/reduzir-animal-meio-propositos-humanos-intoleravel. Acesso em: 28 Abril 2016.

_____. A liberdade de culto e o direito dos animais não-humanos. **Revista de Direito Constitucional e Internacional**, São Paulo, Ano 13, n. 51, pp. 295-318, abr./jun. 2005.

_____. **Direito dos Animais**: Fundamentação e Novas perspectivas. Rio Grande do Sul: Editora Fabris, 2008. p .299.

_____; OLIVEIRA, Fábio Corrêa Souza de. Heróis da natureza, inimigos dos animais. Juris Poiesis. **Revista do Curso de Direito da Universidade Estácio de Sá**. Rio de Janeiro. ano 16., nº 16., pp. 181-206, jan.-dez. 2013.

MACHADO, Paulo Affonso Leme. **Estudos de direito ambiental**. São Paulo: Malheiros Editores, 1994. p. 25.

MARINONI, Luiz Guilherme. *Tutela inibitória: individual e coletiva*. São Paulo: Revista dos Tribunais, 1998, p. 20.

MARKEL, Howard. Case Shined First Light on Abuse of Children. **New York Times.** 2015. Disponível em: https://www.nytimes.com/2009/12/15/health/15abus.html?ref=science&mtrref=pt.wikipedia.

org&gwh=F8F4C84C3E94DC51B4FD4D71F458D23A&gwt=pay&assetType=REGIWALL. Acesso em: 8 Ago. 2019.

MAUSS, Marcel; HUBERT, Henri. **Sobre o sacrifício**. Tradução Paulo Neves. São Paulo: Cosac Naify, 2005. pp. 15-19.

MERLIN, Xavier. **Les risques sanitaires liés à l'abattage Halal - Par Alain de Peretti, Docteur vétérinaire**. 2011. Disponível em: https://fr.novopress.info/104433/les-risques-sanitaires-lies-a-l%E2%80%99abattage-halal-par-alain-de-peretti-docteur-veterinaire/. Acesso em: 3 Ago. 2019.

MERTON, Robert. K. (Org.). Contribuitions to the theory of reference group behavior. In: MERTON, Robert K.. **Social Theory and social Structure**. New York: Free Pass, 1968.

MIGALHAS. **Para desembargador, juízes estão "perdidos" ao julgar casos sobre liberdade de expressão**. Entrevista com o desembargador André Gustavo Correa de Andrade. Disponível em: https://www.migalhas.com.br/Quentes/17,MI301187,51045 Para+desembargador +juizes+estao+perdidos+ao+julgar+casos+sobre. Acesso em: 15 Ago. 2019.

MILL, John Stuart . **Utilitarism**. New York. Liberal Art Press, 1957. P. 40

_____. Autobiography and Other Writings. Ed. Jack Stillinger. Boston: Houghton Mifflin, 1969.

_____. **Utilitarismo**. Tradução Alexandre Braga Massella. São Paulo: Iluminuras, 2000.

MIRCEA, Elíade. **Traité d'histoire des religions**. Tradução Fernando Tomaz e Natália Nunes. 4 ed. São Paulo: Editora WMF, 2010.

MIRRA, Álvaro Luiz Valery. **Limites e controle dos atos do Poder Público em matéria ambiental**. São Paulo: RT, 1995. p. 52.

MONTEIRO, Washington de Barros. **Curso de Direito Civil**. Parte Geral. 27 ed. São Paulo: Saraiva, 1988. p. 56.

MOREIRA, José Carlos Barbosa. **Tutela sancionatória e preventiva** – Temas de direito processual. Segunda Série. São Paulo: Saraiva, 1980. p. 222.

MULLER, Robert. **O nascimento de uma civilização global**: São Paulo: Aquariana, 1993, p. XV.

NAÇÕES UNIDAS DO BRASIL. **A Declaração Universal dos Direitos Humanos**. Disponível em: https://nacoesunidas.org/direitoshumanos/declaracao/. Acesso em: 05 Dez. 2017.

NACONECY, Carlos. Ética e Animais. Rio Grande do Sul: EDIPUC/RS, 2014. p. 70.

NATIONAL CENTRE FOR REPLACEMENT, REFINEMENT AND REDUCTION OF ANIMALS IN RESEARCH. **What are the 3Rs?** Retrieved August 14, 2013. Disponível em: https://www.nc3rs.org.uk/the-3rs. Acesso em: 16 Ago. 2018.

NEVES, Marcelo. **Entre Thêmis e Leviatã**: uma relação difícil. p. 95. Ed. Martins Fontes, 2016

OLIVEIRA, Fábio Corrêa de Souza Oliveira. **Carta aberta sobre a libertação de animais do instituto Royal**. 2013. Disponível em:<http://www.animaisecologia.com.br>. Acesso em: 15 Jul. 2019.

ORGANICS NEWS BRASIL. **Produção de transgênicos cresce no Brasil**. 2016. Disponível em: https://organicsnewsbrasil.com.br/bem-estar/saude/alimentacao/transgenicos/producao-de-transgenicos-cresce-no-brasil/. Acesso em: 20 Jul. 2019.

ORWELL, George. **Lutando na Espanha**. 2002. p. 27. Disponível em: http://biblioteca-digital.puc-campinas.edu.br/services/e-books/George%20Orwell-3.pdf. Acesso em: 3 Ago. 2019.

OST, Franaçois.. **A natureza a margem da lei**: a ecologia a prova do Direito. Lisboa: Instituto Piaget, 1997.

_____; HOECKE, Van Mark (Orgs.). **Temps et Droit. Le Droit a-t-il pour vocation de durer**? Bruxelles: Bruylant, 1998. p. 469.

PAREDES, Manuel Rigoberto. ***Mitos, supersticiones y supervivencias populares de Bolivia***. Prólogo do Dr. Belisario Díaz Romero. La Paz: Arno Hermanos-Libreros Editores, 1920. p 38-42. Disponível em: https://ia800901.us.archive.org/22/items/mitossupersticio00pareuoft/mitossupersticio00pareuoft.pdf. Acesso em: 13 Ago. 2019.

PASSALACQUA, Gabriella Palhares. Estado e religião na constituição brasileira de 1988 apartheid religioso: a Suprema Corte dos EUA e o caso Church of the Lukumi Babalu Aye v. City of Hialeah. **Relatório Final – Estado e Religião na Constituição Brasileira de 1988**. Rio de Janeiro: Puc, 2006.

PATTERSON, Charles. **Eternal Treblinka**: our Treatment of Animals and the Holocaust. New York: Copyrighted Material, 2002.

PEOPLE FOR THE ETHICAL TREATMENT OF ANIMALS (PETA). Official. **Glass Walls.** Video by Paul McCartney. 2013. Disponível em: https://www.youtube.com/watch?v=ql8xkSYvwJs&feature=youtu.be. Acesso em: 14 Jul. 2019.

PLATAFORMA PATAV. **Sexta às 9 – Reportagem sobre transporte de animais vivos**. 2017. Disponível em: https://www.yo/utube.com/watch?v=KTo0An86eLc. Acesso em: 2 Ago. 2019.

PNUMA, UICN, WWF. **Uma estratégia para o futuro da vida**. São Paulo: editora, 1991, pp. 14-15.

PORTO ALEGRE. **Essa escola é o Bicho**. Prefeitura Municipal de Porto Alegre. Disponível em: http://www2.portoalegre.rs.gov.br/seda/default.php?p_secao=82. Acesso em: 26 Jun. 2018.

PORTUGAL. Lei de Liberdade Religiosa. **Consolidação Lei n.º 16/2001**. Diário da República n.º 143/2001, Série I-A de 2001-06-22. Disponível em: https://dre.pt/web/guest/legislacao-consolidada/-/lc/106639383/201704281757/exportPdf/normal/1/cacheLevelPage?_LegislacaoConsolidada_WAR_drefrontofficeportlet_rp=indice. Acesso em: 05 Dez. 2017.

_____. **Portaria nº 1005/92**. Aprova as normas técnicas de protecção dos animais utilizados para fins experimentais e outros fins científico. Ministérios da Agricultura, da Educação, da Saúde e do Comércio e Turismo. Diário da República nº 245/1992, Série I-B de 1992-10-23. Disponível em: https://dre.pt/pesquisa/-/search/220371/details/maximized. Acesso em: 27 Jul. 2019.

POSITION of the American Dietetic Association and Dietitians of Canada: Vegetarian diets. **Journal of The American Dietetic Association**. v.103, n. 6, June 2003. Disponível em: https://www.vrg.org/nutrition/2003_ADA_position_paper.pdf. Acesso em: 16 Ago. 2018.

PRIMATT, Humphrey. **The Duty of Mercy**. 1776. Editado por Richard D. Ryder e John Austin Baker. Fontwell/Sussex: Centaur Press, 1992.

PUREZA, José Manuel; FRADE, Catarina. **Direito do ambiente**. Coimbra: Faculdade de Economia de Coimbra, 1998. p. 8-9.

QUALITTAS. **Arábia Saudita apresenta nova interpretação de exigências de abate Halal**. 2018. Disponível em: https://www.qualittas.com.br/blog/index.php/arabia-saudita-apresenta-nova-interpretacao-de-exigencias-de-abate-halal/. Acesso em: 3 Ago. 2019.

REGAN, Tom .**The Case for Animal Rights**. Berkeley: University of California Press, 1983.

_____. **Defending Animal Rights**. University of Illinois Press: Urbana and Chicago, 2001. p. 17.

_____. Introdução – Nação do Direito Animal. In: **Revista Brasileira de Direito Animal**. Salvador: Instituto de Abolicionismo Animal, v.1, nº 1, jan. 2006. p. 75.

_____. **Jaulas Vazias**. Disponível em: file:///C:/Users/profl/Downloads/Tom_Regan_Jaulas_Vazias_Encarando_o_desa.pdf. Acesso em: 28 Jul. 2019.

_____. SINGER, Peter (eds.). **Direitos animais e obrigações humanas**. Englewood Cliffs: Prentice-Hall, 1976.

RIO DE JANEIRO. **LEI N.º 3.844, de 11 de Novembro de 2004.** Autoriza o Poder Executivo a criar o Programa "Bichos de Estimação" nas unidades da Rede Municipal de Ensino Público e dá outras providências.

_____. **Lei nº 5653, de 19 de dezembro de 2013**. Dispõe sobre a gestão do sistema de limpeza urbana no município do rio de janeiro. Disponível em: https://leismunicipais.com.br/a/rj/r/rio-de-janeiro/lei-ordinaria/2013/565/5653/lei-ordinaria-n-5653-2013-altera-a-lei-n-3273-de-6-de-setembro-de-2001-que-dispoe-sobre-a-gestao-do-sistema-de-limpeza-urbana-no-municipio-do-rio-de-janeiro. Acesso em: 6 Dez. 2017.

_____. **Projeto de Lei nº 1.577 de 26 de dezembro de 2007**, de autoria do Vereador Cláudio Cavalcanti. Proíbe a utilização, mutilação e/ou o sacrifício de animais em rituais religiosos ou de qualquer outra natureza no Município do Rio de Janeiro, e dá outras providências. Disponível em: http://www.camara.rj.gov.br/spldocs/pl/2007/pl1577_2007_009717.doc. Acesso em: 5 Dez. 2017.

RIO GRANDE DO SUL. Assembleia Legislativa. **Projeto de Lei nº 21/2015. Altera a Lei nº 11.915, de 21 de maio de 2003**. Institui o Código Estadual de Proteção aos Animais, no âmbito do Estado do Rio Grande do Sul, e revoga a Lei nº 12.131, de 22 de julho de 2004. Disponível em: http://www.al.rs.gov.br/legislativo/ExibeProposicao/tabid/325/SiglaTipo/PL/NroProposicao/21/AnoProposicao/2015/Origem/Px/Default.aspx. Acesso em: 04 Dez. 2017.

_____. **Decreto nº** 43.252, de 22 de julho de 2004. Regulamenta o artigo 2º da Lei nº 11.915, de 21 de maio de 2003. Disponível em: http://www.al.rs.gov.br/legis/M010/M0100099.

ASP?Hid_Tipo=TEXTO&Hid_TodasNormas=47826&hTexto=&Hid_IDNorma=47826 . Acesso em: 5 de dez.. 2017.

_____. Tribunal de Justiça. **Ação Direta de Inconstitucionalidade n. 70010129690.** Tribunal Pleno. Relator: Des. Araken de Assis. Publicado no Diário de Justiça Eletrônico em 17 de ago. de 2005. Porto Alegre, RS. Disponível em: <http://www.tjrs.jus.br/busca/?tb=proc>. Acesso em: 04 dez. 2017

ROBBINS, John. **The Food Revolution**. Berkeley: Conari Press, 2001. p. 294.

RODRIGUES, Alex. Empresa Brasil de Comunicação. **BRF recolhe carne de frango por risco de contaminação por salmonela**. 2019. Disponível em: http://agenciabrasil.ebc.com.br/economia/noticia/2019-02/brf-recolhe-carne-de-frango-por-risco-de-contaminacao-por-salmonella . Acesso em: 1 de agosto de 2019.

RODRIGUES, Danielle Tetu. **O direito e os animais**: uma abordagem ética, filosófica e normativa. 2.ed. Curitiba: Juruá, 2012. p. 28.

ROLLIN, Bernard E. Animal pain. In: FOX, M.W.; MICKLEY, L.D. (Eds.). **Advances in animal welfare science 1985**. Washington: The Humane Society of the United States Repository, 1985. P. 91-106. Tradução nossa. Disponível em: https://animalstudiesrepository.org/cgi/viewcontent.cgi?article=1008&context=acwp_arte. Acesso em: 27 Jul. 2019.

ROMANES, George J. **Animal Intelligence**. London, K. Paul, Trench, 1982. Disponível em: https://archive.org/details/animalintelligen00romauoft/page/n10. Acesso em: 19 Ago. 2018.

ROSA, Fellipe Augusto de Miranda. **Sociologia do direito** – O fenômeno jurídico como fato social. 10 ed. Rio de Janeiro: Jorge Zahar, 1993.

RUSSELL, W.M.S.; BURCH, R.L. **Os princípios da técnica experimental humana.** (replace, reduce, refine). Londres: Methuen, 1959. ISBN 0900767782

RYDER, Richard. Os animais e os direitos humanos. **Revista Brasileira de Direito Animal**. v.3, n.4, p. 67-70, 2008. Disponível em: https://portalseer.ufba.br/index.php/RBDA/article/view/10458/7464. Acesso em: 19 Ago. 2018.

_____. **Speciesism**: A Ética da Vivissecção. Edimburgo: Scottish – Sociedade para a Prevenção da Vivissecção, 1974. Filosofia 53 I978 465.

SALT, Henry Stephens. **Animals' rights considered in relation to social progress**. Londres: G. Bell and Sons, 1922. p. 54. Disponível em: http://archive.org/details/cu31924030305332. Acesso em: 25 Jul. 2019.

_____. **A Plea for Vegetarianism and other essays**. 1986. Disponível em: https://archive.org/details/pleaforvegetaria1886salt/page/n4. Acesso em: 19 Ago. 2018.

_____. **Animals' Rights**: Considered in Relation to Social Progress. New York: Macmillan & Co, 1894. Disponível em: http://www.animal-rights-library.com/texts-c/salt01.htm. Acesso em: 19 Ago. 2018.

SALVADOR. Câmara Municipal. **Projeto de Lei nº 308/2013**. Dispõe sobre a proibição do sacrifício e/ou mutilação na prática de qualquer atividade religiosa e dá outras providências. Disponível em: http://www.camarasalvador.com.br/pub/DOL-4055/index.html#/15/zoomed. Acesso em: 05 Dez. 2017.

SANTOS, Juana Elbein dos. **Os Nagô e a Morte**. 11 ed. Petrópolis: Vozes, 2002. p. 228-229.

SÃO PAULO. Assembleia Legislativa. **Projeto de Lei nº 992/2011**. Proíbe o uso e o sacrifício de animais em práticas de rituais religiosos no Estado de São Paulo e dá outras providências. Disponível em: http://www.al.sp.gov.br/propositura/?id=1041384. Acesso em: 05 Dez. 2017.

SARLET, Ingo Wolfgang . **Novamente a proteção constitucional dos animais no Brasil** - o caso da EC 96/2017. Disponível em: https://www.conjur.com.br/2017-jul-07/direitos-fundamentais-protecao-constitucional-animais-ec-962017. Acesso em: 15 Ago. 2019.

_____. **As aproximações e tensões existentes entre os Direitos Humanos e Fundamentais**. Disponível em: https://www.conjur.com.br/2015-jan-23/direitos-fundamentais-aproximacoes-tensoes-existentes-entre-direitos-humanos-fundamentais. Acesso em: 20 Ago. 2019.

_____; FENSTERSEIFER, Tiago. **Direito constitucional ambiental**: Constituição, direitos fundamentais e proteção do ambiente. 5 ed. São Paulo: 2017. pp. 91-92.

SCAFF, Fernando Facury. (Org). **Constitucionalizando direitos, quinze anos da Constituição brasileira de 1988**. Rio de Janeiro: Renovar, 2003, pp.140-141.

SCHOPENHAUER, A. **Sobre a Ética**. Tradução de Flamarion C. Ramos. São Paulo: Ed. Hedra, 2012.

_____. **As dores do mundo** - O Amor - A Morte - A Arte - A Moral - A Religião - A Política - O Homem e a Sociedade. Edições de ouro. S.d. p. 51. Disponível em: http://abdet.com.br/site/wp-content/uploads/2015/01/Dores-do-Mundo.pdf. Acesso em: 29 Nov. 2017.

SENDIM, José de Souza Cunhal. **Responsabilidade civil por danos ecológicos**: da reparação do dano através da restauração natural. Coimbra: Coimbra editor, 1998. p. 101.

SHOPENHAUER, A. **Mínima moralia**. Reflexionen aus dem beschãdigten Leben, 1951 by Suhrkamp Verlag. Tradução Artur Morão. Capa de Edições 70. p. 47. Disponível em: http://www.mom.arq.ufmg.br/mom/babel/textos/adorno-minima-moralia.pdf. Acesso em: 28 Nov. 2017.

_____. **O Mundo como Vontade e Representação**. Rio de Janeiro: Contraponto, 2001. 431p.

SILVA, Lilian. A Holanda é o primeiro país do mundo sem animais abandonados. 2018. Disponível em: <https://awebic.com/animais/holanda-animais-abandonados/>. Acesso em: 3 jun. 2018.

SINGER, Peter. **Economia solidária**: entrevista com Paul Singer. Estudos Avançados, v. 22, n. 62, pp. 289-314, 2008.

_____. Equality for Animals? **Excerpted from Practical Ethics**, Cambridge, 1979,

_____. **All animals are equal**. Disponível em: http://www.animal-rights - library.com/texts-m/singer02.htm. Acesso em: 02 Ago. 2019.

_____. **Animal Liberation**. 2 ed. New York: Reviews of Books, 1990.

_____. **Animal Liberation**. New York: Avon Brooks, 1995. p. 5.

_____. **Animal Liberation**. Nova York: New York Review, 1975.

_____. **Do animals can feel pain?** Excerpted from Animal Liberation. 2nd edition. New York: Avon Brooks, 1990. p 10-12. Disponível em: <http://www.animal-righrts-library.com/texts-m/singer03.htm>. Acesso em: 02 Ago. 2019.

_____. *Ética prática*. Tradução Jefferson Luiz Camargo. 3 ed. São Paulo: Martins Fontes, 2012, p. 88.

_____. **Ética prática**. Tradução Jefferson Luiz Camargo. São Paulo: WMF Martins Fontes, 2002. p. 67.

_____. **Liberation animal**. México: Cuzamil, 1985. p. 318.

_____. **Libertação Animal**. 1975. Porto Alegre: Lugano, 2004.

_____. MASON, Jim. **Como Comemos**: Porque as nossas escolhas alimentares fazem a diferença. Dom Quixote, 2008, p. 275-276. ISBN 978-972-20-3633-7

SLOTERDI, J.K. Peter. **Crítica da Razão Cínica**. Estação Liberdade.Parte superior do formulário

SPENCER, Colin. **Vegetarianism**: *A History*. Grub Street Cookery, 2002. pp. 18-19.

_____. **Vegetarianism**: *a history*. New York: Four Walls Eight Windows, 2002. p. 20. ISBN 1-56858-291-9.

SPERLING, Susan. **Animal Liberators, Berkerley e los Angeles**. University of California Press, 1968.

STEFANELLI, Lucia Cristiano Juliato. **Experimentação Animal**: considerações éticas, científicas e jurídicas. Disponível em: htt://www.educadres.diaadia.pr.gov.br/arquivos/Fie/novembro2011/biologia_artigos/9experimentcao_aninimal.pdf. Acesso em: 18 Ago. 2019

SUNSTEIN, Cass R. (ed.). NUSSBAUM, Martha C. (ed.). **Animal Rights** – Current Debates and New Directions edited by Cass. New York: Oxford University Press, 2004. p. 252.

_____; _____. All animals are note equal – the interface betweem scientifc knowledge and legislation for animal rights. In: SUNSTEIN; Nussbaum (Ed.). **Animal rights**: current debates and new directions. New York: Oxford University Press, 2004. p. 11.

TANNENBAUM, J. Ethics and animal welfare: The inextricable connection. **Journal American Veterinary Medical Association**, v.198:p.1360-1376, 1991.

THE EARTH CHARTER. **Benmark Darft**. 1999. Disponível em: <http://www.Earthcharter.org.Echarter@terra.ecouncil.ac.cr>. Acesso em: 28 Jul. 2019.

THE HUMAINE SOCIETY OF UNITED STATES. **Factory farming Campaign**. [2019?]. Disponível em: http://www.hsus.org/farm. Acesso em: 30 Jul. 2019.

THE New Encyclopaedia Britannica, vol. 5. Micropaedia Ready Reference, 15th ed., 1986. ISBN 0-85229-434-4. **Encyclopaedia Britannica Inc**. Disponível em: https://archive.org/details/in.ernet.dli.2015.91855/page/n141. Acesso em: 27 Jul. 2019.

THE PIG SITE. **Judge Rules Recumbet Pigs May Be Processed**. 2009. Disponível em: http://www.thepigsite.com/swine-news/20475/judge-rules-recumbent-pigs-may-be-processed. Acesso em: 30 Jul. 2019.

THOMAS, Keith. **O homem e o mundo natural**. São Paulo: Cia das Letras, 1989.

THREE RS MICROSITE – Three Rs Searches & Animal Index. **Three Rs Centres**. Disponível em: https://3rs.ccac.ca/en/searches-and-animal-index/centres.html. Acesso em: 16 Ago. 2018.

_____. **Three Rs**: Replacement, Reduction and Refinement. Disponível em: https://3rs.ccac.ca/en/about/three-rs.html. Acesso em: 16 Ago. 2018.

TRINDADE, Antônio Augusto Cançado. **Direitos humanos e meio ambiente** – Paralelo dos sistemas de proteção internacional. Porto Alegre: Sérgio Antônio Fabris, 1993. p. 198.

U.S. CONGRESS, Office of Technology Assessment. **Alternatives to Animal Use in Research, Testing, and Education**. Washington: U.S. Government Printing Office, OTA-BA-273, February 1986. p. 10. Disponível em: https://www.princeton.edu/~ota/disk2/1986/8601/8601.PDF. Acesso em: 27 Jul. 2019.

UNESCO. **Declaração Universal dos Direitos humanos**. Bruxelas – Bélgica, 27 de janeiro de 1978. Disponível em: https://wp.ufpel.edu.br/direitosdosanimais/files/2018/10/DeclaracaoUniversaldosDireitosdosAnimaisBruxelas1978.pdf. Acesso em: 27 Jul. 2019.

UNITED NATIONS. World food security increasingly at risk due to 'unprecedented' climate change impact. **New UN Report Warns**. 2019. Disponível em: https://news.un.org/en/story/2019/08/1043921. Acesso em: 11 Ago. 2019.

UNIVERSIDADE ESTADUAL DE LONDRINA. **Avaliação do Estresse Decorrente do Abate Halal em Bovinos**. Zootec. 2011. Disponível em: http://www.uel.br/grupo-esquisa/gpac/pages/arquivos/ZOOTEC%202011/ZOOTEC%202011%20Avaliacao%20do%20Estresse%20Decorrente%20do%20Abate%20Halal%20em%20Bovinos.pdf Acesso em: 3 Ago. 2019.

USLEGAL. Belief–Action **Distinction Law and Legal Definition**. Disponível em: https://definitions.uslegal.com/b/belief-action-distinction/. Acesso em: 05 Dez. 2017.

VANDEVEER, D. On beasts, persons and the original position. ***The Monist***, Oxford University Press, v.62, n.3, p. 368-377. Jul. 1979. Disponível em: https://www.jstor.org/stable/i27902594. Acesso em: 5 Dez. 2018.

VECCHIO, Giorgio Del. Lições de filosofia do direito. 5 ed. **Coleção Studium**, n. 58 e 59, Armênio Amado Editor, 1979.

VEGANIZE. **Terráqueos (Earthlings)** – legendado Pt Br. 2016. Disponível em: https://www.youtube.com/watch?v=wSMI-KLnUGk, Acesso em: 3 Ago. 2019.

VIANA, Mateus Gomes. A Terra como sujeito de direitos. **Revista da faculdade de Direito**, Fortaleza, v.34, n.2, p.258-259, jul./dez. 2013.

WATANABE, Kazuo. Acesso à justiça e sociedade moderna. *In*: GRINOVER, DINAMARCO e WATANABE. **Participação e processo**. São Paulo: RT, 1988.pp. 21-26.

WEILL, Pierre. **A nova ética**. Rio de Janeiro: Rosa dos Tempos, 1994. p. 54.

WHAT HAPPENS TO THEM MATTERS TO THEM. Série happens. **The Animals Voice [on line]**. 2019. Disponível em: http://animalsvoice.com/. Acesso em: 22 Dez. 2018.

WILLIAMS, John Alden. **Islam.** New York: Ed. Forgotten Books, 1962. p. 119.

WILSON, O. Edward. **O sentido da vida humana.** Portugal: Clube do autor Editora, 2014. pp. 99 e seguintes.

WOLKMER, Antônio Carlos; LEITE, José Rubens Morato. **Os "novos" direitos no Brasil**: natureza e perspectivas: uma visão básica das novas conflituosidades jurídicas. São Paulo: Saraiva, 2003. Apresentação.

WOOD, Allen W. Kant on Duties. Regarding Nonrational Nature. **The Aristotelian Society**, Oxford University Press, v. 72, 1998, pp. 189-228. Disponível em: https://www.jstor.org/stable/4107017?read-now=1&seq=1#page_scan_tab_contents. Acesso em: 20 Ago. 2018.

WORLDWATCH Institute. **Fire Up the Grill for a Mouthwatering Red, White, and Green July 4th**. July 2, 2003.

WORM, Boris et al. Impacts of Biodiversity Loss on Ocean Ecosystem Services. **Science**, v.314, Nov. 3, 2006; pp. 787-780. Disponível em: https://www3.epa.gov/region1/npdes/schillerstation/pdfs/AR-024.pdf. Acesso em: 28 Jul. 2019.

ANEXOS

ANEXOS A – Projeto de Lei da Câmara nº 27 de 2018

SENADO FEDERAL
PROJETO DE LEI DA CÂMARA
Nº 27, DE 2018
(nº 6.799/2013, na Câmara dos Deputados)

Acrescenta dispositivo à Lei nº 9.605, de 12 de fevereiro de 1998, para dispor sobre a natureza jurídica dos animais não humanos.

AUTORIA: Câmara dos Deputados
DOCUMENTOS:
Texto do projeto de lei da Câmara
Legislação citada
Projeto original
http://www.camara.gov.br/proposicoesWeb/prop_mostrarintegra?codteor=1198509&filename=PL-6799-2013

Acrescenta dispositivo à Lei nº 9.605, de 12 de fevereiro de 1998, para dispor sobre a natureza jurídica dos animais não humanos.

O CONGRESSO NACIONAL decreta:

Art. 1º Esta Lei estabelece regime jurídico especial para os animais não humanos.

Art. 2º Constituem objetivos fundamentais desta Lei:
- afirmação dos direitos dos animais não humanos e sua proteção;
- construção de uma sociedade mais consciente e solidária;
- reconhecimento de que os animais não humanos possuem natureza biológica e emocional e são seres sencientes, passíveis de sofrimento.

Art. 3º Os animais não humanos possuem natureza jurídica *sui generis* e são sujeitos de direitos despersonificados, dos quais devem gozar e obter tutela jurisdicional em caso de violação, vedado o seu tratamento como coisa.

Art. 4º A Lei nº 9.605, de 12 de fevereiro de 1998, passa a vigorar acrescida do seguinte art. 79-B:

> "Art. 79-B. O disposto no art. 82 da Lei nº 10.406, de 10 de janeiro de 2002 (Código Civil), não se aplica aos animais não humanos, que ficam sujeitos a direitos despersonificados."

Art. 5º Esta Lei entra em vigor após decorridos 60 (sessenta) dias de sua publicação oficial.

CÂMARA DOS DEPUTADOS, de abril de 2018.
RODRIGO MAIA
Presidente

LEGISLAÇÃO CITADA

- Lei nº 9.605, de 12 de Fevereiro de 1998 - Lei dos Crimes Ambientais; Lei da Natureza; Lei dos Crimes contra o Meio Ambiente - 9605/98
http://www.lexml.gov.br/urn/urn:lex:br:federal:lei:1998;9605

- Lei nº 10.406, de 10 de Janeiro de 2002 - Código Civil (2002) - 10406/02
http://www.lexml.gov.br/urn/urn:lex:br:federal:lei:2002;10406

- artigo 82

ANEXO B – Emenda nº 1 Projeto de Lei 27/2018.

PLC 27/2018 00001
SENADO FEDERAL
Gabinete Senador Rodrigo Cunha

EMENDA Nº ______
(ao PLC 27/2018)

Dê-se à ementa, ao art. 1º, ao inciso I do caput do art. 2º, ao art. 3º, e ao Art. 79-B da Lei 9.605/98, incluído pelo art. 4º do projeto a seguinte redação:

> "Acrescenta dispositivo à Lei nº 9.605, de 12 de fevereiro de 1998, para dispor sobre a natureza jurídica dos animais de estimação."

"**Art. 1º** Esta Lei estabelece regime jurídico especial para os animais de estimação."

"**Art. 2 º**...

I – afirmação dos direitos dos animais de estimação e sua proteção;

...."

"**Art. 3º** Os animais de estimação possuem natureza jurídica sui generis, os quais devem gozar e obter tutela jurisdicional em caso de violação, vedado o seu tratamento como coisa.

Parágrafo único. Esta lei não afetará práticas culturais reconhecidas como patrimônio cultural."

"**Art.4º**...

"**Art. 79-B.** O disposto no art. 82 da Lei nº 10.406, de 10 de janeiro de 2002 (Código Civil), não se aplica aos animais de estimação, que ficam sujeitos a direitos despersonificados."

SENADO FEDERAL
Gabinete Senador Rodrigo Cunha

JUSTIFICAÇÃO

A Constituição Federal de 1988 assegurou a todos o direito ao meio ambiente ecologicamente equilibrado e o pleno exercício dos direitos culturais. Assim, ao mesmo tempo em que protege as manifestações culturais populares (art. 215, caput e § 1º), a Carta Magna protege os animais contra a crueldade (art. 225, § 1º, VII).

Recentemente, o Supremo Tribunal Federal (STF) foi novamente instado a se manifestar acerca do conflito entre essas normas constitucionais consagradoras de direitos fundamentais.

A presente norma tem por escopo a nova categorização dos personagens civis, colocando os animais de estimação em um novo regime jurídico *sui generis*. É importante frisar que os animais de fato são seres que sentem dor, emoção, e que se diferem do ser humano apenas nos critérios de racionalidade e comunicação verbal.

Deste modo, a redação proposta adequa o Projeto de Lei aos códigos civis da França, Alemanha, Suíça e outros países. Na legislação comparada os animais passam a ser categorizados em outra classificação que não aquela de coisa e tampouco sujeitos, ou seja, é um caminho do meio. Portanto, não é possível que os animais sejam elevados a categoria de sujeito de direitos ainda que despersonificados.

É importante recordar que a vaquejada, assim como outras manifestações culturais populares, passa a constituir patrimônio e merecer proteção especial do Estado quando registrada em um dos quatro livros discriminados no Decreto nº 3.551, de 4 de agosto de 2000, que instituiu o Registro de Bens Culturais de Natureza Imaterial.

Foi aprovada nesta Casa Legislativa a PEC 50/2016 que acrescentou o § 7º ao art. 225 da Constituição Federal, para permitir a realização das manifestações culturais registradas como patrimônio cultural brasileiro que não atentem contra o bem-estar animal. Deste modo, a legislação em tela deve estar adequada àquela constitucional, sob pena de afrontar de modo direto a Constituição Federal.

Sala das Sessões, de de 2019.

Senador Rodrigo Cunha

ANEXO C – Emenda nº 2 Projeto de Lei 27/2018

PLC 27/2018 00002
EMENDA Nº - PLEN
(ao PLC nº 27, de 2018)

Altera o art 3º do PLC nº 27, de 2018 para incluir o Parágrafo único, que passa a vigorar com a seguinte redação:

"Art. 3º...
Parágrafo único: A tutela jurisdicional referida no caput não se aplica aos animais produzidos pela atividade agropecuária e aos que participam de manifestações culturais registradas como bem de natureza imaterial integrante do patrimônio cultural brasileiro. "

JUSTIFICAÇÃO

A presente emenda tem por objetivo evitar que interpretações equivocadas do PLC nº 27, de 2018 afetem a produção agropecuária brasileira, bem como a realização de atividades culturais, como o rodeio e a vaquejada, cujos direitos estão assegurados pela Lei nº 13.364/2016 e pela Emenda Constitucional nº 96/2017, que elevou essas manifestações de expressões artístico-culturais à condição de patrimônio cultural imaterial nacional.

A aprovação do presente projeto não altera em nenhuma instância a balança comercial de atividades agropecuárias ou não afeta quaisquer atividades comerciais ou culturais que envolvam animais. Vale ressaltar que países como Suíça, Alemanha, França e Nova Zelândia já adotaram legislação semelhante, mudando status jurídico de animais e reconhecendo que não são coisas, valorizando a importância do bem-estar animal, sem que nestes países houvesse qualquer prejuízo às atividades comerciais ou culturais envolvendo animais de qualquer espécie.

Sala da Comissão,

Senador **OTTO ALENCAR**
PSD/BA

ANEXO D – Emenda nº 3 Projeto de Lei 27/2018

PLC 27/2018 00003

PARECER Nº , DE 2019

Da COMISSÃO DE MEIO AMBIENTE, sobre o Projeto de Lei da Câmara nº 27, de 2018 (PL nº 6799/2013), do Deputado Ricardo Izar, que acrescenta dispositivo à Lei nº 9.605, de 12 de fevereiro de 1998, para dispor sobre a natureza jurídica dos animais não humanos.

Relator: Senador **RANDOLFE RODRIGUES**

Vem ao exame da Comissão de Meio Ambiente (CMA) o Projeto de Lei da Câmara (PLC) nº 27, de 2018 (Projeto de Lei nº 6.799, de 2013, na Casa de origem), do Deputado Ricardo Izar, que acrescenta dispositivo à Lei nº 9.605, de 12 de fevereiro de 1998, para dispor sobre a natureza jurídica dos animais não humanos.

O projeto contém 5 artigos. O art. 1º da proposição prevê seu objetivo, o de estabelecer regime jurídico especial para os animais não humanos.

O art. 2º enumera os objetivos fundamentais da lei proposta: a afirmação dos direitos dos animais não humanos e sua proteção; a construção de uma sociedade mais consciente e solidária; e o reconhecimento de que os animais não humanos possuem natureza biológica e emocional e são seres sencientes.

O art. 3º determina que os animais não humanos possuem natureza jurídica sui generis e são sujeitos de direitos despersonificados, dos quais devem gozar e obter tutela jurisdicional em caso de violação, vedado o tratamento dos animais como coisa.

O art. 4º pretende incluir novo artigo na Lei nº 9.605, de 12 de fevereiro de 1998 (Lei de Crimes Ambientais) para estabelecer que a regra que conceitua bens móveis, contida no art. 82 da Lei nº 10.406, de 10 de janeiro de 2002 (Institui o Código Civil), não se aplica aos animais não humanos, que ficam sujeitos a direitos despersonificados.

O art. 5º estabelece a vigência da lei resultante após decorridos sessenta dias de sua publicação oficial.

Na justificação da matéria, o Deputado Ricardo Izar especifica seus objetivos: afastar a ideia utilitarista dos animais, reconhecendo que os animais são seres sencientes, que sentem dor, emoção, e que se diferem do ser humano apenas nos critérios de racionalidade e comunicação verbal. Ainda conforme a justificação:

> O Projeto em tela outorga classificação jurídica específica aos animais, que passam a ser sujeitos de direitos despersonificados. Assim, embora não tenha personalidade jurídica, o animal passa a ter personalidade própria, de acordo com sua espécie, natureza biológica e sensibilidade.

> A natureza *suis generis* possibilita a tutela e o reconhecimento dos direitos dos animais, que poderão ser postulados por agentes específicos que agem em legitimidade substitutiva.

A matéria foi distribuída para o exame da CMA e da Comissão de Constituição, Justiça e Cidadania (CCJ). Não foram apresentadas emendas.

Após a aprovação do relatório na CMA, aprovou-se requerimento de urgência na Comissão. Houve a aprovação de requerimento de urgência e a rejeição dos requerimentos de oitiva em outras comissões. Em Plenário foram apresentadas duas emendas.

II – ANÁLISE

A Constituição Federal confere ao meio ambiente ecologicamente equilibrado o status de direito fundamental (art. 225). A proteção e a defesa dos animais, bem como a vedação à crueldade, são expressamente previstas no inciso VII do § 1º do art. 225, que estabeleceu a incumbência do Poder Público de proteger a fauna e a flora, vedadas, na forma da lei, as práticas que coloquem em risco sua função ecológica, provoquem a extinção das espécies ou submetam os animais a crueldade.

Quanto à competência para legislar sobre o assunto, o inciso VI do art. 24 da CF atribuiu competência concorrente à União, aos Estados e ao Distrito Federal para legislar sobre fauna, caça, conservação da natureza e proteção ambiental.

O tema da proteção aos direitos dos animais temganhado importância nos últimos anos e tramitam no Senado e na Câmara diversas proposições. Destacamos pelo menos três projetos para instituir um estatuto voltado ao bem-estar dos animais. Trata-se dos Projetos de Lei do Senado (PLS) nº 631, 650 e 677, todos de 2015, que têm como autores, respectivamente, os Senadores Marcelo Crivella, Gleisi Hoffmann e Wellington Fagundes. O tema guarda grande complexidade, considerando a elevada importância social e econômica da criação animal e de atividades científicas, esportivas, de lazer e educativa envolvendo animais. Essas proposições, tal como o projeto em análise, em nenhum momento equiparam animais a seres humanos, ou lhes conferem personalidade jurídica, mas, de forma inovadora, dispensam aos animais a dignidade de tratamento reservada aos seres sencientes, tal como pretende o PLC nº 27, de 2018, objeto deste Relatório.

Com o objetivo de contextualizar a matéria em análise, informamosainda que o Senado Federal aprovou e encaminhou à Câmara dos Deputados o Projeto de Lei do Senado (PLS) nº 351, de 2015, do Senador Antonio Anastasia, que tem por objetivo alterar a Lei nº 10.406, de 10 de janeiro de 2002 (Código Civil), para determinar que os animaisnão sejam considerados como coisas, embora possam ser classificados na categoria dos bens móveis para os efeitos legais, salvo o disposto em lei especial. Na Câmara dos Deputados, esse PLS tramita como Projeto de Lei (PL) nº 3.670, de 2015.

Observamos que o Direito Ambiental Brasileiro classifica os animais como bens ambientais difusos, cuja titularidade pertence à coletividade, muito embora possam ser apropriados como bens particulares, de acordo com o art. 82 da Lei nº 10.406, de 10 de janeiro de 2002 (Código Civil), que conceitua os bens móveis. Entretanto, há, inegavelmente, um dever da coletividade e do Poder Públicoem defender e proteger os animais, haja vista os dispositivos constitucionais que vedam a crueldade contra esses seres vivos.

Vários países avançaram em suas legislações no sentido de estabelecer que os animais não são coisas ou meros objetos. Disso dá nota robusto texto intitulado "A tutela jurídica dos animais no Direito Civil Contemporâneo", da lavra de Fernando Speck de Souza e Rafael Speck de Souza na Coluna da Rede de Direito Civil Contemporâneo.

Na Áustria, desde 1988, o parágrafo 285a do Código Civil prevê o seguinte:

> "Os animais não são coisas; eles são protegidos por leis especiais. As normas aplicáveis às coisas só se aplicam aos animais quando não houver regras específicas."

O parágrafo 90a do Código Civil alemão possui o mesmo espírito, negando, de um lado, que animais são coisas e aceitando, por outro lado, a aplicação subsidiária das regras de coisas.

Na Holanda, em 2011, o Código Civil passou a prever o seguinte:

> "Artigo 2a
>
> Animais não são coisas.
>
> As disposições relativas às coisas são aplicáveis aos animais, com a devida observância das limitações, obrigações e princípios legais decorrentes de normas estatutários e não escritas, bem como da ordem pública e dos bons costumes."

Nisso, o Código Civil holandês se aproximou do Código Civil alemão (o famoso BGB), que, em 1990, ao mesmo tempo em que passoua considerar que animais não são coisas, determinou que eles devemser submetidos às regras vigentes para as coisas no que couber, salvo disposição em contrário.

A França seguiu caminho similar. Em 2015 o seu Código Civil estabeleceu que "os animais são seres vivos dotados de sensibilidade" e que "sob a reserva das leis que os protegem, os animais estão submetidos ao regime de bens".

O Código Civil da Suíça trilhou igual via. Em 2002, o art. 641a passou a dispor que, de um lado, os animais não são coisas e, de outro lado, "salvo disposição em contrário, as disposições aplicáveis a coisas são aplicáveis para os animais".

Em Portugal, a Lei de nº 8, de 3 de março de 2017, estabeleceu um estatuto jurídico dos animais, alterando o Código Civil, o Código de Processo Civil e o Código Penal, de modo a contemplar maior proteção jurídica aos animais. Essa Lei reconhece sua natureza de seres vivos dotados de sensibilidade e, alterando regra do Código Civil, conceitua-os em um patamar jurídico distinto das coisas móveis e imóveis, porém passíveis de serem objeto do direito de propriedade. E, seguindo a lógica da legislação holandesa, francesa e alemã, o art. 201º-D da referida lei portuguesa dispõe:

> "Artigo 201.º-D Regime subsidiário Na ausência de lei especial, são aplicáveis subsidiariamente aos animais as disposições relativas às coisas, desde que não sejam incompatíveis com a sua natureza."

E, no art. 201.º-C, o Código Civil português assim define os animais: "Os animais são seres vivos dotados de sensibilidade e objeto de proteção jurídica em virtude da sua natureza".

No Brasil, o tema da proteção aos animais não é recente. O Código de Posturas do Município de São Paulo, de 1886, previa multa para cocheiros e condutores de carroça que maltratassem animais com castigos bárbaros e imoderados. Na República Velha, o Decreto nº 16.590, de 1924, foi provavelmente a primeira norma nacional em defesa da fauna, proibindo rinhas de galo e canário, corridas de touros e novilhos e regulamentando o funcionamento dos estabelecimentosde diversões públicas de modo a evitar maus tratos com animais. No Governo Provisório de Getúlio Vargas, o marco legal de proteção aos animais surge com o Decreto nº 24.645, de 10 de julho de 1934. Em seu art. 1º, determina que todos os animais serão tutelados pelo Estado e, em seu art. 3º, apresenta um rol de condutascomissivase omissivas consideradas como maus-tratos. Esses Decretos foram revogados pelo Decreto nº 11, de 18 de janeiro de 1991.

Na década de 1960 são publicadas a Lei nº 5.197, de 3 de janeiro de 1967 (Lei de Proteção à Fauna ou Código de Caça), e o Decreto Lei nº 221, de 28 de fevereiro de 1967 (Código de Pesca), proibindo a pesca predatória e a utilização, perseguição, destruição, caça ou apanha da fauna silvestre em desacordo com as regras legais.

Com fundamento na Constituição de 1988, editaram-se importantes atos legais no sentido de proteger a fauna. A Lei nº 9.605, de 12 de fevereiro de 1998 (Lei de Crimes Ambientais), tipifica os crimes contra a fauna em sua Seção I, artigos 29 a 37, tutelando direitos básicos dos animais, por exemplo culminando penas a quem praticar ato de abuso, maus-tratos, ferir ou mutilar animais silvestres, domésticos ou domesticados, nativos ou exóticos (art. 32).

A Lei nº 11.794, de 8 de outubro de 2008, estabelece procedimentos para o uso científico de animais das espécies pertencentes ao filo Chordata, subfilo Vertebrata. Essas espécies devem ser utilizadas, conforme as regras dessa Lei, para elucidar fenômenos fisiológicos ou patológicos, mediante técnicas que garantam, por exemplo, a morte com um mínimo de sofrimento físico ou mental (morte humanitária) e o uso de sedação, analgesia ou anestesia em experimentos que possam causar dor ou angústia nos animais.

Esse breve histórico aponta que vem de longa data a preocupação de nossa sociedade com o bem-estar animal e que há importantes evoluções normativas recentes. O projeto em análise caminha nesse sentido, seguindo o imperativo constitucional de proteção à fauna. Ainda, ao afirmar os direitos desses animais à proteção como princípio da construção de uma sociedade mais solidária. O reconhecimento de sua natureza emocional e de que os animais são capazes de manifestar sentimentos é a mera constatação do que os estudiosos do mundo natural - notadamente biólogos e ecólogos - vêm demonstrando há séculos.]
Já é hora de o tema ser efetivamente disciplinado no Brasil.

Compreendendo a necessidade de esclarecer o alcance do projeto e os seus impactos, durante a discussão no Plenário acatamos as sugestões dos nobres senadores Otto Alencar, Rodrigo Cunha, Major Olimpo e Juíza Selma, incluindo o parágrafo único no Art. 3º para estabelecer que "a tutela jurisdicional referida no *caput* não se aplica ao uso e disposição dos animais empregados na produção agropecuária, pesquisa científica e aos que participam de manifestações culturais registradas como bem de natureza imaterial integrante do patrimônio cultural brasileiro, resguardada a sua dignidade". Assim como acatamos o pedido de alteração no *caput* do Art. 3º para "Os animais não humanos possuem natureza jurídica sui generis e são sujeitos com direitos despersonificados, dos quais devem gozar e obter tutela jurisdicional em caso de violação, vedado o seu tratamento como coisa".

III – VOTO

Com base no exposto, somos pela **aprovação** do Projeto de Lei da Câmara nº 27, de 2018, rejeição da EMENDA 1 PLEN e **aprovação** da EMENDA 2 PLEN - PLC 27/2018 com as seguintes alterações, conforme acordo em Plenário.

Sala de Sessões,

, Presidente
, Relator

EMENDA Nº 3 - PLEN (ao PLC nº 27, de 2018)

Altera o art 3º do PLC nº 27, de 2018, que passa a vigorar com a seguinte redação:

"Art. 3º Os animais não humanos possuem natureza jurídica sui generis e são sujeitos com direitos despersonificados, dos quais devem gozar e obter tutela jurisdicional em caso de violação, vedado o seu tratamento como coisa.
Parágrafo único A tutela jurisdicional referida no caput não se aplica ao uso e disposição dos animais empregados na produção agropecuária, pesquisa científica e aos que participam de manifestações culturais registradas como bem de natureza imaterial integrante do patrimônio cultural brasileiro, resguardada a sua dignidade. " (NR)

ANEXO E - Projeto de Lei do Senado 351/2015

PROJETO DE LEI DO SENADO Nº 351, DE 2015

Acrescenta parágrafo único ao art.82, e inciso IV ao art. 83 da Lei nº 10.406, de 10 de janeiro de 2002 (Código Civil), para que determinar que os animais não serão considerados coisas.

O CONGRESSO NACIONAL decreta:

Art. 1º. Os arts. 82 e 83 da Lei nº 10.406, de 10 de janeiro de 2002 – Código Civil, passam a vigorar com as seguintes redações:

"Art. 82..
Parágrafo único. Os animais não serão considerados coisas.
Art. 83..
IV – Os animais, salvo o disposto em lei especial." (NR)

Art. 2º. Esta lei entrará em vigor na data de sua publicação.

JUSTIFICAÇÃO

Como se sabe, o Código Civil brasileiro prevê apenas dois regimes para regulamentar as relações jurídicas: o de bens e o de pessoas. Não enfrenta, portanto, uma categoria de direitos atinentes à tutela do animal como ser vivo e essencial à sua dignidade, como já acontece na legislação de países europeus.

Alguns países europeus avançaram em sua legislação e já alteraram os seus Códigos, fazendo constar expressamente que os animais não são coisas ou objetos, embora regidos, caso não haja lei específica, pelas regras atinentes aos bens móveis. Isso representa um avanço que pode redundar no reconhecimento de que os animais, ainda que não sejam reconhecidos como pessoas naturais, não são objetos ou coisas.

Os países pioneiros na alteração da natureza jurídica dos animais são a Suíça, a Alemanha, a Áustria, e a França. Os três primeiros fazem constar de seus Códigos que os animais não são coisas ou objetos.

Vejamos:

A legislação suíça alterou o status dos animais em seu Código A legislação suíça alterou o status dos animais em seu Código.

Art. 641a (nouveau)
I. Animaux
1 Les animaux ne sont pas des choses.
4 Sauf disposition contraire, les dispositions s'appliquant aux choses sont également valables pour les animaux.

No mesmo sentido, o Código Civil Alemão - § 90ª do BGB - desde 1990 reconhece a categoria jurídica "animais" que é intermediária entre "coisas" e "pessoas"[1].

Na Áustria, o artigo 285ª do Código Civil Austríaco ABGB (*Allgemeines Bügerliches Gesetzbuch*), que data de 1º de Julho de 1988, dispõe expressamente que os animais não são objetos, são protegidos por leis especiais e as leis que dispuserem sobre objetos não se aplicam aos animais exceto se houver disposição em contrário[2].

A França, que alterou o Código Civil mais recentemente, em 28 de janeiro de 2015, foi o país que fez alteração mais incisiva. Isso porque a legislação francesa, diferente das anteriormente mencionadas, introduziu uma proteção afirmativa, fazendo constar que os animais são seres vivos dotados de sensibilidade[3].

Não obstante a proposta que ora submetemos não se alinhe com a legislação francesa, consideramos que a medida é um grande passo para uma mudança de paradigma jurídico em relação aos animais, mesmo os tratando como bens.

Isso porque partimos da premissa que no Brasil, juridicamente, "bem" está ligado à ideia de direitos sem, necessariamente, caráter econômico, ao passo que "coisa" está diretamente ligada à ideia de utilidade patrimonial, na direção dos ensinamentos de Orlando Gomes quando diz que:

> Preferimos, na linha do Direito alemão, identificar a coisa sob o aspecto de sua materialidade, reservando o vocábulo aos objetos corpóreos. Os bens, por sua vez, compreenderiam os objetos corpóreos ou materiais (coisas) e os ideais (bens imateriais). Dessa forma, há bens jurídicos que não são coisas:
>
> a liberdade, a honra, a integridade moral, a imagem, a vida.

Diante dessas considerações, apresento esta medida, para o qual solicito o apoio dos meus Pares para a sua aprovação.

Sala das Sessões,

Senador **ANTONIO ANASTASIA**

1 Section 90a, Animals, Animals are not things. They are protected by special statutes. They are governed by the provisions that apply to things, with the necessary modifications, except insofar as otherwise provided.

2 "Tiere sind keine Sachen; sie warden durch besondere Gesetze geschützt. Die für Sachen geltenden Vorschriften sind auf Tiere nur soweit anwendbar, als keine abweichenden Regelungen bestehen"

3 "Art. 515-14. du Code civil - Les animaux sont des êtres vivants doués de sensibilité. Sous réserve des lois qui les protègent, les animaux sont soumis au régime des biens".

LEGISLAÇÃO CITADA

LEI Nº 10.406, DE 10 DE JANEIRO DE 2002.

Institui o Código Civil.

....

Seção II
Dos Bens Móveis

Art. 82. São móveis os bens suscetíveis de movimento próprio, ou de remoção por força alheia, sem alteração da substância ou da destinação econômico-social.

Art. 83. Consideram-se móveis para os efeitos legais:

- as energias que tenham valor econômico;

II- os direitos reais sobre objetos móveis e as ações correspondentes;

III - os direitos pessoais de caráter patrimonial e respectivas ações.

....

À Comissão de Constituição, Justiça e Cidadania, em decisão terminativa.

ANEXO F – Lista Emendas Projeto de Lei do Senado 351/2015

O caminho para acessar às emendas do Projeto de Lei do Senado 351/2015 é a seguinte: Site: https://www25.senado.leg.br/web/atividade/materias/-/materia/121697 → Emendas

Emendas apresentadas em turno único ou 1º turno				
Identificação	**Autor**	**Local de apresentação**	**Data de apresentação**	**Histórico de deliberação**
EMENDA 1 / CCJ - PLS 351/2015	Senador Alvaro Dias (PSDB/PR)	CCJ	21/10/2015	Aprovada - SF-CCJ - 21/10/2015
EMENDA 2 / CCJ - PLS 351/2015	Senador Alvaro Dias (PSDB/PR)	CCJ	21/10/2015	Aprovada - SF-CCJ - 21/10/2015

ANEXO G – Emenda nº 1 do Projeto de Lei do Senado 351/2015

PARECER Nº , DE 2015

Da COMISSÃO DE CONSTITUIÇÃO, JUSTIÇA E CIDADANIA, em decisão derminativa, sobre o Projeto de Lei do Senado (PLS) nº 351, de 2015, do Senador ANTONIO ANASTASIA, que *acrescenta parágrafo único ao art. 82, e inciso IV ao art. 83 da Lei nº 10.406, de 10 de janeiro de 2002 (Código Civil), para que determinar que os animais não serão considerados coisas.*

RELATOR: Senador **ALVARO DIAS**

– RELATÓRIO

Submete-se, nesta oportunidade, em decisão terminativa, ao crivo desta Comissão, o Projeto de Lei do Senado (PLS) nº 351, de 2015, do Senador ANTONIO ANASTASIA, que tem por objetivo acrescentar parágrafo único ao art. 82 e o inciso IV ao art. 83 da Lei nº 10.406, de 10 de janeiro de 2002 (Código Civil), para determinar que os animais não sejam considerados como coisas.

O **art. 1º** do projeto traz duas inovações ao Código Civil. Em conjunto, as inovações trazidas estatuem que os animais não poderão ser mais considerados como coisas, embora possam ser classificados na categoria dos bens móveis para os efeitos legais, salvo o disposto em lei especial.

O **art. 2º** do projeto carreia a cláusula de vigência imediata do projeto, ao determinar que a Lei porventura resultante da aprovação dele entre em vigor na data de sua publicação.

Argumenta o proponente da matéria, em sua justificação, que o Código Civil brasileiro prevê apenas dois regimes para regulamentar as relações jurídicas: o de pessoas e o de coisas, deixando de enfrentar, portanto, a discussão a respeito de uma terceira categoria: a da tutela dos animais como seres vivos dotados de sensibilidade e protegidos por leis especiais, como já acontece na legislação de alguns países da Europa, em especial, na França.

Não foram apresentadas emendas ao projeto.

– ANÁLISE

O projeto em análise não apresenta vício de **regimentalidade**. Nos termos do art. 101, incisos I e II, alínea *d*, do Regimento Interno do Senado Federal (RISF), cabe a esta Comissão opinar sobre a constitucionalidade, juridicidade e regimentalidade dos temas que lhe são submetidos por despacho da Presidência ou consulta de qualquer comissão, bem como, no mérito, emitir parecer sobre matéria afeita ao direito civil.

Os requisitos formais e materiais de **constitucionalidade**, por sua vez, são atendidos pelo projeto, tendo em vista que compete privativamente à União legislar sobre direito civil, a teor do disposto no art. 22, inciso I, da Constituição Federal (CF), bem como por não ter sido deslustrada cláusula pétrea alguma. Ademais, a matéria se insere no âmbito das atribuições do Congresso Nacional, de conformidade com o *caput* do art. 48 da Carta Magna, não havendo reserva temática a respeito (art. 61, § 1º, da CF). Assim, não se vislumbra óbice algum quanto à constitucionalidade da medida proposta.

Quanto à **técnica legislativa**, entendemos que o PLS nº 351, de 2015, está parcialmente em desacordo com os termos da Lei Complementar (LC) nº 95, de 26 de fevereiro de 1998, que tem por objetivo proporcionar a utilização de linguagem e técnicas próprias, que garantam às proposições legislativas as características esperadas pela lei, a saber: clareza, concisão, interpretação unívoca, generalidade, abstração e capacidade de produção de efeitos. A primeira violação à técnica legislativa pode ser vista na ementa do projeto, que não expõe, por completo, a extensão clara da alteração legislativa alvitrada, pois deixa de mencionar que os animais devem ser considerados bens móveis para os efeitos legais, salvo o disposto em lei especial; bem como sugerimos, inclusive, a mudança da conjugação do verbo "ser" contido na ementa do projeto, do futuro do presente do indicativo (isto é, serão) para o presente do subjuntivo (no caso, sejam), para se conferir melhor compreensão ao texto. A última violação à técnica legislativa se encontra na ausência de utilização da sigla "NR" maiúsculas, entre parênteses, ao final da alteração sugerida ao art. 82 do Código Civil, para indicar que foi dada nova redação ao artigo, com a modificação, acréscimo ou supressão de algum dispositivo.

No que concerne ao **mérito** da proposta, podemos afirmar que, com o advento da Constituição Federal de 1988, o respeito ao meio ambiente foi elevado ao *status* de direito fundamental, em seu art. 225. A proteção e defesa dos animais, bem como a vedação à crueldade, são expressamente previstas em seu § 1º, inciso VII, ao prescrever como incumbência do Poder Público a proteção da fauna e da flora, vedadas, na forma da lei, as práticas que coloquem em risco sua função ecológica, provoquem a extinção das espécies ou submetam os animais a crueldade. Importa destacar, do capítulo constitucional que trata da proteção ambiental, o § 3º do art. 225, por instituir a responsabilidade civil, penal e administrativa às condutas e atividades consideradas lesivas ao meio ambiente.

Da regulamentação da norma constitucional emergiram no ordenamento pátrio a Lei nº 9.605, de 12 de fevereiro de 1998, intitulada Lei de Crimes Ambientais (LCA), que tipifica os crimes contra a fauna em seus artigos 29 a 37, tutelando direitos básicos dos animais, e a Lei nº 11.794, de 8 de outubro de 2008, que estabelece procedimentos para o uso científico de animais.

A LCA volta-se à proteção dos animais na medida em que tipifica o crime de maus-tratos, em seu art. 32, como *"Praticar ato de abuso, maus- tratos, ferir ou mutilar animais silvestres, domésticos ou domesticados, nativos ou exóticos".* Saliente-se a alteração sofrida pelo art. 25 da LCA, introduzida pela Lei nº 13.052, de 8 de dezembro de 2014, que estabelece, quando da apreensão dos produtos do crime, a libertação prioritária dos animais em seu *habitat* ou, sendo tal medida inviável, a entrega a jardins zoológicos, fundações ou entidades assemelhadas. A nova redação assegura aos animais, até que sejam entregues às instituições mencionadas, que o órgão autuante zele pelas condições adequadas de acondicionamento e transporte e lhes garantam o bem- estar físico.

A Lei nº 11.794, de 2008, aplicável apenas aos animais das espécies classificadas como filo *Chordata*, subfilo *Vertebrata*, inovou o ordenamento jurídico ao conceituar *morte por meios humanitários* (art. 3º, inciso IV). Criou, ainda, o Conselho Nacional de Controle de Experimentação Animal (CONCEA), e exige a constituição prévia de Comissões da Ética no Uso de Animais (CEUAs) como condição indispensável para o credenciamento das instituições com atividades de ensino ou pesquisa com animais. Fixa, em seus arts. 17 a 19, penalidades administrativas às instituições e pessoa físicas que transgredirem as suas disposições e o seu regulamento.

Cabe lembrar que, em matéria de tráfico internacional de animais silvestres, o Brasil é signatário da Convenção sobre Comércio Internacional de Espécies da Flora e Fauna Selvagem em Perigo de Extinção (CITES), aprovada pelo Decreto Legislativo nº 54, de 24 de junho de 1975. Ainda no âmbito da legislação internacional, o País é signatário da Declaração Universal dos Direitos dos Animais, tido como marco internacional na proteção e defesa dos direitos dos animais.

No tocante à regulamentação específica de atividades que usam animais, tem-se a Lei nº 7.173, de 14 de dezembro de 1983, que dispõe sobre o estabelecimento e funcionamento de Jardins Zoológicos, e a Lei nº 10.519, de 17 de julho de 2002, que disciplina a realização de rodeios, proibindo o uso de apetrechos técnicos utilizados nas montarias, bem como os arreamentos que causem injúria ou ferimentos aos animais (art. 4º), além de disciplinar o transporte dos animais de modo a lhes garantir a integridade física (art. 3º, inciso III).

Em que pese a evolução da legislação ambiental posteriormente à promulgação da Constituição Federal de 1988, constata-se a inexistência de uma lei geral que conceitue "bem-estar dos animais", ou que defina "maus- tratos". O uso de animais, embora disciplinado, é permitido para atividades científicas, esportivas (rodeios, caça amadora, *etc.*), de lazer e educativa (zoológicos). Já o uso de animais em espetáculos circenses e similares é vedado por vários entes da federação, em legislação estadual ou municipal.

A esse respeito, a Constituição Federal, em seu art. 24, inciso VI, atribuiu competência concorrente à União, aos Estados e ao Distrito Federal para legislar sobre fauna, caça, conservação da natureza e proteção ambiental. Aos Municípios, a Constituição Federal atribuiu competências para legislar sobre assuntos de interesse local e para suplementar a legislação federal e a estadual no que couber (art. 30, incisos I e II). À luz desses dispositivos constitucionais, diversos Estados e alguns Municípios editaram leis auferindo direitos aos animais. A exemplo, cita-se o Estado do Paraná, que publicou a Lei Estadual nº 14.037, de 20 de março de 2003 (Código Estadual de Proteção aos Animais), a Lei Estadual nº 16.101, de 6 de maio de 2009, que veda a prestação de serviços de vigilância por cães de guarda com fins lucrativos, e a Lei Estadual nº 16.667, de 17 de dezembro de 2010, que veda o uso de animais em atividades circenses.

Da exposição da legislação nacional que rege o tema "direito dos animais", constata-se existirem garantias legais à sua proteção e à sua integridade física. Atualmente, o Direito Brasileiro já classifica os animais como bens ambientais difusos, cuja titularidade pertence à coletividade, muito embora possam ser apropriados como bens particulares, de acordo com a atual redação do *caput* do art. 82 da do Código Civil, que já os classifica como bens móveis. Entretanto, há, inegavelmente, um dever da coletividade e do Poder Público em defender e proteger os animais, haja vista os dispositivos constitucionais que vedam a crueldade contra estes seres vivos, e o de ampliação dessas garantias constitucionais.

Assim, o PLS nº 351, de 2015, ao romper com a antiga dogmática civilista, impede que os animais sejam considerados como coisas, apesar de, atualmente, possam ser classificados na categoria dos bens móveis, na forma prevista no *caput* do art. 82 do Código Civil, o que afastaria a necessidade de inclusão de novo inciso no art. 83 do Código Civil a fim de considerar os animais como bens móveis para os efeitos legais, salvo o disposto em lei especial.

Conforme aludido, já temos amparo constitucional para a aprovação do projeto, bem como já estão em vigor diversas leis que garantam a proteção do bem-estar, da saúde e da integridade física dos animais, sem deixar de mencionar que foram disciplinadas várias condutas humanas e atividades econômicas em busca dessas garantias, o que realizaria, em última análise, a interface entre o desenvolvimento econômico e social e a proteção, defesa e saúde das espécies animais.

À guisa de fecho, somos da opinião de que o PLS nº 351, de 2015, deve ser aprovado, ainda que uma das inovações trazidas pelo projeto, no caso, a inclusão do inciso IV ao art. 83 do Código Civil – que considera os animais bens móveis, para os efeitos legais, salvo o disposto em lei especial – possa ser extraída de uma interpretação extensiva do *caput* do art. 82 do próprio Código Civil, *são móveis os bens suscetíveis de movimento próprio* [...]. No mérito, apesar da ressalva mencionada, o projeto merece o nosso apoio em razão de as alterações propostas resultarem em aperfeiçoamento da legislação civil vigente, que passa a caminhar *pari passu* com a legislação especial em vigor, embora seja necessária a apresentação de duas emendas destinadas a corrigir a ementa do projeto e o seu art. 1º.

III – VOTO

Pelos motivos acima expostos, manifestamo-nos pela regimentalidade, constitucionalidade, boa técnica legislativa, e, no mérito, pela **aprovação** do Projeto de Lei do Senado (PLS) nº 351, de 2015, com a apresentação de duas emendas:

EMENDA Nº 1- CCJ

Dê-se a seguinte redação à ementa do Projeto de Lei do Senado nº 351, de 2015:

> Acrescenta parágrafo único ao art. 82 e inciso IV ao art. 83 da Lei nº 10.406, de 10 de janeiro de 2002 (Código Civil), para determinar que os animais não sejam considerados coisas, mas bens móveis para os efeitos legais, salvo o disposto em lei especial.

EMENDA Nº 2- CCJ

Inclua-se a sigla "NR" maiúsculas, entre parênteses, ao final da alteração proposta ao art. 82 do Código Civil, a que se refere o art. 1º do PLS nº 351, de 2015.

Sala da Comissão, 21 de outubro de 2015.

Senador JOSÉ MARANHÃO, Presidente
Senador ALVARO DIAS, Relator

ANEXO H – Emenda nº 2 do Projeto de Lei do Senado 351/2015

PARECER Nº , DE 2015

Da COMISSÃO DE CONSTITUIÇÃO, JUSTIÇA E CIDADANIA, em decisão derminativa, sobre o Projeto de Lei do Senado (PLS) nº 351, de 2015, do Senador ANTONIO ANASTASIA, que *acrescenta parágrafo único ao art. 82, e inciso IV ao art. 83 da Lei nº 10.406, de 10 de janeiro de 2002 (Código Civil), para que determinar que os animais não serão considerados coisas.*

RELATOR: Senador **ALVARO DIAS**

I – RELATÓRIO

Submete-se, nesta oportunidade, em decisão terminativa, ao crivo desta Comissão, o Projeto de Lei do Senado (PLS) nº 351, de 2015, do Senador ANTONIO ANASTASIA, que tem por objetivo acrescentar parágrafo único ao art. 82 e o inciso IV ao art. 83 da Lei nº 10.406, de 10 de janeiro de 2002 (Código Civil), para determinar que os animais não sejam considerados como coisas.

O **art. 1º** do projeto traz duas inovações ao Código Civil. Em conjunto, as inovações trazidas estatuem que os animais não poderão ser mais considerados como coisas, embora possam ser classificados na categoria dos bens móveis para os efeitos legais, salvo o disposto em lei especial.

O **art. 2º** do projeto carreia a cláusula de vigência imediata do projeto, ao determinar que a Lei porventura resultante da aprovação dele entre em vigor na data de sua publicação.

Argumenta o proponente da matéria, em sua justificação, que o Código Civil brasileiro prevê apenas dois regimes para regulamentar as relações jurídicas: o de pessoas e o de coisas, deixando de enfrentar, portanto, a discussão a respeito de uma terceira categoria: a da tutela dos animais como seres vivos dotados de sensibilidade e protegidos por leis especiais, como já acontece na legislação de alguns países da Europa, em especial, na França.

Não foram apresentadas emendas ao projeto.

II – ANÁLISE

O projeto em análise não apresenta vício de **regimentalidade**. Nos termos do art. 101, incisos I e II, alínea *d*, do Regimento Interno do Senado Federal (RISF), cabe a esta Comissão opinar sobre a constitucionalidade, juridicidade e regimentalidade dos temas que lhe são submetidos por despacho da Presidência ou consulta de qualquer comissão, bem como, no mérito, emitir parecer sobre matéria afeita ao direito civil.

Os requisitos formais e materiais de **constitucionalidade**, por sua vez, são atendidos pelo projeto, tendo em vista que compete privativamente à União legislar sobre direito civil, a teor do disposto no art. 22, inciso I, da Constituição Federal (CF), bem como por não ter sido deslustrada cláusula pétrea alguma. Ademais, a matéria se insere no âmbito das atribuições do Congresso Nacional, de conformidade com o *caput* do art. 48 da Carta Magna, não havendo reserva temática a respeito (art. 61, § 1º, da CF). Assim, não se vislumbra óbice algum quanto à constitucionalidade da medida proposta.

Quanto à **técnica legislativa**, entendemos que o PLS nº 351, de 2015, está parcialmente em desacordo com os termos da Lei Complementar (LC) nº 95, de 26 de fevereiro de 1998, que tem por objetivo proporcionar a utilização de linguagem e técnicas próprias, que garantam às proposições legislativas as características esperadas pela lei, a saber: clareza, concisão, interpretação unívoca, generalidade, abstração e capacidade de produção de efeitos. A primeira violação à técnica legislativa pode ser vista na ementa do projeto, que não expõe, por completo, a extensão clara da alteração legislativa alvitrada, pois deixa de mencionar que os animais devem ser considerados bens móveis para os efeitos legais, salvo o disposto em lei especial; bem como sugerimos, inclusive, a mudança da conjugação do verbo "ser" contido na ementa do projeto, do futuro do presente do indicativo (isto é, serão) para o presente do subjuntivo (no caso, sejam), para se conferir melhor compreensão ao texto. A última violação à técnica legislativa se encontra na ausência de utilização da sigla "NR" maiúsculas, entre parênteses, ao final da alteração sugerida ao art. 82 do Código Civil, para indicar que foi dada nova redação ao artigo, com a modificação, acréscimo ou supressão de algum dispositivo.

No que concerne ao **mérito** da proposta, podemos afirmar que, com o advento da Constituição Federal de 1988, o respeito ao meio ambiente foi elevado ao *status* de direito fundamental, em seu art. 225. A proteção e defesa dos animais, bem como a vedação à crueldade, são expressamente previstas em seu § 1º, inciso VII, ao prescrever como incumbência do Poder Público a proteção da fauna e da flora, vedadas, na forma da lei, as práticas que coloquem em risco sua função ecológica, provoquem a extinção das espécies ou submetam os animais a crueldade. Importa destacar, do capítulo constitucional que trata da proteção ambiental, o § 3º do art. 225, por instituir a responsabilidade civil, penal e administrativa às condutas e atividades consideradas lesivas ao meio ambiente.

Da regulamentação da norma constitucional emergiram no ordenamento pátrio a Lei nº 9.605, de 12 de fevereiro de 1998, intitulada Lei de Crimes Ambientais (LCA), que tipifica os crimes contra a fauna em seus artigos 29 a 37, tutelando direitos básicos dos animais, e a Lei nº 11.794, de 8 de outubro de 2008, que estabelece procedimentos para o uso científico de animais.

A LCA volta-se à proteção dos animais na medida em que tipifica o crime de maus-tratos, em seu art. 32, como *"Praticar ato de abuso, maus- tratos, ferir ou mutilar animais silvestres, domésticos ou domesticados, nativos ou exóticos".* Saliente-se a alteração sofrida pelo art. 25 da LCA, introduzida pela Lei nº 13.052, de 8 de dezembro de 2014, que estabelece, quando da apreensão dos produtos do crime, a libertação prioritária dos animais em seu *habitat* ou, sendo tal medida inviável, a entrega a jardins zoológicos, fundações ou entidades assemelhadas. A nova redação assegura aos animais, até que sejam entregues às instituições mencionadas, que o órgão autuante zele pelas condições adequadas de acondicionamento e transporte e lhes garantam o bem- estar físico.

A Lei nº 11.794, de 2008, aplicável apenas aos animais das espécies classificadas como filo *Chordata*, subfilo *Vertebrata*, inovou o ordenamento jurídico ao conceituar *morte por meios humanitários* (art. 3º, inciso IV). Criou, ainda, o Conselho Nacional de Controle de Experimentação Animal (CONCEA), e exige a constituição prévia de Comissões da Ética no Uso de Animais (CEUAs) como condição indispensável para o credenciamento das instituições com atividades de ensino ou pesquisa com animais. Fixa, em seus arts. 17 a 19, penalidades administrativas às instituições e pessoa físicas que transgredirem as suas disposições e o seu regulamento.

Cabe lembrar que, em matéria de tráfico internacional de animais silvestres, o Brasil é signatário da Convenção sobre Comércio Internacional de Espécies da Flora e Fauna Selvagem em Perigo de Extinção (CITES), aprovada pelo Decreto Legislativo nº 54, de 24 de junho de 1975. Ainda no âmbito da legislação internacional, o País é signatário da Declaração Universal dos Direitos dos Animais, tido como marco internacional na proteção e defesa dos direitos dos animais.

No tocante à regulamentação específica de atividades que usam animais, tem-se a Lei nº 7.173, de 14 de dezembro de 1983, que dispõe sobre o estabelecimento e funcionamento de Jardins Zoológicos, e a Lei nº 10.519, de 17 de julho de 2002, que disciplina a realização de rodeios, proibindo o uso de apetrechos técnicos utilizados nas montarias, bem como os arreamentos que causem injúria ou ferimentos aos animais (art. 4º), além de disciplinar o transporte dos animais de modo a lhes garantir a integridade física (art. 3º, inciso III).

Em que pese a evolução da legislação ambiental posteriormente à promulgação da Constituição Federal de 1988, constata-se a inexistência de uma lei geral que conceitue "bem-estar dos animais", ou que defina "maus- tratos". O uso de animais, embora disciplinado, é permitido para atividades científicas, esportivas (rodeios, caça amadora, *etc.*), de lazer e educativa (zoológicos). Já o uso de animais em espetáculos circenses e similares é vedado por vários entes da federação, em legislação estadual ou municipal.

A esse respeito, a Constituição Federal, em seu art. 24, inciso VI, atribuiu competência concorrente à União, aos Estados e ao Distrito Federal para legislar sobre fauna, caça, conservação da natureza e proteção ambiental. Aos Municípios, a Constituição Federal atribuiu competências para legislar sobre assuntos de interesse local e para suplementar a legislação federal e a estadual no que couber (art. 30, incisos I e II). À luz desses dispositivos constitucionais, diversos Estados e alguns Municípios editaram leis auferindo direitos aos animais. A exemplo, cita-se o Estado do Paraná, que publicou a Lei Estadual nº 14.037, de 20 de março de 2003 (Código Estadual de Proteção aos Animais), a Lei Estadual nº 16.101, de 6 de maio de 2009, que veda a prestação de serviços de vigilância por cães de guarda com fins lucrativos, e a Lei Estadual nº 16.667, de 17 de dezembro de 2010, que veda o uso de animais em atividades circenses.

Da exposição da legislação nacional que rege o tema "direito dos animais", constata-se existirem garantias legais à sua proteção e à sua integridade física.

Atualmente, o Direito Brasileiro já classifica os animais como bens ambientais difusos, cuja titularidade pertence à coletividade, muito embora possam ser apropriados como bens particulares, de acordo com a atual redação do *caput* do art. 82 da do Código Civil, que já os classifica como bens móveis. Entretanto, há, inegavelmente, um dever da coletividade e do Poder Público em defender e proteger os animais, haja vista os dispositivos constitucionais que vedam a crueldade contra estes seres vivos, e o de ampliação dessas garantias constitucionais.

Assim, o PLS nº 351, de 2015, ao romper com a antiga dogmática civilista, impede que os animais sejam considerados como coisas, apesar de, atualmente, possam ser classificados na categoria dos bens móveis, na forma prevista no *caput* do art. 82 do Código Civil, o que afastaria a necessidade de inclusão de novo inciso no art. 83 do Código Civil a fim de considerar os animais como bens móveis para os efeitos legais, salvo o disposto em lei especial.

Conforme aludido, já temos amparo constitucional para a aprovação do projeto, bem como já estão em vigor diversas leis que garantam a proteção do bem-estar, da saúde e da integridade física dos animais, sem deixar de mencionar que foram disciplinadas várias condutas humanas e atividades econômicas em busca dessas garantias, o que realizaria, em última análise, a interface entre o desenvolvimento econômico e social e a proteção, defesa e saúde das espécies animais.

À guisa de fecho, somos da opinião de que o PLS nº 351, de 2015, deve ser aprovado, ainda que uma das inovações trazidas pelo projeto, no caso, a inclusão do inciso IV ao art. 83 do Código Civil – que considera os animais bens móveis, para os efeitos legais, salvo o disposto em lei especial – possa ser extraída de uma interpretação extensiva do *caput* do art. 82 do próprio Código Civil, *são móveis os bens suscetíveis de movimento próprio* [...]. No mérito, apesar da ressalva mencionada, o projeto merece o nosso apoio em razão de as alterações propostas resultarem em aperfeiçoamento da legislação civil vigente, que passa a caminhar *pari passu* com a legislação especial em vigor, embora seja necessária a apresentação de duas emendas destinadas a corrigir a ementa do projeto e o seu art. 1º.

III – VOTO

Pelos motivos acima expostos, manifestamo-nos pela regimentalidade, constitucionalidade, boa técnica legislativa, e, no mérito, pela **aprovação** do Projeto de Lei do Senado (PLS) nº 351, de 2015, com a apresentação de duas emendas:

EMENDA Nº 1- CCJ

Dê-se a seguinte redação à ementa do Projeto de Lei do Senado nº 351, de 2015:

> Acrescenta parágrafo único ao art. 82 e inciso IV ao art. 83 da Lei nº 10.406, de 10 de janeiro de 2002 (Código Civil), para determinar que os animais não sejam considerados coisas, mas bens móveis para os efeitos legais, salvo o disposto em lei especial.

EMENDA Nº 2- CCJ

Inclua-se a sigla "NR" maiúsculas, entre parênteses, ao final da alteração proposta ao art. 82 do Código Civil, a que se refere o art. 1º do PLS nº 351, de 2015.

Sala da Comissão, 21 de outubro de 2015.

Senador JOSÉ MARANHÃO, Presidente
Senador ALVARO DIAS, Relator

ANEXO I - 75ª Reunião do Fórum - Escola da Magistratura do Estado do Rio de Janeiro – EMERJ (2015)

Tema: "OS ANIMAIS COMUNITÁRIOS E SEU ACESSO À JUSTIÇA"

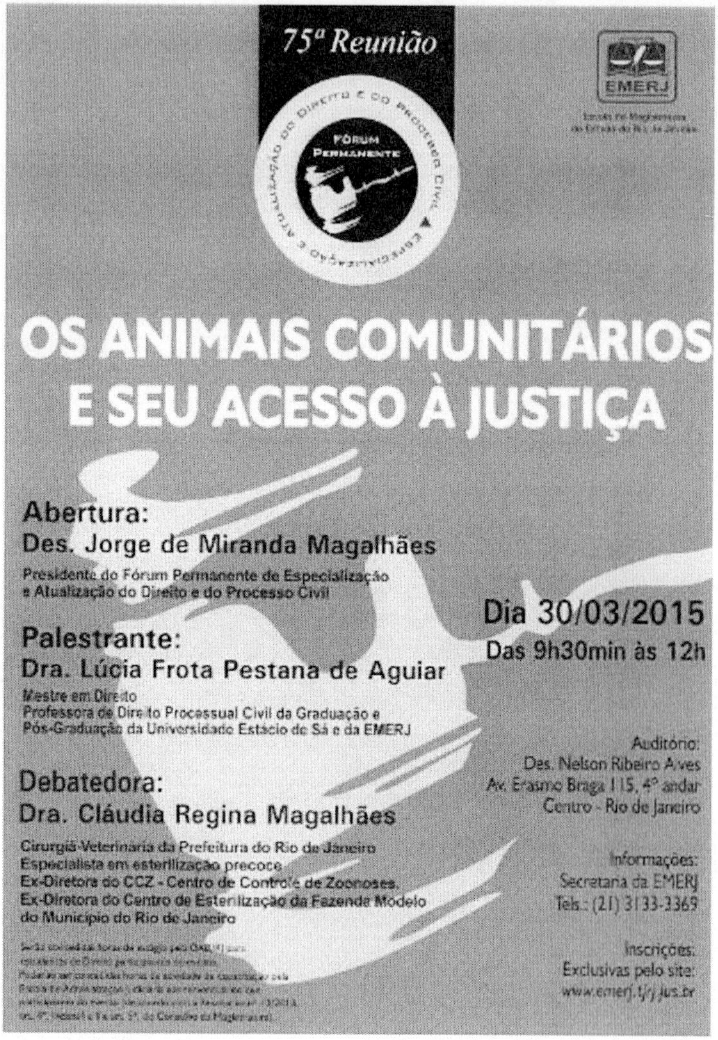

ANEXO J - 81ª Reunião do Fórum Escola da Magistratura do Estado do Rio de Janeiro – EMERJ (2016)

Tema: "URGÊNCIA NA DEFESA DOS DIREITOS DOS ANIMAIS"

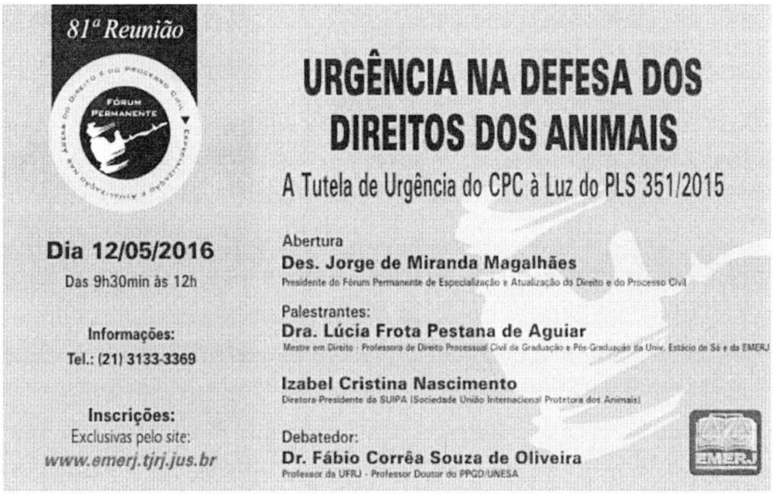

ANEXO K – Lista das Leis de Defesa dos Animais elaboradas pelo Vereador Cláudio Cavalcanti

Leis de Defesa dos Animais

Lei 3350/2001 - Disciplina a circulação de veículos de tração animal no Município do Rio de Janeiro.

Lei 3402/2002 - Dispõe sobre a proibição de utilização ou exibição de animais silvestres, nativos ou exóticos, domésticos ou domesticados, em circos e espetáculos congêneres.

Lei 3444/2002 - Altera dispositivos da Lei n.° 3.402, de 22 de maio de 2002, que dispõe sobre a proibição de utilização ou exibição de animais silvestres, nativos ou exóticos, domésticos ou domesticados, em circos e espetáculos congêneres.

Lei 3628/2003 - Proíbe a realização de ablação parcial ou total das cordas vocais ou cordectomia em animais no território do Município.

Lei 3641/2003 - Autoriza o Poder Executivo a construir abrigos para animais de pequeno, médio e grande porte no Município do Rio de Janeiro.

Lei 3739/2004 - Caracteriza a esterilização gratuita de caninos, felinos e eqüinos como função de saúde pública, institui sua prática como método oficial de controle populacional e de zoonoses, proíbe o extermínio sistemático de animais urbanos.

Lei 3472/2002 - Inclui no Calendário Oficial do Município do Rio de Janeiro o "Dia dos Animais".

Lei 3775/2004 - Autoriza o Poder Executivo a criar Postos de Atendimento Veterinário gratuito no Município do Rio de Janeiro.

Lei 3844/2004 - Autoriza o Poder Executivo a criar o Programa "Bichos de Estimação" nas unidades da Rede Municipal de Ensino Público.

Lei 3845/2004 - Dispõe sobre a proibição de rinhas de cães no Município do Rio de Janeiro.

Lei 3879/2004 - Proíbe a realização de rodeios, touradas ou eventos similares no Município do Rio de Janeiro.

Lei 4187/2005 - Cria o registro destinado ao controle da venda de animais de estimação nos estabelecimentos comerciais do Município do Rio de Janeiro.

Lei 4244/2005 - Autoriza o Poder executivo a criar o pronto-socorro veterinário gratuito 24 horas.

Lei 4276/2006 - Autoriza o Poder Executivo a permitir a permanência de cães no local conhecido como Praia do Diabo, no Arpoador.

Lei 4347/2006 - Proíbe a instalação de criadouros e abatedouros de animais para comercialização de peles no âmbito do Município do Rio de Janeiro.

Lei 4362/2006 - Restringe a aplicação de substâncias desratizantes àquela feita por agentes públicos habilitados especificamente para tal fim, e proíbe a utilização, em áreas públicas ou comunitárias, dessas substâncias tóxicas.

Lei 4457/2006 - Cemitério de Animais.

Lei 4537/2007 - Proíbe a permanência e manutenção de animais doadores de sangue em clínicas veterinárias.

Lei 4731/2008 - Estabelece multa para maus-tratos a animais e sanções administrativas a serem aplicadas a quem os praticar, sejam eles pessoas físicas ou jurídicas, no âmbito do Município do Rio de Janeiro.

Lei 4750/2008 - Proíbe a realização de cirurgia para extração de garras de felinos (onicotomia) no Município do Rio de Janeiro.

Lei 4956/2008 - Dispõe sobre o Animal Comunitário, estabelece normas para o seu atendimento no Município do Rio de Janeiro.

Lei 4963/2008 - Dispõe sobre a assistência às pessoas jurídicas cuja finalidade seja a proteção e/ou a defesa dos animais, desde que comprovado o estado de necessidade.

Projeto de Lei 325/2005 - Proíbe a vivissecção assim como o uso de animais em práticas experimentais que provoquem sofrimento físico ou psicológico, sendo estas com finalidades pedagógicas, industriais, comerciais, ou de pesquisa científica. (VETADO PELO PREFEITO - REAPRESENTADO COMO PL1687/08)

Projeto de Lei 368/2005 - Proíbe o uso de animais para tração ou carga no Município do Rio de Janeiro. (APROVADO NA CAMARA, VETADO PELO PREFEITO)

Projeto de Lei 372/2005 - Proíbe a permanência e manutenção de animais doadores de sangue em clínicas veterinárias.

Projeto de Lei 1576/2007 - Caracteriza a posse responsável como dever de cidadania, proíbe o abandono de animais domésticos ou domesticados em logradouros públicos ou áreas particulares, e dá outras providências.

Projeto de Lei 1844/2008 - Dispõe sobre o direito à Objeção de Consciência - abstenção de qualquer ato ou prática que colida com a consciência da pessoa, referente à experimentação animal.

ANEXO L - EMENDA CONSTITUCIONAL Nº 96, DE 6 DE JUNHO DE 2017

Presidência da República
Casa Civil
Subchefia para Assuntos Jurídicos

EMENDA CONSTITUCIONAL Nº 96, DE 6 DE JUNHO DE 2017

Acrescenta § 7º ao art. 225 da Constituição Federal para determinar que práticas desportivas que utilizem animais não são consideradas cruéis, nas condições que especifica.

As Mesas da Câmara dos Deputados e do Senado Federal, nos termos do § 3º do art. 60 da Constituição Federal, promulgam a seguinte Emenda ao texto constitucional:

Art. 1º O art. 225 da Constituição Federal passa a vigorar acrescido do seguinte § 7º:

"Art. 225. ....

§ 7º Para fins do disposto na parte final do inciso VII do § 1º deste artigo, não se consideram cruéis as práticas desportivas que utilizem animais, desde que sejam manifestações culturais, conforme o § 1º do art. 215 desta Constituição Federal, registradas como bem de natureza imaterial integrante do patrimônio cultural brasileiro, devendo ser regulamentadas por lei específica que assegure o bem-estar dos animais envolvidos."(NR)

Art. 2º Esta Emenda Constitucional entra em vigor na data de sua publicação.

Brasília, em 6 de junho de 2017.

Mesa da Câmara dos Deputados
Deputado RODRIGO MAIA
Presidente
Deputado FÁBIO RAMALHO
1º Vice-Presidente
Deputado ANDRÉ FUFUCA
2º Vice-Presidente
Deputado GIACOBO
1º Secretário
Deputada MARIANA CARVALHO
2ª Secretária
Deputado JHC
3º Secretário
Deputado RÔMULO GOUVEIA
4º Secretário

Mesa do Senado Federal
Senador EUNÍCIO OLIVEIRA
Presidente
Senador CÁSSIO CUNHA LIMA
1º Vice-Presidente
Senador JOÃO ALBERTO SOUZA
2º Vice-Presidente
Senador
JOSÉ PIMENTEL
1º Secretário
Senador GLADSON CAMELI
2º Secretário
Senador ANTONIO CARLOS VALADARES
3º Secretário
Senador ZEZE PERRELLA
4º Secretário

Este texto não substitui o publicado no DOU 7.6.2017

ANEXO M – PROJETO DE LEI Nº 8.240, DE 2017.

PARECER DO RELATOR, PELA COMISSÃO ESPECIAL, AO PROJETO DE LEI Nº 8.240, DE 2017.

O SR. EFRAIM FILHO (DEM-PB. Para proferir parecer. Sem revisão do orador.) - Sra. Presidente, reiterando os termos que já foram colocados aqui durante a votação do requerimento de urgência, este projeto é um simples desdobramento de uma emenda constitucional que já foi votada nesta Casa — é importante até para nivelar a informação ao grupo de novos Parlamentares que chegou. Em 2017, a Câmara aprovou a emenda. Ela já está presente na Constituição. Reconhece os esportes equestres, entre eles a vaquejada, o rodeio, o torneio de laço, o tambor, como patrimônio imaterial da cultura brasileira, uma manifestação cultural.

E essa lei vem regulamentar para agregar, exatamente no vazio legislativo que existe hoje, regras de bem-estar animal, trazendo a presença do médico veterinário, do juiz do bem-estar; a necessidade de haver tamanho mínimo de curral para evitar confinamento; a necessidade de haver idade, peso e tamanho do animal para poder entrar na arena; a regra de preservar a cauda do boi.

A vaquejada evoluiu. Precisa evoluir. Ela gera emprego, gera renda, gera oportunidade. Ela resgata a nossa cultura, a nossa raiz, o nosso folclore, a história de um povo, de uma terra, de uma gente, especialmente do Nordeste. E ela, agora, também alia a geração de emprego, renda e oportunidade com a preservação do bem-estar animal.

É por isso que, pela Comissão Especial, o parecer é pela constitucionalidade, juridicidade, legalidade e boa técnica legislativa do PL PARECER DO RELATOR, PELA COMISSÃO ESPECIAL, AO PROJETO DE LEI Nº 8.240, DE 2017. 8.240/17 e dos apensados; e, no mérito, pela aprovação do PL 8.240/17 e rejeição dos demais apensados, Presidente. Esse é o voto pela Comissão Especial.

Ofício nº 829 (SF) Brasília, em 9 de agosto de 2017.

A Sua Excelência o Senhor
Deputado Giacobo
Primeiro-Secretário da Câmara dos Deputados

Assunto: Projeto de Lei do Senado à revisão.

Senhor Primeiro-Secretário,

Encaminho a Vossa Excelência, a fim de ser submetido à revisão da Câmara dos Deputados, nos termos do art. 65 da Constituição Federal, o Projeto de Lei do Senado nº 377, de 2016, de autoria do Senador Raimundo Lira, constante dos autógrafos em anexo, que "Altera a Lei nº 13.364, de 29 de novembro de 2016, para incluir o laço, bem como as respectivas expressões artísticas e esportivas, como manifestação cultural nacional e elevar essas atividades à condição de bem de natureza imaterial integrante do patrimônio cultural brasileiro e para dispor sobre as modalidades esportivas equestres tradicionais e sobre a proteção ao bem-estar animal".

Atenciosamente,

> Altera a Lei nº 13.364, de 29 de novembro de 2016, para incluir o laço, bem como as respectivas expressões artísticas e esportivas, como manifestação cultural nacional e elevar essas atividades à condição de bem de natureza imaterial integrante do patrimônio cultural brasileiro e para dispor sobre as modalidades esportivas equestres tradicionais e sobre a proteção ao bem-estar animal.

O Congresso Nacional decreta:

Art. 1º A ementa da Lei nº 13.364, de 29 de novembro de 2016, passa a vigorar com a seguinte redação: "

> "Reconhece o rodeio, a vaquejada e o laço, bem como as respectivas expressões artísticas e esportivas, como manifestações culturais nacionais; eleva essas atividades à condição de bens de natureza imaterial integrantes do patrimônio cultural brasileiro; e dispõe sobre as modalidades esportivas equestres tradicionais e sobre a proteção ao bem-estar animal."

Art. 2º A Lei nº 13.364, de 29 de novembro de 2016, passa a vigorar com as seguintes alterações:

"Art. 1º Esta Lei reconhece o rodeio, a vaquejada e o laço, bem como as respectivas expressões artísticas e esportivas, como manifestações culturais nacionais, eleva essas atividades à condição de bens de natureza imaterial integrantes do patrimônio cultural brasileiro e dispõe sobre as modalidades esportivas equestres tradicionais e sobre a proteção ao bem-estar animal." (NR)

"Art. 2º O rodeio, a vaquejada e o laço, bem como as respectivas expressões artísticas e esportivas, são reconhecidos como manifestações culturais nacionais e elevados à condição de bens de natureza imaterial integrantes do patrimônio cultural brasileiro, enquanto atividades intrinsecamente ligadas à vida, à identidade, à ação e à memória de grupos formadores da sociedade brasileira." (NR)

"Art. 3º São consideradas expressões artísticas e esportivas do rodeio, da vaquejada e do laço atividades como: ....
.............." (NR)

Art. 3º A Lei nº 13.364, de 29 de novembro de 2016, passa a vigorar acrescida dos seguintes arts. 3º-A e 3º-B:

"Art. 3º-A. Sem prejuízo do disposto no art. 3º, são consideradas modalidades esportivas equestres tradicionais as seguintes atividades:

I – adestramento, atrelagem, concurso completo de equitação, enduro, hipismo rural, salto e volteio;

II – apartação, time de curral, trabalho de gado, trabalho de mangueira;

III – provas de laço;

IV – provas de velocidade: cinco tambores, maneabilidade e velocidade, seis balizas e três tambores;

V – argolinha, cavalgada, cavalhada e concurso de marcha;

VI – julgamento de morfologia;

VII – corrida;

VIII – campereada, doma de ouro e freio de ouro;

IX – paleteada e vaquejada;

X – provas de rodeio;

XI – rédeas;

XII – polo equestre;

XIII – paraequestre."

"Art. 3º-B. Serão aprovados regulamentos específicos para o rodeio, a vaquejada, o laço e as modalidades esportivas equestres por suas respectivas associações ou entidades legais reconhecidas pelo Ministério da Agricultura, Pecuária e Abastecimento.

§ 1º Os regulamentos referidos no caput devem estabelecer regras que assegurem a proteção ao bem-estar animal e prever sanções para os casos de descumprimento.

§ 2º Sem prejuízo das demais disposições que garantam o bem-estar animal, deve-se, em relação à vaquejada:

I – assegurar aos animais água, alimentação e local apropriado para descanso;

II – prevenir ferimentos e doenças por meio de instalações, ferramentas e utensílios adequados e da prestação de assistência médico veterinária;

III – utilizar protetor de cauda nos bovinos;

IV – garantir quantidade suficiente de areia lavada na faixa onde ocorre a pontuação, respeitada a profundidade mínima de 40 (quarenta) centímetros."

Art. 4º Esta Lei entra em vigor na data de sua publicação.

Senado Federal, em 9 de agosto de 2017.

Senador Eunício Oliveira
Presidente do Senado Federal

Projeto de Lei nº 8240/17

Ementa

Altera a Lei nº 13.364, de 29 de novembro de 2016, para incluir o laço, bem como as respectivas expressões artísticas e esportivas, como manifestação cultural nacional e elevar essas atividades à condição de bem de natureza imaterial integrante do patrimônio cultural brasileiro e para dispor sobre as modalidades esportivas equestres tradicionais e sobre a proteção ao bem-estar animal.

Projeto que regulamenta vaquejada segue para sanção presidencial

Segundo o texto aprovado, as práticas da vaquejada, rodeio e laço serão reconhecidas como expressões esportivo-culturais.

Quarta-feira, 21/8/2019

O plenário da Câmara dos Deputados aprovou, nesta terça-feira, 20, o PL 8.240/17, que regulamenta as práticas da vaquejada, rodeio e laço no Brasil.

De acordo com o texto aprovado, por estarem ligadas à vida, à identidade e à memória coletiva da sociedade brasileira, essas práticas serão reconhecidas como expressões esportivo-culturais que compõem o patrimônio cultural brasileiro de natureza imaterial.

Com a aprovação, o projeto segue para a sanção presidencial.

PL 8240/17

O projeto de autoria do senador Raimundo Lira, é consequência da EC 96/17, conhecida como "PEC da Vaquejada", que não considera como sendo cruéis as práticas desportivas que utilizem animais, desde que sejam manifestações culturais.

O texto aprovado define as modalidades que serão reconhecidas como esportivas, equestres e tradicionais. Fazem parte da lista o adestramento, concurso completo de equitação, enduro, hipismo rural, provas de laços e velocidade, cavalgada, cavalhada, concurso de marcha, corrida, provas de rodeio e polo equestre.

Determinações

A proposta prevê aprovação de regulamentos específicos para o rodeio, vaquejada e demais provas perante o ministério da Agricultura, Pecuária e Abastecimento. Esses regulamentos deverão determinar regras para garantir a proteção e o bem-estar dos animais.

Em relação à vaquejada, os animais deverão ter à disposição água e alimentação em local apropriado para o descanso, além de assistência médico-

veterinária. O projeto também estabelece que sejam utilizados protetores de cauda em todos os bois e uma quantidade mínima de areia lavada de 40 centímetros de profundidade na faixa em que acontece a pontuação.
Os animais deverão ter:

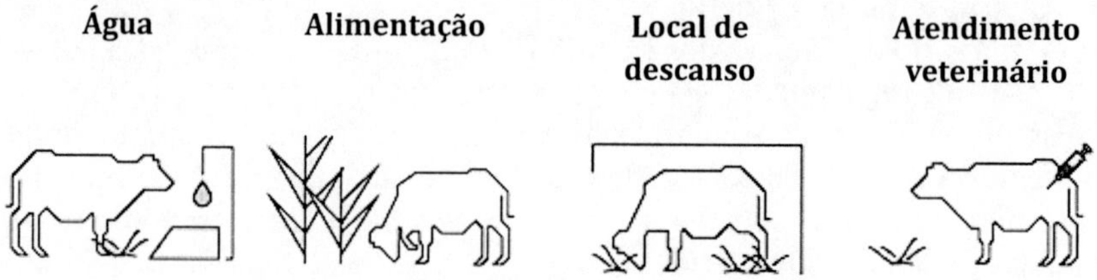

De acordo com o PL 8.240/17, os eventos deverão apresentar laudo veterinário credenciado e serão acompanhados e fiscalizados por entidades da sociedade civil em defesa dos animais.

Fonte: https://m.migalhas.com.br/quentes/309334/projeto-que-regulamenta-a-vaquejada-segue-para-sancao-presidencial

ANEXO N - FOTOS DE EXPERIMENTOS COM ANIMAIS

Foto 1 - Gatos são torturados em experimento

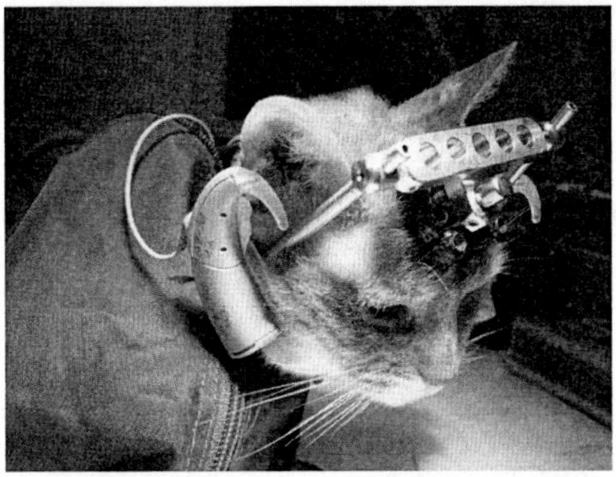

Fonte: https://www.peta.org/issues/animals-used-for-experimentation/animal-testing-101/

Foto 2 - Experimentos com ratos

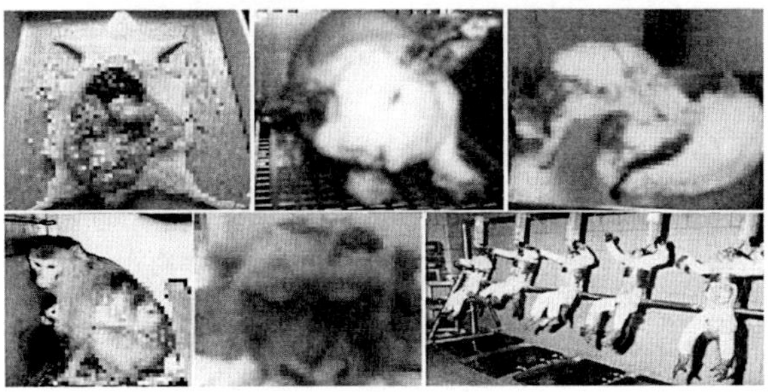

Fnte: https://anonhq.com/list-companies-still-test-animals/

Foto 3 – Experimento com vários animais

Fonte: https://ethosandempathy.org/en/100-million-animals-killed-in-us-labs-peta-2/

Foto 4 – Experimentos com coelhos

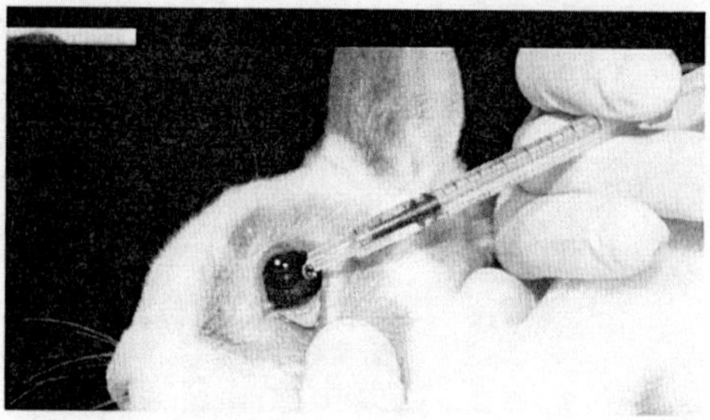

Fonte: https://www.change.org/p/donald-trump-to-stop-animal-testing

Foto 5 – Experimentos com macacos

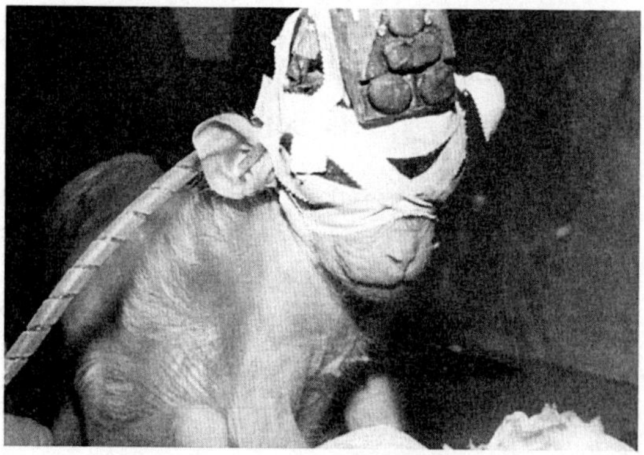

Fonte: https://sites.psu.edu/siowfa14/2014/09/16/should-animal-testing-be-banned/

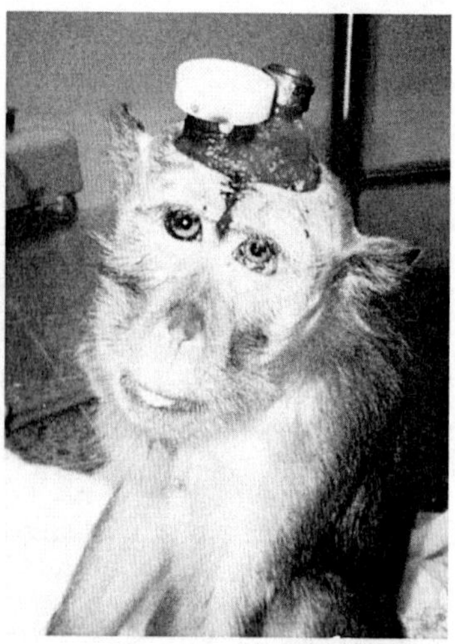

Fonte: https://sites.psu.edu/siowfa14/2014/09/16/should-animal-testing-be-banned/

Testes de tabaco. Animais não fumam

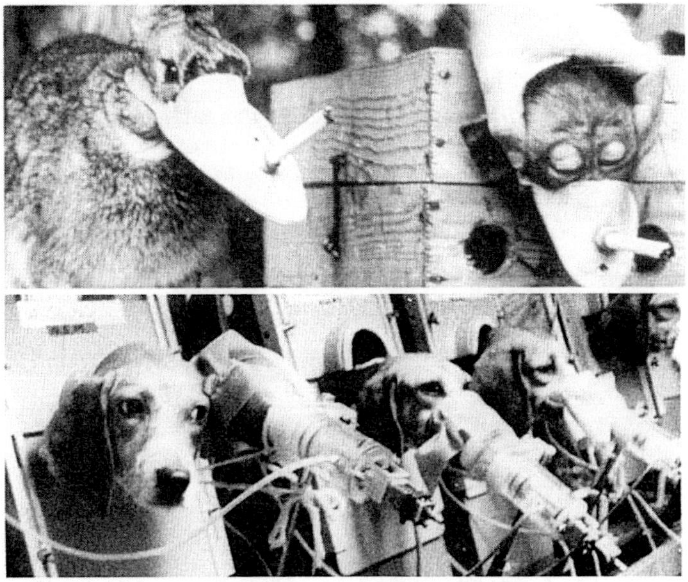

Fonte: https://images .app.goo.gl/hwHpzGr1xwdxDjax9

Foto 6 - Imagem clássica de teste com gatos

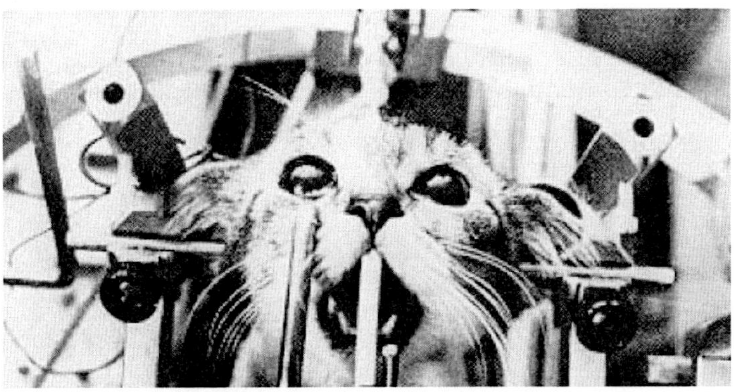

Fonte: https://images.app.goo.gl/aSWve4wHqNq3FRwAA

Foto 7 - Testes de animais com cachorros!

Les animaux sont sacrifiés pour tester de nouveaux papiers à cigarettes et des mélanges de tabac par exemple.
Chiens, chats, hamsters, cochons d'inde, lapins, moutons, poules et autres animaux sont les principals victims de ces "experimentations".

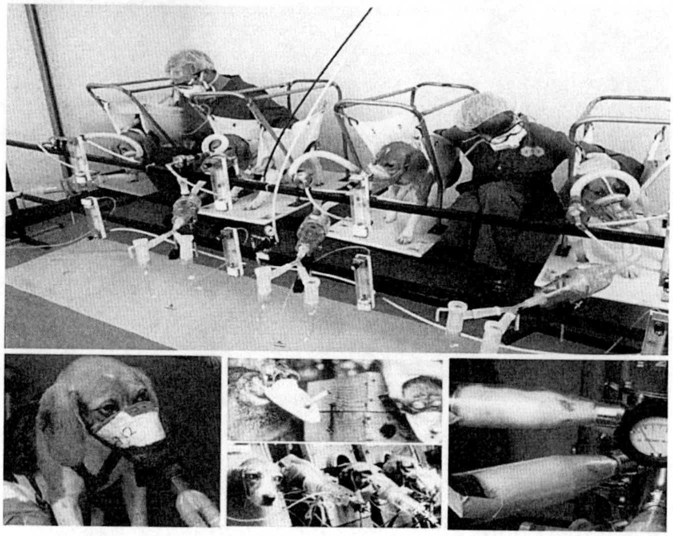

Foto 8 - Abate Kosher (religioso) – Tradição judaica

Fonte: https://hebreuisraelita.wordpress.com/2012/02/16/nao-devemos-seguir-a-tradicao-judaica/

Foto 9 - Ritual feito na Bélgica com o animal vivo.
O sangue deve sair todo do corpo antes da morte.

Fonte: https://www.google.com/amp/s/brasil.elpais.com/brasil/2019/01/06/internacional/1546777614_877579.amp.html

Foto 10 – Operação de sangue dos animais

Fonte: https://youtu.be/_UN1Wa0Pv54

Foto 11 – Sacrificio dos aniais em Rodeios

Pela proibição de rodeios em Indaiatuba-SP

Este abaixo-assinado conseguiu 18.103 apoiadores!

Fonte: https://www.change.org/p/pela-proibi%C3%A7%C3%A3o-de-rodeios-em-indaiatuba-sp

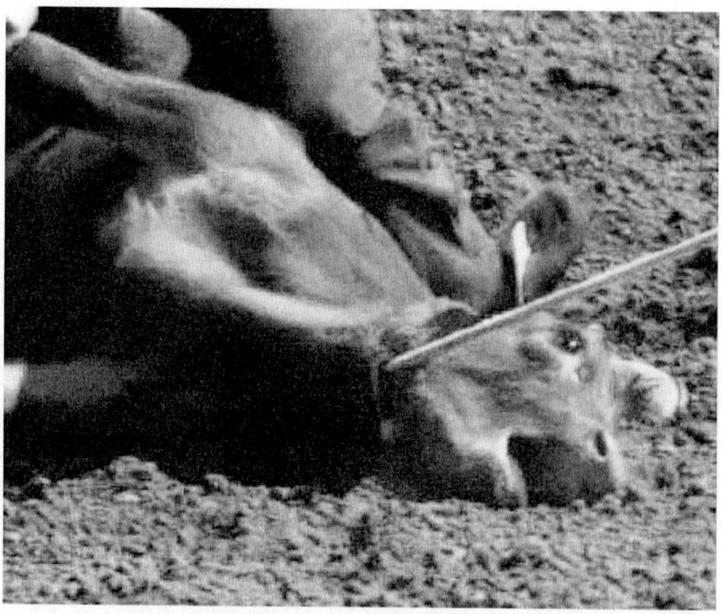

Fonte: https://www.veggietal.com.br/animais-entretenimento/

Fonte: https://www.veggietal.com.br/animais-entretenimento/

Foto 12 – Os equinos também sofrem

[...] o sedém é puxado e apertado pelo assistente, gerando dor e desconforto no animal, podendo provocar inclusive feridas na pele. Como o incômodo do puxão é persistente, muitas vezes o animal continua pulando após o sedém afrouxar ou o peão descer de suas costas.
O mesmo processo é feito com equinos.

Sedém também é usado em cavalos e éguas

A veterinária e zootecnista Julia Maria Matera afirma:

> *"A utilização de sedém, peiteiras, choques elétricos ou mecânicos e esporas gera estímulos que produzem dor física nos animais em intensidade correspondente à intensidade dos estímulos. Além da dor física, esses estímulos causam também sofrimento mental aos animais uma vez que eles têm capacidade neuropsíquica de avaliar que esses estímulos lhes são agressivos, ou seja, perigosos à sua integridade" (MATERA, Julia Maria. Laudo Técnico – autos nº. 8.961/97 da Segunda Vara da Fazenda Pública de Santos/SP).*

ANEXO O – "QUEM TEM BICHO TEM AMOR" (Cláudio Cavalcanti)

A macaquinha é a Bruninha (livre e tutelada pela Drª. Preci Haydée Grohmann. Médica, Professora Adjunta da UFRJ. Ex Chefe do Serviço de Imunologia da UFRJ. MSc pela Universidade de Toronto.

Maria Lucia Frota Cavalcanti
1ª Secretária de Defesa dos Animais do Mundo

A polêmica dieta da jibóia

Secretária proíbe loja de alimentar cobra com animal vivo
Jorge Willian

A secretária especial de Promoção e Defesa dos Animais, Maria Lucia Frota Cavalcanti, determinou ontem à loja de animais For Pets, no Shopping Rio Sul, que não alimente com animais vivos uma jibóia de 80 centímetros de comprimento que está à venda por R$1.800. A gerente da loja, Adriana Ferreira, lembrou, porém, que cobras só aceitam alimento vivo.

Na tarde de sexta-feira, a menina Daphne Nery, de 11 anos, ficou chocada ao ver um funcionário da casa atirar à cobra um hamster que ela acabara de acariciar, segundo contou seu pai, o publicitário e empresário Carlos Nery. Adriana Ferreira, contestou a versão de Nery. Segundo ela, o pai da menina foi avisado de que a jibóia seria alimentada.

Adriana reconheceu que a cena de um hamster sendo devorado por uma jibóia dentro de um aquário é chocante, mas argumentou que pai e filha não a presenciaram. Nery, porém, disse não ter recebido qualquer aviso e garantiu que ele e a filha assistiram a tudo.

- Minha filha ficou chocada. Fizeram daquilo um espetáculo.

Maria Lúcia determinou que os animais sejam abatidos antes de serem dados à cobra e que a loja não faça disso um espetáculo. Ela fez questão de absolver a jibóia:

- A cobra é muito simpática. É uma vítima como outra qualquer.

SEPDA – Secretaria Especial de Defesa dos Animais

O Jornal O Globo de 25 de dezembro de 2000 publicou artigo de Maria Lucia Frota Cavalcanti, com epígrafe profética, escrito após ter sido indicada pelo Prefeito César Maia para o cargo de primeira Secretária Especial de Promoção e Defesa dos Animais.

Secretaria Municipal de Defesa dos Animais

A relação entre o homem e o animal urbano

"Ó vós, que vereis na crista da onda
na qual nos afogamos
lembrai-vos de nós com piedade"
- Bertolt Brech

Da intenção, do objeto e da importância

Até hoje, depois de estarmos há 30 anos envolvidos com os animais urbanos abandonados, não vimos um só indivíduo que o tivesse feito em profundidade sem que para isso não tivesse que abdicar de seu equilíbrio ou de seus bens pessoais ou de sua saúde, em suma, de sua felicidade e de sua vida.

A Proteção Animal já fez centenas de milhares de mártires anônimos entre bichos e homens. Que o martírio deles não tenha sido em vão e que nós consigamos – pelo menos no Rio de Janeiro, por enquanto – proteger os animais, tornando a vida deles e a nossa possível e feliz.

Nosso Objeto – o animal urbano e os homens: aqueles que os brutalizam e aqueles que os protegem – é Dantesco e Dostoievskiano: O Horror e a Paixão. Defender os animais é descer ao inferno. É ter de suportar a grande tortura que a impotência para proteger o mais fraco representa. Os que tentam defender os animais urbanos – o lixo vivo da cidade – são como as mães que tentam alimentar seus filhos com tetas secas. A doação extrema e a impotência extrema. A impossibilidade de usar o maior tesouro de que uma Sociedade dispõe: a Compaixão.

Lucia Frota Pestana de Aguiar Silva

Lucia & Gatos do Instituto Pata Real

Eduarda Frota Pestana de Aguiar Menna Barreto

Cláudio Cavalcanti

A TOMADA DE CONSCIÊNCIA: DO PARAÍSO À DOR, DE DEUS AO INFERNO OU A EXPERIÊNCIA DE DEUS

Cláudio Cavalcanti

Inúmeras vezes me perguntaram se acredito em Deus. E eu sempre respondo que sim. E há uma explicação muito simples para essa resposta tão curta e tão cheia de certeza: é que eu vi Deus.

Devia ter uns 4 anos , e meu pai - até hoje não entendi bem porque - me levou , de manhã bem cedo, ao Jockey Club. Acho que por meu padrinho ter comprado uma cavalo. De corrida!

Eu, já alucinado por cavalos - tanto que me treinei para ser cavalo, aprendi a trotar, a galopar, a relinchar, a escavar o chão com aquele jeito impaciente que só eles têm, e com aquela elegância que até tentava imitar, mas que é só deles - entrei num Jockey Club que nunca tinha visto: deserto. As cadeiras pintadas de marrom, sem ninguém sentado, as pistas vazias, um silêncio de 6 horas da manhã.

Excitadíssimo, curiosíssimo, fui para perto da cêrca branca, mais alta do que eu, para não perder nada. De repente, à minha direita, vejo um cavalo. E o cavalo foi se afastando, lentamente a princípio, depois num trote quase displicente, e depois... Depois começou a galopar para longe de mim.

Eu prendi a respiração.

Aquele cavalo não estava correndo, não estava tocando na pista de grama, ele estava voando, ele não tinha peso, ele era a coisa mais livre que eu já tinha visto.

Eu perdi a respiração.

E aí, depois de dar a volta inteira pela pista completamente vazia, chegou ao ponto de onde tinha saído. Veio diminuindo o ritmo, foi parando como que por encanto, e se encaminhou, como um rei, até um pátio onde homens o esperavam.

Eu, tonto de emoção diante de tanta beleza, fui chegando para perto dele, o mais perto que podia, devorando a primeira visão de perfeição absoluta, aquela que seria a lembrança para sempre gravada do que seria, para o menino de 4 anos que eu era , o que significava "para sempre".

O cavalo ficou, esplêndido, parado, a musculatura ondulando por todo o corpo, a cabeça erguida, um vapor que eu adivinhava quente saindo como um dia nascendo de cada parte dele.

Era a coisa mais linda que eu tinha visto e que vi, até hoje.

E veio o milagre: os homens se aproximaram, com mangueiras nas mãos, e começaram a soltar seus jatos. Ele imóvel, quase que como acostumado a ser admirado, a ser servido por seus adoradores.

E então, no sol morno das 6 horas da manhã, cada jato de água encontrando seu corpo se transformava em outra coisa. Daquela escultura inesquecível saiam dezenas, centenas, milhares de arco-íris.

Eu tinha 4 anos e uma certeza: com o coração disparado, descobri que meu Deus tinha 4 patas.

E era negro.

Pouco tempo mais tarde me encontrei com outro cavalo.

Também lindo, desse eu pude chegar muito perto, nesse eu pude tocar. O focinho macio, os olhos pestanudos. E vi. Os olhos pestanudos tinham medo.

Naquele momento percebi que, por trás da beleza absoluta, existia também, como existia em mim, a dor.

Hoje, tenho a certeza de que foi neste exato instante que surgiu o meu Projeto de Lei Primeiro:

PROJETO DE LEI Nº 368/2005

Proíbe o uso de animais para tração ou carga no Município do Rio de Janeiro e dá outras providências.

Autor: Vereador Cláudio Cavalcanti